ŒUVRES COMPLÈTES

DE VOLTAIRE

TOME TRENTIÈME

PARIS

LIBRAIRIE DE L. HACHETTE ET Cie

BOULEVARD SAINT-GERMAIN, Nº 77

ŒUVRES
DES PRINCIPAUX ÉCRIVAINS FRANÇAIS

VOLUMES IN-18 JÉSUS.

On peut se procurer chaque volume de cette série relié en percaline gaufrée, sans être rogné, moyennant 50 cent.; en demi-reliure, dos en chagrin, tranches jaspées, moyennant 1 fr. 50 cent., et avec tranches dorées, moyennant 2 fr. en sus du prix marqué.

1re Série à 1 franc le volume.

Barthélemy: *Voyage du jeune Anacharsis en Grèce dans le milieu du IVe siècle avant l'ère chrétienne.* 3 vol.

Atlas pour le Voyage du jeune Anacharsis, dressé par J. D. Barbié du Bocage, revu par A. D. Barbié du Bocage. In-8, 1 fr. 50 c.

Boileau: *Œuvres complètes.* 2 vol.

Bossuet: *Œuvres choisies.* 5 vol.

Corneille: *Œuvres complètes.* 7 vol.

Fénelon: *Œuvres choisies.* 4 vol.

La Fontaine: *Œuvres complètes.* 3 vol.

Marivaux: *Œuvres choisies.* 2 vol.

Molière: *Œuvres complètes.* 3 vol.

Montaigne: *Essais*, précédés d'une lettre à M. Villemain sur l'éloge de Montaigne, par P. Christian. 2 vol.

Montesquieu: *Œuvres complètes.* 3 v.

Pascal: *Œuvres complètes.* 3 vol.

Racine: *Œuvres complètes.* 3 vol.

Rousseau (J.-J.): *Œuvres complètes.* 13 volumes.

Saint-Simon (le duc de): *Mémoires complets et authentiques sur le siècle de Louis XIV et la Régence*, collationnés sur le manuscrit original par M. Chéruel, et précédés d'une notice de M. Sainte-Beuve, de l'Académie française. 13 volumes.

Sedaine: *Œuvres choisies.* 1 volume.

Voltaire: *Œuvres complètes.* 40 vol.

2e Série à 3 francs 50 cent. le volume.

Chateaubriand: *Le Génie du Christianisme.* 1 volume.

— *Les Martyrs*; — *le dernier des Abencerages.* 1 volume.

— *Atala*; — *René*; — *les Natchez*, 1 volume.

Fléchier: *Mémoires sur les Grands-Jours d'Auvergne en 1665*, annotés par M. Chéruel et précédés d'une notice par M. Sainte-Beuve. 1 vol.

Malherbe: *Œuvres poétiques* imprimées pour le texte sur la nouvelle édition des *Œuvres complètes de Malherbe*, publiées par M. Ludovic Lalanne dans la collection des grands ÉCRIVAINS DE LA FRANCE. 1 volume.

Sévigné (Mme de): *Lettres de Mme de Sévigné, de sa famille et de ses amis* réimprimées pour le texte sur la nouvelle édition publiée par M. Monmerqué dans la collection des grands ÉCRIVAINS DE LA FRANCE. 8 vol.

Imprimerie L. Toinon et Ce, à Saint-Germain.

ŒUVRES COMPLÈTES

DE VOLTAIRE

COULOMMIERS

Imprimerie PAUL BRODARD.

ŒUVRES COMPLÈTES

DE VOLTAIRE

TOME TRENTIÈME

MÉLANGES.

FRAGMENT
SUR L'HISTOIRE GÉNÉRALE.
(1773.)

ARTICLE I. — *Qu'il faut se défier de tous les monuments anciens.*

Il y a plus de quarante ans que l'amour de la vérité, et le dégoût qu'inspirent tant d'historiens modernes, inspirèrent à une dame d'un grand nom[1] et d'un esprit supérieur à ce nom l'envie d'étudier avec nous ce qui méritait le plus d'être observé dans le tableau général du monde; tableau si souvent défiguré.

Cette dame, célèbre par ses connaissances singulières en mathématiques, ne pouvait souffrir les fables que le temps a consacrées, qu'il est aisé de répéter, qui gâtent l'esprit et qui l'énervent.

Elle était étonnée de ce nombre prodigieux de systèmes sur l'ancienne chronologie, différents entre eux d'environ mille années. Elle l'était encore davantage que l'histoire consistât en écrits de batailles sans aucune connaissance de la tactique, excepté dans Xénophon et dans Polybe; qu'on parlât si souvent de prodiges, et qu'on eût si peu de lumières sur l'histoire naturelle; que chaque auteur regardât sa secte comme la seule vraie, et calomniât toutes les autres. Elle voulait connaître le génie, les mœurs, les lois, les préjugés, les cultes, les arts; et elle trouvait qu'en l'année de la création du monde trois mil deux cent, ou trois mil neuf cent, il n'importe, un roi inconnu avait défait un roi plus inconnu encore, près d'une ville dont la situation était entièrement ignorée.

Plusieurs savants recherchaient en quel temps Europe fut enlevée en Phénicie par Jupiter; et ils trouvaient que c'était juste treize cents ans avant notre ère vulgaire. D'autres réfutaient cinquante-neuf opinions sur le jour de la naissance de Romulus, fils du dieu Mars et de la vestale Rhéa Sylvia. Ils établissaient un soixantième système de chronologie. Nous en fîmes un soixante et unième; c'était de rire de tous les contes sur lesquels on disputait sérieusement depuis tant de siècles.

En vain nous trouvions par toutes les médailles les vestiges d'anciennes fêtes célébrées en l'honneur des fables; des temples érigés en leur mémoire; elles n'en étaient pas moins fables. La fête des lupercales attesta, le 15 février, pendant neuf cents ans, non-seulement le prodige de la naissance de Romulus et de Rémus, mais encore l'aventure de Faunus, qui prit Hercule pour Omphale, dont il était amoureux. Mille événements étaient ainsi consacrés en Europe et en Asie. Les amateurs du merveilleux disaient: « Il faut bien que ces faits soient

1. Mme du Châtelet. (ÉD.)

I

vrais, puisque tant de monuments en sont la preuve. » Et nous disions :
« Il faut bien qu'ils soient faux, puisque le vulgaire les a crus. » Une fable
a quelque cours dans une génération ; elle s'établit dans la seconde ;
elle devient respectable dans la troisième ; la quatrième lui élève des
temples. Il n'y avait pas dans toute l'antiquité profane un seul temple,
une seule fête, un seul collège de prêtres, un seul usage qui ne fût
fondé sur une sottise. Tel fut le genre humain ; et c'est sous ce point
de vue que nous l'envisageâmes.

Quelle pouvait être l'origine du conte d'Hérodote, que le soleil, en
onze mille années, s'était couché deux fois à l'Orient ? où Lycophron
avait-il pris qu'Hercule, embarqué sur le détroit de Calpé, dans son
gobelet, fut avalé par une baleine ; qu'il resta trois jours et trois nuits
dans le ventre de ce poisson, et qu'il fit une belle ode, dès qu'il fut sur
le rivage ?

Nous ne trouvons d'autre raison de tous ces contes que dans la faiblesse de l'esprit humain, dans le goût du merveilleux, dans le penchant à l'imitation, dans l'envie de surpasser ses voisins. Un roi égyptien se fait ensevelir dans une petite pyramide de douze à quinze pieds ;
un autre veut être placé dans une pyramide de cent, un troisième va
jusqu'à cinq ou six cents. Un de tes rois est allé dans les pays orientaux par mer, un des miens est allé dans le soleil, et a éclairé le
monde pendant un jour. Tu bâtis un temple à un bœuf, je vais en bâtir un pour un crocodile. Il y a eu dans ton pays des géants qui étaient
les enfants des génies et des fées, nous en aurons qui escaladeront le
ciel et qui se battront à coups de montagnes.

Il était bien plus aisé, et même plus profitable, d'imaginer et de
copier tous ces contes que d'étudier les mathématiques. Car, avec des
fables, on gouvernait les hommes ; et les sages furent presque toujours
méprisés et écrasés par les puissants. On payait un astrologue, et on
négligeait un géomètre. Cependant il y eut partout quelques sages qui
firent des choses utiles ; et c'était là ce que la personne illustre dont
nous parlons voulait connaître.

L'*Histoire universelle* anglaise, plus volumineuse que le discours de
l'éloquent Bossuet n'est court et resserré, n'avait point encore paru.
Les savants, qui travaillèrent depuis avec un juif et deux presbytériens
à ce grand ouvrage, eurent un but tout différent du nôtre. Ils voulaient prouver que la partie du mont Ararat, sur laquelle l'arche de
Noé s'arrêta, était à l'Orient de la plaine de Sénaar, ou Shinaar, ou
Séniar ; que la tour de Babel n'avait point été bâtie à mauvaise intention ; qu'elle n'avait qu'une lieue et un quart de hauteur, et non pas
cent trente lieues, comme des exagérateurs l'avaient dit ; que, « la
confusion des langues à Babel produisit dans le monde les effets les
plus heureux et les plus admirables : » ce sont leurs propres paroles.
Ils examinaient avec attention lequel avait le mieux calculé, ou du
savant Pétau, qui comptait six cent vingt-trois milliards six cent douze
millions d'hommes sur la terre, environ trois siècles après le déluge
de Noé ; ou du savant Cumberland, qui n'en comptait que trois milliards trois cent trente-trois mille. Ils recherchaient si Usaphed, roi

d'Égypte, était fils ou neveu du roi Véneph. Ils ne savaient pourquoi Cayomarat ou Gayoumaras ayant été le premier roi de Perse, cependant son petit-fils Siameck passa pour être l'Adam des Hébreux, inconnu à tous les autres peuples.

Pour nous, notre seule intention était d'étudier les arts et les mœurs.

Comme l'histoire du respectable Bossuet finissait à Charlemagne, Mme du Châtelet nous pria de nous instruire en général, avec elle, de ce qu'était alors le reste du monde, et de ce qu'il a été jusqu'à nos jours. Ce n'était pas une chronologie qu'elle voulait; un simple almanach antique des naissances, des mariages et des morts de rois dont les noms sont à peine parvenus jusqu'à nous, et encore tout falsifiés : c'était l'esprit des hommes qu'elle voulait contempler.

Nous commençâmes nos recherches par l'Orient, dont tous les arts nous sont venus avec le temps. Il n'est aucune histoire qui commence autrement. Ni le prétendu Hermès, ni Manéthon, ni Bérose, ni Sanchoniathon, ni les Shasta, ni les Veidam indiens, ni Zoroastre, ni les premiers auteurs chinois, ne portèrent ailleurs leurs premiers regards; et l'auteur inspiré du *Pentateuque* ne parla point de nos peuples occidentaux.

ARTICLE II. — *De la Chine.*

Il ne nous fallut ni de profondes recherches, ni un grand effort pour avouer que les Chinois, ainsi que les Indiens, ont précédé dès longtemps l'Europe dans la connaissance de tous les arts nécessaires. Nous ne sommes point enthousiastes des lieux éloignés et des temps antiques; nous savons bien que l'Orient entier, loin d'être aujourd'hui notre rival en mathématiques et dans les beaux-arts, n'est pas digne d'être notre écolier; mais, s'ils n'ont pas décoré, comme nous, le grand édifice des arts, ils l'ont construit. Nous crûmes, sur la foi des voyageurs et des missionnaires de toute espèce, tous d'accord ensemble, que les Chinois inventèrent l'imprimerie environ deux mille ans avant qu'on l'imitât dans la basse Allemagne; car on y grava d'abord des planches en bois, comme à la Chine, et ce ne fut qu'après ce tâtonnement de l'art qu'on parvint à l'admirable invention des caractères mobiles. Nous dîmes que les Chinois n'ont jamais pu imiter à leur tour l'imprimerie d'Europe. M. Warburton, qui ne hait pas à tomber sur les Français, crut que nous proposions aux Chinois de fondre des caractères de leurs quatre-vingt-dix mille mots symboliques. Non; mais nous désirâmes que les Chinois adoptassent enfin l'alphabet des autres nations, sans quoi il ne sera guère possible qu'ils fassent de grands progrès dans des sciences qu'ils ont inventées.

Toutefois leur méthode de graver sur planche nous paraît avoir de grands avantages sur la nôtre. Premièrement le graveur qui imprime n'a pas besoin d'un fondeur; secondement le livre n'est pas sujet à périr, la planche reste; troisièmement les fautes se corrigent aisément après l'impression; quatrièmement le graveur n'imprime qu'autant d'exemplaires qu'on lui en demande; et par là on épargne cette énorme quantité d'imprimés qui chez nous se vendent au poids pour servir d'enveloppes aux ballots.

Il paraît incontestable qu'ils ont connu le verre avant nous. L'auteur des *Recherches philosophiques sur les Égyptiens et les Chinois*, vrai savant, puisqu'il pense, et qui ne paraît pas trop prévenu en faveur des modernes, dit que les Chinois n'ont encore que des fenêtres de papier. Nous en avons aussi beaucoup, et surtout dans nos provinces méridionales; mais des officiers très-dignes de foi nous ont assuré qu'ils avaient été invités à dîner auprès de Kanton dans des maisons dont les fenêtres étaient figurées en arbres chargés de feuilles et de fruits, qui portaient entre leurs branches de beaux dessins d'un verre très-transparent.

Il n'y a pas soixante ans que notre Europe a imité la porcelaine de la Chine : nous la surpassons à force de soins; mais ces soins même la rendent très-chère, et d'un usage peu commun. Le grand secret des arts est que toutes les conditions puissent en jouir aisément.

M. de Pauw, auteur des *Recherches philosophiques*, ne fait pas des réflexions indulgentes. Il reproche aux Chinois leurs tours vernissées à neuf étages, sculptées et ornées de clochettes. Quel est l'homme pourtant qui ne voudrait pas en avoir une au bout de son jardin, pourvu qu'elle ne lui cachât pas la vue? le grand prêtre juif avait des cloches au bas de sa robe; nous en mettons au cou de nos vaches et de nos mulets. Peut-être qu'un carillon aux étages d'une tour serait assez plaisant.

Il condamne les ponts qui sont si élevés que les mâts de tous les bateaux passent facilement sous les arcades, et il oublie que, sur les canaux d'Amsterdam et de Rotterdam, on voit cent ponts-levis qu'il faut lever et baisser plusieurs fois jour et nuit.

Il méprise les Chinois, parce qu'ils aiment mieux construire leurs maisons en étendue qu'en hauteur. Mais du moins il faudrait avouer qu'ils avaient des maisons vernies plusieurs siècles avant que nous eussions des cabanes où nous logions avec notre bétail, comme on fait encore en Vestphalie; au reste, chacun suit son goût. Si on aime mieux loger à un septième étage,

............*Molles ubi reddunt ova columbæ,*
                              Juven., sat. III, v. 202.

qu'au rez-de-chaussée; si l'on préfère le danger du feu et l'impossibilité de l'éteindre, quand il prend au faîte d'un logis, à la facilité de s'en sauver quand la maison n'a qu'un étage; si les embarras, les incommodités, la puanteur qui résultent de sept étages établis les uns sur les autres, sont plus agréables que tous les avantages attachés aux maisons basses, nous ne nous y opposons pas. Nous ne jugeons point du mérite d'un peuple par la façon dont il est logé; nous ne décidons point entre Versailles et la grande maison de l'empereur chinois, dont frère Attiret nous a fait depuis peu la description.

Nous voulons bien croire qu'il y eut autrefois en Égypte un roi appelé d'un nom qui a quelque rapport à celui de Sésostris, lequel n'est pas plus un mot égyptien que ceux de Charles et de Frédéric. Nous ne disputerons point sur une prétendue muraille de trente lieues, que ce prétendu Sésostris fit élever pour empêcher les voleurs arabes de venir piller son pays. S'il construisit ce mur pour n'être point volé, c'est une grande présomption qu'il n'alla pas lui-même voler les autres nations, et conquérir la moitié du monde pour son plaisir, sans se soucier de la gouverner, comme nous l'assure M. Larcher, répétiteur au collége Mazarin.

Nous ne croyons pas un mot de ce qu'on nous dit d'une muraille bâtie par les Juifs, commençant au port de Joppé, qui ne leur appartenait point, jusqu'à une ville inconnue nommée Carpasabé, tout le long de la mer, pour empêcher un roi Antiochus de s'avancer contre eux par terre. Nous laissons là tous ces retranchements, toutes ces lignes qui ont été d'usage chez tous les peuples : mais il faut convenir que la grande muraille de la Chine est un des monuments qui ont fait le plus d'honneur à l'esprit humain. Il fut entrepris trois cents ans avant notre ère : la vanité ne le construisit pas comme elle bâtit les pyramides. Les Chinois n'imitèrent point les Huns, qui élevèrent des palissades de pieux et de terre pour s'y retirer après avoir pillé leurs voisins. L'esprit de paix seul imagina la grande muraille. Il est certain que la Chine, gouvernée par les lois, ne voulut qu'arrêter les Tartares, qui ne connaissaient que le brigandage. C'est encore une preuve que la Chine n'avait point été peuplée par des Tartares, comme on l'a prétendu. Les mœurs, la langue, les usages, la religion, le gouvernement, étaient trop opposés. La grande muraille fut admirable et inutile : le courage et la discipline militaire eussent été des remparts plus assurés.

M. de Pauw a beau regarder avec des yeux de mépris tous les ouvrages de la Chine, il n'empêchera pas que le grand canal, fait de main d'homme, dans la longueur de cent soixante de nos grandes lieues, et les autres canaux qui traversent ce vaste empire, ne soient un exemple qu'aucune nation n'a pu encore imiter : les Romains même ne tentèrent jamais une pareille entreprise.

ARTICLE III. — *De la population de la Chine, et des mœurs.*

Voilà donc deux travaux immenses qui n'ont pour but que l'utilité publique; la grande muraille qui devait défendre l'empire chinois, et les canaux qui favorisent son commerce. Joignons-y un avantage encore plus grand, celui de la population, qui ne peut être que le fruit de l'aisance et de la sûreté de chaque citoyen dans sa petite possession en temps de paix; les mendiants ne se marient en aucun lieu du monde. La polygamie ne peut être regardée comme contraire à la population, puisque, par le fait, les Indes, la Chine, le Japon, où la polygamie fut toujours reçue, sont les pays les plus peuplés de l'univers. S'il est permis de citer ici nos livres sacrés, nous dirons que Dieu même, en permettant aux Juifs la pluralité des femmes, leur promit *que leur race serait multipliée comme les sables de la mer*[1].

1. *Genèse*, XXII, 17. (ÉD.)

On allègue que la nature fait naître à peu près autant de femelles
que de mâles, et que par conséquent si un homme prend quatre
femmes, il y a trois hommes qui en manquent. Mais il est avéré aujourd'hui que, dans l'Europe, s'il naît un dix-septième de plus
d'hommes que de femmes, il en meurt aussi beaucoup plus avant l'âge
de trente ans par la guerre, par la multitude des professions pénibles,
plus meurtrières encore que la guerre, et par les débauches non
moins funestes. Il en est probablement de même en Asie. Tout État,
au bout de trente ans, aura donc moins de mâles que de femelles.
Comptez encore les eunuques et les bonzes, il restera peu d'hommes.
Enfin observez qu'il n'y a que les premiers d'un État, presque toujours très-opulents, qui puissent entretenir plusieurs femmes, et vous
verrez que la polygamie peut être non-seulement utile à un empire,
mais nécessaire aux grands de cet empire.

Considérez surtout que l'adultère est très-rare dans l'Orient, et que
dans les harem, gardés par des eunuques, il est impossible. Voyez au
contraire comme l'adultère marche la tête levée dans notre Europe;
quel honneur chacun se fait de corrompre la femme d'autrui; quelle
gloire se font les femmes d'être corrompues; que d'enfants n'apparti en-
nent pas à leurs pères; combien les races les plus nobles sont mêlées
et dégénérées. Jugez après cela lequel vaut le mieux, ou d'une polygamie permise par les lois, ou d'une corruption générale autorisée par
les mœurs.

Si, dans la Chine, plusieurs femmes de la lie du peuple exposent
leurs enfants, dans la crainte de ne pouvoir les nourrir, c'est peut-
être encore une preuve en faveur de la polygamie; car si ces femmes
avaient été belles, si elles avaient pu entrer dans quelque sérail, leurs
enfants auraient été élevés avec des soins paternels.

Nous sommes loin d'insinuer qu'on doive établir la polygamie dans
notre Europe chrétienne. Le pape Grégoire II, dans sa décrétale
adressée à saint Boniface, permit qu'un mari prît une seconde femme
quand la sienne était infirme. Luther et Mélanchthon permirent au
landgrave de Hesse deux femmes, parce qu'il avait au nombre de trois
ce qui chez les autres se borne à deux. Le chancelier d'Angleterre
Cowper, qui était dans le cas ordinaire, épousa cependant deux femmes
sans demander permission à personne; et ces deux femmes vécurent
ensemble dans l'union la plus édifiante : mais ces exemples sont rares.

Quant aux autres lois de la Chine, nous avons toujours pensé
qu'elles étaient imparfaites, puisqu'elles sont l'ouvrage des hommes
qui les exécutent. Mais qu'on nous montre un autre pays où les bonnes
actions soient récompensées par la loi, où le laboureur le plus vertueux et le plus diligent soit élevé à la dignité de mandarin sans abandonner sa charrue : partout on punit le crime; il est plus beau sans
doute d'encourager à la vertu.

A l'égard du caractère général des nations, la nature l'a formé. Le
sang des Chinois et des Indiens est peut-être moins âcre que le nôtre,
leurs mœurs plus tranquilles. Le bœuf est plus lent que le cheval, et
la laitue diffère de l'absinthe.

Le fait est qu'à notre orient et à notre occident la nature a de tout temps placé des multitudes d'êtres de notre espèce que nous ne connaissons que d'hier. Nous sommes sur ce globe comme des insectes dans un jardin : ceux qui vivent sur un chêne rencontrent rarement ceux qui passent leur courte vie sur un orme.

Rendons justice à ceux que notre industrie et notre avarice ont été chercher par delà le Gange : ils ne sont jamais venus dans notre Europe pour gagner quelque argent; ils n'ont jamais eu la moindre pensée de subjuguer notre entendement, et nous avons passé des mers inconnues pour nous rendre maîtres de leurs trésors, sous prétexte de leur rendre le service de gouverner leurs âmes.

Quand les Albuquerques vinrent ravager les côtes de Malabar, ils menaient avec eux des marchands, des missionnaires et des soldats. Les missionnaires baptisaient les enfants que les soldats égorgeaient; les marchands partageaient le gain avec les capitaines; le ministère portugais les rançonnait tous; et des auteurs moines, traduits ensuite par d'autres moines, transmettaient à la postérité tous les miracles que fit la sainte Vierge dans l'Inde pour enrichir des marchands portugais.

Les Européens entraient alors dans deux mondes nouveaux; celui de l'Occident a été presque tout entier noyé dans son sang. Si des fanatiques d'Europe ne sont pas venus à bout d'exterminer l'Orient, c'est qu'ils n'en ont pas eu la force; car le désir ne leur a pas manqué, et ce qu'ils ont fait au Japon ne l'a prouvé que trop à leur honte éternelle.

Ce n'est pas ici le lieu de retracer aux yeux épouvantés des lecteurs judicieux ces portraits que nous avons déjà exposés de la subversion de tant d'États sacrifiés aux fureurs de l'avarice et de la superstition, plus cruelle encore que la soif des richesses. Contenons-nous dans les bornes des recherches historiques.

ARTICLE IV. — *Si les Égyptiens ont peuplé la Chine, et si les Chinois ont mangé des hommes.*

Nous avons toujours soupçonné que les grands peuples des deux continents ont été *autochthones*, indigènes, c'est-à-dire originaires des contrées qu'ils habitent, comme leurs quadrupèdes, leurs singes, leurs oiseaux, leurs reptiles, leurs poissons, leurs arbres et toutes leurs plantes.

Les rangifères de la Laponie et les girafes d'Afrique ne descendent point des cerfs d'Allemagne et des chevaux de Perse. Les palmiers d'Asie ne viennent point des poiriers d'Europe. Nous avons cru que les Nègres n'avaient point des Irlandais pour ancêtres. Cette vérité est si démontrée aux yeux qu'elle nous a paru démontrée à l'esprit; non que nous osions, avec saint Thomas[1], dire que l'Être suprême, agissant de toute éternité, ait produit de toute éternité ces races d'animaux qui n'ont jamais changé parmi les bouleversements d'une terre qui

---

1. *Summa catholicæ fidei*, lib. XI, cap. XXXII.

change toujours. Il ne nous appartient pas de nous perdre dans ces profondeurs; mais nous avons pensé que ce qui est a du moins été longtemps. Il nous a paru, par exemple, que les Chinois ne descendent pas plus d'une colonie d'Égypte que d'une colonie de Basse-Bretagne. Ceux qui ont prétendu que les Égyptiens avaient peuplé la Chine ont exercé leur esprit et celui des autres. Nous avons applaudi à leur érudition et à leurs efforts; mais ni la figure des Chinois, ni leurs mœurs, ni leur langage, ni leur écriture, ni leurs usages, n'ont rien de l'antique Égypte. Ils ne connurent jamais la circoncision : aucune des divinités égyptiennes ne parvint jusqu'à eux : ils ignorèrent toujours les mystères d'Isis.

M. de Pauw, auteur des *Recherches philosophiques*, a traité d'absurde ce système qui fait des Chinois une colonie égyptienne, et il se fonde sur les raisons les plus fortes. Nous ne sommes pas assez savants pour nous servir du mot *absurde;* nous persistons seulement dans notre opinion que la Chine ne doit rien à l'Égypte. Le P. Parennin l'a démontré à M. de Mairan. Quelle étrange idée dans deux ou trois têtes de Français qui n'étaient jamais sortis de leur pays, de prétendre que l'Égypte s'était transportée à la Chine, quand aucun Chinois, aucun Égyptien n'a jamais avancé une telle fable !

D'autres ont prétendu que ces Chinois si doux, si tranquilles, si aisés à subjuguer et à gouverner, ont, dans les anciens temps, sacrifié des hommes à je ne sais quel dieu, et qu'ils en ont mangé quelquefois. Il est digne de notre esprit de contradiction de dire que les Chinois immolaient des hommes à Dieu, et qu'ils ne reconnaissaient pas de Dieu. Pour le reproche de s'être nourris de chair humaine, voici ce que le P. Parennin avoue à M. Mairan [1].

« Enfin, si l'on ne distingue pas les temps de calamités des temps ordinaires, on pourra dire de presque toutes les nations, et de celles qui sont les mieux policées, ce que des Arabes ont dit des Chinois; car on ne nie pas ici que des hommes réduits à la dernière extrémité n'aient quelquefois mangé de la chair humaine; mais on ne parle aujourd'hui qu'avec horreur de ces malheureux temps, auxquels, disent les Chinois, le ciel, irrité contre la malice des hommes, les punissait par le fléau de la famine, qui les portait aux plus grands excès.

« Je n'ai pas trouvé néanmoins que ces horreurs soient arrivées sous la dynastie des Tang, qui est le temps auquel ces Arabes assurent qu'ils sont venus à la Chine, mais à la fin de la dynastie des Han, au second siècle après Jésus-Christ. »

Ces Arabes dont parlent MM. de Mairan et Parennin sont les mêmes que nous avons déjà cités ailleurs. Ils voyagèrent, comme nous l'avons dit, à la Chine au milieu du neuvième siècle, quatre cents ans avant ce fameux Vénitien Marco Paolo, qu'on ne voulait pas croire lorsqu'il disait qu'il avait vu un grand peuple plus policé que les nôtres, des villes plus vastes, des lois meilleures en plusieurs points. Les deux

---

1. Dans sa lettre datée de Pékin du 11 août 1730, p. 163, t. XXX des *Lettres édifiantes*, édition de Paris, 1734.

Arabes y étaient abordés dans un temps malheureux, après des guerres civiles et des invasions de barbares, au milieu d'une famine affreuse. On leur dit, par interprètes, que la calamité publique avait été au point que plusieurs personnes s'étaient nourries de cadavres humains. Ils firent comme presque tous les voyageurs, ils mêlèrent un peu de vérité à beaucoup de mensonges.

Le nombre des peuples que ces deux Arabes nomment anthropophages est étonnant : ce sont d'abord les habitants d'une petite île auprès de Ceilan, peuplée de noirs. Plus loin sont d'autres îles qu'ils appellent Rammi et Angaman, où les peuples dévoraient les voyageurs qui tombaient entre leurs mains. Ce qu'il y a de triste, c'est que Marco Paolo dit la même chose, et que l'archevêque Navarrete l'a confirmée au dix-septième siècle, *à los Europeos que cogen es constante que vivos se los van comiendo.*

Texera dit que les Javans avaient encore cette abominable coutume au commencement du seizième siècle, et que le mahométisme a eu de la peine à l'abolir. Quelques hordes de Cafres et d'Africains ont été accusées de cette horreur.

Si on ne nous a point trompés sur la Chine, si, dans un de ces temps désastreux où la faim ne respecte rien, quelques Chinois se livrèrent à une action de désespoir qui soulève la nature, souvenons-nous toujours qu'en Hollande[1] la canaille de la Haye mangea de nos jours le cœur du respectable de Witt, et que la canaille de Paris[2] mangea le cœur du maréchal d'Ancre. Mais souvenons-nous aussi que ceux qui percèrent ces cœurs furent cent fois plus coupables que ceux qui les mangèrent. Songeons à nos matines de Paris, à nos vêpres de Sicile, en pleine paix; aux massacres d'Irlande, pendant lesquels les Irlandais catholiques faisaient de la chandelle avec la graisse des Anglais protestants. Songeons aux massacres des vallées du Piémont, à ceux du Languedoc et des Cévennes, à ceux de tant de millions d'Américains par des Espagnols qui récitaient leur rosaire, et qui établissaient des boucheries publiques de chair humaine. Détournons les yeux et passons vite.

ARTICLE V. — *Des anciens établissements et des anciennes erreurs avant le siècle de Charlemagne.*

Avant de venir au mémorable siècle de Charlemagne, il fallut voir quelles révolutions avaient amené ce siècle dans notre Occident, et comment les deux religions chrétienne et musulmane s'étaient partagé le monde depuis le golfe de Perse jusqu'à la mer Atlantique. C'était un grand spectacle, mais une pénible recherche : il fallut presser cent quintaux de mensonges pour en extraire une once de vérités. La foule des anciens qui n'ont écrit que pour nous tromper est effrayante. Qu'on en juge seulement par cinquante évangiles apocryphes, écrits dès le premier siècle, et suivis sans interruption de fables absurdes,

1. Le 20 auguste 1672. (ÉD.) — 2. En 1617. (ÉD.)

jusqu'aux *Fausses décrétales* forgées au siècle de Charlemagne, et jusqu'à la donation de Constantin, et cette donation de Constantin suivie de *la Légende dorée*, et cette *Légende dorée* renforcée par la *Fleur des Saints*, et cette *Fleur des Saints* perfectionnée par *le Pédagogue chrétien ;* le tout couronné par les miracles de l'abbé Pâris dans le faubourg Saint-Médard, au dix-huitième siècle.

Nous osâmes d'abord douter de ces donations immenses faites aux évêques de Rome par Charlemagne et par son fils, et surtout des donations de pays que Charles et Louis le Faible ne possédaient pas : mais nous ne prétendîmes point mettre en doute le droit que les papes ont acquis par le temps sur le pays qu'ils possèdent. Ils en sont souverains, comme les évêques d'Allemagne sont souverains dans leurs diocèses. Leurs droits ne sont pas à la vérité écrits dans l'Évangile. Une religion formée par des pauvres, et qui anathématise la richesse et l'esprit de domination, n'a pas ordonné à ses prêtres de monter sur des trônes et d'armer leurs mains du glaive; mais rien n'existe aujourd'hui de ce qu'était l'Église dans son origine; le temps a tout changé, et changera tout encore; il a établi dans notre Occident les souverainetés des barbares vomis de la Scythie, et changé les chaires d'instruction en trônes.

Nous avons respecté ces dominations nouvelles dans notre histoire, et nous avons même remarqué combien notre antique barbarie les avait rendues nécessaires. Quelques jésuites, et surtout je ne sais quel Nonotte, écrivirent alors contre nous avec plus d'amertume que de science. Ils nous accusèrent d'avoir été peu respectueux envers saint Pierre et saint Charlemagne. Ils ne se doutaient pas alors que les successeurs de Charlemagne et de Pierre aboliraient l'ordre des jésuites, et que les généraux casseraient leurs soldats mal payés. Quoique nous eussions parlé de l'établissement du christianisme avec le plus profond respect, on nous accusa cependant d'en avoir un peu manqué.

On voulut nous écraser sous soixante volumes de Pères de l'Église, pour nous prouver que saint Pierre avait été à Rome, sans que saint Luc et saint Paul en eussent jamais parlé; qu'il avait été *sur le trône épiscopal de Rome*, quoique assurément il n'y eût point de trône épiscopal en ce temps-là, ni même d'évêque d'aucun diocèse. La principale démonstration du voyage de saint Pierre à Rome se tirait d'une lettre qu'il avait écrite et datée de Babylone : or Babylone signifiait évidemment Rome, comme Falaise signifie Perpignan. Les autres preuves étaient fondées sur certains contes d'un Abdias, d'un Marcel, et d'un Égésippe, qui n'étaient dignes assurément d'être ni pères ni fils de l'Église.

Ces faiseurs de Mille et une Nuits nous contaient donc que Simon Pierre, étant venu à Rome (quoique sa mission fût pour les circoncis), y rencontra le magicien Simon qui se changeait tantôt en brebis et tantôt en chèvre. Ce Simon d'abord lui envoya faire un compliment par un de ses chiens, auquel Simon Pierre répondit fort poliment. Ils se brouillèrent ensuite pour un cousin de l'empereur Néron, qui était mort. Simon, qu'on appelait *vertu de Dieu*, défia saint Pierre à qui ressusciterait le mort. Simon le fit remuer; mais Pierre le fit marcher, et gagna la gageure. Ensuite ils se défièrent au vol en présence de l'empereur. Simon vola dans les airs mieux que Dédale; mais Pierre pria le Seigneur si ardemment de faire tomber Simon *vertu-dieu*, comme Icare, qu'il tomba, et se cassa les jambes. Néron, indigné de voir son sorcier estropié, fit crucifier Pierre les pieds en haut, et couper la tête à Paul, etc., etc. Cela arriva la dernière annnée de Néron. Pierre avait gouverné l'Église vingt-cinq ans sous cet empereur, qui n'en régna que treize.

Ce livre d'*Abdias*, écrit en syriaque, fut traduit en grec par son disciple nommé Eutrope; et nous l'avons en latin de la traduction de Jules Africain, homme savant du IIIᵉ siècle, et presque un Père de l'Église par ses autres écrits.

Quoi qu'il en soit, que saint Pierre eût fait ou non le voyage de Rome, cela était absolument indifférent pour le gouvernement de l'Église. Ce gouvernement fut modelé, du temps de Constantin, sur l'administration politique de l'empire. Les principaux siéges, Rome, Constantinople, Alexandrie, devaient avoir l'autorité principale. Et de même que les rois d'Espagne régnèrent en ce pays, soit que Tubal ou Hercule l'eût peuplé; de même que la race des Francs posséda les Gaules, soit qu'elle descendît de Francus fils d'Hector, soit qu'elle eût une autre origine; ainsi les papes dominèrent bientôt dans la ville impériale, du consentement même des Romains, sans se mettre en peine si la première église de cette capitale avait été dédiée à saint Jean de Latran, ou à saint Pierre hors des murs. Ainsi les patriarches des grandes villes de Constantinople et d'Alexandrie eurent plus d'honneurs, de richesses et d'autorité que des évêques de village. Les hommes d'État n'établissent guère leurs droits sur des discussions théologiques : ils vont au solide, et ils laissent leurs écrivains s'épuiser en citations et en arguments.

ARTICLE VI. — *Fausses donations. Faux martyrs. Faux miracles.*

La vérité de l'histoire, bien plus utile qu'on ne pense, nous força d'examiner les fausses légendes aussi attentivement que le voyage de saint Pierre. Nous crûmes que le mensonge ne pouvait que déshonorer la religion. Les miracles de Jésus-Christ et des apôtres sont si vrais, qu'on ne doit pas risquer d'affaiblir le profond respect qu'on a pour eux, en leur associant de faux prodiges. Admirons, célébrons, révérons le Lazare ressuscité[1]; le bienfait des noces de Cana[2]; les démons chassés du corps des possédés; ces esprits immondes[3] précipités dans les corps d'animaux immondes comme eux, et noyés avec eux dans le lac de Génézareth; le fils de Dieu enlevé sur le faîte du temple[4] et sur une montagne par l'ennemi de Dieu et des hommes; Jésus confondant d'un seul mot cet éternel ennemi qui osait proposer à Dieu même d'a-

1. Jean, XI, 44. (ÉD.) — 2. Jean, II, 9. (ÉD.) — 3. Matthieu, VIII, 32; Marc, V, 13. (ÉD.) — 4. Matthieu, IV, 5, 8; Luc, IV, 5, 9. (ÉD.)

dorer le diable; Jésus transfiguré sur le Thabor [1] pour manifester sa gloire à Moïse et à Élie, qui viennent du sein des morts recevoir ses leçons éternelles; Jésus, la source de la vie, Jésus, créateur du genre humain, mourant pour le genre humain; les morts ressuscitant [2] quand il expire, et remplissant les rues de Jérusalem; le soleil [3] s'éclipsant en plein midi et en pleine lune par toute la terre, à la confusion de tout l'empire romain, assez aveugle pour négliger ce grand événement; le Saint-Esprit [4] descendant en langues de feu sur les apôtres, etc. Ces vrais miracles sont assez nombreux, assez avérés. Des hommes inspirés les ont écrits; tout lecteur judicieux les apprécie; tout bon chrétien les adore.

Mais c'était, nous osons le dire, une impiété et une folie de vouloir soutenir ces prodiges, que Dieu daigna lui-même opérer en Judée, par des fables absurdes que des hommes inconnus ont inventées tant de siècles après.

La personne illustre qui étudia l'histoire avec nous, fut très-scandalisée qu'un jésuite, nommé Papebroke, prétendit avoir traduit un manuscrit grec qui contenait le martyre de saint Théodote, cabaretier, et de sept vierges âgées de soixante-douze ans chacune, que le gouverneur de la ville d'Ancyre condamna à livrer leur pucelage aux jeunes gens de la ville. Cette sentence portée contre ces sept vieilles, ou plutôt contre ces jeunes gens, était encore la plus simple et la moins merveilleuse anecdote de toute cette aventure. La légende de ce saint cabaretier, et de son ami le curé Frontin, est assez connue.

On arrache la langue à saint Romain, qui était bègue, et aussitôt il parle avec la plus grande volubilité; et l'auteur, grand physicien, remarque « qu'il est impossible de vivre sans langue : » ce qui rend le miracle plus beau.

Que dire de saint Paulin qui, voyant un possédé se promener la tête en bas, comme une mouche, à la voûte d'une église, envoya vite chercher des reliques de saint Félix de Nole? Dès qu'elles furent arrivées, le possédé tomba par terre.

Est-il possible qu'on ait écrit sérieusement que saint Denys l'aréopagite, étant venu d'Athènes à Paris, fut pendu à Montmartre; qu'il prêcha du haut de la potence dès qu'il fut étranglé, et qu'ensuite il porta sa tête entre ses bras, dès qu'il eut le cou coupé?

Nous pourrions citer trois morts ressuscités en un jour par saint Dominique; vingt-huit aveugles, quatre possédés, six lépreux, trois sourds, trois muets guéris, et quatre morts ressuscités, le tout par saint Victor.

Saint Maclou, pressé de ressusciter un mort, répond : « Qu'il attende que j'aie dit ma messe. » La messe finie, il le ressuscite : le mort demande à boire; soudain saint Maclou change de l'eau en vin, un caillou en gobelet, un balai en serviette. Le mort boit et reconnaît que ces

---

1. Matthieu, XVII, 2; Marc, IX, 1. (ÉD.) — 2. Matthieu, XXVII, 52, 53. (ÉD.)
3. Matthieu, XXVII, 45; Marc, XV, 33; Luc, XXIV, 44. (ÉD.)
4. *Actes des Apôtres*, II, 3. (ÉD.)

trois miracles sont en l'honneur de la Trinité. C'est là pourtant ce qu'écrivent les jésuites Ribadénéira et Antoine Girard dans la *Vie des Saints*.

On a écrit, et depuis la renaissance des lettres on a imprimé p.us de dix mille contes de cette force. Le bénédictin Ruinart nous en a donné de pareils dans ses prétendus *Actes sincères*, qui sont évidemment du XIII° siècle, et tous écrits du même style. C'est là qu'il renouvelle l'histoire du cabaretier Théodote et de la langue de Romain.

On rendit à la raison et à la religion le service de détruire ces fables : elles étaient encore si accréditées, qu'un jésuite nommé Nonotte prit leur défense, et fut même secondé par quelques écrivains.

Plusieurs regardaient comme un article de foi l'apparition du *labarum* dans les nuées. Ils ne savaient si c'était vers Besançon, ou vers Troie, ou vers Rome, et si l'inscription était en latin ou en grec; mais ils étaient sûrs de l'apparition.

Par quel excès de démence a-t-on écrit et répété si souvent que, dans l'année 287, au temps même que Dioclétien favorisait le plus notre sainte religion, lorsque les principaux officiers de son palais étaient chrétiens, lorsque sa femme était chrétienne, cet empereur fit couper la tête à toute une légion, appelée *Thébaine*, composée de six mille sept cents hommes, et cela parce qu'elle était chrétienne ? Nous avions anéanti cette fable impertinente attribuée à l'abbé Eucher, depuis évêque de Lyon, mort en 454, cent soixante-sept ans après cette aventure. Nous avions fait voir combien il était ridicule d'attribuer à cet évêque une rapsodie dans laquelle il est parlé, avant l'année quatre cent cinquante-quatre, du roi de Bourgogne Sigismond, qui mourut en 523. Cette ineptie était assez sensible. Nous avions prouvé qu'aucun auteur ne parla jamais d'une légion thébaine. Il y avait trois légions en Égypte; mais aucune n'était composée d'habitants de Thèbes. Cette prétendue légion n'avait pu arriver d'Orient en Occident par le Valais, comme on le dit : elle n'avait pu être entourée de troupes supérieures en nombre qui l'auraient égorgée dans le petit défilé d'Agaune, où l'on ne peut ranger deux cents hommes en bataille, et où la moitié d'une cohorte aurait aisément arrêté toutes les légions de l'empire romain. Ce monstrueux amas de bêtises méritait d'être développé, et il s'est trouvé un Nonotte qui les a défendues comme son bien propre. Il a intitulé son livre nos *Erreurs*, et il a trouvé des dévotes qui l'ont cru sur sa parole.

ARTICLE VII. — *De David, de Constantin, de Théodose, de Charlemagne, etc.*

Après les exemples continuels d'injustice, de cruauté, de meurtre, de brigandage, dont l'histoire de presque toutes les nations est surchargée, il nous parut utile et consolant de ne pas canoniser ces crimes chez les princes, de quelque religion qu'ils fussent. David était sans doute un bon juif; mais ce n'était pas une chose honnête (humai-

nement parlant) de se révolter contre son souverain [1]; de se mettre à
la tête de quatre cents voleurs; de rançonner, de piller ses compatriotes; de trahir à la fois sa patrie et le roitelet Achis, son bienfaiteur;
de massacrer tout dans les villages de ce bienfaiteur [2], jusqu'aux enfants à la mamelle, afin qu'il ne restât personne pour le dire; de faire
cuire dans des fours, de déchirer sous des herses de fer les habitants
de Rabath [3]; de scier le crâne et la poitrine aux autres Amorrhéens;
d'écraser sous des chariots leurs membres palpitants; de donner
sept enfants [4] du roi Saül, son maître, aux Gabaonites pour les pendre, etc., etc.

Plus nous étions touchés respectueusement de son repentir, plus il
nous sembla qu'en effet jamais repentir ne fut mieux fondé. Nous fûmes même très-étonnés qu'on chantât encore, dans quelques églises,
des hymnes attribuées à David, dans lesquelles il est dit : « Heureux
qui prendra tes petits enfants, et qui les écrasera contre la pierre!
(psaume 137 [5]). Que vos pieds soient teints de leur sang, et que la langue de vos chiens en soit abreuvée! (psaume 67 [6]). » On y peut chercher
un sens mystique; mais le sens naturel est dur. Il nous semble qu'on
aurait pu s'attacher aux psaumes qui enseignent la clémence plus qu'à
ceux qui célèbrent la cruauté. Nous respectâmes le texte; mais nous
ne pouvions fouler aux pieds la nature.

Le même esprit d'équité nous anima, quand nous nous crûmes
obligé de ne point dissimuler les crimes de Constantin, de Théodose,
de Clovis, etc. Ils favorisèrent le christianisme, nous en bénissons
Dieu; et si Constantin mourut arien après avoir tour à tour favorisé et
persécuté Athanase, on doit en être affligé, et adorer les décrets de la
Providence. Mais les meurtres de tous ses proches, de son fils même,
et de sa femme, n'étaient pas sans doute des actions chrétiennes.

Constantin, tout voluptueux qu'il était, s'était fait une telle habitude
de la férocité, qu'il la porta jusque dans ses lois. Dioclétien avait été
assez humain pour abolir la loi qui permettait aux pères de vendre leurs
enfants; Constantin rétablit cette loi barbare. Il permit aux citoyens
romains de faire leurs fils esclaves en naissant [7]. On dit, pour l'excuser, qu'il ne permit ce trafic qu'aux pauvres; mais il n'y a que les pauvres qui puissent être tentés de vendre leurs enfants. Il fallait les mettre à l'abri du besoin qui les forçait à ce commerce dénaturé; mais
l'assassin de son fils devait approuver qu'un père vendît les siens. Par
la même jurisprudence, il abolit les peines établies par les lois contre
les calomniateurs; c'est ce que nous soumettons au jugement de toutes les âmes honnêtes.

Nous ne pensâmes pas que Théodose eût suffisamment réparé le
massacre, si longtemps prémédité, des habitants de Thessalonique,
en n'allant point à la messe pendant quelques mois.

Pour Clovis, le jésuite Daniel lui-même convient qu'il fut plus mé-

---

1. *I Rois*, XXII, 2. (ÉD.) — 2. *Id.*, XXVII, 11. (ÉD.)
3. *II Rois*, XII, 31. (ÉD.) — 4. *II Rois*, XXII, 6, 8 et 9. (ÉD.)
5. Psaume CXXXVI, verset 9. (ÉD.) — 6. Verset 23. (ÉD.)
7. Cod. lib. *De patribus qui filios.*

chant après son baptême qu'auparavant. On est obligé d'avouer qu'il engagea un Cloderic, fils d'un roi de Cologne, à tuer son propre père, et que pour récompense il le fit assassiner lui-même, et s'empara de son petit État; qu'il trahit et assassina Ragnacaire, roi de Cambrai; qu'il en fit autant à un roi du Mans, nommé Renomer, et à quelques autres princes; après quoi il tint un concile d'évêques à Orléans. On ne lui reprocha, dans ce concile, aucun de ces assassinats : ils n'avaient été commis que sur des princes idolâtres.

Nous avons détesté le crime partout où nous l'avons trouvé; et si les infidèles et les hérétiques ont fait quelques bonnes actions, s'ils ont eu des vertus que saint Augustin appelle des *péchés splendides*, nous n'avons pas crû devoir les taire. L'empereur Julien fut sobre et chaste comme un anachorète, aussi brave que César, aussi clément que Marc-Aurèle, puisqu'il pardonna à douze chrétiens qui avaient comploté de l'assassiner, Il fallait ou en convenir ou être un sot; nous prîmes le premier parti. Un ex-jésuite de province, nommé Paulian, vient encore de répéter que Julien, blessé à mort au milieu de sa victoire, jeta son sang contre le ciel, et s'écria: *Tu as vaincu, Galiléen!* Rien n'éclairera donc jamais les ignorants! rien ne corrigera les gens de mauvaise foi! Ce n'était pas contre les Galiléens que ce grand homme combattait, c'était contre les Perses. Ce conte du calomniateur Théodoret est mis actuellement par tous les savants avec l'autre conte des femmes que Julien immola aux dieux pour obtenir leur protection dans cette guerre. Le bon sens rejette ces absurdités, et l'équité réprouve ces calomnies.

La raison est l'ennemie des faux prodiges. Les globes de feu qui sortirent des fondements du temple juif, lorsque Julien permit qu'on le rebâtît, sont avérés, disait-on, par Ammien Marcellin, auteur païen; et on nous allègue cette puérilité comme un témoignage que nos ennemis furent forcés de rendre à la vérité.

Nous exposâmes tout le ridicule de ce prodige. Nous montrâmes combien Ammien aimait le merveilleux, et à quel point il était crédule. On ne pouvait donner de nouveaux fondements au temple bâti par Hérode, puisque ces fondements de larges pierres de vingt-cinq pieds de long subsistent encore. Des globes de feu ne peuvent sortir de ces pierres, puisque jamais les flammes ne s'arrondissent en globes, et qu'elles s'élèvent toujours en spirales ou en cônes. D'ailleurs on sait que, dans ces temps-là, plusieurs villes de Syrie furent endommagées par des volcans souterrains, sans qu'il fût question de rebâtir un temple. On ajouta encore à ce prodige des globes de feu, ces petites croix enflammées qui s'attachaient aux vêtements des ouvriers. Voilà bien du merveilleux.

Il est évident que si Julien discontinua la construction du temple de Jérusalem, ce fut par d'autres raisons. Si les prétendus globes de feu l'en avaient empêché, il en aurait parlé dans sa lettre sur cette aventure. Voici cette lettre importante :

« Que diront les Juifs de leur temple, qui a été renversé trois fois, et qui n'est point encore rebâti? Ce n'est point un reproche que je

leur fais, puisque j'ai voulu moi-même relever ses ruines; je n'en
parle que pour montrer l'extravagance de leurs prophètes, qui trom-
paient de vieilles femmes imbéciles. « Quid de templo suo dicent,
« quod quum tertio sit eversum, nondum ad hodiernum usque diem
« instauratur? Hæc ego, non ut illis exprobrarem, in medium adduxi,
« utpote qui templum illud tanto intervallo a ruinis excitare volue-
« rim...; sed ideo commemoravi, ut ostenderem.... delirasse prophe-
« tas istos, quibus cum stolidis aniculis negotium erat. »

N'est-il pas clair par cette lettre que Julien, ayant d'abord eu la
condescendance de permettre que les Juifs achetassent le droit de bâtir
leur temple, comme ils achetaient tout, il changea d'avis ensuite, et
ne voulut pas qu'une nation si fanatique et si atroce eût un signal sacré de ralliement, et une forteresse au milieu de ses États? Une telle
explication est simple, naturelle, vraisemblable. Il ne faut point em-
brouiller par un miracle ce qu'on peut démêler par la raison. Nous
déplorons, encore une fois, nous détestons l'erreur de Julien, mais il
faut être équitable.

Si nous défendîmes la cause de Julien avec quelque chaleur, c'est
qu'en effet ce prince philosophe, qui était si dur pour lui-même, fut
très-indulgent pour les autres; c'est qu'étant à la tête d'un des deux
partis qui divisaient l'empire, il ne fit jamais couler le sang du parti
opposé au sien.

L'empereur Constance, son proche parent et son persécuteur, assassin de toute sa famille, avait toujours été sanguinaire. Julien fut le
plus tolérant des hommes, et l'unique chef de parti qui fût tolérant.

La Blétérie, qui, dans le dix-huitième siècle, a osé écrire une vie
de Julien avec quelque modération, et le défendre contre plusieurs
calomnies grossières dont on chargeait sa mémoire, n'a pas osé pourtant le justifier sur son attachement à l'ancienne religion de l'empire.
Il le représente comme un superstitieux qui croyait combattre une
autre superstition. Nous eûmes une autre idée de Julien; il était certainement un stoïcien rigide. Sa religion était celle du grand Marc-
Aurèle, et du plus grand Épictète. Il nous semblait impossible qu'un
tel philosophe adorât sincèrement Hécate, Pluton, Cybèle; qu'il crût
lire l'avenir dans le foie d'un bœuf; qu'il fût persuadé de la vérité
des oracles et des augures, dont Cicéron s'était tant moqué.

En un mot, l'auteur de la satire des *Césars* ne nous parut pas un
fanatique, c'est-à-dire un furieux imbécile. Une forte preuve, c'est
qu'il donna souvent bataille malgré des auspices que tous ces prêtres
croyaient funestes. Il courut même, en dépit d'eux, à son dernier
combat, où il fut tué au milieu de ses victoires.

L'auteur du livre de *la Félicité publique*[1], homme en effet digne de
la faire cette félicité, si elle était au pouvoir d'un sage, semble n'être
pas de notre avis en ce point; et par conséquent il nous a réduit à
nous défier longtemps de notre opinion. « Julien, dit-il, au lieu de

---

1. Le marquis de Chastellux. (Éd.)

montrer sur le trône un philosophe impartial, ne fit voir en lui qu'un païen dévot. »

Les apparences en effet sont quelquefois pour l'estimable auteur de *la Félicité publique*. Julien paraît trop zélé pour l'ancien culte de sa patrie; il fait trop de sacrifices; il est trop prêtre. Jules César, tout grand pontife qu'il était, sacrifiait beaucoup moins.

Mais qu'on se représente l'état de l'empire sous Julien : deux factions acharnées le partagent : l'une à la vérité, divine dans son principe, mais s'écartant déjà de son origine, par l'esprit de parti et par toutes les fureurs qui l'accompagnent; l'autre fondée sur l'erreur, et défendant cette erreur avec tout l'emportement qui se met à la place de la raison : même opiniâtreté des deux côtés, mêmes fraudes, mêmes calomnies, mêmes complots, mêmes barbaries, même rage La plupart des chrétiens, il faut l'avouer, éclairés d'abord par Dieu même, étaient aussi aveugles que ceux qu'on appela depuis païens.

Que pouvait faire un empereur politique entre ces deux factions, lorsqu'il s'était déclaré hautement pour la seconde? S'il n'avait pas montré un grand zèle pour son parti, ce parti lui eût reproché de n'en avoir pas assez; ce parti l'eût abandonné, et l'autre l'eût peut-être détrôné. Il fallait mener les païens avec les brides qu'ils s'étaient faites eux-mêmes. Qui a montré plus de zèle pour sa religion, qui a été plus assidu à des prêches et au chant des psaumes que le prince d'Orange Guillaume le Taciturne, fondateur de la république de Hollande, et Gustave-Adolphe, vainqueur de l'Allemagne? Cependant, il s'en fallait beaucoup que ces deux grands hommes fussent des enthousiastes.

L'Europe, et surtout le Nord, a le bonheur de posséder aujourd'hui des souverains éclairés et tolérants, dont aucun fanatisme n'obscurcit les lumières, dont aucune dispute théologique n'a égaré la raison, et qui tous savent très-bien distinguer ce que la politique exige et ce que la religion conseille. Il en est même qui n'ont ni cour, ni conseil, ni chapelle, et qui consument les journées entières dans le travail de la royauté. Mais qu'il s'élève dans leurs États une querelle de religion, une guerre intestine de fanatisme, telle qu'on en vit au temps de Julien; ou nous nous trompons fort, ou tous agiront comme lui.

Quant au nom d'apostat que des écrivains des charniers donnent encore à l'empereur Julien, il nous semble que ce sobriquet infâme ne lui convenait pas plus que le titre d'empereur chrétien à Constantin, qui ne fut baptisé qu'à sa mort. Julien, baptisé dans son enfance, eut le malheur de n'être chrétien que pour sauver sa vie. Il n'était pas plus chrétien que notre grand Henri IV et son cousin le prince de Condé ne furent catholiques, lorsqu'on les força d'aller à la messe après la Saint-Barthélemy. La ligue osa appeler ces princes relaps; ils ne l'étaient point, on les avait forcés. On força de même Julien à recevoir ce qu'on appelle l'un des quatre mineurs, à être lecteur dans l'église de Nicomédie; mais il est certain, par ses écrits, que dès lors il se livrait tout entier aux instructions de Libanius, le philosophe le plus entêté du paganisme.

Ce qu'on peut donc reprocher bien plus raisonnablement à cet empereur, c'est d'avoir été l'ennemi du christianisme dès qu'il put le connaître; et ce qu'il y a de plus déplorable, c'est qu'il était le plus beau génie de son temps, et le plus vertueux de tous les empereurs après les Antonins.

La Blétérie répète sérieusement le conte ridicule que Julien, dans ses opérations théurgiques, qui étaient visiblement une initiation aux mystères d'Éleusine, fit deux fois le signe de la croix, et que deux fois tout disparut. Cependant, malgré cette ineptie, La Blétérie a été lu, parce qu'il a été souvent plus raisonnable.

Au reste, nous osons dire qu'il n'est point de Français, et surtout de Parisiens, à qui la mémoire de Julien ne doive être chère. Il rendit la justice parmi nous comme Lamoignon; il combattit pour nous en Allemagne comme Turenne; il administra les finances comme un Rosni; il vécut parmi nous en citoyen, en héros, en philosophe, en père : tout cela est exactement vrai. On verse des larmes de tendresse quand on songe à tout le bien qu'il nous fit. Et voilà ce qu'un polisson[1] appelle *Julien l'Apostat*.

En admirant la sagesse de Charlemagne, fils d'un héros usurpateur, et son art de gouverner tant de peuples conquis, c'était assez d'être homme pour gémir des cruautés qu'il exerça envers les Saxons; et nous avouons que nous n'exprimâmes pas assez fortement notre horreur. Le tribunal veimique, qu'il institua pour persécuter ces malheureux, est peut-être ce qu'on inventa jamais de plus tyrannique. Des juges inconnus recevaient les accusations rédigées par un délateur, n'entendaient ni les témoins, ni les accusés, jugeaient en secret, condamnaient à la mort, envoyaient des bourreaux déguisés qui exécutaient leurs sentences. Cette cour d'assassins privilégiés se tenait à Ormound en Westphalie; elle étendit sa juridiction sur toute l'Allemagne et ne fut entièrement abolie que sous Maximilien Ier. C'est une vérité horrible dont peu d'auteurs parlent, mais qui n'en est pas moins avérée.

Que devait-on dire de l'iniquité dénaturée avec laquelle il dépouilla de leurs États les fils de son frère? La veuve fut obligée de fuir et d'emporter dans ses bras ses malheureux enfants chez Didier son frère, roi des Lombards. Que devinrent-ils, lorsque Charlemagne les poursuivit dans leur asile et s'empara de leurs personnes? Les secrétaires, les moines, qui fabriquaient des annales, n'osent le dire : nous nous taisons comme eux, et nous souhaitons que ce Karl n'ait pas traité son frère, sa sœur et ses neveux comme tant de princes en ces temps-là traitaient leurs parents. La foule des historiens a encensé la gloire de Charlemagne et jusqu'à ses débauches. Nous nous sommes arrêté la balance à la main; nous avons laissé marcher la foule, on nous a remarqué; on a voulu nous arracher notre balance, et nous avons continué de peser le juste et l'injuste.

Nous n'avons pu encore découvrir quel droit avait Charlemagne sur les États de son frère, ni quel droit son frère et lui, et Pépin leur

---

1. Nonotte. (ÉD.)

pèrs, avaient sur les États de la race d'Ildovic; ni quel droit avait Ildovic sur les Gaules et sur l'Allemagne, province de l'empire romain;
ni même quel droit l'empire romain avait sur ces provinces.

C'est immédiatement après Charlemagne que commença cette longue
querelle entre l'empire et le sacerdoce, qui a duré, à tant de reprises,
pendant plus de neuf siècles : guerre dans laquelle tous les rois furent
enveloppés; guerre tantôt sourde, tantôt éclatante, tour à tour ridicule et funeste, qui n'a semblé terminée que par l'abolition des jésuites, et qui pourrait recommencer encore, si la raison ne dissipait
pas aujourd'hui, presque partout, les ténèbres dans lesquelles nous
vons été plongés si longtemps.

ARTICLE VIII. — *D'une foule de mensonges absurdes qu'on a opposés
aux vérités énoncées par nous.*

Nous nous servons rarement du grand mot *certain* : il ne doit guère
être employé qu'en mathématiques, ou dans ces espèces de connaissances, *je pense, je souffre, j'existe, deux et deux font quatre.* Cependant, si l'on peut quelquefois employer ce mot en fait d'histoire, nous
crûmes certain, ou du moins extrêmement probable,

Que les premiers étrangers qui prirent et qui saccagèrent Constantinople furent les croisés, qui avaient fait serment de combattre pour
elle;

Que les premiers rois francs avaient plusieurs femmes en même
temps; témoin Gontran, Caribert, Childebert, Sigebert, Chilpéric,
Clotaire, comme le jésuite Daniel l'avoue lui-même;

Que le comble du ridicule est ce qu'on a inséré dans l'histoire de
Joinville, que les émirs mahométans et vainqueurs offrirent la couronne d'Égypte à saint-Louis leur ennemi, vaincu, captif, chrétien,
ignorant leur langue et leurs lois;

Que toutes les histoires écrites dans ce goût doivent être regardées
comme celle des quatre fils Aymon;

Que la croyance de l'Église romaine, après le temps de Charlemagne,
était différente de celle de l'Église grecque en plusieurs points importants, et l'est encore;

Que, longtemps après Charlemagne, l'évêque de Rome, toujours élu
par le peuple, selon l'usage de toutes les Églises, toutes républicaines,
demandait la confirmation de son élection à l'exarque; que le clergé
romain était tenu à l'exarque suivant cette formule : « Nous vous supplions d'ordonner la consécration de notre père et pasteur; »

Que le nouvel évêque était par le formulaire obligé d'écrire à l'é-
vêque de Ravenne, et qu'enfin, par une conséquence indubitable,
l'évêque de Rome n'avait encore aucune prétention sur la souveraineté
de cette ville;

Que la messe était très-différente du temps de Charlemagne de ce
qu'elle avait été dans la primitive Église; car tout changea suivant les
temps, suivant les lieux et suivant la prudence des pasteurs. Du temps
des apôtres on s'assemblait le soir pour manger la cène, le souper du

Seigneur (*Paul aux Corinth.*[1]). On demeurait dans la fraction du pain (*Act.*, chap. II[2]).. Les disciples étaient assemblés pour rompre le pain (*Act.*, chap. xx[3]). L'Église romaine, dans la basse latinité, appelle *missa* ce que les Grecs appelaient *synaxe*. On prétend que ce mot *missa*, messe, venait de ce qu'on renvoyait les catéchumènes, qui, n'étant pas encore baptisés, n'étaient pas encore dignes d'assister à la messe. Les liturgies étaient différentes; et cela ne pouvait alors être autrement; une assemblée de chrétiens en Chaldée ne pouvait avoir les mêmes cérémonies qu'une assemblée en Thrace. Chacun faisait la commémoration du dernier souper de notre Seigneur en sa langue. Ce fut vers la fin du second siècle que l'usage de célébrer la messe le matin s'établit dans presque toutes les églises.

Le lendemain du sabbat, on célébrait nos saints mystères pour ne se pas rencontrer avec les juifs. On lisait d'abord un chapitre des Évangiles; une exhortation du célébrant suivait; tous les fidèles, après l'exhortation, se baisaient sur la bouche en signe de fraternité qui venait du cœur; puis on posait sur une table du pain, du vin et de l'eau; chacun en prenait, et on portait du pain et du vin aux absents. Dans quelques églises de l'Orient, le prêtre prononçait les mêmes paroles par lesquelles on finissait les anciens mystères : paroles que notre divine religion avait retenues et consacrées : *Veillez et soyez purs.* Tous ces rites changèrent : le rite grégorien ne fut point le rite ambroisien. Le baptême, qui était le plongement dans l'eau, ne fut bientôt dans l'Occident qu'une légère aspersion : les barbares du Nord devenus chrétiens, n'ayant ni peintres ni sculpteurs, ignorèrent le culte des images. L'Église grecque différa surtout de l'Église romaine en dogmes et en usages.

Jusqu'au temps de Charlemagne, il n'y eut point ce qu'on appelle de messe basse. Les formules qui subsistent encore nous le prouvent assez. On n'aurait pas souffert alors qu'un seul homme officiât, aidé d'un petit garçon qui lui répond et qui le sert : les évêques eurent cette condescendance pour les grands seigneurs et pour les malades. Enfin les religieux mendiants dirent des messes basses pour de l'argent, et l'abus vint au point que le jésuite Emmanuel Sa dit dans ses aphorismes : « Si un prêtre a reçu de l'argent pour dire des messes, il peut les affermer à d'autres à un moindre prix et retenir pour lui le surplus. » « Cui datur certa pecunia pro missis a se dicendis, potest alios minore pretio conducere, et reliquum sibi retinere[4]. »

Nous dîmes que la confession de ses fautes était de la plus haute antiquité; que le repentir fut la première ressource des criminels; que ce repentir et cette confession furent exigés dans tous les mystères d'Égypte, de Thrace et de Grèce; que l'expiation suivait la confession, etc.

1. *I Aux Corinthiens*, XI, 20, 33. (ÉD.) — 2. Verset 42. (ÉD.) — 3. *Id.*, 7. (ÉD.)
4. L'abbé Prévost s'était engagé à dire une messe tous les matins moyennant vingt sous; il la céda à l'abbé de Laporte qui se contenta de quinze sous. Au bout de quelque temps, l'abbé Raynal se chargea de dire cette messe moyennant huit sous que lui donnait l'abbé de Laporte. (*Note de M. Beuchot.*)

La fable même imita l'histoire en ce point si nécessaire aux hommes. Apollonius de Rhodes rapporte que Médée et Jason, coupables de la mort d'Absyrte, allèrent se faire expier dans l'Æa par Circé, reine et prêtresse de l'île, et tante de Médée. Jason, en arrivant au foyer sacré de la maison de Circé, enfonça son épée en terre; ce qui signifiait que sa femme et lui avaient commis un crime avec l'épée et qu'ils avaient répandu le sang innocent sur la terre. Après quoi Circé les expia tous deux avec les lustrations usitées chez elle. Peut-être même cette ancienne fable n'est pas si fable qu'on le croit.

On sait que Marc-Aurèle, le plus vertueux des hommes, se confessa en s'initiant aux mystères de Cérès. Cette pratique salutaire eut ses abus : ils furent poussés au point qu'un Spartiate voulant s'initier, et le prêtre voulant le confesser : *Est-ce à Dieu ou à toi que je parlerai?* dit le Spartiate.—*A Dieu*, répondit l'autre.—*Retire-toi donc, ô homme!*

Les Juifs étaient obligés par la loi d'avouer leur délit lorsqu'ils avaient volé leur frère et de restituer le prix du larcin avec un cinquième par-dessus. Ils confessaient en général leurs péchés contre la loi, en mettant la main sur la tête d'une victime. Buxtorf nous apprend que souvent ils prononçaient une formule de confession générale, composée de vingt-deux mots, et qu'à chaque mot on leur plongeait la tête dans une cuvette d'eau froide; que souvent aussi ils se confessaient les uns aux autres; que chaque pénitent choisissait son parrain, qui lui donnait trente-neuf coups de fouet et qui en recevait autant de lui à son tour. Enfin l'Église chrétienne sanctifia la confession. On sait assez comment les confessions et les pénitences furent d'abord publiques; quel scandale il arriva sous le patriarche Nectaire, qui abolit cet usage; comment la confession s'introduisit ensuite peu à peu dans l'Occident. Les abbés confessèrent d'abord leurs moines[1]; les abbesses mêmes eurent ce droit sur leurs religieuses.

Saint Thomas dit expressément dans sa Somme[2] : « Confessio, ex « defectu sacerdotis, laico facta, sacramentalis est quodammodo. » « Confession à un laïque, au défaut d'un prêtre, est comme sacrement. »

Saint Basile fut le premier qui permit aux abbesses d'administrer la confession à leurs religieuses et de prêcher dans leurs églises. Innocent III, dans ses lettres, n'attaqua point cet usage. Le P. Martène, savant bénédictin, parle fort au long de cet usage, dans ses *Rites de l'Église*. Quelques jésuites, et surtout un Nonotte, qui n'avaient lu ni Basile, ni Martène, ni les *Lettres d'Innocent III*, que nous avons lues dans l'abbaye de Sénones, où nous séjournâmes quelque temps dans nos voyages entrepris pour nous instruire, s'élevèrent contre ces vérités. Nous nous moquâmes un peu d'eux. Il faut l'avouer : notre amour extrême de la vérité n'exclut pas les faiblesses humaines.

C'est une chose rare que cette persévérance d'ignorance et de hauteur avec laquelle ces bons Garasses nous attaquèrent sans relâche, et sans savoir jamais un mot de l'état de la question.

---

1. Voy. le *Dictionnaire philosophique*, au mot CONFESSION.
2. Tome III, page 255, *Supplem. tertiæ partis*, Quæstio VIII, art. 2.

Nous fûmes obligé d'approfondir l'étonnante aventure de la pucelle d'Orléans, sur laquelle nous avions recueilli beaucoup de mémoires. Il fallut revenir sur une Marie d'Aragon, prétendue femme de l'empereur Othon III, qu'on fit passer, dit *la Légende*, pieds nus, sur des fers ardents. Il fallut leur prouver que la ville de Livron, en Dauphiné, fut assiégée par le maréchal de Bellegarde, qui leva le siége sous Henri III. Ils n'en savaient rien et ils criaient que Livron n'avait jamais été une ville, parce que ce n'est aujourd'hui qu'un bourg. La chose n'est pas bien importante, mais la vérité est toujours précieuse.

Il fallut soutenir l'honneur de notre corps calomnié, et faire voir que Lognac, le chef des assassins qui massacrèrent le duc de Guise, n'avait jamais été du nombre des gentilshommes ordinaires de la chambre du roi; qu'il était un de ces *gentilshommes d'expédition*, fournis par le duc d'Épernon et payés par lui. Nous en avions cherché et trouvé des preuves dans les registres de la chambre des comptes.

Quelle perte de temps, quand nous fûmes forcé de leur prouver que la terre d'Yesso n'avait point été découverte par l'amiral Drake! Et le petit nombre des lecteurs qui pouvaient lire ces discussions disait : « Qu'importe ? »

Enfin, dans deux volumes de nos *Erreurs*, ils trouvèrent le secret de ne pas mettre un seul mot de vérité.

Que firent-ils alors ? Ils nous appelèrent hérétique et athée. Ils envoyèrent leur libelle au pape; ils s'adressaient mal. Le pape n'a pas accueilli, depuis peu, bien gracieusement leurs libelles.

Le jésuite Patouillet minuta contre nous un mandement d'évêque, dans lequel il nous traitait de vagabond, quoique nous demeurassions depuis vingt ans dans notre château; et d'écrivain mercenaire, quoique nous eussions fait présent de tous nos ouvrages à nos libraires. Le mandement fut condamné, pour d'autres considérations plus sérieuses, à être brûlé par le bourreau. Nous continuâmes à chercher la vérité.

ARTICLE IX. — *Éclaircissements sur quelques anecdotes.*

Nous pensâmes toujours qu'il ne faut jamais répondre à ses critiques, quand il s'agit de goût. Vous trouvez *la Henriade* mauvaise, faites-en une meilleure. *Zaïre, Mérope, Mahomet, Tancrède*, vous paraissent ridicules; à la bonne heure. Quant à l'histoire, c'est autre chose. L'auteur à qui on conteste un fait, une date, doit se corriger s'il a tort, ou prouver qu'il a raison. Il est permis d'ennuyer le public, il n'est pas permis de le tromper.

Notre esquisse de l'*Essai sur l'Histoire des mœurs et l'esprit des nations* fut terminée par celle du grand siècle de Louis XIV. Nous ne cherchâmes que le vrai; et nous pouvons assurer que jamais l'histoire contemporaine ne fut plus fidèle. On nous nia d'abord l'anecdote de l'homme au masque de fer, et il est très-utile que de tels faits ne passent pas sans contradiction. Celui-ci fut reconnu aussi véritable qu'il était extraordinaire; vingt auteurs s'égarèrent en conjectures; et nous ne hasardâmes jamais notre opinion sur ce fait avéré, dont il n'est aucun exemple dans l'histoire du monde.

Les préjugés de l'Europe et de tous les écrivains s'élevaient contre nous, lorsque nous assurâmes que Louis XIV n'avait eu aucune part au testament de Charles II, roi d'Espagne, en faveur de la maison de France : cette vérité fut confirmée par les *Mémoires* de M. de Torci et par le temps.

C'est le temps qui nous a aidé à ouvrir les yeux du public sur ce débordement de calomnies absurdes qui se répandit partout vers les derniers jours de Louis XIV, contre le duc d'Orléans, régent de France.

Les Nonotte nous soutinrent que l'archevêque de Cambrai, Fénelon, n'avait jamais fait ces vers agréables et philosophiques sur un air de Lulli :

> Jeune, j'étais trop sage,
> Et voulais trop savoir :
> Je n'ai plus en partage
> Que badinage,
> Et touche au dernier âge
> Sans rien prévoir.

On les avait insérés dans une édition de Mme Guyon; et lorsque M. de Fénelon, ambassadeur en Hollande, fit imprimer le *Télémaque* de son oncle, ces vers furent restitués à leur auteur : on les imprima dans plus de cinquante exemplaires, dont un fut en notre possession. Quelques lecteurs craignirent que ces vers innocents ne donnassent un prétexte aux jansénistes d'accuser l'auteur qui avait écrit contre eux de s'être paré d'une philosophie trop sceptique, et furent cause qu'on retrancha ce madrigal du reste de l'édition du *Télémaque*. C'est de quoi nous fûmes témoin. Mais les cinquante exemplaires existent; qu'importe d'ailleurs que l'auteur d'un beau roman ait fait ou non une chanson jolie ?

Faisons ici l'aveu que toutes ces vérités historiques, qui ne peuvent intéresser que quelques curieux dans un petit canton de la terre, ne méritent pas d'être comparées aux vérités mathématiques et physiques qui sont nécessaires au genre humain. Cependant les querelles sur ces bagatelles ont été souvent vives et fatales. Les disputes sur la physique sont moins dangereuses; ce sont des procès dont il y a peu de juges : mais, en fait d'histoire, le plus borné des hommes peut vous chicaner sur une date, déterrer un auteur inconnu qui a pensé différemment de vous, abuser d'un mot pour vous rendre suspect. Un moine, si vous n'avez pas flatté son ordre, peut calomnier impunément votre religion. Un parlement même était ulcéré, si vous aviez décrit les folies et les fureurs de la Fronde.

ARTICLE X. — *De la philosophie de l'histoire.*

Lorsque, après avoir conduit notre *Essai sur les mœurs et l'esprit des nations* depuis l'établissement du christianisme jusqu'à nos jours, nous fûmes invité à remonter aux temps fabuleux de tous les peuples, et à lier, s'il était possible, le peu de vérités que nous trouvâmes dans les temps modernes aux chimères de l'antiquité, nous nous gardâmes bien de nous charger d'une tâche à la fois si pesante et si frivole; mais nous tâchâmes, dans un discours préliminaire qu'on intitula *Philosophie de l'histoire*, de démêler comment naquirent les principales opinions qui unirent des sociétés, qui ensuite les divisèrent, qui en armèrent plusieurs les unes contre les autres. Nous cherchâmes toutes ces origines dans la nature; elles ne pouvaient être ailleurs. Nous vîmes que, si on fit descendre Tamerlan d'une race céleste, on avait donné pour aïeux à Gengis-kan une vierge et un rayon du soleil. Manco-Capac s'était dit de la même famille en Amérique. Odin, dans les glaces du Nord, avait passé pour le fils d'un dieu; Alexandre, longtemps auparavant, essaya d'être le fils de Jupiter, dût-il brouiller, comme on le dit, sa mère avec Junon; Romulus passa chez les Romains pour le fils de Mars. La Grèce, avant Romulus, fut couverte d'enfants des dieux. La fable de l'Arabe Bak ou Bacchus, à qui on donna cent noms différents, est le plus ancien exemple qui nous soit resté de ces généalogies. D'où put venir cette conformité d'orgueil et de folie entre tant d'hommes séparés par la distance des temps et des lieux, si ce n'est de la nature humaine partout orgueilleuse, partout menteuse, et qui veut toujours en imposer? Ce fut donc en consultant la nature que nous tâchâmes de porter quelque faible lumière dans le ténébreux chaos de l'antiquité.

Il ne faut pas s'enquérir quel est le plus savant, dit Montaigne, mais quel est le mieux savant. Il a plu à M. Larcher, très-savant homme, à la manière ordinaire, de combattre notre philosophie par son autorité [1]. Ainsi il était impossible que nous nous rencontrassions.

Nous avions, parmi les contes d'Hérodote, trouvé fort ridicule, avec tous les honnêtes gens, le conte qu'il nous fait des dames de Babylone, obligées par la loi sacrée du pays d'aller une fois dans leur vie se prostituer aux étrangers, pour de l'argent, au temple de Milita. Et M. Larcher nous soutenait que la chose était vraie, puisque Hérodote l'avait dite. Il joint pourtant une raison à cette autorité; c'est qu'on avait dans d'autres pays sacrifié des enfants aux dieux, et qu'ainsi on pouvait bien ordonner que toutes les dames de la ville la plus opulente et la plus policée de l'Orient, et surtout des dames de qualité, gardées par des eunuques, se prostituassent dans un temple.

Mais il ne réfléchissait pas que si la superstition immola des victimes humaines dans de grands dangers et dans de grands malheurs, ce n'est pas une raison pour que les législateurs ordonnent à leurs femmes et à leurs filles de coucher avec le premier venu, dans un temple ou dans la sacristie, pour quelques deniers. La superstition est souvent très-barbare; mais la loi n'attaque jamais l'honnêteté publique, surtout quand cette loi se trouve d'accord avec la jalousie des maris, et avec les intérêts et l'honneur des pères de famille.

---

1. L'ouvrage de Larcher est intitulé : *Supplément à la philosophie de l'histoire*. Voltaire y répondit par la *Défense de mon oncle*. (ÉD.)

M. Larcher voulut donc nous démontrer que les maris prostituaient leurs femmes dans Babylone, et que les mères en faisaient autant de leurs filles. Sa raison était que Sextus Empiricus et quelques poëtes latins ont dit qu'il fallait absolument qu'un mage en Perse fût né de l'inceste d'un fils avec sa mère. On eut beau lui remontrer que cette calomnie des Grecs et des Romains contre les Perses, leurs ennemis, ressemble à tous les contes que notre peuple fait encore tous les jours des Turcs, et de Mahomet II, et de Mahomet le prophète; M. Larcher n'en démordit point, et préféra toujours les vieux auteurs à la vérité ancienne et moderne.

Il nous traita d'homme ignorant et dangereux, parce que nous osions douter des cent portes de la ville de Thèbes, des dix mille soldats qui sortaient par chaque porte avec deux cents chars armés en guerre. Il est persuadé que le prétendu Concosis, père du prétendu Sésostris, pour accomplir un de ses songes, et pour obéir à un de ses oracles, destina son fils, dès le jour de sa naissance, à conquérir le monde entier; que, pour parvenir à ce bel exploit, il fit élever auprès de Sésostris tous les petits garçons nés le même jour où naquit son fils; que, pour les accoutumer à conquérir le monde, il les faisait courir à jeun huit de nos grandes lieues, ou quatre, comme on voudra, sans quoi ils n'avaient point à déjeuner.

Quand ils furent en âge d'aider Sésostris à sa conquête, ils étaient dix-sept cents qui avaient environ vingt ans. Il en était mort le tiers, selon les supputations de la vie humaine les plus modérées. Ainsi il était né en Égypte deux mille deux cent soixante et six garçons le même jour que Sésostris. Un pareil nombre de filles devait aussi être né ce jour-là; ce qui fait quatre mille cinq cent trente-deux enfants.

Or, comme il n'est pas probable que le jour de la naissance de Sésostris fût plus fécond que les autres, il suit évidemment qu'au bout de l'année il était né un million six cent cinquante-quatre mille cent quatre-vingts Égyptiens.

Si vous multipliez ce nombre par trente-quatre, selon la méthode de M. Kersebaum, reconnue très-exacte en Hollande, vous trouverez que l'Égypte était peuplée de cinquante-six millions deux cent quarante-deux mille cent vingt personnes. Il est vrai qu'elle n'en a jamais eu, depuis qu'elle est connue, qu'environ trois millions, et que son terrain cultivable n'est pas le tiers du terrain cultivable de la France.

Enfin Sésostris partit avec une armée de cent mille hommes, et vingt-sept mille chars de guerre. Le pays, à la vérité, a toujours eu peu de chevaux et très-peu de bois de construction; mais ces difficultés n'embarrassent jamais les héros qui montent à cheval pour subjuguer la terre, et pour obéir à un oracle. Elles n'embarrassent pas plus M. Larcher notre adversaire.

Nous ne répéterons point ici les grosses injures de savant qu'il prodigue à propos des velus et du bouc de Mendès, et de *Sanctus Socrates pæderasta*, dont il nous flatte qu'il parlera encore, et des autres injures qu'il répète d'après M. Warburton, aussi grand compilateur que lui de fatras et d'injures. Mais il nous est permis de répéter aussi que le savant M. Warburton a prétendu donner pour la plus grande preuve de la mission divine de Moïse, que Moïse n'avait jamais enseigné l'immortalité de l'âme. Nous ne sommes point de l'avis de M. l'évêque Warburton; nous croyons l'âme immortelle; nous pensons, comme de raison, que Moïse devait avoir la même croyance; et si l'âme de M. Larcher est mortelle, c'est à eux à le prouver. Ces disputes ne doivent point altérer la charité chrétienne; mais aussi cette charité peut admettre quelques plaisanteries, pourvu qu'elles ne soient point trop fortes.

ARTICLE XI. — *Calomnies contre Louis XIV.*

Il est des faits plus graves, des calomnies plus atroces qui attaquent les rois et les nations, et qui exigent des réfutations plus complètes et plus réitérées. C'était un devoir essentiel à l'auteur du *Siècle de Louis XIV*, historiographe de France, de repousser les injures affreuses vomies contre la mémoire de Louis XIV et contre Louis XV, par un Français alors réfugié[1], et apprenti pasteur à Genève, et indigne également de ses deux patries.

Nous dîmes, nous persistons à dire, et nous redirons dans toutes les occasions, que ces odieux libelles, tout méprisables qu'ils sont, ne laissent pas de pénétrer dans l'Europe, du moins pour quelque temps, par cela même qu'ils sont calomnieux; leur scélératesse leur tient lieu quelquefois de mérite auprès des esprits ignorants et pervers. Si on multiplie les impostures, il faut bien multiplier aussi les réponses.

Nous remettons donc ici sous les yeux du lecteur une partie de ce que nous écrivîmes alors, moins en faveur de Louis XIV qu'en faveur de la vérité.

Extrait d'un Mémoire sur les calomnies contre Louis XIV, et contre Sa Majesté régnante, et contre toute la famille royale, et contre les principaux personnages de la France. — Les gens de lettres savent assez qu'un nommé Langleviel-La-Beaumelle vendit à Francfort, en 1753, au libraire Esslinger, une édition du *Siècle de Louis XIV*, falsifiée et chargée de ses notes; qu'il travestit en libelle diffamatoire un ouvrage entrepris pour l'honneur et l'encouragement de la nation française.

C'est dans ces notes que l'on trouve[2] « qu'un roi qui veut le bien est un être de raison, et que Louis XIV ne réalisa jamais cette chimère[3]; que les libéralités de Louis XIV sont tout ce qu'il y a de plus beau dans sa vie[4]; que la politesse de la cour de Louis XIV est un être de raison. — Que Louis XIV avait peu de religion[5]; que le roi n'employait le maréchal de Villars que par faiblesse[6]; qu'il faut que les écrivains sévissent contre Chamillart et les autres ministres. »

On n'ose répéter ici ce qu'il dit contre la famille royale et contre le

---

1. Langleviel, dit La Beaumelle, reçu par le pasteur Larive, en 1745, le 12 octobre. — 2. Tome I, page 184. — 3. Page 193. — 4. Page 211. — 5. Page 275. — 6 Tome II, page 173.

duc d'Orléans, page 346 et suivantes. Ce sont des calomnies si abominables et si absurdes qu'on souillerait le papier en les copiant. On croira sans peine qu'un homme assez dépourvu de sens et de pudeur pour vomir tant de calomnies, n'a pas assez de science pour ne pas tomber à chaque page dans les erreurs les plus grossières; mais c'est une chose curieuse que le ton de maître dont il les débite.

Il ne s'en est pas tenu là; il a répété les mêmes outrages et les mêmes absurdités dans les prétendus Mémoires qu'il a donnés de Mme de Maintenon.

Ce sont surtout les mêmes outrages à Louis XIV, à tous les princes, et à toutes les dames de sa cour.

[1] « Qui a loué Louis XIV? dit-il; les sages, les politiques, les bons chrétiens, les bons Français? non; un tas de moines sans esprit et sans âme, des évêques, des ministres, qui ne connaissaient en France d'autre loi que le bon plaisir du maître. »

Il feint d'avoir écrit ces mémoires pour honorer Mme de Maintenon, et ce n'est qu'un libelle contre elle et contre la maison de Noailles; il ramasse tous les vers infâmes qu'on a faits sur elle.

Il imprime de vieux noëls remplis des plus grossières ordures contre le roi, la dauphine et toutes les princesses.

Il attribue à Mme de Maintenon une parodie impie du *Décalogue*, dans laquelle on trouve ces vers :

Ton mari cocu tu feras[2],
Et ton bon ami mêmement.
A table en soudard tu boiras
De tout vin généralement.

On n'imputerait pas de pareils vers à la veuve du cocher de Vertamont, et c'est ce qu'on ose mettre sur le compte de la femme la plus polie et la plus décente.

On passe sous silence tous les contes faits pour des femmes de chambre, dont ses rapsodies sont pleines. A la bonne heure qu'un homme sans éducation écrive des sottises; mais de quel front ose-t-il prétendre que le roi écrivit à M. d'Avaux, au sujet de l'évasion des protestants[3] : *Mon royaume se purge*; et que M. d'Avaux lui répondit : *Il deviendra étique*, etc.? Nous avons les lettres de M. d'Avaux au roi, et ses réponses; il n'y a certainement pas un mot de ce que cet homme avance.

Comment peut-il être assez ignorant de tous les usages et de toutes les choses dont il parle, pour dire qu'au temps de la révocation de l'édit de Nantes[4], « le roi étant à la promenade en carrosse avec Mme de Maintenon, Mlle d'Armagnac et M. Fagon, son premier médecin, la conversation tomba sur les vexations faites aux huguenots, etc. ? » Assurément ni Louis XIV ni Louis XV n'ont été en carrosse à la promenade, ni avec leur médecin ni avec leur apothicaire. Fagon, d'ailleurs, ne fut premier médecin du roi qu'en 1693. A l'égard de la prin-

1. *Mémoires de Maintenon*, t. IV, p. 99. — 2. *Ibid.*, t. VI, p. 123.
3. *Id.*, t. III, p. 30. — 4. *Ibid.*, p. 36.

cesse d'Armagnac dont il parle, elle était née en 1678, et, n'ayant alors que sept ans, elle ne pouvait aller familièrement en carrosse à une promenade avec le roi et Fagon, en 1685.

C'est avec la même érudition de cour qu'il dit que le P. Ferrier « se fit donner la feuille des bénéfices qu'avait auparavant le premier valet de chambre; » que l'archevêque de Paris dressa l'acte de célébration du mariage du roi avec Mme de Maintenon, et qu'à sa mort on trouva sous la clef « quantité de vieilles culottes, dans l'une desquelles était cet acte[1]. »

Il connaît l'histoire ancienne comme la moderne. Pour justifier le mariage du roi avec Mme de Maintenon, il dit[2] que « Cléopatre, déjà vieille, enchaîna Auguste. »

Chaque page est une absurdité ou une imposture. Il réclame le témoignage de Burnet, évêque de Salisbury, et lui fait dire joliment que « Guillaume III, roi d'Angleterre, n'aimait que les portes de derrière. » Jamais Burnet n'a dit cette infamie; il n'y a pas un seul mot dans aucun de ses ouvrages qui puisse y avoir le moindre rapport.

S'il se bornait à dire au hasard des inepties sur des choses indifférentes, on aurait pu l'abandonner au mépris dont les auteurs de pareilles indignités sont couverts : mais qu'il ose dire que Mgr le duc de Bourgogne, père du roi, trahit le royaume dont il était héritier[3], « et qu'il empêcha que Lille ne fût secourue, » lorsque cette place était assiégée par le prince Eugène; c'est un crime que les bons Français doivent au moins réprimer, et une calomnie ridicule qu'un historiographe de France serait coupable de ne pas réfuter.

Et sur quoi fonde-t-il cette noire imposture? Voici ses paroles : « Le roi entra chez Mme de Maintenon, et, dans le premier mouvement de sa joie, lui dit : « Vos prières sont exaucées, madame; Vendôme tient « mes ennemis. Lille sera délivrée, et vous serez reine de France. » Ces paroles furent entendues et répétées; monseigneur les sut : il trembla pour la gloire de la famille royale; et pour parer le coup qui la menaçait, il écrivit à Mgr le duc de Bourgogne, qui aimait son père autant qu'il craignait son aïeul, *qu'à son retour il trouverait deux maîtres.* Mme la duchesse de Bourgogne conjura son époux de ne pas contribuer à lui donner pour souveraine une femme née tout au plus pour la servir. Le prince, ébranlé par ces instances, empêcha que Lille ne fût secourue. »

On demande où ce calomniateur du père du roi a trouvé ces paroles de Louis XIV : « Vous serez reine de France : » était-il dans la chambre? quelqu'un les a-t-il jamais rapportées? ce mensonge n'est-il pas aussi méprisable que celui qu'il ajoute ensuite[4] : « De là ces billets que les ennemis jetaient parmi nous : « Rassurez-vous, Français, elle « ne sera pas votre reine, nous ne lèverons pas le siége? »

Comment une armée jette-t-elle des billets dans une ville assiégée? Peut-on joindre plus de sottises à plus d'horreurs?

---

1. *Mémoires de Maintenon*, t. III, p. 48. — 2. *Ibid.*, p. 75.
3 *Ibid.*, t. IV, p. 109. — 4. *Ibid.*, p. 110.

Après avoir tenté de jeter cet opprobre sur le père du roi, il vient à son grand-père; il veut lui donner des ridicules; il lui fait épouser [1] Mlle Chouin; il lui donne un fils de la Raisin au lieu d'une fille; et, aussi instruit des affaires des citoyens que de celles de la famille royale, il avance que ce fils serait mort dans la misère, si le trésorier de l'extraordinaire des guerres, La Jonchère, ne lui avait pas donné sa sœur en mariage. Enfin, pour couronner cette impertinence, il confond ce trésorier avec un autre La Jonchère, sans emploi, sans talents, et sans fortune, qui a donné, comme tant d'autres, un projet ridicule de finance en quatre petits volumes.

Il fallait bien qu'ayant ainsi calomnié tous les princes, il portât sa fureur sur Louis XIV. Rien n'égale l'atrocité avec laquelle il parle du marquis de Louvois [2]; il ose dire que ce ministre craignait que le roi ne l'*empoisonnât* [3]. Ensuite voici comme il s'exprime : « Au sortir du conseil il rentre dans son appartement, et boit un verre d'eau avec précipitation; le chagrin l'avait déjà consumé; il se jette dans un fauteuil, dit quelques mots mal articulés, et expire. Le roi s'en réjouit, et dit que cette année l'avait délivré de trois hommes qu'il ne pouvait plus souffrir, Seignelai, La Feuillade, et Louvois. »

Il est inutile de remarquer que MM. de Seignelai et de Louvois ne moururent point la même année. Une telle remarque serait convenable s'il s'agissait d'une ignorance; mais il est question du plus grand des crimes, dont un enragé ose soupçonner un roi honnête homme; et ce n'est pas la seule fois qu'il a osé parler de poison dans ses abominables libelles. Il dit dans un endroit [4] que le grand-père de l'impératrice-reine avait des empoisonneurs à gages; et, dans un autre endroit, il s'exprime sur l'oncle de son propre roi d'une façon si criminelle, et en même temps si folle, que l'excès de sa démence prévalant sur celui de son crime, il n'en a été puni que par six mois de cachot.

Mais, à peine sorti de prison, comment réparera-t-il des crimes qui, sous un ministère moins indulgent, l'auraient conduit au supplice? Il fait publier un libelle intitulé *Lettres de M. de La Beaumelle*, à Londres, chez Jean Nourse, 1763. C'est là surtout qu'il aggrave ses calomnies contre le prédécesseur de son roi.

Ce n'est pas assez pour ce monstre de soupçonner Louis XIV d'avoir empoisonné son ministre. L'auteur du *Siècle de Louis XIV* avait dit dans un écrit à part [5] : « Je défie qu'on me montre une monarchie dans laquelle les lois, la justice distributive, les droits de l'humanité, aient été moins foulés aux pieds, et où l'on ait fait de plus grandes choses pour le bien public, que pendant les cinquante-cinq années où Louis XIV régna par lui-même. »

Cette assertion était vraie; elle était d'un citoyen, et non d'un flatteur. La Beaumelle, l'ennemi de l'auteur du *Siècle de Louis XIV*, qui

1. *Mémoires de Maintenon*, t. IV, p. 200. — 2. *Ibid.*, t. III, p. 269.
3. *Ibid.*, p. 271.
4. Tome II, pages 347 et 348 du *Siècle de Louis XIV*, falsifié par La Beaumelle.
5. *Supplément au Siècle de Louis XIV*. (ÉD.)

n'a jamais eu que de tels ennemis; La Beaumelle, dis-je, dans sa xxiii° lettre, page 88, dit : « Je ne puis relire ce passage sans indignation, quand je me rappelle toutes les injustices générales et particulières que commit le feu roi. Quoi! Louis XIV était juste, quand il ramenait tout à lui-même ; quand il oubliait (et il oubliait sans cesse) que l'autorité n'était confiée à un seul que pour la félicité de tous ? » Et, après ces mots, c'est un détail affreux.

Ainsi donc Louis XIV oubliait sans cesse le bien public, lorsqu'en prenant les rênes de l'État, il commença par remettre au peuple trois millions d'impôts ! quand il établit le grand hôpital de Paris et ceux de tant d'autres villes ! il oubliait le bien public en réparant les grands chemins, en contenant dans le devoir ses nombreuses troupes, aussi redoutables auparavant aux citoyens qu'aux ennemis; en ouvrant au commerce cent routes nouvelles; en formant la compagnie des Indes, à laquelle il fournit de l'argent du trésor royal; en défendant toutes les côtes par une marine formidable, qui alla venger en Afrique les insultes faites à nos négociants! Il oublia sans cesse le bien public, lorsqu'il réforma toute la jurisprudence autant qu'il le put, et qu'il étendit ses soins jusque sur cette partie du genre humain qu'on achète chez les derniers Africains pour servir dans un nouveau monde ! Oublia-t-il sans cesse le bien public en fondant dix-neuf chaires au collège royal, cinq académies; en logeant dans son palais du Louvre tant d'artistes distingués; en répandant des bienfaits sur les gens de lettres jusqu'aux extrémités de l'Europe; et en donnant plus lui seul aux savants que tous les rois de l'Europe ensemble, comme le dit l'illustre auteur [1] de l'*Abrégé chronologique?*

Enfin était-ce oublier le bien public que d'ériger l'hôtel des Invalides pour plus de quatre mille guerriers, et Saint-Cyr pour l'éducation de deux cent cinquante filles nobles? Il vaudrait autant dire que Louis XV a négligé le bien public en fondant l'École royale militaire, et en mettant aujourd'hui dans toutes ses troupes, par le génie actif d'un seul homme, cet ordre admirable que les peuples bénissent, que les officiers embrassent à présent avec ardeur, et que les étrangers viennent admirer.

Il y a toujours des esprits mal faits et des cœurs pervers que toute espèce de gloire irrite, dont toute lumière blesse les yeux, et qui, par un orgueil secret, proportionné à leurs travers, haïssent la nature entière. Mais qu'il se soit trouvé un homme assez aveuglé par ce misérable orgueil, assez lâche, assez bas, assez intéressé pour calomnier à prix d'argent tous les noms les plus sacrés et toutes les actions les plus nobles qu'il aurait louées pour un écu de plus: c'est ce qu'on n'avait point vu encore.

L'intérêt de la société demande qu'on effraye ces criminels insensés; car il peut s'en trouver quelqu'un parmi eux qui joigne un peu d'esprit à ses fureurs. Ses écrits peuvent durer. Bayle lui-même, dans son *Dictionnaire*, a fait revivre cent libelles de cette espèce. Les rois, les

---

1. Le président Hénault. (ÉD.)

princes, les ministres, pourraient dire alors : « A quoi nous servira de faire du bien, si le prix en est la calomnie ? »

La Beaumelle pousse sa furieuse démence jusqu'à représenter par bravade ses confrères les protestants de France (qui le désavouent) comme une multitude redoutable au trône [1]. Il s'est formé, dit-il, un séminaire de prédicants, sous le nom de ministres du désert, qui ont leurs cures, leurs fonctions, leurs appointements, leurs consistoires, leurs synodes, leur juridiction ecclésiastique.... Il y a cinquante mille baptêmes et autant de mariages bénis illicitement en Guienne, des assemblées de vingt mille âmes en Poitou, autant en Dauphiné, en Vivarais, en Béarn, soixante temples en Saintonge, un synode national à Nîmes, composé des députés de toutes les provinces. »

Ainsi, par ces exagérations extravagantes, il se rend le délateur de ses confrères; et, en écrivant contre le trône, il les exposerait à passer pour les ennemis du trône; il ferait regarder la France parmi les étrangers comme nourrissant dans son sein les semences d'une guerre civile prochaine, si on ne savait que toutes ces accusations contre les protestants sont d'un fou également en horreur aux protestants et aux catholiques.

Acharné contre tous les princes de la maison de France, et contre le gouvernement, il prétend que Mgr le Duc, père de Mgr le prince de Condé, fit assassiner M. Vergier [2], commissaire des guerres, en 1720, et que sa mort a été récompensée de la croix de Saint-Louis. L'auteur du *Siècle de Louis XIV* avait démontré la fausseté de ce conte. Tout le monde sait aujourd'hui que Vergier avait été assassiné par la troupe de Cartouche; les assassins l'avouèrent dans leur interrogatoire; le fait est public; n'importe, il faut que La Beaumelle, non moins coupable que ces malheureux, et non moins punissable, calomnie la maison de Condé comme il a fait la maison d'Orléans et la famille royale.

De pareilles horreurs semblent incroyables; personne n'avait joint encore tant de ridicule à tant d'exécrables atrocités.

C'est ce même misérable qui, dans un petit livre intitulé *Mes Pensées*, a insulté Mgr le duc de Saxe-Gotha, MM. d'Erlach, Sinner, Diesbach, en les nommant par leur nom sans les connaître, sans leur avoir jamais parlé. C'est là que sa furieuse folie s'emporte jusqu'à ne connaître de héros que Cromwell et Cartouche, et à souhaiter que tout l'univers leur ressemble. Voici ses propres paroles :

« Les forfaits de Cromwell sont si beaux, que l'enfant bien né ne peut les entendre sans joindre les mains d'admiration. Une république fondée par Cartouche aurait eu de plus sages lois que la république de Solon. »

Dans un autre libelle intitulé *Examen de l'Histoire de Henri IV*, voici comme il s'exprime :

« Je lis avec un charme infini, dans l'histoire du Mogol, que le

---

1. Page 110 des *Lettres de La Beaumelle à M. de Voltaire*; à Londres, chez Jean Nourse.

2. Tome III, p. 323, du *Siècle de Louis XIV*.

petit-fils de Sha-Abas fut bercé pendant sept ans par des femmes
qu'ensuite il fut bercé pendant huit ans par des hommes; qu'on l'ac-
coutuma de bonne heure à s'adorer lui-même, et à se croire formé
d'un autre limon que ses sujets; que tout ce qui l'environnait avait
ordre de lui épargner le pénible soin d'agir, de penser, de vouloir, et
de le rendre inhabile à toutes les fonctions du corps et de l'âme; qu'en
conséquence un prêtre le dispensait de la fatigue de prier de sa bouche le grand Être; que certains officiers étaient préposés pour lui
mâcher noblement, comme dit Rabelais, le peu de paroles qu'il avait
à prononcer; que d'autres lui tâtaient le pouls trois ou quatre fois le
jour comme à un agonisant; qu'à son lever, qu'à son coucher, trente
seigneurs accouraient, l'un pour lui dénouer l'aiguillette, l'autre pour
le déconstiper; celui-ci pour l'accoutrer d'une chemise, celui-là pour
l'armer d'un cimeterre, chacun pour s'emparer du membre dont il
avait la surintendance. Ces particularités me plaisent, parce qu'elles
me donnent une idée nette du caractère des Indiens, et que d'ailleurs
elles me font assez entrevoir celui du petit-fils de Sha-Abas, pour me
dispenser de lire tant d'épais volumes que les Indiens ont écrits sur les
faits et gestes de cet empereur automate. »

Cet homme est bien mal instruit de l'éducation des princes mogols.
Ils sont à trois ans entre les mains des eunuques, et non entre les
mains des femmes. Il n'y a point de seigneur à leur lever et à leur
coucher; on ne leur dénoue point l'aiguillette. On voit assez qui l'auteur veut désigner. Mais connaîtra-t-on à ce portrait le fondateur des
Invalides, de l'Observatoire, de Saint-Cyr, le protecteur généreux
d'une famille royale infortunée; le conquérant de la Franche-Comté,
de la Flandre française, le fondateur de la marine, le rémunérateur
éclairé de tous les arts utiles ou agréables; le législateur de la France,
qui reçut son royaume dans le plus horrible désordre, et qui le mit
au plus haut point de la gloire et de la grandeur; enfin le roi que don
Ustariz, cet homme d'Etat si estimé, appelle *un homme prodigieux*,
malgré des défauts inséparables de la nature humaine?

Y reconnaîtra-t-on le vainqueur de Fontenoi et de Laufelt, qui donna
la paix à ses ennemis, étant victorieux; le fondateur de l'Ecole militaire, qui, à l'exemple de son aïeul, n'a jamais manqué de tenir son
conseil? où est ce petit-fils automate de Sha-Abas?

Il croit que Sha-Abas était un Mogol, et c'était un Persan de la race
des sophis. Il appelle au hasard son petit-fils automate; et ce petit-fils
était Abas, second fils de Sam-Mirza, qui remporta quatre victoires
contre les Turcs, et qui fit ensuite la guerre aux Mogols.

On ne peut étaler ni plus de méchanceté, ni plus d'ignorance. Qui le
croirait? cet homme a trouvé enfin de la protection!

Pour mieux confondre non-seulement ces impostures, mais aussi
cet esprit de critique, et ce style âcre et violent, employés depuis
quelque temps à décrier le grand siècle, à rabaisser Louis XIV, à dé-
nigrer tous ceux qui illustraient la France, nous réimprimons ici la
Défense de Louis XIV.

ARTICLE XII. — *Défense de Louis XIV contre l'auteur*
des Éphémérides[1].

ARTICLE XIII. — *Défense de Louis XIV contre les Annales politiques*
de l'abbé de Saint-Pierre.

Dans un dictionnaire d'impostures et d'ignorance, intitulé *les Trois siècles*, voici ce qu'on trouve, tome III, page 262, à l'article de l'abbé Castel de Saint-Pierre :

« Le plus connu de ses autres ouvrages est celui qui a pour titre *Annales politiques de Louis XIV*, où l'auteur offre un tableau frappant des progrès de l'esprit chez notre nation pendant le règne de ce monarque, et où M. de Voltaire a puisé l'idée si mal remplie de son *Siècle de Louis XIV*...... Le détail des faits ne se présente chez l'un et l'autre écrivain que de profil. »

Il est aussi facile que nécessaire de faire voir qu'il n'y a pas un mot de vérité dans tout ce passage.

Premièrement il est bien faux que le *Siècle de Louis XIV*, composé en 1745, et imprimé d'abord en 1750, ait pu être pris des *Annales politiques* de l'abbé de Saint-Pierre, qui n'ont vu le jour qu'en 1757. Nous ne cesserons de redire qu'il sied bien à un écrivain de ne point répondre quand on attaque son style; il serait inutile d'examiner si des faits se présentent de *profil*; mais il est juste et nécessaire de mettre un frein au mensonge et à la calomnie[2].

Secondement nous dirons que nous fûmes justement surpris, quand nous lûmes les *Annales* de l'abbé de Saint-Pierre : il traite Louis XIV et son conseil de *grands enfants* en trente endroits. Louis XIV fit des fautes comme tant d'autres souverains; et il eut par-dessus eux le courage de l'avouer : mais ces fautes ne sont pas assurément celles d'un grand enfant.

L'abbé de Saint-Pierre répète souvent que tous les vices du gouvernement de ce monarque venaient de ce qu'il n'avait pas adopté la méthode du scrutin perfectionné, et de ce qu'il n'avait pas pensé à établir la diète européane ou europaine, avec les quinze dominations égales et la paix perpétuelle.

Ces chimères avaient été souvent rebattues par l'abbé de Saint-Pierre, dans plusieurs de ses petits livres, et n'avaient été remarquées que pour leur singularité. Il croyait avoir perfectionné la république de Platon et le gouvernement imaginaire de Salente. Nous avons eu en France, en Angleterre, beaucoup de ces projets, quelques-uns peut-être désirables, et nul de praticable; nous sommes même aujourd'hui accablés de systèmes. Celui de Maximilien de Rosni, duc de Sulli, a paru le plus

---

1. Voltaire reproduit ici le morceau que nous avons déjà donné et qu'il avait d'abord publié en brochure. (ED.)

2. Voy. l'article XVI de ces *Fragments*. Voy. aussi *les Trois Siècles*, à l'article SAINT-DIDIER, où l'abbé Sabatier, auteur de ces *Trois Siècles*, affirme que *la Henriade* est pillée d'un poëme de Saint-Didier, intitulé *Clovis*. Vous remarquerez qu'il y avait déjà trois éditions de *la Henriade* sous le titre de *la Ligue*, quand le *Clovis* de Saint-Didier parut et disparut.

étonnant de tous. Bouleverser toute l'Europe pour y introduire une paix perpétuelle; changer toutes les dominations pour les rendre égales; substituer un intérêt général à tous les intérêts de chaque pays; avoir une ville commune, une armée commune, des finances communes! Un tel roman n'était bon que dans la comédie du *Potier d'étain*, ou de *Sir Politick*[1].

Il se peut que Henri IV et le duc de Sulli se fussent quelquefois égayés, dans la conversation, à parler de ce roman; mais qu'on en ait sérieusement fait le plan; que Henri IV, la reine Élisabeth, la république de Venise, et plusieurs princes d'Allemagne, se soient ligués ensemble pour l'exécuter, c'est ce qui est démontré faux. La démonstration consiste en ce qu'on n'a jamais retrouvé aucun vestige d'une pareille négociation, ni dans les archives de Londres, ni chez aucun prince d'Allemagne, ni à Venise, ni dans les Mémoires du secrétaire d'État Villeroi, ministre du dehors sous Henri. Le silence en pareil cas parle assez hautement.

L'abbé de Saint-Pierre osa supposer que les projets de gouverner la France par scrutin, et de partager l'Europe en quinze dominations, pour lui assurer une paix perpétuelle, avaient été adoptés et rédigés par le dauphin duc de Bourgogne, père de Sa Majesté Louis XV, et qu'à la mort de ce prince ils avaient été trouvés parmi ses papiers. On lui remontra qu'il était faux que dans les papiers du duc de Bourgogne on en eût trouvé un seul qui eût le moindre rapport à ces romans politiques; qu'il n'était pas permis d'abuser ainsi d'un nom si respectable, et de mentir si grossièrement pour autoriser des chimères. Voici ce qu'il répondit en propres mots[2]:

« Je n'en ai de preuves que des ouï-dire vraisemblables. C'était un prince très-appliqué à la science du gouvernement.... De là sont nées apparemment les opinions qu'il eût exécuté ces beaux projets, si une mort précipitée ne l'eût empêché de régner. Je n'ai donc sur cela que des ouï-dire, etc. »

On pourrait répliquer à l'abbé de Saint-Pierre que ces prétendus ouï-dire n'avaient pas le moindre fondement, et qu'il les inventait pour s'autoriser d'un grand nom. Il ne tenait qu'à M. Caritidès[3] d'attribuer ses projets à Louis XIV.

Cependant, après une telle réponse, il se crut le réformateur du genre humain. Il appela son scrutin perfectionné *anthropomètre* et *basilomètre*, et continua à gouverner.

Malheureusement pour lui, parmi quarante de ses volumes, on distingua sa *Polysynodie*, et on y fit quelque attention. Cet ouvrage essuya le même sort que l'*Éloge du système de Law*, par l'abbé Terrasson. A peine cet Éloge avait-il paru que le système s'écroula de fond

---

1. *Le potier d'étain homme d'État*, est une comédie danoise, du baron de Holberg; *Sir Politick Wouldbe* est une comédie de Saint-Evremond. (*Note de M. Beuchot.*)

2. Ouvrages de politique, par M. l'abbé de Saint-Pierre, à Rotterdam, chez Bóman, et à Paris, chez Briasson; t. III, p. 191 et 192.

3. Personnage des *Fâcheux*, III, II. (ÉD.)

en comble; et lorsque l'abbé de Saint-Pierre démontrait que la polysynodie, c'est-à-dire la multitude des conseils, était la seule forme de gouvernement qu'on pût admettre, le duc d'Orléans, régent, qui d'abord avait adopté cette forme, prenait déjà des mesures pour l'abolir.

Comme l'auteur avait donné au gouvernement de Louis XIV le nom de vizirat et de demi-vizirat, le cardinal de Polignac et le cardinal de Fleury, alors précepteur du roi, furent choqués de ces expressions : ils crurent que puisqu'on traitait de vizirs les ministres de Louis XIV, on traitait ce monarque chrétien de Grand-Turc : tous deux étaient de l'Académie, ainsi que l'abbé; ils y portèrent leurs plaintes contre leur confrère dans deux discours qui sont imprimés.

On ne voit pas que le terme de grand vizir soit plus injurieux que celui de préfet du prétoire sous les empereurs romains; mais enfin les plaintes des deux académiciens prévalurent contre leur confrère, et il fut exclu de l'Académie. Ce qu'il y eut de plus singulier dans cette affaire, et que nous avons remarqué dans le *Siècle de Louis XIV*, c'est que le cardinal de Polignac, en poursuivant l'auteur de la polysynodie adoptée alors par le duc d'Orléans, régent du royaume, conspirait contre lui dans ce temps-là même. Cependant, le régent, qui se doutait déjà des intrigues de Polignac, et qui ne voulut pas manifester ses soupçons, lui abandonna Saint-Pierre, premier aumônier de sa mère; et ce pauvre aumônier fut la victime du service qu'il avait cru rendre au régent; accident fort commun aux gens de lettres.

L'abbé continua tranquillement à éclairer le monde et à le gouverner. Il publia une ordonnance pour rendre les ducs et pairs utiles à l'État, il diminua toutes les pensions par un de ses édits, vida tous les procès, permit aux prêtres et aux moines de se marier; et ayant ainsi rendu la terre heureuse, il s'occupa de ses *Annales politiques*, qui sont poussées jusqu'à l'année 1739, et qui ne furent imprimées que longtemps après sa mort. Elles finissent par une comparaison entre Louis XIV et Henri IV. Il donne la préférence entière à Henri IV, sans concurrence, et une de ses plus fortes raisons, est que ce prince voulait établir, selon lui, *la diète européaine et le scrutin perfectionné*.

Si nous osions mettre dans la balance Henri IV et Louis XIV, nous laisserions là ce scrutin et cette paix perpétuelle. Nous dirions que Henri IV et Louis XIV naquirent heureusement tous deux, avec des caractères et des talents convenables au temps où ils vécurent.

Henri, né loin du trône, élevé dans les guerres civiles, toujours éprouvé par elles, persécuté par Philippe II jusqu'à la paix de Vervins, avait besoin du courage d'un soldat. Louis, né sur le trône, maître absolu vers le temps de son mariage, eut cette valeur tranquille que forment l'honneur, la gloire et la raison : il vit souvent le danger sans s'émouvoir. C'était ce même courage d'esprit qu'il déploya les derniers jours de sa vie : ce n'était pas dans lui l'emportement d'un sang bouillant, comme dans Charles XII ou dans Henri IV.

Il y avait entre Henri et Louis cette différence qui se trouve si souvent entre un gentilhomme qui a sa fortune à faire et un autre qui est né avec une fortune toute faite. L'un fut toujours obligé de chercher des ressources; l'autre trouva tout préparé autour de lui pour seconder en tout genre sa passion pour la gloire, pour la magnificence et pour les plaisirs. Henri IV, par sa position, fut longtemps un chef de parti, forcé de se mesurer souvent avec des aventuriers, qui, dans d'autres temps, auraient attendu respectueusement les ordres de ses domestiques. L'autre, dès qu'il agit par lui-même, attira les regards de l'Europe entière; tous deux ennemis de la maison d'Autriche, mais Henri accablé trente ans par elle, et Louis XIV l'accablant trente ans de suite du poids de sa grandeur et de sa gloire.

Henri, forcé d'être toujours très-économe; et Louis, invité par sa puissance et par l'amour de cette gloire à répandre des libéralités, surtout dans ses voyages; à protéger tous les beaux-arts, non-seulement chez lui, mais chez les étrangers; à élever des hôpitaux, des palais, des églises et des forteresses.

Tous deux, quoique d'un caractère opposé, avaient le goût de l'ancienne chevalerie, mêlant la galanterie à la guerre, s'échappant des bras de leurs maîtresses pour aller surprendre une ville. Pellisson, dans ses *Lettres*, nous apprend que Louis XIV lui demanda si la religion lui permettait de proposer un duel à l'empereur Léopold, qui était à peu près de son âge. Il se peut qu'un tel discours ne fût pas inspiré par une envie déterminée de se battre contre ce prince, mais pour Henri, on sait assez qu'il n'y eut point de rencontre où il ne fît le *coup de main;* et l'histoire n'a point de héros qu'il n'eût défié au combat. Lorsqu'à l'âge de cinquante-sept ans il était prêt de partir pour aller sur le Rhin, se mettre à la tête de la ligue qu'on appelait *protestante*, contre celle à qui l'on donna le nom de *papiste*, il se préparait à porter les armes comme à l'âge de vingt ans. Louis XIV, après huit ans de désastres dans la guerre de la succession d'Espagne, prit la résolution ferme d'aller combattre lui-même à la tête de ce qui lui restait de troupes, quoique à l'âge de soixante et dix années.

Tous deux portèrent cet esprit de chevalerie dans leurs amours : l'un voulut épouser sa maîtresse, l'autre en effet épousa la sienne.

Il y eut dans Henri plus d'activité, plus d'héroïsme; dans Louis, plus de majesté et plus d'éclat, plus d'art d'en imposer : l'un semblait né pour être guerrier, l'autre pour être roi.

Si Henri fut plus grand que Louis par l'excès du courage, par une lutte continuelle contre la mauvaise fortune, et contre une foule d'ennemis et de persécutions, le siècle de Louis XIV fut beaucoup plus grand que celui de Henri IV : car il fut le siècle des grands talents dans tous les genres; et celui de Henri fut le siècle des horreurs de la guerre civile, des sombres fureurs du fanatisme, et de l'abrutissement féroce des esprits ignorants.

Voilà à peu près l'idée que nous eûmes de ces deux règnes, sans nous mettre plus en peine du *scrutin perfectionné*, que Henri IV et Louis XIV ne s'en embarrassaient.

ARTICLE XIV. — *Fragment sur la Saint-Barthélemy.*

On prétend en vain que le chancelier de L'Hospital et Christophe de Thou, premier président, disaient souvent : *Excidat illa dies* (que ce jour périsse). Il ne périra point; ces vers même en conservent la mémoire [1]. Nous fîmes aussi nos efforts autrefois pour le perpétuer [2]. Virgile avait mieux réussi que nous à transmettre aux siècles futurs la journée de la ruine de Troie. La grande poésie s'occupa toujours d'éterniser les malheurs des hommes.

Nous fûmes étonnés de trouver, en 1758, près de deux cents ans après la Saint-Barthélemy, un livre contre les protestants, dans lequel est une dissertation sur ces massacres; l'auteur veut prouver ces quatre points qu'il énonce ainsi :

1° Que la religion n'y a eu aucune part;
2° Que ce fut une affaire de proscription;
3° Qu'elle n'a dû regarder que Paris;
4° Qu'il y a péri beaucoup moins de monde qu'on n'a écrit.

Au 1° nous répondrons : Non sans doute, ce ne fut pas la religion qui médita et qui exécuta les massacres de la Saint-Barthélemy; ce fut le fanatisme le plus exécrable. La religion est humaine, parce qu'elle est divine; elle prie pour les pécheurs, et ne les extermine pas; elle n'égorge point ceux qu'elle veut instruire. Mais si on entend ici par religion ces querelles sanguinaires de religion, ces guerres intestines qui couvrirent de cadavres la France entière pendant plus de quarante années, il faut avouer que cet effroyable abus de la religion arma les mains qui commirent les meurtres de la Saint-Barthélemy. Nous convenons que Catherine de Médicis, le duc de Guise, le cardinal de Birague, et le maréchal de Retz, qui conseillèrent ces massacres, n'avaient pas plus de religion que monsieur l'abbé, qui en veut diminuer l'horreur. Il nous reproche d'avoir appelé Birague cardinal, sous prétexte qu'il ne fut décoré de la pourpre romaine qu'après avoir répandu le sang des Français. Mais ne dit-on pas tous les jours que le cardinal de Retz fit la première guerre de la fronde, quoiqu'il ne fût alors que coadjuteur de Paris? Que fait aux massacres de la Saint-Barthélemy le quantième du mois où un Birague reçut sa barrette? Est-ce par de tels subterfuges qu'on peut défendre une si détestable cause? Oui, le fanatisme religieux arma la moitié de la France contre l'autre : oui, il changea en assassins ces Français aujourd'hui si doux et si polis, qui s'occupent gaiement d'opéras comiques, de querelles de danseuses, et de brochures. Il faut le redire cent fois; il faut le crier tous les ans, le 24 auguste, ou le 24 août, afin que nos neveux ne soient jamais tentés de renouveler religieusement les crimes de nos détestables pères.

1. Ce sont des vers de Silius Italicus :

« Excidat illa dies ævo, nec postera credant
« Secula. »

— Ce passage n'est pas de Silius Italicus, mais de Stace, liv. V des *Sylves*, v 88-89. (ÉD.)

2. Dans   chant II de *la Henriade*. (ÉD.)

2° *Que ce fut une affaire de proscription.*

Quelle affaire! proscrire ses propres sujets, ses meilleurs capitaines, ses parents, le prince de Condé, notre Henri IV, depuis restaurateur de la France, notre héros, notre père, qui n'échappa qu'à peine à cette boucherie! On dit une affaire de finance, une affaire d'honneur ou d'intérêt, affaire de barreau, affaire au conseil, affaires du roi, hommes d'affaires. Mais qui avait jamais entendu parler d'affaires de proscription? Il semble que ce soit une chose simple et en usage. Il n'est que trop vrai que ce fut une proscription; et c'est ce qui excitera toujours nos cris et nos larmes.

Mais on laissa au peuple fanatique et barbare le soin de choisir ses victimes. Le frère pouvait assassiner son frère; le fils plonger le couteau dans les mamelles qui l'avaient allaité. Il n'est que trop vrai qu'on égorgea des femmes et des enfants. « Les charrettes chargées de corps morts de damoiselles, femmes, filles, et enfants, étaient menées et déchargées dans la rivière. » Quelle affaire!

3° *Que cette affaire n'a jamais dû regarder que Paris.*

Et, pour nous prouver cette étrange assertion, monsieur l'abbé nous assure qu'à Troyes un catholique voulut sauver la vie à Étienne Marguien; mais il ne nous dit point qu'Étienne Marguien échappa au carnage. Si cette affaire n'avait regardé que Paris, pourquoi la cour envoya-t-elle des ordres à tous les gouverneurs des provinces et des villes de répandre partout le sang des sujets? Il y en eut qui s'en excusèrent. Les seigneurs de Saint-Hérem, de Chabot, d'Ortez, d'Ognon, de la Guiche, Gordes, et d'autres, écrivirent au roi, en différents termes, qu'ils avaient des soldats pour son service, et non des bourreaux.

Au reste il nous doit être permis d'en croire les véridiques Auguste de Thou et Maximilien, duc de Sulli, qui virent de bien plus près la Saint-Barthélemy que monsieur l'abbé, qui n'y était pas, et qui ne passe peut-être pas pour aussi véridique.

4° *Qu'il y a péri beaucoup moins de monde qu'on n'a écrit.*

Il n'est pas possible de savoir le nombre des morts; on ne sait pas dans les villes le nombre des vivants. Tel auteur exagère, tel autre diminue, personne ne compte. Nous n'avons jamais cru aux trois cent mille Sarrasins tués par Charles-Martel; il n'est pas question ici de savoir au juste combien de Français furent massacrés par leurs compatriotes. Qui pourra jamais avoir une liste exacte des habitants de Thessalonique égorgés par l'ordre de Théodose dans le cirque, où il les invita par des jeux solennels? Il est avéré que tout ce qui entra fut tué. Thessalonique était une ville marchande, opulente, et peuplée. Il n'est pas vraisemblable qu'elle ne contînt que sept mille âmes. Mais que Théodose, dans sa Saint-Barthélemy, ait fait massacrer quinze mille de ses sujets, ou trente mille, le crime est égal.

L'archevêque Péréfixe pousse jusqu'à cent mille [1] le nombre des victimes frappées dans la proscription de Charles IX. Le sage de Thou

---

1. *Histoire du roi Henri le Grand*, première partie (1572). (Éd.)

réduit ce nombre à soixante et dix mille [1]. Prenons une moyenne pro-
portionnelle arithmétique, nous aurons quatre-vingt-cinq mille. Quelle
affaire! encore une fois.

De nos jours, un avocat irlandais a plaidé pour les massacres d'Irlande, exécutés sous le règne de l'infortuné Charles Ier. Il a soutenu
que les Irlandais catholiques n'avaient assassiné que quarante mille
protestants. Nous ne voulons pas compter après lui; mais en vérité ce
n'est pas peu de chose que quarante mille citoyens expirants dans des
tourments recherchés, des filles attachées vivantes encore au cou de
leurs mères suspendues à des potences; les parties génitales des pères
de famille mises toutes sanglantes dans la bouche de leurs femmes
égorgées, et leurs enfants coupés par morceaux sous les yeux des pères
et des mères, le tout à la plus grande gloire de Dieu.

Nous aurions mauvaise grâce de nous plaindre des reproches que
nous fait monsieur l'abbé sur ce que nous fîmes, il y a cinquante ans,
je ne sais quel poëme épique dans lequel il est parlé de la Saint-Barthélemy. Un de nos parents fut tué dans cette journée : mais nous
nous tenons très-heureux d'en être quitte aujourd'hui pour des injures.

ARTICLE XV. — *Sur la révocation de l'édit de Nantes.*

La fameuse révocation de l'édit de Nantes est regardée comme une
grande plaie de l'État. Lorsque nous fûmes obligé d'en parler dans le
Siècle de Louis XIV, nous fûmes bien loin de vouloir dégrader un monument que nous élevions à la gloire de ce siècle mémorable; mais [2]
Mme de Caylus, nièce de Mme de Maintenon, dit que le roi *avait été
trompé*. La reine Christine [3] écrit que Louis XIV s'était coupé le bras
gauche avec le bras droit. Nous dûmes plaindre la France d'avoir porté
chez les étrangers, et même chez ses ennemis, ses citoyens, ses trésors, ses arts, son industrie, ses guerriers. Nous avouâmes que l'indulgence, la tolérance, dont les hommes ont tant de besoin les uns
envers les autres, étaient le seul appareil qu'on pût mettre sur une
blessure si profonde.

Ce divin esprit de tolérance, qui au fond n'est que la charité, *caritas humani generis*, comme dit Cicéron, a depuis quelques années
tellement animé les âmes nobles et sensibles, que M. de Fitz-James,
évêque de Soissons, a dit dans son dernier mandement [4] : « Nous devons regarder les Turcs comme nos frères. »

Aujourd'hui nous voyons en France des protestants, autrefois plus
odieux que les Turcs, occuper publiquement des places qui, si elles
ne sont pas les plus considérables de l'État, sont du moins les plus
avantageuses. Personne n'en a murmuré. On n'a pas été plus surpris
de voir des fermiers généraux calvinistes, que s'ils avaient été jansénistes.

1. De Thou dit *plus de trente mille hommes*, *Hist.*, LII, 12. C'est Sully qui
dit soixante et dix mille, *Econ. roy.*, t. Ier. (ED.)
2. *Souvenirs de Mme de Caylus.* — 3. *Lettres de la reine Christine.*
4. Le mandement est du 21 mars 1757. (ED.)

Le ministère ayant écrit, en 1751, une lettre de recommandation en faveur d'un négociant protestant nommé Frontin, homme utile à l'État, un évêque d'Agen, plus zélé que charitable, écrivit et fit imprimer une lettre assez violente contre le ministère. Il remontrait, dans cette lettre, qu'on ne doit jamais recommander un négociant huguenot, attendu qu'ils sont tous ennemis de Dieu et des hommes. On écrivit [1] contre cette lettre; et, soit qu'elle fût de l'évêque d'Agen, soit de l'abbé de Caveyrac, cet abbé la soutint dans son *Apologie de la révocation de l'Édit de Nantes*. Il voulut persuader qu'il n'y avait eu aucune persécution dans la dragonnade; que les réformés méritaient d'être beaucoup plus maltraités; qu'il n'en sortit pas du royaume cinquante mille; qu'ils emportèrent très-peu d'argent; qu'ils n'établirent point ailleurs des manufactures dont aucun pays n'avait besoin, etc., etc.

Autrefois un tel livre eût occupé toute l'Europe : les temps sont si changés qu'on n'en parla point. Nous fûmes les seuls qui prîmes la peine d'observer que M. de Caveyrac n'avait pas eu des mémoires exacts sur plusieurs faits.

Par exemple, il disait [2] qu'il n'y a pas cinquante familles françaises à Genève. Nous, qui demeurons à deux pas de cette ville, nous pouvons affirmer qu'il y en a plus de mille, sans compter celles que la mort a éteintes, ou qui sont passées dans d'autres familles par les femmes. Et nous ajoutons ici que ce sont ces familles qui ont porté dans Genève une industrie et une opulence inconnues jusqu'alors. Genève, qui n'était autrefois qu'une ville de théologie, est aujourd'hui célèbre par ses richesses et par ses connaissances solides : elle les doit aux réfugiés français; ils l'ont mise en état de prêter au roi de France des fonds dont elle retire cinq millions de rente, au temps où nous écrivons.

Monsieur l'abbé donna [3] un démenti au roi de Prusse, qui, dans l'histoire de sa patrie, a prononcé que son grand-père reçut dans ses États plus de vingt mille réfugiés; et, pour décréditer le témoignage du roi de Prusse, il prétend que son *Histoire du Brandebourg* n'est point de lui, et que c'est nous qui l'avons faite sous son nom. Ce fut donc pour nous un devoir indispensable de rendre gloire à la vérité; de ne nous point parer de ce qui ne nous appartient pas; d'avouer que nous ne servîmes au roi de Prusse que de grammairien fort inutile. Il n'avait pas besoin de nous pour être l'historien et le législateur de son royaume, comme il en a été le héros [4].

---

1. Une *Lettre de M. l'intendant de *** à M. l'évêque d'Alais* fit naître la *Réponse de M. l'évêque d'Alais à M. l'intendant de ****. Cette *Réponse* est datée du 6 juin 1751, et fut l'origine de l'écrit que publièrent Ripert de Montclar et l'abbé Quesnel sous le titre de : *Mémoire théologique et politique au sujet des mariages clandestins des protestants en France*, etc., 1755, in-8. Caveyrac répondit à cet écrit par un *Mémoire politico-critique, où l'on examine s'il est de l'intérêt de l'Église et de l'État d'établir pour les calvinistes du royaume une nouvelle forme de se marier*; 1756, in-8. C'est dans ce *Mémoire* (p. 150), et non dans l'*Apologie*, qu'il prend la défense de l'évêque d'Agen. (*Note de M. Beuchot.*)

2. *Apologie*, p. 83. (ÉD.) — 3. *Id.*, p. 84. (ÉD.)

4. « Il arriva depuis un événement favorable, qui avança considérablement les

Monsieur l'abbé [1] récusait de même le témoignage de tous les intendants des provinces de France et de nos ambassadeurs, qui, témoins de la décadence de nos manufactures et de leur transplantation dans le pays étranger, en avaient formé de justes plaintes. Nous aimâmes mieux les en croire que M. de Caveyrac, qui était moins à portée qu'eux d'être bien instruit.

Il prétend [2] que ceux qui s'expatrièrent n'étaient que des *gueux* à charge à l'État. Mais les La Rochefoucauld, les Bourbon-Malause, les La Force, les Ruvigni, les Schomberg, tant d'autres officiers principaux qui servirent sous le roi Guillaume et sous la reine Anne, étaient-ils des *gueux?* Il est vrai qu'il sortit plusieurs familles pauvres, et qu'elles furent secourues par les rois d'Angleterre et de Prusse, par plusieurs princes de l'Empire, par les Hollandais, par les Suisses. Cela même est un très-grand malheur. Les pauvres sont nécessaires à un État; ils en font la base; il faut des mains nécessitées au travail. Ceux qui auraient cultivé des campagnes en France allèrent défricher la Caroline, la Pensylvanie, et jusqu'à la terre des Hottentots. L'Orient et l'Occident, les extrémités de l'ancien et du nouveau monde, virent leurs travaux et leurs larmes.

Si donc l'Angleterre et la Hollande donnèrent à ces proscrits des asiles en Europe et au bout de l'univers, il est étrange que monsieur l'abbé se soit exprimé sur les Anglais en ces termes [3] : « Une fausse religion.... devait produire nécessairement de pareils fruits : il en restait un seul à mûrir : ces insulaires le recueillent : c'est le mépris des nations. » On n'a jamais rien dit de si étrange.

Quelles sont donc les nations pour qui les Anglais ne sont qu'un objet de mépris? Sont-ce les peuples qu'ils ont vaincus? sont-ce les peuples qu'ils ont secourus? est-ce l'Inde, où ils ont conquis des États trois fois plus grands et plus peuplés que l'Angleterre? est-ce la moitié de l'Amérique, dont ils sont souverains?

A l'égard des Hollandais, monsieur l'abbé dit qu'ils n'accueillirent les

projets du grand électeur. Louis XIV revoqua l'édit de Nantes, et quatre cent mille Français pour le moins sortirent de ce royaume ; les plus riches passèrent en Angleterre et en Hollande ; les plus pauvres, mais les plus industrieux, se réfugièrent dans le Brandebourg, au nombre de vingt mille ou environ ; ils aidèrent à repeupler nos villes désertes, et nous donnèrent toutes les manufactures qui nous manquaient.

« A l'avénement de Frédéric-Guillaume à la régence, on ne faisait dans ce pays ni chapeaux, ni bas, ni serges, ni aucune étoffe de laine ; l'industrie des Français nous enrichit de toutes ces manufactures ; ils établirent des fabriques de drap, de serges, d'étamines, de petites étoffes, de droguets, de grisettes, de crépon, de bonnets et de bas tissus sur des métiers ; des chapeaux de castor, de lapin, et de poil de lièvre ; des teintures de toutes les espèces. Quelques-uns de ces réfugiés se firent marchands, et débitèrent en détail l'industrie des autres. Berlin eut des orfévres, des bijoutiers, des horlogers, des sculpteurs ; et les Français qui s'établirent dans le plat pays y cultivèrent le tabac, et firent venir des fruits et des légumes excellents dans les contrées sablonneuses, qui, par leurs soins, devinrent des potagers admirables. Le grand électeur, pour encourager une colonie aussi utile, lui assigna une pension annuelle de quarante mille écus dont elle jouit encore. » *Histoire de Brandebourg, par le roi de Prusse*, édition de Jean Néaulme, 1751, tome II, p. 311, 312 et 314.

1. *Apologie*, p. 110 et suivantes. (ÉD.) — 2. *Ibid.*, p. 95. (ÉD.) — 3. Page 362.

réfugiés français que parce qu'ils sont sans religion. « Les Hollandais,
dit-il, ne sont pas tolérants, ils sont indifférents. La philosophie ne les
a pas éclairés; elle a obscurci leurs lumières. » Il en fait ensuite un
portrait affreux. C'est ainsi qu'il juge le monde entier.

Nous ne pouvons pas passer sous silence un reproche singulier que
monsieur l'abbé fait aux protestants de France : « Reprochez-vous, ô
huguenots, les meurtres de Henri III et de Henri IV, puisque, en
conspirant contre François II et contre Charles IX, vous avez enhardi
les cruelles mains des parricides. » On ne savait pas encore que le jaco-
bin Jacques Clément et le feuillant Ravaillac fussent huguenots. C'est
une fleur de rhétorique, et quelle fleur !

Il est temps de passer de M. l'abbé de Caveyrac à M. l'abbé Sabatier,
tous deux également pieux et également illustres.

Article XVI. — *Des dictionnaires de calomnies.*

Un nouveau poison fut inventé depuis quelques années dans la basse
littérature. Ce fut l'art d'outrager les vivants et les morts par ordre al-
phabétique : on n'avait point encore entendu parler de ces dictionnaires d'injures. Si nous ne nous trompons pas, ils commencèrent
.orsque M. Ladvocat, bibliothécaire de la Sorbonne, l'un des plus sages
et des plus modérés littérateurs, comme l'un des plus savants, eut
donné son *Dictionnaire historique* vers l'an 1740. Un janséniste (car,
pour le malheur de la France, il y avait encore des jansénistes et des
molinistes) fit imprimer contre M. l'abbé Ladvocat un libelle diffamatoire en six volumes[1], sous le titre et dans la forme de dictionnaire.

Il commence par remercier Dieu de ce qu'il est venu à bout de finir
ce rare ouvrage sous les yeux et avec le secours de l'auteur clandestin
de la gazette ecclésiastique, « dont la plume, dit-il, est une flèche
semblable à la flèche de Jonathas, fils de Saül, laquelle n'est jamais
retournée en arrière, et est toujours teinte du sang des morts et de la
graisse des plus vigoureux (II Rois, 1, 22). » L'abbé Ladvocat lui répondit qu'il voyait peu de rapport entre la flèche de Jonathas teinte de
graisse, et la plume d'un prêtre normand qui vendait des gazettes.
D'ailleurs il persista à se rendre utile, dût-il être percé de quelque
flèche de ces convulsionnaires. Le libelle du janséniste attaqua tous les
gens de lettres qui n'étaient pas du parti; sa flèche fut lancée contre
les Fontenelle, les La Motte, les Saurin, qui n'en sentirent rien.

Nous avions mis au-devant du *Siècle de Louis XIV* une liste assez
détaillée de tous les artistes qui firent honneur à la France dans ces
temps illustres. Deux ou trois personnes se sont associées depuis peu
pour faire un pareil catalogue des artistes de trois siècles; mais ces
auteurs s'y sont pris différemment : ils ont insulté, par ordre alphabé-
tique, à tous ceux dont ils ont cru qu'il était de leur intérêt d'attaquer
la réputation. Nous ignorons si leur flèche est retournée ou non en
arrière, et si elle a été teinte de la graisse des vigoureux. Celui de la

---

1. Le *Dictionnaire* de Barral et Guibaud. (Éd.)

troupe qui tirait le plus fort et le plus mal était un abbé Sabatier, natif d'un village auprès de Castres, homme d'ailleurs différent en tout des gens de mérite qui portent le même nom.

Il fut payé pour tirer ses traits sur tous ceux qui font aujourd'hui honneur à la littérature par leur érudition et par leurs talents. Dans la foule de ceux qu'il attaque, on trouve feu M. Helvétius. Il le qualifie lui et ses amis de maniaques. « Nous pouvons assurer, dit-il, par de justes observations, que ses illusions philosophiques étaient une espèce de manie involontaire.... Il se contentait de gémir, dans le sein de l'amitié, de l'extravagance et des excès de maniaques, qui se glorifiaient de l'avoir pour confrère. »

L'abbé Sabatier a raison de dire qu'il était à portée de faire de justes observations sur M. Helvétius, puisqu'il avait été tiré par lui de la plus extrême misère, et que, réchauffé dans sa maison (comme Tartufe chez Orgon), il n'avait vécu que de ses libéralités. La première chose qu'il fait après la mort d'Helvétius, est de déchirer le cadavre de son bienfaiteur.

Nous n'étions pas de l'avis de M. Helvétius sur plusieurs questions de métaphysique et de morale; et nous nous en sommes assez expliqué sans blesser l'estime et l'amitié que nous avons pour lui. Mais qu'un homme nourri chez lui par charité prenne le masque de la dévotion pour l'outrager avec fureur, lui et tous ses amis et tous ceux même qui l'ont assisté, nous pensons qu'il ne s'est rien fait de plus lâche dans les trois siècles dont cet homme parle, et qu'il connaît si peu.

Lui!.... un abbé Sabatier!.... oser feindre de défendre la religion! oser traiter d'impies les hommes du monde les plus vertueux! S'il savait que nous avons en notre possession son abrégé du spinosisme, intitulé *Analyse de Spinosa*, à Amsterdam ; ouvrage rempli de sarcasme et d'ironies, écrit tout entier de sa main, finissant par ces mots : « Point de religion, et j'en serai plus honnête homme. La loi ne fait que des esclaves, elle n'arrête que la main; enfin signé, *adieu baptisabit*. »

S'il savait que nous possédons aussi écrits de sa main les vers infâmes qu'il fit dans sa prison de Strasbourg, et d'autres vers aussi libertins que mauvais, que dirait-il? rentrerait-il en lui-même? non, il irait demander un bénéfice, et il l'obtiendrait peut-être.

Le cœur le plus bas et le plus capable de tous les crimes des lâches est celui d'un athée hypocrite.

Nous fûmes toujours persuadé que l'athéisme ne peut faire aucun bien, et qu'il peut faire de très-grands maux. Nous fîmes sentir la distance infinie entre les sages qui ont écrit contre la superstition, et les fous qui ont écrit contre Dieu. Il n'y a dans tous les systèmes d'athéisme ni philosophie ni morale.

Nous n'y voyons point de philosophie : car, en effet, est-ce raisonner que de reconnaître du génie dans une sphère d'Archimède, de Posidonius; dans un de ces *orreries* [1] qu'on vend en Angleterre; et de

---

1. Machine de mathématiques, ainsi appelée du nom de Boyle, comte d'Orrery, à qui elle fut dédiée. (*Note de M. Beuchot.*)

n'en point reconnaître dans la fabrication de l'univers; d'admirer la copie, et de s'obstiner à ne point voir d'intelligence dans l'original? Cela n'est-il pas encore plus fou que si on disait : « Les estampes de Raphaël sont faites par un ouvrier intelligent, mais le tableau s'est fait tout seul? »

L'athéisme n'est pas moins contraire à la morale, à l'intérêt de tous les hommes; car, si vous ne reconnaissez point de Dieu, quel frein aurez-vous pour les crimes secrets?

> *Duræ saltem virtutis amator,*
> *Quære quid est virtus, et posce exemplar honesti.*
> Lucan., *Phars.*, IX, 562.

Nous ne disons pas qu'en adorant un Être suprême, juste et bon, nous devions admettre la barque à Caron, Cerbère, les Euménides, ou l'ange de la mort Samaël, qui vient demander à Dieu l'âme de Moïse, et qui se bat avec Michaël à qui l'aura. Nous ne prétendons point qu'Hercule ait pu ramener Alceste des enfers, ou que le Portugais Xavier ait ressuscité neuf morts.

De même qu'il faut distinguer soigneusement la fable de l'histoire, il faut aussi discerner entre la raison et la chimère.

Il est très-certain que la croyance d'un Dieu juste ne peut être qu'utile. Quel est l'homme qui, ayant seulement une peuplade de six cents personnes à gouverner, voudrait qu'elle fût composée d'athées?

Quel est l'homme qui n'aimerait pas mieux avoir affaire à un Marc-Aurèle ou à un Épictète qu'à un abbé Sabatier? Nous savons, et nous l'avons souvent avoué, qu'il est des athées par principes, dont l'esprit n'a point corrompu le cœur.

> On a vu souvent des athées
> Vertueux malgré leurs erreurs :
> Leurs opinions infectées
> N'avaient point infecté leurs mœurs.
> Spinosa fut doux, simple, aimable;
> Le Dieu que son esprit coupable
> Avait follement combattu,
> Prenant pitié de sa faiblesse,
> Lui laissa l'humaine sagesse,
> Et les ombres de la vertu.

Nous dirons à tous ces athées argumentants, qui n'admettent aucun frein, et qui cependant se sont fait celui de l'honneur, qui raisonnent mal, et qui se gouvernent bien : « Messieurs, gardez-vous de l'abbé Sabatier, qui se conduit comme il raisonne. » Aussi ne le voient-ils point; il est également en horreur aux dévots et aux philosophes.

Quand le *Système de la Nature* fit tant de bruit, nous ne dissimulâmes point notre opinion sur ce livre; il nous parut une déclamation quelquefois éloquente, mais fatigante, contraire à la saine raison, et pernicieuse à la société. Spinosa du moins avait embrassé l'opinion des stoïciens, qui reconnaissent une intelligence suprême; mais, dans le

Système de la Nature, on prétend que la matière produit elle-même l'intelligence. S'il n'y avait là que de l'absurdité, on pourrait se taire. Mais cette idée est pernicieuse, parce qu'il peut se trouver des gens qui, ne croyant pas plus à l'honneur et à l'humanité qu'à Dieu, seront leurs dieux à eux-mêmes, et s'immoleront tout ce qu'ils croiront pouvoir s'immoler impunément. Les athées *Tartufes* seront encore plus à craindre. Un brave déiste, un sectateur du grand lama un peu courageux, peut avoir la consolation de tuer un athée sanguinaire qui lui demande la bourse le pistolet à la main; mais comment se défendre d'un athée hypocrite et calomniateur, qui passe la journée dans l'antichambre d'un évêque? etc.

LETTRE D'UN ECCLÉSIASTIQUE

SUR LE PRÉTENDU RÉTABLISSEMENT DES JÉSUITES DANS PARIS.

20 mars 1774.

Il n'y a, monsieur, ni grande ni petite révolution sans faux bruits, soit parce que les parties intéressées croient nécessaire de cacher leurs intentions au public, soit plutôt parce que le public s'aveugle lui-même, et n'attend jamais qu'on prenne la peine de le détromper.

On débite que des personnes constituées en dignité veulent établir dans Paris une société de jésuites, sous un autre nom et sous une nouvelle forme.

Notre ministère est trop éclairé pour adopter de telles vues; il ne prendra point pour sa devise :

Diruit, ædificat, mutat quadrata rotundis.
Hor., liv. I, ep. 1.

Aurait-on jeté par terre une grande maison pour la rebâtir plus petite? Aurait-on nettoyé une vaste campagne pour y conserver dans un coin un peu d'ivraie qui pourrait gâter tout le reste? Quelle idée de vouloir réunir des jésuites dans Paris, pour alarmer les parlements, pour outrager les universités, pour recommencer la guerre au même moment qu'on s'est donné la paix! Si on avait proposé à Cadmus de semer encore quelques dents du dragon après la défaite de ceux qui étaient nés de ces dents, il n'aurait pas suivi ce conseil funeste.

Les jésuites firent aux universités une guerre qui dura plus de deux cents ans. Dieu nous préserve de rentrer dans les troubles dont la sagesse et la bonté du roi nous ont tirés! ce serait violer le pacte de famille qui subsiste dans l'auguste maison de France et d'Espagne. Le roi d'Espagne a déclaré qu'il gardait *dans son cœur royal* l'offense affreuse que les jésuites lui avaient faite. Il ne nous a point dit précisément de quelle arme ils s'étaient servis pour percer son cœur; mais le pontife éclairé qui siège à Rome a pu le savoir. Il a mis en prison le général de la compagnie [1], et ses confidents. La société des

1. Laurent Ricci, né à Florence en 1703, mort en prison le 22 novembre 1775 (ÉD.)

jésuites est anéantie : on ne risquera pas de détruire la société du genre humain, en rétablissant ce qu'on a eu tant de peine à détruire.

Il est constant que les jésuites Alessandro, Mathos et Malagrida, furent convaincus, dans un acordao du conseil suprême de Lisbonne, d'avoir employé la confession auriculaire pour faire assassiner le roi de Portugal, auquel il n'en coûta qu'un bras. La confession de Jean Châtel à un jésuite n'avait coûté qu'une dent à notre cher Henri IV : la confession des incendiaires de Londres aux RR. PP. Oldcorn et Carnet préparait la mort la plus inouïe au roi et au parlement d'Angleterre. Ils ont été chassés de tous ces pays. Je puis me tromper, mais je ne crois pas qu'on les y rappelle sitôt.

Si le pape Clément XIV ne les a pas traités comme Clément V traita les templiers, c'est que nous sommes dans un temps où les lettres et les arts ont enfin adouci les mœurs; c'est que les crimes, quoique réitérés, de plusieurs membres ne doivent pas attirer des supplices barbares à tout le corps. Plusieurs jeunes jésuites ont été accusés des mêmes péchés qu'on reprochait aux templiers; cependant on ne les a brûlés ni en France, ni en Espagne, ni en Italie. Nous sommes devenus plus humains, mais il ne faut pas devenir imbéciles; et nous le serions si nous conservions la graine d'une plante qui nous a paru un poison.

Parmi les jésuites on a vu et on voit encore des hommes très-estimables, des savants utiles. Le roi de Prusse les a conservés dans ses États; ils y peuvent servir à instruire la jeunesse. Des religieux catholiques ne sont pas assez puissants pour nuire dans un royaume protestant et tout militaire, dans lequel un seul ordre du roi, porté par un grenadier, arrête tout d'un coup toutes les disputes scolastiques.

Il en est de même de la Russie polonaise; on y a laissé quelques jésuites latins, que l'Église grecque ne craint pas, et que le gouvernement redoute encore moins. Un empereur ou une impératrice russe est le chef suprême de la religion dans cet empire d'onze cent mille lieues carrées. On n'y connaît point deux puissances : quiconque même y voudrait établir cette doctrine des deux puissances y serait puni comme coupable de haute trahison et de sacrilége; et il y en a eu des exemples. Ce frein que la loi met aux bouches controversistes les retient; mais ce qui est tolérable, du moins pour un temps, dans ces pays immenses, deviendrait très-pernicieux dans le nôtre. Les Russes et les Prussiens sont tous soldats, et n'ont ni jansénistes ni molinistes : la France en a, pour son malheur et pour sa honte. Ce feu est presque éteint; je ne pense pas qu'un gouvernement aussi sage que le nôtre veuille le rallumer.

Les ex-jésuites qui ont du mérite et des talents peuvent les manifester dans tous les genres : on les a délivrés d'une chaîne insupportable qu'ils s'étaient mise au cou dans l'imprudence de la jeunesse. Ils s'étaient enrôlés soldats d'un despote étranger; on leur a donné leur congé; on a brisé leurs fers : ils seront citoyens. Ne vaut-il pas mieux être citoyen que jésuite?

Toute l'Europe catholique demande à grands cris qu'on diminue le nombre des ordres, et celui des moines de chaque ordre. Si on pouvait seulement rassembler sous ses yeux une trentaine de ces instituts bizarres, gens tondus, gens demi-tondus, chaussés, déchaux, avec braies, sans braies, gris, noirs, bai brun, pièce sans barbe, barbe sans pièce, on rirait longtemps d'une telle mascarade; et qui contemplerait les maux produits par leurs disputes pleurerait.

Plusieurs provinces en Espagne, en France, en Italie, manquent de cultivateurs : on veut partout plus de mains qui travaillent, et moins d'oisifs qui argumentent; c'est ce qu'on crie à Paris, à Madrid, à Rome. Partout le gouvernement, attentif aux clameurs des peuples et aux besoins publics, s'occupe du soin d'arrêter les progrès du mal, si l'on ne peut l'extirper. L'âge de faire vœu d'être inutile est du moins reculé de quelques années : quelques couvents ont été supprimés; et vous croyez qu'on en va ériger un de jésuites dans Paris! Non, ne le craignez pas. On peut souffrir de vieux abus par paresse, mais on ne se tourmente pas pour en introduire un nouveau.

Les principaux ministres de l'Église savent assez quelle rivalité règne entre toutes ces factions qui nous inondent sous le nom d'ordres : leur habit seul est un signal de haine; les noirs et les blancs divisèrent l'Église pendant des siècles. On a désiré souvent qu'il n'y eût de couvents que pour les malades, et pour ceux qui, étant incapables de remplir les devoirs de la société, chercheraient une consolation dans la retraite; mais c'est précisément la jeunesse la plus saine, la plus robuste, qu'un enrôleur monacal engage dans son régiment, en la faisant boire à la santé de son saint. Il y a plusieurs couvents où l'on examine le soldat de recrue tout nu; et si on lui trouve le moindre défaut, on le renvoie. Cette pratique est même usitée chez des religieuses : si elles sont assez mal constituées pour ne pouvoir être mères, on les envoie se marier dans le monde; si elles sont assez saines pour faire des enfants, on leur fait la grâce de les condamner à la stérilité dans leur prison.

Des retraites honnêtes pour la vieillesse et pour les infirmités, voilà ce qui est nécessaire, et voilà ce qu'on n'a pas seulement tenté.

L'enthousiasme et la sottise firent, dans des temps de ténèbres, des fondations immenses : la raison et l'humanité n'en firent aucune. Combien d'officiers blessés en combattant pour la patrie sont venus demander l'aumône, et quelquefois inutilement, à la porte des opulents monastères fondés par leurs ancêtres!

On nous cite les couvents de l'Église grecque, mère de l'Église latine : mais premièrement la grecque n'a point cette bigarrure d'ordres innombrables, presque tous ennemis les uns des autres; elle n'a jamais eu que l'ordre de saint Basile : la latine ne connut que l'ancien ordre de saint Benoît avant le XIIᵉ siècle; et les moines de cet ordre défrichèrent des terres incultes, avant de défricher la littérature plus inculte encore. Secondement, les couvents, chez les Grecs, sont les séminaires d'où l'on tire tous les prêtres, les curés et les évêques : étant curés, ils se marient; étant évêques, ils ne se marient plus : chez nous, au contraire, les moines ont toujours été dans une espèce de guerre contre les curés et les évêques; consultez sur cela l'évêque de Belley.

Jans son *Apocalypse de Mélithon*. Et n'avez-vous pas vu en dernier lieu des jésuites fanatiques venir faire des missions chez des curés très-instruits et très-sages. comme s'ils étaient venus prêcher des Iroquois? Ils dépossédaient le curé dans le temps de leur mission; ils s'emparaient de l'église, plantaient une croix dans la place publique, donnaient la communion, sans examen, quatre fois la semaine, à quiconque se présentait, petite fille, petit garçon, vieil ivrogne, vieille entremetteuse, et se vantaient ensuite à leur général qu'ils avaient converti une ville entière.

Comptez, monsieur, que notre gouvernement ne laissera pas renaître ces abus indignes. Il est déjà assez las de ces confréries établies autrefois dans des temps de trouble, et qui en ont tant suscité; de ces troupes en masques qui font peur aux petits enfants, et qui font avorter les femmes; de ces gilles en jaquette qui, dans nos contrées méridionales, courent les rues pour la gloire de Dieu. Il est temps de nous défaire de ces momeries qui nous rendent si ridicules aux yeux des peuples du Nord.

Il nous faut des moines, dit-on, car les Égyptiens eurent des thérapeutes, et il y eut des esséniens dans le petit pays de la Palestine. Je conçois bien que pendant les guerres des Ptolémées il y eut quelques familles d'Alexandrie, soit juives, soit grecques, qui se retirèrent vers le lac Mœris, loin des horreurs de la guerre civile, comme les primitifs, que nous nommons quakers, ont été chercher la paix en Pensylvanie, et oublier les crimes religieux de Cromwell loin de leurs concitoyens fanatiques qui s'égorgeaient pour un surplis; je conçois que des esséniens aient vécu ensemble à la campagne pour être à l'abri des assassinats continuels commis par Hircan et par Antigone, qui se disputaient les sonnettes du grand prêtre : mais quel rapport peut-on trouver entre nos moines d'aujourd'hui et des gens de bien, mariés pour la plupart, qui se retiraient à la campagne, loin de la tyrannie?

Si l'habitude, la négligence, la petite difficulté de remuer d'anciens décombres, arrêtent quelquefois le ministère; si l'on n'ose pas, dans une grande ville, changer en maisons nécessaires ces vastes enceintes inutiles où vingt fainéants occupent un terrain qui pourrait loger trois cents familles; si l'on a craint d'appliquer à l'ordre de Saint-Louis un peu de ces richesses prodigieuses, quelquefois usurpées par des chartres évidemment fausses; si tel officier qui a servi trente ans le roi ne peut obtenir une modique pension sur la ferme de tel prieur claustral; si enfin nous conservons encore tant de moines, du moins n'ayons plus de jésuites.

ÉLOGE FUNÈBRE DE LOUIS XV

PRONONCÉ DANS UNE ACADÉMIE LE 25 MAI 1774 [1].

Messieurs, je ne viens point ici, au milieu d'une pompe lugubre et éclatante, mêler la vanité d'un discours étudié à toutes ces vanités établies pour faire illusion aux vivants, sous le spécieux prétexte de la gloire des morts.

Notre assemblée n'est point une de ces cérémonies fastueuses inventées pour séduire les yeux et les oreilles. Mon discours doit être simple et vrai comme l'était le monarque dont nous déplorons la perte.

Quand la grande éloquence commença et finit le siècle de Louis XIV, les oraisons funèbres prononcées par les Bossuet et par les Fléchier subjuguaient la France étonnée ; elles étaient les seuls ornements qu'on remarquât au milieu de ces superbes appareils funéraires. On était transporté de ce nouveau genre ; il a diminué de prix dès qu'il est devenu commun.

Aujourd'hui que la recherche du vrai en tout genre est devenue la passion dominante des hommes, ce fard des déclamations, si imposant autrefois, a perdu son éclat. Nous sommes heureusement réduits, surtout dans ces assemblées secrètes, à suivre la méthode inventée par l'ingénieux Fontenelle, et perfectionnée par le marquis de Condorcet : méthode qui consiste à faire plutôt le précis de la vie d'un homme que son éloge ; à ne le louer que par les faits ; à raconter sans emphase les services qu'il a rendus ; à laisser voir sans malignité les faiblesses inséparables de la nature humaine ; à ne chercher enfin pour toute éloquence que des vérités utiles. Les hommes ne se dégoûteront jamais de ce genre, parce qu'il ressemble à celui de l'histoire.

C'était l'usage de ces anciens peuples si renommés, qui jugeaient les rois après leur mort, et qui par là enseignèrent la justice à la terre. De tels discours funèbres peuvent avoir sur l'histoire même un grand avantage, celui de ne recueillir aucune de ces fables secrètes que la méchanceté ou la seule envie de parler débite sur un prince de son vivant, que l'erreur populaire accrédite, et qu'au bout de quelques années les historiens adoptent en se trompant eux-mêmes, et en trompant la postérité.

Si l'on osait être sage, des discours de ce genre seraient d'une utilité bien plus grande encore ; car, également éloignés de la flatterie et de la satire, ils seraient la leçon de ceux dont un jour on doit faire l'oraison funèbre. Ce qu'un homme éclairé et juste prononcerait sur un roi, devant son successeur et devant la nation, ferait une impres-

---

1. Louis XV était mort le 10 mai 1774, et Voltaire envoya son *Éloge funèbre* au maréchal de Richelieu le 31 mai. Il le donna comme l'ouvrage de M. Chambon : il avait déjà mis ce nom, en 1769, à son petit écrit *De la paix perpétuelle*, et le mit quelques mois plus tard à l'*Éloge historique de la raison.* (*Note de M. Beuchot.*)

sion cent fois plus forte et plus durable que tous ces discours d'ostentation, qui ne sont plus regardés que comme une partie des cérémonies qui passent en un jour.

Nous n'avons rien à dire du premier âge de Louis XV : presque toutes les enfances, comme toutes les décrépitudes, se ressemblent; les premières donnent toujours quelque espérance que les secondes ôtent entièrement. Son caractère était doux et facile, et l'on a remarqué que dans toute sa vie il ne montra aucun emportement. Ce qu'il apprit le mieux dans sa première jeunesse fut la géographie, science la plus utile à un roi, soit en guerre, soit en paix. Il fit même imprimer au Louvre un petit livre *De la Géographie par le cours des fleuves* qu'il composa en partie sur les leçons de M. de L'Isle, et dont on tira cinquante exemplaires. C'est cette étude qui le détermina depuis à faire lever des cartes topographiques de toute la France, ouvrage immense, où l'on n'a trouvé presque rien d'omis, ni d'inexact.

Ce goût pour la géographie le conduisit naturellement à quelques connaissances de l'astronomie et à un peu d'histoire naturelle.

Son jugement en toutes choses était juste; mais cette douce facilité de caractère dont nous avons parlé le porta toujours à préférer l'opinion des autres à la sienne.

C'est par cette condescendance qu'il se résolut à la guerre de 1741, malgré le cardinal de Fleury, qui s'y opposait; car des personnes qui avaient alors plus de crédit sur son esprit que son ministre même l'entraînèrent, lui et ce ministre, dans cette entreprise, qui fut heureuse en Flandre, et malheureuse partout ailleurs. Ainsi Louis XV fit la guerre sans être ambitieux, et donna deux batailles[1] sans être emporté par cette ardeur qui naît de la fougue du tempérament, et que la faiblesse humaine a nommée héroïque.

Son âme était toujours tranquille. Elle le fut même lorsqu'en 1744 il courut, à la tête de son armée, délivrer l'Alsace inondée d'ennemis. Ce fut alors qu'étant tombé malade à Metz, et près de mourir, il reçut de ses peuples ce surnom si flatteur de *Bien-aimé*. Il ne lui fut point donné en cérémonie et par des actes authentiques, comme le surnom de *Grand* fut décerné à Louis XIV par l'Hôtel-de-Ville, en 1680. L'enthousiasme des Parisiens cherchait un titre qui exprimât se tendresse pour son roi. Un homme de la populace cria: *Louis le Bien-aimé.* Bientôt cinq cent mille voix le répétèrent, tous les calendriers, tous les papiers publics furent ornés de ce nom. L'amour l'avait donné; et l'usage le conserva dans les temps orageux où ces mêmes Parisiens, que l'Europe accuse de légèreté, semblèrent démentir pour quelques jours les témoignages de leur tendresse.

Il mérita cet amour sans doute, lorsque, pour tout fruit de ses conquêtes en Flandre, il demandait la paix à la vertueuse Marie-Thérèse. On eût dit qu'il pressentit les obligations que la France aurait un jour à cette souveraine. Il ne pouvait assez acheter le présent inestimable[2] qu'elle nous a fait, et dont nous jouissons aujourd'hui.

---

1. Celle de Fontenoy et celle de Laufelt. (ÉD.) — 2. Marie-Antoinette. (ÉD.)

Si même la guerre la plus juste est toujours funeste aux nations, celle qu'on faisait à la légitime héritière de tant de Césars n'en pesait que davantage au cœur de Louis XV. Il voyait qu'elle n'était pas fondée sur cette justice évidente dont il avait les principes dans le fond de son âme. C'est cette justice si rare qui peut seule justifier la guerre aux yeux des sages.

Sa déférence pour les sentiments d'autrui lui fit encore entreprendre la guerre de 1756, qui fut bien plus malheureuse que la première. La France y perdit beaucoup de sang, encore plus de trésors, tout le Canada, son commerce de l'Inde, son crédit dans l'Europe; et il a fallu que la nation, toujours industrieuse, toujours agissante, travaillât douze années entières pour réparer à peine une partie de ces brèches immenses.

Tant de malheurs n'altérèrent point l'âme du monarque. Les hommes placés dans un rang éminent veulent tous paraître inébranlables. Ils affectent le calme au milieu du trouble : mais Louis XV n'affectait rien : il ne cherchait point la tranquillité, il la trouvait dans son caractère. Ce serait le plus précieux don de la nature, s'il pouvait toujours être joint à l'activité.

Son âme ne se démentit pas même dans cette horrible et incroyable aventure d'un fanatique de la lie du peuple, qui osa porter la main sur sa personne sacrée; et après les premiers moments donnés à l'incertitude des suites, il fut aussi serein que s'il n'avait point été blessé.

Cette égalité d'âme, cette simplicité, il la mettait dans toutes ses actions, dans le service auprès de sa personne, dans les ordres qu'il donnait pour ses ouvrages publics admirables, dont tout autre aurait voulu tirer quelque gloire avec justice. En cela son caractère était l'opposé de celui de Louis XIV son prédécesseur.

C'est sur quoi l'on a demandé souvent s'il est à désirer qu'un roi recherche la gloire, ou qu'il soit indifférent pour elle. Peut-être cette indifférence si louable ôte quelquefois à l'âme un peu d'énergie. Peut-être empêcha-t-elle assez longtemps Louis XV de se faire valoir lui-même en faisant à des officiers blessés pour son service cet accueil prévenant qui console la nature humaine, et qui est leur première récompense. Mais ce n'était qu'un défaut d'attention, ce n'était point un vice de son cœur. C'en serait un s'il était l'effet de la dureté.

Cette dureté ne peut lui être imputée, puisque tous ses domestiques avouent qu'on ne vit jamais un maître plus indulgent, et que tous ceux qui ont travaillé sous ses ordres se louent de son affabilité. On ne peut pas être toujours roi, on serait trop à plaindre; il faut être homme, il faut entrer dans tous les devoirs de la vie civile, et Louis XV y entrait, sans que ce fût pour lui une gêne et un dehors emprunté.

Il est vrai que, quand un monarque admet ses courtisans dans sa familiarité, il ne faut jamais que le roi se venge des petits torts qu'on peut avoir avec l'homme. On s'est plaint que Louis XV a trop fait sentir quelquefois qu'on avait offensé le trône quand on n'avait blessé que quelques devoirs établis dans la société. Un roi ne doit point punir ce que la loi ne punirait pas. Autrement il faudrait se dérober à tous les rois comme à des êtres trop élevés au-dessus de l'espèce humaine, et trop dangereux pour elle ; ils se verraient condamnés à n'être que maîtres, et à ne jouir jamais des faibles consolations qu'on peut goûter dans cette vie passagère.

On s'est étonné que dans sa vie toujours uniforme il ait si souvent changé de ministres ; on en murmurait, on sentait que les affaires en pouvaient souffrir ; que rarement le ministre qui succède suit les vues de celui qui est déplacé, qu'il est dangereux de changer de médecin, et qu'il est triste de changer d'amis. On ne pouvait concevoir comment une âme toujours sereine pouvait, dans un repos inaltérable, consentir à tant de vicissitudes. C'était le dangereux effet du principe le plus estimable, de cette défiance de lui-même, de cette condescendance aux volontés des personnes qui avaient moins de lumières et d'expérience que lui, enfin de cette même égalité d'une âme paisible, à laquelle ces grands bouleversements ne coûtaient point d'efforts. Tout tenait à cette première cause. Il lui était égal d'ordonner un monument digne des Auguste et des Trajan, ou l'appartement le plus modeste. Son imagination ne lui présentait pas d'abord les grandes choses, mais son jugement les saisissait dès qu'on les lui proposait.

C'est ainsi qu'il fit ce grand établissement de l'École militaire, ressource si utile de la noblesse, inventée par un homme qui n'était pas noble[1], et qui sera au-dessus des titres dans la postérité. C'est enfin de ce même principe que dépendit sa vie publique et sa vie privée. Sans être tendre et affectueux, il était bon mari, bon père, bon maître, et même ami autant que peut l'être un roi.

C'est surtout à cette sérénité qu'il faut rendre grâce de ce qu'il ne fut pas persécuteur. Il ne sonda point l'opinion des hommes pour les condamner ; il ne rechercha point des fautes obscures pour les mettre au grand jour, et pour se faire un cruel mérite de les punir. Longtemps fatigué par des querelles scolastiques qui troublaient avant lui le royaume, et par ces divisions entre la magistrature et quelques portions du clergé, il voulut toujours donner aux disputants cette même paix qui était dans son cœur.

Il savait que dans un État où les maximes ont changé, et où les anciens abus sont demeurés, il est nécessaire quelquefois de jeter un voile sur ces abus accrédités par le temps ; qu'il est des maux qu'on ne peut guérir, et qu'alors tout ce que l'art peut procurer de soulagement aux hommes est de les faire vivre avec leurs infirmités.

Ne se point émouvoir, et savoir attendre, ont donc été les deux pivots de sa conduite. Il a conservé cette imperturbabilité jusque dans l'affreuse maladie qui l'a enlevé à la France, ne marquant ni faiblesse, ni crainte, ni impatience, ni vains regrets, ni désespoir ; remplissant des devoirs lugubres avec sa simplicité ordinaire ; et dans les tourments douloureux qu'il éprouvait, il a fini comme par un sommeil paisible, se consolant dans l'idée qu'il laissait des enfants dont on espérait tout.

Sa mémoire nous sera chère, parce que son cœur était bon. La

1. Paris-Duverney. (ÉD.)

France lui aura une obligation éternelle d'avoir aboli la vénalité de la magistrature, et d'avoir délivré tant d'infortunés habitants de nos provinces de la nécessité d'aller achever leur ruine dans une capitale où l'on ignore presque toujours nos coutumes. Un jour viendra que toutes ces coutumes si différentes seront rendues uniformes, et qu'on fera vivre sous les mêmes lois les citoyens de la même patrie. Les abus invétérés ne se corrigent qu'avec le temps. Chaque roi dont descendait Louis XV a fait du bien. Henri IV, que nous bénissons, a commencé. Louis XIII, par son grand ministre, a bien mérité quelquefois de la France. Louis XIV a fait par lui-même de très-grandes choses. Ce que Louis XV a établi, ce qu'il a détruit, exige notre reconnaissance. Nous attendrions une félicité entière de son successeur, si elle était au pouvoir des hommes.

(Comme l'orateur, bien moins orateur que citoyen, prononçait ces paroles, arriva la nouvelle que les trois princesses, filles du feu roi, étaient attaquées de la petite vérole. Alors il continua ainsi :)

« Messieurs, à nos douloureux regrets succèdent les plus cruelles alarmes ; nous pleurions et nous tremblons ; la France doit être en larmes et en prières : mais que peuvent les vœux des faibles mortels? On a invoqué en peu de temps la patronne de Paris pour les jours du dernier dauphin, pour son épouse, pour sa mère, enfin pour le feu roi : Dieu n'a point changé ses décrets éternels. Puisse sa providence ineffable avoir ordonné que l'art vienne heureusement combattre les maux dont la nature accable sans cesse le genre humain! que l'inoculation nous assure la conservation de notre nouveau roi, de nos princes et de nos princesses! Que les exemples de tant de souverains les encouragent à sauver leur vie par une épreuve qui est immanquable quand elle est faite sur un corps bien disposé. Il ne s'agit plus ici d'achever l'éloge du feu roi, il s'agit que son successeur vive. L'inoculation nous paraissait téméraire avant les exemples courageux qu'ont donnés M. le duc d'Orléans, le duc de Parme, les rois de Suède, de Danemark, l'impératrice-reine, l'impératrice de Russie. Maintenant il serait téméraire de ne la pas employer. C'est notre malheur que les vérités et les découvertes en tout genre essuient longtemps parmi nous des contradictions ; mais quand un intérêt si cher parle, les contradictions doivent se taire. »

DE LA MORT DE LOUIS XV,
ET DE LA FATALITÉ.
(1774.)

Louis XV a été le seul roi de France qui soit mort de cette funeste maladie nommée *variole*, ou *petite vérole*. Il a été le seul sur dix mille personnes qui en ait été attaqué deux fois ; car on assure qu'il l'avait eue à quatorze ans.

C'est encore un événement non moins unique que ce venin l'ait comme choisi au milieu de toute sa cour, pour le faire périr à l'âge de soixante et quatre ans, dans le temps que personne n'en éprouvait la moindre atteinte, ni dans le château ni dans la ville de Versailles.

Voilà trois fatalités étranges. Une quatrième est la manière dont on prétend qu'il prit la variole dont il est mort.

Il avait rencontré à la chasse un enterrement; il s'en approcha, et demanda qui on allait ensevelir. On lui répondit que c'était une jeune fille, morte de la petite vérole.

Cette rencontre parut ne lui faire aucune impression; mais depuis ce moment son teint sembla un peu obscurci; et deux jours après, son chirurgien dentiste, nommé Bourdet, homme très-expérimenté, en examinant ses gencives, leur trouva un caractère qui annonçait une maladie dangereuse. Il en avertit un ministre d'État. Sa remarque fut négligée; bientôt cette maladie se déclara, et le roi mourut.

Il est à croire qu'il n'avait eu, cinquante ans auparavant, qu'une petite vérole volante, qui n'est pas la petite vérole proprement dite : car le nombre des maladies qui affligent le genre humain est si énorme, que nous manquons de termes pour les exprimer. Il en est des maux du corps comme de ceux de l'âme : point de langue qui peigne par la parole toutes ces tristes nuances. Mais il résulte de cet exemple que la petite vérole tue, et que l'inoculation sauve.

M. le duc d'Orléans donna une grande et salutaire leçon à la famille royale en faisant inoculer ses enfants. Le duc de Parme fit bientôt après, sur son fils, une épreuve aussi heureuse.

Le roi de Danemark, et ensuite le roi de Suède et ses frères, en subissant l'inoculation, ont excité tout le Nord à les imiter, et en assurant leur précieuse vie ont conservé celle de la sixième partie de leurs sujets.

L'impératrice, reine de Hongrie, a fait le même bien à l'Allemagne.

L'impératrice de la vaste Russie, en essayant sur elle-même l'inoculation qu'elle préparait à son fils unique, en lui donnant la petite vérole de son propre ferment, en faisant parcourir tous ses États par des chirurgiens inoculateurs, a sauvé la vie au quart de ses peuples, qui mouraient auparavant de cette peste continuelle répandue sur toute la terre, et plus funeste en Russie qu'ailleurs.

Enfin, pour remonter à la source de ces grands exemples, l'épouse du roi d'Angleterre Georges second, en donnant la première cette variole artificielle aux princes ses enfants, pour leur épargner la naturelle, fut la première qui sauva l'Europe chrétienne.

Les Turcs, que leur système de la prédestination absolue, et plus encore leur négligence, empêchent de se préserver de la peste, emploient pourtant l'inoculation depuis longtemps, pour se préserver de cette autre peste de la petite vérole. Les Tartares leur ont enseigné cette méthode, qu'ils tenaient de l'Inde, et l'Inde la tenait de la Chine.

Même lorsque le médecin Mead[*] fit en Angleterre les premières expo-

---

[*]. On prononce *Mide.*

riences de l'inoculation en 1721, il la tenta à la manière chinoise sur un des sujets qu'on lui donna, et elle réussit.

Non-seulement tout notre hémisphère conspire à détruire ce poison que les conquérants arabes apportèrent au septième siècle de notre ère; mais les Anglais apprennent aujourd'hui à l'Amérique à combattre par l'inoculation cette maladie contagieuse dont les Espagnols l'infectèrent à la fin de notre quinzième siècle, en échange d'une autre peste non moins horrible que les compagnons de Colombo rapportèrent de ce nouveau monde, lorsqu'ils rendirent par leurs découvertes deux univers également malheureux. Il s'agit maintenant de guérir l'un et l'autre.

Que conclure de ce tableau, si vrai et si funeste? Rois et princes nécessaires aux peuples, subissez l'inoculation, si vous aimez la vie : encouragez-la chez vos sujets, si vous voulez qu'ils vivent.

On dit qu'aux extrémités occidentales de notre hémisphère on trouve un peuple qui habite entre l'Océan et la Méditerranée, dans l'espace d'environ huit degrés en latitude et neuf en longitude. Un petit nombre de prud'hommes composait, dit-on, la partie la plus sérieuse de la nation. Dès que les prud'hommes eurent appris qu'on osait attenter sur les droits de la variole, les plus vieilles têtes s'assemblèrent, et raisonnèrent ainsi : « Souffrirons-nous que nos petits-enfants, qui sont tous des étourdis, prétendent échapper à une maladie dont nos grands-pères ont été en possession de mourir depuis dix siècles? L'antiquité est trop respectable; et cette nouveauté serait trop scandaleuse. Il faut que nos druides fulminent un décret sur ce cas de conscience, et que nous rendions arrêt sur ce délit. Nous nous sommes déjà vigoureusement opposés à la découverte que firent des hérétiques de la circulation du sang; nous avons proscrit l'émétique, qui avait guéri notre pénultième roi; nous établîmes jadis peine de mort contre ceux qui seraient d'un autre avis qu'Aristote; nous traitâmes l'imprimerie de sortilége. Soutenons notre gloire. Nous condamnâmes en 1477 à être pendu quiconque, ayant contracté le mal de l'Amérique, ne sortirait pas de la ville en vingt-quatre heures : faisons pendre le premier insolent qui se portera bien après avoir été inoculé du mal de l'Arabie. »

Un médecin habile leur présenta requête pour faire adoucir l'arrêt. Il leur dit que, de compte fait, il n'était mort que deux personnes en Angleterre sur deux cent mille inoculés : encore ces deux morts avaient-ils été dangereusement malades avant l'opération. Ainsi il n'y avait pas même l'unité contre cent mille à parier contre la méthode anglaise. Messieurs les anciens répondirent qu'ils ne se mêlaient pas de l'algèbre.

Quelques personnes, qui se piquaient de métaphysique, firent une objection qui n'était pas meilleure que l'arrêt des prud'hommes; la voici :

« Tout est arrangé, tout est prévu, tout arrive par les ordres immuables de l'éternel Souverain de la nature; et il est impossible que ces ordres ne soient pas immuables, puisque alors l'Être éternel serait supposé inconstant et faible. Chaque animal, chaque végétal, renfermé dans son germe, est destiné à se développer, à croître et périr dans les instants marqués, comme le soleil est destiné à faire, dans son cours, des éclipses avec les planètes dans le seul moment où ces éclipses doivent arriver; et si ces phénomènes étaient produits une seconde plus tôt ou plus tard, ce serait un autre ordre de choses, un autre univers que celui où nous sommes. L'homme est libre; c'est-à-dire l'homme peut faire ce qu'il veut, quand il en a la faculté; mais il ne peut avoir la faculté de s'opposer aux décrets éternels du grand Être. Ce serait en effet s'y opposer, ce serait les anéantir, si on pouvait prolonger la vie, je ne dis pas d'un homme, mais d'une mouche, au delà de l'instant irrévocablement arrêté pour sa mort.

« Donc en voulant, par l'insertion de la petite vérole, prolonger la vie d'un homme, non-seulement on tente une chose impossible, mais on se rend coupable envers la Providence éternelle. »

Il est très-aisé de détruire cet argument, même en convenant qu'il est très-juste dans son principe.

Oui, tout est lié, tout est arrangé de tout temps et pour jamais; oui, nul être ne peut déplacer un chaînon de la grande chaîne; oui, nous ne sommes point libres de faire un pas contre les décrets immuables. Le grand Être avait prévu, avait ordonné de toute éternité, qu'au septième siècle la variole viendrait se joindre aux autres fléaux qui font de la terre un séjour de mort : mais aussi il avait prévu et ordonné que Mme de Montague, étant ambassadrice d'Angleterre, au dix-huitième siècle, à Constantinople, verrait des femmes inoculer de petits enfants sur le pas des portes et dans les rues pour quelques aspres, ces enfants se jouer avec le venin salutaire que ces femmes leur inséraient, et n'en être pas plus malades que l'on est, à cet âge, d'une dartre passagère.

La Providence avait prévu et ordonné que cette dame donnerait la petite vérole à son propre fils dans la capitale des Turcs, et qu'à son retour à Londres elle persuaderait la princesse de Galles de faire inoculer ses enfants, dont l'un a été roi d'Angleterre.

La Providence avait prévu et ordonné que tous les princes dont nous avons parlé essayeraient cette épreuve sur leurs enfants et sur eux-mêmes, et que par là ils sauveraient la vie à presque autant d'hommes qu'ils en ont fait tuer dans les batailles.

Un temps viendra où l'inoculation entrera dans l'éducation des enfants, et qu'on leur donnera la petite vérole comme on leur ôte leurs dents de lait pour laisser aux autres la liberté de mieux croître.

Mme de Montague se trompait, lorsqu'elle disait, dans sa trente-unième lettre de Constantinople : « J'écrirais à nos médecins de Londres, si je les croyais assez généreux pour sacrifier leur intérêt particulier à celui de l'humanité; mais je craindrais, au contraire, de m'exposer à leur ressentiment, qui est dangereux, si j'entreprenais de leur enlever le revenu qu'ils tirent de la petite vérole. Mais, à mon retour en Angleterre, j'aurai peut-être assez de zèle pour leur déclarer la guerre [1]. »

---

1. Lettre de milady Worthley Montague, première partie, page 216, édition de Londres.

Au contraire, loin que les grands médecins de Londres s'opposassent à l'inoculation, ce fut le célèbre Mead qui, le premier, donna la petite vérole aux Anglais; et Maitland la donna à l'héritier de la couronne. Les médecins qui suivirent cet exemple en Europe, et qui inoculèrent tant de princes, furent mieux récompensés que s'ils avaient ressuscité des morts. Il n'y a pourtant point d'opération plus facile; elle est moins dangereuse qu'une simple saignée, dans laquelle on risque de se faire piquer un tendon. Une garde-malade, une servante peut inoculer un enfant avec autant de sûreté qu'un docteur en médecine, pourvu que le sujet soit sain; et pour un écu on peut sauver la vie à tous les petits enfants d'un village..

L'impératrice de Russie se promena tous les jours en carrosse après avoir été inoculée. Le grand maître de son artillerie[1], qui subit la même épreuve, quoiqu'il eût eu la petite vérole volante dans son enfance, alla le troisième jour à la chasse. Enfin cette souveraine daignait écrire à l'auteur de ce petit mémoire ces propres mots : *C'était bien la peine de faire tant de bruit pour une pareille bagatelle, et d'empêcher les gens de se sauver la vie si aisément et si gaiement!*

La Providence avait donc prévu et ordonné que, dans un pays aussi grand que le reste de l'Europe, cette princesse serait la première qui vaincrait et qui mépriserait plus d'un préjugé ridicule; de même qu'en France M. le duc d'Orléans serait le premier de la race royale qui apprendrait aux hommes à fouler aux pieds l'erreur populaire.

Il était écrit dans le grand livre de la destinée que les Turcs seraient assez imbéciles pour ne se pas garantir de la peste par l'établissement d'une quarantaine, et assez sages pour se préserver de tous les dangers de la petite vérole.

C'est ainsi que cette destinée éternelle portait que MM. Bank et Solander découvriraient de nos jours un pays immense, où les hommes se mangent les uns les autres aussi communément que nous persécutons, que nous calomnions notre prochain à Paris : à cette différence près que les habitants de cette vaste contrée d'anthropophages ne croient point faire de mal, et font des ragoûts de leurs ennemis en sûreté de conscience; au lieu que les petits calomniateurs qui sont venus à Paris barbouiller du papier pour gagner un peu d'argent, savent très-bien qu'ils font mal.

Il était écrit aussi, dans ce grand livre de la destinée, que je barbouillerais ce mémoire; qu'il serait lu par cinq ou six oisifs, qui diraient : *Il a raison;* et qu'il serait inconnu au reste du monde[2]. »

---

1. Grégoire Orloff. (ÉD.)
2. « L'inoculation avait été provisoirement interdite le 8 juin 1763 sur le réquisitoire d'Omer Joly de Fleury. L'arrêt chargea la faculté de médecine de procéder à une enquête. Cette enquête dura plus de cinq ans. Les douze commissaires nommés par la faculté se partageaient par moitié. Les inoculateurs et les anti-inoculateurs en vinrent à un procès en règle qui fut déféré au parlement. Pendant ce temps-là, l'affaire principale ne marchait pas. Le duc d'Orléans, le premier président d'Aligre, et enfin, en 1774, le roi et ses frères appelèrent les inoculateurs, ce qui réduisit la faculté et le parlement à opiner du bonnet. Le premier arrêté de *tolérance* avait été rendu dans la faculté le 5 septembre 1764.

AU ROI EN SON CONSEIL.

(1774.)

Sire, Les nouveaux sujets du roi, soussignés, établis à Versoi et à Ferney, en 1770, par la bonté et par les ordres du feu roi Louis XV, aïeul de Votre Majesté, représentent très-humblement,

Que par les ordres du feu roi, donnés en mars 1770, dont ils remettent un exemplaire entre les mains de M. le contrôleur général, il est dit,

« Qu'ils vivront suivant leurs usages et leurs mœurs, et exempts de toutes impositions, en attendant et jusqu'à ce que Sa Majesté puisse s'occuper plus particulièrement des arrangements durables qu'elle est déterminée à faire en leur faveur. »

Les soussignés, pour la plupart Génevois, Suisses, Allemands, Savoyards, et autres étrangers, ont établi en conséquence à Versoi et à Ferney des fabriques d'horlogerie.

Les seigneur et dame de Ferney [1] leur ont fait bâtir des maisons commodes, où ils exercent leurs arts et leur commerce sous la protection de Sa Majesté.

Ce commerce se fait principalement en pays étranger, en Espagne, dans tout le Levant, dans le Nord, et jusqu'en Amérique. Il s'est tellement accru, que le hameau de Ferney, qui n'était composé que de quarante-neuf habitants, est devenu un lieu considérable, possédant environ huit cents artistes qui font journellement entrer des espèces dans le royaume.

Leur bonne conduite sera attestée par le subdélégué de l'intendance de Gex, par les seigneurs et le curé du lieu. L'utilité de leurs travaux sera constatée par M. l'intendant de la province.

Nous n'avons point l'indiscrétion d'implorer de Votre Majesté des secours d'argent; nous osons seulement réclamer les lettres patentes du roi Henri IV, données à Poitiers le 27 mai 1602, desquelles l'original est dans le dépôt des affaires étrangères.

Le second article de ces lettres patentes porte expressément « que tous les susdits de Genève demeurent exempts du demi pour cent de l'or et de l'argent et autres choses sujettes audit impôt, passant sur les terres de Sa Majesté. »

Nous sommes pour la plupart natifs de Genève; nous avons quitté notre patrie pour être vos sujets; nous demandons, pour faire entrer des espèces dans votre royaume, la même grâce que Genève a obtenue pour en faire sortir.

Nous ne pouvons employer l'or qu'à dix-huit carats sur cette fron-

---

par cinquante-deux voix contre vingt-cinq. Il fut rapporté. Le 16 janvier 1768, la tolérance ne passa que par trente voix contre vingt-trois. » (Jules Simon, La Liberté, seconde édition, t. II, p. 30.)

1. La dame de Ferney était Mme Denis. (ÉD.)

tière, attendu que la ville de Genève n'en a jamais employé d'autre, et que l'or de l'Allemagne et de tout le Nord est encore à un plus bas titre.

Nous observons qu'en France plus l'or des montres et des bijoux serait à un titre pareil, plus il resterait de matière d'argent et d'or dans le royaume, ce qui serait une très-grande économie.

L'Espagne fut d'abord la seule puissance qui établit des fabriques d'or à vingt carats, parce que l'or est considéré en Espagne comme une production du pays, le roi d'Espagne étant possesseur des mines; mais les autres États de l'Europe, n'attirant l'or et l'argent que par le commerce, sont intéressés à conserver chez eux le plus de métaux qu'il soit possible.

Nous n'employons dans nos ouvrages que de l'or venant directement du Pérou par Cadix; par conséquent nous sommes utiles en faisant entrer des matières d'or et d'argent, en les conservant et en les travaillant à bas prix.

Nous demandons donc très-humblement la liberté à nous promise par le ministère, en 1770, de travailler l'or à dix-huit carats comme à Genève, l'argent à dix deniers, avec la sûreté de n'être point inquiétés par la ferme du marc d'or.

Ce commerce est d'une telle importance, qu'il a procuré seul des richesses immenses à la république de Genève. Cette république fabriquait pour plus de dix millions de montres par an; et c'est avec ce produit bien économisé qu'elle a acquis pour six millions de revenus sur les finances de Votre Majesté, tant en rentes foncières qu'en rentes viagères sur plusieurs têtes, lesquelles rentes viagères durent presque toujours pendant près de cent années.

Ces gains prodigieux de Genève ont éveillé enfin l'industrie des pays de Gex et de Bresse. Celui de Gex ne peut se tirer de son extrême misère que par les fabriques établies à Ferney et à Versoi. MM. les syndics du pays de Gex savent assez et attesteront combien est stérile le sol de cette petite province, qui n'est qu'une langue de terre d'environ cinq lieues de long et de deux de large, sur le bord du lac de Genève, environnée d'ailleurs de montagnes inaccessibles, dont les unes sont couvertes de neiges sept mois de l'année, et les autres de neiges et de glaces éternelles.

La terre labourée avec six bœufs n'y produit d'ordinaire que trois pour un, ce qui ne paye pas les frais de la culture. Aussi, avant l'année 1770, époque de l'établissement des suppliants, il est prouvé que le nombre des habitants du pays de Gex était réduit à moins de neuf mille, ayant été de dix-huit mille vers l'an 1680.

Le pays ne commence à se repeupler et à se vivifier que par les attentions du gouvernement, qui a protégé des manufactures et un commerce absolument nécessaires.

Le conseil de Sa Majesté peut interroger sur tous ces faits le sieur L'Épine, horloger du roi, natif du pays de Gex, qui vient d'établir une nouvelle fabrique à Ferney, par les soins du seigneur du lieu.

Nous nous jetons, sire, aux pieds de Votre Majesté; nous la supplions de nous faire jouir des priviléges accordés par Henri IV, dont vous égalez la bienfaisance. Nous sommes vos sujets, et Genève n'était que la protégée de Henri IV.

Nous vous conjurons d'ordonner,

Qu'il nous soit permis de travailler l'or à dix-huit carats, et l'argent à dix deniers de fin;

Que nos ouvrages aient un cours libre dans le royaume, et un passage libre aux pays étrangers;

Que nous ayons à Ferney et à Versoi un poinçon affecté à nos fabriques; que ce poinçon soit fabriqué par deux de nos fabricants assermentés et par un tiers, nommés tous trois par M. l'intendant de la province, ou par son subdélégué, pour empêcher toute fraude;

Que la ferme du marc d'or lève dix sous par chaque montre fabriquée au pays de Gex;

Que Votre Majesté daigne nous continuer l'exemption des impôts et du logement des soldats, dont nous avons joui sous le règne du roi votre prédécesseur.

« L'original entre les mains de M. le contrôleur général, signé de cent principaux artistes, du 20 juillet 1774. »

François de Voltaire, gentilhomme ordinaire de la chambre du roi, possesseur du petit hameau de Ferney devenu une communauté d'artistes très-utiles, présente très-humblement cette requête à M. Boutin, intendant des finances, et le supplie d'en conférer avec M. le contrôleur général, lorsque les affaires plus importantes lui en laisseront le loisir

---

AU RÉVÉREND PÈRE EN DIEU

MESSIRE JEAN DE BEAUVAIS[1],

CRÉÉ PAR LE FEU ROI, LOUIS XV, ÉVÊQUE DE SENEZ.

(1774.)

Mon révérend père en Dieu, j'assistai ces jours passés au service que fit le curé de Neuilly. « Ouailles, dit-il, souhaitons la vie éternelle à notre bon roi, qui ne demanda que la paix après avoir gagné deux batailles en personne, qui fit l'aumône aux pauvres, qui aurait payé toutes ses dettes s'il avait eu de l'argent, qui fonda l'École militaire, qui a

---

1. Jean de Beauvais, après avoir insulté à la vérité et à la raison dans son *Oraison funèbre*, comme c'est l'usage, insulta de plus à la mémoire du roi son bienfaiteur. Il comptait avoir un meilleur évêché, et il se trompa. On voyait alors des hommes qui avaient flatté Louis XV pendant sa vie, et qu'il avait comblés de biens, déchirer sa mémoire, et témoigner de sa mort une joie indécente. Les gens qu'on appelle philosophes, et que ce prince, trompé par la calomnie, avait plus laissé persécuter qu'il ne les avait encouragés, furent alors les seuls qui lui rendissent quelque justice. On leur reproche d'oser juger les rois pendant qu'ils règnent, mais ils savent les respecter, et durant leur vie, et même lorsqu'ils ont cessé de régner : ils savent qu'il y a autant de bassesse à insulter un pouvoir qui n'est plus, qu'à flatter la main qu'on craint, ou dont on espère. (*Éd. de Kehl.*)

bâti le beau pont de Neuilly, sur lequel vous vous promenez; et qui avait un valet de garde-robe, auquel je dois ma cure. »

Cette oraison funèbre me plut beaucoup, parce qu'elle ne prétendait à rien, qu'elle partait du cœur, et surtout qu'elle était courte.

J'ai assisté depuis à la vôtre. Je ne vous dis point qu'elle parut longue; mais l'assemblée ne trouva pas bon que vous commençassiez par parler de vous : « Quand j'annonçais il y a peu de temps la divine parole.... »

Tout le monde convint qu'il ne fallait pas débuter, dans l'éloge d'un roi, par celui de *messire Jean de Beauvais*. Nous aimons la parole divine; l'égoïsme la profane.

Vous dites que Dieu seul *possède l'immortalité*; et nos âmes, mon révérend père, et nos âmes! ne passent-elles pas pour être immortelles aussi? On aurait souhaité que vous eussiez dit : « Dieu qui possède et qui donne l'immortalité. » Car enfin, le diable, comme vous savez, le diable qui nous inspire tant de passions, le diable qui est partout, a la réputation d'être immortel.

Vous vous comparez à Jérémie, mon révérend père; Jérémie vit d'abord à quatorze ans « une verge veillante et une marmite bouillante[1].» Dans un âge plus mûr, il fut accusé d'avoir trahi son roi pour le roi de Babylone. Qu'avez-vous de commun avec Jérémie? Auriez-vous manqué à votre roi comme ce Juif? Avez-vous vu comme lui une verge veillante et une marmite bouillante?

Vous comparez une auguste princesse, qui a quitté la cour pour un couvent, à la fille de Jephté[2], à qui son père coupa la tête; vous comparez Louis XV à Joas, qu'Athalie fit poignarder[3] : mais jamais le feu roi ne fut poignardé par sa grand'mère, et jamais il ne coupa le cou de sa fille. Il faut que les comparaisons soient justes, même dans une oraison funèbre.

Le cri public vous a obligé de changer l'endroit où vous reprochiez au feu roi d'avoir chassé les jésuites. Vous avez cru adoucir cette satire en imprimant que la société de ces jésuites était une *fausse société*; mais cela ne s'entend pas. On sait bien ce que c'est qu'un homme faux, un homme qui parle contre sa conscience; une pensée fausse, un faux pas, un faux brillant; on ne sait ce que c'est qu'une *société fausse*. Le R. P. Malagrida et le R. P. Lavalette ont fait de fausses démarches, qui ont entraîné la ruine d'une société très-véritable et autrefois très-dangereuse.

Vous ne deviez pas comparer cette société à Jonas[4], que des idolâtres jetèrent dans la mer pour apaiser une tempête. Les rois de France, d'Espagne, de Naples, de Portugal, le souverain de Rome, ne sont point des idolâtres. Les déclamateurs devraient, dans ce siècle de raison, se garder de toutes ces comparaisons puériles.

Vous dites que « les anciens parlements se sont laissé entraîner par l'impulsion des circonstances au delà de leur premier but » L'impul-

---

1. Jérémie, chap. I, v. 11, 12 et 13. — 2. *Juges*, XI, 39. (ÉD.)
3. *IV Rois*, XI, 1. (ÉD.) — 4. Jonas, I, 15. (ÉD.)

sion des bienséances et de votre génie ne devait pas vous entraîner dans de pareilles phrases.

Quelle impulsion étrange vous force à vous déchaîner contre le dix-huitième siècle de notre ère vulgaire? « Il était donc réservé, dites-vous, au dix-huitième siècle d'attaquer à la fois les principes de l'honneur, de la justice, de la vertu, de l'honnêteté naturelle! » Et vous proclamez le successeur de Louis XV le restaurateur des mœurs! vous auriez dû l'appeler le conservateur. Car enfin, monsieur de Beauvais, dans quel temps a-t-on vu plus de princesses renommées par des mœurs plus pures? Dans quel pays a-t-on vu mourir tant de ministres des finances dans une pauvreté si respectée? Avez-vous su quels hommes étaient MM. d'Argenson? L'un, étant ministre, a écrit en faveur du peuple[1]; l'autre a laissé une mémoire chère à tous les gens de guerre[2]. Vous avez lu l'histoire : y avez-vous rencontré beaucoup de personnages qui aient soutenu ce qu'on appelle si lâchement une disgrâce, avec plus de *grandeur et d'honnêteté naturelle* que certains ministres dont je ne vous dirai point le nom[3] ?

Dans quel temps les libéralités, cette pierre de touche de la vraie grandeur d'âme, ont-elles été plus abondantes?

Mille actions généreuses, qui se multiplient tous les jours, auraient dû vous avertir de respecter un peu plus votre siècle, et le feu roi, votre bienfaiteur, dont vous avez fait (permettez-moi de vous le dire) une satire un peu grossière.

Vous vous écriez : « Il n'y aura plus d'hypocrites, parce qu'il n'y aura plus de vertu. » Il est vrai que le roi régnant n'a point d'hypocrites dans son conseil[4]; mais vous en plaignez-vous? L'infâme superstition est la mère de l'hypocrisie ; et la vertu est la fille de la religion sage, éclairée et indulgente. Comment avez-vous la naïveté de regretter l'hypocrisie?

Vous vous servez du mot de *vice*, en parlant des sentiments du dernier roi. Ah ! monsieur, employons le mot propre. L'amour est une faiblesse; l'ingratitude envers son bienfaiteur est un vice : ce sont là les principes de l'honnêteté naturelle. Pour insulter ainsi son siècle et son maître, il faudrait être prodigieusement supérieur à l'un et à l'autre. Mais alors on ne les insulterait pas[5].

1. Le marquis d'Argenson. (ÉD.) — 2. Le comte d'Argenson. (ÉD.)

3. Le duc de Choiseul et son cousin le duc de Praslin, disgraciés tous deux le 24 décembre 1770. (ÉD.)

4. Maurepas et Turgot venaient alors d'être nommés ministres. (ÉD.)

5. Nous avons, depuis environ deux ans, un livre intitulé : *De la félicité publique* (par le marquis de Chastellux. ÉD.), livre qui répond à son titre, composé par un homme d'une grande naissance, et très-supérieur à cette naissance. L'auteur prouve invinciblement que les mœurs, ainsi que les arts, se sont perfectionnés dans ce siècle, depuis Pétersbourg jusqu'à Cadix, et que jamais les hommes n'ont été plus instruits et plus heureux. Cela n'empêche pas qu'il n'y ait quelques crimes. On a vu des Brinvilliers et des Voisin dans le grand siècle de Louis XIV; nous avons vu dans le nôtre quelques injustices abominables, commises avec le glaive de la justice. Ce sont des orages passagers au milieu des beaux jours. Jamais la société n'a été plus aimable et plus remplie de sentiments d'honneur; jamais les belles-lettres n'ont plus influé sur les mœurs. S'il se trouve quelques misérables, comme un abbé Sabotier qui commente

A propos, je n'ai lu ni dans Bossuet ni dans Fléchier que les âmes des rois *palpitassent* au jugement de Dieu. Ayez la complaisance de me dire comment une âme palpite. C'est apparemment comme une verge qui veille.

Votre très-humble serviteur, B., académicien.

LETTRE ÉCRITE A M. TURGOT.

CONTRÔLEUR GÉNÉRAL DES FINANCES,

PAR MESSIEURS LES SYNDICS GÉNÉRAUX DU CLERGÉ, DE LA NOBLESSE ET DU TIERS-ÉTAT DU PAYS DE GEX.

Le 26 novembre 1774.

Monseigneur, quand nous avons porté au pied du trône les représentations respectueuses du pays de Gex sur le prix du sel qu'il consomme, fixé, par arrêt du conseil des 5 avril 1715 et 29 mai 1725, à 24 livres le minot, augmenté et successivement parvenu à 45 livres 0 sol 2 deniers, nous ne demandions qu'une diminution de ce prix excessif, et que son rétablissement sur l'ancien pied. Nous ne nous serions jamais attendus qu'au lieu de nous accorder ce soulagement, sollicité par des motifs qui intéressent également l'État, les fermes de Sa Majesté, et les habitants de cette petite contrée du royaume, on rendrait notre condition pire. C'est cependant, monseigneur, l'effet qu'a produit l'arrêt du conseil du 13 juillet 1773, dont nous prenons la liberté de vous mettre une copie sous les yeux[1]. Si nous connaissions moins l'esprit d'équité qui dirige les opérations de MM. les fermiers généraux, nous serions tentés de croire qu'ils n'ont consenti la légère diminution qui nous a été accordée sur le prix principal du sel que pour s'autoriser d'autant mieux à substituer au sel que le pays était en coutume de consommer, du sel de Provence qui leur était à charge, d'une qualité bien inférieure, mélangé d'une terre rouge, sale, dégoûtant, également nuisible aux hommes, aux bestiaux, et à la fabrication des fromages, qui font le principal commerce du pays. Ce changement, que personne n'a demandé, et dont nous-mêmes n'avons été informés qu'à l'instant qu'il s'est fait, excite des plaintes générales et

---

Spinoza, et qui prêche la religion catholique, apostolique et romaine, qui recommande la chasteté dans un dictionnaire de trois siècles, et qui fasse des vers infâmes dans un b......, au sortir du cachot, qui écrive des libelles pour de l'argent, en attendant un bénéfice, etc., de telles horreurs ne sont pas comptées. Un crapaud qu'on rencontre dans les jardins de Versailles, ou de Saint-Cloud, ne diminue pas le prix de ces chefs-d'œuvre de l'art.

Assemblez tous les sages de l'Europe, et demandez-leur quel temps ils préfèrent; ils répondront : *Celui-ci.*

Messieurs les Parisiens, je vous demande bien pardon de vous dire que vous êtes heureux.

1. L'arrêt du 13 juillet 1773 avait été rendu sous le ministère de Terray. Turgot n'était contrôleur général que depuis le 24 auguste 1774. (ÉD.)

...et le comble à nos maux, soit par le déchet énorme qui. résulte de
la nécessité absolue où l'on est de nettoyer et de purifier ce sel avant
que d'en faire usage, soit par les suites malheureuses d'une contrebande
plus considérable que sa mauvaise qualité occasionne; contrebande d'autant plus préjudiciable à Sa Majesté, qu'il ne se débite pas présentement
au grenier de Gex, la moitié du sel qui s'y débitait avant l'établissement des 8 sols pour livre; et que conséquemment il n'y a point de
proportion entre le produit de cet impôt et la perte qui résulte de la
diminution des ventes. A des considérations si pressantes nous ajoute-
rons encore, monseigneur, celles qui sont détaillées dans la délibération générale des députés des communautés du pays de Gex, du
27 avril 1772. dont nous avons l'honneur de vous adresser une copie
par laquelle vous verrez la progression étonnante de l'augmentation
du prix du sel, qui fait le légitime sujet des plaintes publiques. Daignez, monseigneur, vous en occuper, nous rendre le sel que nous
réclamons, et en rétablir le prix sur son ancien pied; nous redouble-
rons nos vœux au ciel pour votre précieuse conservation, et pour la
prospérité de votre ministère.

Nous sommes, etc. *Signé* : CASTIN, DE SAUVAGE, FABRY *et* ÉMERY.

SENTIMENT

D'UN ACADÉMICIEN DE LYON [1] SUR QUELQUES ENDROITS
DES COMMENTAIRES DE CORNEILLE.

(1774.)

J'avais adopté, dans ma jeunesse, quelques idées de M. de Voltaire
sur la poésie, et sur la manière d'en juger. Les critiques de M. Clément
m'ont inspiré quelques réflexions dont je vais rendre compte aux gens
de lettres plus instruits que moi, qui les jugeront.

M. de Voltaire, en commentant Corneille, a prétendu qu'il ne faut
introduire dans le discours que des métaphores qui puissent former
une image ou noble ou agréable. Il condamne ces deux vers d'*Héraclius* :

> Et n'eût été Léonce en la dernière guerre,
> Ce dessein avec lui serait tombé par terre.

Il blâme sur ce principe ces autres vers d'*Héraclius* :

> Le peuple, impatient de se laisser séduire
> Au premier imposteur armé pour me détruire,
> Qui, s'osant revêtir de ce fantôme aimé,
> Voudra servir d'idole à son zèle charmé.

---

1. Voltaire lui-même, qui répond à deux lettres critiques de Clément. (ÉD.)

Pour sentir, dit-il, combien cela est mal exprimé, mettez en prose ces vers :

« Le peuple est impatient de se laisser séduire au premier imposteur armé pour me détruire, qui, s'osant revêtir de ce fantôme aimé, voudra servir d'idole à son zèle charmé. »

Ne sera-t-on pas révolté de cette foule d'impropriétés? Peut-on se vêtir d'un fantôme? L'image est-elle juste? Comment peut-on se mettre un fantôme sur le corps? etc.

M. Clément traite ce sentiment de M. de Voltaire de *ridicule excessif*. Il l'attaque d'une manière plausible en ces termes :

« La métaphore est principalement consacrée aux choses intellectuelles qu'elle veut rendre sensibles par des images frappantes... Ainsi, quand on dit : « Mon âme s'ouvre à la joie, mon cœur s'épanouit, » on emprunte l'image d'une fleur qui s'ouvre et s'épanouit aux rayons du soleil. Or, quoiqu'on puisse peindre cette fleur, on ne peut pas assurément peindre de même une âme, etc. »

Il me semble qu'on doit répondre à M. Clément : Ce n'est pas de pareilles métaphores que M. de Voltaire parle; elles sont devenues des expressions vulgaires reçues dans le langage commun. Le premier qui a dit : « Mon cœur s'ouvre à la joie, la tristesse m'abat, l'espérance me ranime, » a exprimé ces sentiments par des images fortes et vraies; il a senti son cœur, qui était auparavant comme serré et flétri, se dilater en recevant des consolations; et c'est même ce que des peintres, en des temps grossiers, ont voulu figurer dans des tableaux d'autel, en peignant des cœurs frappés de rayons qu'on supposait être ceux de la grâce. La tristesse ne jette point une âme sur le plancher; mais un peintre peut fort bien figurer un homme abattu, terrassé par la douleur, et en figurer un autre qui se relève avec sérénité, quand l'espérance lui rend ses forces. Une âme ferme, un cœur dur, tendre, caché, volage, un esprit lumineux, raffiné, pesant, léger, furent d'abord des métaphores : elles ne le sont plus, c'est le langage ordinaire. M. de Voltaire parle de celles qu'un poëte invente. Je crois avec lui qu'il faut absolument qu'elles soient toujours justes et pittoresques. *Un dessein qui tombe à terre*, n'a, ce me semble, ni justesse, ni vérité, ni grâce, et il est impossible de s'en faire une idée. M. Clément prétend qu'on peut dire dans une tragédie, *un dessein est tombé par terre*, parce qu'on dit dans la conversation *ce dessein a échoué*. Je crois qu'il se trompe. Je pense que le premier qui s'avisa de dire, *mes desseins ont échoué*, se servit d'une métaphore hardie, noble, frappante, et très-pittoresque. L'idée en était prise d'un naufrage, et les *desseins* étaient mis à la place de l'homme; c'était proprement l'homme qui faisait naufrage. Il est d'usage de dire qu'un dessein a échoué; ce n'est plus une métaphore, c'est aujourd'hui le mot propre. Il n'en est pas de même de *tomber par terre*; c'est une invention du poëte, elle n'a rien de pittoresque ni de noble, et ce vers ne me paraît pas plus élégant que celui-ci :

Et n'eût été Léonce en la dernière guerre.

Il me semble aussi que personne n'approuvera un imposteur qui, *s'osant revêtir d'un fantôme aimé, sert d'idole à un zèle charmé*. Si quelqu'un s'avisait aujourd'hui de nous donner de tels vers, je ne pense pas qu'on trouvât un seul homme qui osât en prendre la défense.

On a blâmé dans l'*Andromaque* ce vers d'Oreste [1], qui compare les feux de son amour aux feux qui consument Troie :

> Brûlé de plus de feux que je n'en allumai.

On condamne ce vers d'Arons dans *Brutus* [2], où Arons dit, en parlant des remparts de Rome :

> Du sang qui les inonde ils semblent ébranlés.

En effet ces figures sont trop recherchées, trop hors de la nature. Le *fantôme aimé* dont on se *revêt* pour *servir d'idole au zèle charmé* paraît encore plus défectueux. C'est ce que le P. Bouhours appelle du Nervèze [3], dans sa *Manière de bien penser*.

Souvent il arrive que des vers louches, obscurs, mal construits, hérissés de figures outrées, et même remplis de solécismes, font quelque illusion sur le théâtre. La règle que donne M. de Voltaire, pour discerner ces vers, me paraît assez sûre. Dépouillez ces vers de la rime et de l'harmonie, réduisez-les en prose, alors le défaut se montre à nu, comme la difformité d'un corps qu'on a dépouillé de sa parure.

Je me souviens d'avoir entendu réciter ces vers, dans une tragédie fort extraordinaire [4] :

> Du sang de Nonius avec soin recueilli,
> Autour d'un vase affreux dont il était rempli,
> Au fond de ton palais j'ai rassemblé leur troupe;
> Tous se sont abreuvés de cette horrible coupe.

Réduisez ces vers en prose, et voyez si vous pouvez en faire quelque chose d'intelligible. Comparez-les ensuite aux vers d'Eschyle sur un sujet semblable, traduits par Boileau dans le *Traité du sublime* [5] :

> Sur un bouclier noir sept chefs impitoyables
> Épouvantent les dieux de serments effroyables;
> Près d'un taureau mourant qu'ils viennent d'égorger,
> Tous, la main dans le sang, jurent de se venger.

C'est à peu près la même idée que celle des vers précédents; mais quelle différence! Vous trouverez ici non-seulement de grandes images

---

1. De Pyrrhus. (Acte I, scène IV.) (ÉD.) — 2. Acte I, scène II. (ÉD.)
3. Nervèze (Guillaume-Bernard), secrétaire de la chambre du roi sous Henri IV, est auteur de différents ouvrages ou opuscules dont on trouve la liste dans la *Bibliothèque historique de la France*. L'ouvrage du P. Bouhours est divisé en dialogues : c'est dans le quatrième qu'on lit : « Ces lettres-là effacent bien Nervèze et La Serre. » Et un peu plus loin : « Nervèze ne parlerait pas autrement. » (*Note de M. Beuchot.*)
4. *Catilina* de Crébillon, acte IV, scène III. (ÉD.)
5. Chap. XIII, *Des images*. (ÉD.)

et de l'harmonie, mais encore toute l'exactitude de la prose la plu
châtiée.

Le judicieux Boileau avait donc très-grande raison de dire[1] :

> Mon esprit n'admet point un pompeux barbarisme,
> Ni d'un vers ampoulé l'orgueilleux solécisme.
> Sans la langue, en un mot, l'auteur le plus divin
> Est toujours, quoi qu'il fasse, un méchant écrivain.

Je pense qu'il n'y a aucun bon vers, même avec la construction la
plus hardie, qui ne résiste à l'épreuve que M. de Voltaire propose, et
qui ne sorte triomphant de cet examen rigoureux. *Je t'aimais inconstant, qu'aurais-je fait fidèle[2]!* est peut-être la construction la plus
hasardée qu'on ait jamais faite. C'est un vers, si on compte douze syllabes ; c'est de la prose, si on en détache le vers suivant. Mais dans l'un
et l'autre cas, *qu'aurais-je fait fidèle* est mille fois plus énergique que
si on disait : « Qu'aurais-je fait si tu avais été fidèle? » Ce tour si nouveau
enlève; il ne faudrait pas le répéter. Il y a des expressions que Boileau
appelle *trouvées*, qui font un effet merveilleux dans la place où un
homme de génie les emploie : elles deviennent ridicules chez les imitateurs.

M. Clément croit que M. de Voltaire veut dire qu'il faut tourner en
prose un vers, en lui substituant d'autres expressions, pour en bien juger. C'est précisément le contraire. Il faut laisser la construction entière, telle qu'elle est, avec tous les mots tels qu'ils sont et en ôter
seulement la rime.

M. de La Motte sembla prétendre que l'inimitable Racine n'était pas
poëte; et, pour le prouver, il ôta les rimes à la première scène de
Mithridate, en conservant scrupuleusement tout le reste, comme il le
devait pour son dessein. M. de Voltaire lui démontra[3], si je ne me
trompe, que c'était par cela même que ce grand homme était aussi bon
poëte qu'on peut l'être dans notre langue. Pourquoi? c'est qu'on ne
trouva pas dans toute cette scène de *Mithridate*, délivrée de l'esclavage de la rime, un seul mot qui ne fût à sa place, pas une construction vicieuse, rien d'ampoulé ou de bas, rien de faux, de recherché,
de répété, d'obscur, de hasardé. Tous les gens de lettres convinrent
que c'était la véritable pierre de touche. On voyait que Racine avait
surmonté sans effort toutes les difficultés de la rime. C'était un homme
qui, chargé de fers, marchait librement avec grâce. C'est certainement
ce qu'on ne pouvait dire d'aucun autre tragique depuis les belles scènes de *Cornélie*, de *Pauline*, d'*Horace*, de *Cinna*, du *Cid*. Ouvrons
Rodogune, dont la dernière scène est un chef-d'œuvre, et lisons le
commencement de cette pièce fameuse, dégagé seulement de la rime.

« Ce jour *pompeux*, ce jour heureux nous luit enfin qui doit dissiper la *nuit d'un trouble si long*, ce grand jour où l'hyménée, étouffant
la vengeance, remet l'intelligence entre le Parthe et nous, affranchit

---

1. *Art poétique*, I, 159-162. (ÉD.) — 2. *Andromaque*, acte IV, scène v. (ÉD.)
3. *Préface d'Œdipe* de 1730. (ÉD.)

'a princesse, et nous fait pour jamais un lien de la paix du motif de la guerrc. Mon frère, ce grand jour est venu où notre reine, cessant de tenir plus la *couronne incertaine*, doit rompre son silence obstiné aux yeux de tous, nous déclarer l'aîné de deux princes *jumeaux*; et l'a- ;antage seul d'un *moment de naissance* dont elle a caché la connais- sance jusqu'ici, mettant le sceptre dans la main *au plus* heureux, va faire l'un sujet, et l'autre roi. Mais n'admirez-vous point que cette même reine *le* donne pour époux à l'objet de sa haine, et n'en doit faire un roi qu'afin de couronner celle qu'elle aimait à gêner dans les fers? *Ro- dogune*, traitée par elle en esclave, *va être montée par elle* sur le trône, etc. »

En lisant ce commencement de *Rodogune* tel qu'il est mot à mot dans la pièce, je découvre tout ce qui m'était échappé à la représenta- tion. Un jour *pompeux*, un jour *heureux*, un *grand* jour, en quatre vers; une *nuit* d'un trouble, une princesse *affranchie*, sans que je sache encore quelle est cette princesse; un *motif* de la guerre qui de- vient un lien de la paix, sans que je puisse deviner quel est ce motif, quelle est cette guerre, qui la fait, à qui on la fait, quel est le person- nage qui parle. Je vois une reine qui cesse de *tenir plus* la couronne incertaine, et qui va mettre le sceptre dans la main *au plus heureux*; mais on ne m'apprend pas seulement le nom de cette reine; j'ap- prends seulement que *Rodogune va être montée* sur le trône par cette reine inconnue.

Toutes ces irrégularités se manifestent à moi bien plus aisément dans la prose, que lorsqu'elles m'étaient déguisées par la rime et par la dé- clamation. Je suis confirmé alors dans le principe de M. de Voltaire, qui établit que, pour bien juger si des vers sont corrects, il faut les réduire en prose. M. Clément dit que *ce système est celui d'un fou*. Je ne crois point être fou en l'adoptant; j'espère seulement que M. Clé- ment aura un jour une raison plus sage et plus honnête.

Les bornes de ce petit écrit ne me permettent que d'ajouter ici quel- ques mots sur les injures atroces que M. Clément dit à M. de La Harpe dans sa dissertation, qui devait être purement grammaticale. Il l'ac- cuse d'avoir fait une partie des *Commentaires* sur le théâtre de Cor- neille par un motif d'intérêt, et il hasarde cette calomnie pour l'acca- bler d'outrages qui ne peuvent que retomber sur celui qui les prodigue si injustement. Je n'ai jamais vu M. de Voltaire; mais je suis assez instruit de ses procédés envers la famille de Pierre Corneille, et du sentiment de tous les honnêtes gens, pour savoir combien ils réprou- vent les invectives odieuses de M. Clément, qui sont aussi déplacées que ses critiques. J'ai peu vu M. de La Harpe; je ne le connais que par les excellents ouvrages qui lui ont mérité tant de prix à l'Acadé- mie, et par des pièces de poésie qui respirent le bon goût. Tous ceux qui ont pu lire ce libelle de M. Clément condamnent unanimement cette fureur grossière avec laquelle il amène ici le nom de M. de La Harpe, pour l'insulter sans aucune raison. On est bien surpris qu'il continue comme il a débuté, et qu'après avoir fait un volume d'inju- res, déjà oublié, contre M. de Saint-Lambert et tant d'autres gens de lettres si estimables, il veuille persuader au public que MM. de Voltaire et de La Harpe ont travaillé de concert à décrier le grand Corneille, tandis que l'auteur de *Zaïre*, d'*Alzire*, de *Mérope*, de *Brutus*, de *Sémiramis*, de *Mahomet*, de *l'Orphelin de la Chine*, de *Tancrède*, est à genoux devant le père du théâtre, devant le grand auteur du *Cid*, des *Horaces*, de *Cinna*, de *Polyeucte*, de *Pompée*; tandis qu'il ne relève les fautes qu'en admirant les beautés avec enthousiasme; tandis qu'à peine il critique *Pertharite*, *Théodore*, *Don Sanche*, *Attila*, *Pulchérie*, *Agésilas*, *Suréna*; enfin, tandis qu'il n'a entrepris le commentaire de cet auteur si grand et si inégal, que pour augmenter la dot de sa vertueuse descendante.

Il m'a paru que le commentateur de Corneille n'avait eu en vue que la vérité, et l'instruction des gens de lettres. J'aime à voir comment, en imitant la conduite de l'Académie lorsqu'elle jugea *le Cid*, il mêle à tout moment la juste louange à la juste critique. J'aime à voir comme il craint souvent de décider. Voici comme il s'exprime sur une difficulté qu'il se propose dans l'examen du troisième acte de *Cinna* : *C'est sur quoi les lecteurs qui connaissent le cœur humain doivent prononcer. Je suis bien loin de porter un jugement.* J'aime surtout à voir avec quel respect, avec quels sentiments d'un cœur pénétré, il met *Cinna* au-dessus de l'*Électre* et de l'*OEdipe* de Sophocle, ces deux chefs-d'œuvre de la Grèce; et cela même en relevant de très-grands défauts dans *Cinna*. M. de Voltaire m'a paru un homme passionné de l'art, qui en sent les beautés avec idolâtrie, et qui est choqué très-vivement des défauts. Un libraire m'a assuré qu'il se traite ainsi lui-même, et qu'il a été malade, par un excès d'affliction, de ce qu'on avait imprimé de lui des pièces de société qu'il ne jugeait pas dignes du public.

Qu'a donc de commun M. Clément avec l'auteur de *Cinna*, et avec celui de *Mahomet*? De quel droit se met-il entre eux? Pourquoi ce déchaînement contre tous ses contemporains? Faut-il aboyer ainsi à la porte à tous ceux qui entrent dans la maison? Que ne donne-t-il plutôt des exemples? que ne donne-t-il sa tragédie de *Médée*[1]? nous lui applaudirons si elle est bonne. Les beautés qu'il aura répandues enrichiront notre littérature; mais tant qu'il fatiguera le public de satires en prose et d'injures personnelles, il ne faudra que le plaindre.

DE L'ENCYCLOPÉDIE.

(1774.)

Un domestique de Louis XV me contait qu'un jour le roi son maître soupant à Trianon en petite compagnie, la conversation roula d'abord sur la chasse, et ensuite sur la poudre à tirer. Quelqu'un dit que la meilleure poudre se faisait avec des parties égales de salpêtre, de sou-

1. *Médée*, tragédie en trois actes, par Clément. (En.)

fre, et de charbon. Le duc de La Vallière, mieux instruit, soutint que pour faire de bonne poudre à canon il fallait une seule partie de soufre et une de charbon, sur cinq parties de salpêtre bien filtré, bien évaporé, bien cristallisé.

« Il est plaisant, dit M. le duc de Nivernois, que nous nous amusions tous les jours à tuer des perdrix dans le parc de Versailles, et quelquefois à tuer des hommes ou à nous faire tuer sur la frontière, sans savoir précisément avec quoi l'on tue.

— Hélas! nous en sommes réduits là sur toutes les choses de ce monde, répondit Mme de Pompadour[1]; je ne sais de quoi est composé le rouge que je mets sur mes joues, et on m'embarrasserait fort si on me demandait comment on fait les bas de soie dont je suis chaussée.

— C'est dommage, dit alors le duc de La Vallière, que Sa Majesté nous ait confisqué nos dictionnaires encyclopédiques, qui nous ont coûté chacun cent pistoles : nous y trouverions bientôt la décision de toutes nos questions. »

Le roi justifia sa confiscation : il avait été averti que les vingt et un volumes in-folio, qu'on trouvait sur la toilette de toutes les dames, étaient la chose du monde la plus dangereuse pour le royaume de France; et il avait voulu savoir par lui-même si la chose était vraie, avant de permettre qu'on lût ce livre. Il envoya sur la fin du souper chercher un exemplaire par trois garçons de sa chambre, qui apportèrent chacun sept volumes avec bien de la peine.

On vit à l'article *Poudre* que le duc de La Vallière avait raison; et bientôt Mme de Pompadour apprit la différence entre l'ancien rouge d'Espagne, dont les dames de Madrid coloraient leurs joues, et le rouge des dames de Paris. Elle sut que les dames grecques et romaines étaient peintes avec de la pourpre qui sortait du *murex*, et que par conséquent notre écarlate était la pourpre des anciens; qu'il entrait plus de safran dans le rouge d'Espagne, et plus de cochenille dans celui de France.

Elle vit comme on lui faisait ses bas au métier, et la machine de cette manœuvre la ravit d'étonnement. « Ah! le beau livre! s'écria-t-elle. Sire, vous avez donc confisqué ce magasin de toutes les choses utiles pour le posséder seul, et pour être le seul savant de votre royaume? »

Chacun se jetait sur les volumes comme les filles de Lycomède sur les bijoux d'Ulysse; chacun y trouvait à l'instant tout ce qu'il cherchait. Ceux qui avaient des procès étaient surpris d'y voir la décision de leurs affaires. Le roi y lut tous les droits de sa couronne. « Mais vraiment, dit-il, je ne sais pourquoi on m'avait dit tant de mal de ce livre. — Eh! ne voyez-vous pas, sire, lui dit le duc de Nivernois, que c'est parce qu'il est fort bon? On ne se déchaîne contre le médiocre et le plat en aucun genre. Si les femmes cherchent à donner du ridicule à une nouvelle venue, il est sûr qu'elle est plus jolie qu'elles. »

Pendant ce temps-là on feuilletait; et le comte de C....[2] dit tout

1. La marquise de Pompadour était morte en 1764. Il n'y avait alors que sept volumes de publiés. (ÉD.)
2. Cette initiale désigne le comte de Coigny. (ÉD.)

haut : « Sire, vous êtes trop heureux qu'il se soit trouvé sous votre règne des hommes capables de connaître tous les arts, et de les transmettre à la postérité. Tout est ici, depuis la manière de faire une épingle jusqu'à celle de fondre et de pointer vos canons; depuis l'infiniment petit jusqu'à l'infiniment grand. Remerciez Dieu d'avoir fait naître dans votre royaume ceux qui ont servi ainsi l'univers entier. Il faut que les autres peuples achètent l'*Encyclopédie*, ou qu'ils la contrefassent. Prenez tout mon bien si vous voulez; mais rendez-moi mon *Encyclopédie*.

— On dit pourtant, repartit le roi, qu'il y a bien des fautes dans cet ouvrage si nécessaire et si admirable.

— Sire, reprit le comte de C...., il y avait à votre souper deux ragoûts manqués; nous n'en avons pas mangé, et nous avons fait très-bonne chère. Auriez-vous voulu qu'on jetât tout le souper par la fenêtre, à cause de ces deux ragoûts? » Le roi sentit la force de la raison; chacun reprit son bien : ce fut un beau jour.

L'envie et l'ignorance ne se tinrent pas pour battues; ces deux sœurs immortelles continuèrent leurs cris, leurs cabales, leurs persécutions : l'ignorance en cela est très-savante.

Qu'arriva-t-il? Les étrangers firent quatre éditions de cet ouvrage français proscrit en France, et gagnèrent environ dix-huit cent mille écus.

Français, tâchez dorénavant d'entendre mieux vos intérêts.

DE L'AME,

PAR SORANUS, MÉDECIN DE TRAJAN.

(1774.)

I. Pour découvrir ou plutôt pour chercher quelque faible notion sur ce qu'on est convenu d'appeler *âme*, il faut d'abord connaître, autant qu'il est possible, notre corps, qui passe pour être l'enveloppe de cette âme, et pour être dirigé par elle. C'est à la médecine qu'il appartient de connaître le corps humain, puisqu'elle travaille continuellement sur lui.

Si la médecine pouvait être une science aussi certaine que la géométrie, elle nous ferait voir tous les ressorts de notre être; elle nous dévoilerait notre premier principe aussi clairement qu'elle nous a fait connaître la place et le jeu de nos viscères.

Mais le plus habile anatomiste, quand il ne peut plus rien discerner, est obligé d'arrêter sa main et sa pensée. Il ne peut deviner où commence le mouvement dans le corps humain; il suit un nerf jusque dans le cervelet, où est son origine : mais cette origine se perd dans ce cervelet; et c'est dans cette source même où tout aboutit, que tout échappe à nos regards. Nous avons épié l'œuvre de la nature jusqu'au dernier point où il est permis à l'homme de pénétrer; mais nous n'avons pu savoir le secret de Dieu.

Il n'y a point aujourd'hui de médecin à Rome et à Athènes qui ne sache plus d'anatomie qu'Hippocrate; mais il n'y en a pas un seul qui ait jamais pu approcher vers ce premier principe dont nous tenons la vie, le sentiment et la pensée.

Si nous y étions arrivés, nous serions des dieux, et nous ne sommes que des aveugles qui marchons à tâtons, pour enseigner le chemin ensuite à d'autres aveugles.

Notre science n'est donc autre chose que la science des probabilités; et c'est ce qui fait que de plusieurs médecins appelés auprès d'un malade, celui qui fait le pronostic le plus avéré par l'événement est toujours réputé, avec justice, le plus savant dans son art.

La plus grande des probabilités, et la plus ressemblante à une certitude, est qu'il existe un Être suprême et puissant, invisible pour nous, un régulateur de la grande machine, qui a formé l'homme et tous les autres êtres.

Il faut bien que cet Être formateur et inconnu existe, puisque ni l'homme, ni aucun animal, ni aucun végétal n'a pu se faire soi-même.

Il faut que cette puissance formatrice soit unique; car s'il y en avait deux, ou elles agiraient de concert, ou elles se contrarieraient. Si elles étaient conformes, c'est comme s'il n'en existait qu'une seule; si elles étaient opposées, rien ne serait uniforme dans la nature: or, tout est uniforme. C'est la même loi du mouvement qui s'exécute dans l'homme, dans tous les animaux, dans tous les êtres: partout les leviers agissent suivant la règle qui veut que les poids à soulever soient en raison inverse de la distance du pouvoir mouvant; et suivant cette autre loi, que ce qu'on gagne en force, on le perd en temps; et ce qu'on gagne en temps, on le perd en force.

Toute action a ses lois. La lumière est dardée du soleil et de toute étoile fixe avec la même célérité; elle arrive dans les yeux de tout animal avec les mêmes combinaisons. Il est donc de la plus grande probabilité que le même grand Être préside à la nature entière.

Par quelle fatalité connaissons-nous toutes les lois du mouvement, toutes les routes de la lumière ordonnées par le grand Être dans l'espace immense, toutes les vérités mathématiques proposées à notre entendement, et n'avons-nous pu parvenir encore à nous connaître nous-mêmes? L'homme a deviné l'attraction [1] dans le siècle de Trajan; est-il impossible de deviner l'âme? il est bien sûr que nous n'en saurons jamais rien si nous n'essayons pas. Osons donc essayer.

II. *L'âme est-elle une faculté?* — Il faut commencer par avouer que toutes les qualités que le grand Être nous a données, à nous et aux autres animaux, sont des qualités occultes.

Comment tout animal fait-il obéir ses membres à ses volontés?

---

1. On a dit en effet qu'on trouve dans Plutarque quelques expressions ambiguës dont on pourrait inférer, en les tordant et en les expliquant très-mal, que les lois de Képler et de Newton étaient alors connues; mais ce sont des chi-

Comment les idées des choses se forment-elles dans l'animal par le moyen de ses sens?

En quoi consiste la mémoire?

D'où viennent ces sympathies et ces antipathies prodigieuses d'animal à animal? d'où viennent ces propriétés si différentes dans chaque espèce?

Quel charme invincible attache une hirondelle, une fauvette à ses petits, la force à verser dans leur gosier la pâture dont elle se nourrit elle-même? et quelle indifférence, quel oubli succèdent tout d'un coup à un amour si tendre, aussitôt que ses enfants n'ont plus besoin d'elle? tout cela est qualité occulte pour nous. Toute génération est, du moins jusqu'à présent, un mystère très-occulte. Nous ne prétendons pas donner ce mot pour une raison; nous n'expliquons rien, nous disons ce que sont les choses.

Ayant avoué que nous ne savons rien de la manière dont le grand Être nous gouverne, et que nous ne pouvons voir le fil avec lequel il dirige tout ce qui se fait dans nous et hors de nous, que faut-il faire dans l'excès de notre ignorance et de notre curiosité? Nous en tenir à l'expérience bien avérée de tous les hommes et de tous les temps. Cette expérience est que nous marchons par nos pieds, et que nous sentons par tout notre corps; que nous voyons par nos yeux, que nous entendons par nos oreilles, et que nous pensons par notre tête. Ainsi l'a voulu l'éternel fabricateur de toutes choses.

Qui le premier imagina dans nous un autre être, lequel s'y tient caché, et fait toutes nos opérations sans que nous puissions jamais nous en apercevoir? Qui fut assez hardi, assez supérieur au vulgaire, pour inventer ce système sublime par lequel nous nous élevons au-dessus de nous-mêmes?

Il est très-vraisemblable que cette idée, telle qu'on la conçoit aujourd'hui, ne tomba d'abord tout d'un coup dans la tête de personne. Les hommes furent occupés pendant trop de siècles de leurs besoins et de leurs maux, pour être de grands métaphysiciens.

III. *Brachmanes, immortalité des âmes.* — Si quelque nation antique put prétendre à l'honneur d'avoir inventé ce que nous appelons chez nous une *âme*, il est à croire que ce fut la caste des brachmanes, sur les bords du Gange; car elle imagina la métempsycose; et cette métempsycose ne peut s'exécuter que par une âme qui change de corps. Le mot même de métempsycose, qui est grec, et qui ne peut être qu'une traduction d'après une langue orientale, signifie expressément la migration de l'âme.

Les brachmanes croyaient donc l'existence des âmes de temps immémorial.

Leur climat est si doux, les fruits délicieux dont on s'y nourrit sont si abondants, les besoins qui occupent ailleurs toute la triste vie des

mères de demi-savants qui ne sont pas des demi-jaloux et des demi-impertinents. Ces gens-là sont capables de trouver l'invention de l'imprimerie et de la poudre à canon dans Pline et dans Athénée.

hommes y sont si rares, que tout y invite au repos, et ce repos à la méditation. Il en est encore ainsi chez tous les brames descendants des anciens brachmanes, qui n'ont point corrompu leurs mœurs par la fréquentation des brigands d'Europe que l'avarice a transplantés vers le Gange.

Ce repos et cette méditation, qui furent toujours le partage des brachmanes, leur fit d'abord connaître l'astronomie. Ils sont les premiers qui calculèrent pour la postérité les positions des planètes visibles. On leur doit les premières éphémérides, et ils les composent encore aujourd'hui, avec une facilité prompte qui étonne nos mathématiciens.

C'est là ce que ne savent ni nos marchands qui sont allés dans l'Inde par le port de Bérénice, ni certains prêtres de Cybèle qui les ont accompagnés. Ces prêtres se nourrissaient de la chair et du sang des animaux; et ayant apporté leurs liqueurs enivrantes, par conséquent étant en horreur aux brames, ignorant leur langue, ne pouvant jamais bien l'apprendre, ne pouvant parler avec eux, ne furent pas plus instruits de la science des brames et des anciens brachmanes que les mousses de leurs vaisseaux; ils se bornèrent à mander en Europe que les brames adoraient les furies [1].

Ce n'était point ainsi que les premiers sages, soit les Zoroastre, soit les Pythagore, voyagèrent dans l'Inde. Pythagore en rapporta le dogme de l'existence de l'âme et la fable de ses métempsycoses. D'autres philosophes y puisèrent des dogmes plus cachés; et quelques marchands même y apprirent un peu de géométrie, ce qui exigeait nécessairement un long séjour dans l'Inde.

N'entrons point ici dans la discussion épineuse des premiers livres des anciens brachmanes, écrits dans leur langue sacrée. Nous devons cette connaissance à deux savants qui ont demeuré trente ans sur les bords du Gange, et qui ont appris cette langue nommée le *hanscrit*. Ils nous ont donné la traduction des passages les plus singuliers, les plus sublimes et les plus intéressants de la première théorie des brachmanes, écrite depuis près de quatre mille ans. Ce livre, intitulé le *Shasta*, est antérieur au *Veidam* de quinze cents années. Voici le commencement étonnant de ce Shasta :

« L'Éternel..., absorbé dans la contemplation de son essence, résolut de communiquer quelques rayons de sa grandeur et de sa félicité à des êtres capables de sentir et de jouir.... Ils n'existaient pas encore. Dieu voulut et ils furent. »

Il est bien étrange qu'un monument aussi ancien et aussi respectable soit à peine connu, qu'on l'ait déterré si tard et qu'on y ait fait si peu d'attention.

Dieu créa donc des substances douées du sentiment; et c'est ce que nous appelons aujourd'hui des *âmes*. Il les créa par sa volonté, sans employer, sans emprunter la parole. Ces substances sentantes, pensantes, agissantes, ces âmes favorites de Dieu, sont les Debta dont les

---

1. Holwell et Dow. (ÉD.)

Persans, voisins de l'Inde, firent depuis leurs Gin, leurs Péris ou leurs Féris. Ces Gin, ces Féris, ces âmes, ces substances célestes, se révoltent ensuite contre leur Créateur. Dieu, pour les punir, les précipite dans l'Ondéra, espèce d'enfer, pour des millions de siècles. C'est l'origine de la guerre des géants contre le grand dieu Zeus, tant chantée chez les Grecs; c'est l'origine de ce livre apocryphe qui se répandit du temps de l'empereur Tibère en Syrie, en Palestine, sous le nom d'Hénoch, seul livre où il soit parlé de la chute des demi-dieux, livre cité, dit-on, dans un livre nouveau écrit chez les Phéniciens.

Dans la suite des siècles Dieu pardonne à ces Debta; il les change en vaches et en hommes dans notre globe.

C'est de là, disaient les brachmanes, que les vaches sont sacrées dans l'Inde.

Ainsi nous voyons que toute l'ancienne théologie, différemment déguisée en Asie et en Europe, nous vient incontestablement des brachmanes. Nous pourrions le prouver par beaucoup d'autres exemples; mais nous ne devons point nous écarter de notre sujet. C'est bien assez d'avoir pénétré jusqu'à la source de cette idée adoptée par toutes les nations civilisées, que tous les animaux ont dans leur corps une substance impalpable, inconnue, distincte de leur corps, qui dirige tous leurs appétits et toutes leurs actions. Ce système, joint à celui des Debta, est visiblement le nôtre. Notre religion était cachée au fond de l'Inde; et nous ne l'apprenons que d'aujourd'hui. Qui l'eût cru, que la chute de l'homme et la chute des demi-dieux fût une allégorie indienne?

IV. *Ame corporelle.* — L'auteur le plus ancien que nous connaissions dans notre Europe est Homère; il paraît que de son temps la croyance d'une âme immortelle était généralement répandue. Cette âme était une petite figure aérienne, légère, impalpable, parfaitement ressemblante au corps qu'elle faisait mouvoir. Elle sortait de ce corps au moment où il expirait. On l'appelait alors des noms qui répondent à ceux d'ombres, de mânes, d'esprit ou vent, de fantôme, de spectre, et même à celui d'âme sensitive, Psyché. C'est pourquoi l'âme de Tirésias, qui apparaît à Ulysse sur le rivage des Cimmériens, boit du sang des victimes qu'Ulysse vient d'immoler [1]. L'âme d'Agamemnon boit du même sang. La mère d'Ulysse, après lui avoir dit comment Pénélope se comporte dans Ithaque, se dérobe à ses embrassements. Ulysse lui demande pourquoi elle ne veut pas l'embrasser, et sa mère lui répond que son âme n'est qu'un corps délié et subtil qui n'a point de consistance, et qui s'envole comme un songe.

Ces âmes, ces ombres étaient si réellement corporelles, qu'Ulysse, étant arrivé dans le royaume de Pluton, y vit tous les tourments de ces célèbres criminels, Tantale, Titye, Sisyphe.

Lorsque Ulysse a tué tous les amants de Pénélope, Mercure conduit chez Pluton leurs âmes, qui ressemblent à des chauves-souris.

1. *Odyssée,* XXIV.

Telle était la philosophie d'Homère, parce que c'était celle des Grecs et que tous les poëtes sont les échos de leur siècle.

Bientôt après, ceux qui se disaient penseurs, enseigneurs, crurent que l'âme humaine était non-seulement un souffle d'air, une figure composée d'air qui servait au mouvement et qu'ils appelaient *pneuma*, le souffle, mais qu'elle formait aussi les appétits, les désirs, les passions du corps, et cela s'appela *psyché*; qu'enfin elle disputait et poussait des arguments, et ils l'appelèrent *nous*, intelligence. Ainsi l'âme toujours corporelle eut trois parties : le souffle qui fait la vie était l'âme végétative; *psyché* était l'âme sensitive, et *nous* était l'âme intellectuelle.

Voilà comme on passa par degrés de la profonde ignorance où les hommes croupirent si longtemps, à cet excès de vaine subtilité dans laquelle ils se perdirent.

Personne ne s'avisa de recourir à Dieu et de lui dire : « Toi seul nous as fait naître, toi seul nous fais vivre un peu de temps; toi seul nous donnes la faculté d'apercevoir, de penser, de nous ressouvenir, de combiner des idées; toi seul fais tout, les hommes sont dans tes mains. »

Tandis que tous les philosophes raisonnaient sur l'âme, les épicuriens vinrent et dirent : « L'âme n'est qu'une matière imperceptible qui naît avec nous, qui s'accroît avec nous et meurt avec nous. »

Les honnêtes gens de l'empire romain se partagèrent entre deux sectes grecques, celle des épicuriens, qui ne regardaient l'âme que comme une matière légère et périssable, et celle des stoïciens, qui la regardaient comme une portion de la Divinité, se replongeant après la mort dans le grand tout dont elle était émanée.

La secte d'Épicure prévalut chez les Romains au point que Cicéron, dans sa harangue pour Cluentius [1], prononça devant le peuple romain ces éloquentes et terribles paroles :

« Quid tandem illi mali mors attulit? nisi forte ineptiis ac fabulis ducimur, ut existimemus illum apud inferos impiorum supplicia perferre.... Quæ si falsa sunt, id quod omnes intelligunt, quid ei tandem aliud mors eripuit præter sensum doloris? »

« Quel mal lui a fait la mort? à moins que nous ne soyons assez imbéciles pour adopter des fables ineptes et pour croire qu'il est condamné au suppplice des impies.... Mais si ce sont là de pures chimères, comme tout le monde en est convaincu, de quoi la mort l'a-t-elle privé, sinon du sentiment de la douleur? »

César parla de même en plein sénat dans le procès de Catilina. Enfin, sur le théâtre de Rome, le chœur chanta, dans la tragédie de *la Troade*;

> *Post mortem nihil est, ipsaque mors nihil.*

> Rien n'est après la mort, la mort même n'est rien.

Le chœur continue dans le même esprit :

> *Spem ponant avidi, solliciti metum.*

1. *Oratio pro A. Cluentio Avito*, LXI. (ÉD.)

Quæris quo jaceas post obitum loco?
Quo non nata jacent.

Sois sans crainte et sans espérance;
Que ton sort ne te trouble pas.
Que devient-on dans le trépas?
Ce qu'on fut avant sa naissance.

On est aujourd'hui assez partagé entre l'immortalité et la mort de l'âme; mais tout le monde convient qu'elle est matérielle, et si elle l'est, on doit croire qu'elle est périssable.

Nous passerions tout notre temps à citer, si nous voulions rapporter tous les témoignages de ceux qui ont cru, avec l'antiquité, que tous les animaux, hommes et brutes, ayant une âme, l'ont nécessairement corporelle.

Les Grecs se sont avisés de diviser cette âme en trois parties, la végétative, la sensitive et l'intelligente. Enfin, c'est une énigme dont chacun a cherché le mot depuis Pythagore.

Puisque tous les philosophes ont cherché, cherchons donc aussi. Il y a un trésor enterré dans un champ; cent avares ont fouillé ce champ; il reste un petit coin où l'on n'a pas encore touché, peut-être y trouverons-nous quelque chose.

Je n'examine point comment et dans quel temps l'âme entre dans notre corps, si elle est simple ou composée, aérienne ou ignée, si elle loge dans le ventre, ou dans le cœur, ou dans la cervelle; j'examine si nous avons une âme.

Quand des prêtres orientaux, et à leur exemple des prêtres grecs, imaginèrent que chaque planète était un dieu, ou que du moins il y avait un dieu dans elle, cette idée religieuse et magnifique en imposa au genre humain. Une idée plus grande et plus divine commence à détruire aujourd'hui ces prétendus dieux moteurs des planètes. Les vrais sages n'admettent qu'une nature suprême, intelligente et puissante, un grand Être fabricateur de tous les globes, conduisant leurs marches suivant des règles éternelles de mathématiques, et étant en un mot leur âme universelle.

Si le grand Être est leur âme, pourquoi ne serait-il pas la nôtre?

Il a donné à la matière toutes ses propriétés; il a donné à l'aimant l'attraction vers le fer, aux planètes le mouvement orbiculaire d'occident en orient, sans qu'on puisse jamais en découvrir ni la raison ni le moyen. Ne nous a-t-il pas de même accordé le sentiment et la pensée?

V. *Action de Dieu sur l'homme.* — Des gens qui ont fait des systèmes sur la communication de Dieu avec l'homme ont dit que Dieu agit immédiatement, physiquement sur l'homme, en certains cas seulement, lorsque Dieu accorde certains dons particuliers, et ils ont appelé cett action *prémotion physique*. Dioclès et Érophile, ces deux grands enthousiastes, soutiennent cette opinion et ont des partisans.

Or, nous reconnaissons un Dieu tout aussi bien que ces gens-là, parce que nous n'avons pu comprendre qu'aucun des êtres qui nous environnent ait pu se produire de soi-même; parce que de cela seul que quelque chose existe, il faut que l'Être nécessaire existe de toute éternité; parce que lÊtre nécessaire éternel est nécessairement la cause de tout. Nous admettons avec ces raisonneurs la possibilité que Dieu se fasse entendre à quelques favoris; mais nous faisons plus, nous croyons qu'il se fait entendre à tous les hommes, en tous les lieux et en tous les temps, puisqu'il donne à tous la vie, le mouvement, la digestion, la pensée, l'instinct.

Y a-t-il dans le plus vil des animaux et dans le philosophe le plus sublime un être qui soit volonté, mouvement, digestion, désir, amour, instinct, pensée? Non, mais nous voulons, nous agissons, nous aimons, nous avons des instincts; comme, par exemple, une pente invincible vers certains objets, une aversion insupportable pour d'autres, une promptitude à exécuter des mouvements nécessaires à notre conservation, comme ceux de teter le mamelon de sa nourrice, de nager quand on a la force et la poitrine assez large, de mordre son pain, de boire, de se baisser pour éviter le coup d'un mobile, de se donner une secousse pour franchir un fossé, d'accomplir mille actions pareilles sans y penser, quoiqu'elles tiennent toutes à une mathématique profonde. Enfin nous sentons et nous pensons sans savoir comment.

De bonne foi, est-il plus difficile à Dieu d'opérer tout cela en nous par des moyens qui nous sont inconnus, que de nous remuer intérieurement quelquefois par une faveur efficace de Jupiter, dont ces messieurs nous parlent sans cesse?

Quel est l'homme qui, dès qu'il rentre en lui-même, ne sente qu'il est une marionnette de la Providence? Je pense; mais puis-je me donner une pensée? Hélas! si je pensais par moi-même, je saurais quelle idée j'aurais dans un moment. Personne ne le sait.

J'acquiers une connaissance; mais je n'ai pu me la donner. Mon intelligence n'a pu en être la cause : car il faut que la cause contienne l'effet. Or, ma première connaissance acquise n'était pas dans mon intelligence, n'était pas dans moi; puisqu'elle a été la première, elle m'a été donnée par celui qui m'a formé et qui donne tout, quel qu'il puisse être.

Je tombe anéanti quand on me fait voir que ma première connaissance ne peut par elle-même m'en donner une seconde; car il faudrait qu'elle la contînt dans elle.

La preuve que nous ne nous donnons aucune idée, c'est que nous en recevons dans nos rêves; et certainement ce n'est ni notre volonté ni notre attention qui nous fait penser en songe. Il y a des poètes qui font des vers en dormant, des géomètres qui mesurent des triangles. Tout nous prouve qu'il y a une puissance qui agit en nous sans nous consulter.

Tous nos sentiments ne sont-ils pas involontaires? L'ouïe, le goût, la vue, ne sont rien par eux-mêmes. On sent malgré soi; on ne fait rien, on n'est rien sans une puissance suprême qui fait tout.

Les plus superstitieux conviennent de ces vérités, mais ils ne les appliquent qu'aux gens de leur parti. Ils affirment que Dieu agit réellement physiquement sur certains personnages privilégiés. Nous sommes plus religieux qu'eux; nous croyons que le grand Être agit sur tous les vivants comme sur toute la matière. Lui est-il donc plus difficile de remuer tous les hommes que d'en remuer quelques-uns? Dieu ne sera-t-il Dieu que pour votre petite secte? Il l'est pour moi, qui ne suis pas des vôtres.

Un philosophe nouveau est allé bien plus loin que vous; il lui semblait qu'il n'y eût que Dieu qui existât. Il prétend que nous voyons tout en lui; et nous disons que c'est Dieu qui voit, qui agit dans tout ce qui a vie.

Jupiter est quodcumque vides, quocumque moveris.
Luc., *Phars.*, liv. IX, v. 580.

Allons plus avant. Votre prémotion physique introduit Dieu agissant en vous. Quel besoin avez-vous donc d'une âme? à quoi bon ce petit être inconnu et incompréhensible? donnez-vous une âme au soleil, qui vivifie tant de globes? et si cet astre si grand, si étonnant et si nécessaire, n'a point d'âme, pourquoi l'homme en aurait-il une? Dieu qui nous a faits ne nous suffit-il pas? qu'est donc devenu ce grand axiome : « Ne faisons point par plusieurs ce que nous pouvons faire par un seul? »

Cette âme que vous avez imaginé être une substance n'est donc en effet qu'une faculté accordée par le grand Être, et non une personne. Elle est une propriété donnée à nos organes, et non une substance. L'homme, par sa raison non encore corrompue par la métaphysique, a-t-il jamais pu s'imaginer qu'il était double, qu'il était un composé de deux êtres, l'un visible, palpable, et mortel, l'autre invisible, impalpable, et immortel? et n'a-t-il pas fallu des siècles de disputes pour venir enfin jusqu'à cet excès de joindre ensemble deux substances si dissemblables, la tangible et l'intangible, la simple et la composée, l'invulnérable et la souffrante, l'éternelle et la passagère?

Les hommes n'ont supposé une âme que par la même erreur qui leur fit supposer dans nous un être nommé *Mémoire*, lequel être ils divinisèrent ensuite. Ils firent de cette Mémoire la mère des Muses. Ils érigèrent les talents divers de la nature humaine en autant de déesses filles de Mémoire. Autant eût-il valu faire un dieu du pouvoir secret par lequel la nature forme du sang dans les animaux, et l'appeler le dieu de la sanguification. Et en effet le peuple romain eut des dieux pareils pour les facultés de boire et de manger, pour l'acte du mariage, pour l'acte de vider les excréments. C'étaient autant d'âmes particulières qui produisaient en nous toutes ces actions. C'était la métaphysique de la populace. Cette superstition ridicule et honteuse venait évidemment de celle qui avait imaginé dans l'homme une petite substance divine, autre que l'homme même.

Cette substance est admise encore aujourd'hui dans toutes les écoles; et par condescendance on accorde au grand Être, au fabricateur éternel, à Dieu, la permission de joindre son concours à l'âme. Ainsi on suppose que pour vouloir et pour agir, il faut notre âme et Dieu.

Mais concourir signifie aider, participer. Dieu alors n'est qu'en second avec nous. C'est le dégrader, c'est le faire marcher à notre
suite, c'est lui faire jouer le dernier rôle. Ne lui ôtez pas son rang et
sa prééminence; ne faites pas du souverain de la nature le valet de
l'espèce humaine.

Deux espèces de raisonneurs très-accrédités dans le monde, les
athées et les théologiens, pourront s'élever contre nos doutes.

Les athées diront qu'en admettant la raison dans l'homme et l'instinct dans les brutes comme des propriétés, il est très-inutile d'admettre un dieu dans ce système; que Dieu est encore plus incompréhensible qu'une âme; qu'il est indigne du sage de croire ce qu'on ne
conçoit pas. Ils décocheront contre nous tous les arguments des Straton
et des Lucrèce. Nous ne leur répondrons qu'un mot : « Vous existez :
« donc il y a un Dieu. »

Les théologiens nous feront plus de peine; ils nous diront d'abord :
« Nous convenons avec vous que Dieu est la première cause de tout;
mais il n'est pas la seule. Un grand prêtre de Minerve dit expressément : « Le second agent opère dans la vertu du premier; ce premier
« pousse le second; ce second en pousse un troisième; tous sont agis-
« sants en vertu de Dieu; et il est la cause de toutes les actions agis-
« santes. »

Nous répondrons avec tout le respect que nous devons à ce grand
prêtre : « Il n'est et il ne peut exister qu'une seule cause véritable;
toutes les autres qui sont subséquentes ne sont que des instruments. Je
tiens un ressort, je m'en sers pour faire mouvoir une machine. J'ai
fait le ressort et la machine, je suis la seule cause, cela est indubitable. »

Le grand prêtre me répondra : « Vous ôtez aux hommes la liberté. »
Je lui répliquerai : « Non; la liberté consiste dans la faculté de vouloir,
et dans la faculté de faire ce que vous voulez, quand rien ne vous en
empêche. Dieu a fait l'homme à ces conditions, il faut s'en contenter. »

Mon prêtre insistera; il dira que nous faisons Dieu auteur du péché.
Alors nous lui répondrons : « J'en suis fâché; mais Dieu est fait auteur
du péché dans tous les systèmes, excepté dans celui des athées. Car
s'il concourt aux actions des hommes pervers comme à celles des justes, il est évident qu'y concourir c'est les faire, quand le concourant
est le créateur de tout.

« Si Dieu permet seulement le péché, c'est lui qui le commet, puisque
permettre et faire c'est la même chose pour le maître absolu de tout.
S'il a prévu que les hommes feraient le mal, il ne devait pas former les
hommes. On n'a jamais éludé la force de ces anciens arguments, on
ne les affaiblira jamais. Qui a tout produit a certainement produit le
bien et le mal. Le système de la prédestination absolue, le système du
concours, nous plongent également dans ce labyrinthe dont rien ne
peut nous tirer.

« Tout ce qu'on peut dire, c'est que le mal est pour nous, et non pas
pour Dieu. Néron assassine son précepteur et sa mère; un autre assassine ses parents et ses voisins; un grand prêtre empoisonne, étrangle,

égorge vingt seigneurs romains en sortant du lit de sa propre fille.
Cela n'est pas plus important pour l'Être universel, âme du monde,
que des moutons mangés par des loups ou par nous, et des mouches
dévorées par des araignées. Il n'y a point de mal pour le grand Être;
il n'y a pour lui que le jeu de la grande machine qui se meut sans cesse
par des lois éternelles. Si les pervers deviennent (soit pendant leur
vie, soit autrement) plus malheureux que ceux qui sont immolés à
leurs passions, s'ils souffrent comme ils ont fait souffrir, c'est encore
une suite inévitable de ces lois immuables par lesquelles le grand Être
agit nécessairement. Nous ne connaissons qu'une très-petite partie de
ces lois, nous n'avons qu'une très-faible portion d'entendement; nous
ne devons que nous résigner. De tous les systèmes, celui qui nous
fait connaître notre néant n'est-il pas le plus raisonnable? »

Les hommes, comme tous les philosophes de l'antiquité l'ont dit
firent Dieu à leur image. C'est pourquoi le premier Anaxagore, aussi
ancien qu'Orphée, s'exprime ainsi dans ses vers : « Si les oiseaux se
figuraient un dieu, il aurait des ailes; celui des chevaux courrait avec
quatre jambes. »

Le vulgaire imagine Dieu comme un roi qui tient son lit de justice
dans sa cour. Les cœurs tendres se le représentent comme un père qui a
soin de ses enfants. Le sage ne lui attribue aucune affection humaine.
Il reconnaît une puissance nécessaire, éternelle, qui anime toute la
nature, et il se résigne.

PETIT ÉCRIT

SUR L'ARRÊT DU CONSEIL DU 13 SEPTEMBRE 1774, QUI PERMET LE LIBRE COMMERCE DES BLÉS DANS LE ROYAUME [1].

Je ne suis qu'un citoyen obscur d'une petite province très-éloignée;
mais je parle au nom de cette province entière, dont tous les habitants signeront ce que je vais dire.

Nous gémissons depuis quelques années sous la nécessité qui nous
était imposée de porter notre blé au marché de la chétive habitation
qu'on nomme capitale. Dans vingt villages, les seigneurs, les curés,
les laboureurs, les artisans, étaient forcés d'aller ou d'envoyer à grands
frais à cette capitale : si on vendait chez soi à son voisin un setier de
blé, on était condamné à une amende de cinq cents livres, et le blé,
la voiture, et les chevaux, étaient saisis au profit de ceux qui venaient
exercer cette rapine avec une bandoulière.

Tout seigneur qui, dans son village, donnait du froment ou de l'a-

---

[1]. Des lettres patentes du 2 novembre, portant confirmation de l'arrêt du
conseil du 13 septembre, furent enregistrées au parlement le 19 décembre.
Le *Petit écrit* a été imprimé, en 1775, dans le *Mercure*, second volume de
janvier, pages 160-66. Une édition publiée à part forme sept pages in-8°. Les
initiales qu'on lit à la fin signifient : François de Voltaire, seigneur de Ferney
et Tournay, gentilhomme ordinaire du roi. (*Note de M. Beuchot.*)

voine à un de ses vassaux était exposé à se voir puni comme un criminel : de sorte que il fallait que le seigneur envoyât ce blé à quatre
lieues au marché, et que le vassal fît quatre lieues pour le chercher,
et quatre lieues pour le rapporter à sa porte, où il l'aurait eu sans
frais et sans peine. On sent combien une telle vexation révolte le bon
sens, la justice et la nature.

Je ne parle pas des autres abus attachés à cette effroyable police, des
horreurs commises par des valets de bourreau ambulants, intéressés
à trouver des contraventions ou à en forger ; des querelles quelquefois
très-sanglantes de ces commis avec les habitants auxquels on ravissait
leur pain ; des prisons dans lesquelles cent prétendus délinquants étaient
entassés ; de la ruine entière des familles ; de la dépopulation qui commençait à en être la suite.

C'est dans l'excès de cette misère que nous apprîmes qu'un nouveau
ministre [1] était venu à notre secours. Nous lûmes l'arrêt du conseil du
13 septembre 1774. La province versa des larmes de joie, après en avoir
versé longtemps de désespoir.

J'avoue que j'admirai l'éloquence sage, convenable et nouvelle avec
laquelle on faisait parler le roi, autant que je fus sensible au bien que
cet arrêt faisait au royaume. C'était un père qui instruisait ses enfants,
qui touchait leurs plaies, et qui les guérissait : c'était un maître qui
donnait la liberté à des hommes qu'on avait rendus esclaves.

Quelle est aujourd'hui ma surprise de voir que des citoyens pleins de
talents condamnent, dans l'heureux loisir de Paris, le bien que le roi
vient de faire dans nos campagnes ! Le ministre, certain de la bonté
de ses vues, permet qu'on écrive sur son administration ; et on se sert
de cette permission pour le blâmer.

Un homme de beaucoup d'esprit [2], qui paraît avoir des intentions
pures, mais qui se laisse peut-être trop entraîner aux paradoxes, prétend, dans un ouvrage qui a du cours, que la liberté du commerce
des grains est pernicieuse, et que la contrainte d'aller acheter son blé
aux marchés est absolument nécessaire.

Je prends la liberté de lui dire que ni en Hollande, ni en Angleterre, ni à Rome, ni à Genève [3], ni en Suisse, ni à Venise, les citoyens ne sont obligés d'acheter leur nourriture au marché. On n'y est
pas plus forcé qu'à s'y pourvoir des autres denrées. La loi générale de
la police de tous les peuples est de se procurer son nécessaire où l'on
veut : chacun achète son comestible, sa boisson, son vêtement, son
chauffage, partout où il croit l'obtenir à meilleur compte : une loi contraire ne serait admissible qu'en temps de peste, ou dans une ville assiégée.

Les marchés, comme les foires, n'ont été inventés que pour la com-

1. Turgot, nommé contrôleur général des finances le 24 auguste 1774. (ÉD.)
2. Linguet. (ÉD.)
3. A Rome et à Genève, les boulangers sont obligés de prendre le blé au grenier de l'État, non au marché ; c'est un abus d'une autre espèce fondé sur d'autres préjugés. A Londres, malgré d'anciennes lois tombées en désuétude, tout
est libre comme en Hollande ou en Suisse.

modité du public, et non pour son asservissement : les hommes ne sont pas faits assurément pour les foires; mais les foires sont faites pour les hommes.

Le critique se plaint de la suppression des marchés au blé. Mais ils ne sont point supprimés; notre petite ville est aussi bien fournie qu'auparavant, et le laboureur a gagné sans que personne ait perdu : c'est ce que j'atteste au nom de vingt mille hommes.

Dire que la liberté de commercer anéantit les marchés publics, c'est dire que les foires de Saint-Laurent et de Saint-Germain sont supprimées à Paris, parce qu'il est permis de faire des emplettes dans la rue Saint-Honoré et dans la rue Saint-Denis.

La raison la plus imposante de l'ingénieux critique est la perte que peuvent souffrir quelques seigneurs dans leurs droits de halles.

Mais, premièrement, ces seigneurs sont en petit nombre; je ne connais personne dans notre province qui ait ce droit. Il n'appartient guère qu'à des terres considérables, dans lesquelles il se fait un grand commerce, et où les marchands des environs viendront toujours mettre leurs diverses marchandises en dépôt. Aucun marché n'est abandonné dans les provinces voisines de la mienne.

Secondement, si quelques seigneurs souffraient une légère perte dans la petite diminution de leurs droits de halles, la nation entière y gagne; et la nation doit être préférée.

Troisièmement, s'il ne s'agissait que d'indemniser ces seigneurs, supposé qu'ils se plaignent, le roi le pourrait très-aisément, sans altérer en rien la grande et heureuse loi de la liberté du commerce, loi trop tard adoptée chez nous, qui arrivons trop tard à bien des vérités.

Quatrièmement, il paraît impossible que, dans les gros bourgs et dans les villes, le laboureur néglige de porter son blé au marché; car il est sûr de l'y faire emmagasiner en payant un petit droit. Son intérêt est de porter sa denrée dans les lieux où elle sera infailliblement vendue, et non pas d'attendre souvent inutilement que les paysans ses voisins, qui ont leur récolte chez eux, viennent acheter la sienne chez lui. Il me paraît donc prouvé que la liberté du commerce des blés produit des avantages immenses au royaume, sans causer le moindre inconvénient. J'en juge par le bien que cette opération a produit tout d'un coup dans les quatre provinces dont je suis limitrophe. Mon opinion n'est pas dirigée par l'intérêt; car on sait que je ne vends ni achète aucune production de la terre : tout est consommé dans les déserts que j'ai rendus fertiles.

Il ne m'appartient pas d'avoir seulement une opinion sur la police de Paris; je ne parle que de ce que je vois.

Après cet arrêt du conseil, qui doit être éternellement mémorable, je ne vois à craindre qu'une association de monopoleurs; mais elle est également dangereuse dans tous les pays et dans tous les systèmes de police, et il est également facile partout de la réprimer.

On ne fait point de grands amas de blé sans que cette manœuvre soit publique. On découvre plus aisément un monopoleur qu'un voleur de grand chemin. Le monopole est un vol public; mais on ne défendra jamais aux particuliers d'aller aux spectacles et aux églises avec de l'argent dans leur poche, sous prétexte que des coupeurs de bourse peuvent le leur prendre.

On nous objecte que le prix du pain augmente quelquefois dans le royaume. Mais ce n'est pas assurément parce qu'on a la liberté de le vendre, c'est parce qu'en effet les terres des Gaules ne valent pas les terres de Sicile, de Carthage et de Babylone. Nous avons quelquefois de très-mauvaises années, et rarement de très-abondantes; mais en général notre sol est assez fertile. Le commerce étranger nous donne toujours ce qui nous manque : nous ne périssons jamais de misère. J'ai vu l'année 1709. J'ai vu Mme de Maintenon manger du pain bis; j'en ai mangé pendant deux ans entiers, et je m'en trouvais bien. Mais, quoi qu'on ait dit, je n'ai jamais vu aucune mort causée uniquement par l'inanition. C'est une vérité trop reconnue, qu'il y a plus d'hommes qui meurent de débauche que de faim. En un mot, on n'a jamais plus mal pris son temps qu'aujourd'hui pour se plaindre.

Je dis même que, dans l'année la plus stérile en blé, le peuple a des ressources infinies, soit dans les châtaignes, dont on fait un pain nourrissant, soit dans les orges, soit dans le riz, soit dans les pommes de terre, qu'on cultive aujourd'hui partout avec un très-grand soin, et dont j'ai fait le pain le plus savoureux avec moitié de farine.

Je sais bien que si tous les fruits de la terre manquaient absolument, et si on n'avait point de vaisseaux pour faire venir des vivres de Barbarie ou d'Italie, il faudrait mourir : mais il faudrait mourir de même si nous avions une peste générale, ou si nous étions attaqués de la rage, ou si notre pays était englouti par des volcans.

Fions-nous à la Providence, mais en travaillant. Fions-nous surtout à celle d'un ministre très-éclairé, qui n'a jamais fait que du bien, qui n'a aucun intérêt de faire le mal, qui paraît aussi utile à la France que son père l'était à la ville de Paris [1], et qui pousse la vertu jusqu'à trouver très-bon qu'on le critique; ce que les autres ne souffrent guère.

F. d. V. S. de F. et T. G. o. d. R.

2 janvier 1775.

NOTES CONCERNANT LE PAYS DE GEX.

(1775.)

Description du pays. — Le pays de Gex ne tient à la France que par un de ses côtés, de cinq lieues de longueur, occupé par la chaîne du mont Jura, qui n'offre que deux débouchés, celui des *Faucilles*, et celui du *Credo*, où est le fort de l'Écluse.

Il confine, dans tout le reste de son pourtour, dans l'espace d'environ dix lieues de plaine, au pays étranger. Cette position met une

---

1. Le père de Turgot avait été prévôt des marchands à Paris. (Éd.)

différence essentielle entre ce pays et toutes les autres provinces du royaume. Messieurs les fermiers généraux, avec vingt hommes, garderont plus aisément les deux passages de montagnes, qu'ils ne pourraient garder la plaine avec cinq cents employés.

Demandes faites par les habitants du pays. — La désunion du petit pays de Gex des cinq grosses fermes; — D'être regardé comme province étrangère, par rapport au droit de gabelle et de traite, et délivré du séjour, des perquisitions des employés de la ferme, qui seraient renvoyés aux seuls passages des montagnes. On demande encore qu'on rende le sel gris.

Utilité du projet pour le pays. — La suppression de la contrebande qui dépeuple ce pays, la mauvaise qualité du sel rouge, et la grande disproportion qui est entre le prix du sel, dans ce pays, et celui de la Suisse, engagent les paysans à quitter la culture et à s'exposer à perdre leur liberté, leurs biens et leur santé.

Outre cela, la liberté qu'ont les Génevois de tirer les marchandises par transit de l'étranger et de la France, sans payer de droits, met les habitants de ce petit pays dans l'impossibilité de tenir aucun magasin de choses les plus nécessaires à la vie. Ce pays est fort éloigné d'aucune ville marchande française; nous sommes donc obligés de porter à Genève tout notre argent, pour y acheter nos vêtements, nos épiceries, etc.

Dédommagement pour les fermiers généraux. — Le débit sûr, et sans frais, d'une quantité de sel plus considérable, en donnant le sel forcé à raison d'un minot par sept personnes; car le débit sera à peu près de quatorze cents minots au lieu de douze cents qui se débitent actuellement. Messieurs les fermiers généraux entretiennent soixante-dix-neuf employés dans le pays, qui leur seront inutiles dans cette supposition.

La suppression des bureaux de l'intérieur du pays, tels que ceux de Sacconnex et de Meirin, ne fera aucun tort à ces messieurs. Les marchandises destinées pour la France payeront au bureau de sortie, et, afin de compenser ce que ces messieurs tirent des acquits des marchandises qu'on tire de Genève pour l'usage du pays, ils auront l'acquit des marchandises sortant du pays pour la France, qui ne doivent rien actuellement, et qui payeront lorsque la contrée sera réputée province étrangère.

MÉMOIRE SUR LE PAYS DE GEX.

(31 MARS 1775.)

On s'occupe depuis longtemps des moyens de repeupler le pays de Gex, d'y ranimer l'industrie et l'agriculture, et de lui procurer les avantages dont sa situation est susceptible. Il était sans doute réservé à la sagesse du gouvernement actuel de remplir un objet si désirable et si intéressant.

Ce pays n'est qu'une langue de terre, de sept lieues de longueur sur trois à quatre de largeur.

Il touche au canton de Berne et à la république de Genève; il est séparé de la Savoie par le lac Léman et par le Rhône, du Bugey par le fort de l'Écluse, et de la Franche-Comté par les montagnes du Jura, dont le passage est difficile, et n'est ouvert, pour des voitures, que par la seule route des *Faucilles*, et encore n'est praticable que cinq mois de l'année.

Dans l'enceinte du pays sont enclavés les villages de Bourdigni, Satigni, Penei, Pessi, Russin, Dardagni, Malva, Genthod et Malagni, qui appartiennent en souveraineté à la république de Genève.

Le surplus est composé de vingt-huit paroisses où l'on compte environ douze mille habitants de tout âge, parmi lesquels est un grand nombre de Suisses, de Génevois et de Savoyards.

Ces vingt-huit paroisses, dont les terres mal cultivées ne rendent guère, année commune, que le troisième grain, supportent des impôts excessifs.

Il est vérifié qu'elles ont payé, en 1774, la somme de . . . . 129 448ˡ 3s. 10d.

Savoir :	Livres.	s.	d.
Taille.	31 908	6	4
Capitation.	4 060	11	2
Décimes.	655	0	0
Vingtième, et 4s. pour livre du dixième.	21 725	11	3
Droits domaniaux.	23 760	0	0
Traites.	2 000	0	0
Tabac.	799	0	0
Gabelles.	32 314	7	1
Crue de sel et 8s. pour livre. . .	8 744	8	0
Don gratuit.	1 881	0	0
Marque des cuirs.	1 600	0	0
Total.	129 448	3	10

Il est une autre charge qu'on ne peut évaluer; ce sont les corvées sur cinq routes ouvertes dans le pays, dans la longueur de seize lieues: il suffit d'observer que, pour les seuls ouvrages d'art, le pays a emprunté la somme de 134 000 livres, dont il paye les intérêts au denier vingt, sans retenue de vingtièmes.

Le principal commerce du pays consiste dans la vente de ses denrées, des bestiaux qu'il nourrit, des fromages qu'il fabrique; dans la joaillerie (métier plus nuisible qu'utile à ceux qui le professent), et dans l'horlogerie, qui a fait beaucoup de progrès depuis quelques années à Ferney, où M. de Voltaire a rassemblé, à très-grands frais, les meilleurs artistes en ce genre.

Avant l'union du pays de Gex à la couronne de France, ce pays jouissait d'une pleine liberté de commerce avec Genève et la Suisse.

Il fut maintenu dans ce privilège par le traité de Lyon en 1601, et plus particulièrement encore par des lettres patentes de 1604, enregistrées au parlement de Dijon, qui suppriment le droit de pancarte dans tout le bailliage de Gex.

Pendant plus de cent quarante ans il n'y a eu, à l'entrée et à la sortie du pays, que trois bureaux des fermes, Collonges, Gex et Versoi.

Il y en a huit maintenant, les trois anciens et cinq nouveaux, établis successivement, depuis 1746, à Sacconnex, Meirin, Myoux, Lelex et Divonne.

Cinq de ces bureaux, Sacconnex, Versoi, Myoux, Gex et Divonne, sont surveillés par un brigadier, un lieutenant et quatre employés, sous les ordres d'un capitaine général; et les trois autres bureaux, Collonges, Meirin et Lelex, sont gardés chacun par une sous-brigade composée d'un lieutenant et de trois employés.

Quatre pareilles sous-brigades sont encore postées à Verni, Saint-Genix, Saint-Jean et Sauverni; de manière que le pays se trouve investi et couvert de bureaux et d'employés de toutes parts.

Ses habitants sont d'autant plus malheureux que, éloignés des villes de commerce du royaume, ils sont forcés de se pourvoir à Genève de tout ce dont ils ont besoin pour leur subsistance, pour leur habillement et pour l'agriculture, et réduits à la nécessité de payer des droits excessifs à l'entrée du pays, ou à s'exposer à des confiscations et à des amendes qui les ruinent.

Au sel de Peccais, dont le pays de Gex a toujours fait usage, a été substitué, le 1er octobre 1774, du sel de Provence, sale, dégoûtant, mélangé d'une terre rouge, nuisible aux hommes, aux bestiaux et à la fabrication des fromages du pays.

Ce mauvais sel coûte 39 livres 8 sous 10 deniers le minot, y compris les 6 livres de crue accordées à la province, et les 8 sous pour livre de cet impôt; tandis que la ferme fournit annuellement 6000 minots de sel, d'une meilleure qualité, à la ville de Genève, aux prix de 6 livres 7 sous 10 deniers le minot; et 4 à 5000 minots à la république du Valais et à la ville de Sion, à 5 livres seulement.

Le tabac, qui se vend 3 livres 2 sous la livre, poids de marc, à l'entrepôt de Gex, ne coûte qu'environ 18 sous la livre, poids de 18 onces, à Genève et en Suisse.

Il en est de même de plusieurs autres denrées et marchandises qui viennent à Genève en franchise des droits de la ferme, et qui, par cette raison, y sont à meilleur marché que dans le pays.

Faut-il s'étonner, après cela, s'il arrive si souvent aux habitants du pays de Gex de se pourvoir à Genève (seul débouché qu'ils ont pour la vente de leurs denrées) d'un peu de sel et de tabac pour leur usage, et d'éluder les droits de la ferme sur les choses absolument nécessaires à leur subsistance et à leur vêtement?

Est-il une tentation plus forte que celle à laquelle ils sont continuellement exposés? Est-il quelque chose de plus touchant que le tableau des maux qui en résultent? Combien de maisons ruinées! combien de pères, de femmes et d'enfants enlevés à leur famille, traduits de prison en prison, et qui gémissent encore dans les fers! Combien de terres incultes, désertes et abandonnées!

Une situation si vraie et si déplorable a fait penser qu'il n'est point de moyen plus propre pour soulager ce petit pays, qui succombe sous le poids énorme de ses impôts et de ses charges, pour le mettre en état d'acquitter ses dettes, et pour le rendre bientôt aussi florissant qu'il est misérable, que de le détacher des cinq grosses fermes, de le réputer pays étranger, de lui accorder les immunités dont Genève jouit, de supprimer les bureaux et les employés de l'intérieur, de ne laisser subsister que ceux qui sont à l'entrée du pays, Collonges, Lelex, Versoi et Myoux; de diminuer le prix du sel, d'abandonner le produit du tabac, et enfin de lui rendre la même liberté de commerce dont il jouissait anciennement, et qui lui a été conservée par le traité qui le soumit à la monarchie française.

Ce projet n'est pas moins dans les intérêts de la ferme que dans ceux du pays.

La ferme n'a, dans le pays de Gex, que quatre sortes de produits : les traites, le tabac, les confiscations et la gabelle.

Pendant les six années du bail de Julim à la terre, expiré au 1er octobre 1774, le bureau de Sacconnex, qui inquiète le plus les habitants du pays, a coûté à la ferme, en frais de régie, la somme de 5028 livres, et n'a rendu que 4522 livres; par conséquent, la dépense de ce bureau a excédé son produit de 506 livres.

Il en serait de même au bureau de Meirin, si sa perception s'était bornée aux simples droits des petites denrées et marchandises que les habitants du pays tirent de Genève pour leur consommation; mais, depuis quelque temps, on y acquitte les marchandises qui traversent le fort de l'Écluse et qui entrent dans le royaume, et dont les droits s'acquitteraient également au bureau de Collonges. — On peut mettre dans la même classe les bureaux de Gex et de Divonne.

Les uns et les autres ne servent qu'à occasionner de petites saisies, et qu'à tourmenter le pays, sans être d'aucun profit pour la ferme, à qui ils coûtent plus qu'ils ne rendent.

Il est donc évident que, dans l'arrangement proposé, il n'y a qu'à gagner pour la ferme sur l'objet des traites, puisque les bureaux de l'intérieur lui sont à charge.

Le tabac mérite d'autant moins d'attention, que les ventes de l'entrepôt de Gex n'excèdent pas annuellement trois quintaux.

Il en est de même des amendes, des confiscations, que la ferme abandonne aux commis qui font les saisies.

Le seul produit réel et effectif de la ferme, ce sont donc les gabelles.

Le prix du sel, au grenier de Gex, fixé à 24 livres le minot, par arrêt du conseil du 5 avril 1715, a été successivement augmenté et porté, par l'imposition des 8 sous pour livre, à 45 livres le minot, y compris tous les accessoires; mais il a été réduit, par arrêt du 13 juillet 1773, à 39 livres 8 sous 10 deniers le minot; sur quoi, déduction faite des 6 livres de crue qui reviennent au pays, et des 8 sols pour livre de cet impôt, il reste net, pour la ferme, 31 livres 0 sols 10 deniers par minot, en supposant que les 8 sols pour livre lui appartiennent, et qu'ils ne sont pas réservés à Sa Majesté.

Cette augmentation graduelle et excessive du prix du sel en a tellement fait diminuer la consommation, qu'il ne s'en est débité que 1041 minots pendant l'année 1774.

Cette quantité de 1041 minots, au prix de 31ˡ 0s. 10d. le minot, a rendu.. 32 314ˡ 7s. 6d.

Sur quoi déduisant :

	lˡ.	s.	d.	
1° Le prix du sel et de la voiture, sur le pied de 3ˡ seulement par minot.....	3 123	0	0	
2° Les appointements du receveur, à raison de 3 et demi pour cent.......	1 130	12	6	23 853ˡ 12s. 6d.
3° Les appointements d'un capitaine général, de cinq brigadiers, douze lieutenants, et quarante-un employés...	19 600	0	0	

Reste................. 8 460ˡ 15s. 0d.

La ferme n'a donc eu de profit réel sur les gabelles, dans le pays de Gex, pendant l'année 1774, que 8460 livres 15 sols. Mais il est deux observations à faire.

La première, que, en laissant subsister les bureaux de Collonges, Lelex, Myoux, et Versoi, il faut conserver les employés qui les gardent.

La deuxième, que la diminution dans le débit de sel provient principalement de sa mauvaise qualité, et de l'augmentation excessive du prix; et que la consommation augmentera en rétablissant les choses sur l'ancien pied.

Pour désintéresser la ferme sur ces deux objets, et sur tous autres qu'elle pourrait encore faire valoir, le pays se soumet à lui payer annuellement, par forme d'indemnité, une somme de 15 000 livres, sous condition qu'elle fournira aussi annuellement au pays la quantité de 3000 minots de sel de Peccais, à 6 livres le minot; ce qui formera encore pour la ferme, distraction faite de la valeur intrinsèque du sel et de la voiture, un bénéfice d'environ 9000 livres.

Ce sera donc 33 000 livres que le pays comptera annuellement à la ferme.

Voici les moyens qu'on peut employer pour remplir cet engagement.

Le sel que la France fournit à la république de Genève est revendu au peuple de cette ville un peu plus de 13 livres le minot. On revendra celui du pays de Gex 12 livres 10 sous, savoir : 6 livres pour le fermier, 6 livres pour la crue destinée aux intérêts des emprunts, au remboursement des capitaux, et aux frais des ponts et chaussées; et 10 sols pour loyer de grenier, déchet, et appointements du distributeur.

A l'égard des 15 000 livres qui manquent pour compléter les 33 000 livres revenant au fermier, il en sera fait une imposition sur tous les chefs de famille du pays, privilégiés et non privilégiés, à raison du nombre de personnes et de bestiaux que chacun aura; ce qui sera une taxe très-légère, en proportion du bénéfice qu'on trouvera dans la diminution du prix du sel, et des avantages inappréciables d'une liberté de commerce avec l'étranger.

En tenant le prix du sel au-dessous de celui de Genève et de la Suisse, on est d'autant plus assuré de la consommation des 3000 minots, que les habitants ne seront plus tentés d'en acheter chez l'étranger; qu'au contraire, l'étranger viendra s'en pourvoir dans le pays; que personne ne s'en privera, et que personne n'en refusera plus à ses bestiaux, comme on est forcé de faire présentement.

Vainement craindrait-on que ce sel fût versé dans les provinces voisines; ce ne sera ni en Franche-Comté, où l'on ne consomme que du sel des salines de Salins et de Mont-Morot, reconnaissable par sa blancheur; ni dans le Bugey : l'entrée de ces deux provinces étant gardée par le fort de l'Écluse, par les montagnes du Jura, par les bureaux et les brigades d'employés de Myoux, Lelex, Collonges, et Chézeri.

Cette crainte serait d'ailleurs d'autant plus frivole, qu'il est très-facile de prévenir l'abus et de prendre des précautions dans le pays même, pour empêcher que cette condescendance de la ferme tourne à son préjudice.

Fait à Gex, le 31 mars 1775. *Signé* CASTIN, syndic du clergé; le comte de LA FORÊT, grand bailli du pays de Gex; SAUVAGE, syndic de la noblesse; FABRI, premier syndic du tiers-état, et ÉMERI, second syndic du tiers-état.

Résumé. — Les États du pays de Gex demandent, par ce *Mémoire* présenté au ministère, deux choses qui semblent nécessaires au pays, et conformes aux intérêts de Sa Majesté.

La première est de payer aux fermes générales plus qu'elles ne retirent de cette petite province.

La seconde, sans laquelle elle ne peut subsister, est de jouir des mêmes droits que Genève, c'est-à-dire de pouvoir faire venir, des provinces méridionales de France, toutes les marcha...ises nécessaires qui arrivent à Genève par transit, franches de toute imposition.

Le pays de Gex n'a pu, jusqu'ici, avoir un seul marchand. Il est obligé d'acheter tout à Genève. Ainsi, l'étranger s'enrichit continuellement aux dépens de la France; et cet objet important paraît digne de l'attention et des bontés du ministère.

DIATRIBE

A L'AUTEUR DES *ÉPHÉMÉRIDES*[1].

10 mai 1775.

Monsieur, une petite société de cultivateurs, dans le fond d'une province ignorée, lit assidûment vos *Éphémérides*, et tâche d'en profiter. L'auteur du *Siége de Calais*[2] obtint de cette ville des lettres de bourgeoisie pour avoir voulu élever l'infortuné Philippe de Valois au-dessus du grand Édouard III son vainqueur. Il s'intitula toujours citoyen de Calais. Mais vous nous paraissez par vos écrits le citoyen de l'univers.

Oui, monsieur, l'agriculture est la base de tout, comme vous l'avez dit, quoiqu'elle ne fasse pas tout. C'est elle qui est la mère de tous les arts et de tous les biens. C'est ainsi que pensaient le premier des Catons dans Rome, et le plus grand des Scipions à Linterne. Telle était avant eux l'opinion et la conduite de Xénophon chez les Grecs, après la retraite des dix mille.

La religion même n'était fondée que sur l'agriculture. Toutes les fêtes, tous les rites n'étaient que des emblèmes de cet art, le premier des arts, qui rassemble les hommes, qui pourvoit à leur nourriture, à leurs logements, à leurs vêtements, les trois seules choses qui suffisent à la nature humaine.

Ce n'est point sur les fables ridicules et amusantes recueillies par Ovide que la religion, nommée depuis paganisme, fut originairement établie. Les amours imputés aux dieux ne furent point un objet d'adoration; il n'y eut jamais de temple consacré à Jupiter adultère, à Vénus amoureuse de Mars, à Phœbus abusant de l'enfance d'Hyacinthe. Les premiers mystères inventés dans la plus haute antiquité étaient la célébration des travaux champêtres sous la protection d'un dieu suprême. Te's furent les mystères d'Isis, d'Orphée, de Cérès Éleusine. Ceux de Cérès surtout représentaient aux yeux et à l'esprit comment les travaux de la campagne avaient retiré les hommes de la vie sauvage. Rien n'était plus utile et plus saint. On enseignait à révérer Dieu dans les astres dont le cours ramène les saisons; et on offrait au grand Démiourgos, sous le nom de Cérès et de Bacchus, les fruits dont sa providence avait enrichi la terre. Les orgies de Bacchus furent longtemps aussi pures, aussi sacrées que les mystères de Cérès. C'est de quoi Gautruche, Banier, et les autres mythologues, ne se sont pas assez informés. Les prêtresses de Bacchus, qu'on appelait *les vénérables*, firent vœu de chasteté et d'obéissance à leur supérieure jusqu'au temps d'Alexandre. On en trouve la preuve avec la formule de leur serment dans la harangue de Démosthène contre Néère.

---

1. Les *Nouvelles éphémérides économiques* (par l'abbé Baudeau) parurent, de 1774 à 1776, en dix-neuf cahiers ou volumes in-12. (ÉD)
2. De Belloy. (ÉD.)

En un mot, tout était sacré dans la vie champêtre, si respectable, et si méprisée aujourd'hui dans vos grandes villes.

J'avoue que les petits-maîtres à talons rouges de Babylone et de Memphis, mangeant les poulets des cultivateurs, prenant leurs chevaux, caressant leurs filles, et croyant leur faire trop d'honneur, pouvaient regarder cette espèce d'hommes comme uniquement faite pour les servir.

Nous habitions, nous autres Celtes, un climat plus rude et un pays moins fertile qu'il ne l'est de nos jours. La nation fut cruellement écrasée depuis Jules César jusqu'au grand Julien le Philosophe, qui logeait à *la Croix de Fer* dans la rue de la Harpe. Il nous traita avec équité et avec clémence, comme le reste de l'empire; il diminua nos impôts; il nous vengea des déprédations des Germains; il fit tout ce qu'a voulu faire depuis notre grand Henri IV. C'est à un païen et à un huguenot que nous devons les seuls beaux jours dont nous ayons jamais joui jusqu'au siècle de Louis XIV.

Notre sort était déplorable, quand des barbares appelés Visigoths, Bourguignons, et Francs, vinrent mettre le comble à nos longs malheurs. Ils réduisirent en cendres notre pays, sur le seul prétexte qu'il était un peu moins horrible que le leur. Alors tout malheureux agriculteur devint esclave dans la terre dont il était auparavant possesseur libre; et quiconque avait usurpé un château, et possédait dans sa basse-cour deux ou trois grands chevaux de charrette, dont il faisait des chevaux de bataille, traita ses nouveaux serfs plus rudement que ses serfs n'avaient traité leurs mulets et leurs ânes.

Les barbares, devenus chrétiens pour mieux gouverner un peuple chrétien, furent aussi superstitieux qu'ils étaient ignorants. On leur annonça que, pour n'être pas rangés parmi les boucs quand la trompette annoncerait le jugement dernier, il n'y avait d'autre moyen que d'abandonner à des moines une partie des terres conquises. Ces bourgraves, ces châtelains, ne savaient que donner un coup de lance du haut de leurs chevaux à un homme à pied; et quelques moines savaient lire et écrire. Ceux-ci dressèrent les actes de donation; et quand ils en manquèrent, ils en forgèrent.

Cette falsification est aujourd'hui si avérée, que, de mille chartres anciennes que les moines produisent, on en trouve à peine cent de véritables. Montfaucon, moine lui-même, l'avouait; et il ajoutait qu'il ne répondait pas de l'authenticité de cent bonnes chartres. Mais, soit vraies, soit fausses, ils eurent toujours l'adresse d'insérer dans les donations la clause de *mixtum et merum imperium, et homines servos.*

Ils se mirent donc aux droits des conquérants. De là vint qu'en Allemagne tant de prieurs, de moines devinrent princes, et qu'en France ils furent seigneurs suzerains, ce qui ne s'accordait pas trop avec leur vœu de pauvreté. Il y a même encore en France des provinces entières [1] où les cultivateurs sont esclaves d'un couvent. Le père de famille qui meurt sans enfants n'a d'autres héritiers que les bernardins,

---

1. La Franche-Comté. (Éd.)

où les prémontrés, ou les chartreux, dont il a été serf pendant sa vie. Un fils qui n'habite pas la maison paternelle à la mort de son père voit passer tout son héritage aux mains des moines. Une fille qui, s'étant mariée, n'a pas passé la nuit de ses noces dans le logis de son père, est chassée de cette maison, et demande en vain l'aumône à ces mêmes religieux à la porte de la maison où elle est née. Si un serf va s'établir dans un pays étranger et y fait une fortune, cette fortune appartient au couvent. Si un homme d'une autre province passe un an et un jour dans les terres de ce couvent, il en devient esclave. On croirait que ces usages sont ceux des Cafres ou des Algonquins. Non, c'est dans la patrie des L'Hospital et des Daguesseau que ces horreurs ont obtenu force de loi ; et les Daguesseau et les L'Hospital n'ont pas même osé élever leur voix contre cet abominable abus. Lorsqu'un abus est enraciné, il faut un coup de foudre pour le détruire.

Cependant les cultivateurs ayant acheté enfin leur liberté des rois et de leurs seigneurs dans la plupart des provinces de France, il ne resta plus de serfs qu'en Bourgogne, en Franche-Comté, et dans peu d'autres cantons ; mais la campagne n'en fut guère plus soulagée dans le royaume des Francs. Les guerres malheureuses contre les Anglais, les irruptions imprudentes en Italie, la valeur inconsidérée de François Ier, enfin les guerres de religion qui bouleversèrent la France pendant quarante années, ruinèrent l'agriculture au point qu'en 1598 le duc de Sulli trouva une grande partie des terres en friche, *faute*, dit-il, *de bras et de facultés pour les cultiver*. Il était dû par les colons plus de vingt millions pour trois années de taille. Ce grand ministre n'hésita pas à remettre au peuple cette dette alors immense ; et dans quel temps ! lorsque les ennemis venaient de se saisir d'Amiens, et que Henri IV courait hasarder sa vie pour le reprendre.

Ce fut alors que ce roi, le vainqueur et le père de ses sujets, ordonna qu'on ne saisirait plus, sous quelque prétexte que ce fût, les bestiaux des laboureurs et les instruments de labourage. « Règlement admirable, dit le judicieux M. de Forbonnais, et qu'on aurait dû toujours interpréter dans sa plus grande étendue à l'égard des bestiaux, dont l'abondance est le principe de la fécondité des terres, en même temps qu'elle facilite la subsistance des gens de la campagne. »

Il est à remarquer que le duc de Sulli se déclare, dans plusieurs endroits de ses Mémoires, contre la gabelle, et que cependant il augmenta lui-même l'impôt du sel dans quelques nécessités de l'État : tant les affaires jettent souvent les hommes hors de leurs mesures ! tant il est rare de suivre toujours ses principes ! Mais enfin il tira son maître du gouffre de la déprédation de ses gens de finance ; de même que Henri IV se tira, par son courage et par son adresse, de l'abîme où la Ligue, Philippe II, et Rome, l'avaient plongé.

C'est un grand problème en finance et en politique, s'il valait mieux pour Henri IV amasser et enterrer vingt millions à la Bastille, que de les faire circuler dans le royaume. J'ai ouï dire que s'il faut mettre quelque chose à la Bastille, il vaut mieux y enfermer de l'argent que des hommes. Henri IV se souvenait qu'il avait manqué de chemise et de dîner, quand il disputait son royaume au curé Guincestre et au curé Aubry. D'ailleurs ces vingt millions, joints à une année de son revenu, allaient servir à le rendre l'arbitre de l'Europe, lorsqu'un maître d'école [1], qui avait été feuillant, et qui venait de se confesser à un jésuite, l'assassina à coups de couteau dans son carrosse au milieu de six de ses amis, pour l'empêcher, disait-il, de faire la guerre à Dieu, c'est-à-dire au pape [2].

Ses vingt millions furent bientôt dissipés, ses grands projets anéantis; tout rentra dans la confusion.

Marie de Médicis, sa veuve, administra fort mal le bien de Louis XIII, son pupille. Ce pupille, nommé *le Juste*, fit assassiner sous ses yeux son premier ministre, et mettre en prison sa mère pour plaire à un jeune gentilhomme d'Avignon [3], qui gouverna encore plus mal; et le peuple ne s'en trouva pas mieux. Il eut à la vérité la consolation de manger le cœur du maréchal d'Ancre, mais il manqua bientôt de pain.

Le ministère du cardinal de Richelieu ne fut guère signalé que par des factions et par des échafauds. Tout cela bien examiné, depuis l'invasion de Clovis jusqu'à la fin des guerres ridicules de la Fronde, si vous en exceptez les dix dernières années de Henri IV, je ne connais guère de peuple plus malheureux que celui qui habite de Bayonne à Calais, et de la Saintonge à la Lorraine.

Enfin Louis XIV régna par lui-même, et la France naquit.

Son grand ministre Colbert ne sacrifia point l'agriculture au luxe, comme on l'a tant dit; mais il se proposa d'encourager le labourage par les manufactures, et la main-d'œuvre par la culture des terres. Depuis 1662 jusqu'à 1672, il fournit un million de livres numéraires de ce temps-là chaque année pour le soutien du commerce. Il fit donner deux mille francs de pension à tout gentilhomme cultivant sa terre qui aurait eu douze enfants, fussent-ils morts; et mille francs à qui aurait eu dix enfants. Cette dernière gratification fut accordée aussi aux pères de famille taillables.

Il est si faux que ce grand homme abandonnât le soin des campagnes, que le ministère anglais sachant combien la France avait été dénuée de bestiaux dans les temps misérables de la Fronde, et proposant, en 1667, de lui en vendre d'Irlande, il répondit qu'il en fournirait à l'Irlande et à l'Angleterre à plus bas prix.

Cependant c'est dans ces belles années qu'un Normand nommé Bois-Guillebert, qui avait perdu sa fortune au jeu, voulut décrier l'administration de Colbert, comme si les satires eussent pu réparer ses pertes. C'est ce même homme qui fit depuis la *Dîme royale* sous le nom du maréchal de Vauban; et cent barbouilleurs de papier s'y trompent encore tous les jours. Mais les satires ont passé, et la gloire de Colbert est demeurée.

Avant lui on n'avait nul système d'amélioration et de commerce. Il créa tout; mais il faut avouer qu'il fut arrêté, dans les œuvres de sa

1. Ravaillac. (ÉD.)
2. Ce sont les propres paroles de ce monstre, dans un de ses interrogatoires.
3. Charles-Albert de Luynes. (ÉD.)

création, par les guerres destructives que l'amour dangereux de la gloire fit entreprendre à Louis XIV. Colbert avait fait passer au Conseil un édit par lequel il était défendu, sous peine de mort, de proposer de nouvelles taxes et d'en avancer la finance pour la reprendre sur le peuple avec usure. Mais à peine cet édit fut-il minuté, que le roi eut la fantaisie de *punir* les Hollandais; et cette vaine gloire de les punir obligea le ministre d'emprunter, dans le cours de cette guerre inutile, quatre cents millions de ces mêmes traitants qu'il avait voulu proscrire à jamais. Ce n'est pas assez qu'un ministre soit économe, il faut que le roi le soit aussi.

Vous savez mieux que moi, monsieur, combien les campagnes furent accablées après la mort de ce ministre. On eût dit que c'était à son peuple que Louis XIV faisait la guerre. Il fut réduit à opprimer la nation pour la défendre : il n'y a point de situation plus douloureuse. Vous avez vu les mêmes désastres renouvelés avec plus de honte pendant la guerre de 1756. Qu'on songe à cette suite de misères à peine interrompue pendant tant de siècles, et on pourra s'étonner de la gaieté dont la nation se pique.

Je me hâte de sortir de cet abîme ténébreux, pour voir quelques rayons du jour plus doux qu'on nous fait espérer. Je vous demande des éclaircissements sur deux objets bien importants : l'un est la perte étonnante de neuf cent soixante et quatorze millions que trois impôts trop forts et mal répartis coûtent, selon vous, tous les ans au roi et à la nation [1]; l'autre est l'article des blés.

S'il est vrai, comme vous semblez le prouver, que l'État perde tous les ans neuf cent soixante et quatorze millions de livres par l'impôt seul du sel, du vin, du tabac, que devient cette somme immense?

Vous n'entendez pas, sans doute, neuf cent soixante et quatorze millions en argent comptant engloutis dans la mer, ou portés en Angleterre, anéantis? Vous entendez des productions, c'est-à-dire des biens réels, évalués à cette somme immense, lesquels biens nous ferions croître sur notre territoire, si ces trois impôts ne nuisaient pas à sa fécondité. Vous entendez surtout une grande partie de cette somme égarée dans les poches des fermiers de l'État, dans celles de leurs agents, et des commis de leurs agents, et des alguazils de leurs commis. Vous cherchez donc un moyen de faire tomber dans le trésor du roi le produit des impôts nécessaires pour payer ses dettes, sans que ce produit passe par toutes les filières d'une armée de subalternes qui l'atténuent à chaque passage, et qui n'en laissent parvenir au roi que la partie la plus mince.

C'est là, ce me semble, la pierre philosophale de la finance; à cela près que cette nouvelle pierre philosophale est aisée à trouver, et que celle des alchimistes est un rêve.

Il me paraît que votre secret est surtout de diminuer les impôts pour augmenter la recette. Vous confirmez cette vérité, qu'on pourrait prendre pour un paradoxe, en rapportant l'exemple de ce que vient de

---

1. Voy. le tome IV des *Éphémérides* de 1775.

faire un homme plus instruit peut-être que Sulli, et qui a d'aussi grandes vues que Colbert, avec plus de philosophie véritable dans l'esprit que l'un et l'autre [1]. Pendant l'année 1774, il y avait un impôt considérable établi sur la marée fraîche; il n'en vint, le carême, que cent cinquante-trois chariots. Le ministre dont je vous parle diminua l'impôt de moitié; et cette année 1775, il en est venu cinq cent quatre-vingt-seize chariots; donc le roi, sur ce petit objet, a gagné plus du double; donc le vrai moyen d'enrichir le roi et l'État est de diminuer tous les impôts sur la consommation; et le vrai moyen de tout perdre est de les augmenter.

J'admire avec vous celui qui a démontré par les faits cette grande vérité. Reste à savoir comment on s'y prendra sur des objets plus vastes et plus compliqués. Les machines qui réussissent en petit n'ont pas toujours les mêmes succès en grand; les frottements s'y opposent. Et quels terribles frottements que l'intérêt, l'envie, et la calomnie!

Je viens enfin à l'article des blés. Je suis laboureur, et cet objet me regarde. J'ai environ quatre-vingts personnes à nourrir. Ma grange est à trois lieues de la ville la plus prochaine; je suis obligé quelquefois d'acheter du froment, parce que mon terrain n'est pas si fertile que celui de l'Égypte et de la Sicile.

Un jour un greffier me dit : « Allez-vous-en à trois lieues payer chèrement au marché de mauvais blé. Prenez des commis un acquit à caution; et si vous le perdez en chemin, le premier sbire qui vous rencontrera sera en droit de saisir votre nourriture, vos chevaux, votre femme, votre personne, vos enfants. Si vous faites quelques difficultés sur cette proposition, sachez qu'à vingt lieues il est un coupe-gorge qu'on appelle juridiction; on vous y traînera, vous serez condamné à marcher à pied jusqu'à Toulon, où vous pourrez labourer à loisir la mer Méditerranée. »

Je pris d'abord ce discours instructif pour une froide raillerie. C'était pourtant la vérité pure. « Quoi! dis-je, j'aurai rassemblé des colons pour cultiver avec moi la terre, et je ne pourrai acheter librement du blé pour les nourrir eux et ma famille! et je ne pourrai en vendre à mon voisin quand j'en aurai de superflu! — Non, il faut que vous et votre voisin creviez vos chevaux pour courir pendant six lieues. — Eh! dites-moi, je vous prie, j'ai des pommes de terre et des châtaignes, avec lesquelles on fait du pain excellent pour ceux qui ont un bon estomac : ne puis-je pas en vendre à mon voisin sans que ce coupe-gorge, dont vous m'avez parlé, m'envoie aux galères? — Oui. — Pourquoi, s'il vous plaît, cette énorme différence entre mes châtaignes et mon blé? — Je n'en sais rien. C'est peut-être parce que les charançons mangent le blé et ne mangent point les châtaignes. — Voilà une très-mauvaise raison. — Hé bien! si vous en voulez une meilleure, c'est parce que le blé est d'une nécessité première, et que les châtaignes ne sont que d'une seconde nécessité. — Cette raison est encore plus mauvaise. Plus une denrée est nécessaire, plus le com-

---

1. Turgot. (Éd.)

merce en doit être facile. Si on vendait le feu et l'eau, il devrait être permis de les importer et de les exporter d'un bout de la France à l'autre. — Je vous ai dit les choses comme elles sont, me dit enfin le greffier. Allez vous en plaindre au contrôleur général; c'est un homme d'Église et un jurisconsulte[1]; il connaît les lois divines et les lois humaines, vous aurez double satisfaction. »

Je n'en eus point. Mais j'appris qu'un ministre d'État, qui n'était ni conseiller ni prêtre, venait de faire publier un édit par lequel, malgré les préjugés les plus sacrés, il était permis à tout Périgourdin de vendre et d'acheter du blé en Auvergne, et tout Champenois pouvait manger du pain fait avec du blé de Picardie.

Je vis dans mon canton une douzaine de laboureurs, mes frères, qui lisaient cet édit sous un de ces tilleuls qu'on appelle chez nous un rosni, parce que Rosni, duc de Sulli, les avait plantés.

« Comment donc! disait un vieillard plein de sens, il y a soixante ans que je lis des édits; ils nous dépouillaient presque tous de la liberté naturelle en style inintelligible, et en voici un qui nous rend notre liberté, et j'en entends tous les mots sans peine! Voilà la première fois chez nous qu'un roi a raisonné avec son peuple; l'humanité tenait la plume et le roi a signé. Cela donne envie de vivre : je ne m'en souciais guère auparavant. Mais, surtout, que ce roi et son ministre vivent! »

Cette rencontre, ces discours, cette joie répandue dans mon voisinage, réveillèrent en moi un extrême désir de voir ce roi et ce ministre. Ma passion se communiqua au bon vieillard qui venait de lire l'édit du 13 septembre sous le rosni.

Nous allions partir, lorsqu'un procureur fiscal d'une petite ville voisine nous arrêta tout court. Il se mit à prouver que rien n'est plus dangereux que la liberté de se nourrir comme on veut; que la loi naturelle ordonne à tous les hommes d'aller acheter leur pain à vingt lieues, et que si chaque famille avait le malheur de manger tranquillement son pain à l'ombre de son figuier, tout le monde deviendrait monopoleur. Les discours véhéments de cet homme d'État ébranlèrent les organes intellectuels de mes camarades; mais mon bonhomme, qui avait tan. d'envie de voir le roi, resta ferme. « Je crains les monopoleurs, dit-il, autant que les procureurs; mais je crains encore plus la gêne horrible sous laquelle nous gémissions, et de deux maux il faut éviter le pire. »

Je ne suis jamais entré dans le conseil du roi; mais je m'imagine que lorsqu'on pesait devant lui les avantages et les dangers d'acheter son pain à sa fantaisie, il se mit à sourire et dit :

« Le bon Dieu m'a fait roi de France et ne m'a pas fait grand pane-« tier; je veux être le protecteur de ma nation et non son oppresseur « réglementaire. Je pense que quand les sept vaches maigres eurent[2] « dévoré les sept vaches grasses et que l'Égypte éprouva la disette, si

---

1. L'abbé Terray, d'abord conseiller-clerc au parlement de Paris. (ÉD.)
2. Genèse, XL, 18, 19. (ÉD.)

« Pharaon, ou le pharaon, avait eu le sens commun, il aurait permis
« à son peuple d'aller acheter du blé à Babylone et à Damas; s'il
« avait eu un cœur, il aurait ouvert ses greniers gratis, sauf à se
« faire rembourser au bout de sept ans que devait durer la famine.
« Mais forcer ses sujets à lui vendre leurs terres, leurs bestiaux,
« leurs marmites, leur liberté, leurs personnes, me paraît l'action la
« plus folle, la plus impraticable, la plus tyrannique. Si j'avais un con-
« trôleur général qui me proposât un tel marché, je crois, Dieu me
« pardonne, que je l'enverrais à sa maison de campagne avec ses va-
« ches grasses. Je veux essayer de rendre mon peuple libre et heu-
« reux, pour voir comment cela fera. »

Cet apologue frappa toute la compagnie. Le procureur fiscal alla
procéder ailleurs, et nous partîmes le bonhomme et moi dans ma charrette qu'on appelait carrosse, pour aller au plus vite voir le roi.

Quand nous approchâmes de Pontoise, nous fûmes tout étonnés de
voir environ dix à quinze mille paysans qui couraient comme des fous
en hurlant, et qui criaient : *Les blés, les marchés! les marchés, les
blés!* Nous remarquâmes qu'ils s'arrêtaient à chaque moulin, qu'ils le
démolissaient en un moment, et qu'ils jetaient blé, farine et son dans
la rivière. J'entendis un petit prêtre qui, avec une voix de Stentor, leur
disait : « Saccageons tout, mes amis, Dieu le veut; détruisons toutes
les farines, pour avoir de quoi manger. »

Je m'approchai de cet homme; je lui dis : « Monsieur, vous me paraissez échauffé; voudriez-vous me faire l'honneur de vous rafraîchir
dans ma charrette? j'ai de bon vin. » Il ne se fit pas prier. « Mes amis,
dit-il, je suis habitué de paroisse. Quelques-uns de mes confrères et
moi nous conduisons ce cher peuple. Nous avons reçu de l'argent pour
cette bonne œuvre[1]. Nous jetons tout le blé qui nous tombe sous la
main, de peur de la disette. Nous allons égorger dans Paris tous les boulangers pour le maintien des lois fondamentales du royaume. Voulez-
vous être de la partie? »

Nous le remerciâmes cordialement et nous prîmes un autre chemin
dans notre charrette pour aller voir le roi.

En passant par Paris, nous fûmes témoins de toutes les horreurs que
commit cette horde de vengeurs des lois fondamentales. Ils étaient tous
ivres et criaient d'ailleurs qu'ils mouraient de faim. Nous vîmes à Versailles passer le roi et la famille royale. C'est un grand plaisir; mais
nous ne pûmes avoir la consolation d'envisager l'auteur de notre cher
édit du 13 septembre. Le gardien de sa porte m'empêcha d'entrer. Je
crois que c'est un Suisse. Je me serais battu contre lui si je m'étais
senti le plus fort. Un gros homme qui portait des papiers me dit : « Allez,
retournez chez vous avec confiance, votre homme ne peut vous voir;

---

[1]. Il est très-vrai que, dans les émeutes de 1775, les séditieux avaient plus
d'argent que les hommes de leur état n'en ont ordinairement; qu'ils étaient
plus occupés de détruire les subsistances ou de voler, que de se procurer un
morceau de pain; qu'on employa pour les ameuter des lettres, de faux arrêts
du conseil, etc. Des prêtres s'en mêlèrent très-peu; quelques-uns même furent
très-utiles, et la religion n'y entra pour rien. (*Éd. de Kehl.*)

il a la goutte [1], il ne reçoit pas même son médecin, et il travaille pour vous. »

Nous partîmes donc mon compagnon et moi, et nous revînmes cultiver nos champs; ce qui est, à notre avis, la seule manière de prévenir la famine.

Nous retrouvâmes sur notre route quelques-uns de ces automates grossiers à qui on avait persuadé de piller Pontoise, Chantilly, Corbeil, Versailles et même Paris. Je m'adressai à un homme de la troupe, qui me paraissait repentant. Je lui demandai quel démon les avait conduits à cette horrible extravagance. « Hélas! monsieur, je ne puis répondre que de mon village. Le pain y manquait : les capucins étaient venus nous demander la moitié de notre nourriture au nom de Dieu. Le lendemain les récollets étaient venus prendre l'autre moitié. — Hé, mes amis, leur dis-je, forcez ces messieurs à labourer la terre avec vous, et il n'y aura plus de disette en France. »

ARTICLE

EXTRAIT DU MERCURE DE JUIN 1775, SUR LA SATIRE DE CLÉMENT INTITULÉE :

MON DERNIER MOT.

(1775.)

Nous crûmes, en lisant les premiers vers de cet ouvrage, reconnaître un peintre qui voulait imiter la touche de M. de Rulhière dans son *Épître sur la dispute*, l'un des plus agréables ouvrages de notre siècle; mais l'auteur de *Mon dernier mot* s'écarte bientôt de son modèle. Il dit du mal de tous ceux qui font honneur à la France, à commencer par M. de Rulhière lui-même; et il proteste qu'il en usera toujours ainsi. Il se vante d'imiter Boileau dans le reste de sa satire; mais il nous semble que, pour imiter Boileau, il faut parler purement sa langue, donner à la fois de bonnes instructions et de bonnes plaisanteries, surtout ne condamner les vers d'autrui que par des vers excellents.

Voici des vers de la satire de M. Clément :

> De Boileau, diront-ils, misérable copiste,
> D'un pas timide il suit son modèle à la piste;
> Si l'un n'eût *point* raillé ni Pradon ni Perrin,
> L'autre n'eût *point* sifflé Marmontel ni Saurin.

Ces deux *point* sont des solécismes qu'on ne passerait pas à un écolier de basse classe.

---

1. Turgot mourut le 19 mars 1781, à quarante-neuf ans, d'un accès de goutte. (ÉD.)

Ce qui est pire qu'un solécisme, c'est la plate imitation de ces vers pleins de sel :

> Avant lui Juvénal avait dit en latin
> Qu'on est assis à l'aise aux sermons de Cotin.

C'est malheureusement l'âne qui veut imiter le petit chien caressé du maître.

Mais ce qu'il y a de plus impardonnable encore, c'est l'insolence d'insulter par leur nom deux académiciens d'un mérite distingué. Il s'est imaginé que Boileau ayant réussi, quoiqu'il eût insulté Quinault très-mal à propos, lui, Clément, réussirait de même en nommant et en dénigrant, à tort et à travers, tous les bons écrivains du siècle. Il devait sentir qu'il n'y a aucun mérite, mais beaucoup de honte et peut-être de danger, à dire des injures en mauvais vers.

> Et moi je ne pourrai démasquer la sottise !
> Je ne pourrai trouver Dalembert précieux,
> Dorat impertinent, Condorcet ennuyeux.

Voilà certainement une grossièreté qu'on ne peut excuser : car il n'y a pas un homme de lettres dans Paris qui ne sache que le caractère de M. Dalembert, dans ses mœurs et dans ses écrits, est précisément le contraire de l'affectation et du précieux.

Le peu que nous avons d'écrits de M. le marquis de Condorcet ne peut ennuyer qu'un ignorant, incapable de les entendre. C'est le comble de l'impertinence de dire, d'imprimer qu'un homme, quel qu'il soit, est un impertinent : c'est une injure punissable qu'on n'oserait dire en face, et pour laquelle un gentilhomme serait condamné à quelques années de prison. A plus forte raison une injure si grossière, si vague, si sotte, mais si insultante, dite publiquement par le fils d'un procureur à un homme tel que M. Dorat, est un délit très-punissable.

> Dorat, dont vous prônez le jargon en tout lieu,
> Va-t-il, à votre gré, devenir un Chaulieu?
> Et, par vos bons avis, pensez-vous que Delille
> Puisse autre chose enfin que rimer à Virgile ?

Voilà des sottises un peu moins atroces et qui sentent moins l'homme de la lie du peuple. Mais il n'y a dans ces vers ni esprit, ni finesse, ni grâce, ni imagination, et ils sont encore infectés d'un autre solécisme : *Pensez-vous que Delille puisse, par vos bons avis, autre chose que rimer à Virgile?* On ne peut dire : *Je peux autre chose que haïr un mauvais poète insolent.* Ce tour n'est pas français et j'en fais juge l'Académie entière. Mais je fais juge tout le public avec elle de l'excès d'impertinence (et c'est ici que le mot d'impertinence est bien placé), de cet excès, dis-je, avec lequel un si mauvais écrivain ose insulter plus de vingt personnes respectables par leurs noms, par leurs places, par leurs talents, sans avoir jamais peut-être pu parler à aucune d'elles.

LE CRI DU SANG INNOCENT[1].

(1775.)

AU ROI TRÈS-CHRÉTIEN, EN SON CONSEIL.

Sire, l'auguste cérémonie de votre sacre[2] n'a rien ajouté aux droits de Votre Majesté; les serments qu'elle a faits d'être bon et humain n'ont pu augmenter la magnanimité de votre cœur et votre amour de la justice. Mais c'est en ces solennités que les infortunés sont autorisés à se jeter à vos pieds : ils y courent en foule; c'est le temps de la clémence; elle est assise sur le trône à vos côtés; elle vous présente ceux que la persécution opprime. Je lui tends de loin les bras, du fond d'un pays étranger. Opprimé depuis l'âge de quinze ans (et l'Europe sait avec quelle horreur), je suis sans avocat, sans appui, sans patron; mais vous êtes juste.

Né gentilhomme dans votre brave et fidèle province de Picardie[3], mon nom est d'Étallonde de Morival. Plusieurs de mes parents sont morts au service de l'État. J'ai un frère capitaine au régiment de Champagne. Je me suis destiné au service dès mon enfance.

J'étais dans la Gueldre en 1765, où j'apprenais la langue allemande et un peu de mathématique pratique, deux choses nécessaires à un officier, lorsque le bruit que j'étais impliqué dans un procès criminel au présidial d'Abbeville parvint jusqu'à moi.

On me manda des particularités si atroces et si inouïes sur cette affaire, à laquelle je n'aurais jamais dû m'attendre, que je conçus, tout jeune que j'étais, le dessein de ne jamais rentrer dans une ville livrée à des cabales et à des manœuvres qui effarouchaient mon caractère. Je me sentais né avec assez de courage et de désintéressement pour porter les armes en quelque qualité que ce pût être. Je savais déjà très-bien l'allemand : frappé du mérite militaire des troupes prussiennes et de la gloire étonnante du souverain qui les a formées, j'entrai cadet dans un de ses régiments.

Ma franchise ne me permit pas de dissimuler que j'étais catholique et que jamais je ne changerais de religion : cette déclaration ne me nuisit point, et je produis encore des attestations de mes commandants, qui attestent que j'ai toujours rempli les fonctions de catholique et les devoirs de soldat. Je trouvai chez les Prussiens des vainqueurs, et point d'intolérants.

1. Cet écrit, au nom de M. d'Étallonde, avait pour objet sa réhabilitation, et la cassation de la procédure d'Abbeville. Cet officier, au service du roi de Prusse, avait obtenu un congé illimité pour venir solliciter le succès de son affaire. L'écrit est daté de Neufchâtel, ville appartenante au roi de Prusse, où M. d'Étallonde était supposé résider; mais, dans le fait, il était alors à Ferney, chez son patron, où il resta dix-huit mois. (*Éd. de Kehl.*)
2. Louis XVI avait été sacré à Reims le 11 juin 1775. (Éd.)
3. *Fidelissima Picardorum natio.*

Je crus inutile de faire connaître ma naissance et ma famille : je servis avec la régularité la plus ponctuelle.

Le roi de Prusse, qui entre dans tous les détails de ses régiments, sut qu'il y avait un jeune Français qui passait pour sage, qui ne connaissait les débauches d'aucune espèce, qui n'avait jamais été repris d'aucun de ses supérieurs, et dont l'unique occupation, après ses exercices, était d'étudier l'art du génie : il daigna me faire officier, sans même s'informer qui j'étais; et enfin, ayant vu par hasard quelques-uns de mes plans de fortifications, de marches, de campements et de batailles, il m'a honoré du titre de son aide de camp et de son ingénieur. Je lui en dois une éternelle reconnaissance; mon devoir est de vivre et de mourir à son service. Votre Majesté a trop de grandeur d'âme pour ne pas approuver de tels sentiments.

Que votre justice et celle de votre conseil daignent maintenant jeter un coup d'œil sur l'attentat contre les lois et sur la barbarie dont je porte ma plainte.

Mme l'abbesse de Villancourt, monastère d'Abbeville, fille respectable d'un garde des sceaux estimé de toute la France, presque autant que celui qui vous sert aujourd'hui si bien dans cette place [1], avait pour implacable ennemi un conseiller au présidial, nommé Duval de Saucourt. Cette inimitié publique, encore plus commune dans les petites villes que dans les grandes, n'était que trop connue dans Abbeville. Mme l'abbesse avait été forcée de priver Saucourt, par avis de parents, de la curatelle d'une jeune personne assez riche, élevée dans son couvent.

Saucourt venait encore de perdre deux procès contre des familles d'Abbeville. On savait qu'il avait juré de s'en venger.

On connaît jusqu'à quel excès affreux il a porté cette vengeance. L'Europe entière en a eu horreur; et cette horreur augmente encore tous les jours, loin de s'affaiblir par le temps.

Il est public que Duval de Saucourt se conduisit précisément dans Abbeville [2] comme le capitoul David avait agi contre les innocents Calas dans Toulouse. Votre Majesté a sans doute entendu parler de cet assassinat juridique des Calas, que votre conseil a condamné avec tant

---

1. Miromesnil. (ÉD.)
2. Je dois remarquer ici (et c'est un devoir indispensable) que dans l'affreux procès suscité uniquement par Duval de Saucourt, M. Cassen, avocat au conseil de Sa Majesté très-chrétienne, fut consulté; il en écrivit au marquis de Beccaria, le premier jurisconsulte de l'empire. J'ai vu sa lettre imprimée. On s'est trompé dans les noms : on a mis Belleval pour Duval. On s'est trompé encore sur quelques circonstances indifférentes au fond du procès. Il est nécessaire de relever cette erreur, et de rendre à M. de Belleval, l'un des plus dignes magistrats d'Abbeville, la justice que tout le pays lui rend. — Ce n'est point par négligence qu'au lieu de corriger les noms, nous avons laissé cette note et la lettre telles qu'elles sont. M. de Voltaire a suivi des Mémoires contradictoires entre eux, quoique envoyés également d'Abbeville; mais ces incertitudes sur l'instigateur secret de cet assassinat sont peu importantes; les vrais coupables sont les juges, et ils sont connus. Quant à l'innocence des victimes qu'ils ont immolées à une lâche politique ou à la superstition, elle est prouvée par l'accusation même : où les droits naturels des hommes n'ont point été violés, il ne peut y avoir de crime. (Éd. de Kehl.)

de justice et de force. C'est contre une pareille barbarie que j'atteste votre équité.

La généreuse Mme Feydeau de Brou, abbesse de Villancourt, élevait auprès d'elle un jeune homme, son cousin germain, petit-fils d'un lieutenant général de vos armées, qui était à peu près de mon âge, et qui étudiait comme moi la tactique. Ses talents étaient infiniment supérieurs aux miens. J'ai encore de sa main des notes sur les campagnes du roi de Prusse et du maréchal de Saxe, qui font voir qu'il aurait été digne de servir sous ces grands hommes.

La conformité de nos études nous ayant liés ensemble, j'eus l'honneur d'être invité à dîner avec lui chez Mme l'abbesse, dans l'extérieur du couvent, au mois de juin 1765. Nous y allions assez tard, et nous étions fort pressés ; il tombait une petite pluie ; nous rencontrâmes quelques enfants de notre connaissance ; nous mîmes nos chapeaux, et nous continuâmes notre route. Nous étions, je m'en souviens, à plus de cinquante pas d'une procession de capucins.

Saucourt ayant su que nous ne nous étions point détournés de notre chemin pour aller nous mettre à genoux devant cette procession, projeta d'abord d'en faire un procès au cousin germain de Mme l'abbesse. C'était seulement, disait-il, pour l'inquiéter, et pour lui faire voir qu'il était un homme à craindre.

Mais ayant su qu'un crucifix de bois, élevé sur le pont neuf de la ville, avait été mutilé depuis quelque temps, soit par vétusté, soit par quelque charrette, il résolut de nous en accuser, et de joindre ces deux griefs ensemble. Cette entreprise était difficile.

Je n'ai sans doute rien exagéré quand j'ai dit qu'il imita la conduite du capitoul David ; car il écrivit lettres sur lettres à l'évêque d'Amiens, et ces lettres doivent se retrouver dans les papiers de ce prélat. Il dit qu'il y avait une conspiration contre la religion catholique romaine ; que l'on donnait tous les jours des coups de bâton aux crucifix ; qu'on se munissait d'hosties consacrées, qu'on les perçait à coups de couteau et que, selon le bruit public, elles avaient répandu du sang.

On ne croira pas cet excès d'absurde calomnie ; je ne la crois pas moi-même : cependant je la lis dans les copies des pièces qu'on m'a enfin remises entre les mains.

Sur cet exposé, non moins extravagant qu'odieux, on obtint des monitoires, c'est-à-dire des ordres à toutes les servantes, à toute la populace, d'aller révéler aux juges tous les contes qu'elles auraient entendu faire, et de calomnier en justice, sous peine d'être damnées.

On ignore dans Paris, comme je l'avais toujours ignoré moi-même, que Duval Saucourt ayant intimidé tout Abbeville, porté l'alarme dans toutes les familles, ayant forcé Mme l'abbesse à quitter son abbaye pour aller solliciter à la cour, se trouvant libre pour faire le mal, et ne trouvant pas deux assesseurs pour faire le mal avec lui, osa associer au ministère de juge, qui ? on ne le croira pas encore ; cela est aussi absurde que les hosties percées à coups de couteau, et versant du sang : qui, dis-je, fut le troisième juge avec Duval ? un marchand de vin, de bœufs et de cochons, un nommé Broutel, qui avait acheté dans la juridiction un office de procureur, qui avait même exercé très-rarement cette charge; oui, encore une fois, un marchand de cochons, chargé alors de deux sentences des consuls d'Abbeville contre lui, et qui lui ordonnent de produire ses comptes. Dans ce temps-là même il avait déjà un procès à la cour des aides de Paris, procès qu'il perdit bientôt après : l'arrêt le déclara incapable de posséder aucune charge municipale dans votre royaume.

Tels furent mes juges pendant que je servais un grand roi, et que je me disposais à servir Votre Majesté. Saucourt et Broutel avaient déterré une sentence rendue, il y a cent trente années, dans des temps de trouble en Picardie, sur quelques profanations fort différentes. Ils la copièrent; ils condamnèrent deux enfants. Je suis l'un des deux; l'autre est ce petit-fils d'un général de vos armées; c'est ce chevalier de La Barre, dont je ne puis prononcer le nom qu'en répandant des larmes; c'est ce jeune homme qui en a coûté à toutes les âmes sensibles, depuis le trône de Pétersbourg jusqu'au trône pontifical de Rome; c'est cet enfant plein de vertus et de talents au-dessus de son âge, qui mourut dans Abbeville, au milieu de cinq bourreaux, avec la même résignation et le même courage modeste qu'étaient morts le fils du grand de Thou, le Tite Live de la France, le conseiller Dubourg, le maréchal de Marillac et tant d'autres.

Si Votre Majesté fait la guerre, elle verra mille gentilshommes mourir à ses pieds : la gloire de leur mort pourra vous consoler de leur perte, vous, sire, et leur famille. Mais être traîné à un supplice affreux et infâme, périr par l'ordre d'un Broutel! quel état! et qui peut s'en consoler?

On demandera peut-être comment la sentence d'Abbeville, qui était nulle et de toute nullité, a pu cependant être confirmée par le parlement de Paris, a pu être exécutée en partie; en voici la raison : c'est que le parlement ne pouvait savoir quels étaient ceux qui l'avaient prononcée.

Des enfants plongés dans des cachots et ne connaissant point ce Broutel, leur premier bourreau, ne pouvaient dire au parlement : « Nous sommes condamnés par un marchand de bœufs et de porcs chargé de décrets des consuls contre lui. » Ils ne le savaient pas; Broutel s'était dit avocat. Il avait pris en effet pour cinquante francs des lettres de gradué à Reims; il s'était fait mettre à Paris sur le tableau des licenciés ès lois; ainsi il y avait un fantôme de gradué pour condamner ces pauvres enfants, et ils n'avaient pas un seul avocat pour les défendre. L'état horrible où ils furent pendant toute la procédure avait tellement altéré leurs organes qu'ils étaient incapables de penser et de parler, et qu'ils ressemblaient parfaitement aux agneaux que Broutel vendit si souvent aux bouchers d'Abbeville.

Votre conseil, sire, peut remarquer qu'on permet en France à un banqueroutier frauduleux d'être assisté continuellement par un avocat, et qu'on ne le permit pas à des mineurs dans un procès où il s'agissait de leur vie.

Grâce aux monitoires, reste odieux de l'ancienne procédure de l'inquisition, Saucourt et Broutel avaient fait entendre cent vingt témoins, la plupart gens de la lie du peuple ; et de ces cent vingt témoins, il n'y en avait pas trois d'oculaires. Cependant il fallut tout lire, tout rapporter : cette énorme compilation, qui contenait six mille pages, ne pouvait que fatiguer le parlement, occupé alors des besoins de l'État dans une crise assez grande. Les opinions se partagèrent, et la confirmation de l'affreuse sentence ne passa enfin que de deux voix.

Je ne demande point si, au tribunal de l'humanité et de la raison, deux voix devraient suffire pour condamner des innocents au supplice que l'on inflige aux parricides. Pugatschef, souillé de mille assassinats barbares, et du crime le plus avéré de lèse-majesté et de lèse-société au premier chef, n'a subi d'autre supplice que celui d'avoir la tête tranchée.

La sentence de Duval Saucourt et du marchand de bœufs portait qu'on nous couperait le poing, qu'on nous arracherait la langue, qu'on nous jetterait dans les flammes. Cette sentence fut confirmée par la prépondérance de deux voix.

Le parlement a gémi que les anciennes lois le forcent à ne consulter que cette pluralité pour arracher la vie à un citoyen. Hélas ! m'est-il permis d'observer que chez les Algonquins, les Hurons, les Chiacas, il faut que toutes les voix soient unanimes pour dépecer un prisonnier et pour le manger ? Quand elles ne le sont pas, le captif est adopté dans une famille, et regardé comme l'enfant de la maison.

Sire, mon application à mes devoirs ne m'a pas permis d'être instruit plus tôt des détails de cette Saint-Barthélemy d'Abbeville. Je ne sais que d'aujourd'hui que l'on destinait trois autres enfants à cette boucherie. J'apprends que les parents de ces enfants, poursuivis comme moi par Duval Saucourt et Broutel, trouvèrent huit avocats pour les défendre, quoique en matière criminelle les accusés n'aient jamais le secours d'un avocat quand on les interroge et quand on les confronte. Mais un avocat est en droit de parler pour eux sur tout ce qui ne concerne pas la procédure secrète. Et qu'il me soit permis, sire, de remarquer ici que chez les Romains, nos législateurs et nos maîtres, et chez les nations qui se piquent d'imiter les Romains, il n'y eut jamais de pièces secrètes. Enfin, sire, sur la seule connaissance de ce qui était public, ces huit avocats intrépides déclarèrent le 27 juin 1766 :

1° Que le juge Saucourt ne pouvait être juge, puisqu'il était partie (*pages 15 et 16 de la consultation*) ;

2° Que Broutel ne pouvait être juge, puisqu'il avait agi en plusieurs affaires en qualité de procureur, et que son unique occupation était alors de vendre des bestiaux (*page 17*) ;

3° Que cette manœuvre de Saucourt et de Broutel était une infraction punissable de la loi (*mêmes pages*).

Cette décision de huit avocats célèbres est signée « Cellier, d'Outremont, Muyard de Vouglans, Gerbier, Timbergue, Benoist fils, Turpin, Linguet. »

Il est vrai qu'elle vint trop tard. L'estimable chevalier de La Barre était déjà sacrifié. L'injustice et l'horreur de son supplice, jointes à la décision de huit jurisconsultes, firent une telle impression sur tous les cœurs, que les juges d'Abbeville n'osèrent poursuivre cet abominable procès. Ils s'enfuirent à la campagne, de peur d'être lapidés par le peuple. Plus de procédures, plus d'interrogatoires et de confrontations. Tout fut absorbé dans l'horreur qu'ils inspiraient à la nation, et qu'ils ressentaient en eux-mêmes.

Je n'ai pu, sire, faire entendre autour de votre trône le cri du sang innocent. Souffrez que j'appelle aujourd'hui à mon secours le jugement de huit interprètes des lois qui demandent vengeance pour moi, comme pour les trois autres enfants qu'ils ont sauvés de la mort. La cause de ces enfants est la mienne. Je n'ai pas même osé m'adresser seul à Votre Majesté sans avoir consulté le roi mon maître, sans avoir demandé l'opinion de son chancelier et des chefs de la justice : ils ont confirmé l'avis des huit jurisconsultes de votre parlement. On connaît depuis longtemps l'avis du marquis de Beccaria, qui est à la tête des Lois de l'empire. Il n'y a qu'une voix en Angleterre et dans le grand tribunal de la Russie sur cette affreuse et incroyable catastrophe. Rome ne pense pas autrement que Pétersbourg, Astracan et Casan. Je pourrais, sire, demander justice à Votre Majesté au nom de l'Europe et de l'Asie. Votre conseil, qui a vengé le sang des Calas, aurait pour moi la même équité. Mais, étranger pendant dix années, lié à mes devoirs, loin de la France, ignorant la route qu'il faut tenir pour parvenir à une révision de procès, je suis forcé de me borner à représenter à Votre Majesté l'excès de la cruauté commise dans un temps où cette cruauté ne pouvait parvenir à vos oreilles. Il me suffit que votre équité soit instruite.

Je me joins à tous vos sujets dans l'amour respectueux qu'ils ont pour votre personne, et dans les vœux unanimes pour votre prospérité, qui n'égalera jamais vos vertus.

A Neufchâtel, ce 30 juin 1775.

PRÉCIS DE LA PROCÉDURE D'ABBEVILLE.

Du 26 septembre 1765. — Un prévôt de salle, nommé Étienne Naturé, ami de Broutel, et buvant souvent avec lui, dit qu'il a entendu, dans la salle d'armes, le sieur d'Étallonde avouer qu'il n'avait pas ôté son chapeau devant la procession des capucins, conjointement avec le chevalier de La Barre et le sieur Moinel.

Et le même Étienne Naturé se dédit entièrement à la confrontation avec les sieurs chevalier de La Barre et Moinel, et déclare expressément que le sieur d'Étallonde n'a jamais mis le pied dans la salle d'armes.

Du 28. — Le sieur Aliamet dépose avoir ouï dire qu'un nommé Bauvalet avait dit que le sieur d'Étallonde avait dit qu'il avait trouvé chez ce nommé Bauvalet un médaillon de plâtre fort mal fait, et qu'ayant proposé de l'acheter de ce nommé Bauvalet, il avait dit que c'était pour le briser, « parce qu'il ne valait pas le diable. »

Il ne spécifie point ce que ce médaillon représentait, et on ne voit pas ce qu'on peut inférer de cette déposition. On a prétendu que ce plâtre représentait quelques figures de la Passion, fort mal faites.

Le même jour, Antoine Watier, âgé de seize à dix-sept ans, dépose avoir entendu le sieur d'Étallonde chanter une chanson, dans laquelle il est question d'un saint qui avait eu autrefois une maladie vénérienne, et ajoute qu'il ne se souvient pas du nom de ce saint. Le sieur d'Étallonde proteste qu'il ne connaît ni ce saint ni Watier.

Du 5 décembre 1765. — Marie-Antoinette Leleu, femme d'un maître de jeu de billard, dépose que le sieur d'Étallonde a chanté une chanson dans laquelle Marie-Magdeleine *avait ses mal-semaines.*

Il est bien indécent d'écouter sérieusement de telles sottises; et rien ne démontre mieux l'acharnement grossier de Duval Saucourt et de Broutel. Si Magdeleine était pécheresse, il est clair qu'elle était sujette à des *mal-semaines*, autrement des menstrues, des ordinaires. Mais si quelque *loustic* d'un régiment, ou quelque goujat, a fait autrefois cette misérable chanson grivoise, si un enfant l'a chantée, il ne paraît pas que cet enfant mérite la mort la plus recherchée et la plus cruelle, et périsse dans des supplices que les Busiris et les Néron n'osaient pas inventer.

Le même jour, le sieur de Lavieuville dépose avoir ouï dire au sieur de Saveuse qu'il a entendu dire au sieur Moinel que le sieur d'Étallonde avait un jour escrimé avec sa canne sur le pont neuf contre un crucifix de bois.

Je réponds que non-seulement cela est très-faux, mais que cela est impossible. Je ne portais jamais de canne, mais une petite baguette fort légère. Le crucifix qui était alors sur le pont neuf était élevé, comme tout Abbeville le sait, sur un gros piédestal de huit pieds de haut, et par conséquent il n'était pas possible d'escrimer contre cette figure.

J'ajoute qu'il eût été à souhaiter que les choses saintes ne fussent jamais placées que dans les lieux saints, et je crois indécent qu'un crucifix soit dans une rue, exposé à être brisé par tous les accidents.

Du 3 octobre 1765. — Le sieur Moinel, enfant de quatorze ou quinze ans, est retiré de son cachot; et, interrogé si le jour de la procession des capucins il n'était pas avec les sieurs d'Étallonde et de La Barre, à vingt-cinq pas seulement du saint-sacrement; s'ils n'ont pas affecté, *par impiété*, de ne point se découvrir dans le dessein *d'insulter à la Divinité*, et s'ils ne se sont pas vantés de cette *action impie*; s'il n'a pas vu le sieur d'Étallonde donner des coups au crucifix du pont neuf; si le jour de la foire de la Magdeleine le sieur d'Étallonde ne lui avait pas dit qu'il avait égratigné une jambe du crucifix du pont neuf : a répondu *non* à toutes ces demandes.

On peut voir, par ce seul interrogatoire, avec quelle malignité Duval et Broutel voulaient faire tomber cet enfant dans le piége.

Pourquoi lui dire que la procession des capucins n'était qu'à vingt-cinq pas, tandis qu'elle était à plus de cinquante? Je sais mieux mesurer les distances, dans ma profession d'ingénieur, que tous les praticiens et tous les capucins d'Abbeville.

Pourquoi supposer que ces enfants avaient passé vite, *par impiété*, dans le temps qu'il faisait une petite pluie et qu'ils étaient pressés d'aller dîner? Quelle impiété est-ce donc de mettre son chapeau pendant la pluie?

Et remarquez qu'après cet interrogatoire on le plongea dans un cachot plus noir et plus infect, afin de le forcer, par ces traitements odieux, à déposer tout ce qu'on voulait.

Du 7 octobre 1765. — On interroge de surcroît le sieur Moinel sur les mêmes articles; et le sieur Moinel répond que non-seulement le chevalier de La Barre et le sieur d'Étallonde n'ont point passé devant la procession, et ne se sont point couverts par impiété, mais qu'il a passé plusieurs fois avec eux devant d'autres processions, et qu'ils se sont mis à genoux.

A cette réponse si ingénue et si vraie, le troisième juge, nommé Villers, se récrie : « Il ne faut pas tant tourmenter ces pauvres innocents. »

Saucourt et Broutel, en fureur, menacèrent cet enfant de le faire pendre s'il persistait à nier. Ils l'effrayèrent; ils lui firent verser des larmes. Ils lui firent dire, dans un second interrogatoire, une chose qui n'a pas la moindre vraisemblance : que d'Étallonde avait dit qu'il n'y avait point de Dieu, et qu'il avait ajouté un mot qu'on n'ose prononcer.

Il faut savoir que dans Abbeville il y avait alors un ouvrier nommé Bondieu, et que de là vient l'infâme équivoque qu'on employa pour nous perdre.

Enfin ils lui firent articuler même, dans l'excès de son égarement, que d'Étallonde connaissait un prêtre qui fournirait des hosties consacrées pour servir à des *opérations magiques*, ainsi que Duval et Broutel le donnaient à entendre.

Quelle extravagance! en même temps quelle bêtise! Si dans ma première jeunesse j'avais été assez abandonné pour ne pas croire en Dieu, comment aurais-je cru à des hosties consacrées avec lesquelles on ferait des *opérations magiques?*

D'où venait cette accusation ridicule d'*opérations magiques* avec des hosties? d'un bruit répandu dans la populace, qu'on ne pouvait poursuivre avec tant de cruauté de jeunes fils de famille que pour un crime de magie. Et pourquoi de la magie plutôt qu'un autre délit? parce qu'il y avait des monitoires qui ordonnaient à tout le monde de venir à révélation ; et que, selon les idées du peuple, ces monitoires n'étaient ordinairement lancés que contre les hérétiques et les magiciens.

Les provinces de France sont-elles encore plongées dans leur ancienne barbarie? sommes-nous revenus à ces temps d'opprobre où l'on accusait le prédicateur Urbain Grandier d'avoir ensorcelé dix-sept religieuses de Loudun, où l'on forçait le curé Gauffridi d'avouer qu'il avait soufflé le diable dans le corps de Magdeleine La Palu, et où l'on a vu enfin le jésuite Girard prêt d'être condamné aux flammes pour avoir jeté un sort sur la Cadière?

Ce fut dans cet interrogatoire que cet enfant Moinel, intimidé par les menaces du marchand de bœufs et du marchand de sang humain, leur demanda pardon de ne leur avoir pas dit tout ce qu'on lui ordonnait de dire. Il croyait avoir fait un péché mortel; et il fit à genoux une confession générale, comme s'il eût été au sacrement de pénitence. Broutel et Duval rirent de sa simplicité, et en profitèrent pour nous perdre.

Interrogé encore s'il n'avait pas entendu de jeunes gens traiter Dieu de.... dans une conversation, et s'il n'avait pas lui-même appelé Dieu...., il répondit qu'il avait tenu ces propos avec d'Étallonde.

Mais peut-on avoir tenu tels discours tête à tête? et si on les a tenus, qui peut les dénoncer? On voit assez à quel point celui qui interrogeait était barbare et grossier, à quel point l'enfant était simple et innocent.

On lui demanda s'il n'avait pas chanté des chansons horribles : ce sont les propres mots. L'enfant avoua. Mais qu'est-ce qu'une chanson ordurière sur les *mal-semaines* de la Magdeleine, faite par quelque goujat il y a plus de cent ans, et qu'on suppose chantée en secret par deux jeunes gens aussi dépourvus alors de goût et de connaissances que Broutel et Duval? Avaient-ils chanté cette chanson dans la place publique? avaient-ils scandalisé la ville? non : et la preuve que cette puérilité était ignorée, c'est que Saucourt avait obtenu des monitoires pour faire révéler, contre les enfants de ses ennemis, tout ce qu'une populace grossière pouvait avoir entendu dire.

Pour moi, en méprisant de telles inepties, je jure que je ne me souviens pas d'un seul mot de cette chanson, et j'affirme qu'il faut être le plus lâche des hommes pour faire d'un couplet de corps de garde le sujet d'un procès criminel.

Enfin on m'a envoyé plusieurs billets de la main de Moinel, écrits de son cachot, avec la connivence du geôlier, dans lesquels il est dit : « Mon trouble est trop grand; j'ai l'esprit hors de son assiette; je ne suis pas dans mon bon sens. »

J'ai entre les mains une autre lettre de lui, de cette année, conçue en ces termes :

« Je voudrais, monsieur, avoir perdu entièrement la mémoire de l'horrible aventure qui ensanglanta Abbeville il y a plusieurs années, et qui révolta toute l'Europe. Pour ce qui me regarde, la seule chose dont je puisse me souvenir, c'est que j'avais environ quinze ans, qu'on me mit aux fers, que le sieur Saucourt me fit les menaces les plus affreuses, que je fus hors de moi-même, que je me jetai à genoux, et que je dis *oui* toutes les fois que ce Saucourt m'ordonna de dire *oui*, sans savoir un seul mot de ce qu'on me demandait. Ces horreurs m'ont mis dans un état qui a altéré ma santé pour le reste de ma vie. »

Je suis donc en droit de récuser de vains témoignages qu'on lui arracha par tant de menaces et qu'il a désavoués, ainsi que je me crois en droit de faire déclarer nulle toute la procédure de mes trois juges, d'en prendre deux à partie, et de les regarder, non pas comme des juges, mais comme des assassins.

Ce n'est que d'après M. le marquis de Beccaria et d'après les juris-

consultes de l'Europe que je leur donne ce nom, qu'ils ont si bien mérité, et qui n'est pas trop fort pour leur inconcevable méchanceté. On
interrogea avec la même atrocité le chevalier de La Barre ; et quoiqu'il
fût très au-dessus de son âge, on réussit enfin à l'intimider.

Comme j'étais très-loin de la France, on persuada même à ce jeune
homme qu'il pouvait se sauver en me chargeant, et qu'il n'y avait nul
mal à rejeter tout sur un ami qui dédaignait de se défendre.

On renouvela avec lui l'impertinente histoire des hosties. On lui demanda si un prêtre ne lui en avait pas envoyé, et s'il n'était pas quelquefois sorti du sang de quelques hosties consacrées. Il répondit avec
un juste mépris ; mais il ajouta qu'il y avait en effet un curé à Yvernot
qui aurait pu, à ce qu'on disait, prêter des hosties, mais que ce curé
était en prison. On ne poussa pas plus loin ces questions absurdes.

Je sens que la lecture d'un tel procès criminel dégoûte et rebute un
homme sensé : c'est avec une peine extrême que je poursuis ce détail
de la sottise humaine.

Interrogé s'il n'a pas dit qu'il était difficile *d'adorer un Dieu de pâte*,
a répondu qu'il peut avoir tenu de tels discours, et que s'il les a tenus,
c'est avec d'Étallonde ; que s'il a disputé sur la religion, c'est avec d'É-
tallonde.

Hélas ! voilà un étrange aveu, une étrange accusation. « Si j'ai agité
des questions délicates, c'est avec vous ; » ce *si* prouve-t-il quelque
chose ? ce *si* est-il positif ? est-ce là une preuve, barbares que vous
êtes ? Je ne mets point de condition à mon assertion ; je dis, sans aucun *si*, que vous êtes des tigres dont il faudrait purger la terre.

Et dans quel pays de l'Europe n'a-t-on pas disputé publiquement et
en particulier sur la religion ? dans quel pays ceux qui ont une autre
religion que la romaine n'ont-ils pas dit et redit, imprimé et prêché ce
que Duval et Broutel imputaient au chevalier de La Barre et à moi ?
Une conversation entre deux jeunes amis n'ayant eu aucun effet, aucune suite, n'ayant été écoutée de personne, ne pouvait devenir un
corps de délit. Il fallait que les interrogateurs eussent deviné cet entretien. Ces paroles, en effet, sont souvent dans la bouche des protestants : il y en a quelques-uns établis, avec privilège du roi, dans Abbeville et dans les villes voisines. Les assassins du chevalier de La
Barre avaient donc deviné au hasard ce discours si commun qu'ils nous
attribuaient ; et, par un hasard encore plus singulier, il se trouva peut-
être qu'ils devinaient juste, du moins en partie.

Nous avions pu quelquefois examiner la religion romaine, le chevalier de La Barre et moi, parce que nous étions nés l'un et l'autre avec
un esprit avide d'instruction, parce que la religion exige absolument
l'attention de tout honnête homme, parce qu'on est un sot indigne de
vivre quand on passe tout son temps à l'opéra-comique ou dans de vains
plaisirs, sans jamais s'informer de ce qui a pu précéder et de ce qui
peut suivre la minute où nous rampons sur la terre. Mais vouloir nous
juger sur ce que nous avons dit mon ami et moi tête à tête, c'était
vouloir nous condamner sur nos pensées, sur nos rêves. C'est ce que
les plus cruels tyrans n'ont jamais osé faire.

On sent toute l'irrégularité, pour ne pas dire l'abomination, de cette procédure aussi illégale qu'infâme; car de quoi s'agissait-il dans ce procès dont le fond était si frivole et si ridicule? d'un crucifix de grand chemin qui avait une égratignure à la jambe. C'était là d'abord le corps du délit auquel nous n'avions nulle part. Et on interroge les accusés sur des chansons de corps de garde, sur l'*Ode à Priape* du sieur Piron[1], sur des hosties qui ont répandu du sang, sur un entretien particulier dont on ne pouvait avoir aucune connaissance! Enfin, le dirai-je, on demanda au chevalier de La Barre et au sieur Moinel si je n'avais pas été à la garde-robe, pendant la nuit, dans le cimetière de Sainte-Catherine, auprès d'un crucifix. Et c'était pour avoir révélation de si belles choses qu'on avait jeté des monitoires.

Si le conseil de Sa Majesté très-chrétienne, auquel on aurait enfin recours, pouvait surmonter son mépris pour une telle procédure, et son horreur pour ceux qui l'ont faite; s'il contenait assez sa juste indignation pour jeter les yeux sur ce procès; si les exemples affreux des Calas et des Sirven dans le Languedoc, de Montbailli[3] dans Saint-Omer, de Martin dans le duché de Bar, étaient présents à sa mémoire, ce serait de lui que j'attendrais justice. Je le supplierais de considérer qu'au temps même du meurtre horrible du chevalier de La Barre, huit fameux avocats de Paris élevèrent leurs voix contre la sentence d'Abbeville, en faveur de trois enfants poursuivis comme moi et menacés comme moi de la mort la plus cruelle.

J'ai pris la liberté de mettre cette décision sous les yeux du roi; j'ose croire que, s'il a daigné lire ma requête, il en a été touché. Sa bonté, son suffrage, sont tout ce que j'ambitionne, et tout ce qui peut me consoler.

D'ÉTALLONDE DE MORIVAL

1. Il est porté dans le procès-verbal que ces enfants sont convaincus d'avoir récité l'ode de Piron. Ils sont condamnés au supplice des parricides; et Piron avait une pension de douze cents livres sur la cassette du roi.

2. J'ai lu qu'il y a cinq ou six ans, des juges de province condamnèrent le sieur Montbailli et son épouse à être roués et brûlés. L'innocent Montbailli fut roué. Sa femme étant grosse fut réservée pour être brûlée. Le conseil du roi empêcha ce dernier crime.

Un juge, auprès de Bar, fit rouer un honnête cultivateur, nommé Martin, chargé de sept enfants. Celui qui avait fait le crime l'avoua huit jours après.

On a vu dans la *Relation de la mort du chevalier de La Barre* qu'une cérémonie ridicule faite par l'évêque d'Amiens avait contribué, par le trouble qu'elle jeta dans les esprits de la populace d'Abbeville, à fournir aux ennemis du chevalier de La Barre des prétextes pour le perdre. Cet évêque, affaibli par l'âge et par la dévotion, mais naturellement bon et humain, porta jusqu'au tombeau le remords de ce crime involontaire. Son successeur, qui est d'une foi plus robuste, a eu la cruauté d'insulter à la mémoire de La Barre, dans un mandement qu'il a publié pour défendre à ses diocésains de souscrire pour cette édition. Cette défense de lire un livre, faite à des hommes par d'autres hommes, est une insulte aux droits du genre humain. La tyrannie s'est souillée souvent d'attentats plus violents, mais il n'en est aucun d'aussi absurde, et peu qui entraînent des suites si funestes. On ne connaît ni le temps ni le pays où un homme eut, pour la première fois, l'insolence de s'arroger un pareil pouvoir. On sait seulement que ce crime contre l'humanité est particulier aux prêtres de quelques nations européennes. (*Éd. de Kehl.*)

MÉMOIRE

DES ÉTATS DU PAYS DE GEX.

(1775.)

Les États du pays de Gex représentèrent il y a longtemps au ministère les désastres de cette petite province, enclavée entre le mont Jura et les Alpes, le lac de Genève, la Savoie, la Suisse et le territoire Genevois.

La province fit voir qu'elle était obligée d'acheter à Genève tout ce qui était nécessaire à la vie;

Que toutes les marchandises achetées à Genève étaient sujettes à de grands droits ou exposées à être saisies;

Que ce petit pays était hérissé de bureaux des fermes royales;

Que la pauvreté et la dépopulation augmentaient tous les jours.

Le ministère eut pitié de cette province; et M. de Trudaine eut la bonté, en 1760, de minuter un arrêt en sa faveur.

Il daigne encore aujourd'hui venir au secours de ce malheureux pays; en le détachant des fermes générales et en le regardant comme province étrangère, telle qu'elle l'est en effet par la nature.

La ferme générale demande une indemnité.

Les états du pays représentent que cette province a toujours été à la ferme plus à charge que profitable;

Que dans plusieurs années il y a eu de la perte pour elle;

Que dans les années les plus lucratives elle n'en a jamais retiré plus de sept mille livres.

La province, toute pauvre qu'elle est, offre d'en payer le double; ce qui composerait la somme d'environ quatorze à quinze mille livres.

Si la ferme générale en demandait quarante mille, comme on le dit, non-seulement la province serait dans l'impossibilité absolue de donner cette somme annuelle, mais serait réduite à la plus extrême misère.

Elle attend les ordres du ministère, auxquels elle se conformera avec le plus profond respect et la plus vive reconnaissance.

MÉMOIRE DU PAYS DE GEX.

(NOVEMBRE 1775.)

Le pays de Gex, pénétré de la reconnaissance la plus vive et la plus respectueuse pour le ministère, semble encore avoir quelques alarmes.

1° Les cultivateurs craignent que les employés qui seront dans le voisinage les inquiètent sur la liberté du commerce des blés, accorsi sagement à tout le royaume, sous prétexte que cette petite province serait réputée province étrangère; elle se flatte que le ministère daignera calmer, par son arrêt, l'inquiétude où elle est sur cet objet.

2° Vingt-huit paroisses dont cette petite province est composée payent, en impôts, 130 000 livres par année; ci.................. 130 000"

Dans cette somme, la gabelle est pour, ... 33 000
Le tabac, à peu près pour......................... 2 000
La marque des cuirs[1].......................... 1 600

Le pays a donc payé, tant à la ferme qu'à cause des droits de la ferme, en 1774, la somme de........................ 36 600"
indépendamment des droits du roi.

3° Sur cette somme de 36 000 livres, il en a coûté à la ferme, en frais de régie, dans l'année 1774, tant pour le prix de la voiture du sel, gages du receveur, du capitaine général, des employés, de cinq brigadiers, de douze lieutenants, de quarante-un employés..................... 23 853"

Pour les frais de la nourriture des malheureux prisonniers que le faux-saunage exposait continuellement au châtiment et à la misère................. 2 868

Total..... 26 721"

Par conséquent, il n'est resté de gain à la ferme que 9 879

Total..... 36 600"

Et si on compte ce qui lui en coûte pour les premiers frais de saline, on verra qu'elle n'a guère gagné plus de 7000 livres.

4° N. B. Parmi les bureaux, dont plusieurs sont nouvellement établis, il faut considérer que celui de Collonges, en-delà du fort de l'Écluse, à l'ancienne frontière du royaume, est le seul qui ait produit quelque chose à la ferme, et que, en quelque endroit qu'il soit replacé, il ne doit pas être confondu avec les autres bureaux, parce que c'est là qu'on a payé et que l'on payera les droits d'entrée et de sortie.

5° Après cet exposé, qui parait fidèle, le pays représente qu'il lui en coûtera environ neuf à dix mille livres pour l'heureux abolissement des corvées[2] dont le ministère a délivré la France, ci....... 10 000"

A reporter............ 10 000

1. Supposé que la ferme des cuirs ait appartenu à la ferme générale.
2. Les corvées n'étaient pas encore supprimées, mais elles le furent en février suivant. Voltaire parle donc ici de cette suppression comme d'un projet que l'on devait prochainement exécuter, et dont ses amis du ministère n'avaient pas manqué de lui donner avis. Dans sa lettre du 9 février 1776, à M. Farges, conseiller d'État, il dit : *Nous attendons l'édit des corvées comme des forçats attendent la liberté.* Le parlement n'enregistra cet édit qu'avec la plus grande répugnance, et les corvées furent bientôt rendues aux vœux d'une magistrature qui, quatorze ans plus tard, devait disparaître enfin avec elles. (*Note de M. Clogenson.*)

De ci-contre..... 81 000*

6° A cette charge, qu'on regarde comme un bienfait, il faut ajouter 10 000 livres d'intérêts des emprunts faits par la province, pour la construction des ponts et chaussées qu'on lui a ordonné de faire sur son territoire, ci.............. 10 000

7° Si, à ces charges que le pays est obligé de supporter, la ferme générale ajoute trente mille livres d'indemnité, ci. 30 000

ce petit canton, d'environ six lieues de long sur deux de large, se trouvera grevé, par année, de.................. 50 000

8° A cette somme de 50 000 livres, il faut ajouter ce que coûtera à la province l'achat du sel marchand. On ne peut guère l'acheter qu'à Genève, qui le vend environ 15 livres le minot.

La province a évalué la quantité du sel qui lui serait nécessaire à 2000 minots. Dans cette supposition, cet achat lui coûterait donc.. 30 000

Le tout, joint aux impôts royaux que nous payerons toujours, et qui se montent à 91 390 livres, ci.............. 91 390

ferait la somme totale de........................... 171 390

Ainsi nous n'aurions presque aucun avantage, et nous contribuerions seulement à enrichir Genève, à qui le roi donne le sel au prix de 6 livres 7 sols 10 deniers le minot.

Nous n'aurions d'autre ressource que de l'acheter en Suisse à un peu meilleur marché, et la Suisse ne pourrait nous vendre que le sel même qu'elle tire de la Franche-Comté; ou nous en tirerions de Savoie, ou nous tâcherions d'engager la ferme générale à nous le vendre comme un pays étranger, ce qui serait encore un petit bénéfice pour la ferme.

Il paraît donc que l'indemnité de 30 000 livres annuelles, demandée par la ferme, est trop forte, puisqu'il est démontré qu'elle n'a retiré, l'année passée, qu'environ 7000 livres de bénéfice, non compris la recette des bureaux de Collonges, qui, loin de diminuer, augmentera encore, en quelque endroit que ce bureau soit placé hors du pays.

Quelque cher qu'il en coûte à la province, elle croira toujours son bonheur assuré par le règlement que le ministère médite; elle le supplie seulement de daigner diminuer le fardeau dont la ferme veut la charger.

A M. TURGOT,

MINISTRE D'ÉTAT, CONTRÔLEUR GÉNÉRAL DES FINANCES.

(DÉCEMBRE 1775.)

Monseigneur le contrôleur général est supplié de daigner jeter un coup d'œil sur les demandes des états du pays de Gex. Ces demandes consistent :

1° Dans la permission de faire venir toutes les marchandises de Marseille avec la même exemption de droits dont Genève jouit, attendu que cette exemption seule a réduit le pays de Gex à n'avoir jamais aucun marchand français, et à la nécessité de se pourvoir à Genève de toutes les choses nécessaires à la vie. Cette différence prodigieuse entre une ville étrangère et un pays appartenant au roi a mis les Genevois en état de se faire plus de sept millions de rente sur les finances de Sa Majesté, et d'être en possession, avec le sieur Geoffrin, de la manufacture des glaces de Saint-Gobin et de Paris.

II. Monseigneur le contrôleur général verra que ce petit pays paye à Sa Majesté environ cent trente mille livres par année, sans qu'aucune communauté ait pu faire le moindre profit, excepté la colonie établie à Ferney.

III. Il verra que ce pays très-pauvre a été obligé d'emprunter cent trente-quatre mille livres, pour réparer les pertes occasionnées par les corvées.

IV. Il verra ce que coûte à la ferme générale la foule d'employés inutiles établis dans le pays de Gex.

V. Il verra le bénéfice que ce pays propose à la ferme générale, et ce qu'il demande au sujet du sel et du tabac.

Les états de Gex attendront très-respectueusement les ordres de monseigneur.

LES
ÉDITS DE SA MAJESTÉ LOUIS XVI,
PENDANT L'ADMINISTRATION DE M. TURGOT.
(1775.)

On sait assez qu'une lumière nouvelle éclaire l'Europe depuis quelques années; on a vu une femme [1] instruire, policer, enrichir un empire qui contient la cinquième partie de notre hémisphère : la première de ses lois a été l'établissement de la tolérance depuis les frontières de la Suède jusqu'à celles de la Chine; elle a proscrit la torture, qui ne se donnait qu'aux esclaves dans l'empire romain; elle a rendu utiles à la société jusqu'aux supplices mêmes, qui n'étaient autrefois qu'une mort cruelle, un spectacle passager, aussi inutile que barbare, dont il ne résultait que de l'horreur.

Pour former le corps de ses lois civiles, elle a assemblé les députés de toutes ses provinces et de toutes les religions qui les habitent : on a dit au chrétien de l'Église grecque, à celui de l'Église romaine, au musulman du rite d'Omar, à celui du rite d'Ali, à celui qu'on appelle ou luthérien ou calviniste, au Tartare qu'on nomme païen : « Cette loi qu'on vous propose convient-elle à vos intérêts, à vos mœurs, à votre climat? » Et cette loi n'a été promulguée qu'après avoir obtenu le consentement universel.

Nous avons vu un jeune roi du Nord [2], soutenu seulement de son

----

1. Catherine II. (ÉD.) — 2. Gustave III, roi de Suède. (ÉD.)

courage et de sa prudence, changer en un seul jour les lois de ses
États, et en faire chaque jour de nouvelles toutes nécessaires, toutes
reçues avec les acclamations de la reconnaissance.

Sans chercher des exemples si loin, regardons autour de nous. Le
premier édit de Louis XVI a été un bienfait [1]. C'est un usage ancien
dans le royaume qu'on paye au souverain des droits considérables
pour son avénement au trône : ce tribut même était exigé autrefois
par tous les barons sur leurs vassaux immédiats ; et à mesure que l'autorité royale détruisit les usurpations féodales, ce droit resta uniquement affecté au monarque. Les états généraux de France accordèrent
trois cent mille livres à Charles VIII pour son avénement. Cet impôt
augmenta toujours depuis, et cependant fut toujours appelé joyeux.

Nous n'avons trouvé ni dans l'excellent ouvrage de M. de Forbonnais [2],
ni dans les articles dont l'exact et savant M. Boucher d'Argis a enrichi
l'*Encyclopédie*, quelles sommes Louis XIII et Louis XIV reçurent à
cette occasion. Louis XVI apprit à son peuple que son avénement méritait en effet le nom de joyeux, en remettant entièrement ce qu'on
lui devait, et en voulant même qu'on expédiât *gratis* à tous les seigneurs des terres leur renouvellement de foi et hommage ; ce fut
M. l'abbé Terrai qui rédigea cet édit favorable, et c'est par là qu'il termina la carrière pénible de son ministère.

Depuis ce temps, tous les édits et toutes les ordonnances du roi
Louis XVI, proposés et signés par M. Turgot furent des monuments
de générosité élevés par une sagesse supérieure. On n'avait point
encore vu d'édits dans lesquels le souverain daignât enseigner son
peuple, raisonner avec lui, l'instruire de ses intérêts, le persuader
avant de lui commander : la substance de presque tous les ordres éma-
nés du trône était contenue dans ces mots : « Car tel est notre plaisir. »
Louis XVI aurait pu dire : « Car telle est notre sagesse et notre bonté, »
si la modestie, toujours compagne de la bienfaisance, lui avait permis
ces expressions.

Par quelle singularité faut-il que ce grand exemple de raisonner
avec ses sujets en leur donnant ses ordres, et d'être à la fois philosophe et législateur, n'ait été connu qu'aux deux extrémités de notre
hémisphère ? Il n'y a jusqu'à présent que Louis XVI et l'empereur de
la Chine qui aient fait cet honneur aux hommes. L'un et l'autre ont
également favorisé l'agriculture, l'un et l'autre ont appris aux grands
combien ceux qui prodiguent continuellement leur vie pour nourrir ces grands, et pour servir leur magnificence, doivent être encouragés.

Lorsque dans ces rescrits, dont l'objet est toujours le soulagement
du peuple, le maintien de quelques priviléges particuliers a pu échapper à l'âme bienfaisante du roi de France, il s'est bientôt empressé de
rétablir par sa justice la balance que sa bonté paternelle avait peut-

---

1. L'édit du 31 mai 1774, par lequel Louis XVI déclarait renoncer à l'impôt
connu sous le nom de joyeux avénement. (Éd.)
2. *Recherches et considérations sur les Finances de France*, 1758, 2 vol.
in-4. (Éd.)

être fait trop pencher en faveur de la portion du genre humain qui attirait le plus sa compassion. Il ne pouvait jamais franchir les bornes de l'équité rigoureuse que par un excès d'humanité.

Si, dans un si court espace de temps, les besoins toujours renaissants du gouvernement n'ont pas permis de liquider des dettes immenses, quiconque a des yeux voit qu'il n'est pas possible de combler sitôt un abîme qu'on a creusé sans relâche pendant deux siècles. La vertu d'Aristide et l'habileté de Périclès n'y suffisent pas. On sait assez que Louis XIV, en mourant, laissa deux milliards six cent millions de dettes, à 28 livres le marc; ce qui fait presque quatre milliards cinq cents millions de la monnaie d'aujourd'hui. La moitié de cette dette immense avait été causée par la guerre la plus juste; il fallait soutenir le droit légitime de son petit-fils au royaume d'Espagne, la volonté sacrée d'un grand-père, qui n'avait consulté dans son testament que Dieu et la nature; enfin le choix d'une nation respectable qui appelait au trône la famille [1] qui règne aujourd'hui sur l'Espagne, sur les Deux-Siciles, et sur le duché de Parme. Louis XIV cette fois, ruina son royaume pour être juste.

Le fardeau prodigieux que la France supporte s'est encore appesanti sous le règne de son successeur, dont on chérit la mémoire. Louis XV a eu le malheur d'emprunter plus de onze cents millions dans la funeste guerre de 1756; et que n'avait point coûté celle de 1741? Une fatalité étrange tournait alors les armes de la France contre une impératrice [2] vertueuse et chère, à qui elle doit aujourd'hui sa félicité. On bénit cette reine aimable et bienfaisante : elle embellit les jours heureux que son époux fait naître; mais le nerf principal de l'État n'en est pas moins affaibli, les finances du royaume n'en sont pas moins épuisées : il y a de l'ordre, de la sagesse; mais cet ordre et cette sagesse ne peuvent consister qu'à payer difficilement les intérêts d'un capital qui épouvante.

Qu'on songe que, dans une situation si accablante, le ministère est encore obligé de réparer les désordres des saisons, de secourir des provinces en proie à des fléaux mortels; de seconder des entreprises dont l'utilité est certaine, mais éloignée, et dont les frais ne peuvent guère être portés par un corps presque expirant sous un poids qui l'opprime.

Cette seule réflexion peut faire comprendre que le ministère des finances est aujourd'hui cent fois plus difficile qu'il ne le fut du temps du grand Colbert. Nous avons eu depuis lui vingt ministres d'une probité incorruptible; mais aucun n'a pu débrouiller le chaos. La France peut se vanter d'avoir porté dans son sein le plus généreux de tous les hommes [3], qui, dans un double ministère, a uni pour jamais la France avec l'Espagne, et a donné la Corse à nos rois. D'autres ont fait du bien dans tous les genres : mais qui liquidera un jour nos dettes? Ce sera celui qui, ayant médité ces édits, aura l'inébranlable vertu et le génie du ministre qui les a faits.

1. La famille de Bourbon, branche aînée. (ÉD.)
2. Marie-Thérèse, mère de Marie-Antoinette. (ÉD.)
3. Le duc de Choiseul. (ÉD.)

EXTRAIT D'UN MÉMOIRE

POUR L'ENTIÈRE ABOLITION DE LA SERVITUDE EN FRANCE.

(1775.)

> « Regium munus est et monarcha dignum servos
> « manumittere, servitutis maculam delere, libertos
> « natalibus restituere, non successibiles facere suc-
> « cessibiles, incapaces reddere capaces, et intesta-
> « biles facere testabiles. »
>
> Ferrant, *De Privil. regni Franciæ.*

L'attention du gouvernement sur les progrès de l'agriculture, du commerce, et de la population, nous est un sûr garant de sa faveur dans une affaire dont l'unique objet est d'assurer la propriété des terres et la liberté des mariages. Dans les derniers états généraux, la nation supplia Louis XIII d'abolir les restes honteux de l'esclavage sous lequel gémissaient autrefois presque tous les habitants des campagnes. Le parlement de Paris, secondant les désirs des états, restreint dans toutes les occasions un droit aussi humiliant en lui-même qu'il est contraire à la religion et aux bonnes mœurs; et le règne d'un prince qui réunit à un amour éclairé de la justice le désir de faire le bonheur de ses peuples, nous offre la circonstance la plus favorable pour obtenir enfin l'entière abolition de cette dernière trace des siècles de barbarie.

Les corps ecclésiastiques se sont toujours montrés les plus empressés à s'arroger ce droit odieux de servitude, à l'étendre au delà de ses bornes, et à l'exercer avec plus de dureté. Les moines possèdent la moitié des terres de la Franche-Comté, et toutes ces terres ne sont peuplées que de serfs.

Au sein de la liberté et des plaisirs de la capitale, on aura peine à croire qu'il est encore des Français qui sont de la même condition que le bétail de la terre qu'ils arrosent de leurs larmes, et que leur état se règle par les mêmes lois. Ces Français ne peuvent transmettre à l'héritier de leur sang la terre que leurs travaux ont fertilisée, si cet héritier a cessé pendant une année seulement, dans tout le cours de leur vie, de vivre avec eux sous le même toit, au même feu, et du même pain. Privés de tous les effets civils, ils n'ont la faculté de disposer de leur patrimoine, pas même de leurs meubles, ni par donation, ni par testament; ils n'ont pas non plus la liberté de les vendre dans leurs besoins, pour soulager leur indigence.

Une fille esclave perd irrévocablement en se mariant toute espérance de succéder à son père, lorsqu'elle oublie de coucher la première nuit des noces dans la maison paternelle. Si elle passe cette première nuit dans le logis de son mari, elle en est punie par la perte de ses biens; et souvent on a lancé des monitoires pour savoir si c'était chez son père ou chez son mari qu'elle avait perdu sa virginité.

Le serf, qui est privé de la faculté d'hypothéquer et de vendre son bien, n'a et ne peut avoir aucune espèce de crédit; il ne peut ni faire des emprunts pour améliorer ses terres, ni se livrer au commerce.

Les femmes qui même apportent à leurs maris une dot en argent n'ont point d'hypothèque sur leurs biens pour sûreté de cette dot.

L'étranger qui viendrait habiter cette contrée barbare, s'il y demeurait une année entière, deviendrait au bout de l'année esclave de plein droit. Toute sa postérité serait éternellement flétrie de la même tache. Les moines rendent les hommes esclaves par prescription; mais ces hommes ne peuvent pas recouvrer leur liberté par le même moyen.

Cependant ces moines prétendent justifier cet abominable usage. Ils répandent partout que les serfs sont les plus heureux de tous les hommes, et que les terres serves sont les plus peuplées.

Mais ce n'est pas à un gouvernement éclairé qu'ils persuaderont que le moyen de rendre les hommes heureux est de les rendre esclaves. On n'encourage pas les hommes au mariage en les dépouillant du patrimoine de leurs pères, en ne leur laissant que la perspective de transmettre à leurs enfants le même esclavage et la même misère.

A qui fera-t-on croire que la France est moins opulente depuis ses affranchissements généraux qu'elle ne l'était lorsque la servitude faisait la condition commune des habitants de la campagne? que la Pologne et la Russie, où les paysans sont serfs, sont plus heureuses que la Suisse, l'Angleterre, et la Suède, où ils sont libres?

Les moyens par lesquels cette servitude se trouve aujourd'hui établie sont aussi odieux que la servitude elle-même. Ici ce sont des moines qui ont fabriqué de faux diplômes pour se rendre maîtres de toute une contrée, et en asservir les habitants; là d'autres moines n'ont établi l'esclavage qu'en trompant de pauvres cultivateurs par de fausses copies de titres anciens, qu'en faisant croire à des peuples ignorants que des titres de franchise étaient des titres de servitude. Cette fraude est devenue sacrée au bout d'un certain temps. Les moines ont prétendu qu'une ancienne injustice ne pouvait pas être réformée, et cette prétention a été quelquefois accueillie dans des tribunaux, dont les membres n'oubliaient pas qu'ils avaient eux-mêmes des serfs dans leurs terres sans avoir de meilleurs titres.

Cette servitude, connue sous le nom de *mainmorte* ou de *taillabilité*, subsiste encore en Franche-Comté et dans le duché de Bourgogne, en Champagne, dans l'Auvergne, et dans la Marche.

On peut, en l'abolissant, dédommager les seigneurs de deux manières: ou fixer une indemnité en argent, et permettre aux communautés de faire des emprunts, et de vendre les communaux qui leur sont inutiles; ou changer la mainmorte en d'autres redevances.

Le premier plan a été adopté par le feu roi de Sardaigne, qui a affranchi toutes les terres de la Savoie de la mainmorte réelle et personnelle par deux édits, l'un du mois de janvier 1762, l'autre du mois de décembre 1771.

Le second fut proposé sur la fin du siècle dernier par l'illustre premier président de Lamoignon. Voici ce projet, auquel on a pris la liberté d'ajouter quelques articles nécessaires.

Projet d'affranchissement. — ARTICLE I. Nous voulons, à l'exemple du roi saint Louis, notre aïeul, et de plusieurs autres rois nos prédécesseurs, en accordant à tout notre royaume ce qu'ils ont donné seulement pour quelques endroits particuliers, que tous nos sujets soient libres, et de franche condition, sans tache de servitude personnelle et réelle, que nous abolissons dans toutes les terres et pays de notre obéissance, sans qu'à cause du présent affranchissement les seigneurs puissent prétendre aucun droit en vertu des coutumes auxquelles nous avons spécialement dérogé et dérogeons.

ART. II. Ne seront tenus nos sujets à aucun devoir de qualité servile, soit par droit de suite, de fort mariage, communion, commise, échute ou autres manières quelconques.

ART. III. Pourront nosdits sujets se marier librement, établir et transférer leurs domiciles, disposer de tous leurs biens et facultés, entre-vifs ou à cause de mort, ou les laisser *ab intestat* à leurs héritiers légitimes en ligne directe et collatérale, et généralement ordonner de leurs personnes et facultés selon l'ordre établi par les coutumes et les ordonnances pour les personnes et les biens libres.

ART. IV. Pour aucunement récompenser les seigneurs qui auront titres valables ou possessions légitimes du préjudice qu'ils peuvent ressentir à cause dudit affranchissement, toutes les fois que les héritages qui se trouveront, au jour de la publication des présentes, affectés de la condition civile, changeront de main par succession collatérale, disposition entre-vifs ou testamentaire, échange, vente, et par quelque autre manière que ce soit, autre que par donation et succession en ligne directe ascendante et descendante, et au premier degré de la ligne collatérale, il sera payé au seigneur, par le nouveau tenancier, un droit de lods à raison du sixième denier du prix des ventes et du retour des échanges, et, dans les autres cas, au douzième denier sur le pied de la valeur des héritages au denier vingt; le tout sans préjudice des redevances, et autres prestations annuelles, si aucunes sont dues au seigneur par titres et déclarations anciennes.

ART. V. Ne seront réputées légitimes les possessions qui se trouveraient contraires aux titres primitifs, et dans lesquels le droit de mainmorte ne se trouvera pas taxativement énoncé.

Ne seront pareillement réputés titres valables que ceux portant concession des terrains sous la condition expresse de mainmorte, ou, à ce défaut, des reconnaissances géminées passées par les deux tiers au moins des habitants des communautés où il y a généralité de mainmorte, et revêtues d'ailleurs de toutes les formalités prescrites par les lois, coutumes, ou ordonnances pour la validité de semblables actes.

ART. VI. Les corps, communautés, et gens d'Église, ne pourront exercer aucun droit de retraite ou de retenue, dans le cas de vente ou autrement, sur les fonds affranchis en vertu du présent édit.

Si donnons en mandement à.... que ces présentes ils aient à faire registrer, publier et observer, nonobstant tous arrêts, jugements, coutumes, ordonnances, actes, traités, transactions ou autres choses à ce contraires, auxquelles nous avons spécialement dérogé.

N. B. M. le premier président de Lamoignon avait adjugé aux seigneurs un lods au douzième dans tous les cas de successions collatérales; mais il serait encore bien dur de faire payer un lods au frère
qui succède à son frère. Pour dédommager les seigneurs, on peut régler les lods, en cas de vente, au sixième du prix, et dans tous les
autres cas de mutation au douzième, les successions directes et les
collatérales au premier degré exceptées.

A M.***,

SUR LES ANECDOTES.

(1775.)

C'est un petit mal, il est vrai, monsieur, qu'on ait attribué au pape
Ganganelli et à la reine Christine des lettres que ni l'un ni l'autre
n'ont pu écrire. Il a longtemps que des charlatans trompent le monde
pour de l'argent. On doit y être accoutumé depuis que le grave historien Flavius Josèphe nous a certifié[1] qu'on voyait encore de son temps
un bel écrit du fils de Seth, c'est-à-dire d'un propre petit-fils d'Adam,
sur l'astrologie; qu'une partie de ce livre était gravée sur une colonne
de pierre, pour résister à l'eau quand le genre humain périrait par le
déluge; et l'autre partie, sur une colonne de brique, pour résister au
feu quand l'incendie universel détruirait le monde. On ne peut dater de
plus haut les mensonges par écrit. Je crois que c'est l'abbé de Tilladet
qui disait: « Dès qu'une chose est imprimée, pariez, sans l'avoir lue,
qu'elle n'est pas vraie; je serai toujours de moitié avec vous, et ma
fortune est faite. » Que voulez-vous en effet qu'on pense de tous ces
libelles sans nombre, de ces ana, de ces satires de la cour, qui amusent et fatiguent la France depuis le temps de la Ligue jusqu'à la
Fronde, et depuis la Fronde jusqu'à nos jours?

C'est encore pis chez nos voisins; il y a cent ans que la moitié de
l'Angleterre écrit contre l'autre.

Un Mathusalem qui passerait toute sa vie à lire n'aurait pas le temps
de parcourir la centième partie de ces sottises. Elles tombent toutes
dans le mépris, mais non pas dans l'oubli. Vous trouvez des curieux
qui rassemblent ces vieux fatras, et qui croient avoir des monuments
de l'histoire; comme on voit des gens qui ont des cabinets de papillons
et de chenilles, et qui se croient des Plines.

De quels faits peut-on être un peu instruits dans l'histoire de ce
monde? des grands événements publics que personne n'a jamais contestés. César a été vainqueur à Pharsale, et assassiné dans le sénat.
Mahomet II a pris Constantinople. Une partie des citoyens de Paris a
massacré l'autre dans la nuit de la Saint-Barthélemy. On ne peut en

---

1. *Antiq. jud.*, I, II. (ÉD.)

douter; m..is qui peut pénétrer les détails? On aperçoit de loin la couleur dominante; les nuances échappent nécessairement.

Voulez-vous croire tout ce que vous dit Tacite, parce que son style vous plaît et vous subjugue? Mais de ce qu'on sait plaire, il ne s'ensuit pas qu'on ait dit toujours la vérité. Vous êtes un peu malin, et vous aimez un auteur plus malin que vous. Tacite a beau nous dire, au commencement de son *Histoire*[1], qu'il faut éviter l'adulation et la satire, qu'il n'aime ni ne hait les empereurs dont il parle; je lui répondrais : « Vous les haïssez parce que vous êtes né Romain, et qu'ils ont été souverains; vous vouliez les faire haïr du genre humain dans leurs actions les plus indifférentes. Je ne veux justifier Domitien envers vous ni envers personne; mais pourquoi semblez-vous faire un crime à cet empereur d'avoir envoyé de fréquents courriers[2] s'informer de la santé d'Agricola, votre beau-père, dans sa dernière maladie? Pourquoi cette marque d'amitié, ou du moins d'attention, ne vous semble-t-elle qu'un désir secret de se réjouir plus tôt de la mort d'Agricola? Je pourrais opposer au portrait affreux que vous faites de Tibère, et aux horreurs mémorables que vous en rapportez, les éloges que lui donne le juif Philon[3], plus ennemi encore que vous des empereurs romains; je pourrais même, en abhorrant Néron autant que vous le détestez, vous embarrasser sur le projet longtemps suivi de tuer sa mère Agrippine[4], et sur la trirème inventée pour la noyer. Je vous exposerais mes doutes sur l'inceste[5] dans lequel cette Agrippine voulait engager son fils, dans le temps même que Néron se disposait à l'assassiner; mais je ne suis pas assez hardi pour ôter un crime à Néron, et pour disputer contre Tacite. »

Il me suffit, monsieur, de vous dire que si on peut former tant de doutes sur l'histoire des premiers empereurs romains, si bien écrite par tant de contemporains illustres, on doit à plus forte raison se défier de tout ce que des barbares sans lettres ont écrit pour des peuples encore plus barbares et plus ignorants qu'eux.

Dites-moi comment le galimatias asiatique sur l'astrologie, l'alchimie, la médecine du corps et de l'âme, a fait le tour du monde et l'a gouverné.

MÉMOIRE A M. TURGOT.

(1776.)

Le petit pays de Gex n'a que dix lieues de surface. La terre n'y rend que trois pour un, et le tiers du pays est en marécages.

Cependant, sans compter environ soixante et deux mille livres qu'il paye au roi par année en taille, capitation, vingtième, etc., il donne à la ferme générale, à commencer du 1er janvier 1776, trente mille

---

1. Tacite, *Histoires*, I, I. (ÉD.) — 2. Id., *Vie d'Agricola*, XLIII. (ÉD.)
3. *De virtutibus et legatione ad Caium*. (ÉD.)
4. Tacite, *Annales*, XIV, III. (ÉD.) — 5. Id., *Ibid.*, II. (ÉD.)

francs. Les registres des droits du domaine se montent, année commune, à plus de vingt mille livres.

Ainsi ce pays aride et presque incultivable, de dix lieues carrées, n'ayant aucun commerce, et n'étant point soumis au droit des aides, fournit à la ferme générale cinquante mille francs par an.

Si la France, dont l'étendue est d'environ quarante mille lieues carrées, était aussi stérile que le pays de Gex, aussi privée de commerce; si elle ne payait point d'aides, et si chaque terrain de même étendue que le pays de Gex payait à la ferme cinquante mille francs, il est clair que la ferme aurait de ce seul article deux cents millions de revenu : elle en rend au roi environ cent trente; ses frais et son profit iraient à soixante et huit millions.

Mais le royaume étant environ trois fois plus riche, trois fois mieux cultivé, trois fois plus commerçant que le petit pays de Gex, doit probablement fournir à la ferme trois fois davantage à proportion.

Quand la ferme ne tirerait du royaume entier qu'une fois plus à proportion qu'elle tire du pays de Gex, il paraît qu'elle tirerait de la France quatre cents millions.

Réduisons ces quatre cents millions à trois cents : voilà donc une somme énorme de trois cents millions que la ferme recueillerait en renonçant à la gabelle et au tabac, comme elle y a renoncé avec nous.

Il paraît donc que le roi ne retire pas de la France ce qu'il en pourrait tirer, quoique les peuples soient surchargés d'impôts.

On a donc lieu de présumer que l'intention du ministère est d'enrichir le roi et l'État, en simplifiant la recette et en soulageant le peuple.

En voici un exemple et une preuve. Nos dix lieues carrées payent à à présent trente mille francs à la ferme, et se pourvoient de sel où elles peuvent.

Je suppose que Sa Majesté nous permettra de prendre du sel à Peccais en Languedoc : nous en ferons venir cinq mille minots, tant pour notre consommation que pour la santé de nos bestiaux et pour l'engrais de nos terres, lesquelles étant d'une nature de terre à pot seraient fertilisées par le sel même, malgré l'ancien préjugé qui a fait du sel le symbole de la stérilité [1].

Si le roi nous laissait prendre cinq mille minots à Peccais, nous l'achèterions du roi dix sous le quintal, comme les fermiers généraux. Ainsi un pays de dix lieues de surface fournirait au roi, pour le seul achat du sel, deux mille cinq cents livres; et la France entière, quatre mille fois plus étendue que le pays de Gex, en achèterait pour dix millions : et ce seul objet rendrait à la culture de la terre une armée immense de commis.

On ose croire que le ministère agit dans cette vue, et prépare toutes ses opérations suivant son grand principe de rendre la recette moins onéreuse, et de faire passer dans les coffres du roi les contributions des sujets avec les moindres frais possibles.

---

1. *Deutéronome*, XXIX, 23. (ÉD.)

Ceux qui ne peuvent entrevoir que de loin une faible partie de ces projets les bénissent et les admirent : que feront ceux qui en sont les témoins ?

PRIÈRES ET QUESTIONS

ADRESSÉES A M. TURGOT, CONTRÔLEUR GÉNÉRAL.

(1776.)

I. Les détachements de l'armée des fermiers généraux, ayant eu ordre de décamper le 1er de janvier 1776, ont parcouru tout le pays de Gex du 1er de janvier au 6 du mois, sont entrés à force ouverte dans les maisons des habitants, les ont attaqués sur les grands chemins, en ont conduit plusieurs en prison les fers aux mains, et les ont rançonnés comme en pays ennemi. On demande si, ces vexations étant attestées par les curés de chaque paroisse et les procès-verbaux étant présentés, monseigneur le contrôleur général permettra que l'argent extorqué par les commis de la ferme soit rendu par les états aux parties lésées, et retenu sur les trente mille livres qui doivent être payées à la ferme.

II. La république de Genève est prête à fournir mille minots de sel au pays de Gex, en cas que monseigneur le contrôleur général veuille bien signer que le roi ne désapprouve point ce secours passager que Genève consent de nous donner.

III. Les états du pays de Gex demandent à acheter deux mille minots par année des fermiers généraux, au même prix que le Valais achète son sel. La ferme ne peut craindre que ces deux mille minots soient reversés en fraude dans les pays voisins sujets à la gabelle, puisqu'il nous en faut environ quatre ou cinq mille minots, tant pour la consommation journalière des ménages, que pour la salaison des fromages et des porcs, pour donner à tous les bestiaux, et même pour améliorer nos terres trop glaiseuses.

IV. Monseigneur le contrôleur général aimerait-il mieux nous permettre de faire acheter du sel à Peccais au même prix que la ferme l'achète du roi, et de le faire venir nous-mêmes à nos frais ?

V. Dans la répartition que nous ferons pour l'imposition de l'indemnité des trente mille livres à la ferme générale, et pour l'heureuse abolition des corvées, sera-t-il permis d'y comprendre les locataires, cabaretiers, qui sont en assez grand nombre, et les autres locataires qui font commerce de bijouteries et de montres, quoiqu'ils n'aient pas de fonds territoriaux ?

VI. La ferme générale ne retirant plus à Versoi, frontière de France, le petit droit de transit pour les marchandises venant de Genève, de Suisse et d'Allemagne, et n'allant point en France, sera-t-il permis au pays de Gex de percevoir à son profit ce petit droit, qui n'est payé que par des étrangers ?

VII. La tannerie étant presque entièrement tombée en France, et le pays de Gex ne possédant plus que trois tanneurs, Henri IV ayant exempté ce pays de l'impôt sur la marque de cuirs, monseigneur le contrôleur général aura-t-il la bonté de maintenir cette exemption?

VIII. La liberté du commerce des blés étant établie dans tout le royaume, les commis du pays de Gex, retirés tous sur la frontière de cette petite province par delà le fort de l'Écluse, se sont avisés d'arrêter tous les blés qui venaient du Bugey et de la Franche-Comté à Gex. Le maire et subdélégué de Gex leur a écrit que l'intention du ministère était que tous les grains passassent librement. Monseigneur le contrôleur général est supplié de vouloir bien nous faire donner un ordre par écrit pour laisser passer au fort de l'Écluse, et par toutes nos autres frontières, notre blé, notre bois, et notre comestible, attendu que, le 11 du mois, ils ont rançonné tous les paysans qui apportaient du beurre, des œufs et du bois. Le pays se flatte que monseigneur voudra bien lui faire justice.

SUPPLIQUE A M. TURGOT.

(1776.)

Les habitants de la vallée de Chézeri et de Lelex au mont Jura, frontière du royaume, représentent très-humblement qu'ils sont serfs des moines bernardins établis à Chézeri;

Que leur pays appartenait à la Savoie, avant l'échange de 1760;

Que le roi de Sardaigne, duc de Savoie, abolit la servitude en 1762, et qu'ils ne sont aujourd'hui esclaves des moines que parce qu'ils sont devenus Français.

Ils informent monseigneur que, tandis qu'il abolit les corvées en France, le couvent des bernardins de Chézeri leur ordonne de travailler par corvées aux embellissements de cette seigneurie, et leur impose des travaux qui surpassent leurs forces, et qui ruinent leur santé.

Ils se jettent aux pieds du père du peuple.

DÉLIBÉRATION DES ÉTATS DE GEX,

DU 14 MARS 1776,

A MONSEIGNEUR LE CONTRÔLEUR GÉNÉRAL.

I. Les syndics et adjoints des trois ordres du pays de Gex, extraordinairement assemblés, pénétrés de la plus respectueuse reconnaissance pour les bontés de monseigneur le contrôleur général, ont commencé, dès aujourd'hui, à travailler à la répartition des 30 000 liv. imposées pour l'indemnité de la ferme générale, et à régler les contributions sur les possesseurs de fonds, selon les ordres du roi.

II. Ils n'insistent point sur l'extrême pauvreté du pays, dont les terres labourées ne produisent que trois pour un dans les meilleures années, et dont la culture est si à charge aux habitants, que, depuis l'année 1685, le pays a quatre-vingt-trois charrues de moins qu'il n'en avait auparavant.

Il s'occupe aussi de l'imposition d'une taxe sur les terres, pour payer la confection des grands chemins, et pour remplacer les corvées, dont la suppression est un des plus grands bienfaits du ministère.

III. Ces deux objets importants et dispendieux, joints aux autres charges immenses de cette petite province, la réduiraient à l'état le plus misérable, si le ministère n'avait la bonté de lui accorder les deux mille minots de sel de Peccais, et mille minots de sel rouge qui restent encore dans les magasins de la ferme générale à Gex, lesquels trois mille minots monseigneur le contrôleur général a bien voulu leur promettre.

IV. Les susdits syndics et adjoints des trois ordres, ayant vu la lettre du 4 mars de M. de Fargès, intendant du commerce, par laquelle on les flatte que le ministère serait disposé à diminuer la somme de 30 000 livres imposée sur le petit pays de Gex, ou à faire payer à l'industrie une partie de cette somme, s'en rapportent aveuglément à la décision de monseigneur le contrôleur général, et n'ont d'autre volonté que la sienne. Mais s'il leur permettait d'opter, et si la part de l'imposition sur l'industrie allait à 6000 livres, ils supplieraient le ministre de diminuer ces 6000 livres sur l'indemnité stipulée en faveur des fermiers généraux, plutôt que d'alarmer les manufacturiers par une taxe. Ils croiraient, en cela, se conformer aux intentions de monseigneur le contrôleur général, qui semble vouloir augmenter le prix des terres en leur faisant porter le fardeau; et ils espéreraient que leur sol, tout ingrat qu'il est, étant enfin mieux cultivé, pourrait rapporter un peu davantage. On ne veut que travailler, et payer le roi.

V. Les états demandent à qui il faudra remettre le prix de l'indemnité. Le pays est si pauvre, que les états ne pourraient subvenir aux frais immenses d'épices, droits de correcteurs, travail de procureurs, etc., etc., s'il fallait qu'ils comptassent à la chambre des comptes. Ils supplient monseigneur le contrôleur général de les en dispenser, ou du moins d'ordonner qu'ils compteront sans frais.

VI. Les tanneurs de l'intérieur du pays de Gex sont prêts à payer les droits, en faisant entrer leurs cuirs en France, et demandent à être, comme les autres communautés, sur le pied de province étrangère.

VII. Les états ayant considéré que monseigneur le contrôleur général, dans le premier article de la réponse dont il les honore, dit « que l'on ne pourrait affranchir Lelex sans affranchir aussi Chézeri et quelques autres lieux le long de la Valserine[1], » représentent que

---

1. Il paraît que les riverains de la Valserine n'obtinrent pas ce qu'ils demandaient, et qu'on se borna à affranchir le pays de Gex proprement dit. Aujourd'hui même l'affranchissement du régime des douanes n'a lieu que pour cette ancienne petite province, séparée de la France par le sommet du Jura. La *Gazette des tribunaux* rapporte, dans sa feuille du 30 janvier 1827, un jugement

c'est ce que les habitants de Chézeri demandent; qu'ils en ont parlé et écrit plusieurs fois à celui qui a l'honneur de rédiger ce présent mémoire, et que cet accroissement d'affranchis, qui payeraient une taxe proportionnée, répondrait aux vues du ministère, en faisant voir qu'un canton délivré de la gabelle peut être plus utile au roi qu'un canton chargé de ce fardeau, et troublé par les commis des fermes. En effet, l'asservissement de Lelex et de Chézeri à la gabelle et aux traités est la ruine de tout commerce, et très-préjudiciable à la ferme, qui est obligée d'entretenir un grand nombre de commis pour recevoir très-peu. Il serait nécessaire de fixer les limites de ce canton et de la comté : on peut y envoyer deux ingénieurs.

VIII. Ils représentent que la Suisse nous fait payer le droit de transit chez elle, et Genève le droit de halle. Si le pays de Gex pouvait obtenir le payement du transit des Suisses et des Génevois, il serait un peu soulagé; et les Suisses ne seraient point vexés, puisque ce droit très-modique est établi depuis plus de cent ans. *Nota bene* que ce droit de transit n'est que pour l'Allemagne et l'Italie, et non pour la France.

Ils attendent les ordres de monseigneur le contrôleur général sur ces huit chefs, avec autant de respect que de reconnaissance.

> CASTIN, syndic du clergé; DE SAUVAGE, syndic de la noblesse; le comte DE LAFORÊT, FABRI, ÉMERI, PERRAULT DE BUK, MÉGARD, VOLTAIRE, *pour les absents.*

Immédiatement après cette délibération, on a fait afficher l'entretien des chemins au rabais : c'est un ouvrage indispensable qui presse; et on présentera à M. l'intendant le marché qu'on aura fait, afin que les ouvriers soient payés sur ses ordonnances.

A M. TURGOT.

(1776.)

Ferney, 29 mars 1776.

Monseigneur le contrôleur général permettra-t-il au vieux malade de Ferney toutes ses témérités? il les fait les plus courtes qu'il peut. Il sait qu'il ne faut pas bourdonner aux oreilles d'une tête occupée du bien public.

On lui a parlé de deux mille huit cents minots de sel de Peccais; mais il n'ose en parler, il ne présente que son profond respect et sa reconnaissance.

— Le sieur Sédillot père, âgé de quatre-vingt-dix ans, a géré,

---

rendu à Bourg sur appel, lequel a décidé qu'une saisie de tissus prohibés avait été valablement faite en deçà du fort de l'Écluse, en se rapprochant du port de Bellegarde. (*Note de M. Clogenson.*)

pendant près de soixante ans, l'emploi de receveur du grenier à sel à Gex.

Son fils l'exerce avec lui depuis vingt ans; ils sont tous deux gentils-hommes. Ils ont sacrifié sans peine leurs intérêts et ont perdu leur place pour le bien de la province. Ils implorent la protection de Mgr le contrôleur général.

— Le sieur Rouph, procureur du roi à Gex, père de dix enfants, acheta, en 1767, l'office de contrôleur au grenier à sel de Gex, sous le nom de Duprez, lequel est décédé. Il a payé pour cet office, et pour les différentes taxations, huit mille sept cent onze livres.

Il espère que Mgr le contrôleur général daignera ordonner qu'il soit remboursé, en justifiant de ses titres.

LETTRES

CHINOISES, INDIENNES ET TARTARES,

A M. PAUW PAR UN BÉNÉDICTIN.

(1776.)

LETTRE I. — *Sur le poëme de l'empereur Kien-long.*

Je prenais du café chez M. Gervais dans la ville de Romorantin, voisine de mon couvent : je trouvai sur son comptoir un paquet de brochures intitulé *Moukden, par Kien-long* [1]. « Quoi ! lui dis-je, vous vendez aussi des livres ? — Oui, mon révérend père ; mais je n'ai pu me défaire de celui-ci ; on l'a rebuté comme si c'était une comédie nouvelle. — Est-il possible, monsieur Gervais, qu'on soit si barbare dans une capitale où il y a un libraire et trente cabaretiers ? Savez-vous bien ce que c'est que ce Kien-long qu'on néglige tant chez nous ? Apprenez que c'est l'empereur de la Chine et de la Tartarie, le souverain d'un pays six fois plus grand que la France, six fois plus peuplé et six fois plus riche. Si ce grand empereur sait le peu de cas qu'on fait de ses vers dans votre ville (comme il le saura sans doute, car tout se sait), ne doutez pas que, dans sa juste colère, il ne nous détache quelque armée de cinq cent mille hommes dans vos faubourgs. L'impératrice de Russie Anne était moins offensée quand elle envoya contre vous une armée en 1736 [2] : son amour-propre n'était point si cruellement outragé ; on n'avait point négligé ses vers : vous savez ce que c'est que *genus irritabile vatum.*

— Hélas ! me dit M. Gervais, il y a quatre ans que j'avais cette brochure dans ma boutique, sans me douter qu'elle fût l'ouvrage d'un si grand homme. » Alors il ouvrit le paquet, il vit qu'en effet c'était un poëme du présent empereur de la Chine, traduit par le R. P. Amiot, de la compagnie de Jésus ; il ne douta plus de la vengeance ; il se ressouvenait combien cette compagnie de Jésus avait été réputée dangereuse, et il la craignait encore, toute morte qu'elle était. Nous lûmes ensemble le commencement de ce poëme. M. Gervais a du sens et du goût ; et s'il avait été élevé dans une autre ville, je crois qu'il aurait été un excellent homme de lettres : nous fûmes frappés d'un égal étonnement. J'avoue que j'étais charmé de cette morale tendre, de cette vertu bienfaisante, qui respire dans tout l'ouvrage de l'empereur. « Comment, disais-je, un homme chargé du fardeau d'un si vaste royaume a-t-il pu trouver du temps pour composer un poëme ? Comment a-t-il eu un cœur assez bon pour donner de telles leçons à cent cinquante millions d'hommes,

---

1. *Éloge de la ville de Moukden, poëme chinois, composé par l'empereur Kien-long,* traduit en français (par le P. Amiot), 1770. (ÉD.)
2. En 1747. (ÉD.)

et assez de justesse d'esprit pour faire tant de vers sans faire danser les montagnes, sans faire enfuir la mer, sans faire fondre le soleil et la lune? Mais comment une nation aussi vive et aussi sensible
que la nôtre a-t-elle pu voir ce prodige avec tant d'indifférence? Auguste, il est vrai, aussi grand seigneur que Kien-long, était homme
de lettres aussi ; il composa quelques vers ; mais c'étaient des épigram-
mes bien libertines : il ne savait s'il coucherait avec Fulvie, femme
d'Antoine, ou avec Mannius.

> *Quid, si me Mannius oret*
> *Pædicem, faciam? Non puto, si sapiam.*

« Voici un empereur plus puissant qu'Auguste, plus révéré, plus occupé, qui n'écrit que pour l'instruction et pour le bonheur du genre
humain. Sa conduite répond à ses vers : il a chassé les jésuites[1], et il
n'a gardé de cette compagnie que deux ou trois mathématiciens : cependant, quelque cher qu'il doive nous être, personne n'a parlé sérieusement de son poëme ; personne ne le lit, et c'est en vain que M. de
Guignes s'est donné la peine de le joindre à l'histoire intéressante de
Gog et de Magog, ou des Huns. Je vois que, dans notre petit coin de
l'Occident, nous n'aimons que l'opéra-comique et les brochures.

— Mais, répondit M. Gervais, si on ne lit pas le beau *poëme de Moukden* composé par l'empereur Kien-long, n'est-ce pas qu'il est ennuyeux? Quand un empereur fait un poëme, il faut qu'il nous amuse ;
je dirais volontiers aux monarques qui font des livres : « Sire, écrivez
« comme Jules César, ou comme un autre héros de ce temps-ci, si vous
« voulez avoir des lecteurs. »

Je répondis à M. Gervais que l'empereur de la Chine ne pouvait avoir
le bonheur d'être né Français et d'avoir été baptisé à Romorantin ; que
la terre, toute petite planète qu'elle est par rapport à Jupiter et à Saturne, est pourtant fort grande en comparaison de la généralité d'Orléans, dans laquelle notre ville est enclavée. « Songez, lui dis-je, que
la Tartarie orientale et occidentale sont des régions immenses, d'où
sont sortis les conquérants de presque tout notre hémisphère. Kien-long
le Tartaro-Chinois est le premier bel esprit qui ait fait des vers en langue tartare. Le savant et sage P. Parennin, qui demeura trente ans à
la Chine, nous apprend qu'avant cet empereur Kien-long les Tartares
ne pouvaient faire des vers dans leur langue, et que lorsqu'ils voulaient
traduire des vers chinois, ils étaient obligés de les traduire en prose[2],
comme nous faisions du temps des Dacier.

« Kien-long a tenté cette grande entreprise ; il y a réussi ; et cependant il en parle avec autant de modestie que nos petits poëtes étaient
d'orgueil et d'impertinence. « L'application et les efforts suppléeront-
« ils, dit-il, aux talents qui me manquent? » Cette humilité n'est-elle
pas touchante dans un poëte qui peut ordonner qu'on l'admire sous
peine de la vie?

---

1. Ce n'est point Kien-long qui a chassé les jésuites de la Chine, mais son
prédécesseur Young-tching. (ÉD.)

2. Voy. le tome IV de la Collection du P. Duhalde, p. 85, édition de Hollande.

« Sa Majesté impériale s'exprime sur lui-même avec autant de modestie que sur ses vers; et c'est ce que je n'ai point encore vu chez nous. Voyez comme au lieu de dire : « Nous avons fait ces vers *de notre cer-* « *taine science, pleine puissance, et autorité impériale,* » il est dit, page 34 du prologue ou de la préface de l'empereur : « L'empire ayant « été transmis à ma petite personne, je ne dois rien oublier pour tâcher « de faire revivre la vertu de mes ancêtres; mais je crains avec raison « de ne pouvoir jamais les égaler. »

M. Gervais m'interrompit à ces mots, que je prononçais avec une tendresse respectueuse. Il grommelait entre ses dents : « La modestie de ce sage empereur ne l'empêche pourtant pas d'avouer ingénument que sa petite personne descend en ligne directe d'une vierge céleste [1], sœur cadette de Dieu, laquelle fut grosse d'enfant pour avoir mangé d'un fruit rouge. Cette généalogie, ajoute M. Gervais, peut inspirer quelque dégoût.

— Cela peut révolter, lui répondis-je, mais non pas dégoûter; de pareils contes ont toujours réjoui les peuples; la mère de Gengis était une vierge qui fut grosse d'un rayon du soleil. Romulus, longtemps auparavant, naquit d'une religieuse sans qu'un homme s'en mêlât. Que deviendrions-nous, nous autres compilateurs, et où en serait notre art diplomatique, si nous n'avions pas des traits d'histoire de cette force à débrouiller? Réduisez l'histoire à la vérité, vous la perdez : c'est Alcine dépouillée de ses prestiges, réduite à elle-même. Songez d'ailleurs que le *poëme de Moukden* n'a pas été fait pour nous, mais pour les Chinois.

— Eh bien donc! me répondit M. Gervais, qu'on le lise à la Chine. »

LETTRE II. — *Réflexions de dom Ruinart sur la vierge dont l'empereur Kien-long descend.*

Je rendis hier compte de cette conversation au savant dom Ruinart, mon confrère, qui me parla ainsi : « Vous avez eu tort de nier les couches de la vierge céleste et de son fruit rouge; vous pourrez bientôt aller à la Chine remplacer les révérends pères jésuites; vous courez de grands risques si on sait que vous avez douté de la généalogie de l'empereur Kien-long. L'aventure de sa grand'mère est d'une vérité incontestable dans son pays; elle doit donc être vraie partout ailleurs. Car enfin, qui peut être mieux informé de l'histoire de cette dame que son petit-fils? l'empereur ne peut être ni trompé ni trompeur. Son poëme est entièrement dépourvu d'imagination; il est clair qu'il n'a rien inventé : tout ce qu'il a dit sur la ville de Moukden est purement véridique; donc ce qu'il raconte de sa famille est véridique aussi. J'ai avancé dans mes livres des choses non moins extraordinaires; l'histoire de mes sept pucelles d'Ancyre, dont la plus jeune avait soixante et dix ans, condamnées toutes à être violées, approche assez de votre pucelle au fruit rouge [2].

1. *Poëme de Moukden* ou *Mougden*, p. 13. — 2. *Ibid.*, p. 13.
3. Voy. l'*Histoire des sept vieilles Pucelles d'Ancyre*, du *Cabaretier Théodote.*

« J'ai rapporté des prodiges encore plus merveilleux, mais je les ai démontrés; car j'ai affirmé les avoir copiés sur des manuscrits qui étaient cachés dans plus d'un de nos couvents au XVI° siècle : or, quelques pages de ces manuscrits étaient conformes les unes aux autres; donc rien n'était plus authentique, *car cela n'était pas fait de concert.* Il y a eu des gens de col roide que je n'ai pu persuader : ils ont eu l'assurance de dire que ce n'est pas assez, pour constater un fait arrivé il y a vingt ou trente siècles, de le trouver écrit sur un vieux papier du temps de Rabelais, dans une ou deux de nos abbayes; qu'il faut encore que ce fait ne soit pas entièrement absurde. Un tel raisonnement pourrait introduire trop de pyrrhonisme dans la *Manière d'étudier l'histoire* de l'abbé Lenglet. On finirait par douter de la gargouille de Rouen et du royaume d'Yvetot : il y a des opinions auxquelles il ne faut jamais toucher; et, pour vous expliquer en deux mots tout le mystère, il est absolument égal, pour la conduite de la vie, qu'une chose soit vraie ou qu'elle passe pour vraie. »

Ce discours de dom Ruinart me parut profond et d'une grande utilité : cependant je sentais qu'il y a dans le cœur humain un sentiment encore plus profond qui nous inspire l'aversion d'être trompés. Qu'un voyageur me raconte des choses merveilleuses et intéressantes, il me fait grand plaisir pour un moment : vient-on me faire voir que tout ce qu'il m'a dit est faux, je suis indigné contre le hâbleur. Il y a des gens à qui je ne pardonnerai de ma vie de m'avoir trompé dans ma jeunesse.

Je sais fort bien qu'il est nécessaire que je sois trompé à tous les moments par tous mes sens; il faut qu'un bâton me paraisse courbe dans l'eau, quoiqu'il soit très-droit; que le feu me semble chaud, quoiqu'il ne soit ni chaud ni froid; que le soleil, un million de fois plus gros que notre planète, soit à nos yeux large de deux pieds; qu'il semble plus grand à notre horizon qu'au zénith, selon les règles données par l'astronome Hook. La nature nous fait une illusion continuelle; mais c'est qu'elle nous montre les choses, non comme elles sont, mais comme nous devons les sentir. Si Pâris avait vu la peau d'Hélène telle qu'elle était, il aurait aperçu un réseau gris jaune, inégal, rude, composé de mailles sans ordre, dont chacune renfermait un poil semblable à celui d'un lièvre; jamais il n'aurait été amoureux d'Hélène. La nature est un grand opéra, dont les décorations font un effet d'optique. Il n'en est pas de même dans le faire et dans le raisonner; nous voulons qu'on ne nous trompe ni dans les marchés qu'on fait avec nous, ni en histoire, ni en philosophie, ni en chimie, etc.

Quand j'y pense, je me défie un peu de dom Ruinart, mon confrère, tout savant bénédictin qu'il est. J'ai même quelque scrupule (s'il m'est permis de le dire) sur *le Pédagogue chrétien* du R. P. d'Outreman; jésuite; sur *la Légende dorée* du révérendissime père en Dieu Voragine, et même sur les épouvantables prodiges de feu M. l'abbé Pâris

du *Curé Fronton,* et du *Cavalier céleste,* dans les *Actes sincères de dom Ruinart,* t. I, p. 531 et suivantes. Voy. aussi le jésuite Bollandus; et voyez comme tout est de cette force dans ces auteurs sincères.

et sur les vampires de dom Calmet. J'ai une violente passion de m'instruire dans ma jeunesse; on dit que cela sert beaucoup quand on est vieux. Si je pouvais voyager, je ferais le tour du monde. Je voudrais m'aller faire mandarin à la Chine, comme les jésuites; mais les bénédictins disent qu'ils sont trop bien chez eux pour en sortir. Ne pouvant donc prendre cet essor, je lis tous les voyages qui me tombent sous la main, et la lecture fait sur moi cet effet si commun de me jeter dans de continuelles incertitudes.

Je sais bien que le démon Asmodée est enchaîné dans la Haute-Égypte; mais je doute que Paul Lucas lui ait parlé, l'ait vu mettre dans un sac, coupé en vingt tronçons, et l'en ait vu sortir avec une peau sans coutures. Il a vu aussi et mesuré la tour de Babel. Plusieurs curieux en avaient fait autant avant lui, et entre autres le fameux juif Benjamin Jonas, natif de Tudèle, dans la Navarre, au XIIe siècle. Non-seulement Benjamin avait reconnu les premiers étages de cette tour, mais il contempla longtemps la statue de sel en laquelle Édith, femme de Loth, fut changée; et il remarqua, en naturaliste attentif, que toutes les fois que les bestiaux venaient la lécher et diminuer par là l'épaisseur de sa taille, elle reprenait sur-le-champ sa grosseur ordinaire[1].

Que dirai-je du frère mineur Plancarpin et du frère prêcheur Asselin, envoyés avec d'autres frères, par le pape Innocent IV, devers les princes de Gog et de Magog, qui sont les kans des Tartares?

Ce qu'on peut le plus observer dans le récit que fait le frère mineur de l'inauguration de ces princes, c'est que les mirzas, appelés par Plancarpin les barons, font asseoir Leurs Majestés par terre sur un grand feutre et leur disent : « Si tu n'écoutes pas conseil, si tu gouvernes mal, il ne te restera pas même ce feutre sur lequel tu t'assieds[2]. » C'est ainsi, dit-il, que les petits-fils de Gengis furent couronnés. Il y a dans cette cérémonie je ne sais quoi d'une philosophie anglaise qui ne déplaît pas. Mais lorsque ensuite le moine ambassadeur nous apprend que les montagnes caspiennes, où se trouve de l'aimant, attiraient à elles toutes les flèches de Gog et de Magog; qu'une nuée se mettait au-devant des troupes et les empêchait d'avancer; qu'une armée d'ennemis marchait plusieurs milles sous terre pour attaquer l'empereur de Gog dans son camp; que le prêtre Jean, empereur de l'Inde, combattit Gengis avec des cavaliers de bronze, montés sur de grands chevaux et remplis de soufre enflammé; qu'un peuple à tête de chien se joignit à cette armée de bronze, etc., etc., alors on est forcé de convenir que frère Plancarpin n'était pas philosophe.

Frère Rubruquis, envoyé chez le grand kan par saint Louis même, n'était guère mieux informé[3]. Ce fut le sort du plus pieux et du plus brave des rois d'être trompé et d'être battu.

---

1. *Voyages de Paul Lucas.*
2. *Ambassade de Plancarpin*, p. 16, in-4, édition de Van der Aa.
3. L'abbé Prévost, dans sa *Rédaction des Voyages*, l'appelle capucin; les révérends pères capucins ne sont pourtant établis que de l'année 1528, par le pape Clément **VIII**.

Il ne faut pas croire non plus que le fameux Marc Paul ait écrit comme Xénophon, comme Polybe ou de Thou. C'est beaucoup que dans notre XIII° siècle, dans le temps de notre plus crasse ignorance et de notre plus ridicule barbarie, il se soit trouvé une famille de Vénitiens assez hardis pour aller à l'extrémité de la mer Noire, au delà du pays de Médée et du terme où s'arrêtèrent les Argonautes : ce voyage ne fut que le prélude de la course immense de cette famille errante. Marc Paul surtout pénétra plus loin que Zoroastre, Pythagore et Apollonius de Tyane; il alla jusqu'au Japon, dont l'existence alors était aussi ignorée de nous que celle de l'Amérique. Quel divin génie mit dans l'âme de trois Vénitiens cette ardeur d'agrandir pour nous le globe? rien autre chose que l'envie de gagner de l'argent. Son père, son oncle et lui, étaient de bons marchands comme Tavernier et Chardin. Il ne paraît pas que Marc Paul eût fait fortune : son livre n'en fit point et on se moqua de lui. Il est difficile, en effet, de croire que sitôt que le grand kan Coublaï, fils de Gengis, fut informé de l'arrivée de messer Marco Polo, qui venait vendre de la thériaque à sa cour, il envoya au-devant de lui une escorte de quarante mille hommes; et qu'ensuite il dépêcha ce Vénitien comme ambassadeur auprès du pape, pour supplier Sa Sainteté de lui accorder des missionnaires qui viendraient le baptiser lui et les siens, toute la famille Gengis ayant une extrême passion pour le baptême.

Faisons ici une observation qui me paraît très-curieuse : on trouve, dans les notes du poëme de l'empereur tartaro - chinois, actuellement régnant[1], que le premier des ancêtres de ce monarque étant né, comme on a vu, d'une vierge céleste, s'alla promener vers le pays de Moukden, sur un beau lac, dans un bateau qu'il avait construit lui-même : toute une nation était assemblée sur le bord du lac pour choisir un roi. Le fils de la vierge harangua le peuple avec tant d'éloquence, qu'il fut élu unanimement. Qui croirait que Marc Paul rapporte à peu près la même aventure plus de cinq cents ans auparavant? Elle était donc dès lors en vogue; c'était donc un ancien dogme du pays; l'empereur Kien-long n'a donc fait que se conformer depuis à la créance commune, comme Jules César faisait graver l'étoile de Vénus sur ses médailles. César se plaisait à descendre de la déesse de l'amour : Kien-long veut bien se croire issu de sa vierge céleste, et les d'Hoziers de la Chine n'en disconviennent pas.

Gonzalez de Mendoza, de l'ordre de Saint-Augustin, l'un des premiers qui nous ait donné des nouvelles sûres de la Chine, nous apprend qu'avant l'aventure de la vierge céleste, une princesse nommée Hauzibon[2] devint grosse d'un éclair : c'est à peu près l'histoire de Sémélé, avec qui Jupiter coucha au milieu des éclairs et des tonnerres. Les Grecs sont de tous les peuples ceux qui ont le plus multiplié ces imaginations orientales; chaque pays a ses fables, on ne ment point quand on les rapporte : la partie la plus philosophique de l'histoire est de faire

1. Pages 221 et suivantes.
2. Dans son ouvrage imprimé à Rome en 1586, dédié à Sixte-Quint.

connaître les sottises des hommes. Il n'en est pas ainsi de ces exagérations dont tant de voyageurs ont voulu nous éblouir.

On soupçonne Marc Paul d'un peu d'enflure, quand il nous dit[1] : « Moi, Marc, j'ai été dans la ville de Kinsay, je l'ai examinée diligemment; elle a cent milles de circuit, et douze mille ponts de pierre, dont les arches sont si hautes que les plus grands vaisseaux passent dessous sans baisser leurs mâts : la ville est bâtie comme Venise. — On y voit trois mille bains. — C'est la capitale de la province de Mangi, province partagée en neuf royaumes. Kinsay est la métropole de cent quarante villes, et la province de Mangi en contient douze cents, etc.»

On avoue que depuis la Jérusalem céleste, qui avait cinq cents lieues de long et de large, dont les murs étaient de rubis et d'émeraude, et les maisons d'or, il ne fut jamais de plus grande et de plus belle ville que Kinsay : c'est dommage qu'elle n'existe pas plus aujourd'hui que la Jérusalem.

Cette étonnante province de Mangi est dans nos jours celle de Ichenguiam, dont parle l'empereur dans son poëme. Il n'y a plus, dit-on, que onze villes du premier ordre, et soixante et dix-sept du second. Les villages et les ponts sont encore en grand nombre dans le pays; mais on y cherche en vain l'admirable ville de Kinsay. Marc Paul peut l'avoir flattée, et les guerres l'avoir détruite.

Tous ceux qui nous ont donné des relations de la Chine conjecturent que de cette ancienne Babylone aux douze mille ponts, il en reste une petite ville nommée Cho-hing-fou, qui n'a qu'un million d'habitants. On nous persuade qu'elle est percée des plus beaux canaux, plantée de promenades délicieuses, ornée de grands monuments de marbre, couverte de plus de ponts de pierre que Venise, Amsterdam, Batavia, et Surinam n'en ont de bois : cela doit au moins nous consoler, et mérite que nous fassions le voyage.

Le physique et le moral de ce pays-là, le vrai et le faux, m'inspirent tant de curiosité, tant d'intérêt, que je vais écrire sur-le-champ à M. Pauw : j'espère qu'il lèvera tous mes doutes.

LETTRE III, ADRESSÉE A M. PAUW. — *Sur l'athéisme de la Chine.*

Monsieur, j'ai lu vos livres; je ne doute pas que vous n'ayez été longtemps à la Chine, en Égypte et au Mexique : de plus, vous avez beaucoup d'esprit; avec cet avantage on voit et on dit tout ce qu'on veut. Je vous fais le compliment que les lettrés chinois se font les uns aux autres : « Ayez la bonté de me communiquer un peu de votre doctrine. »

Je vous fais d'abord un aveu plus sincère que les *Actes* de dom Ruinart[2]; c'est que le poëme de Sa Majesté l'empereur de la Chine et la théologie de Confucius m'ennuient au fond de l'âme autant qu'ils en-

---

1. Pages 16 et suivantes, édition de Van der Aa.
2. Les savants connaissent les *Actes sincères* de dom Ruinart, aussi sincères que *la Légende dorée* et *Robert le Diable.*

nuient M. Gervais, et que cependant je les admire. Ma raison pour m'être ennuyé avec le plus grand monarque du monde, et même de son vivant, c'est qu'un poëme traduit en prose produit d'ordinaire cet effet, comme M. Gervais l'a bien senti. Pour Confucius, c'est un bon prédicateur; il est si verbeux qu'on n'y peut tenir. Ce qui fait que je les admire tous deux, c'est que l'un étant roi ne s'occupe que du bonheur de ses sujets, et que l'autre étant théologien n'a dit d'injures à personne. Quand je songe que tout cela s'est fait à six mille lieues de ma ville de Romorantin, et à deux mille trois cents ans du temps où je chante vêpres, je suis en extase.

Les révérends pères dominicains, les révérends pères capucins, les révérends pères jésuites ont eu de violentes disputes à Rome sur la Chine. Les capucins et les dominicains ont démontré, comme on sait, que la religion de Confucius, de l'empereur, et de tous les mandarins, est l'athéisme : les jésuites, qui étaient tous mandarins ou qui aspiraient à l'être, ont démontré qu'à la Chine tout le monde croit en Dieu, et qu'on n'y est pas loin du royaume des cieux. Ce procès, en cour de Rome, a fait presque autant de bruit que celui de La Cadière. On y est bien embarrassé.

Vous souviendrez-vous, monsieur, de celui qui écrivait : « Les uns croient que le cardinal Mazarin est mort, les autres qu'il est vivant; et moi, je ne crois ni l'un ni l'autre? » Je pourrais vous dire : « Je ne crois, ni que les Chinois admettent un Dieu, ni qu'ils soient athées. Je trouve seulement qu'ils ont comme vous beaucoup d'esprit, et que leur métaphysique est tout aussi embrouillée que la nôtre. »

Je lis ces mots dans la préface de l'empereur; car les Chinois font des préfaces comme nous : « J'ai toujours ouï-dire que si l'on conforme son cœur aux cœurs de ses père et mère, les frères vivront toujours ensemble de bonne intelligence : si on conforme son cœur aux cœurs de ses ancêtres, l'union régnera dans toutes les familles; et si on conforme son cœur aux cœurs du ciel et de la terre, l'univers jouira d'une paix profonde. »

Ce seul passage me paraît digne de Marc-Aurèle sur le trône du monde. Qu'on se conforme aux justes désirs du père de famille, et la famille est unie; qu'on suive la loi naturelle, et tous les hommes sont frères : cela est divin. Mais par malheur cela est athée dans nos langues d'Europe : car parmi nous que veut dire se conformer au ciel et à la terre? La terre et le ciel ne sont point Dieu, ils sont ses ouvrages bruts.

L'empereur poursuit, il en appelle à Confucius : voici la décision de Confucius qu'il cite : « Celui qui s'acquitte convenablement des cérémonies ordonnées pour honorer le ciel et la terre à l'équinoxe et au solstice, et qui a l'intelligence de ces rites, peut gouverner un royaume aussi facilement qu'on regarde dans sa main. »

On trouvera encore ici que ces lignes de Confucius sentent l'athée de six mille lieues loin. Vous avez lu qu'elles ébranlèrent le cerveau chrétien de l'abbé Boileau, frère de Nicolas Boileau le bon poëte. Confucius et l'empereur Kien-long auraient mal passé leur temps à l'inquisition de Goa; mais comme il ne faut jamais condamner légèrement son prochain, et encore moins un bon roi, considérons ce que dit ensuite notre grand monarque : « De tels hommes devaient attirer sur eux des regards favorables du souverain maître qui règne dans le plus haut des cieux. »

Certes le P. Bourdaloue et Massillon n'ont jamais rien dit de plus orthodoxe dans leurs sermons. Le P. Amiot jure qu'il a traduit ce passage à la lettre. Les ennemis des jésuites diront que ce serment même de frère Amiot est très-suspect, et qu'on ne s'avisa jamais d'affirmer par serment la fidélité de la traduction d'un endroit si simple ; *nimia præcautio dolus*, trop de précaution est fourberie. Frère Amiot logé dans le palais, et sachant très-bien que Sa Majesté est athée, aura voulu aller au-devant de cette accusation.

Si l'empereur croyait en Dieu, il dirait un mot de l'immortalité de l'âme : il n'en parle pas plus que Confucius [1]; donc l'empereur n'est qu'un athée vertueux et respectable. Voilà ce que diront les jansénistes, s'il en reste encore.

A cela les jésuites répondront : « On peut très-bien croire en Dieu sans être instruit des dogmes de l'immortalité de l'âme, de l'enfer, et du paradis : la loi mosaïque n'annonça point ces grands dogmes; elle les réserva pour des temps plus divins. Les saducéens, rigides théologiens, n'en ont rien cru : la croyance d'un Dieu fut de tout temps une vérité inspirée par la nature à tous les hommes vivant en société; le reste a été enseigné par la révélation : » de là on conclut, avec assez de vraisemblance, que l'empereur Kien-long peut manquer de foi, mais qu'il ne manque pas de raison.

Pour moi, monsieur, je ne me sens ni assez hardi, ni assez compétent pour juger un aussi grand roi; je présume seulement que le mot *Tien* ou *Changti* ne comporte pas précisément la même idée que le mot *Al* donnait en Arabe, *Jehova* en phénicien, *Knef* en égyptien, *Zeus* en grec, *Deus* en latin, *Gott* en ancien allemand. Chaque mot entraîne avec lui différents accessoires en chaque langue : peut-être même, si tous les docteurs de la même ville voulaient se rendre compte des paroles qu'ils prononcent, on ne trouverait pas deux licenciés qui attachassent la même idée à la même expression. Peut-être enfin n'est-il pas possible qu'il y ait deux hommes sur la terre qui pensent absolument de même.

Vous m'objecterez que, si la chose était ainsi, les hommes ne s'entendraient jamais. Aussi en vérité ne s'entendent-ils guère : du moins je n'ai jamais vu de dispute dans laquelle les argumentants sussent bien positivement de quoi il s'agissait. Personne ne posa jamais l'état de la question, si ce n'est cet Hibernois qui disait : *Verum est, contra hic argumentor;* la chose est vraie, voici comme j'argumente contre.

Permettez-moi, monsieur, de vous faire d'autres questions dans ma première lettre. Je ne me ferai pas entendre de vous avec autant de plaisir que je vous ai entendu quand j'ai lu vos ouvrages.

----

1. Page 103 du *Poème de Moukden.*

LETTRE IV. — *Sur l'ancien christianisme qui n'a pas manqué de fleurir à la Chine.*

Je vous supplie, monsieur, de m'éclairer sur une difficulté qui intéresse l'empire de la Chine, tous les États de la chrétienté, et même un peu les juifs nos pères. Vous savez ce que fit à la Chine le R. P. Ricci [1] ; ce nom est respectable, mais n'est pas heureux [2] : il avait trouvé le moyen de s'introduire à la Chine avec un jésuite portugais, nommé Sémédo, et notre R. P. Trigaut, autre nom célèbre, qu'on a cru significatif. Ces trois missionnaires faisaient bâtir, en 1625 [3], une maison et une église auprès de la ville de Sigan-fou ; ils ne manquèrent pas de trouver sous terre une tablette de marbre, longue de dix palmes, couverte de caractères chinois très-fins, et d'autres lettres inconnues, le tout surmonté d'une croix de Malte, toute semblable à celle que d'autres missionnaires avaient découverte auparavant dans le tombeau de l'apôtre saint Thomas, sur la côte de Malabar [4]. Les caractères inconnus furent reconnus bientôt pour être de l'ancien hébreu ressemblant au syriaque : cette tablette disait que la foi chrétienne avait été prêchée à Sigan-fou, et dans toute la province de Kensi [5], dès l'an de notre salut 636 ; la date de ce monument n'est que de l'année 782 de notre ère ; de sorte que ceux qui érigèrent autrefois ce marbre attendirent cent quarante-six ans que la chose fût bien constatée pour la certifier à la postérité.

L'authenticité de cette pièce était confirmée par plusieurs témoins qui gravèrent leurs noms sur la pierre : on sent bien que ces noms ne sont aisés à prononcer ni en italien ni en français. Pour plus grande sûreté, outre les noms gravés des premiers témoins oculaires de l'an de grâce 782, on a signé sur une grande feuille de papier soixante et dix autres noms de témoins de bonne volonté, comme Aaron, Pierre, Job, Lucas, Matthieu, Jean, etc., qui tous sont réputés avoir vu tirer le marbre de terre à Sigan-fou, en présence du frère Ricci, l'an 1625, « et qui ne peuvent avoir été ni trompeurs ni trompés. »

Maintenant il faut voir ce qu'attestent les anciens témoins gravés de notre année 782, et les nouveaux témoins en papier de notre année 1625 ; ils déposent « qu'un saint homme nommé Olupuen arriva de Judée à la Chine, guidé par des nuées bleues, par des vents et par des cartes hydrographiques, sous le règne de Taïcum-veu-huamti, » qui n'est connu de personne ; c'était, dit le texte syriaque, dans l'année

1. Quatre dictionnaires, intitulés *Dictionnaires des grands hommes*, le font mourir à l'âge de cinquante-huit ans. L'abbé Prévost, dans sa compilation de voyages, le fait vivre jusqu'à quatre-vingt-huit. On ment beaucoup sur les grands hommes. — C'est l'abbé Prévost qui se trompe. Matthieu Ricci, né à Macerata en 1552, est mort le 11 mai 1610. (*Note de M. Beuchot.*)

2. Allusion aux malheurs de Laurent Ricci, général des jésuites, mort en prison le 22 novembre 1775. (ÉD.)

3. Il y a ici faute. Ricci était mort en 1610. (ÉD.)

4. L'apôtre saint Thomas était charpentier : il alla à pied au Malabar, portant un soliveau sur l'épaule.

5. Sigan-fou est la capitale de Kensi.

mil quatre-vingt-douze d'*Alexandre aux deux cornes*[1] ; c'est l'ère des Séleucides, et elle revient à la nôtre 636. Les jésuites, et surtout le P. Kircher, commentateurs de cette pièce curieuse, disent que par la Judée il faut entendre la Mésopotamie, et qu'ainsi le juif Olopuen était un très-bon chrétien qui venait planter la foi dans le royaume de Cathaï, ce qui est prouvé par la croix de Malte ; mais ces commentateurs ne songent pas que les chrétiens de la Mésopotamie étaient des nestoriens qui ne croyaient pas la sainte Vierge mère de Dieu. Par conséquent, en prenant Olopuen pour un Chaldéen dépêché par les nuées bleues pour convertir la Chine, on suppose que Dieu envoya exprès un hérétique pour pervertir ce beau royaume.

Voilà pourtant ce qu'on nous a conté sérieusement ; voilà ce qui a si longtemps occupé les savants de Rome et de Paris, voilà ce que le P. Kircher, l'un de nos plus intrépides antiquaires, nous raconte dans sa *Sina illustrata*. Il n'avait point vu la pierre, mais on lui en avait donné la copie d'une copie. Kircher était à Rome, et n'avait jamais été à la Chine, qu'il *illustrait* ; et ce qu'il y a de bon et d'assez curieux à mon gré, c'est que le P. Sémédo, qui avait vu ce beau monument à Sigan-fou, le rapporte d'une façon, et le P. Kircher d'une autre.

Voici l'inscription de Sémédo, telle qu'il l'imprima en espagnol dans son histoire de la Chine, à Madrid, chez Jean Sanchez, en 1642.

« O que l'Éternel est vrai et profond, incompréhensible et spirituel ! En parlant du temps passé, il est sans principe ; en parlant du temps à venir, il est sans fin. Il prit le rien, et avec lui il fit tout. Son principe est trois en un : sans vrai principe il arrangea les quatre parties du monde en forme de croix. Il remua le chaos, et les deux principes en furent tirés. L'abîme éprouva le changement, le ciel et la terre parurent. »

Après avoir ainsi fait parler l'auteur de l'inscription chinoise dans le style des personnages de *Cervantes* et de *Quevedo* ; après avoir passé du péché d'Adam au déluge, et du déluge au Messie, il vient enfin au fait. Il déclare que du temps du roi Taïcum-veu-huamti, qui gouvernait avec prudence et sainteté, il vint de Judée un homme de vertu supérieure, nommé Olopuen, qui, guidé par les nuées, apporta la véritable doctrine. *Vinò desde Judea un hombre de superior virtud, de nombre Olopuen, que guiado de las nubes traxò la verdadera doctrina.*

Ensuite cette inscription, qui n'est pas dans le style lapidaire, nous instruit que l'Évangile n'était bien connu que dans le royaume de Tacin, qui est la Judée ; que Tacin confine à la mer Rouge par le midi, avec la montagne des Perles par le nord, etc. ; que, dans ce pays d'évangile, les dignités ne se donnent qu'à la vertu ; que les maisons sont grandes et belles ; que le royaume est orné de bonnes mœurs.

Le prince Caocum, fils de l'empereur Taïcum, ordonna bientôt qu'on bâtît des églises dans toute la Chine, à la façon de Tacin. Il honora

---

1. *Alexandre aux deux cornes* signifie Alexandre vainqueur de l'Orient et de l'Occident.

Olopuen, et lui donna le titre d'évêque de la grande loi : *Honrò a Olopuen dandole titulo de obispo de la gran ley.*

Ce n'est pas la peine de traduire le reste de cette sage et éloquente
pièce; Kircher a voulu en corriger le fond et le style.

« Le principe, dit-il, a toujours été le même, vrai, tranquille, premier des premiers, sans origine, nécessairement le même, intelligent
et spirituel; le dernier des derniers, être excellentissime. Il établit les
pôles des cieux, et il opéra excellemment avec le rien.... Enfin une
femme vierge engendra le saint dans Tacin en Judée; et la con-
stellation claire annonça la félicité.... Or, du temps de Taïcum-veu,
très-illustre et très-sage empereur de la Chine, arriva du royaume de
Tacin en Judée un homme ayant une vertu suprême, nommé Olopuen, conduit par des nuées bleues, apportant les écritures de la vraie
doctrine, contemplant la règle des vents pour résister aux dangers
auxquels ses travaux l'exposaient. Il arriva à la cour. L'empereur com-
manda à un colao, son sujet, d'aller au-devant du nouveau venu avec
les bâtons rouges (qui sont la marque d'honneur); et quand on eut introduit Olopuen dans le palais par l'occident, l'empereur fit apporter
les livres de la doctrine de la loi. Il s'informa soigneusement de cette
loi profonde dans son cabinet, et de cette droite vérité...; il ordonna
qu'on la promulguât, et qu'on l'étendît partout. »

C'était, ajoute Kircher, l'an de *Christ* 639; en quoi il ne s'accorde
pas avec Sémédo. Après quoi il poursuit ainsi dans sa traduction :
« L'empereur ordonna qu'on bâtît une église à la manière de Tacin en
Judée, et qu'on y établît vingt et un prêtres, etc. »

Tout le reste est dans ce goût : conciliera qui voudra le jésuite portugais Sémédo avec le jésuite allemand Kircher.

Les hérétiques disent que le voyage d'Olopuen à la Chine, conduit
par les nuées bleues, n'approche pas encore du voyage de Notre-Dame
de Lorette, qui vint depuis par les airs dans sa maison de Jérusalem
en Dalmatie, et de Dalmatie à la Marche d'Ancône. Le jésuite Berthier
a combattu vigoureusement, dans le *Journal de Trévoux*, en faveur
d'Olopuen et de son aventure. Il se trouvera encore quelque Nonotte[1]
qui prouvera la vérité de cette histoire, comme il s'en est trouvé
d'autres qui ont démontré la translation de la maison de notre sainte
Vierge.

Je dirais volontiers à ces messieurs qui nous ont démontré tant de
choses, ce que dit à peu près Théone à Phaéton dans l'opéra du phé-
nix de la poésie chantante[2], que j'aime toujours, malgré ma robe :

          Ah! du moins, bonzes que vous êtes,

---

1. Ce Nonotte, dans un beau livre intitulé *Erreurs de M. de Voltaire*, a démontré l'authenticité de l'apparition du *labarum* à Constantin, la douce modération de ce bon prince, celle de Théodose, la chasteté de tous les rois de France
de la première race, les sacrifices de sang humain offerts par Julien le Philosophe, le martyre de la légion thébaine, etc. C'était un régent de sixième fort
savant, et un jésuite très-tolérant, grand prédicateur, et d'un esprit fin, quoique
profond.

2. Quinault. (ÉD.)

> Puisque vous me voulez tromper,
> Trompez-moi mieux que vous ne faites.

Ayez la bonté de me dire, monsieur, ce que vous aimez le mieux, u ces belles imaginations, ou les nouveaux systèmes de physique. Les pères du concile de Trente ayant entendu discourir Dominico Soto t Achille Gaillard sur la grâce, dirent que cela était admirable, mais qu'ils donnaient la préférence à leurs cuisiniers. Je crois que Dominico Soto et Achille Gaillard étaient dans la bonne foi, et même que leurs disputes ne brisèrent point les liens de la charité. Je ne dois ni ne puis penser autrement; mais quand je viens à considérer tous les autres charlatanismes de ce monde, depuis les dogmes qui ont régné en Éthiopie jusqu'à l'immortalité du dalaï-lama au grand Thibet, et à la sainteté de sa chaise percée; depuis le Xaca du Japon jusqu'aux anciens druides des Gaules et de l'Angleterre, je suis épouvanté. Je conçois bien que tant de joueurs de gobelets ont voulu se faire payer en argent et en honneurs. On ne tromperait pas, dit-on, s'il n'y avait rien à gagner; mais concevez-vous ceux qui payent? Comment se peut-il que parmi tant de millions d'hommes il n'y en eût pas deux qui se fussent laissé tromper sur la valeur d'un écu, et que tous courussent au-devant des erreurs les plus grossières et les plus affreuses, dont il leur importait tant d'être désabusés?

Ne voyez-vous pas comme moi, avec consolation, qu'il y a au bout de l'Asie une société immense de lettrés, auxquels on n'a jamais reproché de superstition ridicule ou sanguinaire? et s'il se forme jamais ailleurs une compagnie pareille, ne la bénirez-vous pas?

Je m'aperçois que je ne vous ai pas écrit tout à fait en enfant de saint Idulphe; vous me le pardonnerez, s'il vous plaît.

LETTRE V. — *Sur les lois et les mœurs de la Chine.*

Monsieur, J'ai peine à me défendre d'un vif enthousiasme, quand je contemple cent cinquante millions d'hommes [1] gouvernés par treize mille six cents magistrats, divisés en différentes cours, toutes subordonnées à six cours supérieures, lesquelles sont elles-mêmes sous l'inspection d'une cour suprême. Cela me donne je ne sais quelle idée des neuf chœurs des anges de saint Thomas d'Aquin.

Ce qui me plaît de toutes ces cours chinoises, c'est qu'aucune ne peut faire exécuter à mort le plus vil citoyen à l'extrémité de l'empire, sans que le procès ait été examiné trois fois par le grand conseil, auquel préside l'empereur lui-même. Quand je ne connaîtrais de la Chine que cette seule loi, je dirais : « Voilà le peuple le plus juste et le plus humain de l'univers. »

1. Plus ou moins; mais, par les mémoires envoyés de la Chine au P. Duhalde, il paraît que sous l'empereur Kang-hi on comptait environ soixante millions d'hommes entre l'âge de vingt et cinquante ans, capables de porter les armes, sans parler des femmes, des filles, des jeunes gens, des vieillards, des lettrés, des familles nombreuses qui n'habitent que dans des bateaux; le compte doit aller à plus de deux cents millions, surtout depuis les immenses conquêtes faites dans la Tartarie occidentale.

Si je creuse dans le fondement de leurs lois, tous les voyageurs, tous les missionnaires, amis et ennemis, Espagnols, Italiens, Portugais, Allemands, Français, se réunissent pour me dire que ces lois sont établies sur le pouvoir paternel, c'est-à-dire sur la loi la plus sacrée de la nature.

Ce gouvernement subsiste depuis plus de quatre mille ans, de l'aveu de tous les savants, et nous sommes d'hier; je suis forcé de croire et d'admirer. Si la Chine a été deux fois subjuguée par des Tartares, et si les vainqueurs se sont conformés aux lois des vaincus, j'admire encore davantage.

Je laisse là cette muraille de cinq cents lieues de long, bâtie deux cent vingt ans avant notre ère; c'est un ouvrage aussi vain qu'immense, et aussi malheureux qu'il parut d'abord utile, puisqu'il n'a pu défendre l'empire. Je ne parle pas du grand canal de six cent mille pas géométriques, qui joint le fleuve Jaune à tant d'autres rivières. Notre canal du Languedoc nous en donne quelque faible idée. Je passe sous silence des ponts de marbre de cent arches [1] construits sur des bras de mer, parce qu'après tout nous avons bâti le pont Saint-Esprit sur le Rhône dans le temps que nous étions encore à demi barbares, et parce que les Égyptiens élevèrent leurs pyramides lorsqu'ils ne savaient pas encore penser.

Je ne ferai nulle mention de la prodigieuse magnificence des cours chinoises, car l'installation de quelques-uns de nos papes eut aussi quelque splendeur, et la promulgation de la bulle d'or à Nuremberg ne fut pas sans faste.

J'ai plus de plaisir à lire les maximes de Confucius, prédécesseur de saint Martin de plus de mille ans, qu'à contempler l'estampe d'un mandarin faisant son entrée dans une ville à la tête d'une procession : permettez-moi de rapporter ici quelques-unes de ces sentences.

« La raison est un miroir qu'on a reçu du ciel; il se ternit, il faut l'essuyer. Il faut commencer par se corriger, pour corriger les hommes.

« Je ne voudrais pas qu'on sût ma pensée; ne la disons donc pas. Je ne voudrais pas qu'on sût ce que je suis tenté de faire; ne le faisons donc pas.

« Le sage craint quand le ciel est serein : dans la tempête il marcherait sur les flots et sur les vents.

« Voulez-vous minuter un grand projet, écrivez-le sur la poussière, afin qu'au moindre scrupule il n'en reste rien.

« Un riche montrait ses bijoux à un sage. « Je vous remercie des « bijoux que vous me donnez, dit le sage. — Vraiment je ne vous les « donne pas, repartit le riche. Je vous demande pardon, répliqua le « sage; vous me les donnez, car vous les voyez, et je les vois; j'en « jouis comme vous, etc. »

Il y a plus de mille sentences pareilles de Confucius, de ses disciples.

---

1. Je suis fâché de ne pouvoir ni bien prononcer ni bien écrire Fou-tchou-fou, ville capitale de la grande province de Fokien; c'est auprès de Fou-tchou-fou qu'est ce beau pont; et ce qu'il y a de mieux, c'est que les environs sont couverts d'orangers, de citronniers, de cédrats, et de cannes de sucre.

et de leurs imitateurs. Ces maximes valent bien les secs et fastidieux *Essais* de Nicole.

On n'est pas surpris qu'une nation si morale ait été subjuguée par des peuples féroces; mais on s'étonne qu'elle ait été souvent bouleversée comme nous par des guerres intestines : c'est un beau climat qui a essuyé de violents orages.

Ce qui étonne plus, c'est qu'ayant si longtemps cultivé toutes les sciences, ils soient demeurés au terme où nous étions en Europe aux dixième, onzième, et douzième siècles. Ils ont de la musique, et ils ne savent pas noter un air, encore moins chanter en parties. Ils ont fait des ouvrages d'une mécanique prodigieuse, et ils ignoraient les mathématiques. Ils observaient, ils calculaient les éclipses; mais les éléments de l'astronomie leur étaient inconnus.

Leurs grands progrès anciens et leur ignorance présente sont un contraste dont il est difficile de rendre raison. J'ai toujours pensé que leur respect pour leurs ancêtres, qui est chez eux une espèce de religion, était une paralysie qui les empêchait de marcher dans la carrière des sciences. Ils regardaient leurs aïeux comme nous avons longtemps regardé Aristote. Notre soumission pour Aristote (qui n'était pourtant pas l'un de nos ancêtres) a été si superstitieuse, que, même dans l'avant-dernier siècle, le parlement de Paris défendit, sous peine de mort, qu'on fût, en physique, d'un avis différent de ce Grec de Stagire[1]. On ne menaçait pas à la Chine de faire pendre les jeunes lettrés qui inventeraient des nouveautés en mathématiques; mais un candidat n'aurait jamais été mandarin s'il avait montré trop de génie, comme parmi nous un bachelier suspect d'hérésie courrait risque de n'être pas évêque. L'habitude et l'indolence se joignaient ensemble pour maintenir l'ignorance en possession. Aujourd'hui les Chinois commencent à oser faire usage de leur esprit, grâce à nos mathématiciens d'Europe.

Peut-être, monsieur, avez-vous trop méprisé cette antique nation; peut-être l'ai-je trop exaltée : ne pourrions-nous pas nous rapprocher ?

Virtus est medium vitiorum et utrimque reductum.
Hor., lib. I, ép. xviii, v. 9.

LETTRE VI. — *Sur les disputes des révérends pères jésuites à la Chine.*

La guerre de Troie, monsieur, n'est pas plus connue que les succès des révérends pères jésuites à la Chine, et leurs tribulations. Je vous demande d'abord si parmi toutes les nations du monde, excepté la juive[2], il y en a jamais eu une seule qui eût pu persécuter des gens

1. L'arrêt est de 1624.
2. Le *Deutéronome* des Juifs, chap. xiii, dit : « Si un prophète vous fait des prédictions, et si ces prédictions s'accomplissent, et s'il vous dit : « Servons le « dieu d'un autre peuple.... » et si votre frère ou votre fils ou votre chère femme vous en dit autant.... tuez-les aussitôt. » Le Clerc soutient que dieux d'un

nonnêtes, prêchant avec humilité un Dieu et la vertu, secourant les pauvres sans offenser les riches, bénissant les peuples et les rois? Je soutiens que, chez les anthropophages, de tels missionnaires seraient accueillis le plus gracieusement du monde.

Si à la modestie, au désintéressement, à cette vertu de la charité que Cicéron appelle *caritas humani generis*, ils joignent une connaissance profonde des beaux-arts et des arts utiles; s'ils vous apprennent à peser l'air, à marquer ses degrés de froid et de chaud, à mesurer la terre et les cieux, à prédire juste toutes les éclipses pour des milliers de siècles, enfin à rétablir votre santé avec une écorce qu'ils ont apportée du Nouveau-Monde aux extrémités de l'ancien : alors ne se jette-t-on pas à genoux devant eux? ne les prend-on pas pour des divinités bienfaisantes?

Si, après s'être montrés quelque temps sous cette forme heureuse, ils sont chassés des quatre parties du monde, n'est-ce pas une grande probabilité que leur orgueil a partout révolté l'orgueil des autres, que leur ambition a réveillé l'ambition de leurs rivaux, que leur fanatisme a enseigné au fanatisme à les perdre?

Il est évident que si les clercs de la brillante Église de Nicodémie n'avaient pas pris querelle avec les valets de pied du césar Galérius, et si un enthousiaste insolent n'avait pas déchiré l'édit de Dioclétien, protecteur des chrétiens, jamais cet empereur, jusque-là si bon, et mari d'une chrétienne, n'aurait permis la persécution qui éclata les deux dernières années de son règne; persécution que nos ridicules copistes de légendes ont tant exagérée. Soyez tranquille, et on vous laissera tranquille.

Duhalde rapporte, dans sa collection des *Mémoires de la Chine*, un billet du bon empereur Kang-hi aux jésuites de Pékin, lequel peut donner beaucoup à penser; le voici[1] :

« L'empereur est surpris de vous voir si entêtés de vos idées. Pourquoi vous occuper si fort d'un monde où vous n'êtes pas encore? Jouissez du temps présent. Votre Dieu se met bien en peine de vos soins! N'est-il pas assez puissant pour se faire justice sans que vous vous en mêliez? »

Il paraît par ce billet que les jésuites se mêlaient un peu de tout à Pékin comme ailleurs.

Plusieurs d'entre eux étaient parvenus à être mandarins, et les mandarins chinois étaient jaloux. Les frères prêcheurs et les frères mineurs étaient plus jaloux encore. N'était-ce pas une chose plaisante de voir nos moines disputer humblement les premières dignités de ce vaste empire? Ne fut-il pas encore plus singulier que le pape envoyât des évêques dans ce pays; qu'il partageât déjà la Chine en diocèses sans que l'empereur en sût rien, et qu'il y dépêchât des légats pour

---

autre peuple, dieux étrangers, *dii alieni*, ne signifie que dieu d'un autre nom; que le Dieu créateur du ciel et de la terre était partout le même, et qu'on doit entendre par *dii alieni* dieux secondaires, dieux locaux, demi-dieux, anges, puissances aériennes, etc.

1. Tome III de la Collection de Duhalde, p. 129.

juger qui savait mieux le chinois, des jésuites, ou des capucins, ou de l'empereur.

Le comble de l'extravagance était sans doute (et on l'a déjà dit assez) que les missionnaires, qui venaient tous enseigner la vérité, fussent tous divisés entre eux, et s'accusassent réciproquement des plus puants mensonges. Il y avait bien un autre danger : ces missionnaires avaient été dans le Japon la malheureuse cause d'une guerre civile, dans laquelle on avait égorgé plus de trente mille hommes en l'an de grâce 1638. Bientôt les tribunaux chinois rappelèrent cette horrible aventure à l'empereur Young-tching, fils de Kang-hi et père de Kien-long, l'auteur du poëme de *Moukden*. Tous les prédicateurs d'Europe furent chassés avec bonté par le sage Young-tching, en 1724[1]. La cour ne garda que deux ou trois mathématiciens, parce que d'ordinaire ce ne sont pas ces gens-là qui bouleversent le monde par des arguments théologiques.

Mais, monsieur, si les Chinois aiment tant les bons mathématiciens, pourquoi ne le sont-ils pas devenus eux-mêmes? Pourquoi ayant vu nos éphémérides ne se sont-ils pas avisés d'en faire? pourquoi sont-ils toujours obligés de s'en rapporter à nous? Le gouvernement met toujours sa gloire à faire recevoir ses almanachs par ses voisins, et il ne sait pas encore en faire. Ce ridicule honteux n'est-il pas l'effet de leur éducation? Les Chinois apprennent longtemps à lire et à écrire, et à répéter des leçons de morale; aucun d'eux n'apprend de bonne heure les mathématiques. On peut parvenir à se bien conduire soi-même, à bien gouverner les autres, à maintenir une excellente police, à faire fleurir tous les arts, sans connaître la table des sinus, et les logarithmes. Il n'y a peut-être pas un secrétaire d'État en Europe qui sût prédire une éclipse. Les lettrés de la Chine n'en savent pas plus que nos ministres et que nos rois.

Vous croyez que ce défaut vient des têtes chinoises encore plus que de leur éducation. Vous semblez penser que ce peuple n'est fait pour réussir que dans les choses faciles; mais qui sait si le temps ne viendra pas où les Chinois auront des Cassini et des Newton? Il ne faut qu'un homme, ou plutôt qu'une femme. Voyez ce qu'ont fait de nos jours Pierre Ier et Catherine II.

---

1. Rien n'est plus connu aujourd'hui que le discours admirable de cet empereur aux jésuites en les chassant : « Que diriez-vous si j'envoyais une troupe de bonzes et de lamas dans votre pays pour y prêcher leurs dogmes?... Les mauvais dogmes sont ceux qui, sous prétexte d'enseigner la vertu, soufflent la discorde et la révolte : vous voulez que tous les Chinois se fassent chrétiens, je le sais bien; alors que deviendrons-nous? les sujets de vos rois, comme l'île de Manille. Mon père a perdu beaucoup de sa réputation chez les lettrés en se fiant trop à vous. Vous avez trompé mon père, n'espérez pas me tromper de même. » Après ce discours sévère et paternel, l'empereur renvoya tous les convertisseurs en leur fournissant de l'argent, des vivres, et des escortes qui les défendirent des fureurs de tout un peuple déchaîné contre eux : il n'y eut point de dragonnade. Voyez le dix-septième volume des *Lettres curieuses et édifiantes*.

LETTRE VII. — *Sur la fantaisie qu'ont eue quelques savants d'Europe de faire descendre les Chinois des Égyptiens.*

Je voudrais, monsieur, dompter ma curiosité, n'ayant pu la satis-faire. J'ai vu chez mon père, qui est négociant, plusieurs marchands, facteurs, patrons de navires et aumôniers de vaisseaux, qui reve-naient de la Chine, et qui ne m'en ont pas plus appris que s'ils dé-barquaient du coche d'Auxerre. Un commissionnaire, qui avait séjourné vingt ans à Kanton, m'a seulement confirmé que les marchands y sont très-méprisés, quoique dans la ville la plus commerçante de l'empire. Il avait été témoin qu'un officier tartare, très-curieux des nouvelles de l'Europe, n'avait jamais osé donner à dîner dans Kanton à un offi-cier de notre compagnie des Indes, parce qu'il servait des marchands. Le capitaine tartare avait peur de se compromettre : il ne se famili-arisa jusqu'à dîner avec ce capitaine français qu'à sa maison de campa-gne. Je soupçonne, par parenthèse, que ce mépris pour une profes-sion si utile est la source de la friponnerie dont on accuse les marchands chinois, et principalement les détailleurs; ils font payer leur humilia-tion. De plus, ce dédain mandarinal pour le commerce nuit beaucoup au progrès des sciences.

N'ayant pu rien savoir par nos marchands, j'ai été encore moins éclairé par nos aumôniers, qui ont pu argumenter depuis Goa jusqu'à Bornéo. Le capucin Norbert[1] ne m'a appris autre chose, dans huit gros volumes, sinon qu'il avait été persécuté dans l'Inde par les jé-suites, poursuivis eux-mêmes partout.

Je me suis adressé à des savants de Paris qui n'étaient jamais sortis de chez eux; ceux-là n'ont fait aucune difficulté de m'expliquer le se-cret de l'origine des Chinois, des Indiens, et de tous les autres peu-ples. Ils le savaient par les mémoires de Sem, Cham, et Japhet. L'évê-que d'Avranches, Huet, l'un de nos plus laborieux écrivains, fut le premier qui imagina que les Égyptiens avaient peuplé l'Inde et la Chine; mais comme il avait imaginé aussi que Moïse était Bacchus, Adonis, et Priape, son système ne persuada personne.

Mairan, secrétaire de l'Académie des sciences, crut entrevoir, avec les lunettes d'Huet, une grande conformité entre les sciences, les usa-ges, les mœurs, et même les visages des Égyptiens et des Chinois. Il se figura que Sésostris avait pu fonder des colonies à Pékin et à Delhi. Le P. Parennin lui écrivit de la Chine une grande lettre aussi ingé-nieuse que savante qui dut le désabuser[2].

D'autres savants ont travaillé ensuite à transplanter l'Égypte à la Chine. Ils ont commencé par établir qu'on pouvait trouver quelque ressemblance entre d'anciens caractères de la langue phénicienne ou syriaque et ceux de l'ancienne Égypte, en y faisant les changements requis; il ne leur a pas été difficile de travestir ensuite ces caractères

---

1. Pierre Parisot, connu sous le nom de P. Norbert, capucin, auteur des *Mé-moires historiques sur les affaires des jésuites avec le Saint-Siége.* (ÉD.)

2. Imprimée à la tête du vingt-sixième tome des *Lettres curieuses et édi-fiantes.*

égyptiens en chinois. Cela fait, ils ont composé des anagrammes avec les noms des premiers rois de la Chine. Par ces anagrammes ils ont reconnu que le roi chinois Yu est évidemment le roi d'Égypte Menès, en changeant seulement *y* en *me*, et *u* en *nès*. Ki est devenu Athoès; Kang a été transformé en Diabiès, et encore Diabiès est-il un mot grec. On sait assez que les Athéniens donnèrent des terminaisons grecques aux mots égyptiens. Il n'y a pas eu plus de Diabiès en Égypte, que de Memphis et d'Héliopolis : Memphis s'appelait Moph, Héliopolis s'appelait Hon. C'est ainsi que, dans la suite des siècles, ces Grecs s'avisèrent de donner le nom de Crocodilopolis à la ville d'Arsinoé. Tout cela ferait renoncer à la généalogie des noms et des hommes. Enfin i' ne paraît pas que les Chinois soient venus d'Égypte plutôt que de Romorantin.

Je ne pense pas pourtant qu'il fût honteux à la Chine d'avoir l'Égypte pour aïeule. La Chine est à la vérité dix-huit fois[1] aussi grande que sa prétendue grand'-mère : et même on peut dire que l'Égypte n'est pas d'une race fort ancienne; car pour qu'elle figurât un peu dans le monde, il fallut des temps infinis; elle n'aurait jamais eu de blé, si elle n'avait eu l'adresse de creuser les canaux qui reçurent les eaux du Nil. Elle s'est rendue fameuse par ses Pyramides, quoiqu'elles n'eussent guère, selon Platon dans sa *République*[2], plus de dix mille ans d'antiquité. Enfin on ne juge pas toujours des peuples par leur grandeur et leur puissance. Athènes a été presque égale à l'empire romain, aux yeux des philosophes; mais, malgré toute la splendeur dont l'Égypte a brillé, surtout sous la plume de l'évêque Bossuet, qu'il me soit permis de préférer un peuple adorateur pendant quatre mille ans du Dieu du ciel et de la terre, à un peuple qui se prosternait devant des bœufs, des chats, et des crocodiles, et qui finit par aller dire la bonne aventure à Rome, et par voler des poules au nom d'Isis.

Vous avez vaillamment combattu ceux qui ont voulu faire passer ces Égyptiens pour les pères des Chinois, *laudo vos*. Mais si vous regardez encore les Chinois avec mépris, *in hoc non laudo*.

LETTRE VIII. — *Sur les dix anciennes tribus juives qu'on dit être à la Chine.*

Je gourmande toujours inutilement cette curiosité insatiable et inutile. Si on m'apprend quelques vérités sur un coin des quatre parties du monde, je me dis : « A quoi ces vérités me serviront-elles? » Si on m'accable de mensonges, comme cela m'arrive tous les jours, je gémis, et je suis prêt de me mettre en colère.

Bénis soient les Chinois, monsieur, qui ne s'informent jamais de ce qui se passe hors de chez eux! M. Gervais a bien raison de remar-

1. Je compte l'Égypte trois fois moins étendue que la France, et la France six fois moins étendue que la Chi e. Ces mesures ne contredisent point celles de M. Danville, qui n'a c'nsidéré que le terrain cultivable de l'Égypte : voy. son *Égypte ancienne et moverne.*
2. Voy. Platon, au livre II de sa *République.*

étudié la langue sacrée dans le Bengale, langue connue seulement de quelques savants brames, se sont donné la peine de lire et de traduire les morceaux les plus précieux de ce *Shasta-bad*. L'un est M. Holwell, longtemps vice-gouverneur du principal établissement anglais sur le Gange; l'autre, M. Dow, colonel dans l'armée de la Compagnie. J'avoue, monsieur, que notre Compagnie française ne s'est pas donné de pareils soins, et qu'elle n'a été ni si savante ni si heureuse.

L'antiquité du *Shasta-bad* fait voir évidemment que les brachmanes précédèrent de plusieurs siècles les Chinois, qui précèdent le reste des hommes. Ce qui surprend, ce n'est pas que ce livre soit si ancien, c'est qu'il soit écrit dans le style dont Platon écrivait en Grèce, plus de deux mille ans après l'auteur indien.

Vous connaissez ce *Shasta-bad* sans doute; mais permettez-moi de vous en représenter ici les principaux traits. Vous verrez qu'ils n'ont été connus d'aucun de nos missionnaires. Chacun d'eux nous a conté ce qu'il entendait dire, et encore très-difficilement, dans la province où il séjourna peu de temps. Toutes ces provinces ont des idiomes et des catéchismes différents. Supposé que des Indiens fussent assez désœuvrés, assez inquiets, assez déterminés, pour venir en Europe s'informer de nos dogmes et nous instruire des leurs, ils verraient à Pétersbourg l'Église grecque, qui diffère de la romaine; en Suède, en Danemark, l'Église évangélique ou luthérienne, qui ne ressemble ni à la romaine ni à la grecque; en Prusse, une autre religion. Il serait bien difficile à ces Indiens de se faire une idée nette de l'origine du christianisme. MM. Holwell et Dow ont puisé à la source du brachmanisme; et on verra que cette source est celle des croyances qui ont régné le plus anciennement sur notre hémisphère, et même à la Chine, où la métempsycose indienne est encore reçue chez le peuple, quoique méprisée chez les lettrés et dans tous les tribunaux.

Voici le commencement du plus singulier de tous les livres [1].

« Dieu est un, créateur de tout, sphère universelle, sans commencement, sans fin. Dieu gouverne toute la création par une providence générale, résultante de ses éternels desseins. — Ne recherche point l'essence et la nature de l'Éternel, qui est un; ta recherche serait vaine et coupable. C'est assez que jour par jour, et nuit par nuit, tu adores son pouvoir, sa sagesse, et sa bonté, dans ses ouvrages. »

J'avais dit tout à l'heure que le *Shasta-bad* était digne de Platon. Je me rétracte : Platon n'est pas digne du *Shasta-bad*. Continuons.

« L'Éternel voulut, dans la plénitude du temps, communiquer de son essence et de sa splendeur à des êtres capables de la sentir. Ils n'étaient pas encore [2]; l'Éternel voulut, et ils furent. Il créa Birma, Vitsnou, et Sib. »

On voit ensuite comment Dieu forma d'autres substances nombreuses, subordonnées à ces trois premières participantes de sa propre na-

---

1. Nous en avons déjà quelques extraits en français dans un abrégé de l'*Histoire de l'Inde*, imprimé avec le procès mémorable du général Lally.
2. N'est-ce pas là le vrai sublime?

ture, et dominatrices avec lui. Ces puissances subordonnées, et d'un ordre inférieur, avaient à leur tête un génie céleste que l'on nomme Moisazor. Tous ces noms expriment dans la langue du *hanscrit* des perfections différentes : ces perfections diverses, et cette subordination, produisirent dans les globes dont Dieu a rempli l'espace une harmonie et une félicité constante pendant plusieurs siècles.

Il est clair que ces idées, toutes sublimes qu'elles peuvent être, ne sont cependant qu'une image d'un bon gouvernement parmi les hommes; c'est le terrestre épuré et transporté au ciel. C'est encore ce que Platon a tant imité.

Enfin l'envie et l'ambition se saisissent du cœur de Moisazor et de ses compagnons : ils joignent les imperfections aux perfections : ils pervertissent l'ouvrage de l'Éternel : ils se révoltent contre les trois êtres supérieurs, tirés de sa substance divine; la discorde succède à l'harmonie; le ciel se divise; les génies fidèles qui ont conservé la perfection se déclarent contre les génies infidèles qui ont choisi l'imperfection : l'Éternel précipite Moisazor et les autres substances imparfaites et révoltées dans le globe des ténèbres, nommé l'Ondéra.

Voilà probablement l'origine de la guerre des Titans contre les dieux en Egypte; de la destruction de Typhon, de la punition de Typhée et d'Encelade enchaînés par les Grecs, en Sicile[1], sous le mont Etna. Un autre aurait dit, *voilà infailliblement*, au lieu de *voilà probablement*. Car on sait que dès qu'un beau conte est inventé par une nation, il est vite copié par une autre : l'aventure d'Amphitryon et de Sosie est originairement de l'Inde; on l'a déjà remarqué ailleurs.

Si on osait, on observerait encore que cette histoire, ou cette théogonie, ou cette allégorie, parvint jusqu'aux Juifs vers les temps d'Archélaüs et d'Agrippa; car c'est alors qu'il parut un livre juif sous le nom d'*Énoch*, dans lequel il était fait mention de la révolte et de la chute des anges. On nous a conservé quelques passages de ce livre attribué à Énoch, *septième homme après Adam*. On y trouve que deux cents anges principaux, ayant l'archange Semexias à leur tête, se liguèrent ensemble sur le mont Hermon pour aller voler les hommes et pour violer les filles. Le Seigneur ordonna à Michaël de lier le capitaine Semexias, et à Gabriel de lier Azazel, le lieutenant : ils furent jetés avec leurs soldats dans le lieu d'obscurité, comme y avaient été jetés les génies désobéissants du *Shasta-bad*. C'est même à cette chute des anges, rapportée dans le livre d'Énoch, que l'apôtre saint Jude fait allusion, quand il dit, dans son Épître, chapitre Ier : « Qu'Énoch, septième homme après Adam, prophétisa sur ces étoiles errantes, auxquelles une tempête noire est réservée pour l'éternité[2]. » Il dit dans ce même chapitre « que ces anges sont liés de chaînes à tout jamais[3], quoique l'archange Michaël n'osât maudire le diable en lui disputant le corps de Moïse. »

C'est au P. Calmet de notre congrégation d'expliquer ces mystères;

1. Voy. l'abrégé de l'*Histoire de l'Inde*, à la suite de la catastrophe du général Lally. — 2. Vers. 13. — 3. Vers. 6.

c'est à lui seul de montrer comment la chute des anges n'avait été
annoncée chez nous que dans un livre apocryphe : je dois me borner
à vous dire que cette chute était articulée depuis des siècles dans le
Shasta-bad des anciens brachmanes.

Vous savez, monsieur, qu'il y a dans ce temps-ci des doctes qui raisonnent, ce qui n'était pas autrefois si commun : vous savez que,
parmi nos doctes raisonneurs modernes, il s'en trouve quelques-uns
d'assez téméraires pour oser croire que le berceau du christianisme fut
dans l'Inde, il y a cinq mille ans à peu près ; et voici comme ils tâ-
chent d'argumenter. « L'origine de tout, disent-ils, selon nous et selon
les Indiens, c'est le diable. Car nous disons que le diable s'étant révolté dans le ciel avant qu'il y eût des hommes sur la terre, et ayant
été mis en enfer, il en sortit pour venir tenter nos premiers parents
dès qu'il sut qu'ils existaient. Il fut la cause du péché originel, et ce
péché originel fut la cause de tout ce qui est arrivé depuis. Donc le
diable est la cause de tout. » Mais puisqu'il n'est question, dans aucun
endroit de la *Genèse*, ni du diable, ni de son enfer, ni de son voyage
sur la terre, il est évident que toute cette théologie est tirée de la
théologie des anciens brachmanes, qui seuls avaient écrit l'histoire du
diable sous le nom de Moisazor. Ce Moisazor avait commencé par être
favori de Dieu, puis avait été damné, puis était venu sur la terre.

Nos commentateurs firent de ce diable chassé du ciel un serpent ;
ensuite ils en firent Satan, Belphégor, Belzébuth, etc. ; ils ont fini
par l'appeler Lucifer, d'un mot latin qui veut dire l'étoile de Vénus.

Et pourquoi ont-ils appelé le diable étoile de Vénus ? c'est que dans
un ancien écrit juif[1] on a déterré un passage traduit en latin. Ce passage regarde la mort d'un roi de Babylone de qui les Juifs avaient été
esclaves. Les Juifs se réjouissaient d'avoir perdu ce monarque, comme
fait le peuple partout à la mort de son maître. L'auteur exhorte le
peuple à se moquer de ce roi babylonien qu'on vient d'enterrer.

« Allons, dit-il, chantez une parabole contre le roi de Babylone.
Dites : « Que sont devenus ses employés des gabelles ? que sont devenus
« les bureaux de ces gabelles ? Le Seigneur a brisé le sceptre des impies
« et les verges des dominateurs ; la terre est maintenant tranquille et
« en silence : elle est dans la joie. Les cèdres et les sapins, ô roi, se ré-
« jouissent de ta mort. Ils ont dit : Depuis que tu es enterré, personne
« n'est plus venu nous couper et nous abattre : tout le souterrain s'est
« ému à ton arrivée ; les géants, les princes, se sont levés de leur
« trône ; ils disent : Te voilà donc percé comme nous ; te voilà sembla-
« ble à nous ; ton orgueil est tombé dans les souterrains avec ton ca-
« davre. Comment es-tu tombée du ciel, étoile du matin, étoile de
« Vénus, Lucifer (en syriaque *Hellel*)? comment es-tu tombée en
« terre, toi qui frappais les nations ? etc.[2] »

Cette parabole est fort longue. Il a plu aux commentateurs d'entendre littéralement cette allégorie, comme il leur a plu d'expliquer allé-
goriquement le sens littéral de cent autres passages ; c'est ainsi que

1. Isaïe. — 2. *Id.*, XIV, 12. (ÉD.)

notre saint François de Paule ayant fondé les minimes, on prêcha en
Italie que son ordre était prédit dans la *Genèse* [1] : *Frater minimus cum
patre nostro.* C'est ainsi que toute l'histoire de saint François d'Assise
se trouve mot à mot dans la *Bible.* De tout cela, monsieur, nos commentateurs concluent que le serpent qui trompa notre Ève était le
diable, et les Indiens concluent que le diable était leur Moisazor, qui
fut ci-devant le premier des anges. Si on en croyait les anciens Perses,
leur Satan serait d'une plus vieille date que notre serpent, et appro-
cherait presque de l'antiquité de Moisazor. Chaque nation veut avoir
son diable, comme chaque paroisse a son saint.

Je n'entre point dans ces profondeurs; je remarquerai seulement
que le gouverneur Holwell, après nous avoir donné une idée de ce
livre si antique, et en avoir admiré le style, le compare au *Paradis
perdu* de Milton, « à cela près, dit-il, que Milton a été entraîné par
son génie inventif et ingouvernable à semer dans son poëme des scènes
trop grossières, trop bouffonnes, trop opposées aux sentiments qu'on
doit avoir de l'Être suprême [2]. »

Poursuivons l'histoire de l'ancienne loi indienne. Dieu pardonne,
après plusieurs milliers de siècles, aux génies délinquants; il crée la
terre comme un séjour d'épreuve pour leur donner lieu d'expier leurs
crimes : il les fait passer par plusieurs métamorphoses. D'abord ils
sont vaches, afin que, lorsqu'ils seront hommes, ils apprennent à ne
point tuer leurs nourrices et à ne pas manger leurs pères nourriciers :
c'est ce qui établit cette doctrine de la métempsycose, et cette absti-
nence rigoureuse de tout être à qui Dieu a donné la vie; doctrine que
Pythagore embrassa dans l'Inde, et qu'il ne put faire recevoir à
Crotone.

Quand ces génies célestes et punis ont subi plusieurs métamorphoses
sans commettre des crimes, ils retournent enfin avec leurs femmes
dans le ciel, leur première patrie; et c'est pour accompagner leurs
époux dans le ciel que tant de femmes se brûlèrent et se brûlent encore sur le corps de leurs maris : piété ancienne autant qu'affreuse,
qui nous montre à quel excès de faiblesse la superstition peut réduire
l'esprit humain, et à quelle grandeur elle peut élever le courage. Cicéron dit, dans ses *Tusculanes*, que cette coutume subsistait de son
temps dans toute sa force. Il s'en effraye et il l'admire.

M. Holwell a vu dans son gouvernement, en 1743, la plus bell
femme de l'Inde, âgée de dix-huit ans, résister aux prières et aux
larmes de milady Russell, femme de l'amiral anglais, qui la conjurai
d'avoir pitié d'elle-même et de deux enfants charmants qu'elle allai
laisser orphelins; elle répondit à Mme Russell : « Dieu les a fait naître,
Dieu en prendra soin. » Elle s'étendit sur le bûcher, et y mit le feu
elle-même avec autant de sérénité que des dévotes prennent le voile
parmi nous.

Il ajoute qu'un Anglais nommé Charnoc, étant témoin du même
épouvantable sacrifice d'une jeune Indienne très-belle, descendit, mal-

1. Chap. XLII, vers. 13. (ÉD.) — 2. Page 64, deuxième édition.

gré les prêtres, dans la fosse du bûcher, arracha du milieu des flammes cette victime, qui criait au ravisseur et à l'impie; qu'il eut une peine extrême à l'apaiser, qu'enfin il l'épousa, mais qu'il fut regardé par tout le peuple comme un monstre.

Les brachmanes eurent un autre dogme qui a fait plus de fortune dans tout notre Occident; c'est celui de nos quatre âges du monde, si bien chantés par Ovide, et qui figurent toujours dans nos opéras et dans nos tableaux. Le premier âge de la création de la terre pour sauver les âmes de l'enfer fut de trois millions deux cent mille de nos années, ci.. 3 200 000

Le second fut de............................. 1 600 000

Le troisième, de............................. 800 000

Le quatrième, où nous sommes, est de......... 400 000

Ainsi tout va toujours en diminuant et en empirant dans ce monde; mais nous sommes plus discrets que les brachmanes. Nos âges ne sont pas si longs. Les Indiens appellent ces âges *iogues*. C'est dans le présent iogue qu'un roi des bords du Gange, nommé Brama, écrivit dans la langue sacrée le sacré *Shasta-bad*, il n'y a guère que cinq mille années : mais il ne s'écoula pas quinze siècles qu'un autre brachmane, qui pourtant n'était pas roi, donna une loi nouvelle du *Veidam*. Je lui en demande bien pardon : ce *Veidam* est le plus ennuyeux fatras que j'aie jamais lu. Figurez-vous la *Légende dorée*, les *Conformités de saint François d'Assise*, les *Exercices spirituels de saint Ignace*, et les *Sermons de Menot*, joints ensemble, vous n'aurez encore qu'une idée très-imparfaite des impertinences du *Veidam*.

L'*Ézour-Veidam* est tout autre chose. C'est l'ouvrage d'un vrai sage qui s'élève avec force contre toutes les sottises des brachmanes de son temps. Cet *Ézour-Veidam* fut écrit quelque temps avant l'invasion d'Alexandre. C'est une dispute de la philosophie contre la théologie indienne; mais je parie que l'*Ézour-Veidam*[1] n'a aucun crédit dans son pays, et que le *Veidam* y passe pour un livre céleste.

LETTRE X. — *Sur le paradis terrestre de l'Inde.*

Ce n'est pas assez, monsieur, que deux Anglais, dans les trésors qu'ils ont rapportés de l'Inde, aient compté principalement cet ancien livre de la religion des brachmanes; ils ont encore découvert le paradis terrestre. Vous savez que de grands théologiens l'avaient placé les uns dans la Taprobane, les autres en Suède, quelques-uns même dans la lune. Mais il est réellement sur un des bras du Gange : M. Holwell et quelques-uns de ses amis, y ont voyagé d'un bout à l'autre[2]. Ce

---

1. L'*Ézour-Veidam* est en effet un livre qui combat toutes les superstitions, et qui détruit les tables dont on déshonore la Divinité; c'est probablement le livre que le P. Pons, missionnaire sur la côte de Malabar en 1740, appelle l'*Ajour-Veidam*. Il avait un peu appris la langue des brames modernes, mais non pas l'ancien *hansorit*, qui est pour eux ce qu'est l'*Iliade* d'Homère pour les Grecs d'aujourd'hui. Voy. sa lettre au P. Duhalde, dans le vingt-cinquième tome des *Lettres curieuses et édifiantes.*

2. Voy. *Interesting events relative to Bengal*, p. 197 et suivantes.

pays peut prendre son nom de sa capitale Bishnapor ou Vishnapor, où l'on adore Vitsnou, fils de Dieu, de temps immémorial. Il est à quelques journées de Calcutta, chef-lieu de la domination anglaise, et on le trouve marqué sur toutes les bonnes cartes des possessions de la Compagnie des Indes. Il n'est guère qu'à neuf ou dix journées des frontières du petit royaume de Patna. La contrée vers la ville anglaise de Calcutta, et vers celle de Vishnapor, est arrosée des canaux du Gange, qui fertilisent la terre. Tous les fruits, tous les arbres, toutes les fleurs, y sont entretenus par une fraîcheur éternelle, qui tempère les chaleurs du tropique, dont ce climat n'est pas éloigné. Le peuple y est encore plus favorisé de la nature.

« Ce peuple fortuné, dit la relation, a conservé la beauté du corps, si vantée dans les anciens brachmanes, et toute la beauté de l'âme. pureté, piété, équité, régularité, amour de tous les devoirs. C'est là que la liberté et la propriété sont inviolables. Là on n'entend jamais parler de vol, soit privé, soit public ; dès qu'un voyageur, quel qu'il soit, a touché les limites du pays, il est sous la garde immédiate du gouvernement. On lui envoie des guides qui répondent de son bagage et de sa personne, sans aucun salaire. Ces guides le conduisent à la première station. Le premier officier du lieu le loge et le défraye, puis le remet à d'autres guides, qui en prennent le même soin. Il n'a d'autre peine que de délivrer de ville en ville à ses conducteurs un certificat qu'ils ont rempli leur charge. Il est entretenu de tout dans chaque gîte, pendant trois jours, aux dépens de l'État; et s'il tombe malade, on le garde, et on lui administre tous les secours jusqu'à ce qu'il soit guéri, sans qu'on reçoive de lui la moindre récompense. »

Si ce n'est pas là le paradis terrestre, je ne sais où il peut être.

Un philosophe sera moins surpris qu'un autre homme, quand il saura que les habitants de Vishnapor descendent des anciens brachmanes. C'est probablement ainsi que Pythagore fut reçu chez eux. Ils ont conservé depuis des siècles innombrables la simplicité et la générosité de leurs mœurs. Ajoutez à cela que cette province, presque aussi grande que la France ou l'Allemagne, a toujours été préservée du fléau de la guerre, tandis que ce fléau dévorait tout depuis Delhi et depuis les rives du Gange jusqu'aux sables de Pondichéri.

On demandera comment des peuples si doux et si vertueux n'ont pas été conquis par quelqu'un de ces voleurs de grands chemins, soit Marattes, soit Européens, soit Thamas-Kouli-kan, soit Abdalla? C'est qu'on ne peut pas entrer chez eux aussi facilement que le diable entra, selon Milton, dans le paradis terrestre, en sautant les murs.

Le prince descendant des premiers rois brachmanes, qui règne dans Vishnapor, peut, en moins d'un jour, inonder tout le pays; une armée serait noyée en arrivant. Vishnapor est aussi bien défendu qu'Amsterdam et Venise; ces peuples, qui n'ont jamais attaqué personne, résisteraient à l'univers entier.

Probablement quelques Français, soit à Romorantin, soit à Paris, rendront ce récit pour des contes d'Hérodote, ou pour d'autres contes;

tout est cependant de la plus exacte vérité : les témoins oculaires sont à Londres.

Pourquoi n'en sait-on rien chez nous? pourquoi de soixante journaux qui paraissent tous les mois, aucun n'a-t-il discuté des merveilles si étranges? On dit que le livre de M. Holwell a été traduit; mais ces faits, jetés en passant dans des mémoires sur les intérêts de sa Compagnie des Indes, n'ont été remarqués en France par personne. Un seul homme en a parlé[1], et on n'y a pas pris garde. On n'était occupé chez nous que de l'histoire parisienne du jour. Si on a jeté les yeux un moment sur l'Inde, ce n'a été que pour accuser de nos désastres ceux qui avaient prodigué leur sang pour les finir. Aucun même des négociants, des commis, des employés de notre malheureuse Compagnie, n'a jamais entendu parler de Vishnapor ou de Bishnapor. Ils ont été chassés d'un climat que pendant cinquante ans ils n'avaient pu connaître. Le jésuite Lavaur, qui revint de Pondichéri avec onze cent mille francs dans sa cassette, ne savait pas si M. Holwell et M. Dow étaient au monde.

J'avoue que si la route de Vishnapor était aussi fréquentée que celle d'Orléans et de Lyon, l'hospitalité y serait moins en honneur : c'est une vertu qui coûte peu de chose à ces peuples; mais on m'avouera qu'ils exercent cette vertu quand l'occasion s'en présente : une bonne action aisée à faire est toujours une bonne action. Ce serait le bonheur du genre humain que la vertu fût partout d'une pratique facile. La *Dévotion aisée* du P. Lemoine n'était point un si ridicule titre de livre; faudrait-il donc que la saine morale fût rebutante?

Si les brachmanes furent les premiers théologiens de ce monde, ils furent aussi les premiers astronomes. Les nuits de leur pays, qui sont plus belles que nos beaux jours, durent nécessairement les engager à observer les astres. Il n'est pas à croire que cette science ait été cultivée d'abord par des bergers, comme on le dit. Nous ne voyons pas que nos pâtres s'occupent beaucoup des planètes et des étoiles fixes. Probablement ceux qui gardaient les moutons en Tartarie, aux Indes, en Chaldée, n'étaient pas plus curieux que les paysans de nos contrées, et je ne vois pas qu'il y ait jamais eu de Newton et de Halley parmi nos bergers d'Allemagne, de France et d'Espagne. Il faut savoir un peu de géométrie pour être même un astronome ignorant. Les brachmanes étaient géomètres. Il est donc de la plus grande vraisemblance que la science du ciel eut son origine chez eux.

Il paraît qu'ils furent les premiers qui connurent l'obliquité de l'écliptique. Leur première époque astronomique commençait à une conjonction de toutes les planètes, et cette conjonction était arrivée vingt-trois mille cinq cent et un ans avant notre ère. Je n'examine pas s'ils se sont trompés sur cette époque; mais je dis qu'il faut une prodigieuse science et bien des siècles pour être en état de se tromper dans un tel calcul.

1. Voltaire lui-même. (ÉD.).

LETTRE XI. — *Sur le grand lama et la métempsycose.*

Après avoir voyagé sous vos ordres, monsieur, en Égypte, à la Chine et aux Indes, je veux faire un petit tour dans un coin de la Tartarie pour vous parler du grand lama. Je veux bien croire qu'il y a des Tartares assez bons pour pendre à leur cou quelques reliques de son derrière en forme de grains de chapelet : en vérité il y a dans les environs de Romorantin, et dans d'autres villes, des gens du peuple qui se parent de reliques aussi singulières. Je ne vois pas que ce qui sort du derrière d'un homme qu'on respecte et qu'on aime, quand cela est bien sec, bien musqué, bien préparé, bien enchâssé dans de l'or ou de l'ivoire, soit plus dégoûtant que tel vieux haillon qui n'a jamais appartenu à un homme de mérite, ou tel vieux os pourri, ou tel nombril, ou tel prépuce, qu'on expose encore dans plus d'un de nos villages à l'adoration des bonnes femmes.

Mais que dans tout le Thibet on pense qu'il existe un homme immortel, cela peut faire quelque peine à un philosophe. Peut-être ce dogme est-il la suite de cette recherche sérieuse que des rois de la Chine firent autrefois du breuvage d'immortalité. Vous remarquez très-bien dans votre livre que plus d'un roi mourut subitement de ce breuvage qui faisait vivre éternellement.

Il y a, ce me semble, dans Oléarius un très-bon conte sur Alexandre, qui chercha le breuvage d'immortalité en passant par le Thibet, lorsqu'il allait conquérir l'Inde. C'est dommage que ce conte n'ait pas eu place dans les *Mille et une Nuits;* mais il était trop philosophique pour ma sœur Scheherazade. Voici donc ce qu'Oléarius lut en Perse, dans une histoire d'Alexandre qui n'est pas écrite par Quinte-Curce[1].

Alexandre, après la mort de Darah ou Darius, ayant vaincu les Tartares Usbecks, et se trouvant de loisir, voulut boire de l'eau d'immortalité. Il fut conduit par deux frères qui en avaient bu largement, et qui vivent encore comme Hénoch et Élie. Cette fontaine est dans une montagne du Caucase, au fond d'une grotte ténébreuse. Les deux frères firent monter Alexandre sur une jument dont ils attachèrent le poulain à l'entrée de la caverne, afin que la mère, qui portait le roi au milieu de ces profondes ténèbres, pût revenir d'elle-même à son petit après qu'on aurait bu.

Quand on fut arrivé à tâtons au milieu de la grotte, on vit tout d'un coup une grande clarté; une porte d'acier brillant s'ouvre; un ange en sort en sonnant de la trompette. « Qui es-tu? lui dit le héros. — Je suis Raphaël. Et toi? — Moi, je suis Alexandre. — Que cherches-tu? — L'immortalité. — Tiens, lui dit l'ange, prends ce caillou, et quand tu en auras trouvé un autre précisément du même poids, reviens à moi, et je te ferai boire. » Alors l'ange disparut, et les ténèbres furent plus épaisses qu'auparavant.

Alexandre sortit de la grotte à l'aide de sa jument, qui courut après son poulain. Tous les officiers, tous les valets d'Alexandre se mirent à

1. *Voyages d'Oléarius en Moscovie, en Perse,* p. 169 et 170.

chercher des cailloux. On n'en trouva point qui fût exactement d'une pesanteur égale à celui de Raphaël; et cela servit à prouver cette ancienne vérité, sur laquelle Leibnitz a tant insisté depuis, qu'il est impossible que la nature produise deux êtres absolument semblables.

Enfin Alexandre prit le parti de faire ajouter une pincée de terre à son caillou pour égaler le poids, et revint tout joyeux à sa grotte sur sa jument. La porte d'acier s'ouvre, l'ange reparaît; Alexandre lui montre les deux cailloux. L'ange les ayant considérés, lui dit : « Mon ami, tu y as ajouté de la terre; tu m'as prouvé que tu en es formé, et que tu retourneras à ton origine. »

Il faut que depuis on ait cru dans le Thibet qu'enfin le grand lama avait trouvé les deux cailloux et la véritable recette. C'est ainsi que nos ancêtres crurent qu'Ogier le Danois avait bu de la fontaine de Jouvence; c'est ainsi qu'en Grèce on avait imaginé que l'Aurore avait fait présent à Tithon d'une éternelle vieillesse.

Mais ce qui me paraît plus vraisemblable, c'est que la croyance de la métempsycose, qui passa depuis si longtemps de l'Inde en Tartarie, est l'origine de cette opinion populaire que la personne du grand lama est immortelle.

Je vous prie de vouloir bien d'abord observer qu'il n'est point du tout absurde de croire à la métempsycose. C'est un dogme très-faux, je l'avoue; il n'est point approuvé parmi nous, il peut être un jour déclaré hérétique, mais il n'a jamais été expressément condamné : on pouvait, ce me semble, supposer en sûreté de conscience que Dieu, le créateur de toutes les âmes, les faisait successivement passer dans des corps différents; car que faire des âmes de tant de fœtus qui meurent en naissant, ou qui ne parviennent pas à maturité? Voilà des âmes toutes neuves qui n'ont point servi : ne seront-elles plus bonnes à rien? Ne paraît-il pas très-raisonnable de leur donner d'autres corps à gouverner, ou, si vous l'aimez mieux, de les faire gouverner par d'autres corps?

Pour les âmes qui ont habité des corps disgraciés, et qui ont souffert avec eux dans leur demeure, n'est-il pas encore très-raisonnable qu'après être délogées de leurs vilains étuis elles aillent en habiter de mieux faits?

Je dirais plus : il n'y a personne qui, si on lui proposait de renaître après sa mort, n'acceptât ce marché de tout cœur : *quam vellent æthere in alto*[1]! Il paraît donc assez évident que ce système ne répugne ni au cœur humain ni à la raison humaine.

Il est encore évident que cette doctrine ne choque point les bonnes mœurs; car une âme qui se trouvera logée dans le corps d'un homme pour soixante ou quatre-vingts ans tout au plus devra prendre le parti d'être une âme honnête, de peur d'aller habiter, après son décès, le corps de quelque animal immonde et dégoûtant.

Pourquoi ce système ne fut-il reçu ni chez les Grecs, ni chez les Romains, ni même en Égypte, ni en Chaldée? est-ce parce qu'il n'é-

---

1. Virgile, Æn., VI, 436. (ÉD.)

ait pas prouvé? non, car tous ces peuples étaient infatués de dogmes
bien plus improbables. Il est à croire plutôt que la doctrine de la
transmigration des âmes fut rejetée, parce qu'elle ne fut annoncée
que par des philosophes. Dans tout pays on disputa toujours contre le
philosophe, et on recourut au sorcier. Pythagore eut beau dire en
Italie :

> *O genus attonitum gelidæ formidine mortis !*
> *Quid Styga, quid tenebras, quid numina vana timetis,*
> *Materiem vatum falsique piacula mundi ?*
> *Corpora, sive rogus flamma, seu tabe vetustas*
> *Abstulerit, mala posse pati, non ulla putetis.*
> *Morte carent animæ; semperque, priore relicta*
> *Sede, novis habitant domibus vivuntque receptæ.*
> *Ipse ego (nam memini), Trojani tempore belli,*
> *Panthoïdes Euphorbus eram.*
>
> Ovid., *Metam.*, XV, 153.

Ce que du Bartas[1] a traduit ainsi dans son style naïf :

> Pauvres humains effrayés du trépas,
> Ne craignez point le Styx et l'autre monde;
> Tous vains propos dont notre fable abonde.
> Le corps périt, l'âme ne s'éteint pas;
> Elle ne fait que changer de demeure,
> Anime un corps, puis un autre sans fin.
> Gardons-nous bien de penser qu'elle meure;
> Elle voyage, et tel fut mon destin,
> J'étais Euphorbe à la guerre de Troie.

On laissa dire Pythagore, on se moqua d'Euphorbe, on se jeta à
corps perdu, à la tête de Cerbère, dans le Styx et dans l'Achéron, et
l'on paya chèrement des prêtres de Diane et d'Apollon qui vous en retiraient pour de l'argent comptant.

Les brachmanes et les lamas du Thibet furent presque les seuls qui
s'en tinrent à la métempsycose. Il arriva qu'après la mort d'un grand
lama, celui qui briguait la succession prétendit que l'âme du défunt
était passée dans son corps : il fut élu, et il introduisit la coutume de
léguer son âme à son successeur. Ainsi tout grand lama élève auprès
de lui un jeune homme, soit son fils, soit son parent, soit un étranger adopté, qui prend la place du grand prêtre dès que le siége est
vacant. C'est ainsi que nous disons en France que le roi ne meurt point.
C'est là, si je ne me trompe, tout le mystère. Le mort saisit le vif; et
le bon peuple, qui ne voit ni les derniers moments du défunt, ni l'installation du successeur, croit toujours que son grand lama est immortel, infaillible et impeccable.

Le P. Gerberon, qui accompagna si souvent l'empereur Kang-hi
dans ses parties de chasse en Tartarie, nous a pleinement instruits des

---

1. Ce n'est point du Bartas, c'est Voltaire qui est le traducteur du passage
de Virgile. (*Note de M. Beuchot.*)

précautions que ces pontifes prenaient pour ne point mourir. Voici ce qu'il raconte dans une de ses lettres écrites en 1697 [1] :

« Le dalaï-lama, attaqué d'une maladie mortelle dans son palais de roseaux et de joncs, au Thibet, ne pouvait laisser son sceptre et sa mitre à un petit bâtard d'un an, le seul enfant qui lui restait : cette place demandait un enfant de seize ans ; c'était l'âge de la majorité. Il recommanda, sous peine de damnation, à ses prêtres de cacher son décès pendant quinze années ; et il écrivit une lettre à l'empereur Kang-hi, par laquelle *il le mettait dans la confidence, et le suppliait de protéger son fils.* Son clergé devait rendre la lettre, au bout de ce temps, par une ambassade solennelle, et cependant il était tenu de dire à tous ceux qui viendraient demander audience à Sa Sainteté qu'elle ne voyait personne, et qu'elle était en retraite. On ne parlait en Tartarie et à la Chine que de cette longue retraite du dalaï-lama ; l'empereur y fut trompé lui-même.

« Enfin ce monarque s'étant avancé jusqu'à la ville de Nianga, auprès de la grande muraille, lorsque les quinze ans étaient écoulés, l'ambassade sacerdotale parut, et la lettre fut rendue ; mais les valets des ambassadeurs avaient divulgué le mystère ; et cent mille soldats, qui suivaient l'empereur dans ses chasses, raillaient déjà de l'immortalité d'un homme enterré depuis quinze ans. Kang-hi dit à l'ambassade : « Mandez à votre maître que je lui ferai réponse dès que je serai « mort. » Cependant il eut la bonté de protéger le nouvel immortel qui avait ses seize ans accomplis ; et la canaille du Thibet crut plus que jamais à l'éternité de son pontife [2].

« Toute cette affaire, qui se passait moitié dans ce monde-ci, moitié dans l'autre, n'était donc au fond qu'une intrigue de cour. Kang-hi faisait reconnaître un immortel, et s'en moquait. Le défunt lama avait joué la comédie, même en mourant, et avait fait la fortune de son bâtard. Il ne faut pas croire que des hommes d'État soient des imbéciles, parce-qu'ils sont nés en Tartarie ; mais le peuple pourrait bien l'être.

« Je suis persuadé que si nous avions vécu du temps des adorateurs d'Isis, d'Apis et d'Anubis, nous aurions trouvé dans la cour de Memphis autant de bon sens et de sagacité que dans les nôtres, malgré la foule des docteurs du pays, payés pour pervertir ce bon sens.

« Il est contradictoire, dira-t-on, que les premiers d'une nation soient sages, habiles, polis, lorsque toute la jeunesse est élevée dans la démence et dans la barbarie. Oui, cela semble incompatible ; mais on a déjà remarqué que le monde ne subsiste que de contradictions.

« Informez un Chinois homme d'esprit, ou un Tartare de Moukden,

---

1. Voy. le tome IV de la Collection de Duhalde, p. 466, édition de Hollande.
2. Les ministres Claude et Jurieu ont osé comparer notre saint père le pape au grand lama : ils ont dit qu'il n'est pas moins ridicule d'être infaillible que d'être immortel. Je pense que la comparaison n'est pas juste ; car il peut être arrivé qu'un pape, à la tête d'un concile, ait décidé que les cinq propositions sont dans *Jansénius*, et ne se soit pas trompé ; mais il ne peut être arrivé que le même pape ne soit pas mort, lui et tout son concile.

ou un Tartare du Thibet, de certaines opinions qui ont cours dans certaine partie de l'Europe, ils nous prendront tous pour ces bossus qui n'ont qu'un œil et qu'une jambe, pour des singes manqués, tels qu'ils figuraient autrefois, aux quatre coins des cartes géographiques chinoises, tous les peuples qui n'avaient pas l'honneur d'être de leur pays. Qu'ils viennent à Londres, à Rome, ou à Paris, ils nous respecteront, ils nous étudieront, ils verront que, dans toutes les sociétés d'hommes, il vient un temps où l'esprit, les arts et les mœurs se perfectionnent. La raison arrive tard, elle trouve la place prise par la sottise; elle ne chasse pas l'ancienne maîtresse de la maison, mais elle vit avec elle en la supportant, et peu à peu s'attire toute la considération et tout le crédit. C'est ainsi qu'on en use à Rome même; les hommes d'État savent s'y plier à tout, et laissent la canaille ergotante dans tous ses droits. C'est ainsi que les dogmes les plus absurdes peuvent subsister chez les peuples les plus instruits.

Voyez ces Tartares mantchoux qui conquirent la Chine le siècle passé. Don Jean de Palafox, évêque et vice-roi du Mexique, ce violent ennemi des jésuites, qui pourtant n'a pas encore été canonisé, fut un des premiers qui écrivit une relation de cette conquête. Il regarde les Tartares mantchoux comme des loups qui ont ravagé une partie des bergeries de ce monde. On ne voit d'abord chez eux qu'ignorance de tout bien, jointe à la rage de faire tout le mal possible, insolence, perfidie, cruauté, débauche portée à l'excès. Qu'est-il arrivé? trois empereurs et le temps ont suffi pour les rendre dignes de commenter le *Poëme de Moukden*, et de l'imprimer en trente-deux nouveaux caractères différents.

L'empereur Kang-hi, grand-père de l'empereur poëte, avait déjà civilisé ses Tartares, non pas jusqu'à être éditeurs de poëmes, mais jusqu'à égaler les Chinois en science, en politesse, en douceur de mœurs. On ne distingue presque plus aujourd'hui les deux nations.

Permettez-moi encore de vous dire que le père de l'empereur Kang-hi, tout jeune qu'il était, montrait une grande prudence, en faisant couper les cheveux aux Chinois, afin que les vaincus ressemblassent plus aux vainqueurs. Palafox, il est vrai, nous dit que plusieurs Chinois aimèrent mieux perdre leur tête que leur chevelure, ainsi que plusieurs Russes, sous Pierre le Grand, aimèrent mieux perdre leur argent que leur barbe; mais enfin tout ce qui tend à l'uniformité est toujours très-utile. Les derniers empereurs tartares n'ont fait qu'un seul peuple de deux grands peuples, et ils se sont soumis, les armes à la main, aux anciennes lois chinoises. Une telle politique, soutenue depuis cent ans par un gouvernement équitable, vaut peut-être bien le travail assidu de calculer des éphémérides. Les brames d'aujourd'hui les calculent encore avec une facilité et une vitesse surprenantes : mais ils vivent sous le plus funeste des gouvernements, ou plutôt des anarchies; et les Tartaro-Chinois jouissent de la portion de bonheur qu'on peut goûter sur la terre.

Je conclus que politique et morale valent encore mieux que mathématique, etc., etc.

LETTRE XII. — *Sur le Dante, et sur un pauvre homme nommé Martinelli.*

J'entretenais mon ami Gervais de toutes ces choses curieuses, et je lui faisais lire les lettres que j'avais écrites à M. Pauw, à condition que M. Pauw me donnerait ensuite la permission de montrer les siennes à M. Gervais, lorsqu'il arriva deux savants d'Italie, à pied, qui venaient par la route de Nevers.

L'un était M. Vincenzo Martinelli, maître de langues, qui avait dédié une édition du *Dante* à milord Oxford; l'autre était un bon violon. « *Per tutti i santi!* dit le signor Martinelli, on est bien barbare dans la ville de Nevers par où j'ai passé : on n'y fait que des colifichets de verre, et personne n'a voulu imprimer mon *Dante* et mes préfaces, qui sont autant de diamants.

—Vous voilà bien à plaindre! lui dit M. Gervais; il y a quatre ans que je n'ai pu débiter, dans Romorantin, un exemplaire des vers d'un empereur chinois; et vous, qui n'êtes qu'un pauvre Italien, vous osez trouver mauvais qu'on n'imprime pas votre *Dante* et vos préfaces à Nevers! Qu'est-ce donc que ce Dante? — C'est, dit Martinelli, le divin Dante, qui manquait de chausses au treizième siècle, comme moi au dix-huitième. J'ai prouvé que Bayle, qui était un ignorant sans esprit, n'avait dit que des sottises sur le Dante dans les dernières éditions de son grand Dictionnaire, *notizie spurie deformi*. J'ai relancé vigoureusement un autre *Cioso* [1], homme de lettres, qui s'est avisé de donner à ses compatriotes français une idée des poëtes italiens et anglais, en traduisant quelques morceaux librement et sottement en vers d'un style de Polichinelle [2], comme je le dis expressément. En un mot, je viens apprendre aux Français à vivre, à lire et à écrire. »

Le stupide orgueil d'un mercenaire, qui se croyait un homme considérable pour avoir imprimé le *Dante*, me causa d'abord une vive indignation. Mais j'eus bientôt quelque pitié du signor Martinelli; je me mêlai de la conversation, et je lui dis : Monsieur le maître de langues, vous ne me paraissez maître de goût ni de politesse. J'ai lu autrefois votre divin Dante; c'est un poëme très-curieux en Italie pour son antiquité. Il est le premier qui ait eu des beautés et du succès dans une langue moderne. Il y a même dans cet énorme ouvrage une trentaine de vers qui ne dépareraient pas l'Arioste : mais M. Gervais sera fort étonné quand il saura que ce poëme est un voyage en enfer, en purgatoire, et en paradis. » M. Gervais recula de deux pas, et trouva le chemin un peu long.

« Sachez, dis-je à mon ami Gervais, que le Dante, ayant perdu par la mort sa maîtresse Béatrice Portinari, rencontre un jour à la porte de l'enfer Virgile et cette Béatrice auprès d'une lionne et d'une louve. Il demande à Virgile qui il est; Virgile lui répond que son père et sa

---

1. Quelques gens de lettres italiens, qui ne savent pas vivre, appellent un Français un *Cioso*.
2. Préface du Dante par le signor Martinelli. — C'est de M. de Voltaire qu'il parle. (*Ed. de Kehl.*)

mère sont de Lombardie, et qu'il le mènera dans l'enfer, dans le purgatoire, et au paradis, si le Dante veut le suivre. « Je te suivrai, lui
dit le Dante ; mène-moi où tu dis, et que je voie la porte de saint
Pierre. »

> « Che tu mi meni là dov' or dicesti,
> « Si ch' i' vegga la porta di san Pietro. »
> Dant., Inf., I.

« Béatrice est du voyage. Le Dante, qui avait été chassé de Florence
par ses ennemis, ne manque pas de les voir en enfer, et de se moquer
de leur damnation. C'est ce qui a rendu son ouvrage intéressant pour
la Toscane. L'éloignement du temps a nui à la clarté ; et on est
même obligé d'expliquer aujourd'hui son *Enfer* comme un livre clas-
sique. Les personnages ne sont pas si attachants pour le reste de l'Europe. Je ne sais comment il est arrivé qu'Agamemnon, fils d'Atrée,
Achille aux pieds légers, le pieux Hector, le beau Pâris, ont toujours
plus de réputation que le comte de Montefeltro, Guido da Polenta, et
Paolo Lancilotto.

« Pour embellir son enfer, l'auteur joint les anciens païens aux chrétiens de son temps. Cet assemblage et cette comparaison de nos damnés
avec ceux de l'antiquité pourrait avoir quelque chose de piquant, si
cette bigarrure était amenée avec art, s'il était possible de mettre de
la vraisemblance dans ce mélange bizarre de christianisme et de paganisme, et surtout si l'auteur avait su ourdir la trame d'une fable, et
y introduire des héros intéressants, comme ont fait depuis l'Arioste et
le Tasse. Mais Virgile doit être si étonné de se trouver entre Cerbère et
Belzébuth, et de voir passer en revue une foule de gens inconnus,
qu'il peut en être fatigué, et le lecteur encore davantage. »

M. Gervais sentit la vérité de ce que je lui disais, et renvoya M. Martinelli avec ses commentaires. Nous nous avouâmes l'un à l'autre que
ce qui peut convenir à une nation est souvent fort insipide pour le
reste des hommes. Il faut même être très-réservé à reproduire les anciens ouvrages de son pays. On croit rendre service aux lettres en
commentant Coquillart[1] et le roman de *la Rose*. C'est un travail aussi
ingrat que bizarre de rechercher curieusement des cailloux dans de
vieilles ruines, quand on a des palais modernes.

« Je me suis avisé d'être libraire, me disait M. Gervais ; je quitterai
bientôt le métier ; il y a trop de livres, et trop peu de lecteurs. Je
m'en tiendrai à tenir café. Tous ceux qui viennent en prendre chez
moi disent continuellement : « J'ai bien affaire du roman de Mlle Lucie,
« des Mémoires de M. le marquis de trois étoiles, de la nouvelle His-
« toire de César et d'Auguste, dans laquelle il n'y a rien de nouveau ;
« et d'un Dictionnaire des grands hommes dans lequel ils sont tous si
« petits ; et de tant de pièces de théâtre qu'on ne voit jamais au théâ-
« tre ; et de cette foule de vers où l'on fait tant d'efforts pour être na-
« turel, et où l'on est de si mauvaise compagnie en cherchant le ton

---

1. Guillaume Coquillart, official de l'église de Reims, mort en 1590, est auteur de poésies dont la dernière édition est de 1723. (*Note de M. Beuchot.*)

« de la bonne compagnie! Tout cela rebute les honnêtes gens; ils
« aiment mieux lire la gazette. »

— Ils ont raison, lui dis-je; il y a longtemps qu'on se plaint de la
multitude des livres. Voyez l'*Ecclésiaste*, il vous dit tout net qu'on ne
cesse d'écrire, *scribendi nullus est finis*[1]. Tant de méditation n'est
qu'une affliction de la chair, *frequens meditatio afflictio est carnis*[2].
Ce n'est pas que je croie que du temps du roi Salomon ou Soleïman il
y eût autant de livres qu'il y en eut dans Alexandrie, dont la bibliothèque royale possédait sept cent mille volumes, dont César brûla la
moitié.

« Beaucoup de savants ont prétendu, et peut-être avec témérité, que
cet *Ecclésiaste* ne pouvait être du troisième roi de la Judée, et qu'il fut
composé sous les Ptolémées par un Juif d'Alexandrie, homme d'esprit
et philosophe. Mais le fait est que la multitude des livres inlisibles dégoûte. Il n'y a plus moyen de rien apprendre, parce qu'il y a trop de
choses à apprendre. Je suis occupé d'un problème de géométrie; vient
un roman de *Clarisse* en six volumes, que des anglomanes me vantent
comme le seul roman digne d'être lu d'un homme sage : je suis assez
fou pour le lire; je perds mon temps, et le fil de mes études. Puis,
lorsqu'il m'a fallu lire dix gros volumes du président de Thou, et dix
autres de Daniel, et quinze autres de Rapin-Thoyras, et autant de Ma-
riana, arrive encore un Martinelli, qui veut que je le suive en enfer,
en purgatoire, et en paradis, et qui me dit des injures parce que je
ne veux pas y aller! Cela désespère. La vue d'une bibliothèque me fait
tomber en syncope.

— Mais, me dit M. Gervais, pensez-vous qu'on se mette plus en peine
dans ce pays-ci de vos Chinois et de vos Indiens, que vous ne vous
souciez des préfaces du signor Martinelli? — Eh bien! monsieur Gervais, n'imprimez pas mes Chinois et mes Indiens. »

M. Gervais les imprima.

---

1 *Ecclésiaste*, XII, 12. (ÉD.) — 2. *Ibid.* (ÉD.)

LETTRE DE M. DE LA VISCLÈDE

A M. LE SECRÉTAIRE PERPÉTUEL DE L'ACADÉMIE DE PAU.

(1776.)

Monsieur et cher confrère, je vous envoie mes *Filles de Minée* ; et je vous répète en prose ce que j'ai dit en vers, que je ne devais pas traiter ce sujet après Ovide et La Fontaine. Ce n'est pas dans le monde comme dans l'Évangile ; celui qui vient se présenter à la dernière heure n'est jamais si bien reçu que ceux qui ont travaillé le matin. Voyez ce qui est arrivé à La Motte ; il a voulu faire une petite *Iliade*, on s'est moqué de lui. Il a fait des fables philosophiques dédiées au régent du royaume, qui lui a donné deux mille écus ; tout le monde a dit : « Nous aimons mieux le naïf La Fontaine, à qui Louis XIV ne donna rien. »

Vous connaissez cet enfant de la nature, ce La Fontaine, et ses trois *Filles de Minée*, que l'abbé d'Olivet a fait imprimer dans un recueil en cinq volumes ; mais vous ne connaissez pas *les Amours de Mars et de Vénus*, qui ne se trouvent que dans l'édition de 1750. Les voici :

> Vous devez avoir lu qu'autrefois le dieu Mars,
> Blessé par Cupidon d'une flèche dorée,
> Après avoir dompté les plus fermes remparts,
>   Mit le camp devant Cythérée.
> Le siége ne fut pas de fort longue durée :
>   A peine Mars se présenta,
>   Que la belle parlementa.
>
> Dans les formes pourtant il entreprit l'affaire,
>   Par tous moyens tâcha de plaire,
> De son ajustement prit d'abord un grand soin.
>   Considérez-le en ce coin,
>   Qui quitte sa mine fière.
> Il se fait attacher son plus riche barnois.
>   Quand ce serait pour des jours de tournois,
> On ne le verrait pas vêtu d'autre manière.
> L'éclat de ses habits fait honte à l'œil du jour.
> Sans cela, fit-on mordre aux géants la poussière,
> Il est bien malaisé de rien faire en amour.
>
>   En peu de temps Mars emporta la dame.
> Il la gagna peut-être en lui contant sa flamme ;
> Peut-être conta-t-il ses siéges, ses combats,
> Parla de contrescarpe et cent autres merveilles
>   Que les femmes n'entendent pas,
> Et dont pourtant les mots sont doux à leurs oreilles.
> Voyez combien Vénus, en ces lieux écartés,

Aux yeux de ce guerrier étale de beautés :
    Quels longs baisers ! La Gloire a bien des charmes
Mais Mars, en la servant, ignore ces douceurs
Son harnois est sur l'herbe : Amour, pour toutes armes,
    Veut des soupirs et des larmes;
    C'est ce qui triomphe des cœurs.

Phœbus pour la déesse avait même dessein;
Et, charmé de l'espoir d'une telle conquête,
    Couvait plus de feux dans son sein
    Qu'on n'en voyait à l'entour de sa tête.
C'était un dieu pourvu de cent charmes divers.
    Il était beau; mais il faisait des vers,
    Avait un peu trop de doctrine,
    Et, qui pis est, savait la médecine.
    Or soyez sûr qu'en amours,
Entre l'homme d'épée et l'homme de science,
Les dames au premier inclineront toujours,
Et toujours le plumet aura la préférence.
Ce fut donc le guerrier qu'on aima mieux choisir.
    Phœbus, outré de déplaisir,
    Apprit à Vulcan ce mystère;
Et dans le fond d'un bois voisin de son séjour
Lui fit voir avec Mars la reine de Cythère,
Qui n'avaient en ces lieux pour témoin que l'Amour.

La peine de Vulcan se voit représentée,
Et l'on ne dirait pas que les traits en sont feints.
Il demeure immobile, et son âme agitée
Roule mille pensers qu'en ses yeux on voit peints.
    Son marteau lui tombe des mains.
Il a martel en tête, et ne sait que résoudre,
    Frappé comme d'un coup de foudre.
    Le voici dans cet autre endroit
    Qui querelle et qui bat sa femme.
Voyez-vous ce galant qui les montre du doigt?
Au palais de Vénus il s'en allait tout droit,
Espérant y trouver le sujet qui l'enflamme.
La dame d'un logis, quand elle fait l'amour,
Met le tapis chez elle à toutes les coquettes.
Dieu sait si les galants lui font aussi la cour.
    Ce ne sont que jeux et fleurettes,
    Plaisants devis et chansonnettes;
    Mille bons mots, sans conter les bons tours,
Font que, sans s'ennuyer, chacun passe les jours.
Celle que vous voyez apportait une lyre,
    Ne songeant qu'à se réjouir.
Mais Vénus pour le coup ne la saurait ouïr
Elle est trop empêchée, et chacun se retire.

> Le vacarme que fait Vulcan
> A mis l'alarme au camp.

Mais, avec tout ce bruit, que gagne le pauvre homme ?
Quand les cœurs ont goûté des délices d'amour,
    Ils iraient plutôt jusqu'à Rome
    Que de s'en passer un seul jour.
Sur un lit de repos voyez Mars et sa dame.
Quand l'Hymen les joindrait de son nœud le plus fort,
Que l'un fût le mari, que l'autre fût la femme,
On ne pourrait entre eux voir un plus bel accord.
Considérez plus bas les trois Grâces pleurantes :
La maîtresse a failli, l'on punit les suivantes.
Vulcan veut tout chasser. Mais quels dragons veillants
    Pourraient contre tant d'assaillants
    Garder une toison si chère ?
Il accuse surtout l'enfant qui fait aimer ;
Et, se prenant au fils des péchés de la mère,
Menace Cupidon de le faire enfermer.

    Ce n'est pas tout : plein d'un dépit extrême,
Le voilà qui se plaint au monarque des dieux ;
Et de ce qu'il devrait se cacher à soi-même
Importune sans cesse et la terre et les cieux.
L'adultère Jupin, d'un ris malicieux,
Lui dit que ce malheur est pure fantaisie,
Et que de s'en troubler les esprits sont bien fous.
Plaise au ciel que jamais je n'entre en jalousie !
Car c'est le plus grand mal et le moins plaint de tous.

    Que fait Vulcan ? car, pour se voir vengé,
    Encor faut-il qu'il fasse quelque chose :
    Un rets d'acier par ses mains est forgé ;
    Ce fut Momus qui, je pense, en fut cause.
    Avec ce rets le galant lui propose
    D'envelopper nos amants bien et beau.
    L'enclume sonne, et maint coup de marteau,
    Dont maint chaînon l'un à l'autre s'assemble,
    Prépare aux dieux un spectacle nouveau
    De deux amants qui reposent ensemble.

    Les noires sœurs apprêtèrent le lit :
    Et nos amants, trouvant l'heure opportune,
    Sous le réseau pris en flagrant délit,
    De s'échapper n'eurent puissance aucune.
    Vulcan fait lors éclater sa rancune :
    Tout en clopant le vieillard éclopé
    Semond les dieux, jusqu'au plus occupé,
    Grands et petits, et toute la séquelle.

Demandez-moi qui fut bien attrapé :
Ce fut, je crois, le galant et la belle.

Peut-être direz-vous que ces *Amours de Mars et de Vénus* ne valent pas sa fable des *deux Pigeons*. Je vous croirai sans peine, comme je crois avec vous que son ode au roi pour l'infortuné Fouquet n'approche pas de son élégie aux nymphes de Vaux pour ce même Fouquet.

Remplissez l'air de cris en vos grottes profondes ;
Pleurez, nymphes de Vaux, faites croître vos ondes.
. . . .
La cabale est contente, Oronte est malheureux, etc.

Il changea ce mot de *cabale*, quand on l'eut fait apercevoir que grand Colbert servait le roi et l'État avec une équité sévère, et n'était point cabaleur ; mais La Fontaine l'avait entendu dire, et il avait cru bonnement que c'était là le mot propre.

Vous me dites que Jean eut grand tort de faire imprimer ses opéras, et la comédie intitulée *Je vous prends sans vert*, et la comédie de *Clymène*, etc.; mais l'abbé d'Olivet eut plus de tort encore de faire une collection de tout ce qui pouvait diminuer la gloire de La Fontaine. La manie des éditeurs ressemble à celle des sacristains ; tous rassemblent des guenilles qu'ils veulent faire révérer : mais de même qu'on ne juge les vrais saints que par leurs bonnes actions, l'on ne juge les hommes à talents que par leurs bons ouvrages.

Vingt pièces de théâtre, très-indignes de l'auteur de *Cinna*, ne lui ont point ôté le nom de grand. Tout ce qu'on reproche à Quinault n'empêche pas qu'il ne soit un homme unique, et jusqu'à présent inimitable dans un genre très-difficile. Une soixantaine d'anciennes fables rajeunies par La Fontaine, et contées avec un agrément qui n'avait jamais été connu que de Pétrone, et bien saisi que par notre fabuliste ; une vingtaine de contes, écrits avec cette facilité charmante et cette négligence heureuse que nous admirons en lui, le mettent infiniment au-dessus de Boccace, et quelquefois même, si j'ose le dire, à côté de l'Arioste, pour la manière de narrer.

Il avait ce grand don de la nature, le talent. L'esprit le plus supérieur n'y saurait atteindre. C'est par les talents que le siècle de Louis XIV sera distingué à jamais de tous les siècles, dans notre France si longtemps grossière. Il y aura toujours de l'esprit, les connaissances des hommes augmenteront, on verra des ouvrages utiles ; mais des talents, je doute qu'il en naisse beaucoup. Je doute qu'on retrouve l'auteur de *Cinna*, celui d'*Iphigénie*, d'*Athalie*, de *Phèdre*, celui de *l'Art poétique*, celui de *Roland*, et d'*Armide*, celui qui força en chaire, jusqu'à des ministres, de pleurer et d'admirer la fille de Henri IV, veuve de Charles Ier, et sa fille Henriette, Madame.

Voyez comme les oraisons funèbres d'aujourd'hui sont ensevelies avec ceux qu'elles célèbrent. Voyez comme *Séthos*[2], malgré quelques

_____

1. Bossuet. (ÉD.) — 2. Par l'abbé Terrasson. (ÉD.)

beaux passages, et les *Voyages de Cyrus*[1]; sont tombés dans l'oubli, tandis que le *Télémaque* est toujours l'instruction et le charme de tous les jeunes gens bien nés. Comment s'est-il pu faire que, dans la foule de nos prédicateurs, il n'y en ait pas un seul qui ait approché de l'auteur du *Petit Carême*? Vous voyez à regret que personne n'a osé seulement tenter d'imiter le créateur du *Tartufe* et du *Misanthrope*. Nous avons quelques comédies très-agréables; mais un Molière! je vous prédis hardiment que nous n'en aurons jamais. Quelle gloire pour La Fontaine d'être mis presque à côté de tous ces grands hommes!

L'abbé de Chaulieu ferma ce siècle par trois ou quatre pièces de poésie qui partent du cœur, ou qui semblent en partir. Elles respirent la volupté et la philosophie, et demandent grâce pour toutes les bagatelles insipides dont on a farci son recueil.

Je m'étonne que La Fontaine n'ait parlé de Chaulieu qu'à propos de l'argent qu'il comptait recevoir par ses mains de la part du duc de Vendôme.

> (Le paillard m'a dit aujourd'hui[2]
> Qu'il faut que je compte avec lui.)
> Aimez-vous cette parenthèse?
> Le reste ira, ne vous déplaise,
> En bas-relief, *et cætera*.
> Ce mot-ci s'interprètera
> Des Jeannetons; car les Clymènes
> Aux vieilles gens sont inhumaines.
> Je ne vous réponds pas qu'encor
> Je n'emploie un peu de votre or
> A payer la brune et la blonde.

Comment l'abbé d'Olivet a-t-il pu imprimer trois pièces de La Fontaine, écrites de ce misérable style, par lesquelles il demande l'aumône pour avoir des filles? On ne reconnaît pas dans ces vers celui qui a dit :

> J'ai quelquefois aimé; je n'aurais pas alors
> Contre le Louvre et ses trésors,
> Contre le firmament et sa voûte céleste,
> Changé les bois, changé les lieux
> Honorés par les pas, éclairés par les yeux
> De l'aimable et jeune bergère
> Pour qui, sous le fils de Cythère,
> Je servis, engagé par mes premiers serments.
> Hélas! quand reviendront de semblables moments
> Faut-il que tant d'objets, *si doux et si charmants*,
> Me laissent vivre au gré de mon âme inquiète?
> Ah! si mon cœur osait encor se renflammer!
> Ne sentirai-je plus de charme qui *m'arrête*?
> Ai-je passé le temps d'aimer?

1. Par Ramsay. (ÉD.)
2. Vers 80 et suivants d'une lettre au duc de Vendôme en 1689. (ÉD.)

On croirait ces deux derniers vers d'un seigneur du bel air, d'un homme à grandes passions, d'un duc de Candale, d'un duc de Bellegarde. Cela ne s'accorde pas avec les Jeannetons de Jean La Fontaine, qui demande quelques pistoles au duc de Vendôme et au *paillard* Chaulieu, pour attendrir en sa faveur ses héroïnes du Pont-Neuf.

Tout cela, monsieur, n'empêche pas qu'un nombre considérable de fables pleines de sentiment, d'ingénuité, de finesse, et d'élégance, ne soient le charme de quiconque sait lire.

Quand je dis qu'il est presque égal, dans ses bonnes fables, aux grands hommes de son mémorable siècle, je ne dis rien de trop fort. Je serais un exagérateur ridicule si j'osais comparer

> Maître corbeau, sur un arbre perché,
> Tenait en son bec un fromage;

et

> La cigale ayant chanté
> Tout l'été,

à ces vers de Cornélie qui tient l'urne de son époux :

> Éternel entretien de haine et de pitié[1],
> Restes du grand Pompée, écoutez sa moitié;

et à ceux de César :

> Restes d'un demi-dieu dont à peine je puis[2]
> Égaler le grand nom, tout vainqueur que j'en suis!

Le Savetier et le Financier, les Animaux malades de la peste, le Meunier, son Fils et l'Ane, etc., etc., tout excellents qu'ils sont dans leur genre, ne seront jamais mis par moi au même rang que la scène d'Horace et de Curiace, ou que les pièces inimitables de Racine, ou que le parfait *Art poétique* de Boileau, ou que le *Misanthrope* et le *Tartufe* de Molière. Le mérite extrême de la difficulté surmontée, un grand plan conçu avec génie, exécuté avec un goût qui ne se dément jamais dans Racine, la perfection enfin dans un grand art, tout cela est bien supérieur à l'art de conter. Je ne veux point égaler le vol de la fauvette à celui de l'aigle. Je me borne à vous soutenir que La Fontaine a souvent réussi dans son petit genre autant que Corneille dans le sien. J'aurais seulement désiré pour la gloire de la nation qu'on n'eût point imprimé les dernières fables de l'un et les dernières tragédies de l'autre, depuis *Pertharite;* mais ces maudits éditeurs veulent imprimer tout : ce sont des corbeaux qui s'acharnent sur les morts, comme l'envie sur les vivants. Encore s'ils ne fatiguaient le public que par les mauvais ouvrages des bons auteurs, on pourrait pardonner à leur avidité : ce qu'il y a de pis, c'est qu'ils y ajoutent trop souvent leurs propres sottises, qu'ils font passer sous le nom des écrivains un peu connus. J'ai pâti moi-même, moi inconnu, de cette rage d'imprimer. Combien de pauvretés n'a-t-on pas publiées sous le nom de La Visclède, dans ces recueils immenses! *Vers de Bonneval, sur la mort de Mlle Lecouvreur;*

---

1. *Pompée*, acte V, scène I. (ÉD.) — 2. *Ibid.* (ÉD.)

Vers à mon cher B., sur Newton; Vers impertinents à Mme du Châtelet; Lettre de Varsovie; Épître de Formont à l'abbé de Rothelin; Ode sur le vrai Dieu; Lettres de M. de La Visclède à ses amis du Parnasse, etc., etc.[1]

Ceux qui se forment des bibliothèques sont toujours trompés par ce manége, qui ne sert qu'à étouffer le bon grain sous un tas énorme d'ivraie. On est parvenu à nous dégoûter de la lecture à force de multiplier les livres et les livrets. S'il est vrai que les Ptolémées eurent autrefois une bibliothèque de quatre cent mille volumes, on ne fit pas mal de la brûler; et quand on brûlera toutes les brochures qui nous inondent, je commencerai par la mienne.

Nous sommes importunés, dans notre siècle, d'une foule de petits artistes qui dissèquent le siècle passé. On créait alors, et aujourd'hui on épluche, on critique la création. Je tombe dans ce défaut en vous écrivant; mais j'ouvre mon cœur à mon ami, et je serais très-fâché que ma lettre devînt publique.

Permettez-moi de remarquer qu'on ne fut point sévère pour La Fontaine, parce qu'il semblait ne prétendre à rien : moins il exigeait, plus on lui accordait; on lui passait ses mauvaises fables en faveur des excellentes. Il n'en était pas ainsi de Racine et de Boileau, qui prétendaient à la perfection; on les chicanait sur un mot. C'est ainsi qu'on pardonnait tout à Montaigne, et qu'on tomba rudement sur Balzac, qui voulait être toujours correct et toujours éloquent.

Depuis que La Bruyère, dans ses *Caractères*, eut jugé Corneille et Racine, combien d'écrivains se mirent à juger aussi! Et enfin on a fait plus de cent volumes sur ce siècle de Louis XIV. Chacun, dans ses jugements, soit en vers, soit en prose, a plus cherché à montrer de l'esprit qu'à trouver la vérité, et à faire des antithèses plutôt que des raisonnements.

L'inondation des journalistes et des folliculaires est venue, laquelle a noyé le bon avec le mauvais, et a détruit toute érudition, en présentant des extraits à l'ignorance. Les lecteurs ont décidé comme les magistrats, qui jugent sur le rapport de leur secrétaire.

Il est arrivé pis, on s'est divisé en factions : les jansénistes ont voulu que les jésuites n'eussent jamais fait un bon ouvrage, et que le P. Bouhours ne sût pas sa langue. Les jésuites ont dénigré Boileau, parce qu'il était ami d'Arnauld. Les folliculaires se sont dit des injures. C'est la bataille des rats et des grenouilles après l'*Iliade*.

Pour vous prouver, monsieur, avec quelle précipitation l'on juge, et comme un bon mot tient lieu de raison, je ne veux que vous citer cette décision de La Bruyère, qui a été la source de tant d'énormes dissertations : « Racine a peint les hommes tels qu'ils sont, et Corneille tels qu'ils devraient être. » Cela est éblouissant, mais cela est très-faux. César n'a jamais dû être assez fat pour dire à Cléopâtre qu'il n'a vaincu à Pharsale que pour lui plaire[2], lui qui n'avait point vu

---

1. Toutes ces pièces sont de Voltaire. (Éd.)
2. *Mort de Pompée*, acte IV, scène III. (Éd.)

encore cet enfant de quinze ans; l'autre Cléopatre n'a point dû empoi
sonner l'un de ses enfants et assassiner l'autre au bout d'une allée dans
un jardin[1]; Théodore n'a point dû s'obstiner à se prostituer dans un
mauvais lieu, au lieu d'accepter le secours d'un honnête homme; Polyeucte n'a point dû briser tout dans un temple, et hasarder de casser
toutes les têtes par dévotion; Léontine n'a point dû se vanter de tout
faire, pour ne rien faire du tout. Pompée devait-il répudier sa femme
qu'il aimait, pour épouser la nièce d'un tyran ? Pertharite devait-il céder la sienne? Thésée, dans *OEdipe*[2], devait-il parler d'amour au milieu de la peste, et dire :

> Quelque ravage affreux qu'étale ici la peste,
> L'absence aux vrais amants est encor plus funeste?

Si le judicieux et énergique La Bruyère s'est si évidemment trompé,
que feront donc nos petits écoliers qui tranchent avec tant de hardiesse, et qui, plus ignorants et plus impudents qu'un Fréron, osent
décider au premier coup d'œil sur des choses qu'un Quintilien aurait
longtemps examinées avant de donner son opinion avec modestie?

Vous me faites, monsieur, une question plus importante. Vous me
demandez pourquoi Louis XIV ne fit pas tomber ses bienfaits sur La
Fontaine, comme sur les autres gens de lettres qui firent honneur au
grand siècle. Je vous répondrai d'abord qu'il ne goûtait pas assez le
genre dans lequel ce conteur charmant excella. Il traitait les Fables de
La Fontaine comme les tableaux de Teniers, dont il ne voulait voir
aucun dans ses appartements. Il n'aimait le petit en aucun genre, quoiqu'il eût dans l'esprit autant de délicatesse que de grandeur. Il ne
goûta les petits vers de Benserade que parce qu'ils avaient rapport aux
fêtes magnifiques qu'il donnait.

De plus, La Fontaine était d'un caractère à ne se pas présenter à la
cour de ce monarque. Ses distractions continuelles, son extrême simplicité, réjouissaient ses amis, et n'auraient pu plaire à un homme tel
que Louis XIV.

La Bruyère s'est servi de couleurs un peu fortes pour peindre notre
fabuliste; mais il y a du vrai dans ce portrait : « Un homme paraît
grossier, lourd, stupide; il ne sait pas parler ni raconter ce qu'il vient
de voir : s'il se met à écrire, c'est le modèle des bons contes, etc.[3]. »

La Bruyère, qui peignit tous ses contemporains, en dit autant de
Corneille, non que Corneille fût un bon conteur. C'était autre chose;
il était souvent très-sublime dans ses bonnes pièces. Boileau ne faisait
peut-être pas assez de cas de La Fontaine et de Corneille; il n'était
sensible qu'à un style toujours pur, il ne pouvait aimer que la perfection.

Soyez sûr, monsieur, qu'il est très-faux que La Fontaine déplût au
roi, comme on l'a dit, pour avoir fait des vers en faveur du surinten-
dant Fouquet. Pellisson, défenseur très-hardi de ce ministre, et même

---

1. *Rodogune*, acte V, scène IV. (ÉD.) — 2. Acte I, scène I. (ÉD.)
3. *Les Caractères*, chap. XII, *Des jugements*. (ÉD.)

ayant été sa victime, devint un des favoris de Louis XIV, et fit une grande fortune. Son éloquence touchante, son érudition utile, la connaissance des affaires, et la souplesse de son esprit, en firent un homme d'État. La Fontaine n'avait rien de tout cela. Uniquement borné à son talent, et incapable même de le faire valoir, il n'est pas étonnant qu'il ne fût pas assez remarqué par Louis XIV.

Lulli lui nuisit beaucoup. Vous savez que tout est cabale parmi les gens de lettres, comme parmi les prêtres. La cabale contre Quinault, l'un des grands ornements de ce mémorable siècle, ayant forcé Lulli à recourir à d'autres pour ses opéras, il choisit La Fontaine. Avouons que le fabuliste, faisant parler ses héros du style de Jeannot Lapin et de dame Belette, ne pouvait réussir après *Atys et Thésée*. Lulli était plein d'esprit et de goût; plus il en avait, plus il lui était impossible de mettre en musique de telles paroles. Il n'était pas de ces gens qui disent qu'il est égal de chanter la gazette ou Armide, et qu'il n'y a rien au monde de si nécessaire que des doubles croches. La Fontaine, croyant sérieusement qu'on lui faisait une énorme injustice, fit la satire du *Florentin* contre Lulli. Elle n'est pas dans le goût de celles de Boileau ou d'Horace.

> Le b..... avait juré de m'amuser six mois :
> Il s'est trompé de deux. Mes amis, de leur grâce,
> Me les ont épargnés, l'envoyant où je croi
>   Qu'il va bien sans eux et sans moi.
> Voilà l'histoire en gros : le détail a des suites
>   Qui valent bien d'être déduites,
>   Mais j'en aurais pour tout un an.

Non, sans doute, ce sot détail et ces suites ne valaient pas d'être déduites, et surtout en si mauvais vers. Le pis est qu'il s'excuse sur cette ridicule satire à Mme de Thiange, sœur de Mme de Montespan, en vers non moins ridicules. Il croit que Lulli lui a ôté sa fortune et sa gloire, en ne faisant point de musique pour ses paroles. Voici comme il s'explique :

> Mais il (le ciel) m'a fait auteur, je m'excuse par là :
>   Auteur qui, pour tout fruit, moissonne
>   Un peu de gloire; on le lui ravira;
>   Et vous croyez qu'il s'en taira!
> Il n'est donc plus auteur? la conséquence est bonne.

Je sais bien que le cocher de Vertamont aurait fait de tels vers tout aussi bien que La Fontaine. Je sais que ces misères prosaïques en rimes ne sont que des sottises aisées; mais enfin le même homme est le meilleur metteur en œuvre des anciennes fables d'Ésope et de Pilpay, et celui qui, dans ce genre, a le mieux enchâssé l'esprit des autres. Encore une fois, ce talent unique fait tout pardonner. Lulli même lui pardonna, et très-plaisamment, en disant qu'il aimerait mieux mettre en musique la satire de La Fontaine que ses opéras.

Il me semble que la voix publique donne la préférence à ses *Fables*

sur ses *Contes*. Ceux-ci paraissent pour la plupart, aux bons critiques, un peu trop allongés. Ils n'aiment point dans le *Joconde*, pris
de l'Arioste ·

> Prenons, dit le Romain, la fille de notre hôte;
> Je la tiens pucelle sans faute,
> Et si pucelle qu'il n'est rien
> De plus puceau que cette fille.

Ils réprouvent ce ton de la rue Saint-Denis, ce ton bourgeois auquel
l'Arioste ne s'asservit jamais. Le *Greco* et la *fiammetta* de l'Arioste sont
bien au-dessus du *puceau* de La Fontaine.

Ils n'aiment point que notre fabuliste dise, dans le *Cocu battu et
content*, tiré de Boccace :

> Tant se la mit le drôle en sa cervelle,
> Que dans sa peau peu ni point ne durait.

Boccace n'a point de ces expressions basses et incorrectes.

Ils ne peuvent souffrir que dans *la Servante justifiée*, conte de la
reine de Navarre, l'imitateur s'exprime ainsi :

> Boccace n'est le seul qui me fournit,
> Je vas parfois en une autre boutique.
> Il est bien vrai que ce divin esprit
> Plus que pas un *me donne* de pratique;
> Mais, comme il faut manger de plus d'un pain,
> Je puise encore en un vieux magasin.

Ils trouvent ces expressions, *aller dans une autre boutique, donner
de pratique, manger de plus d'un pain*, plus faites pour le peuple que
pour les honnêtes gens, et c'est là le grand défaut de La Fontaine.

L'Anneau d'Hans-Carvel, qu'il a copié dans Rabelais, est bien supérieur dans l'Arioste. Il y a du moins une bonne raison dans l'Arioste
pourquoi le diable apparaît au bonhomme (*Satira prima*) :

> Fu già un pittor (non mi ricordo il nome),
> Che dipingere il diavolo solea
> Con bel viso, begli occhi, e belle chiome, etc.

La prodigieuse supériorité de l'Arioste sur son imitateur paraît dans
ce petit conte, autant que dans l'invention de son *Orlando*, dans
son imagination inépuisable, dans son sublime, et dans sa naïve élégance.

*Les Cordeliers de Catalogne, Richard Minutolo, la Gageure des trois
Commères*, n'ont jamais plu aux esprits délicats. Vous ne trouverez
chez La Fontaine aucun conte qui parle au cœur, excepté le *Faucon*;
aucun dont on puisse tirer une morale utile; aucun où il y ait de sa
part la moindre invention. Ce ne sont presque jamais que de vieux
contes réchauffés. Ce sont des femmes qui *attrapent* leurs maris, ou
les garçons qui *enjôlent* des filles. Enfin, on trouve rarement chez lui
un conte écrit avec une élégance continue

Ses contes ont charmé la jeunesse, encore plus par la gaieté des sujets que par les grâces et la correction du style. J'ai vu beaucoup de gens d'esprit et de goût qui ne pouvaient souffrir que La Fontaine eût gâté *la Coupe enchantée* de l'Arioste par des vers tels que ceux-ci :

> L'argent sut donc fléchir ce cœur inexorable,
> Le rocher disparut, un mouton succéda,
>   Un mouton qui s'accommoda
> A tout ce qu'on voulut, mouton doux et traitable,
> Mouton qui, sur le point de ne rien refuser,
>   Donna pour arrhes un baiser.

Il faudrait en effet avoir peu de goût pour approuver un rocher qui devient mouton, qui s'accommode, et qui donne des arrhes. Les Contes et les deux derniers livres des Fables sont trop pleins de ces figures si incohérentes et si fausses, qui semblent plutôt le fruit d'une recherche pénible que de cette négligence agréable qu'on a tant louée dans l'auteur.

J'ai vu aussi bien des lecteurs révoltés du style qu'on appelle marotique. Ils disaient qu'il fallait parler la langue de Louis XIV, et non celle de Louis XII et de François Iᵉʳ; que si on nous donnait la comédie de l'*Avocat patelin* telle qu'on la joua sur les tréteaux de la cour de Charles VII, personne ne pourrait la souffrir. Heureusement La Fontaine est peu tombé dans ce défaut que d'autres[1], après lui, ont voulu mettre à la mode.

Mais ce qui est, à mon avis, très-digne de remarque, c'est que de toutes ces anciennes historiettes que La Fontaine a mises en vers négligés, il n'y en a pas une seule qui inspire des désirs impudiques. Les peintures y sont plus gaies que dangereuses. Elles ne font jamais cette impression voluptueuse et funeste que produisent tant de livres italiens, et surtout notre *Aloisia Toletana*. Cela est si vrai, que l'on a mis tous ces vieux contes sur le théâtre avec l'approbation des magistrats, sans aucun danger, sans qu'aucune mère de famille ait réclamé contre cet usage, sans aucun inconvénient. On vit bien que le sévère Boileau avait raison quand il disait (*Art poét.*, ch. IV) :

> 'amour le moins honnête, exprimé chastement,
>   N'excite point en nous de honteux mouvement.

C'est pourquoi, monsieur, j'ai toujours été étonné de l'atrocité fanatique avec laquelle le jeune Pouget, oratorien, osa parler au vieux La Fontaine, et de la vanité d'écolier avec laquelle il publia son prétendu triomphe sur l'innocence de ce vieil enfant[2]. Il était bien ridicule qu'un petit prêtre de vingt-cinq ans allât mettre sur la sellette un académicien de soixante et douze ans. Mais pourquoi faire trophée

---

1. Jean-Baptiste Rousseau. (ÉD.)
2. La *Lettre du R. P. Pouget, prêtre de l'Oratoire, à M. l'abbé d'Olivet, ou Relation de la conversion de M. de La Fontaine*, est imprimée dans le tome I des *Mémoires de littérature et d'histoire*, par le P. Desmolets. (*Note de M. Beuchot*.)

aux yeux du public de cette victoire si aisée? C'était l'orgueil qui se vantait d'avoir foulé à ses pieds l'innocence et la simplicité. Et de quoi s'est avisé l'abbé d'Olivet, tout philosophe qu'il était, de réimprimer cette lettre de Pouget? Cette lettre est précisément la révélation solennelle de la confession du bon La Fontaine. Car n'est-ce pas trahir le secret inviolable de la confession que d'en apprendre au public toutes les circonstances, tous les entours, et les demandes, et les réponses?

Ce qui me révolte le plus dans l'insolence de Pouget, c'est l'affectation de répéter vingt fois à La Fontaine : « Votre livre infâme, monsieur; le scandale de votre infâme livre, monsieur; les péchés, monsieur, dont votre infâme livre a été la cause; la réparation publique que vous devez, monsieur, pour votre livre infâme. »

Aurait-il osé parler ainsi à la reine de Navarre, sœur de François Ier, de qui plusieurs de ces contes plaisants et non infâmes sont tirés? il lui aurait demandé un bénéfice. Aurait-il même osé donner le nom d'infâme à Boccace, le créateur de la langue italienne, et à l'Arioste, qui n'a d'autre titre dans sa patrie que celui de divin?

L'aventure de Pouget avec le bonhomme La Fontaine est, au fond, celle de l'âne dans la fable admirable des *Animaux malades de la peste*.

> L'âne vint à son tour, et dit : « J'ai souvenance
>   Qu'en un pré de moines passant,
> La faim, l'occasion, l'herbe tendre, et, je pense,
>   Quelque diable aussi me poussant,
> Je tondis de ce pré la largeur de ma langue.
> Je n'en avais nul droit, puisqu'il faut parler net. »
> A ces mots on cria Haro sur le baudet.
> *Pouget*, quelque peu clerc, prouva par sa harangue
> Qu'il fallait dévouer ce maudit animal, etc.

Et ce qu'il y a de plus rare, c'est que La Fontaine, qui avait la bonhomie de l'âne, fut assez sot, avec tout son génie, pour croire le suffisant Pouget, qui se faisait tant honneur de l'intimider, et qui parlait au traducteur de l'Arioste et de la reine de Navarre comme s'il eût parlé à un scélérat.

J'aurais conseillé à La Fontaine de faire un conte sur Pouget, plus plaisant que son Florentin sur Lulli.

Après l'impertinence de Pouget, je ne sais rien de plus outrecuidant (pour me servir des termes du bon La Fontaine) que l'insolente préface de l'édition des contes en 1743, sous le nom de Londres. L'éditeur, qui se donne aussi pour janséniste (je ne sais pas pourquoi), s'avise de dire que La Fontaine eut tort de faire autre chose que des fables et des contes en vers; et il cite sur cela Mme de Sévigné.

Oui, éditeur, il eut tort de faire d'autres ouvrages, puisque la plupart ne valent rien. Mais pourquoi dis-tu, éditeur, qu'un poète qui a fait des tragédies ne doit jamais écrire sur l'histoire et sur la physique. Dis-moi, éditeur, où as-tu pris cet arrêt? Si tu ne sais ni l'histoire, ni la physique, n'en parle pas, à la bonne heure; nous avons assez de mauvais livres sur ces deux objets; mais permets aux hommes instruits d'en parler. Apprends qu'un bon tragédien est très-propre à être un très-bon historien, parce qu'il faut dans toute histoire une exposition, un nœud, un dénoûment et de l'intérêt; apprends que celui qui peint la nature humaine dans une pièce de théâtre, la peint encore mieux dans l'histoire. Éditeur des *Contes de La Fontaine*, apprends que la physique n'est pas à négliger; apprends que Molière traduisit Lucrèce; apprends qu'il serait indigne d'un homme qui pense de ne faire que des contes.

Pardon, monsieur, de cette petite sortie contre ce maudit éditeur; et pardon surtout de vous avoir envoyé mes *Filles de Minée*.

LETTRE

DU RÉVÉREND PÈRE POLYCARPE, PRIEUR DES BERNARDINS DE CHÉZERI, A M. L'AVOCAT GÉNÉRAL SEGUIER [1].

(1776.)

J'ai lu, monsieur, avec admiration, votre éloquent plaidoyer contre cette abominable et détestable brochure des *Inconvénients des droits féodaux*; je tremblais pour le plus sacré de nos droits seigneuriaux, le plus convenable à des religieux, celui d'avoir des esclaves. Hélas! nous avons failli à le perdre. Notre couvent et les terres qui en dépendent étaient ci-devant enclavés dans les États du roi de Sardaigne; ce n'est que par le dernier traité de délimitation de 1760 qu'ils ont été unis au royaume de France. Cette union est arrivée bien à propos. Si elle eût été différée de quelques années, cinq ou six mille serfs que nous possédons dans nos terres seraient libres aujourd'hui, en vertu de l'édit du feu roi de Sardaigne, de 1762, et nous aurions été dépouillés de nos autres droits féodaux, en vertu d'un autre édit du même prince, du mois de décembre 1771. Il est vrai que nous aurions été indemnisés de la perte de ces droits; mais cette indemnité n'aurait consisté qu'à nous faire payer en argent un capital dont l'intérêt nous aurait produit sans procès le même revenu que nous tirons de nos vassaux avec le secours des procureurs et des huissiers; et nous n'aurions point été dédommagés du plaisir de commander en maîtres à six mille esclaves; nous ne jouirions pas de la consolation de ruiner toutes les années une vingtaine de familles, pour apprendre aux autres à nous obéir et à nous respecter.

---

1. Ce fut le 23 février 1776 que, sur le réquisitoire d'Antoine-Louis Seguier, avocat général, le parlement de Paris condamna la brochure intitulée : *Les inconvénients des droits féodaux* (par P.-F. Boncerf, né en 1745, mort en 1794), à être lacérée et brûlée au pied du grand escalier du Palais par l'exécuteur de la haute justice. La *Lettre du R. P. Polycarpe* doit avoir suivi de très-près l'arrêt du 23 février. (*Note de M. Beuchot.*)

J'avais lu dans votre historien Mézerai ces paroles qui vous feront frémir : « La liberté de cette noble monarchie est si grande, que même son air la communique à ceux qui le respirent; et la majesté de nos rois est si auguste, qu'ils refusent de commander à des hommes, s'ils ne sont libres. »

J'avais lu ces autres paroles, non moins condamnables, prononcées dans l'assemblée des états de Tours par le chancelier de Rochefort : « Vous ne doutez pas qu'il ne soit plus glorieux à nos monarques d'être roi des Francs que des serfs[1]. »

J'avais lu avec douleur dans votre *Histoire de France* que « saint Louis s'occupa plus qu'aucun de ses prédécesseurs du soin d'étendre la liberté renaissante. Ce sage monarque, ami de Dieu et des hommes, ne connut, pendant tout le cours de son règne, d'autre satisfaction que celle de faire servir son pouvoir à jeter les fondements de la félicité publique. La misère, compagne inséparable de l'esclavage, disparut ainsi que l'oppression[2]. »

L'acte d'autorité par lequel la reine Blanche affranchit, pendant sa régence, les habitants de Châtenai, malgré les chanoines de Notre-Dame de Paris[3], ne me faisait pas moins de peine.

J'étais effrayé d'un arrêt rendu au quinzième siècle par le parlement de Languedoc, portant que tout serf qui entrerait dans le royaume en criant *France* serait dès ce moment affranchi[4].

J'avais craint, jusqu'à ce jour, que ces maximes et ces exemples n'autorisassent nos esclaves à réclamer, comme nouveaux Français, une liberté dont ils jouiraient, s'ils étaient restés quelques années de plus Savoyards.

Mais vous me rassurez, monsieur; vous avez très-bien prouvé que « les droits féodaux sont une portion intégrante de la propriété des seigneurs; que nos rois ont déclaré eux-mêmes qu'ils sont dans l'heureuse impuissance d'y donner atteinte. » Cette admirable sentence nous rassure pleinement contre les fausses et pernicieuses maximes du chancelier de Rochefort et de vos historiens, contre les arrêts surannés du parlement de Toulouse.

Nous lisions, monsieur, avec des larmes d'attendrissement, ces paroles si consolantes de votre plaidoyer : « Les coutumes rédigées sous les yeux des magistrats et en vertu de l'autorité du roi, ne sont que l'effet de la convention et du concert des trois ordres rassemblés qui y ont donné leur consentement, et s'y sont librement et volontairement soumis; » lorsqu'un curé, qui avait été autrefois avocat, et qui jusque-là avait entendu tranquillement notre lecture, nous interrompit brusquement, et nous dit que la plupart des coutumes n'étaient que des monuments d'imbécillité et de barbarie; qu'elles avaient toutes

---

1. *Histoire de France* par Garnier, sous Charles VIII, année 1484, t. XIX, p. 290.
2. *Histoire de France*, Villaret, t. XIV, p. 191. — 3. *Ibid.*, t. V, p. 104, de Velly.
4. « Quelque esclave que ce soit qui pourra mettre le pied sur les terres de ce royaume, criant *France*, sera affranchi de servitude, et entièrement délivré de la puissance de son patron. » Mézerai, *Histoire de France*, sous Charles VII, cité par Villaret, t. XV, p. 348.

été rédigées ou dans les états des provinces ou dans les assemblées des commissaires à la pluralité des voix, et que par conséquent les ignorants avaient toujours prévalu sur le petit nombre des sages. Il nous dit que tous les jurisconsultes qui ont de la célébrité attestent que c'est ainsi que les coutumes ont été rédigées. Il nous cita le fameux Charles Dumoulin, qui dit « que les coutumes ont été rédigées contre l'intention des rois, en ce que la plupart sont obscures, contradictoires, iniques[1]. » Il nous cita d'Argentré, l'un des commissaires qui avaient assisté à la rédaction de la coutume de Bretagne, lequel, dans la préface de son *Commentaire* sur cette coutume, avoue que l'avis des ignorants prévalut presque toujours sur celui des jurisconsultes humains et instruits. Il nous cita aussi le titre XIV du livre IV du *Traité des fiefs* de Cujas, où l'on trouve ces paroles : *Multa sunt in moribus Galliæ dissentanea, multa sine ratione.* Il ajouta que les habitants des campagnes, sur lesquels tombe tout le poids des droits féodaux, n'avaient jamais été appelés à la rédaction des coutumes, et qu'il n'est pas vrai par conséquent qu'ils s'y soient volontairement soumis.

Après nous avoir étalé toutes ces autorités et beaucoup d'autres encore, ce curé nous dit qu'il suffisait d'ouvrir les coutumes pour se convaincre de la vérité qu'il soutenait. Je lui répondis que ces auteurs avaient été soupçonnés d'hérésie, et que l'avis d'un avocat général était d'une autorité bien supérieure aux témoignages des Cujas, des Dumoulin, des d'Argentré, etc.

Vous ne sauriez croire, monsieur, combien de personnes dans les provinces pensent comme ce curé. Une espèce de frénésie (pour me servir de vos propres termes) « semble agiter ces esprits turbulents, que l'amour de la liberté porte aux plus grands excès, et qui leur fait envisager le bonheur dans la subversion de toutes les règles et de tous les principes. »

Les insensés, qui pensent rendre heureux les habitants des campagnes, en proposant à l'administration de les affranchir de l'esclavage de la glèbe, de leur permettre de racheter des droits qui sont une source de procès continuels, lesquels causent souvent la ruine des seigneurs et des vassaux !

Il était temps de sévir contre ces auteurs audacieux, « semblables à des volcans qui, après s'être annoncés par des bruits souterrains et des tremblements successifs, finissent par une éruption subite, et couvrent tout ce qui les environne d'un torrent enflammé de ruines, de cendres, et de laves, qui s'élance du foyer renfermé dans les entrailles de la terre[2]. »

Que ce morceau est sublime ! je n'ai jamais rien lu d'approchant dans les plaidoyers du chancelier d'Aguesseau.

Nous vous devons, monsieur, une reconnaissance éternelle, pour avoir déféré à la vengeance des lois un écrit aussi pernicieux que

1. Tome II, p. 399, édition de 1681.
2. Cette phrase est dans le réquisitoire de Seguier, du 23 février 1776. (Éd.)

celui contre lequel vous vous êtes élevé. Il était bien juste assurément de faire brûler par le bourreau, au pied du grand escalier, cette brochure capable d'échauffer le peuple et de le porter à la révolte; cet écrit qui renverse les principes fondamentaux de la monarchie, puisqu'il détourne les vassaux de plaider avec leurs seigneurs; qu'il conseille aux uns et aux autres de se concilier, et de convenir, de gré à gré, du prix de l'affranchissement des droits féodaux, qui sont une source intarissable de procès. Tout le monde sait que ces procès sont les plus difficiles, les plus compliqués, les plus obscurs de tous; mais ce sont ceux aussi qui procurent aux juges les plus fortes épices. La bonne moitié des procès roule sur des droits féodaux. Supprimez ces droits, vous supprimez net la moitié des procès; vous paraîtriez soulager les juges, mais vous les dépouilleriez d'une partie de leur considération et de leurs meilleurs revenus. Vous ruineriez les procureurs, les greffiers, les commissaires à terrier, tous gens fort nécessaires à l'État. Ils servent les tribunaux, les tribunaux doivent donc les protéger.

Proposer la suppression des droits féodaux, c'est encore attaquer particulièrement les propriétés de *messieurs* du parlement, dont la plupart possèdent des fiefs. Ces *messieurs* sont donc personnellement intéressés à protéger, à défendre, à faire respecter les droits féodaux : c'est ici la cause de l'Église, de la noblesse, et de la robe. Ces trois ordres, trop souvent opposés l'un à l'autre, doivent se réunir contre l'ennemi commun. L'Église excommuniera les auteurs qui prendront la défense du peuple; le parlement, père du peuple, fera brûler et auteurs et écrits; et, par ce moyen, ces écrits seront victorieusement réfutés.

Si quelque insolent osait publier que tous *messieurs* du parlement qui possèdent des fiefs doivent s'abstenir de juger les écrits et les procès concernant les droits féodaux, parce que c'est leur propre cause, et qu'on ne peut être à la fois partie et juge, on lui répondrait que *messieurs* du parlement sont en possession de juger les causes féodales; que c'est là un des priviléges de leurs offices, une loi fondamentale à laquelle le roi même est *dans l'heureuse impuissance de donner atteinte.* Si l'insolent ne se rendait pas à l'évidence de ces raisons, on pourrait faire brûler son mémoire, et, en tant que de besoin, *décréter* sa personne de prise de corps.

On nous dit que dans la patrie de Cicéron, où le pouvoir de juger n'était attaché ni à un certain état, ni à une certaine profession, il était permis à tout plaideur de récuser le juge qu'il croyait suspect, sans être même obligé de prouver la suspicion : *Sors et urna dant judices; licet exclamare : Hunc nolo.* Cette liberté de récuser ses juges subsista encore sous les empereurs, comme je l'ai remarqué dans une loi du Code rapportée dans un ancien *factum* qui m'est tombé par hasard sous la main [1].

---

1. « Licet enim ex imperiali numine judex delegatus est, tamen quia sine « suspicione omnes lites procedere nobis cordi est, liceat ei qui suspectum judi- « cem putat..., eum recusare. » *Cod.* L. III. tit. I. *De judiciis.* Loi XVI.

Mais les lois des Welches sont bien plus raisonnables que celles des Romains. Le juge révocable d'une justice de village peut, en France, juger en première instance les causes féodales de son seigneur[1]. Un conseiller au parlement, possesseur de fief, peut donc aussi juger en dernier ressort la cause féodale d'un autre seigneur.

Il est vrai qu'une ordonnance de Louis XIV statue[2] que le juge est récusable, s'il a en son nom un procès sur une question semblable à celle dont il s'agit entre les parties qui plaident devant lui; parce que si le juge, possesseur de fief, n'a pas actuellement un procès, au sujet des droits de son fief, avec ses vassaux, il peut l'avoir dans la suite. Il est vrai qu'étant intéressé à donner gain de cause aux autres seigneurs qui plaident dans son tribunal, il établit une jurisprudence qui, en confirmant leurs droits, confirme les siens propres, et détourne ses vassaux de les contester.

Mais ce raisonnement n'est que captieux. L'usage est le plus sûr interprète des lois; et l'usage de *messieurs* du parlement les autorise à être juges et parties dans les causes féodales, comme vous le prouverez, monsieur, avec votre éloquence ordinaire, dans votre premier réquisitoire.

Je suis, avec la plus profonde vénération, etc.

LETTRE

D'UN BÉNÉDICTIN DE FRANCHE-COMTÉ A M. L'AVOCAT GÉNÉRAL SEGUIER.

(1776.)

Monsieur, c'est un usage ancien et sacré dans notre province que l'étranger libre, ou le Français d'une autre province, qui vient habiter dans nos terres pendant un an et un jour, devienne notre esclave au bout de cette année, et que toute sa postérité demeure *entachée* du même opprobre;

Qu'une fille serve n'hérite point de son père, si elle n'a pas rempli le devoir conjugal, la première nuit de ses noces, dans la hutte paternelle;

Que l'artisan ne puisse transmettre à ses enfants la cabane qu'il a bâtie et où ils sont nés, le champ qu'il a acquis et payé du produit de son travail, le lit même où ses enfants recueilleront ses derniers soupirs, s'ils n'ont pas toujours vécu avec lui sous le même toit, au même feu, et à la même table;

Que ces biens nous soient dévolus sans que nous soyons obligés de payer les dettes dont ils sont affectés, le prix même que l'acquéreur auquel nous succédons pourrait en devoir au vendeur, etc., etc., etc.

Ce sont là, monsieur, des propriétés bien sacrées, puisqu'elles nous appartiennent; ce sont les priviléges des seigneurs féodaux de

---

1. Ordonnance de 1667, tit. XXIV, art. XI. — 2. *Ibid.*, art. V.

notre province, qui, pour cela, a été nommée *franche*, comme les Grecs avaient donné aux furies le nom d'*Euménides*, qui veut dire *bon cœur.*

Mais quel a été mon étonnement de voir que dans un édit du roi, du mois de février de la présente année 1776, portant suppression des jurandes, l'on ait érigé en loi cette fausse maxime de la philosophie moderne : « Le droit de travailler est le droit de tout homme; cette propriété est la première, la plus sacrée, et la plus imprescriptible de toutes. »

De mauvais raisonneurs concluent de là que le fruit du travail d'un laboureur ou d'un artisan doit appartenir, après sa mort, à ses parents et non à des moines.

Vous avez mérité, monsieur, le titre de père de la patrie, en plaidant contre les écrits qui supprimaient les corvées et rendaient la liberté à l'industrie. Vous mériterez encore le titre de père des moines, en dénonçant à votre compagnie les détracteurs de la servitude.

C'est à vous seul qu'il est donné de démontrer que les paysans français ne sont pas faits pour avoir des propriétés;

« Que chaque peuple a ses mœurs, ses lois, ses usages; que ces institutions politiques forment l'ordre public[1]. »

Les étrangers qui abordaient autrefois dans la Tauride étaient égorgés par des prêtres au pied de la statue de Diane. En France, dans les terres de main morte, les hommes libres qui y passent une année doivent être esclaves d'autres prêtres.

Que les laboureurs suédois, anglais, suisses et savoyards soient libres, à la bonne heure; mais les habitants des campagnes en France sont faits pour être serfs.

Dans le XIIe siècle, cette servitude était répandue dans tout le royaume : elle couvrait les villes comme les campagnes. Depuis longtemps elle ne subsiste plus que dans quelques provinces : qu'est-il résulté de là? Les moines sont riches dans les provinces où on leur a permis de conserver des serfs. Dans les autres endroits où la servitude a été abolie, des cités se sont élevées, le commerce et les arts se sont étendus, l'État est devenu plus florissant, nos rois plus riches et plus puissants : mais les seigneurs châtelains et les gens d'Église sont devenus plus pauvres; et le peuple devait-il être compté pour quelque chose?

J'ai l'honneur d'être, etc.

---

1. Expressions de Seguier dans son réquisitoire du 23 février, cité en la lettre qui précède. (ÉD.)

REMONTRANCES DU PAYS DE GEX
AU ROI[1].
(1776.)

Sire, vos provinces n'ont-elles pas la permission de s'adresser directement à Votre Majesté et de lui présenter leurs très-humbles actions de grâce, lorsque vous étendez vos bienfaits sur elles comme sur la capitale ? Si elles ont ce privilége, daignez nous entendre.

La raison, qui commence son règne avec le vôtre, semble aujourd'hui mettre entre tous les souverains de l'Europe une émulation inouïe jusqu'à nos jours. Ils disputent à qui rendra les hommes moins malheureux, en substituant les vraies lois à d'anciens préjugés barbares; c'est à qui perfectionnera l'art si nécessaire, si pénible et si méprisé de tirer de la terre, notre seule nourrice, les vrais biens dont dépend la vie humaine; c'est à qui protégera plus également toutes les conditions, à qui encouragera le mieux tous les travaux.

Les arts utiles et même les arts agréables sont heureusement exercés depuis la Russie, qui contient la cinquième partie de notre hémisphère et qui n'existait pas au commencement de ce siècle, jusqu'à l'Espagne, qui trouva un nouveau monde il y a près de trois cents ans, qui le conquit et qui s'affaiblit par cette conquête. L'Allemagne, après des guerres aussi funestes que légèrement suscitées, a conçu qu'il vaut mieux cultiver la terre que la dévaster, et éclairer les hommes que répandre leur sang.

Les deux grandes puissances[2] qui s'étaient choquées dans cette partie de l'Europe si prudente et guerrière[3], ne sont occupées aujourd'hui qu'à guérir leurs blessures. La mère de l'auguste princesse qui fait votre bonheur et le nôtre, a donné l'exemple d'un gouvernement sage et juste[4].

Il n'y a pas un prince d'Allemagne qui, depuis la dernière paix, n'ait

---

1. M. de Voltaire avait remarqué, dès les premières années de son établissement à Ferney, que l'administration des fermes était ruineuse pour le pays de Gex, séparé de la France par une chaîne de montagnes : par une suite de cette position, les salaires des employés nécessaires pour empêcher la fraude excédaient de beaucoup le produit des droits, et la facilité de s'y soustraire multipliait les vexations, les amendes, et les supplices. Il pria, vers 1763, M. de Montigny, de l'Académie des sciences, cousin germain de Mme Denis, de s'unir à lui pour obtenir du gouvernement que ces droits fussent remplacés par un impôt simple et facile à lever. Tous deux suivirent ce projet avec constance sous les différents ministres qui se succédèrent dans le département des finances; et ils l'obtinrent enfin, après douze ans de sollicitations, sous le ministère de M. Turgot, en 1775.

M. de Voltaire écrivait : « Enfin je pourrai dire en mourant:

Et mes derniers regards ont vu fuir *les commis.* »

(*Éd. de Kehl.*)

2. La France et l'Angleterre. (Ed.) — 3. L'Allemagne. (Ed.)
4. L'impératrice Marie-Thérèse, mère de Marie-Antoinette, reine de France (Ed.)

travaillé à perfectionner chez lui l'agriculture, le commerce et l'industrie.

Toute l'Italie est animée du même esprit, et si elle se plaint que le génie du siècle des Médicis ait disparu, elle s'applaudit que le siècle de la raison et de la saine politique ait succédé.

L'histoire ne fournit point d'exemple d'un pareil concert entre tant de nations. Mais qui a fait ce grand changement sur la terre? la philosophie, sire, la vraie philosophie, celle qui vient du cœur.

Nous osons vous dire, au hasard même de vous déplaire, qu'aucun souverain n'a déployé dans un âge plus tendre cette raison supérieure et bienfaisante, que celui qui commença son règne par braver, avec ses dignes frères, un préjugé enraciné chez la moitié de la nation, et qui nous instruisit par son courage lorsque nous tremblions pour ses jours. On l'a vu se consacrer au travail, en permettant les plaisirs à sa cour; il est venu au secours de son peuple dans tous les accidents; il a rendu la liberté au commerce et la vie à l'agriculture. Sévère pour lui-même et indulgent pour les autres, il a mis la frugalité, la simplicité, l'économie, à la place de la profusion, du faste et du luxe. Sa sagesse prématurée n'a point voulu suivre le malheureux usage d'accumuler les dettes immenses et effrayantes de l'État, sous le faux prétexte d'en éteindre une faible partie. Sa bonté a respecté les campagnes, sans nuire au commerce des villes. Enfin il s'est privé de la décoration de son trône et des soutiens de sa grandeur pour soulager des cultivateurs opprimés.

Le mal fond rapidement sur la terre, il la désole et l'abrutit dans des multitudes de siècles : le bien arrive lentement et y séjourne peu de jours. La France, pendant douze cents ans, fut, comme tant d'autres États, affligée par des guerres souvent malheureuses ; par une ignorance grossière, tantôt ridicule et tantôt féroce; par des coutumes sauvages qu'on prenait pour des lois; par des calamités sans nombre, entremêlées de quelques jours de frivolités dont on rougit. Louis XIV vint, et pendant cinquante ans de prospérités et de magnificence il fit tout pour la gloire : c'est aujourd'hui le temps de faire tout pour la justice.

Nous ressentons, sire, les effets de cette justice et de cette bonté dans un coin de terre aussi ignoré que misérable, sur la frontière de votre royaume, auquel nous ne tenons que par l'étroit passage d'une montagne escarpée. Nous devînmes les sujets de votre ancêtre Henri IV et nous fûmes heureux jusqu'au jour où l'abominable fanatisme, qui persécuta si longtemps ce grand homme, lui arracha enfin la vie. La nôtre fut désastreuse depuis ce moment. Vous daignez nous secourir; vous nous délivrez d'une foule de commis armés qui nous réduisaient à la mendicité et qui dépouillaient encore cette mendicité même.

Nos pauvres et honnêtes cultivateurs, grâces à votre équité, ne sont plus soumis à la tyrannie vandale des corvées. On les traînait loin de leurs chaumières, eux et leurs femmes; on les forçait à travailler sans salaire, eux qui ne vivent que de leurs salaires, comme l'a si bien dit un des plus vertueux et des plus savants gentilshommes de votre royaume; on les traitait enfin bien plus cruellement que les bêtes de somme, à qui l'on donne du moins la pâture quand on les fait travailler; ils ne paraissaient qu'en pleurs devant les Suisses, leurs voisins, dont ils enviaient le sort : aujourd'hui l'on envie le sort de notre province.

Ceux qui parmi nous ont quelque industrie ne sont pas obligés d'acheter chèrement le droit naturel d'exercer leurs talents : contrainte funeste qui détériore ces talents mêmes, qui oblige les artistes à survendre leurs ouvrages; contrainte aussi pernicieuse à l'acheteur qu'au vendeur; contrainte qui fut la source de tant d'emprunts et de tant de banqueroutes; contrainte qui alarma tous les magistrats et qui fit frémir tout le royaume, lorsqu'en 1582 l'avarice d'un traitant[1] proposa cet impôt détestable que le roi Henri III établit par une douloureuse nécessité.

Esclaves rendus libres par vos bienfaits, nous ignorons dans nos cavernes, entre des précipices et des neiges éternelles, quels sont les usages des autres provinces. Nous ne savons si l'étiquette nous permet d'approcher du trône; mais notre cœur nous parle et nous l'écoutons. Nos voix, qui ne s'étaient jamais fait entendre pour se plaindre de l'oppression, éclatent pour remercier Votre Majesté de notre bonheur.

Pardonnez nos transports : nous vous devons de beaux jours; puisse le Ciel en retrancher des nôtres pour ajouter aux années de votre règne !

Signé, tous les citoyens du pays de Gex, sans exception.

A M. DU M***,

MEMBRE DE PLUSIEURS ACADÉMIES,

SUR PLUSIEURS ANECDOTES.

(1776.)

Puisque vous n'avez pu, mon ami, obtenir une chaire de professeur d'arabe, demandez-en une d'*antiche coglionerie*. Il y en a plusieurs d'établies, sinon sous ce titre, au moins dans ce goût. Il serait fort amusant de nous faire voir s'il est vrai que nous avons pris des anciens tout ce que nous croyons avoir inventé, comme Réaumur a inventé l'art de faire éclore des poulets sans poules, cinq ou six mille ans après que cette méthode commença en Égypte. Il y a des gens qui ont vu tout le système de Copernic chez les anciens Chaldéens; mais ce qui serait bien plus plaisant, ce serait de voir tous nos bons contes modernes pillés de la plus haute antiquité orientale.

La *Matrone d'Éphèse*, par exemple, a été mise en vers par La Fontaine en France, et auparavant en Italie. On la retrouve dans Pétrone,

---

1. François d'O, contrôleur général des finances. (ÉD.)

et Pétrone l'avait prise des Grecs. Mais où les Grecs l'avaient-ils prise ?
des contes arabes. Et de qui les conteurs arabes la tenaient-ils ? de la
Chine. Vous la verrez dans des contes chinois, traduits par le P. Den-
trecolles et recueillis par le P. Duhalde, et ce qui mérite bien vos réflexions, c'est que cette histoire est bien plus morale chez les Chinois
que chez nos traducteurs.

J'ai rapporté, dans un de mes inutiles ouvrages[1], la fable dont Molière a composé son *Amphitryon*, imité de Plaute, qui l'avait imité
des Grecs; l'original est indien. Le voici à peu près tel qu'il a été traduit par le colonel Dow, très-instruit dans la langue sacrée qu'on parlait il y a douze à quinze mille ans sur le bord du Gange, vers la ville
de Bénarès, à vingt lieues de Calcutta, chef-lieu de la Compagnie anglaise.

Le savant colonel Dow s'exprime donc à peu près ainsi : Un Indou
d'une force extraordinaire avait une très-belle femme; il en fut jaloux,
la battit et s'en alla. Un égrillard de dieu, non pas un *Brama*, ou un
Vistnou, ou un *Sib*, mais un dieu du bas étage, et cependant fort puissant, fait passer son âme dans un corps entièrement semblable à celui
du mari fugitif et se présente sous cette figure à la dame délaissée. La
doctrine de la métempsycose rendait cette supercherie vraisemblable.
Le dieu amoureux demande pardon à sa prétendue femme de ses em-
portements, obtient sa grâce, couche avec elle, lui fait un enfant et
reste le maître de la maison. Le mari repentant, et toujours amoureux
de sa femme, revient se jeter à ses pieds : il trouve un autre lui-même
établi chez lui. Il est traité par cet autre d'imposteur et de sorcier.
Cela forme un procès tout semblable à celui de notre Martin Guerre.
L'affaire se plaide devant le parlement de Bénarès. Le premier président était un brachmane, qui devina tout d'un coup que l'un des
deux maîtres de la maison était une dupe et que l'autre était un dieu.
Voici comme il s'y prit pour faire connaître le véritable mari. « Votre
époux, madame, dit-il, est le plus robuste de l'Inde; couchez avec les
deux parties l'une après l'autre, en présence de notre parlement indien;
celui des deux qui aura fait éclater les plus nombreuses marques de
valeur sera sans doute votre mari. » Le mari en donna douze, le fripon
en donna cinquante. Tout le parlement brame décida que l'homme
aux cinquante était le vrai possesseur de la dame. « Vous vous trompez
tous, répondit le premier président : l'homme aux douze est un héros,
mais il n'a pas passé les forces de la nature humaine; l'homme aux
cinquante ne peut être qu'un dieu qui s'est moqué de nous. » Le dieu
avoua tout et s'en retourna au ciel en riant.

Vous m'avouerez que l'*Amphitryon* indou est encore plus comique
et plus ingénieux que l'*Amphitryon* grec, quoiqu'il ne puisse pas être
décemment joué sur le théâtre.

Vous étonnerez peut-être encore plus votre monde, quand vous ra-
conterez l'origine de la fameuse querelle d'Aaron avec Datan, Coré et
Abiron, écrite par un Juif qui était apparemment le *loustig* de sa tribu.

---

1. *Fragments historiques sur l'Inde.* (ÉD.)

C'est peut-être le seul Juif qui ait su railler. Son livre n'est pas de l'antiquité des premiers brachmanes; mais enfin il est ancien et peut-être plus ancien qu'Homère. Les Juifs d'Italie le firent imprimer dans Venise au xv° siècle, et le célèbre Gaulmin, conseiller d'État, l'enrichit de notes en latin. Fabricius les a insérées dans sa traduction latine¹ de *la Vie et de la Mort de Moïse*, autre ancien ouvrage plus que abbinique, écrit, à ce qu'on a prétendu, vers le temps d'Esdras. Je vais faire copier le passage qui se trouve au livre II, page 165, nombre 297, édition de Hambourg.

« Ce fut une pauvre veuve qui fut la cause de la querelle. Cette femme n'avait pour tout bien qu'une brebis, et elle la tondit. Aaron vint et lui dit : « Il est écrit que les prémices appartiendront au Sei-« gneur, » et il prit la laine. La veuve, en pleurs, alla se plaindre à Coré, qui fit des remontrances au prêtre Aaron. Elles furent inutiles. Coré donna quatre pièces d'argent à la pauvre veuve et se retira très-irrité. Peu de temps après, la brebis mit bas son premier agneau. Aaron revient : « Ma bonne, il est écrit que les premiers-nés sont au « Seigneur. » Il emporte l'agneau et le mange. Nouvelles remontrances de Coré, aussi mal reçues que les premières. La veuve désespérée tue sa brebis. Voilà aussitôt Aaron chez elle. Il prend la mâchoire, l'épaule, et le ventre de la brebis. Coré se fâche contre lui; Aaron répond que cela est écrit, et qu'il veut manger cette épaule et le ventre. La veuve outrée jura et dit : « Au diable ma brebis. » Aaron, qui l'entendit, revint encore, disant : « Il est écrit que tout anathème est au Sei-« gneur, » et soupa des restes de la pauvre bête. Telle est la cause de la dispute entre Aaron d'une part, et Coré, Datan, et Abiron de l'autre. »

Cette mauvaise plaisanterie a été imitée chez plus d'une nation. Il n'y a pas une seule bonne fable de La Fontaine qui ne vienne du fond de l'Asie : vous en retrouvez même parmi les Tartares. Je me souviens d'avoir lu autrefois, dans le *Recueil des voyages de Plancarpin, de Rubruquis et de Marc Paolo*, qu'un chef des Tartares, étant près de mourir, récita à ses enfants la fable du vieillard qui donne à ses fils un faisceau de flèches à rompre².

Avons-nous dans notre Occident quelque conte plus philosophique que celui qui est rapporté dans Oléarius au sujet d'Alexandre? J'en ai parlé dans une de ces brochures³ que je ne vous ai pas envoyées, parce qu'elles ne valent pas le port. La scène est au fond de la Bactriane, dans un temps où tous les princes de l'Asie cherchaient l'eau de l'immortalité, comme depuis, chez nos romanciers, la plupart des chevaliers errants cherchèrent la fontaine de Jouvence. Alexandre rencontre un ange dans la caverne où des mages l'assuraient qu'on puisait l'eau de l'immortalité. L'ange lui donne un caillou. « Rapporte-

---

1. Le traducteur est Gilbert Gaulmin; Fabricius ne fut qu'éditeur de la réimpression faite à Hambourg en 1714. (ÉD.)
2. *Voyages de Plancarpin, Rubruquis, Marc Paul, et Hayton*, chap. XVII d'Hayton, p 31.
3. Dans la onzième des *Lettres chinoises*, etc. (ÉD.)

m'en un autre, lui dit-il, qui soit de même forme et de même poids,
alors je te ferai boire de cette eau que tu demandes. » Alexandre chercha et fit chercher partout. Après bien des peines inutiles, il prit le
parti de choisir un caillou à peu près semblable, et d'y ajouter un peu
de terre pour égaler les poids et les formes. L'ange Gabriel s'aperçut
de la supercherie et lui dit : « Mon ami, souviens-toi que tu es terre ;
détrompe-toi de ton breuvage de l'immortalité et ne prétends plus en
imposer à Gabriel[1]. »

Cet apologue nous apprend encore qu'on ne trouve point dans la
nature deux choses absolument semblables, et que les idées de Leibnitz sur les indiscernables étaient connues longtemps avant Leïbnitz
au milieu de la Tartarie[2].

Pour la plupart des contes dont on a farci nos *ana*, et toutes ces
réponses plaisantes qu'on attribue à Charles-Quint, à Henri IV, à cent
princes modernes, vous les retrouvez dans Athénée et dans nos vieux
auteurs. C'est en ce sens seulement qu'on peut dire : *Nihil sub sole
novum*[3], etc.

1. Oléarius, p. 169.
2. On a fait usage de cette histoire dans un petit livre intitulé : *Lettres chinoises, indiennes et tartares.*
3. *Ecclésiaste*, I, 10. (ÉD.)

COMMENTAIRE HISTORIQUE

SUR LES OEUVRES DE L'AUTEUR DE LA HENRIADE [1].

(1776.)

Je tâcherai, dans ces Commentaires sur un homme de lettres, de ne rien dire que d'un peu utile aux lettres et surtout de ne rien avancer que sur des papiers originaux. Nous ne ferons aucun usage ni des satires, ni des panégyriques presque innombrables, qui ne seront pas appuyés sur des faits authentiques.

Les uns font naître François de Voltaire le 20 février 1694; les autres, le 20 novembre de la même année. Nous avons des médailles de lui qui portent ces deux dates; il nous a été dit plusieurs fois qu'à sa naissance on désespéra de sa vie, et qu'ayant été ondoyé, la cérémonie de son baptême fut différée plusieurs mois [2].

Quoique je pense que rien n'est plus insipide que les détails de l'en-

---

1. Écrit par Wagnière sous la dictée de Voltaire. (ED.)

2. Dans sa lettre à Damilaville, du 20 février 1765, Voltaire dit : « Je suis ne en 1694, le 20 février, et non le 20 novembre, comme le disent les commentateurs mal instruits. »

Cependant l'article VOLTAIRE qu'on lit dans le *Dictionnaire des Théâtres de Paris* (par les frères Parfaict), tome VI, p. 288, et qui avait été envoyé par Voltaire lui-même, est ainsi conçu :

« VOLTAIRE (François-Marie Arouet de), né en 1694, le 20 novembre, de François Arouet, trésorier de la chambre des comptes, et de Catherine Daumart ; historiographe de France en 1745, gentilhomme ordinaire de la chambre du roi en 1747, et surnuméraire en 1749, membre de l'Académie française, de la Crusca, de la société royale de Londres, de Bologne, de Pétersbourg. Il a composé pour le théâtre les pièces suivantes : *OEdipe*, tragédie, 18 novembre 1718 ; *Artémire*, tragédie, 15 février 1720 ; *Mariamne*, tragédie, 6 mars 1724, retouchée et redonnée sous le titre de *Hérode et Mariamne*, tragédie, 10 avril 1725 ; *l'Indiscret*, comédie en un acte et en vers, 18 août 1725 ; *Brutus*, tragédie, 11 décembre 1730 ; *Ériphile*, tragédie, 7 mars 1732 ; *Zaïre*, tragédie, 13 août 1732 ; *Adélaïde*, tragédie, 18 janvier 1734 ; *Alzire*, tragédie, 27 janvier 1736 ; *l'Enfant prodigue ou l'École de la jeunesse*, comédie en cinq actes et en vers de dix syllabes, le 10 octobre 1736 ; *Zulime*, tragédie, 8 juin 1740 ; *Mahomet*, tragédie, 9 août 1742 ; *Mérope*, tragédie, 20 février 1743 ; la *Mort de César*, tragédie, 29 août 1743 ; la *Princesse de Navarre*, comédie en trois actes, en vers libres, avec un prologue et des divertissements (musique de M. Rameau), composée à l'occasion du mariage de Mgr le dauphin avec Marie-Thérèse, infante d'Espagne, et représentée à Versailles les mardi 23 et samedi 27 février 1745 ; *Sémiramis*, tragédie, 29 août 1748 ; *Nanine*, comédie en trois actes et en vers, 16 juin 1749 ; *Oreste*, tragédie, 12 janvier 1750 ; *Rome sauvée*, tragédie, 24 février 1752 ; *le Duc de Foix*, tragédie, 17 août 1752 ; au théâtre de l'Académie royale de musique, *le Temple de la Gloire*, ballet héroïque en trois actes, avec un prologue, représenté à Versailles le 27 novembre 1745, et à Paris le 10 décembre.

« La préface d'une des éditions de *la Henriade* nous apprend que ce poëme fut d'abord imprimé par les soins de l'abbé Desfontaines, qui y mêla quelques vers de sa façon ; on cite encore ceux-ci :

Et, malgré les Perraults et malgré les Houdarts,
On verra le bon goût fleurir de toutes parts.

« L'auteur fit ensuite imprimer *la Henriade* sous son véritable nom en 1727.

fance et du collége, cependant je dois dire, d'après ses propres écrits
et d'après la voix publique, qu'à l'âge d'environ douze ans, ayant fait
des vers qui paraissaient au-dessus de cet âge, l'abbé de Châteauneuf,
intime ami de la célèbre Ninon de Lenclos, le mena chez elle, et que
cette fille si singulière lui légua, par son testament, une somme de
deux mille francs pour acheter des livres, laquelle somme lui fut exactement payée. Cette petite pièce de vers, qu'il avait faite au collége,
est probablement celle qu'il composa pour un invalide qui avait servi
dans le régiment du dauphin, sous Monseigneur, fils unique de
Louis XIV. Ce vieux soldat était allé au collége des jésuites prier un
régent de vouloir bien lui faire un placet en vers pour Monseigneur :
le régent lui dit qu'il était alors trop occupé, mais qu'il y avait un
jeune écolier qui pouvait faire ce qu'il demandait. Voici les vers que
cet enfant composa.

> Digne fils du plus grand des rois,
> Son amour et notre espérance,
> Vous qui, sans régner sur la France,
> Régnez sur le cœur des Français,
> Souffrez-vous que ma vieille veine,
> Par un effort ambitieux,
> Ose vous donner une étrenne,
> Vous qui n'en recevez que de la main des dieux ?
> On a dit qu'à votre naissance
> Mars vous donna la vaillance,
> Minerve, la sagesse, Apollon, la beauté :
> Mais un dieu bienfaisant, que j'implore en mes peines,
> Voulut aussi me donner des étrennes,
> En vous donnant la libéralité.

Cette bagatelle d'un jeune écolier valut quelques louis d'or à l'invalide, et fit quelque bruit à Versailles et à Paris. Il est à croire que dès

à Londres. Il y en eut plusieurs éditions; M. l'abbé Lenglet-Dufresnoy recueillit
toutes les variantes et les notes, et les fit imprimer en 1736.
« On s'est conformé à cette édition dans toutes les suivantes, jusqu'à celle
qui a été faite à Leipsick en 1752. On y trouve beaucoup de changements et
d'additions dans la Henriade, ainsi que dans les pièces de théâtre et les œuvres
diverses. Les opéras intitulés Samson et Pandore sont dans ce recueil, et dans
ceux qu'on a faits à Paris et à Rouen sous le titre de Londres. Samson avait
été mis en musique par M. Rameau. Des considérations particulières empêchèrent qu'on ne le représentât.
« M. Royer a mis Pandore en musique; mais comme l'auteur ne s'était pas
asservi à la méthode ordinaire de l'opéra, le musicien a engagé un autre auteur
à changer les scènes et à faire les ariettes; de sorte que cet opéra mis en musique n'est pas celui de M. de Voltaire.
« Il a donné beaucoup d'ouvrages en prose, comme l'Histoire de Charles XII,
roi de Suède, le Siècle de Louis XIV, dont il y a plusieurs éditions. On a mis
sous son nom beaucoup d'ouvrages qui ne sont point de lui; d'autres dont le
fond lui appartient, mais qu'on a entièrement défigurés; tels sont deux volumes
d'une Histoire universelle depuis Charlemagne jusqu'à Charles VII, roi de
France.
« On prépare actuellement une édition magnifique de tous ses véritables ouvrages. »

lors le jeune homme fut déterminé à suivre son penchant pour la poésie. Mais je lui ai entendu dire à lui-même que ce qui l'y engagea plus fortement fut qu'au sortir du collége, ayant été envoyé aux écoles de droit par son père, trésorier de la chambre des comptes, il fut si choqué de la manière dont on y enseignait la jurisprudence, que cela seul le tourna entièrement du côté des belles-lettres.

Tout jeune qu'il était, il fut admis dans la société de l'abbé de Chaulieu, du marquis de La Fare, du duc de Sulli, de l'abbé Courtin; et il nous a dit plusieurs fois que son père l'avait cru perdu, parce qu'il voyait bonne compagnie et qu'il faisait des vers.

Il avait commencé dès l'âge de dix-huit ans la tragédie d'*OEdipe*, dans laquelle il voulut mettre des chœurs à la manière des anciens[1]. Les comédiens eurent beaucoup de répugnance à jouer une tragédie traitée par Corneille, en possession du théâtre; ils ne la représentèrent qu'en 1718, et encore fallut-il de la protection. Le jeune homme, qui était fort dissipé et plongé dans les plaisirs de son âge, ne sentit point le péril et ne s'embarrassait point que sa pièce réussît ou non : il badinait sur le théâtre et s'avisa de porter la queue du grand prêtre, dans une scène où ce même grand prêtre faisait un effet très-tragique. Mme la maréchale de Villars, qui était dans la première loge, demanda quel était ce jeune homme qui faisait cette plaisanterie, apparemment pour faire tomber la pièce : on lui dit que c'était l'auteur. Elle le fit venir dans sa loge, et depuis ce temps il fut attaché à monsieur le maréchal et à madame jusqu'à la fin de leur vie, comme on peut le voir par cette épître imprimée :

> Je me flattais de l'espérance
> D'aller goûter quelque repos
> Dans votre maison de plaisance; etc.

Ce fut à Villars qu'il fut présenté à M. le duc de Richelieu, dont il acquit la bienveillance, qui ne s'est point démentie pendant soixante années.

Ce qui est aussi rare et ce qui à peine a été connu, c'est que le prince de Conti, père de celui qui a été si célèbre par les journées de la barricade de Demont et de Château-Dauphin, fit pour lui des vers dont voici les derniers :

> Ayant puisé ses vers aux eaux de l'Aganipe,
> Pour son premier projet il fait le choix d'Œdipe;
> Et quoique dès longtemps ce sujet fût connu,
> Par un style plus beau cette pièce changée
> Fit croire des enfers Racine revenu,
> Ou que Corneille avait la sienne corrigée.

1. Nous avons une lettre du savant Dacier, de 1713, dans laquelle il exhorte l'auteur, qui avait déjà fait sa pièce, à y joindre des chœurs chantants, à l'exemple des Grecs. Mais la chose était impraticable sur le théâtre français. — Lorsqu'en 1769 M. de Voltaire obtint justice à Toulouse pour le malheureux Sirven, M. de Merville, avocat chargé de cette cause, refusa toute espèce d'honoraires, et demanda pour toute reconnaissance à M. de Voltaire qu'il voulût bien ajouter des chœurs à son *OEdipe*. (*Éd. de Kehl.*)

Je n'ai pu retrouver la réponse de l'auteur d'*OEdipe*. Je lui demandai
un jour s'il avait dit au prince en plaisantant : « Monseigneur, vous
serez un grand poëte ; il faut que je vous fasse donner une pension par
le roi. » On prétend aussi qu'à souper il lui dit : « Sommes-nous
tous princes ou tous poëtes ? » Il lui répondit : *Delicta juventutis meæ,
ne memineris, Domine.*

Il commença *la Henriade* à Saint-Ange, chez M. de Caumartin, intendant des finances, après avoir fait *OEdipe*, et avant que cette pièce
fût jouée. Je lui ai entendu dire plus d'une fois que quand il entreprit
ces deux ouvrages, il ne comptait pas les pouvoir finir, et qu'il ne savait ni les règles de la tragédie ni celles du poëme épique ; mais qu'il
fut saisi de tout ce que M. de Caumartin, très-savant dans l'histoire,
lui contait de Henri IV, dont ce respectable vieillard était idolâtre, et
qu'il commença cet ouvrage par pur enthousiasme, sans presque y faire
réflexion[1]. Il lut un jour plusieurs chants de ce poëme chez le jeune
président de Maisons, son intime ami. On l'impatienta par des objections ; il jeta son manuscrit dans le feu. Le président Hénault l'en retira avec peine. « Souvenez-vous, lui dit M. Hénault dans une de ses
lettres, que c'est moi qui ai sauvé *la Henriade* et qu'il m'en a coûté
une belle paire de manchettes. » Plusieurs copies de ce poëme, qui
n'était qu'ébauché, coururent quelques années après dans le public ;
il fut imprimé avec beaucoup de lacunes sous le titre de *la Ligue*.

Tous les poëtes de Paris et plusieurs savants se déchaînèrent contre
lui ; on lui décocha vingt brochures, on joua *la Henriade* à la Foire ;
on dit à l'ancien évêque de Fréjus[2], précepteur du roi, qu'il était indécent et même criminel de louer l'amiral de Coligni et la reine Élisabeth. La cabale fut si forte, qu'on engagea le cardinal de Bissi, alors
président de l'assemblée du clergé, à censurer juridiquement l'ouvrage ;
mais une si étrange procédure n'eut pas lieu. Le jeune auteur fut également étonné et piqué de ces cabales. Sa vie très-dissipée l'avait empêché de se faire des amis parmi les gens de lettres ; il ne savait point
opposer intrigue à intrigue : ce qui est, dit-on, absolument nécessaire
dans Paris, quand on veut réussir en quelque genre que ce puisse être.

Il donna la tragédie de *Mariamne* en 1722[3]. Mariamne était empri-
sonnée par Hérode ; lorsqu'elle but la coupe, la cabale cria : *La reine
boit !* et la pièce tomba. Ces mortifications continuelles le déterminè-
rent à faire imprimer en Angleterre *la Henriade*[4], pour laquelle il ne
pouvait obtenir en France ni privilége ni protection. Nous avons vu

---

1. M. de Voltaire recueillit dès lors une partie des matériaux qu'il a employés
depuis dans l'histoire du *Siècle de Louis XIV*. L'évêque de Blois, Caumartin,
avait passé une grande partie de sa vie à s'amuser de ces petites intrigues qui
sont pour le commun des courtisans une occupation si grave et si triste. Il en
connaissait les plus petits détails, et les racontait avec beaucoup de gaieté. Ce
que M. de Voltaire a cru devoir imprimer est exact ; mais il s'est bien gardé de
dire tout ce qu'il savait. (*Éd. de Kehl.*)

2. Le cardinal de Fleury. (ÉD.)

3. La première représentation de *Mariamne* est du 6 mars 1724. (ÉD.)

4. Il éprouva bien une autre mortification. On refusa la dédicace qu'il voulait
faire de sa *Henriade* à Louis XV, alors âgé d'environ seize ans. (*Note de M. Beuchot.*)

une lettre de sa main, écrite à M. Dumas d'Aigueberre, depuis conseiller au parlement de Toulouse, dans laquelle il parle ainsi de ce voyage :

> Je ne dois pas être plus fortuné
> Que le héros célébré sur ma vielle :
> Il fut proscrit, persécuté, damné,
> Par les dévots et leur douce séquelle :
> En Angleterre il trouva du secours,
> J'en vais chercher....

Le reste des vers est déchiré ; elle finit par ces mots : « Je n'ai pas le nez tourné à être prophète en mon pays. » Il avait raison. Le roi George Ier, et surtout la princesse de Galles, qui depuis fut reine, lui firent une souscription immense[1] : ce fut le commencement de sa fortune ; car, étant revenu en France en 1728, il mit son argent à une loterie établie par M. Desforts, contrôleur général des finances. On recevait des rentes sur l'hôtel de ville pour billets, et on payait les lots argent comptant ; de sorte qu'une société qui aurait pris tous les billets aurait gagné un million. Il s'associa avec une compagnie nombreuse, et fut heureux. C'est un des associés qui m'a certifié cette anecdote, dont j'ai vu la preuve sur ses registres. M. de Voltaire lui écrivait : « Pour faire sa fortune dans ce pays-ci, il n'y a qu'à lire les arrêts du conseil. Il est rare qu'en fait de finance le ministère ne soit forcé à faire des arrangements dont les particuliers profitent. »

Cela ne l'empêcha pas de cultiver les belles-lettres, qui étaient sa passion dominante. Il donna, en 1730, son *Brutus*, que je regarde comme sa tragédie la plus fortement écrite, sans même en excepter *Mahomet*. Elle fut très-critiquée. J'étais, en 1732, à la première représentation de *Zaïre* ; et, quoiqu'on y pleurât beaucoup, elle fut sur le point d'être sifflée. On la parodia à la comédie italienne, à la Foire ; on l'appela la pièce des *Enfants trouvés*, *Arlequin au Parnasse*.

Un académicien l'ayant proposé en ce temps-là pour remplir une place vacante à laquelle notre auteur ne songeait point, M. de Boze déclara que l'auteur de *Brutus* et de *Zaïre* ne pouvait jamais devenir un sujet académique.

Il était lié alors avec l'illustre marquise du Châtelet, et ils étudiaient ensemble les principes de Newton et les systèmes de Leibnitz. Ils se retirèrent plusieurs années à Cirey en Champagne ; M. Kœnig, grand mathématicien, y vint passer deux ans entiers. M. de Voltaire y fit bâtir une galerie, où l'on fit toutes les expériences alors connues sur la lumière et sur l'électricité. Ces occupations ne l'empêchèrent pas de donner, le 27 janvier 1736, la tragédie d'*Alzire*, ou des *Américains*, qui eut un grand succès. Il attribua cette réussite à son absence ; il disait : *Laudantur ubi non sunt, sed cruciantur ubi sunt.*

Celui qui se déchaîna le plus contre *Alzire* fut l'ex-jésuite Desfontaines. Cette aventure est assez singulière : ce Desfontaines avait travaillé au *Journal des Savants* sous M. l'abbé Bignon, et en avait été

---

1. On en porte le produit à 110 000 francs. (ÉD.)

exclu en 1723. Il s'était mis à faire des espèces de journaux pour son compte : il était ce que M. de Voltaire appelle un *folliculaire*. Ses mœurs étaient assez connues. Il avait été pris en flagrant délit avec de petits savoyards, et mis en prison à Bicêtre. On commençait à instruire son procès, et on voulait le faire brûler, parce qu'on disait que Paris avait besoin d'un exemple. M. de Voltaire employa pour lui la protection de Mme la marquise de Prie. Nous avons encore une des lettres que Desfontaines écrivit à son libérateur : elle a été imprimée parmi les *Lettres du marquis d'Argens*[1], page 228, tome Ier. « Je n'oublierai jamais les obligations que je vous ai : votre bon cœur est encore au-dessus de votre esprit : ma vie doit être employée à vous marquer ma reconnaissance. Je vous conjure d'obtenir encore que la lettre de cachet qui m'a tiré de Bicêtre, et qui m'exile à trente lieues de Paris, soit levée, etc. »

Quinze jours après, le même homme imprime un libelle diffamatoire contre celui pour lequel il devait employer sa vie. C'est ce que je découvre par une lettre de M. Thieriot, du 16 août, tirée du même recueil. Cet abbé Desfontaines est celui-là même qui, pour se justifier, disait à M. le comte d'Argenson : *Il faut que je vive;* et à qui M. le comte d'Argenson répondit : *Je n'en vois pas la nécessité.*

Ce prêtre ne s'adressait plus à des ramoneurs depuis son aventure de Bicêtre. Il élevait de jeunes Français dans ces deux métiers de non-conformiste et de folliculaire; il leur montrait à faire des satires; il composa avec eux des libelles diffamatoires, intitulés *Voltairomanie* et *Voltairiana*. C'était un ramas de contes absurdes; on en peut juger par une des lettres de M. le duc de Richelieu, signée de sa main, dont nous avons retrouvé l'original. Voici les propres mots : « Ce livre est bien ridicule et bien plat. Ce que je trouve d'admirable, c'est que l'on y dit que Mme de Richelieu vous avait donné cent louis et un carrosse, avec des circonstances dignes de l'auteur et non pas de vous; mais cet homme admirable oublie que j'étais veuf en ce temps-là, et que je ne me suis remarié que plus de quinze ans après, etc. *Signé*, le duc DE RICHELIEU, 8 février 1739. »

M. de Voltaire ne se prévalait pas même de tant de témoignages authentiques; et ils seraient perdus pour sa mémoire, si nous ne les avions retrouvés avec peine dans le chaos de ses papiers.

Je tombe encore sur une lettre du marquis d'Argenson, ministre des affaires étrangères. « C'est un vilain homme que cet abbé Desfontaines; son ingratitude est encore pire que ses crimes, qui vous avaient donné lieu de l'obliger. 7 février 1739. »

Voilà les gens à qui M. de Voltaire avait affaire, et qu'il appelait *la canaille de la littérature. Ils vivent*, disait-il, *de brochures et de crimes.*

Nous voyons qu'en effet un homme de cette trempe, nommé l'abbé Mac-Carthy, qui se disait des nobles Mac-Carthy d'Irlande, et qui s

---

1. Cette lettre est du 31 mai. La date de l'année n'y est pas; mais elle e de 1724.

disait aussi homme de lettres, lui emprunta une somme assez considérable, et alla avec cet argent se faire mahométan à Constantinople ; sur quoi M. de Voltaire dit : « Mac-Carthy n'est allé qu'au Bosphore ; mais Desfontaines s'est réfugié plus loin vers le lac de Sodome[1]. »

Il paraît que les contradictions, les perversités, les calomnies qu'il essuyait à chaque pièce qu'il faisait représenter ne pouvaient l'arracher à son goût, puisqu'il donna la comédie de *l'Enfant prodigue* le 10 octobre 1736 ; mais il ne la donna point sous son nom ; et il en laissa le profit à deux jeunes élèves qu'il avait formés, MM. Linant et Lamarre, qui vinrent à Cirey, où il était avec Mme du Châtelet. Il donna Linant pour précepteur au fils de Mme du Châtelet, qui a été depuis lieutenant général des armées et ambassadeur à Vienne et à Londres. La comédie de *l'Enfant prodigue* eut un grand succès. L'auteur écrivit à Mlle Quinault : « Vous savez garder les secrets d'autrui comme les vôtres. Si l'on m'avait reconnu, la pièce aurait été sifflée. Les hommes n'aiment pas qu'on réussisse en deux genres. Je me suis fait assez d'ennemis par *Œdipe* et *la Henriade*. »

Cependant il embrassait dans ce temps-là même un genre d'étude tout différent : il composait les *Éléments de la philosophie de Newton*, philosophie qu'alors on ne connaissait presque point en France. Il ne put obtenir un privilége du chancelier d'Aguesseau, magistrat d'une science universelle, mais qui, ayant été élevé dans le système cartésien, écartait les nouvelles découvertes autant qu'il pouvait. L'attachement de notre auteur pour les principes de Newton et de Locke lui attira une foule de nouveaux ennemis. Il écrivait à M. Falkener, le même auquel il avait dédié *Zaïre* : « On croit que les Français aiment la nouveauté, mais c'est en fait de cuisine et de modes ; car pour les vérités nouvelles, elles sont toujours proscrites parmi nous : ce n'est que quand elles sont vieilles qu'elles sont bien reçues, etc. »

Nous avons recouvré une lettre qu'il écrivit longtemps après à M. Clairaut sur ces matières abstraites ; elle paraît mériter d'être conservée. On la retrouvera à son rang dans ce recueil.

Pour se délasser des travaux de la physique, il s'amusa à faire le poëme de *la Pucelle*. Nous avons des preuves que cette plaisanterie fut presque composée tout entière à Cirey. Mme du Châtelet aimait les vers autant que la géométrie, et s'y connaissait parfaitement. Quoique ce poëme ne fût que comique, on y trouva beaucoup plus d'imagination que dans *la Henriade* ; mais *la Pucelle* fut indignement violée par des polissons grossiers, qui la firent imprimer avec des ordures intolérables. Les seules bonnes éditions sont celles de MM. Cramer.

Il fallut quitter Cirey pour aller solliciter à Bruxelles un procès que la maison du Châtelet y soutenait depuis longtemps contre la maison de Honsbrouck, procès qui pouvait les ruiner l'une et l'autre. M. de Voltaire, conjointement avec M. Raesfeld, président de Clèves, accom-

---

1. Nous avons vu une obligation de cinq cents livres d'argent prêté chez Perret, notaire, 1er juillet 1730 ; mais nous n'avons pu trouver celle de deux mille livres.

moda enfin cet ancien différend, moyennant cent trente mille francs, argent de France, qui furent payés à M. le marquis du Châtelet.

Le malheureux et célèbre Rousseau était alors à Bruxelles. Mme du Châtelet ne voulut point le voir; elle savait que Rousseau avait fait autrefois une satire contre le baron de Breteuil son père, dans le temps qu'il était son domestique; et nous en avons la preuve dans un papier écrit tout entier de la main de Mme du Châtelet.

Les deux poëtes se virent, et bientôt conçurent une assez forte aversion l'un pour l'autre. Rousseau ayant montré à son antagoniste une *Ode à la postérité*, celui-ci dit : « Mon ami, *voilà une lettre qui ne sera jamais reçue à son adresse.* » Cette raillerie ne fut jamais pardonnée. Il y a une lettre de M. de Voltaire à M. Linant, dans laquelle il dit : « Rousseau me méprise, parce que je néglige quelquefois la rime; et moi je le méprise, parce qu'il ne sait que rimer[1]. »

Les extrêmes bontés avec lesquelles le roi de Prusse l'avait prévenu lui firent bien oublier la haine de Rousseau. Ce monarque était poëte aussi; mais il avait tous les talents de sa place, et tous ceux qui n'en étaient pas. Une correspondance suivie était établie depuis longtemps entre lui et notre auteur, lorsqu'il était prince royal héréditaire. On a imprimé quelques-unes de leurs lettres dans les recueils qu'on a faits des ouvrages de M. de Voltaire.

Ce prince venait, à son avénement à la couronne, de visiter toutes les frontières de ses États. Son désir de voir les troupes françaises, et d'aller *incognito* à Strasbourg et à Paris, lui fit entreprendre le voyage de Strasbourg, sous le nom du comte du Four; mais, ayant été reconnu par un soldat qui avait servi dans les armées de son père, il retourna à Clèves.

Plus d'un curieux a conservé dans son portefeuille une lettre en prose et en vers, dans le goût de Chapelle, écrite par ce prince sur ce voyage de Strasbourg. L'étude de la langue et de la poésie française, celle de la musique italienne, de la philosophie, et de l'histoire, avaient fait sa consolation dans les chagrins qu'il avait essuyés pendant sa jeunesse. Cette lettre est un monument singulier d'un homme qui a gagné depuis tant de batailles : elle est écrite avec grâce et légèreté; en voici quelques morceaux.

---

[1]. Nous observons qu'une lettre d'un sieur de Médine à un sieur de Missi, du 17 février 1737, prouve assez que le poëte Rousseau ne s'était pas corrigé à Bruxelles. La voici : « Vous allez être étonné du malheur qui m'arrive; il m'est revenu des lettres protestées; on m'enlève mercredi au soir, et on me met en prison : croiriez-vous que ce coquin de Rousseau, cet indigne, ce monstre, qui depuis six mois n'a bu et mangé que chez moi, à qui j'ai rendu les plus grands services, et en nombre, a été la cause qu'on m'a pris? C'est lui qui a irrité contre moi le porteur des lettres; enfin ce monstre, vomi des enfers, achevant de boire avec moi à ma table, de me baiser, de m'embrasser, a servi d'espion, pour me faire enlever à minuit. Non, jamais trait n'a été si noir; je ne puis y penser sans horreur. Si vous saviez tout ce que j'ai fait pour lui! Patience, je compte que notre correspondance n'en sera pas altérée. »

Il faut avouer qu'une telle action sert beaucoup à justifier Saurin, et la sentence et l'arrêt qui bannirent Rousseau. Mais nous n'entrons pas dans les profondeurs de cette affaire si funeste et si déshonorante.

« Je viens de faire un voyage entremêlé d'aventures singulières, quelquefois fâcheuses, et souvent plaisantes. Vous savez que j'étais parti pour Bruxelles, afin de revoir une sœur que j'aime autant que je l'estime. Chemin faisant, Algarotti et moi nous consultions la carte géographique pour régler notre retour par Vesel. Strasbourg ne nous détournait pas beaucoup, nous choisîmes cette route par préférence : *l'incognito* fut résolu ; enfin, tout arrangé et concerté au mieux, nous crûmes aller en trois jours à Strasbourg :

> Mais le ciel, qui de tout dispose,
> Régla différemment la chose.
> Avec des coursiers efflanqués,
> En droite ligne issus de Rossinante,
> Des paysans en postillons masqués,
> Butors de race impertinente,
> Nos carrosses cent fois dans la route accrochés,
> Nous allions gravement d'une allure indolente. »

On dit qu'il écrivait tous les jours de ces lettres agréables au courant de la plume. Mais il venait de composer un ouvrage bien plus sérieux et plus digne d'un grand prince : c'était la réfutation de Machiavel. Il l'avait envoyé à M. de Voltaire pour le faire imprimer : il lui donna rendez-vous dans un petit château appelé Meuse, auprès de Clèves. Celui-ci lui dit : « Sire, si j'avais été Machiavel, et si j'avais eu quelque accès auprès d'un jeune roi, la première chose que j'aurais faite aurait été de lui conseiller d'écrire contre moi. » Depuis ce temps, les bontés du monarque prussien redoublèrent pour l'homme de lettres français, qui alla lui faire sa cour à Berlin sur la fin de 1740, avant que le roi se préparât à entrer en Silésie.

Alors le cardinal de Fleury lui prodigua les cajoleries les plus flatteuses, dont il ne paraît pas que notre voyageur fût la dupe. Voici sur cette matière une anecdote bien singulière, et qui pourrait jeter un grand jour sur l'histoire de ce siècle. Le cardinal écrivit à M. de Voltaire, le 14 novembre 1740, une grande lettre ostensible dont j'ai copie ; on y trouve ces propres mots :

« La corruption est si générale, et la bonne foi est si indécemment bannie de tous les cœurs dans ce malheureux siècle, que, si on ne se tenait pas bien ferme dans les motifs supérieurs qui nous obligent à ne point nous en départir, on serait quelquefois tenté d'y manquer dans de certaines occasions. Mais le roi mon maître fait voir du moins qu'il ne se croit point en droit d'avoir de cette espèce de représailles ; et dans le moment de la mort de l'empereur, il assura M. le prince de Lichtenstein qu'il garderait fidèlement tous ses engagements. »

Ce n'est point à moi d'examiner comment, après une telle lettre, on put, en 1741, entreprendre de dépouiller la fille et l'héritière de l'empereur Charles VI. Ou le cardinal de Fleury changea d'avis, ou cette guerre se fit malgré lui. Mon commentaire ne regarde point la politique, à laquelle je suis absolument étranger ; mais, en qualité de littérateur, je ne puis dissimuler ma surprise de voir un homme de cour et un académicien dire « qu'on se tient ferme dans des motifs qui obligent à ne se point départir de ces motifs ; qu'on serait tenté de manquer à ces motifs, et qu'on est en droit d'avoir de ces espèces de représailles. » Voilà bien des fautes contre la langue en peu de mots.

Quoi qu'il en soit, je vois très-clairement que mon auteur n'avait aucune envie de faire fortune par la politique, puisque, de retour à Bruxelles, il ne s'occupa que de ses chères belles-lettres. Il y fit la tragédie de *Mahomet*, et alla bientôt après avec Mme du Châtelet faire jouer cette pièce à Lille, où il y avait une fort bonne troupe dirigée par le sieur Lanoue, auteur et comédien. La fameuse demoiselle Clairon y jouait, et montrait déjà les plus grands talents. Mme Denis, nièce de l'auteur, femme d'un commissaire ordonnateur des guerres, ancien capitaine au régiment de Champagne, tenait un assez grand état dans Lille, qui était du département de son mari. Mme du Châtelet logea chez elle; je fus témoin de toutes ces fêtes : *Mahomet* fut très-bien joué.

Dans un entr'acte, on apporta à l'auteur une lettre du roi de Prusse, qui lui apprenait la victoire de Molvitz[1]; il la lut à l'assemblée; on battit des mains : « Vous verrez, dit-il, que cette pièce de Molvitz fera réussir la mienne. »

Elle fut représentée à Paris le 19 août de la même année[2]. Ce fut là qu'on vit plus que jamais à quel excès se peut porter la jalousie des gens de lettres, surtout en fait de théâtre. L'abbé Desfontaines et un nommé Bonneval, que M. de Voltaire avait secouru dans ses besoins, ne pouvant faire tomber la tragédie de *Mahomet*, la déférèrent, comme une pièce contre la religion chrétienne, au procureur général. La chose alla si loin, que le cardinal de Fleury conseilla à l'auteur de la retirer. Ce conseil avait force de loi; mais l'auteur la fit imprimer et la dédia au pape Benoît XIV, Lambertini, qui avait déjà beaucoup de bontés pour lui. Il avait été recommandé à ce pape par le cardinal Passionei, homme de lettres célèbre, avec lequel il était depuis longtemps en correspondance. Nous avons quelques lettres de ce pape à M. de Voltaire. Sa Sainteté voulut l'attirer à Rome; et il ne s'est jamais consolé de n'avoir point vu cette ville, qu'il appelait la capitale de l'Europe.

Mahomet ne fut rejoué que longtemps après, par le crédit de Mme Denis, malgré Crébillon, alors approbateur des pièces de théâtre sous les ordres du lieutenant de police. On fut obligé de prendre M. d'Alembert pour approbateur. Cette manœuvre de Crébillon parut assez malhonnête à la bonne compagnie. La pièce est restée en possession du théâtre, dans le temps même où ce spectacle a été le plus négligé. L'auteur avouait qu'il se repentait d'avoir fait Mahomet beaucoup plus méchant que ce grand homme ne le fut; « mais si je n'en avais fait qu'un héros politique, écrivait-il à un de ses amis, la pièce était sifflée. Il faut dans une tragédie de grandes passions et de grands crimes. Au reste, dit-il quelques lignes après, le *genus implacabile*

---

1. 10 avril 1741. (Éd.) — 2. Le 9 août 1742. (Éd.)

vatum me persécute plus que l'on ne persécuta Mahomet à la Mecque. On parle de la jalousie et des manœuvres qui troublent les cours; il y en a plus chez les gens de lettres. »

Après toutes ces tracasseries, MM. de Réaumur et de Mairan lui conseillèrent de renoncer à la poésie, qui n'attirait que de l'envie et des chagrins; de se donner tout entier à la physique, et de demander une place à l'Académie des sciences, comme il en avait une à la Société royale de Londres et à l'Institut de Bologne. Mais M. de Formont, son ami, homme de lettres infiniment aimable, lui ayant écrit une lettre en vers pour l'exhorter à ne point enfouir son talent, voici ce qu'il lui répondit (23 décembre 1737) :

> A mon très-cher ami Formont,
> Demeurant sur le double mont,
> Au-dessus de Vincent Voiture,
> Vers la taverne où Bachaumont
> Buvait et chantait sans mesure,
> Où le plaisir et la raison
> Ramenaient le temps d'Épicure.

Et aussitôt il travailla à sa *Mérope*. La tragédie de *Mérope*, première pièce profane qui réussit sans le secours d'une passion amoureuse, et qui fit à notre auteur plus d'honneur qu'il n'en espérait, fut représentée le 20 février 1743. Je ne puis mieux faire connaître ce qui se passa de singulier sur cette tragédie, qu'en rapportant la lettre qu'il écrivit, le 4 avril suivant, à son ami M. d'Aigueberre, qui était à Toulouse :

« La *Mérope* n'est pas encore imprimée : je doute qu'elle réussisse à la lecture autant qu'à la représentation. Ce n'est point moi qui ai fait la pièce; c'est Mlle Dumesnil. Que dites-vous d'une actrice qui fait pleurer pendant trois actes de suite? Le public a pris un peu le change : il a mis sur mon compte une partie du plaisir extrême que lui ont fait les acteurs. La séduction a été au point que le parterre a demandé à grands cris à me voir. On m'est venu prendre dans une cache où je m'étais tapi; on m'a mené de force dans la loge[1] de Mme la maréchale de Villars, où était sa belle-fille. Le parterre était fou : il a crié à la duchesse de Villars de me baiser; et il a tant fait de bruit qu'elle a été obligée d'en passer par là, par l'ordre de sa belle-mère. J'ai été baisé publiquement, comme Alain Chartier par la princesse Marguerite d'Écosse; mais il dormait, et j'étais fort éveillé. Cette faveur populaire, qui probablement passera bientôt, m'a un peu consolé de la petite persécution de Boyer, ancien évêque de Mirepoix, toujours plus théatin qu'évêque. L'Académie, le roi et le public, m'avaient désigné pour succéder au cardinal de Fleury parmi les quarante. Boyer n'a pas voulu et il a trouvé à la fin, après deux mois et demi, un prélat pour remplir la place d'un prélat, selon les canons de

---

1. C'est de là qu'est venue la mode ridicule de crier *l'auteur, l'auteur!* quand une pièce, bonne ou mauvaise, réussit à la première représentation.

l'Église[1]. Je n'ai pas l'honneur d'être prêtre; je crois qu'il convient à un profane comme moi de renoncer à l'Académie.

« Les lettres ne sont pas extrêmement favorisées. Le théatin m'a dit que l'éloquence expirait; qu'il avait en vain voulu la ressusciter par ses sermons; que personne ne l'avait *secondé* : il voulait dire, *écouté*.

« On vient de mettre à la Bastille l'abbé Lenglet pour avoir publié des mémoires déjà très-connus, qui servent de supplément à l'histoire de notre célèbre de Thou. L'infatigable et malheureux Lenglet rendait un signalé service aux bons citoyens et aux amateurs des recherches historiques. Il méritait des récompenses; on l'emprisonne cruellement à l'âge de soixante-huit ans. Cela est tyrannique.

> *Insere nunc, Melibœe, piros! pone ordine vites*[2]!

« Mme du Châtelet vous fait ses compliments. Elle marie sa fille à M. le duc de Montenero, Napolitain au grand nez, à la taille courte, à la face maigre et noire, à la poitrine enfoncée. Il est ici et va nous enlever une Française aux joues rebondies. *Vale et me ama.* VOLTAIRE.»

Nous le voyons bientôt après faire un nouveau voyage auprès du roi de Prusse, qui l'appelait toujours à Berlin, mais pour lequel il ne pouvait quitter longtemps ses anciens amis. Il rendit dans ce voyage au roi son maître un signalé service, comme nous le voyons par sa correspondance avec M. Amelot, ministre d'État. Mais ces particularités ne sont pas l'objet de notre Commentaire; nous n'avons en vue que l'homme de lettres.

Le fameux comte de Bonneval, devenu bacha turc, et qu'il avait vu autrefois chez le grand prieur de Vendôme, lui écrivait alors de Constantinople, et fut en correspondance avec lui pendant quelque temps. On n'a trouvé de ce commerce épistolaire qu'un seul fragment que nous transcrivons :

« Aucun saint, avant moi, n'avait été livré à la discrétion du prince Eugène. Je sentais qu'il y avait une espèce de ridicule à me faire circoncire; mais on m'assura bientôt qu'on m'épargnerait cette opération en faveur de mon âge. Le ridicule de changer de religion ne laissait pas encore de m'arrêter : il est vrai que j'ai toujours pensé qu'il est fort indifférent à Dieu qu'on soit musulman, ou chrétien, ou juif, ou guèbre : j'ai toujours eu sur ce point l'opinion du duc d'Orléans régent, des ducs de Vendôme, de mon cher marquis de La Fare, de l'abbé de Chaulieu, et de tous les honnêtes gens avec qui j'ai passé ma vie. Je savais bien que le prince Eugène pensait comme moi, et qu'il en aurait fait autant à ma place; enfin il fallait perdre ma tête, ou la couvrir d'un turban. Je confiai ma perplexité à Lamira, qui était mon domestique, mon interprète, et que vous avez vu depuis en France avec Saïd-Effendi : il m'amena un iman qui était plus instruit

---

1. Je trouve une lettre, du 3 mars 1743, de M. l'archevêque de Narbonne, qui se désiste en faveur de M. de Voltaire.
2. Virgile, *Eclog.* I, vers 74. (ÉD.)

que les Turcs ne le sont d'ordinaire. Lamira me présenta à lui comme un catéchumène fort irrésolu. Voici ce que ce bon prêtre lui dicta en ma présence; Lamira le traduisit en français; je le conserverai toute ma vie :

« Notre religion est incontestablement la plus ancienne et la plus
« pure de l'univers connu; c'est celle d'Abraham sans aucun mélange;
« et c'est ce qui est confirmé dans notre saint livre, où il est dit :
« *Abraham était fidèle; il n'était ni juif, ni chrétien, ni idolâtre.*
« Nous ne croyons qu'un seul Dieu comme lui; nous sommes circon-
« cis comme lui, et nous ne regardons la Mecque comme une ville
« sainte que parce qu'elle l'était du temps même d'Ismaël, fils d'A-
« braham.

« Dieu a certainement répandu ses bénédictions sur la race d'Ismaël,
« puisque sa religion est étendue dans presque toute l'Asie et dans
« presque toute l'Afrique, et que la race d'Isaac n'y a pas pu seule-
« ment conserver un pouce de terrain.

« Il est vrai que notre religion est peut-être un peu mortifiante pour
« les sens; Mahomet a réprimé la licence que se donnaient tous les
« princes de l'Asie d'avoir un nombre indéterminé d'épouses. Les
« princes de la secte abominable des Juifs avaient poussé cette licence
« plus loin que les autres : David avait dix-huit femmes; Salomon,
« selon les Juifs, en avait jusqu'à sept cents; notre prophète réduisit
« le nombre à quatre.

« Il a défendu le vin et les liqueurs fortes, parce qu'elles dérangent
« l'âme et le corps, qu'elles causent des maladies, des querelles, et
« qu'il est bien plus aisé de s'abstenir tout à fait que de se contenir.

« Ce qui rend surtout notre religion sainte et admirable, c'est qu'elle
« est la seule où l'aumône soit de droit étroit. Les autres religions con-
« seillent d'être charitables, mais, pour nous, nous l'ordonnons ex-
« pressément, sous peine de damnation éternelle.

« Notre religion est aussi la seule qui défende les jeux de hasard,
« sous les mêmes peines; et c'est ce qui prouve bien la profonde sa-
« gesse de Mahomet. Il savait que le jeu rend les hommes incapables
« de travail, et qu'il transforme trop souvent la société en un assem-
« blage de dupes et de fripons, etc.

(Il y a ici plusieurs lignes si blasphématoires que nous n'osons les copier. On peut les passer à un Turc; mais une main chrétienne ne peut les transcrire.)

« Si donc ce chrétien ci-présent veut abjurer sa secte idolâtre, et
« embrasser celle des victorieux musulmans, il n'a qu'à prononcer
« devant moi notre sainte formule, et faire les prières et les ablutions
« prescrites. »

« Lamira m'ayant lu cet écrit, me dit : « Monsieur le comte, ces Turcs
« ne sont pas si sots qu'on le dit à Vienne, à Rome, et à Paris.... » Je lui répondis que je sentais un mouvement de grâce turque intérieur, et que ce mouvement consistait dans la ferme espérance de donner sur les oreilles au prince Eugène, quand je commanderais quelques bataillons turcs,

« Je prononçai mot à mot, d'après l'iman, la formule : *Alla, illa, alah, Mohammed resoul allah.* Ensuite on me fit dire la prière qui commence par ces mots : *Benamiezdam Bakshaeier dadar,* au nom de Dieu clément et miséricordieux, etc.

« Cette cérémonie se fit en présence de deux musulmans qui allèrent sur-le-champ en rendre compte au bacha de Bosnie. Pendant qu'ils faisaient leur message, je me fis raser la tête, et l'iman me la couvrit d'un turban, etc. »

Je pourrais joindre à ce fragment curieux quelques chansons du comte bacha; mais quoique ces couplets soient fort gais, ils ne sont pas si intéressants que sa prose.

Je n'aurai rien à dire de l'année 1744, sinon que mon auteur fut admis dans presque toutes les académies de l'Europe, et, ce qui est singulier, dans celle de la Crusca. Il avait fait une étude sérieuse de la langue italienne, témoin une lettre de l'éloquent cardinal Passionei, qui commence par ces mots :

« J'ai lu et relu, toujours avec un nouveau plaisir, votre lettre italienne belle et savante. Il est difficile de concevoir comment un homme qui possède à fond d'autres langues a pu atteindre à la perfection de celle-ci. . . . .

La remarque qui est dans votre lettre sur les erreurs des plus grands hommes vient fort à propos; car le soleil a ses taches et ses éclipses; celles-ci sont observées dans le dernier des almanachs; et, comme vous le pensez très-bien, les censeurs trop sévères ont souvent besoin que nous ayons pour eux plus d'indulgence que pour ceux qu'ils reprennent. Homère, Virgile, le Tasse, et plusieurs autres, perdront peu sur une petite et légère faute qui est couverte par mille beautés; mais les Zoïles seront toujours ridicules, et ne sauront pas distinguer les perles du fumier d'Ennius, etc. »

Le cardinal écrivait, comme on voit, en français presque aussi bien qu'en italien, et pensait très-judicieusement. Nos Zoïles ne lui échappaient pas.

M. de Voltaire, sur la fin de 1744, eut un brevet d'historiographe de France, qu'il qualifie de *magnifique bagatelle;* il était déjà connu par son *Histoire de Charles XII,* dont on a fait tant d'éditions. Cette histoire fut principalement composée en Angleterre, à la campagne, avec M. Fabrice, chambellan de George Ier, électeur de Hanovre, roi d'Angleterre, qui avait résidé sept ans auprès de Charles XII, après la journée de Pultawa.

C'est ainsi que *la Henriade* avait été commencée à Saint-Ange, d'après les conversations avec M. de Caumartin.

Cette histoire fut très-louée pour le style, et très-critiquée pour les faits incroyables. Mais les critiques et les incrédules cessèrent, lorsque le roi Stanislas envoya à l'auteur, par M. le comte de Tressan, lieutenant général, une attestation authentique conçue en ces termes :

« M. de Voltaire n'a oublié ni déplacé aucun fait, aucune circonstance; tout est vrai, tout est dans son ordre. Il a parlé sur la Pologne, et sur tous les événements qui sont arrivés, comme s'il avait été témoin oculaire. Fait à Commerci, le 11 juillet 1759. »

Dès qu'il eut un de ces titres d'historiographe, il ne voulut pas que ce titre fût vain, et qu'on dît de lui ce qu'un commis du trésor royal disait de Racine et de Boileau : *Nous n'avons encore vu de ces messieurs que leur signature*. Il écrivit la guerre de 1741, qui était alors dans toute sa force, et que vous retrouvez dans le *Siècle de Louis XIV et de Louis XV* [1].

Il était alors à Étiole avec cette belle Mme d'Étiole qui fut depuis la marquise de Pompadour. La cour ordonna des fêtes pour le commencement de l'année 1745, où l'on devait marier le dauphin avec l'infante d'Espagne. On voulut des ballets avec de la musique chantante, et une espèce de comédie qui servît de liaison aux airs. M. de Voltaire en fut chargé, quoique un tel spectacle ne fût point de son goût. Il prit pour sujet une princesse de Navarre. La pièce est écrite avec légèreté. M. de La Popelinière, fermier général, mais lettré, y mêla quelques ariettes; la musique fut composée par le fameux Rameau.

Mme d'Étiole obtint alors pour M. de Voltaire le don gratuit d'une charge de gentilhomme ordinaire de la chambre. C'était un présent d'environ soixante mille livres, et présent d'autant plus agréable que, peu de temps après, il obtint la grâce singulière de vendre cette place, et d'en conserver le titre, les priviléges, et les fonctions.

Peu de personnes connaissent le petit impromptu qu'il fit sur cette grâce qui lui avait été accordée sans qu'il l'eût sollicitée.

> Mon *Henri Quatre* et ma *Zaïre*,
> Et mon Américaine *Alzire*,
> Ne m'ont valu jamais un seul regard du roi ;
> J'avais mille ennemis avec très-peu de gloire :
> Les honneurs et les biens pleuvent enfin sur moi,
> Pour une farce de la Foire.

Il avait eu cependant, longtemps auparavant, une pension du roi de deux mille livres, et une de quinze cents de la reine; mais il n'en sollicita jamais le payement.

L'histoire étant devenue un de ses devoirs, il commença quelque chose du *Siècle de Louis XIV*; mais il différa de le continuer; il écrivit la campagne de 1744, et la mémorable bataille de Fontenoi. Il entra dans tous les détails de cette journée intéressante. On y trouve jusqu'au nombre des morts de chaque régiment. Le comte d'Argenson, ministre de la guerre, lui avait communiqué les lettres de tous les officiers. Le maréchal de Noailles et le maréchal de Saxe lui avaient confié des mémoires.

Je crois faire un grand plaisir à ceux qui veulent connaître les événements et les hommes, de transcrire ici la lettre que M. le marquis d'Argenson, ministre des affaires étrangères, et frère aîné du

---

[1] Elle a été imprimée séparément, et ridiculement falsifiée.

secrétaire d'État de la guerre, écrivit du champ de bataille à M. de Voltaire.

C'est ce même marquis d'Argenson que quelques courtisans un peu frivoles appelaient *d'Argenson la Bête*. On voit par cette lettre qu'il était d'un esprit agréable, et que son cœur était humain. Ceux qui le connaissaient voyaient en lui un philosophe plus qu'un politique, mais surtout un excellent citoyen. On en peut juger par son livre intitulé : *Considérations sur le Gouvernement*, imprimé en 1764, chez Marc-Michel Rey. Voyez surtout le chapitre *de la vénalité des charges*. Je ne puis me défendre du plaisir d'en citer quelques passages.

« Il est étonnant qu'on ait accordé une approbation générale au livre intitulé : *Testament politique du cardinal de Richelieu*, ouvrage de quelque pédant ecclésiastique, et indigne du grand génie auquel on l'attribue, ne fût-ce que pour le chapitre où l'on canonise la vénalité des charges. Misérable invention qui a produit tout le mal qui est à redresser aujourd'hui, et par où les moyens en sont devenus si pénibles; car il faudrait les revenus de l'État pour rembourser seulement les principaux officiers qui nuisent le plus. »

Ce passage important semble avoir annoncé de loin l'abolition[1] de cette honteuse vénalité, opérée en 1771, à l'étonnement de toute la France, qui croyait cette réforme impossible. J'y découvre aussi une uniformité de pensée avec M. de Voltaire, qui a démontré les erreurs absurdes dont fourmille le libelle si ridiculement attribué au cardinal de Richelieu, et qui a lavé la mémoire de cet habile et redoutable ministre de la souillure dont on couvrait son nom en lui imputant cet impertinent ouvrage.

Transcrivons encore une partie du tableau que le marquis d'Argenson fait des malheurs des agriculteurs.

« A commencer par le roi, plus on est grand à la cour, moins on se persuade aujourd'hui la misère de la campagne : les seigneurs des grandes terres en entendent bien parler quelquefois; mais leurs cœurs endurcis n'envisagent dans ce malheur que la diminution de leurs revenus. Ceux qui arrivent des provinces, touchés de ce qu'ils ont vu, l'oublient bientôt par l'abondance des délices de la capitale. *Il nous faut des âmes fermes et des cœurs tendres pour persévérer dans une pitié dont l'objet est absent.* »

Ce ministre citoyen avait toujours eu dès son enfance une tendre amitié pour M. de Voltaire. J'ai vu une très-grande quantité de lettres de l'un et de l'autre; il en résulte que le secrétaire d'État employa l'homme de lettres dans plusieurs affaires considérables, pendant les années 1745, 1746 et 1747. C'est probablement la raison pour laquelle nous n'avons aucune pièce de théâtre de notre auteur pendant le cours de ces années.

Nous voyons, par ces papiers, que l'entreprise d'une descente en Angleterre, en 1746, lui fut confiée. Le duc de Richelieu devait commander l'armée. Le prétendant avait déjà gagné deux batailles, et on

---

1. Cette abolition, en 1771, n'a été que passagère.

attendait une révolution. M. de Voltaire fut chargé de faire le manifeste. Le voici tel que nous l'avons trouvé minuté de sa main.

On voit, par les expressions de cette pièce, quelle fut, dans tous les temps, l'estime et l'inclination de l'auteur pour la nation anglaise; et il a toujours persisté dans ces sentiments.

Ce fut l'infortuné comte de Lally qui avait fait le projet et le plan de cette descente, laquelle ne fut point effectuée. Il était né Irlandais, et il haïssait les Anglais autant que notre auteur les aimait et les estimait. Cette haine était même chez Lally une passion violente, à ce que nous a dit plusieurs fois M. de Voltaire : nous ne pouvons nous empêcher de témoigner notre profond étonnement que le général Lally ait été accusé d'avoir depuis livré Pondichéri aux Anglais. L'arrêt qui l'a condamné à la mort est un des jugements les plus extraordinaires qui aient été rendus dans notre siècle; c'est une suite des malheurs de la France. Cet exemple, et celui du maréchal de Marillac, font assez voir que quiconque est à la tête des armées ou des affaires est rarement sûr de mourir dans son lit, ou au lit d'honneur.

Ce fut en 1746 que M. de Voltaire entra dans l'Académie française. Il fut le premier qui dérogea à l'usage fastidieux de ne remplir un discours de réception que des louanges rebattues du cardinal de Richelieu. Il releva sa harangue par des remarques nouvelles sur la langue française et sur le goût. Ceux qui ont été reçus après lui ont, pour la plupart, suivi et perfectionné cette méthode utile.

Il était, en 1748, avec Mme du Châtelet, à Lunéville, auprès du roi Stanislas, lorsqu'il envoya à la Comédie *Nanine*, qui fut représentée le 17 juillet de cette année. Elle réussit peu d'abord; mais elle eut ensuite un succès aussi grand que durable. Je ne puis attribuer cette bizarrerie qu'à la secrète inclination qu'on a d'humilier un homme qui a trop de renommée. Mais avec le temps on se laisse entraîner à son plaisir.

Il arriva la même chose à la première représentation de *Sémiramis*, le 29 août de la même année 1748; mais à la fin elle fit encore plus d'effet au théâtre que *Mérope* et *Mahomet*.

Une chose, à mon avis, singulière, c'est qu'il ne donna point sous son nom le *Panégyrique de Louis XV*, imprimé en 1749, et traduit en latin, en italien, en espagnol et en anglais[1].

La maladie qui avait tant fait craindre pour la vie du roi Louis XV, et la bataille de Fontenoi, qui avait fait craindre encore plus pour lui et pour la France, rendaient l'ouvrage intéressant. L'auteur ne loue que par les faits, et on y trouve un ton de philosophie qui caractérise tout ce qui est sorti de sa main. Ce panégyrique était celui des officiers autant que de Louis XV; cependant il ne le présenta à personne, pas même au roi. Il savait bien qu'il ne vivait pas dans le siècle de Pellisson. Aussi écrivait-il à M. de Formont, l'un de ses amis :

Cet éloge a très-peu d'effet;
Nul mortel ne m'en remercie :

1. Ce *Panégyrique* est de 1748. (ÉD.)

> Celui qui le moins s'en soucie
> Est celui pour qui je l'ai fait.

Cette même année 1749, il était encore dans le palais de Lunéville avec la marquise du Châtelet. Cette dame illustre y mourut.

Le roi de Prusse alors appela M. de Voltaire auprès de lui. Je voi qu'il ne se résolut à quitter la France et à s'attacher à Sa Majesté prussienne pour le reste de sa vie que vers la fin du mois d'août ou auguste 1750. Il était parti après avoir combattu pendant plus de six mois contre toute sa famille et contre tous ses amis, qui le dissuadaient fortement de cette transplantation; mais, sans avoir pris l'engagement de se fixer auprès du roi de Prusse, il ne put résister à cette lettre que ce prince lui écrivit de son appartement à la chambre de son nouvel hôte dans le palais de Berlin, le 23 août, lettre qui a tant couru depuis et qui a été souvent imprimée [1].

Le roi de Prusse, après cette lettre, fit demander au roi de France son agrément par son ministre; le roi de France le donna. Notre auteur eut à Berlin la croix de mérite, la clef de chambellan et vingt mille francs de pension. Cependant il ne quitta jamais sa maison de Paris, et j'ai vu, par les comptes de M. Delaleu, notaire à Paris, qu'il y dépensait trente mille livres par an. Il était attaché au roi de Prusse par la plus respectueuse tendresse et par la conformité des goûts. Il a dit cent fois que ce monarque était aussi aimable dans la société que redoutable à la tête d'une armée; qu'il n'avait jamais fait de soupers plus agréables à Paris que ceux auxquels ce prince voulait bien l'admettre tous les jours. Son enthousiasme pour le roi de Prusse allait jusqu'à la passion. Il couchait au-dessous de son appartement et ne sortait de sa chambre que pour souper. Le roi composait en haut des ouvrages de philosophie, d'histoire et de poésie; et son favori cultivait en bas les mêmes arts et les mêmes talents. Ils s'envoyaient l'un à l'autre leurs ouvrages. Le monarque prussien fit à Potsdam son *Histoire de Brandebourg;* et l'écrivain français y fit le *Siècle de Louis XIV,* ayant apporté avec lui tous ses matériaux. Ses jours coulaient ainsi dans un repos animé par des occupations si agréables. On représentait à Paris son *Oreste* et *Rome sauvée. Oreste* fut joué sur la fin de 1749 [2], et *Rome sauvée* en 1750 [3].

Ces deux pièces sont absolument sans intrigue d'amour, ainsi que *Mérope* et *la Mort de César.* Il aurait voulu purger le théâtre de tout ce qui n'est point *passion* et aventure tragique. Il regardait *Électre* amoureuse comme un monstre orné de rubans sales, et il a manifesté ce sentiment dans plus d'un ouvrage.

Nous avons retrouvé une lettre en vers au roi de Prusse, en lui envoyant le manuscrit d'*Oreste.*

---

1. Voyez cette lettre à la correspondance (23 août 1750). (ÉD.)
2. La première représentation est du 12 janvier 1750. (ÉD.)
3. La première représentation sur le Théâtre-Français est du 24 février 1752; mais l'auteur avait fait jouer *Rome sauvée* sur son théâtre de la rue Traversière à Paris, le 8 juin 1750. (ÉD.)

Il faut avouer que rien n'était plus doux que cette vie, et que rien ne faisait plus d'honneur à la philosophie et aux belles-lettres. Ce bonheur aurait été plus durable et n'aurait point fait place enfin à un bonheur encore plus grand, sans une malheureuse dispute de physique mathématique élevée entre Maupertuis, qui était aussi auprès du roi de Prusse, et Koënig, bibliothécaire de Mme la princesse d'Orange, à la Haye. Cette querelle était une suite de celle qui divisa longtemps les mathématiciens sur les forces vives et les forces mortes. On ne peut nier qu'il n'entre dans tout cela un peu de charlatanisme, ainsi qu'en théologie et en médecine. La question était au fond très-frivole, puisque, de quelque manière qu'on l'embrouille, on finit toujours par trouver les mêmes formules de calcul. Les esprits s'aigrirent; Maupertuis fit condamner Koënig, en 1752, par l'académie de Berlin, où il dominait, comme s'étant appuyé d'une lettre de feu Leibnitz, sans pouvoir produire l'original de cette lettre, que pourtant M. Wolf avait vu. Il fit plus. Il écrivit à Mme la princesse d'Orange pour la prier d'ôter à Koënig la place de son bibliothécaire, et le déféra au roi de Prusse comme un homme qui lui avait manqué de respect. Voltaire, qui avait passé deux années entières avec Koënig à Cirey et qui était son ami intime, crut devoir prendre hautement le parti de son ami.

La querelle s'envenima; l'étude de la philosophie dégénéra en cabale et en faction. Maupertuis eut soin de répandre à la cour qu'un jour le général Manstein étant dans la chambre de Voltaire, où celui-ci mettait en français les *Mémoires sur la Russie*, composés par cet officier, le roi lui envoya une pièce de sa façon à examiner, et que Voltaire dit à Manstein : « Mon ami, à une autre fois, voilà le roi qui m'envoie son linge sale à blanchir; je blanchirai le vôtre ensuite. » Un mot suffit quelquefois pour perdre un homme à la cour; Maupertuis lui imputa ce mot et le perdit.

Précisément dans ce temps-là même Maupertuis faisait imprimer ses *Lettres* philosophiques, fort singulières, dans lesquelles il proposait de bâtir une ville latine; d'aller faire des découvertes droit au pôle par mer; de percer un trou jusqu'au centre de la terre; d'aller au détroit de Magellan disséquer des cervelles de Patagons, pour connaître la nature de l'âme; d'enduire tous les malades de poix-résine, pour arrêter le danger de la transpiration, et surtout de ne point payer le médecin.

M. de Voltaire releva ces idées philosophiques avec toutes les railleries auxquelles on donnait si beau jeu, et malheureusement ces railleries réjouirent l'Europe littéraire. Maupertuis eut soin de joindre la cause du roi à la sienne. La plaisanterie fut regardée comme un manque de respect à Sa Majesté. Notre auteur renvoya respectueusement au roi sa clef de chambellan et la croix de son ordre, avec ces vers

> Je les reçus avec tendresse,
> Je vous les rends avec douleur,
> Comme un amant jaloux, dans sa mauvaise humeur.
> Rend le portrait de sa maîtresse.

Le roi lui renvoya sa clef et son ruban. Il s'en alla faire une visite à Son Altesse la duchesse de Gotha, qui l'a toujours honoré d'une amitié constante jusqu'à sa mort. C'est pour elle qu'il écrivit, un an après, les *Annales de l'Empire*.

Pendant qu'il était à Gotha, Maupertuis eut tout le temps de dresser ses batteries contre le voyageur, qui s'en aperçut quand il fut à Francfort-sur-le-Mein. Mme Denis, sa nièce, lui avait donné rendez-vous dans cette ville.

Un bon Allemand, qui n'aimait ni les Français ni leurs vers, vint le 1er juin lui redemander les *OEuvres de Poëshie* du roi son maître. Notre voyageur répondit que les *OEuvres de Poëshie* étaient à Leipsick avec ses autres effets. L'Allemand lui signifia qu'il était consigné à Francfort et qu'on ne lui permettrait d'en partir que quand les œuvres seraient arrivées. M. de Voltaire lui remit sa clef de chambellan et sa croix, et promit de lui rendre ce qu'on lui demandait : moyennant quoi le messager lui signa ce billet :

« M..., sitôt le gros ballot de Leipsick sera ici, où est l'*OEuvre de Poëshie* du roi mon maître, vous pourrez partir où vous paraîtra bon. A Francfort, 1er juin 1753. »

Le prisonnier signa au bas du billet : *Bon pour l'OEuvre de Poëshie du roi votre maître*.

Mais, quand les vers revinrent, on supposa des lettres de change qui ne venaient point. Les voyageurs furent arrêtés quinze jours au cabaret du *Bouc* pour ces lettres de change prétendues. Cela ressemblait à l'aventure de l'évêque de Valence, Cosnac, que M. de Louvois fit arrêter en chemin, comme faux-monnayeur, à ce que l'abbé de Choisy raconte.

Enfin ils ne purent sortir qu'en payant une rançon très-considérable [1]. Ces détails ne sont jamais sus des rois.

Tout cela fut bientôt oublié de part et d'autre, comme de raison. Le roi rendit ses vers à son ancien admirateur, et en renvoya bientôt de nouveaux et en très-grand nombre. C'était une querelle d'amants : les

---

[1]. Ce fut alors aussi que Voltaire signa la pièce que voici :

Déclaration de M. de Voltaire au roi de Prusse, remise de sa main au ministre de Sa Majesté à Francfort, 1753.

« Je suis mourant : je proteste, devant Dieu et devant les hommes, que, n'étant plus au service de Sa Majesté le roi de Prusse, je ne lui suis pas moins attaché, ni moins soumis à ses volontés pour le peu de temps que j'ai à vivre.

« Il m'arrête à Francfort pour le livre de ses poésies, dont il m'avait fait présent. Je reste en prison jusqu'à ce que le livre revienne de Hambourg. J'ai rendu au ministre de Sa Majesté prussienne à Francfort toutes les lettres que j'avais conservées de Sa Majesté, comme des marques chères des bontés dont elle m'avait honoré. Je rendrai à Paris toutes les autres lettres qu'elle pourra me redemander.

« Sa Majesté veut ravoir un contrat qu'elle avait daigné faire avec moi ; je suis assurément prêt à le rendre comme tout le reste ; et, dès qu'il sera retrouvé, je le rendrai ou le ferai rendre. Cet écrit, qui n'était point un contrat, mais un pur effet de la bonté du roi, ne tirant à aucune conséquence, était sur un papier moitié plus petit que celui que Darget porta de ma chambre à l'appartement du roi à Potsdam. Il ne contenait autre chose que des remercîments de ma part de la pension dont Sa Majesté le roi de Prusse me gratifiait avec la

tracasseries des cours passent, mais le caractère d'une belle passion dominante subsiste longtemps.

Le voyageur français, en relisant avec attendrissement la lettre éloquente et touchante du roi, que nous avons transcrite, disait : *Après une telle lettre, je ne peux qu'avoir eu un très-grand tort.*

L'échappé de Berlin avait un petit bien en Alsace sur des terres qui appartiennent à Mgr le duc de Virtemberg. Il y alla, et s'amusa, comme je l'ai déjà dit, à faire imprimer les *Annales de l'Empire*, dont il fit présent à Jean-Frédéric Schœflin, libraire à Colmar, frère du célèbre Schœflin, professeur en histoire à Strasbourg. Ce libraire était mal dans ses affaires; M. de Voltaire lui prêta dix mille livres; sur quoi je ne puis assez m'étonner de la bassesse avec laquelle tant de barbouilleurs de papier ont imprimé qu'il avait fait une fortune immense par la vente continuelle de ses ouvrages.

Lorsqu'il était à Colmar, M. Vernet[1], Français réfugié, ministre de l'Évangile à Genève, et MM. Cramer, anciens citoyens de cette ville fameuse, lui écrivirent pour le prier d'y venir faire imprimer ses ouvrages. Les frères Cramer, qui étaient à la tête d'une librairie, obtinrent la préférence, et il la leur donna aux mêmes conditions qu'il l'avait donnée au sieur Schœflin, c'est-à-dire très-gratuitement.

Il alla donc à Genève[2] avec sa nièce et M. Colini son ami, qui lui servait de secrétaire, et qui a été depuis celui de monseigneur l'électeur palatin, et son bibliothécaire.

Il acheta une jolie maison de campagne à vie auprès de cette ville, dont les environs sont infiniment agréables, et où l'on jouit du plus bel aspect qui soit en Europe. Il en acheta une autre à Lausanne, et toutes les deux à condition qu'on lui rendrait une certaine somme quand il les quitterait. Ce fut la première fois, depuis Zuingle et Calvin, qu'un catholique romain eut des établissements dans ces cantons.

Il fit aussi l'acquisition de deux terres à une lieue de Genève, dans

permission du roi mon maître, de celle qu'il accordait à ma nièce après ma mort, et de la croix et de la clef de chambellan.

« Le roi de Prusse avait daigné mettre au bas de ce petit feuillet, autant qu'il m'en souvient : « Je signe de grand cœur le marché que j'avais envie de « faire il y a plus de quinze ans. » Ce papier, absolument inutile à Sa Majesté, à moi, au public, sera certainement rendu dès qu'il sera retrouvé parmi mes autres papiers. Je ne peux ni ne veux en faire le moindre usage. Pour lever tout soupçon, je me déclare criminel de lèse-majesté envers le roi de France mon maître et le roi de Prusse, si je ne rends le papier à l'instant qu'il sera entre mes mains.

« Ma nièce, qui est auprès de moi dans ma maladie, s'engage sous le même serment à le rendre si elle le retrouve. En attendant que je puisse avoir communication de mes papiers à Paris, j'annule entièrement ledit écrit; je déclare ne prétendre rien de Sa Majesté le roi de Prusse, et je n'attends rien, dans l'état cruel où je suis, que la compassion que doit sa grandeur d'âme à un homme mourant, qui avait tout sacrifié et qui a tout perdu pour s'attacher à lui, qui l'a servi avec zèle, qui lui a été utile, qui n'a jamais manqué à sa personne, et qui comptait sur la bonté de son cœur.

« Je suis obligé de dicter, ne pouvant écrire. Je signe avec le plus profond respect, la plus pure innocence, et la douleur la plus vive. VOLTAIRE. »

1. Jacob Vernet. (ED.)

2. Il y arriva le 12 (et non le 22) décembre 1754. (ED.)

le pays de Gex : sa principale habitation fut à Ferney, dont il fit présent à Mme Denis. C'était une seigneurie absolument franche et libre de tous droits envers le roi et de tout impôt depuis Henri IV. Il n'y en avait pas deux dans les autres provinces du royaume qui eussent de pareils priviléges. Le roi les lui conserva par brevet. Ce fut à M. le duc de Choiseul, le plus généreux et le plus magnanime des hommes, qu'il eut cette obligation, sans avoir l'honneur d'en être particulièrement connu.

Le petit pays de Gex n'était presque alors qu'un désert sauvage. Quatre-vingts charrues étaient à bas depuis la révocation de l'édit de Nantes; des marais couvraient la moitié du pays et y répandaient les infections et les maladies. La passion de notre auteur avait toujours été de s'établir dans un canton abandonné, pour le vivifier. Comme nous n'avançons rien que sur des preuves authentiques, nous nous bornerons à transcrire ici une de ses lettres à un évêque d'Annecy, dans le diocèse duquel Ferney est situé. Nous n'avons pu retrouver la date de la lettre; mais elle doit être de 1759 [1].

Cette lettre et la suite de cette affaire peuvent fournir des réflexions bien importantes. M. de Voltaire termina ce procès et ce procédé en payant de ses deniers la vexation qui opprimait ses pauvres vassaux; et ce canton misérable changea bientôt de face.

Il se tira plus gaiement d'une querelle plus délicate dans le pays protestant où il avait deux domaines assez agréables : l'un à Genève, qu'on appelle encore la *maison des Délices;* l'autre à Lausanne.

On sait assez combien la liberté lui était chère, à quel point il détestait toute persécution, et quelle horreur il montra dans tous les temps pour ces scélérats hypocrites qui osent faire périr au nom de Dieu, dans les plus affreux supplices, ceux qu'ils accusent de ne pas penser comme eux. C'est surtout sur ce point qu'il répétait quelquefois :

Je ne décide point entre Genève et Rome.

Une de ses lettres, dans laquelle il disait que le Picard Jean Chauvin, dit Calvin, assassin véritable de Servet, *avait une âme atroce,* ayant été rendue publique par une indiscrétion trop ordinaire, quelques cafards s'irritèrent ou feignirent de s'irriter de ces paroles. Un Génevois, homme d'esprit, nommé Rival, lui adressa les vers suivants à cette occasion :

> Servet eut tort, et fut un sot
> D'oser, dans un siècle falot,
> S'avouer anti trinitaire [2] :
> Et notre illustre atrabilaire
> Eut tort d'employer le fagot

1. Ici Voltaire donnait le premier alinéa de sa lettre à Biort, du 15 décembre 1759. (ÉD.)

2. Servet pouvait se reposer sur les propres paroles de Calvin, qui dit dans son ouvrage : « En cas que quelqu'un soit hétérodoxe, et qu'il fasse scrupule de se servir des mots *trinité* et *personne*, nous ne croyons point que ce soit une raison pour rejeter cet homme, etc. »

Pour réfuter son adversaire :
Et tort notre antique sénat
D'avoir prêté son ministère
A ce dangereux coup d'État.
Quelle barbare inconséquence !
O malheureux siècle ignorant !
Nous osions abhorrer en France
Les horreurs de l'intolérance,
Tandis qu'un zèle intolérant
Nous faisait brûler un errant !

Pour notre prêtre épistolaire,
Qui de son pétulant essor,
Pour exhaler sa bile amère,
Vient réveiller le chat qui dort,
Et dont l'inepte commentaire
Met au jour ce qu'il eût dû taire,
Je laisse à juger s'il a tort.
Quant à vous, célèbre Voltaire,
Vous eûtes tort ; c'est mon avis.
Vous vous plaisez dans ce pays,
Fêtez le saint qu'on y révère
Vous avez à satiété
Les biens où la raison aspire ;
L'opulence, la liberté,
La paix, qu'en cent lieux on désire :
Des droits à l'immortalité,
Cent fois plus qu'on ne saurait dire.
On a du goût, on vous admire ;
Tronchin veille à votre santé.
Cela vaut bien, en vérité,
Qu'on immole à sa sûreté
Le plaisir de pincer sans rire.

Notre auteur répondit à ces jolis vers par ceux-ci :

Non, je n'ai point tort d'oser dire
Ce que pensent les gens de bien ;
Et le sage qui ne craint rien
A le beau droit de tout écrire.

On voit par cette réponse qu'il n'était ni à Apollo ni à Céphas, et qu'il prêchait la tolérance aux Églises protestantes ainsi qu'aux Églises romaines. Il disait toujours que c'était le seul moyen de rendre la vie tolérable, et qu'il mourrait content s'il pouvait établir ces maximes dans l'Europe. On peut dire qu'il n'a pas été tout à fait trompé dans ce dessein, et qu'il n'a pas peu contribué à rendre le clergé plus doux, plus humain, depuis Genève jusqu'à Madrid, et surtout à éclairer les laïques.

Bien persuadé que les spectacles des jeux d'esprit amollissent la férocité autant que les spectacles des gladiateurs l'endurcissaient autrefois, il fit bâtir à Ferney un joli théâtre. Il y joua quelquefois lui-même, malgré sa mauvaise santé; et Mme Denis, sa nièce, qui possédait supérieurement le talent de la déclamation comme celui de la musique, y joua plusieurs rôles. Mlle Clairon et le célèbre Lekain y vinrent représenter quelques pièces; on accourait de vingt lieues à la ronde pour les entendre. Il y eut plus d'une fois des soupers de cent couverts, et des bals; mais, malgré le tumulte d'une vie qui paraissait si dissipée, et malgré son âge, il travaillait sans relâche. Il donna, dès l'an 1755, au théâtre de Paris, l'*Orphelin de la Chine*, représenté le 20 août; et *Tancrède*, le 3 septembre 1760. Mlle Clairon et Lekain déployèrent tous leurs talents dans ces deux pièces.

Le *Café*, ou l'*Écossaise*, comédie en prose, n'était point destinée à être jouée; mais elle le fut aussi la même année[1] avec un grand succès. Il s'était amusé à composer cette pièce pour corriger le folliculaire Fréron, qu'il mortifia beaucoup, mais qu'il ne corrigea pas. Cette comédie, traduite en anglais par M. Colman, eut le même succès à Londres qu'à Paris : ces ouvrages ne lui coûtaient point de temps. L'*Écossaise* avait était faite en huit jours, et *Tancrède* en un mois.

Ce fut au milieu de ces occupations et de ces amusements que M. Titon du Tillet, ancien maître d'hôtel ordinaire de la reine, âgé de quatre-vingt-cinq ans, lui recommanda la petite-nièce du grand Corneille, qui, étant absolument sans fortune, était abandonnée de tout le monde. C'est ce même Titon du Tillet qui, aimant passionnément les beaux-arts sans les cultiver, fit élever, avec de grandes dépenses, un Parnasse en bronze, où l'on voit les figures de quelques poëtes et de quelques musiciens français. Ce monument est dans la bibliothèque du roi de France. Il avait élevé Mlle Corneille chez lui; mais, voyant dépérir son bien, il ne pouvait plus rien faire pour elle. Il imagina que M. de Voltaire pourrait se charger d'une demoiselle d'un nom si respectable. M. Dumolard, membre de plusieurs académies, connu par une dissertation savante et judicieuse sur les tragédies d'*Électre* ancienne et moderne, et M. Le Brun, secrétaire du prince de Conti, se joignirent à lui, et écrivirent à M. de Voltaire. Il les remercia de l'honneur qu'ils lui faisaient de jeter les yeux sur lui, en leur mandant que *c'était en effet à un vieux soldat de servir la petite-fille de son général*. La jeune personne vint donc, en 1760, aux Délices, maison de campagne auprès de Genève, et de là au château de Ferney. Mme Denis voulut bien achever son éducation; et, au bout de trois ans, M. de Voltaire la maria à M. Dupuits du pays de Gex, capitaine de dragons, et depuis officier de l'état-major. Outre la dot qu'il leur donna, et le plaisir qu'il eut de les garder chez lui, il proposa de commenter les œuvres de Pierre Corneille au profit de sa nièce, et de les faire imprimer par souscription. Le roi de France voulut bien souscrire pour huit mille francs; d'autres souverains l'imitèrent. M. le duc de Choiseul, dont la générosité était si connue. Mme la duchesse de

---

1. L'*Écossaise* avait été jouée plus d'un mois avant *Tancrède*. (ÉD.)

Grammont, Mme de Pompadour, souscrivirent pour des sommes considérables. M. de Laborde, banquier du roi, non-seulement prit plusieurs exemplaires, mais il en fit débiter un si grand nombre, qu'il fut le premier mobile de la fortune de Mlle Corneille par son zèle et par sa magnificence; de sorte qu'en très-peu de temps elle eut cinquante mille francs pour présent de noces.

Il y eut dans cette souscription si prompte une chose fort remarquable de la part de Mme Geoffrin, femme célèbre par son mérite et par son esprit. Elle avait été exécutrice du testament du fameux Bernard de Fontenelle, neveu de Pierre Corneille; et malheureusement il avait oublié cette parente, qui lui fut présentée trop peu de temps avant sa mort, mais qui fut rebutée avec son père et sa mère : on les regardait comme des inconnus qui usurpaient le nom de Corneille. Des amis de cette famille, touchés de son sort, mais fort indiscrets et fort mal instruits, intentèrent un procès téméraire à Mme Geoffrin, trouvèrent un avocat qui, abusant de la liberté du barreau, publia contre cette dame un *factum* injurieux. Mme Geoffrin, très-injustement attaquée, gagna le procès tout d'une voix. Malgré ce mauvais procédé, qu'elle eut la noblesse d'oublier, elle fut la première à souscrire pour une somme considérable.

L'Académie en corps, M. le duc de Choiseul, Mme la duchesse de Grammont, Mme de Pompadour, et plusieurs seigneurs, donnèrent pouvoir à M. de Voltaire de signer pour eux au contrat de mariage. C'est une des plus belles époques de la littérature.

Dans le temps qu'il préparait ce mariage, qui a été très-heureux, il goûtait une autre satisfaction, celle de faire rendre à six gentilshommes, presque tous mineurs, leur bien paternel, que les jésuites venaient d'acheter à vil prix. Il faut reprendre la chose de plus haut. L'affaire est d'autant plus intéressante que son commencement avait précédé la fameuse banqueroute du jésuite La Vallette et consorts, et qu'elle fut en quelque façon le premier signal de l'abolition des jésuites en France.

MM. Desprez de Crassi, d'une ancienne noblesse du pays de Gex, sur la frontière de la Suisse, étaient six frères, tous au service du roi. L'un d'eux, capitaine au régiment de Deux-Ponts, en causant avec M. de Voltaire son voisin, lui conta le triste état de la fortune de sa famille. Une terre de quelque valeur, et qui aurait pu être une ressource, était engagée depuis longtemps à des Génevois.

Les jésuites avaient acquis tout auprès de ce domaine des possessions qui composaient environ deux mille écus de rente, dans un lieu nommé *Ornex*. Ils voulurent joindre à leur domaine celui de MM. de Crassi. Le supérieur de la maison des jésuites, dont le véritable nom était Fessé, qu'il avait changé en celui de Fessi, s'arrangea avec les créanciers génevois pour acheter cette terre : il obtint une permission du conseil, et il était sur le point de la faire entériner à Dijon. On lui dit qu'il y avait des mineurs, et que, malgré la permission du conseil, ils pourraient rentrer dans leurs biens. Il répondit, et même il écrivit que les jésuites ne risquaient rien, et que jamais MM. de Crassi ne seraient en état de payer la somme nécessaire pour rentrer dans le bien de leurs aïeux.

A peine M. de Voltaire fut-il instruit de cette étrange manière dont le P. Fesse voulait servir la compagnie de Jésus, qu'il alla sur-lé-champ déposer au greffe du bailliage de Gex la somme moyennant la-quelle la famille Crassi devait payer les anciens créanciers et reprendre ses droits. Les jésuites furent obligés de se désister ; et par un arrêt du parlement de Dijon, la famille fut mise en possession, et y est encore.

Le bon de l'affaire, c'est que, peu de temps après, lorsqu'on délivra la France des révérends pères jésuites, ces mêmes gentilshommes, dont les bons pères avaient voulu ravir le bien, achetèrent celui des jésuites, qui était contigu. M. de Voltaire, qui avait toujours combattu les athées et les jésuites, écrivit qu'il fallait reconnaître une Pro-vidence.

Ce n'était assurément ni par haine pour le P. Fesse, ni par aucune envie de mortifier les jésuites qu'il avait entrepris cette affaire; puis-que, après la dissolution de la société, il recueillit un jésuite chez lui[1], et que plusieurs autres lui ont écrit pour le supplier de les recevoir aussi dans sa maison. Mais il s'est trouvé parmi les ex-jésuites quel-ques esprits qui n'ont point été si équitables et si accommodants. Deux d'entre eux, nommés Patouillet et Nonotte, ont gagné quelque argent par des libelles contre lui ; et ils n'ont pas manqué, selon l'usage, d'ap-peler la religion catholique à leur secours. Un Nonotte surtout s'est signalé par une demi-douzaine de volumes[2], dans lesquels il a prodi-gué moins de science que de zèle, et moins de zèle que d'injures. M. Damilaville, l'un des meilleurs coopérateurs de l'*Encyclopédie*, a daigné le confondre, comme autrefois Pasquier s'abaissa jusqu'à ré-primer l'insolence absurde du jésuite Garasse.

Mais voici la plus étrange et la plus fatale aventure qui soit arrivée de-puis longtemps, et en même temps la plus glorieuse au roi, à son conseil, et à messieurs les maîtres des requêtes. Qui aurait cru que ce serait des glaces du mont Jura et des frontières de la Suisse que partiraient les premières lumières et les premiers secours qui ont vengé l'inno-cence des célèbres Calas ? Un enfant de quinze ans, Donat Calas, le dernier des fils de l'infortuné Calas, était apprenti chez un marchand de Nîmes, lorsqu'il apprit par quel horrible supplice sept juges de Toulouse, malheureusement prévenus, avaient fait périr son vertueux père.

La clameur populaire contre cette famille était si violente en Lan-guedoc, que tout le monde s'attendait à voir rouer tous les enfants de Calas, et brûler la mère. Telles avaient été même les conclusions du procureur général : tant on prétend que cette famille innocente s'était mal défendue, accablée de son malheur, et incapable de rappeler ses esprits à la lueur des bûchers, et à l'aspect des roues et tortures.

1. Le P. Adam. (ÉD.)
2. Les *Erreurs de Voltaire* en deux volumes, et le *Dictionnaire philosophique de la religion* en quatre volumes. (ÉD.)

On fit craindre au jeune Donat Calas d'être traité comme le reste de sa famille; on lui conseilla de s'enfuir en Suisse; il vint trouver M. de Voltaire, qui ne put d'abord que le plaindre et le secourir, sans oser porter un jugement sur son père, sa mère et ses frères.

Bientôt après, un de ses frères, n'ayant été condamné qu'au bannissement, vint aussi se jeter entre les bras de M. de Voltaire. J'ai été témoin qu'il prit, pendant plus d'un mois, toutes les précautions imaginables pour s'assurer de l'innocence de la famille. Dès qu'il fut parvenu à s'en convaincre, il se crut obligé en conscience d'employer ses amis, sa bourse, sa plume, son crédit, pour réparer la méprise funeste des sept juges de Toulouse, et pour faire revoir le procès au conseil du roi. L'affaire dura trois années. On sait quelle gloire MM. de Crosne et de Bacquencourt acquirent en rapportant cette cause mémorable. Cinquante maîtres des requêtes déclarèrent d'une voix unanime toute la famille Calas innocente, et la recommandèrent à l'équité bienfaisante du roi. M. le duc de Choiseul, qui n'a jamais perdu une occasion de signaler la magnanimité de son caractère, non-seulement secourut de son argent cette famille malheureuse, mais obtint de Sa Majesté trente-six mille francs pour elle.

Ce fut le 9 mars 1765 que fut rendu cet arrêt authentique qui justifia les Calas, et qui changea leur destinée; ce neuvième de mars était précisément le même jour où ce vertueux père de famille avait été supplicié. Tout Paris courut en foule les voir sortir de prison, et battit des mains en versant des larmes[1]. La famille entière a toujours été depuis ce temps attachée tendrement à M. de Voltaire, qui s'est fait un grand honneur de demeurer leur ami.

On remarqua en ce temps qu'il n'y eut dans toute la France que le nommé Fréron, auteur de je ne sais quelle brochure périodique, intitulée *Lettres à la Comtesse*, et ensuite *Année littéraire*, qui osa jeter des doutes, dans ses ridicules feuilles, sur l'innocence de ceux que le roi, tout son conseil et tout le public avaient justifiés si pleinement.

Plusieurs gens de bien engagèrent alors M. de Voltaire à écrire son *Traité de la Tolérance*, qui fut regardé comme un de ses meilleurs ouvrages en prose, et qui est devenu le catéchisme de quiconque a du bon sens et de l'équité.

Dans ce temps-là même l'impératrice Catherine II, dont le nom sera immortel, donnait des lois à son empire, qui contient la cinquième partie du globe; et la première de ses lois est l'établissement d'une tolérance universelle.

C'était la destinée de notre solitaire des frontières helvétiques de venger l'innocence accusée et condamnée en France. La position de sa retraite entre la France, la Suisse, Genève et la Savoie, lui attirait plus d'un infortuné. Toute la famille Sirven, condamnée à la mort dans

---

1. On sait que M. de Voltaire, treize ans après, revint à Paris. Lorsqu'il sortait à pied, il était toujours entouré par une foule d'hommes de tout état et de tout âge. On demandait un jour à une femme du peuple quel était cet homme que l'on suivait avec tant d'empressement : « C'est le sauveur des Calas, » répondit-elle. (*Ed. de Kehl.*)

un bourg auprès de Castres, par les juges les plus ignorants et les plus cruels, se réfugia auprès de ses terres. Il fut occupé huit années entières à leur faire rendre justice, et ne se rebuta jamais. Il en vint enfin à bout.

Nous croyons très-utile de remarquer ici qu'un magistrat de village nommé Trinquet, procureur du roi dans la juridiction qui condamna la famille Sirven à la mort, donna ainsi ses conclusions : « Je requiers, pour le roi, que N. Sirven et N. sa femme, dûment atteints et convaincus d'avoir étranglé et noyé leur fille, soient bannis de la paroisse. »

Rien ne fait mieux voir l'effet que peut avoir dans un royaume la vénalité des charges de judicature.

Son bonheur, qui voulait, à ce qu'il dit, qu'il fût l'avocat des causes perdues, voulut encore qu'il arrachât des flammes une citoyenne de Saint-Omer, nommée Montbailli, condamnée à être brûlée vive par le tribunal d'Arras. On n'attendait que l'accouchement de cette femme pour la transporter au lieu de son supplice. Son mari avait déjà expiré sur la roue. Qui étaient ces deux victimes? deux exemples de l'amour conjugal et de l'amour maternel, deux âmes les plus vertueuses dans la pauvreté. Ces innocentes et respectables créatures avaient été accusées de parricide, et jugées sur des allégations qui auraient paru ridicules aux condamnateurs mêmes de Calas. M. de Voltaire fut assez heureux pour obtenir de M. le chancelier de Meaupeou qu'il fît revoir le procès. La dame Montbailli fut déclarée innocente; la mémoire de son mari réhabilitée; misérable réhabilitation sans vengeance et sans dédommagement! Quelle a donc été la jurisprudence criminelle parmi nous? quelle suite infernale d'horribles assassinats, depuis la boucherie des templiers jusqu'à la mort du chevalier de La Barre! On croit lire l'histoire des sauvages; on frémit un moment, et on va à l'Opéra.

La ville de Genève était plongée alors dans des troubles qui augmentèrent toujours depuis 1763. Cette importunité détermina M. de Voltaire à laisser à M. Tronchin sa maison des Délices, et à ne plus quitter le château de Ferney, qu'il avait fait bâtir de fond en comble, et orné de jardins d'une agréable simplicité.

La discorde fut enfin si vive à Genève, qu'un des partis fit feu sur l'autre, le 15 février 1770. Il y eut du monde de tué : plusieurs familles d'artistes cherchèrent un asile chez lui, et le trouvèrent. Il en logea quelques-unes dans son château; et en peu d'années il fit bâtir cinquante maisons de pierre de taille pour les autres. De sorte que le village de Ferney, qui n'était, lorsqu'il acquit cette terre, qu'un misérable hameau où croupissaient quarante-neuf malheureux paysans dévorés par la pauvreté, par les écrouelles et par les commis des fermes, devint bientôt un lieu de plaisance peuplé de douze cents personnes, toutes à leur aise, et travaillant avec succès pour elles et pour l'État. M. le duc de Choiseul protégea de tout son pouvoir cette colonie naissante, qui établit un très-grand commerce.

Une chose qui mérite, je crois, de l'attention, c'est que cette colonie se trouvant composée de catholiques et de protestants, il aurait été impossible de deviner qu'il y eût dans Ferney deux religions différentes. J'ai vu les femmes des colons génevois et suisses préparer de leurs mains trois reposoirs pour la procession de la fête du Saint-Sacrement. Elles assistèrent à cette procession avec un profond respect, et M. Hugonet, nouveau curé de Ferney, homme aussi tolérant que généreux, les en remercia publiquement dans son prône. Quand une catholique était malade, les protestantes allaient la garder, et en recevaient à leur tour la même assistance.

C'était le fruit des principes d'humanité que M. de Voltaire a répandus dans tous ses ouvrages, et surtout dans le livre de *la Tolérance*, dont nous avons parlé. Il avait toujours dit que les hommes sont frères, et il le prouva par les faits. Les Guyon, les Nonotte, les Patouillet, les Paulian et autres zélés, le lui ont bien reproché; c'est qu'ils n'étaient pas ses frères.

Voyez-vous, disait-il aux voyageurs qui venaient le voir, cette inscription au-dessus de l'église que j'ai fait bâtir? *Deo erexit Voltaire.* C'est au Dieu père commun de tous les hommes. En effet, c'était peut-être parmi nous la seule église dédiée à Dieu seul.

Parmi ces étrangers qui vinrent en foule à Ferney, on compta plus d'un prince souverain. Il fut honoré d'une correspondance très-suivie avec plusieurs d'entre eux, dont les lettres sont entre mes mains. La moins interrompue fut celle de Sa Majesté le roi de Prusse et de Madame Wilhelmine, margrave de Bareith, sa sœur.

Le temps qui s'écoula entre la bataille de Kollin, le 18 juin 1757, que le roi de Prusse perdit, et la journée de Rosbach, du 5 novembre, où il fut vainqueur, est le temps le plus intéressant de cette correspondance rare entre une maison royale de héros et un simple homme de lettres. En voici une grande preuve dans cette lettre mémorable [1].

On voit par cette lettre, aussi attendrissante que bien écrite, quelle était la belle âme de la margrave de Bareith, et combien elle méritait les éloges que lui donna M. de Voltaire en pleurant sa mort, dans une ode imprimée parmi ses autres ouvrages. Mais on voit surtout quels désastres épouvantables attirent sur les peuples des guerres légèrement entreprises par les rois; on voit à quoi ils s'exposent eux-mêmes, et à quel point ils sont malheureux de faire le malheur des nations.

Le solitaire de Ferney donna dès ce moment, et dans la suite de cette guerre funeste, toutes les marques possibles de son attachement à Madame la margrave, de son zèle pour le roi son frère, et de son amour pour la paix. Il engagea le cardinal de Tencin, retiré alors à Lyon, à entrer en correspondance avec Madame de Bareith pour ménager cette paix si désirable. Les lettres de cette princesse, et celles du cardinal, passaient par Genève dans un pays neutre, et par les mains de M. de Voltaire.

Ce sera une époque singulière que la résolution prise par le roi de Prusse, après tous ses malheurs, qui furent les suites de la bataille de

---

1. Ici était transcrite la lettre de la princesse Wilhelmine, du 12 septembre 1757. (ÉD.)

Kollin, d'aller affronter vers la Saxe, auprès de Mersbourg, les armées française et autrichienne combinées, fort supérieures en nombre, tandis que le maréchal de Richelieu n'était pas loin avec une armée victorieuse. Ce monarque avait eu assez de présence d'esprit, et fut assez maître de ses idées, au milieu de ses infortunes, pour écrire au marquis d'Argens une longue épître en vers, dans laquelle il lui faisait part de la résolution qu'il avait prise de mourir s'il était battu, et lui disait adieu.

Nous avons cette pièce, qui est un monument sans exemple, écrite tout entière de sa main.

Nous avons un monument encore plus héroïque de ce prince philosophe : c'est une lettre à M. de Voltaire, du 9 octobre 1757, vingt-cinq jours [1] avant sa victoire de Rosbach.

> Je suis homme, il suffit, et né pour la souffrance;
> Aux rigueurs du destin j'oppose ma constance.

« Mais avec ces sentiments, je suis bien loin de condamner Caton et Othon. Le dernier n'a eu de beau moment en sa vie que celui de sa mort.

> Croyez que si j'étais Voltaire,
> Et particulier comme lui,
> Me contentant du nécessaire,
> Je verrais voltiger la fortune légère,
> Et m'en moquerais aujourd'hui.
> . . . .
> Je connais l'ennui des grandeurs,
> Le fardeau des devoirs, le jargon des flatteurs;
> Ces misères de toute espèce,
> Et ces détails de petitesse,
> Dont il faut s'occuper dans le sein des grandeurs.
> Je méprise la vaine gloire,
> Quoique poëte et souverain.
> Quand du ciseau fatal retranchant mon destin,
> Atropos m'aura vu plongé dans la nuit noire,
> Qu'importe l'honneur incertain
> De vivre après ma mort au temple de Mémoire?
> Un instant de bonheur vaut mille ans dans l'histoire.
> Nos destins sont-ils donc si beaux?
> Le doux plaisir et la mollesse,
> La vive et naïve allégresse,
> Ont toujours fui des grands la pompe et les travaux.
> Ainsi la fortune volage
> N'a jamais causé mes ennuis;
> Soit qu'elle me flatte ou m'outrage,
> Je dormirai toutes les nuits

---

[1] La bataille de Rosbach, étant du 5 novembre 1757, est postérieure de vingt-sept jours à la lettre du 9 octobre. (ÉD.)

> En lui refusant mon hommage.
> Mais notre état fait notre loi;
> Il nous oblige, il nous engage
> A mesurer notre courage
> Sur ce qu'exige notre emploi.
> Voltaire, dans son ermitage,
> Dans un pays dont l'héritage
> Est son antique bonne foi,
> Peut s'adonner en paix à la vertu du sage
> Dont Platon nous marqua la loi.
> Pour moi, menacé du naufrage,
> Je dois, en affrontant l'orage,
> Penser, vivre, et mourir en roi.

Rien n'est plus beau que ces derniers vers; rien n'est plus grand. Corneille dans son beau temps ne les eût pas mieux faits. Et quand, après de tels vers, on gagne une bataille, le sublime ne peut aller plus loin.

Le cardinal de Tencin continua toujours, mais en vain, ses négociations secrètes pour la paix, comme on le voit par ses lettres. Ce fut enfin le duc de Choiseul qui entama ce grand ouvrage si nécessaire[1], et le duc de Praslin qui l'accomplit: service signalé qu'ils rendirent à la France appauvrie et désolée.

Elle était dans un état si déplorable, que pendant douze années de paix qui suivirent cette guerre funeste, de tous les ministres des finances qui se succédèrent rapidement, il n'y en eut pas un qui, avec la meilleure volonté, et les travaux les plus assidus, pût parvenir à pallier seulement les plaies de l'État. La disette d'argent était au point qu'un contrôleur général fut obligé, dans une nécessité pressante, de saisir chez M. Magon, banquier du roi, tout l'argent que des citoyens y avaient mis en dépôt. On prit à notre solitaire deux cent mille francs. C'était une perte énorme; il s'en consola à la manière française, par un madrigal qu'il fit sur-le-champ en apprenant cette nouvelle :

> Au temps de la grandeur romaine,
> Horace disait à Mécène :
> « Quand cesserez-vous de donner? »
> Ce discours peut vous étonner;
> Chez le Welche on n'est pas si tendre.
> Je dois dire, mais sans douleur,
> A monseigneur le contrôleur :
> « Quand cesserez-vous de me prendre? »

On ne cessa point. M. le duc de Choiseul, qui faisait construire

---

[1]. Il s'était formé une autre négociation à Paris par l'entremise du bailli de Froulai, autrefois ambassadeur de France à Berlin, et on avait consenti à recevoir un envoyé secret du roi de Prusse; mais, sur les plaintes de la cour de Vienne, cet envoyé fut arrêté, mis à la Bastille, et ses papiers saisis. On prétend que ces choses-là sont permises en politique. (*Ed. de Kehl.*)

alors un port magnifique à Versoi, sur le lac Léman, qu'on appelle le lac de Genève, y ayant fait bâtir une petite frégate, cette frégate fut saisie par des Savoyards créanciers des entrepreneurs, dans un port de Savoie près du fameux Ripaille. M. de Voltaire racheta incontinent ce bâtiment royal de ses propres deniers, et ne put en être remboursé par le gouvernement; car M. le duc de Choiseul perdit en ce temps-là même tous ses emplois, et se retira à sa terre de Chanteloup, regretté non-seulement de tous ses amis, mais de toute la France, qui admirait son caractère bienfaisant, la noblesse de son âme, et qui rendait justice à son esprit supérieur.

Notre solitaire lui était tendrement attaché par les liens de la reconnaissance. Il n'y a sorte de grâce que M. le duc de Choiseul n'eût accordée à sa recommandation : il avait fait un neveu de M. de Voltaire, nommé de La Houlière, brigadier des armées du roi : pensions, gratifications, brevets, croix de Saint-Louis, avaient été données dès qu'elles avaient été demandées.

Rien ne fut plus douloureux pour un homme qui lui avait tant de grandes obligations, et qui venait d'établir une colonie d'artistes et de manufacturiers sous ses auspices. Déjà sa colonie travaillait avec succès pour l'Espagne, pour l'Allemagne, pour la Hollande, l'Italie. Il la crut ruinée; mais elle se soutint. La seule impératrice de Russie acheta bientôt après, dans le fort de sa guerre contre les Turcs, pour cinquante mille francs de montres de Ferney. On ne cesse de s'étonner, quand on voit, dans le même temps, cette souveraine acheter pour un million de tableaux tant en Hollande qu'en France, et pour quelques millions de pierreries.

Elle avait fait un présent de cinquante mille livres à M. Diderot, avec une grâce et une circonspection qui relevaient bien le prix de son présent. Elle avait offert à M. d'Alembert de le mettre à la tête de l'éducation de son fils [1], avec soixante mille livres de rente. Mais ni la santé ni la philosophie de M. d'Alembert ne lui avaient permis d'accepter à Pétersbourg un emploi égal à celui du duc de Montausier à Versailles. Elle envoya M. le prince de Koslouski présenter de sa part, à M. de Voltaire, les plus magnifiques pelisses, et une boîte tournée de sa main même, ornée de son portrait et de vingt diamants. On croirait que c'est l'histoire d'Aboulcassem dans les *Mille et une Nuits.*

M. de Voltaire lui mandait qu'il fallait qu'elle eût pris tout le trésor de Moustapha dans une de ses victoires; et elle lui répondit, « qu'avec de l'ordre on est toujours riche, et qu'elle ne manquerait dans cette grande guerre, ni d'argent, ni de soldats. » Elle a tenu parole.

Cependant le fameux sculpteur M. Pigalle travaillait dans Paris à la statue du solitaire caché dans Ferney. Ce fut une étrangère qui proposa un jour, en 1770, à quelques véritables gens de lettres de lui faire cette galanterie, pour le venger de tous les plats libelles et des calomnies ridicules que le fanatisme et la basse littérature ne cessaient d'accumuler contre lui. Mme Necker, femme du résident de Genève,

----

1. Devenu empereur sous le nom de Paul Ier. (E.)

conçut ce projet la première. C'était une dame d'un esprit très-cultivé, et d'un caractère supérieur, s'il se peut, à son esprit. Cette idée fut saisie avidement par tous ceux qui venaient chez elle, à condition qu'il n'y aurait que des gens de lettres qui souscriraient pour cette entreprise[1].

Le roi de Prusse, en qualité d'homme de lettres, et ayant assurément plus que personne droit à ce titre et à celui d'homme de génie, écrivit au célèbre M. d'Alembert, et voulut être des premiers à souscrire. Sa lettre, du 28 juillet 1770, est consignée dans les archives de l'Académie.

« Le plus beau monument de Voltaire est celui qu'il s'est érigé lui-même : ses ouvrages. Ils subsisteront plus longtemps que la basilique de Saint-Pierre, le Louvre, et tous ces bâtiments que la vanité consacre à l'éternité. On ne parlera plus français, que Voltaire sera encore traduit dans la langue qui lui aura succédé. Cependant, rempli du plaisir que m'ont fait ses productions si variées, et chacune si parfaite en son genre, je ne pourrais sans ingratitude me refuser à la proposition que vous me faites de contribuer au monument que lui élève la reconnaissance publique. Vous n'avez qu'à m'informer de ce qu'on exige de ma part, je ne refuserai rien pour cette statue, plus glorieuse pour les gens de lettres qui la lui consacrent, que pour Voltaire même. On dira que dans ce dix-huitième siècle, où tant de gens de lettres se déchiraient par envie, il s'en est trouvé d'assez nobles, d'assez généreux, pour rendre justice à un homme doué de génie et de talents supérieurs à tous les siècles; que nous avons mérité de posséder Voltaire : et la postérité la plus reculée nous enviera encore cet avantage. Distinguer les hommes célèbres, rendre justice au mérite, c'est encourager les talents et la vertu; c'est la seule récompense des belles âmes; elle est bien due à tous ceux qui cultivent supérieurement les lettres; elles nous procurent les plaisirs de l'esprit, plus durables que ceux du corps; elles adoucissent les mœurs les plus féroces; elles répandent leur charme sur tout le cours de la vie; elles rendent notre existence supportable, et la mort moins affreuse. Continuez donc, messieurs, de protéger et de célébrer ceux qui s'y appliquent, et qui ont le bonheur, en France, d'y réussir : ce sera ce que vous pourrez faire de plus glorieux pour votre nation, et qui obtiendra grâce du siècle futur pour quelques autres Welches et Hérules qui pourraient flétrir votre patrie.

« Adieu, mon cher d'Alembert : portez-vous bien, jusqu'à ce qu' votre tour votre statue vous soit élevée. Sur ce, je prie Dieu qu'il vous ait en sa sainte et digne garde. FRÉDÉRIC[2]. »

1. M. de Voltaire était mal informé. Il faut restituer aux gens de lettres français l'honneur d'avoir rendu cet hommage à M. de Voltaire. (*Ed. de Kehl.*)
2. On a cru devoir placer ici les deux lettres suivantes de M. Dalembert.

Lettre de M. d'Alembert au roi de Prusse. — « Sire, je supplie très-humblement Votre Majesté de pardonner la liberté que je vais prendre, à la respectueuse confiance que ses bontés m'ont inspirée, et qui m'encouragent à lui demander une nouvelle grâce.

« Une société considérable de philosophes et d'hommes de lettres a résolu

Le roi de Prusse fit plus. Il fit exécuter une statue de son ancien serviteur dans sa belle manufacture de porcelaine, et la lui envoya avec ce mot gravé sur la base : *Immortali*. M. de Voltaire écrivit au-dessous :

> Vous êtes généreux : vos bontés souveraines
> Me font de trop nobles présents ;
> Vous me donnez sur mes vieux ans
> Une terre dans vos domaines.

M. Pigalle se chargea d'exécuter la statue en France, avec le zèle d'un artiste qui en immortalisait un autre. Cette aventure, alors unique, deviendra bientôt commune. On érigera des statues ou du moins des bustes aux artistes, comme la mode est venue de crier *l'auteur ! l'auteur !* dans le parterre. Mais celui à qui l'on faisait cet honneur pré-

sire, d'ériger une statue à M. de Voltaire, comme à celui de tous nos écrivains à qui la philosophie et les lettres sont le plus redevables. Les philosophes et les gens de lettres de toutes les nations vous regardent, sire, depuis longtemps comme leur chef et leur modèle. Qu'il serait flatteur et honorable pour nous, qu'en cette occasion Votre Majesté voulût bien permettre que son auguste et respectable nom fût à la tête des nôtres ! Elle donnerait à M. de Voltaire, dont elle aime tant les ouvrages, une marque éclatante d'estime dont il serait infiniment touché, et qui lui rendrait cher ce qui lui reste de jours à vivre. Elle ajouterait beaucoup et à la gloire de cet illustre écrivain, et à celle de la littérature française, qui en conserverait une reconnaissance éternelle. Permettez-moi, sire, d'ajouter que dans l'état de faiblesse et de maladie où m'a réduit en ce moment l'excès du travail, et qui ne me permet que des vœux pour les lettres, la nouvelle marque de distinction que j'ose vous demander en leur faveur serait pour moi la plus douce consolation. Elle augmenterait encore, s'il est possible, l'admiration dont je suis pénétré pour votre personne, le sentiment profond que je conserverai toute ma vie de vos bienfaits, et la tendre vénération avec laquelle je serai jusqu'à mon dernier soupir, sire, de Votre Majesté, le très-humble et très-obéissant serviteur, D'ALEMBERT.

« A Paris, le 15 juillet 1770. »

Réponse de M. d'Alembert à la lettre du roi de Prusse. — « Sire, je n'ai pas perdu un moment pour apprendre à M. de Voltaire l'honneur signalé que Votre Majesté veut bien lui faire, et celui qu'elle fait en sa personne à la littérature et à la nation française. Je ne doute point qu'il ne témoigne à Votre Majesté sa vive et éternelle reconnaissance. Mais comment, sire, pourrais-je vous exprimer toute la mienne ? Comment pourrais-je vous dire à quel point je suis touché et pénétré de l'éloge si grand et si noble que Votre Majesté fait de la philosophie et de ceux qui la cultivent ? Je prends la liberté, sire, et j'ose espérer que Votre Majesté ne m'en desavouera pas, de faire part de sa lettre à tous ceux qui sont dignes de l'entendre ; et je ne puis assez dire à Votre Majesté avec quelle admiration et, j'ose le dire, avec quelle tendresse respectueuse, ils voient tant de justice et de bonté unies à tant de gloire. Vous étiez, sire, le chef et le modèle de tous ceux qui écrivent et qui pensent ; vous êtes à présent pour eux (je rends à Votre Majesté leurs propres expressions) l'être rémunérateur et vengeur ; car les récompenses accordées au génie sont le supplice de ceux qui le persécutent. Je voudrais que la lettre de Votre Majesté pût être gravée au bas de la statue : elle serait bien plus flatteuse que la statue même pour M. de Voltaire et pour les lettres. Quant à moi, sire, à qui Votre Majesté a la bonté de parler aussi de statue, je n'ai pas l'impertinente vanité de croire mériter jamais un pareil monument ; je ne demande qu'une pierre sur ma tombe, avec ces mots . *Le grand Frédéric l'honora de ses bienfaits et de ses bontés.*

« Votre Majesté demande ce que nous désirons d'elle pour ce monument ? Un écu, sire, et votre nom qu'elle nous accorde d'une manière si digne et si généreuse. Les souscriptions ne nous manquent pas ; mais elles ne seraient rien

voyait bien que ses ennemis n'en seraient que plus acharnés. Voici ce qu'il en écrivit à M. Pigalle, d'un style peut-être un peu trop burlesque :

> Monsieur Pigal, votre statue
> Me fait mille fois trop d'honneur.
> Jean-Jacque a dit avec candeur
> Que c'est à lui qu'elle était due[1].
> Quand votre ciseau s'évertue
> A sculpter votre serviteur,
> Vous agacez l'esprit railleur
> De certain peuple rimailleur
> Qui depuis si longtemps me hue, etc.

Il avait bien raison de dire que cet honneur inespéré qu'on lui faisait déchaînerait contre lui les écrivains du Pont-Neuf et du fanatisme. Il écrivit à M. Thieriot : « Tous ces messieurs méritent bien mieux des statues que moi, et j'avoue qu'il en est quelques-uns très-dignes d'être en effigie dans la place publique. »

Les Nonotte, les Fréron, les Sabatier et consorts, jetèrent les hauts cris. Celui qui le persécutait avec le plus de cruauté et d'absurdité était un montagnard étranger[2], plus propre à ramoner des cheminées qu'à diriger des consciences. Cet homme, qui était très-familier, écrivit cordialement au roi de France, de couronne à couronne : il le pria de lui faire le plaisir de chasser un vieillard de soixante et quinze ans, et très-malade, de la propre maison qu'il avait fait bâtir, des champs qu'il avait fait défricher, et de l'arracher à cent familles qui ne subsistaient que par lui. Le roi trouva la proposition très-malhonnête et peu chrétienne, et le fit dire au capelan.

Le solitaire de Ferney étant malade, et n'ayant rien à faire, ne voulut se venger de cette petite manœuvre que par le plaisir de se faire donner l'extrême-onction par exploit, selon l'usage qui se pratiquait alors. Il se comporta comme ceux qu'on appelait jansénistes à Paris : il fit signifier par un huissier à son curé, nommé Gros (bon ivrogne, qui

sans la vôtre, et nous recevrons avec reconnaissance ce qu'il plaira à Votre Majesté de donner.

« L'Académie française, sire, vient d'arrêter d'une voix unanime que la lettre de Votre Majesté serait insérée dans ses registres, comme un monument également honorable pour un de ses plus illustres membres et pour la littérature française. Elle me charge de mettre aux pieds de Votre Majesté son profond respect et sa très-humble reconnaissance.

« C'est avec les mêmes sentiments, et avec la plus vive admiration, que je serai toute ma vie, sire, etc.

« A Paris, le 13 août 1770. » (ÉD.)

1. Jean-Jacques Rousseau de Genève, dans une lettre à M. l'archevêque de Paris, qu'il intitule *Jean-Jacques à Christophe*, dit modestement qu'il est devenu homme de lettres par son mépris pour cet état. Et après avoir prié Christophe de lire son roman de la Suissesse *Héloïse*, qui, étant fille, accouche d'un faux germe, il conclut, page 127, que tous les gouvernements bien policés lui doivent élever des statues. — Jean-Jacques Rousseau souscrivit pour la statue de M. de Voltaire. (*Éd. de Kehl*).

2. Biord, évêque d'Annecy. (*Éd. de Kehl.*)

s'est tué depuis à force de boire), que ledit curé eût à le venir oindre dans sa chambre au 1er avril sans faute. Le curé vint, et lui remontra qu'il fallait d'abord commencer par la communion, et qu'ensuite il lui donnerait tant de saintes huiles qu'il voudrait. Le malade accepta la proposition; il se fit apporter la communion dans sa chambre le 1er avril; et là, en présence de témoins, il déclara par-devant notaire *qu'il pardonnait à son calomniateur, qui avait tenté de le perdre, et qui n'avait pu y réussir.* Le procès-verbal en fut dressé.

Il dit après cette cérémonie : « J'ai eu la satisfaction de mourir comme Guzman dans *Alzire*, et je m'en porte mieux. Les plaisants de Paris croiront que c'est un poisson d'avril. »

L'ennemi, un peu étonné de cette aventure, ne se piqua pas de l'imiter; il ne pardonna point, et n'y sut autre chose que faire supposer une déclaration du malade, toute différente de celle qui était authentique, faite par-devant notaire, signée du testateur et des témoins, dûment légalisée et contrôlée. Deux faussaires rédigèrent donc, quinze jours après, une contre-profession de foi en patois savoyard; mais on n'osa pas supposer le seing de celui auquel on avait eu la bêtise de l'attribuer. Voici la lettre que M. de Voltaire écrivit sur ce sujet :

« Je ne sais point mauvais gré à ceux qui m'ont fait parler saintement dans un style si barbare et si impertinent. Ils ont pu mal exprimer mes sentiments véritables, ils ont pu redire dans leur jargon ce que j'ai publié si souvent en français; ils n'en ont pas moins exprimé la substance de mes opinions. Je suis d'accord avec eux : je m'unis à leur foi : mon zèle éclairé seconde leur zèle ignorant : je me recommande à leurs prières savoyardes. Je supplie humblement les pieux faussaires qui ont fait rédiger l'acte du 15 avril de vouloir bien considérer qu'il ne faut jamais faire d'actes faux en faveur de la vérité. Plus la religion catholique est vraie (comme tout le monde le sait), moins on doit mentir pour elle. Ces petites libertés trop communes autoriseraient d'autres impostures plus funestes : bientôt on se croirait permis de fabriquer de faux testaments, de fausses donations, de fausses accusations, pour la gloire de Dieu. De plus horribles falsifications ont été employées autrefois.

« Quelques-uns de ces prétendus témoins ont avoué qu'ils avaient été subornés, mais qu'ils avaient cru bien faire. Ils ont signé qu'ils n'avaient menti qu'à bonne intention.

« Tout cela s'est opéré charitablement, sans doute à l'exemple des rétractations imputées à MM. de Montesquieu, de La Chalotais, de Monclar, et de tant d'autres. Ces fraudes pieuses sont à la mode depuis environ seize cents ans. Mais quand cette bonne œuvre va jusqu'au crime de faux, on risque beaucoup dans ce monde, en attendant le royaume des cieux. »

Notre solitaire continua donc gaiement à faire un peu de bien quand il le pouvait, en se moquant de ceux qui faisaient tristement du mal, et en fortifiant, souvent par des plaisanteries, les vérités les plus sérieuses.

Il avoua qu'il avait poussé trop loin cette raillerie contre quelques-uns de ses ennemis. « J'ai tort, dit-il dans une de ses lettres ; mais ces messieurs m'ayant attaqué pendant quarante ans, la patience m'a échappé dix ans de suite. »

La révolution faite dans tous les parlements du royaume, en 1771, devait l'embarrasser. Il avait deux neveux, dont l'un [1] entrait au parlement de Paris, tandis que l'autre [2] en sortait ; tous deux d'un mérite distingué, et d'une probité incorruptible, mais engagés l'un et l'autre dans des partis opposés. Il ne cessa de les aimer également tous deux, et d'avoir pour eux les mêmes attentions. Mais il se déclara hautement pour l'abolissement de la vénalité, contre laquelle nous avons déjà cité les paroles énergiques du marquis d'Argenson. Le projet de rendre la justice gratuitement, comme saint Louis, lui paraissait admirable. I. écrivit surtout en faveur des malheureux plaideurs qui étaient depuis quatre siècles obligés de courir à cent cinquante lieues de leurs chaumières pour achever de se ruiner dans la capitale, soit en perdant leur procès, soit même en le gagnant. Il avait toujours manifesté ces sentiments dans plusieurs de ses écrits : il fut fidèle à ses principes sans faire sa cour à personne.

Il avait alors soixante et dix-huit ans ; et cependant en une année il refit la *Sophonisbe* de Mairet tout entière, et composa la tragédie des *Lois de Minos*. Il ne regardait pas ces ouvrages, faits à la hâte pour le théâtre de son château, comme de bonnes pièces. Les connaisseurs ne dirent pas beaucoup de mal des *Lois de Minos*. Mais il faut avouer que les ouvrages dramatiques qui n'ont pas paru sur la scène, et ceux qui n'en sont pas restés longtemps en possession, ne servent qu'à grossir inutilement la foule des brochures dont l'Europe est surchargée, de même que les tableaux et les estampes qui n'entrent point dans les cabinets des amateurs restent comme s'ils n'étaient pas.

L'an 1774 il eut une occasion singulière d'employer le même empressement qu'il avait eu le bonheur de signaler dans les funestes aventures des Calas et des Sirven.

Il apprit qu'il y avait à Vesel, dans les troupes du roi de Prusse, un jeune gentilhomme français d'un mérite modeste et d'une sagesse rare. Ce jeune homme n'était que simple volontaire. C'était le même qui avait été condamné dans Abbeville au supplice des parricides avec le chevalier de La Barre, pour ne s'être pas mis à genoux, pendant la pluie, devant une procession de capucins, laquelle avait passé à cinquante ou soixante pas d'eux.

On avait ajouté à cette charge celle d'avoir chanté une chanson grivoise de corps de garde, faite depuis environ cent ans, et d'avoir récité l'*Ode à Priape* de Piron. Cette ode de Piron était une débauche d'esprit et de jeunesse, dont l'emportement fut jugé si pardonnable par le roi de France Louis XV, qu'ayant su que l'auteur était très-pauvre, il le gratifia d'une pension sur sa cassette. Ainsi celui qui avait fait la pièce fut récompensé par un bon roi, et ceux qui l'avaient récitée

1. L'abbé Mignot. (ÉD.) — 2. L'ôornoy. (ÉD.)

furent condamnés par des barbares de village au plus épouvantable supplice.

Trois juges d'Abbeville avaient conduit la procédure : leur sentence portait que le chevalier de La Barre, et son jeune ami, dont je parle, seraient appliqués à la torture ordinaire et extraordinaire, qu'on leur couperait le poing, qu'on leur arracherait la langue avec des tenailles, et qu'on les jetterait vivants dans les flammes.

Des trois juges qui rendirent cette sentence deux étaient absolument incompétents : l'un, parce qu'il était l'ennemi déclaré des parents de ces jeunes gens; l'autre, parce que s'étant fait autrefois recevoir avocat, il avait depuis acheté et exercé un emploi de procureur dans Abbeville; que son principal métier était celui de marchand de bœufs et de cochons; qu'il y avait contre lui des sentences des consuls de la ville d'Abbeville, et que depuis il fut déclaré par la cour des aides incapable d'exercer aucune charge municipale dans le royaume.

Le troisième juge, intimidé par les deux autres, eut la faiblesse de signer, et en eut ensuite des remords aussi cuisants qu'inutiles.

Le chevalier de La Barre fut exécuté à l'étonnement de toute l'Europe, qui en frissonne encore d'horreur. Son ami fut condamné par contumace, ayant toujours été dans le pays étranger avant le commencement du procès.

Ce jugement si exécrable et en même temps si absurde, qui a fait un tort éternel à la nation française, était bien plus condamnable que celui qui fit rouer l'innocent Calas; car les juges de Calas ne firent d'autre faute que celle de se tromper, et le crime des juges d'Abbeville fut d'être barbares en ne se trompant pas. Ils condamnèrent deux enfants innocents à une mort aussi cruelle que celle de Ravaillac et de Damiens, pour une légèreté qui ne méritait pas huit jours de prison. L'on peut dire que depuis la Saint-Barthélemy il ne s'était rien passé de plus affreux. Il est triste de rapporter cet exemple d'une férocité brutale, qu'on ne trouverait pas chez les peuples les plus sauvages; mais la vérité nous y oblige. On doit surtout remarquer que c'est dans les temps du plus grand luxe, sous l'empire de la mollesse et de la dissolution la plus effrénée, que ces horreurs ont été commises par piété.

M. de Voltaire ayant donc su qu'un de ces jeunes gens, victimes du plus détestable fanatisme qui ait jamais souillé la terre, était dans un régiment du roi de Prusse, en donna avis à ce monarque, qui sur-le-champ eut la générosité de le faire officier. Le roi de Prusse s'informa plus particulièrement de la conduite du jeune gentilhomme : il sut qu'il avait appris sans maître l'art du génie et du dessin; il sut combien il était sage, réservé, vertueux; combien sa conduite condamnait ses prétendus juges d'Abbeville. Il daigna l'appeler auprès de sa personne, lui donna une compagnie, le créa son ingénieur, l'honora d'une pension, et répara ainsi, par la bienfaisance, le crime de la barbarie et de la sottise. Il écrivit à M. de Voltaire, dans les termes les plus touchants, tout ce qu'il daignait faire pour ce militaire aussi estimable qu'infortuné. Nous avons été tous témoins de cette aventure si horriblement déshonorante pour la France, et si glorieuse pour un roi philosophe. Ce grand exemple instruira les hommes, mais les corrigera-t-il?

Immédiatement après, notre vieillard réchauffa les glaces de son âge pour profiter des vues patriotiques d'un nouveau ministre[1], qui, le premier en France, débuta par être le père du peuple. La patrie que M. de Voltaire s'était choisie dans le pays de Gex est une langue de terre de cinq à six lieues sur deux, entre le mont Jura, le lac de Genève, les Alpes, et la Suisse. Ce pays était infesté par environ quatre-vingts sbires des aides et gabelles, qui abusaient de la dignité de leur bandoulière pour vexer horriblement le peuple à l'insu de leurs maîtres. Le pays était dans la plus effroyable misère. Il fut assez heureux pour obtenir du bienfaisant ministre un traité par lequel cette solitude (je n'ose pas dire province) fût délivrée de toute vexation : elle devint libre et heureuse. « Je devrais mourir après cela, dit-il, car je ne puis monter plus haut. »

Il ne mourut pourtant pas cette fois-là; mais son noble émule, son illustre adversaire, Catherin Fréron, mourut[2]. Une chose assez plaisante, à mon gré, c'est que M. de Voltaire reçut de Paris une invitation de se trouver à l'enterrement de ce pauvre diable. Une femme, qui était apparemment de la famille, lui écrivit une lettre anonyme que j'ai entre les mains; elle lui proposait très-sérieusement de marier la fille de Fréron, puisqu'il avait marié la descendante de Corneille. Elle l'en conjurait avec beaucoup d'instance; et elle lui indiquait le curé de la Magdeleine à Paris, auquel il devait s'adresser pour cette affaire. M. de Voltaire me dit : « Si Fréron a fait *le Cid, Cinna,* et *Polyeucte,* je marierai sa fille sans difficulté. »

Il ne recevait pas toujours des lettres anonymes. Un M. Clément lui en adressait plusieurs au bas desquelles il mettait son nom. Ce Clément, maître de quartier dans un collége de Dijon, et qui se donnait pour maître dans l'art de raisonner et dans l'art d'écrire, était venu à Paris vivre d'un métier qu'on peut faire sans apprentissage. Il se fit folliculaire. M. l'abbé de Voisenon écrivit : *Zoïle genuit Mævium, Mævius genuit Guyot Desfontaines, Guyot autem genuit Freron, Freron autem genuit Clément;* et voilà comme on dégénère dans les grandes maisons. Ce M. Clément avait attaqué le marquis de Saint-Lambert, M. Delille, et plusieurs autres membres de l'Académie, avec une véhémence que n'ont pas les plaideurs les plus acharnés quand il s'agit de toute leur fortune. De quoi s'agissait-il? De quelques vers. Cela ressemble au docteur de Molière, qui écume de colère de ce qu'on a dit *forme* de chapeau, et non pas *figure* de chapeau. Voici ce que M. de Voltaire en écrivit à M. l'abbé de Voisenon :

> « Il est bien vrai que l'on m'annonce
> Les lettres de maître Clément.
> Il a beau m'écrire souvent,

1. Turgot. (Éd.) — 2. 10 mars 1776. (Éd.)

Il n'obtiendra point de réponse.
Je ne serai point assez sot
Pour m'embarquer dans ces querelles.
Si c'eût été Clément Marot,
Il aurait eu de mes nouvelles.

« Mais pour M. Clément tout court, qui, dans un volume beaucoup plus gros que la *Henriade*, me prouve que la *Henriade* ne vaut pas grand'chose; hélas! il y a soixante ans que je le savais comme lui. J'avais débuté à vingt ans par le second chant de la *Henriade*. J'étais alors tel qu'est aujourd'hui M. Clément, je ne savais de quoi il était question. Au lieu de faire un gros livre contre moi, que ne fait-il une *Henriade* meilleure? cela est si aisé! »

Il y a des sortes d'esprits qui, ayant contracté l'habitude d'écrire, ne peuvent y renoncer dans la plus extrême vieillesse : tels furent Huet et Fontenelle. Notre auteur, quoique accablé d'années et de maladies, travailla toujours gaiement. L'*Épître à Boileau*, l'*Épître à Horace*, la *Tactique*, le *Dialogue de Pégase et du Vieillard*, *Jean qui pleure et qui rit*, et plusieurs petites pièces dans ce goût, furent écrites à quatre-vingt-deux ans. Il fit aussi les *Questions sur l'Encyclopédie*. On faisait plusieurs éditions à la fois de chaque volume à mesure qu'il en paraissait un. Ils sont tous imprimés assez incorrectement.

Il y a sur l'article *Messie* un fait assez étrange, et qui montre que les yeux de l'envie ne sont pas toujours clairvoyants. Cet article *Messie*, déjà imprimé dans la grande *Encyclopédie* de Paris, est de M. Polier de Bottens, premier pasteur de l'Église de Lausanne, homme aussi respectable par sa vertu que par son érudition. L'article est sage, profond, instructif. Nous en possédons l'original, écrit de la propre main de l'auteur. On crut qu'il était de M. de Voltaire, et on y trouva cent erreurs. Dès qu'on sut qu'il était d'un prêtre, l'ouvrage fut très-chrétien.

Parmi ceux qui tombèrent dans ce piége, il faut daigner compter l'ex-jésuite Nonotte. C'est ce même homme qui s'avisa de nier qu'il y eût dans le Dauphiné une petite ville de Livron, assiégée par l'ordre de Henri III; qui ne savait pas que des rois de la première race avaient eu plusieurs femmes à la fois; qui ignorait qu'Eucherius était le premier auteur de la fable de la légion thébaine. C'est lui qui écrivit deux volumes contre l'*Essai sur les mœurs et l'esprit des nations*, et qui se méprit à chaque page de ces deux volumes. Son livre se vendit, parce qu'il attaquait un homme connu.

Le fanatisme de ce Nonotte était si parfait, que, dans je ne sais quel dictionnaire philosophique religieux[1] ou antiphilosophique, il assure, à l'article *Miracle*, qu'une hostie, percée à coups de canif dans la ville de Dijon, répandit vingt palettes de sang; et qu'une autre hostie, ayant été jetée au feu dans Dôle, s'en alla voltigeant sur l'au-

---

1. *Dictionnaire philosophique de la religion*, 1772, quatre volumes in-12. L'abbé Chaudon est le principal auteur du *Dictionnaire antiphilosophique*, 1767. (*Note de M. Beuchot.*)

tel. Frère Nonotte, pour démontrer la vérité de ces deux faits, cite deux vers latins d'un président Boisvin, franc-comtois :

Impie, quid dubitas hominemque Deumque fateri?
Se probat esse hominem sanguine, et igne Deum.

Ce qui signifie, en réduisant ces deux vers impertinents à un sens clair :

« Impie, pourquoi hésites-tu à confesser un homme-Dieu ? Il prouve qu'il est homme par le sang, et Dieu par les flammes. »

On ne peut mieux prouver, et c'est sur cette preuve que Nonotte s'extasie, en disant : « Telle est la manière dont on doit procéder pour régler sa créance sur les miracles. »

Mais ce bon Nonotte, en réglant sa créance sur des injures de théologien et sur des raisonnements de Petites-Maisons, ne savait pas qu'il y a plus de soixante villes en Europe où le peuple prétend qu'autrefois les Juifs donnèrent des coups de couteau à des hosties qui répandirent du sang : il ne sait pas qu'on fait encore aujourd'hui commémoration à Bruxelles d'une pareille aventure; et j'y ai entendu, il y a quarante ans, cette belle chanson :

> Gaudissons-nous, bons chrétiens, au supplice
> Du vilain juif appelé Jonathan,
> Qui sur l'autel a, par grande malice,
> Assassiné le très-saint Sacrement.

Il ne connaît pas le miracle de la rue aux Ours à Paris, où le peuple brûle tous les ans la figure d'un Suisse ou d'un Franc-Comtois qui assassina la sainte Vierge et l'enfant Jésus, au bout de la rue; et le miracle des Carmes nommés Billettes[1], et cent autres miracles dans ce goût, célébrés par la lie du peuple, et mis en évidence par la lie des écrivains, qui veulent qu'on croie à ces fadaises comme au miracle des noces de Cana et à celui des cinq pains.

Tous ces pères de l'Église, les uns en sortant de Bicêtre, les autres en sortant du cabaret, quelques-uns en lui demandant l'aumône, lui envoyaient continuellement des libelles et des lettres anonymes; il les jetait au feu sans les lire. C'est en réfléchissant sur l'infâme et déplorable métier de ces malheureux soi-disant gens de lettres qu'il avait composé la petite pièce de vers intitulée *le Pauvre Diable*, dans laquelle il fait voir évidemment qu'il vaut mille fois mieux être laquais ou portier dans une bonne maison que de traîner dans les rues, dans un café, et dans un galetas, une vie indigente qu'on soutient à peine, en vendant à des libraires des libelles où l'on juge les rois, où l'on outrage les femmes, où l'on gouverne les États, et où l'on dit à son prochain des injures sans esprit.

Dans les derniers temps il avait une profonde indifférence pour ses propres ouvrages, dont il fit toujours peu de cas, et dont il ne parlait jamais. On les réimprimait continuellement sans même l'en instruire.

1. Ce miracle est de 1290, sous Philippe le Bel. (ÉD.)

Une édition de *la Henriade*, ou des tragédies, ou de l'histoire, ou de ses pièces fugitives, était-elle sur le point d'être épuisée, une autre édition lui succédait sur-le-champ. Il écrivait souvent aux libraires : « N'imprimez pas tant de volumes de moi ; on ne va point à la postérité avec un si gros bagage. » On ne l'écoutait pas : on le réimprimait à la hâte : on ne le consultait point ; et, ce qui est presque incroyable et très-vrai, c'est qu'on fit à Genève une magnifique édition in-4°, dont il ne vit jamais une seule feuille, et dans laquelle on inséra plusieurs ouvrages qui ne sont pas de lui, et dont les auteurs sont connus. C'est à propos de toutes ces éditions qu'il disait et qu'il écrivait à ses amis : « Je me regarde comme un homme mort dont on vend les meubles.[1] »

Le premier magistrat et le premier pasteur évangélique de Lausanne ayant établi une imprimerie dans cette ville, on y fit, sous le nom de Londres, une édition appelée complète. Les éditeurs y ont inséré plus de cent petites pièces en prose et en vers qui ne peuvent être ni de lui, ni d'un homme de goût, ni d'un homme du monde, telle que celle-ci, qui se trouve dans les opuscules de l'abbé de Grécourt :

> Belle maman, soyez l'arbitre
> Si la fièvre n'est pas un titre
> Suffisant pour me disculper.
> Je suis au lit comme un bélître,
> Et c'est à force de lamper ;
> Mais j'espère d'en réchapper,
> Puisqu'en recevant cette épître
> L'Amour me dresse mon pupitre.

Telle est une apothéose de Mlle Lecouvreur, faite par un précepteur nommé Bonneval :

> Quel contraste frappe mes yeux !
> Melpomène ici désolée
> Élève, avec l'aveu des dieux,
> Un magnifique mausolée.

Telle est cette pièce misérable :

> Adieu, ma pauvre tabatière,
> Adieu, doux fruit de mes écus.

Telle est cette autre intitulée *le Loup moraliste*.

Telle est je ne sais quelle ode, qui semble être d'un cocher de Vertamon, devenu capucin, intitulée *Le vrai Dieu*.

Ces bêtises étaient soigneusement recueillies dans l'édition complète.

---

1. Cette édition in-4 pèche par le désordre qui défigure plusieurs tomes, par le ridicule de faire suivre une pièce composée en 1770 par une faite en 1720, par la profusion de cent petits ouvrages de société qui ne sont pas de l'auteur, et qui sont indignes du public ; enfin par beaucoup de fautes typographiques. Cependant elle peut être recherchée pour la beauté du papier, du caractère et des estampes.

d'après les livres nouveaux de Mme Oudot[1], les *Almanachs des Muses*, le *Portefeuille retrouvé*, et les autres ouvrages de génie qui bordent à Paris le Pont-Neuf et le quai des Théatins. Elles se trouvent en très-grand nombre dans le vingt-troisième tome de cette édition de Lausanne. Tout ce fatras est fait pour les halles. Les éditeurs ont eu encore la bonté d'imprimer à la tête de ces platitudes dégoûtantes : *Le tout revu et corrigé par l'auteur même*, qui assurément n'en avait rien vu. Ce n'est pas ainsi que Robert Estienne imprimait. L'antique disette de livres était bien préférable à cette multitude accablante d'écrits qui inondent aujourd'hui Paris et Londres, et aux sonnets qui pleuvent dans l'Italie.

Quand on falsifia quelques-unes de ses lettres qu'on imprima en Hollande, sous le titre de *Lettres secrètes*, il parodia cette ancienne épigramme :

Voici donc mes lettres secrètes,
Si secrètes que pour lecteur
Elles n'ont que leur imprimeur,
Et ces messieurs qui les ont faites.

Nous voulons bien ne pas dire quel est le galant homme qui fit imprimer en 1766, à Amsterdam, sous le titre de Genève, les *Lettres de M. de Voltaire à ses amis du Parnasse*, avec des notes historiques et critiques. Cet éditeur compte parmi ces amis du Parnasse la reine de Suède, l'électeur Palatin, le roi de Pologne, le roi de Prusse. Voilà de bons amis intimes et un beau Parnasse. L'éditeur, non content de cette extrême impertinence, y ajouta, pour vendre son livre, la friponnerie dont La Beaumelle avait donné le premier exemple. Il falsifia quelques lettres qui avaient en effet couru, et entre autres une lettre sur les langues française et italienne, écrite en 1761 à M. Tovazzi Deodati, dans laquelle ce faussaire déchire, avec la plus plate grossièreté, les plus grands seigneurs de France. Heureusement il prêtait son style à l'auteur sous le nom duquel il écrivait pour le perdre. Il fait dire à M. de Voltaire que les dames de Versailles sont d'agréables commères, et que J. J. Rousseau est leur toutou. C'est ainsi qu'en France nous avons eu de puissants génies à deux sous la feuille, qui ont fait les lettres de Ninon, de Maintenon, du cardinal Albéroni, de la reine Christine, de Mandrin, etc. Le plus naturel de ces beaux esprits[2] était celui qui disait : « Je m'occupe à présent à faire des pensées de La Rochefoucauld. »

---

1. Imprimeur à Troyes, dont les presses reproduisaient les romans des *Quatre fils Aymon*, de *Huon de Bordeaux*, de *Jean de Paris*, les *Faits et prouesses du noble et vaillant Hercules*, et autres faisant partie de ce qu'on appelle la *Bibliothèque bleue*. (ÉD.)

2. Capron, dentiste très-connu dans son temps. (*Éd. de Kehl.*)

LETTRE DE M. DE VOLTAIRE

A L'ACADÉMIE FRANÇAISE,

LUE DANS CETTE ACADÉMIE, A LA SOLENNITÉ DE LA SAINT-LOUIS, LE 25 AUGUSTE 1776[1].

PREMIÈRE PARTIE.

Messieurs, le cardinal de Richelieu, le grand Corneille et Georges Scudéri, qui osait se croire son rival, soumirent *le Cid* tiré du théâtre espagnol à votre jugement. Aujourd'hui nous avons recours à cette même décision impartiale, à l'occasion de quelques tragédies étrangères dédiées au roi notre protecteur ; nous réclamons son jugement et le vôtre.

Une partie de la nation anglaise a érigé depuis peu un temple au fameux comédien poëte Shakspeare et a fondé un jubilé en son honneur. Quelques français ont tâché d'avoir le même enthousiasme. Ils transportent chez nous une image de la divinité de Shakspeare, comme quelques autres imitateurs ont érigé depuis peu à Paris un Vaux-hall, et comme d'autres se sont signalés en appelant les aloyaux des *rost-beef* et en se piquant d'avoir à leur table du rost-beef de mouton. Ils se promenaient en frac les matins, oubliant que le mot de frac vient du français, comme viennent presque tous les mots de la langue anglaise. La cour de Louis XIV avait autrefois poli celle de Charles II ; aujourd'hui Londres nous tire de la barbarie.

Enfin donc, messieurs, on nous annonce une traduction de Shakspeare et on nous instruit qu'il fut le *dieu créateur de l'art sublime du théâtre, qui reçut de ses mains l'existence et la perfection*[2].

Le traducteur ajoute que Shakspeare est *vraiment inconnu en France, ou plutôt défiguré*. Les choses sont donc bien changées en France de ce qu'elles étaient il y a environ cinquante années, lorsqu'un homme de lettres, qui a l'honneur d'être votre confrère[3], fut le premier parmi vous qui apprit la langue anglaise, le premier qui fit connaître Shakspeare, qui en traduisit librement quelques morceaux en vers (ainsi qu'il faut traduire les poëtes), qui fit connaître Pope, Dryden, Milton ; le premier même qui osa expliquer les éléments de la philosophie du grand Newton, et qui osa rendre justice à la sagesse profonde de Locke, le seul métaphysicien raisonnable qui eût peut-être paru jusqu'alors sur la terre.

Non-seulement il y a encore de lui quelques morceaux de vers imités

1. On annonçait la publication des *OEuvres de Shakspeare*, traduites par Letourneur, secrétaire de la librairie. Cette annonce donna lieu à Voltaire d'écrire cette lettre. (ÉD.)
2. Page 3 du Programme. — 3. Voltaire lui-même. (ÉD.)

de Milton, mais il engagea M. Dupré de Saint-Maur à apprendre l'anglais et à traduire Milton, du moins en prose.

Quelques-uns de vous savent quel fut le prix de toutes ces peines qu'il prit d'enrichir notre littérature de la littérature anglaise; avec quel acharnement il fut persécuté pour avoir osé proposer aux Français d'augmenter leurs lumières par les lumières d'une nation qu'ils ne connaissaient guère alors que par le nom du duc de Marlborough, et dont la religion était en plusieurs points différente de la nôtre. On regarda cette entreprise comme un crime de haute trahison et comme une impiété. Ce déchaînement ne discontinua point, et l'objet de tant de haines ne prit enfin d'autre parti que celui d'en rire.

Malgré cet acharnement contre la littérature et la philosophie anglaise, elles s'accréditèrent insensiblement en France. On traduisit bientôt tous les livres imprimés à Londres. On passa d'une extrémité à l'autre. On ne goûtait plus que ce qui venait de ce pays, ou qui passait pour en venir. Les libraires, qui sont des marchands de modes, vendaient des romans anglais comme on vend des rubans et des dentelles de point sous le nom d'*Angleterre*.

Le même homme qui avait été la cause de cette révolution dans les esprits fut obligé, en 1760, par des raisons assez connues, de commenter les tragédies du grand Corneille, et vous consulta assidûment sur cet ouvrage. Il joignit à la célèbre pièce de *Cinna* une traduction du *Jules-César* de Shakspeare, pour servir à comparer la manière dont le génie anglais avait traité la conspiration de Brutus et de Cassius contre César, avec la manière dont Corneille a traité assez différemment la conspiration de Cinna et d'Émilie contre Auguste.

Jamais traduction ne fut si fidèle. L'original anglais est tantôt en vers, tantôt en prose; tantôt en vers blancs, tantôt en vers rimés. Quelquefois le style est d'une élévation incroyable: c'est César qui dit qu'il ressemble à l'étoile polaire et à l'Olympe. Dans un autre endroit, il s'écrie : « Le danger sait bien que je suis plus dangereux que lui. Nous naquîmes tous deux d'une même portée le même jour; mais je suis l'aîné et le plus terrible. » Quelquefois le style est de la plus grande naïveté; c'est la lie du peuple qui parle son langage; c'est un savetier qui propose à un sénateur de le *ressemeler*[1]. Le commentateur

---

1. Depuis la publication de ces lettres à l'Académie, une dame anglaise, ne pouvant souffrir que tant de turpitudes fussent révélées en France, a écrit, comme on le verra, un livre entier pour justifier ces infamies. Elle accuse le premier des Français qui cultiva la langue anglaise dans Paris de ne pas savoir cette langue : elle n'osa pas, à la vérité, prétendre qu'il ait mal traduit aucune de ces inconvenables sottises déférées à l'Académie française; elle lui reproche de n'avoir pas donné au mot de *course* le même sens qu'elle lui donne, et d'avoir mis au propre le mot *carve*, qu'elle met au figuré. Je suis persuadé, madame, que cet académicien a pénétré le vrai sens, c'est-à-dire le sens barbare d'un comédien du seizième siècle, homme sans éducation, sans lettres, qui enchérit encore sur la barbarie de son temps, et qui certainement n'écrivait pas comme Addison et Pope. Mais qu'importe? Que gagnerez-vous en disant que, du temps d'Élisabeth, *course* ne signifiait pas *course*? Cela prouvera-t-il que des farces monstrueuses (comme on les avait si bien nommées) doivent être jouées à Paris et à Versailles, au lieu de nos chefs-d'œuvre immortels, comme l'a osé prétendre M. Letourneur?

de Corneille tâcha de se prêter à cette grande variété; non-seulement il traduisit les vers blancs en vers blancs, les vers rimés en vers rimés, la prose en prose, mais il rendit figure pour figure. Il opposa l'ampoule à l'enflure, la naïveté et même la bassesse à tout ce qui est naïf et bas dans l'original. C'était la seule manière de faire connaître Shakspeare. Il s'agissait d'une question de littérature et non d'un marché de typographie : il ne fallait pas tromper le public.

Quand le traducteur reproche à la France de n'avoir aucune traduction exacte de Shakspeare, il devait donc traduire exactement. Il ne devait pas, dès la première scène de *Jules-César*, mutiler lui-même son *dieu de la tragédie*. Il copie fidèlement son modèle, je l'avoue, en introduisant sur le théâtre des charpentiers, des bouchers, des cordonniers, des savetiers, avec des sénateurs romains; mais il supprime tous les quolibets de ce savetier qui parle aux sénateurs. Il ne traduit pas la charmante équivoque sur le mot qui signifie âme, et sur le mot qui veut dire *semelle* de soulier. Une telle réticence n'est-elle pas un sacrilége envers son dieu?

Quel a été son dessein quand dans la tragédie d'*Othello*, tirée du roman de Cintio et de l'ancien théâtre de Milan, il ne fait rien dire au bas et dégoûtant Iago, et à son compagnon Roderigo, de ce que Shakspeare leur fait dire ?

« Morbleu! vous êtes volé; cela est honteux, vous dis-je; mettez votre robe, on crève votre cœur, vous avez perdu la moitié de votre âme. Dans ce moment, oui, dans ce moment, un vieux bélier noir saillit votre brebis blanche.... Morbleu! vous êtes un de ceux qui ne serviraient pas Dieu si le diable vous le commandait. Parce que nous venons vous rendre service, vous nous traitez de ruffens[1]. Vous avez une fille couverte en ce moment par un cheval de Barbarie; vous entendrez hennir vos petits-fils; vous aurez des chevaux de course pour cousins germains, et des chevaux de manége pour beaux-frères.

— Qui es-tu, misérable profane?

— Je suis, monsieur, un homme qui vient vous dire que le Maure et votre fille font maintenant la bête à deux dos[2]. »

Dans la tragédie de *Macbeth*, après que le héros s'est enfin déterminé à assassiner son roi dans son lit, lorsqu'il vient de déployer toute l'horreur de son crime et de ses remords qu'il surmonte, arrive le portier de la maison, qui débite des plaisanteries de polichinelle; il est relevé par deux chambellans du roi, dont l'un demande à l'autre quelles sont les trois choses que l'ivrognerie provoque. C'est, lui répond son camarade, *d'avoir le nez rouge, de dormir et de pisser*[3]. Il y ajoute tout ce que le réveil peut produire dans un jeune débauché, et il emploie les termes de l'art avec les expressions les plus cyniques.

Si de telles idées et de telles expressions sont en effet cette belle

---

1. Terme lombard qui ne fut adopté que depuis en Angleterre.
2. Ancien proverbe italien.
3. Nous demandons pardon aux lecteurs honnêtes, et surtout aux dames de traduire fidèlement; mais nous sommes obligés d'étaler l'infamie dont les Welches ont voulu couvrir la France depuis quelques années.

nature qu'il faut adorer dans Shakspeare, son traducteur ne doit pas
les dérober à notre culte. Si ce ne sont que les petites négligences d'un
vrai génie, la fidélité exige qu'on les fasse connaître, ne fût-ce que
pour consoler la France, en lui montrant qu'ailleurs il y a peut-être
aussi des défauts.

Vous pourrez connaître, messieurs, comment Shakspeare développe
les tendres et respectueux sentiments du roi Henri V pour Catherine,
fille du malheureux roi de France Charles VI. Voici la déclaration de
ce héros, dans la tragédie de son nom, au cinquième acte :

« Si tu veux, ma Catau, que je fasse des vers pour toi, ou que je
danse, tu me perds; car je n'ai ni parole ni mesure pour versifier, et
je n'ai point de force en mesure pour danser. J'ai pourtant une mesure
raisonnable en force. S'il fallait gagner une dame au jeu de saute-
grenouille, sans me vanter, je pourrais bientôt la sauter en épousée, etc. »

C'est ainsi, messieurs, que le dieu de la tragédie fait parler le plus
grand roi de l'Angleterre et sa femme, pendant trois scènes entières.
Je ne répéterai pas les mots propres, que les crocheteurs prononcent
parmi nous, et qu'on fait prononcer à la reine dans cette pièce. Si le
secrétaire de la librairie française traduit la tragédie de *Henri V* fidèlement, comme il l'a promis, ce sera une école de bienséance et de
délicatesse qu'il ouvrira pour notre cour.

Quelques-uns de vous, messieurs, savent qu'il existe une tragédie
de Shakspeare intitulé *Hamlet*, dans laquelle un esprit apparaît d'a-
bord à deux sentinelles et à un officier, sans leur rien dire; après quoi
il s'enfuit au chant du coq. L'un des regardants dit que les esprits ont
l'habitude de disparaître quand le coq chante, vers la fin de décembre,
à cause de la naissance de notre Sauveur.

Ce spectre est le père d'Hamlet, en son vivant roi de Danemark. Sa
veuve, Gertrude, mère d'Hamlet, a épousé le frère du défunt, peu de
temps après la mort de son mari. Cet Hamlet, dans un monologue,
s'écrie : « Ah! *fragilité* est le nom de la femme! quoi! n'attendre pas
un petit mois! quoi! avant d'avoir usé les souliers avec lesquels elle
avait suivi le convoi de mon père! O ciel! les bêtes, qui n'ont point
de raison, auraient fait un plus long deuil. »

Ce n'est pas la peine d'observer qu'on tire le canon aux réjouissances
de la reine Gertrude et de son nouveau mari, et à un combat d'escrime
au cinquième acte, quoique l'action se passe dans le neuvième siècle,
où le canon n'était pas inventé. Cette petite inadvertance n'est pas
plus remarquable que celle de faire jurer Hamlet par saint Patrice,
et d'appeler Jésus notre Sauveur, dans le temps où le Danemark ne
connaissait pas plus le christianisme que la poudre à canon.

Ce qui est important, c'est que le spectre apprend à son fils, dans
un assez long tête-à-tête, que sa femme et son frère l'ont empoisonné
par l'oreille. Hamlet se dispose à venger son père; et pour ne pas
donner d'ombrage à Gertrude, il contrefait le fou pendant toute la
pièce.

Dans un des accès de sa prétendue folie, il a un entretien avec sa mère Gertrude. Le grand chambellan du roi se cache derrière une tapisserie. Le héros crie qu'il entend un rat; il court au rat, et tue le grand chambellan. La fille de cet officier de la couronne, qui avait du tendre pour Hamlet, devient réellement folle; elle se jette dans la mer et se noie.

Alors le théâtre, au cinquième acte, représente une église et un cimetière, quoique les Danois, idolâtres au premier acte, ne fussent pas devenus chrétiens au cinquième. Des fossoyeurs creusent la fosse de cette pauvre fille; ils se demandent si une fille qui s'est noyée doit être enterrée en terre sainte. Ils chantent des vaudevilles dignes de leur profession et de leurs mœurs; ils déterrent, ils montrent au public des têtes de morts. Hamlet et le frère de sa maîtresse tombent dans une fosse, et s'y battent à coups de poing.

Un de vos confrères, messieurs, avait osé remarquer que ces plaisanteries, qui peut-être étaient convenables du temps de Shakspeare, n'étaient pas d'un tragique assez noble du temps des lords Carteret, Chesterfield, Littelton, etc. Enfin on les avait retranchées sur le théâtre de Londres le plus accrédité; et M. Marmontel, dans un de ses ouvrages, en a félicité la nation anglaise. « On abrége tous les jours Shakspeare, dit-il, on le châtie; le célèbre Garrick vient tout nouvellement de retrancher sur son théâtre la scène des fossoyeurs et presque tout le cinquième acte. La pièce et l'auteur n'en ont été que plus applaudis. »

Le traducteur ne convient pas de cette vérité; il prend le parti des fossoyeurs. Il veut qu'on les conserve comme le monument respectable d'un génie unique. Il est vrai qu'il y a cent endroits dans cet ouvrage et dans tous ceux de Shakspeare aussi nobles, aussi décents, aussi sublimes, amenés avec autant d'art; mais le traducteur donne la préférence aux fossoyeurs; il se fonde sur ce qu'on a conservé cette abominable scène sur un autre théâtre de Londres; il semble exiger que nous imitions ce beau spectacle.

Il en est de même de cette heureuse liberté avec laquelle tous les acteurs passent en un moment d'un vaisseau en pleine mer à cinq cents milles sur le continent, d'une cabane dans un palais, d'Europe en Asie. Le comble de l'art, selon lui, ou plutôt la beauté de la nature, est de représenter une action ou plusieurs actions à la fois qui durent un demi-siècle. En vain le sage Despréaux, législateur du bon goût dans l'Europe entière, a dit dans son *Art poétique* (ch. III) :

> Un rimeur, sans péril, delà les Pyrénées,
> Sur la scène en un jour renferme des années :
> Là, souvent le héros d'un spectacle grossier,
> Enfant au premier acte, est barbon au dernier.

En vain on lui citerait l'exemple des Grecs, qui trouvèrent les trois unités dans la nature. En vain on lui parlerait des Italiens, qui, longtemps avant Shakspeare, ranimèrent les beaux-arts au commencement du seizième siècle, et qui furent fidèles à ces trois grandes lois du bon sens : unité de lieu, unité de temps, unité d'action. En vain on lui ferait voir la *Sophonisbe* de l'archevêque Trissino[1], la *Rosemonde* et l'*Oreste* du Ruccellai, la *Didon* du Dolce, et tant d'autres pièces composées en Italie, près de cent ans avant que Shakspeare écrivît dans Londres, toutes asservies à ces règles judicieuses établies par les Grecs; en vain lui remontrerait-on que l'*Aminte* du Tasse et le *Pastor fido* de Guarini ne s'écartent point de ces mêmes règles, et que cette difficulté surmontée est un charme qui enchante tous les gens de goût.

En vain s'appuierait-on de l'exemple de tous les peintres, parmi lesquels il s'en trouve à peine un seul qui ait peint deux actions différentes sur la même toile; on décide aujourd'hui, messieurs, que les trois unités sont une loi chimérique, parce que Shakspeare ne l'a jamais observée, et parce qu'on veut nous avilir jusqu'à faire croire que nous n'avons que ce mérite.

Il ne s'agit pas de savoir si Shakspeare fut le créateur du théâtre en Angleterre. Nous accorderons aisément qu'il l'emportait sur tous ses contemporains; mais certainement l'Italie avait quelques théâtres réguliers dès le quinzième siècle. On avait commencé longtemps auparavant par jouer *la Passion* en Calabre dans les églises, et on l'y joue même encore; mais, avec le temps, quelques génies heureux avaient commencé à effacer la rouille dont ce beau pays était couvert depuis les inondations de tant de barbares. On représenta de vraies comédies du temps même du Dante; et c'est pourquoi le Dante intitula comédie son *Enfer*, son *Purgatoire* et son *Paradis*. Riccoboni nous apprend que la *Floriana* fut alors représentée à Florence.

Les Espagnols et les Français ont toujours imité l'Italie; ils commencèrent malheureusement par jouer en plein air *la Passion, les Mystères de l'Ancien et du Nouveau Testament*. Ces facéties infâmes ont duré en Espagne jusqu'à nos jours. Nous avons trop de preuves qu'on les jouait à l'air, chez nous, aux quatorzième et quinzième siècles; voici ce que rapporte la *Chronique de Metz*, composée par le curé de Saint-Eucher : « L'an 1437, fut fait le jeu de la Passion de Notre Seigneur en la plaine de Veximel; et fut Dieu un sire appelé seigneur Nicole dom Neuf-Chastel, curé de Saint-Victour de Metz, lequel fut presque mort en croix, s'il ne fût été secouru, et convint qu'un autre prêtre fût mis en la croix pour parfaire le personnage du crucifiement pour ce jour; et le lendemain ledit curé de Saint-Victour parfit la résurrection, et fit très-hautement son personnage, et dura ledit jeu jusqu'à nuit; et un autre prêtre qui s'appelait maître Jean de Nicey, qui était chapelain de Métrange, fut Judas, lequel fut presque mort en pendant, car le cœur lui faillit, et fut bien hâtivement dépendu et porté en voie; et était la gueule d'enfer très-bien faite avec deux gros culs d'acier; et elle ouvrait et clouait quand les diables y voulaient entrer et sortir. »

Dans le même temps des troupes ambulantes jouaient les mêmes farces en Provence; mais les confrères de la Passion s'établissaient à

---

1. Trissin n'était pas archevêque. (ÉD.)

Paris dans des lieux fermés. On sait assez que ces confrères achetè-rent l'hôtel des ducs de Bourgogne, et y jouèrent leurs pieuses extra-vagances.

Les Anglais copièrent ces divertissements grossiers et barbares. Les ténèbres de l'ignorance couvraient l'Europe; tout le monde cherchait le plaisir, et on ne pouvait en trouver d'honnêtes. On voit dans une édition de Shakspeare, à la suite de *Richard III*, qu'ils jouaient des miracles en plein champ, sur des théâtres de gazon de cinquante pieds de diamètre. Le diable y paraissait tondant les soies de ses cochons; et de là vint le proverbe anglais: *Grand cri et peu de laine.*

Dès le temps de Henri VII il y eut un théâtre permanent établi à Londres qui subsiste encore. Il était très-en vogue dans la jeunesse de Shakspeare, puisque, dans son éloge, on le loue d'avoir gardé les chevaux des curieux à la porte: il n'a donc point inventé l'art théâ-tral, il l'a cultivé avec de très-grands succès. C'est à vous, messieurs, qui connaissez *Polyeucte* et *Athalie*, à voir si c'est lui qui l'a perfec-tionné.

Le traducteur s'efforce d'immoler la France à l'Angleterre dans un ouvrage qu'il dédie au roi de France, et pour lequel il a obtenu des souscriptions de notre reine et de nos princesses. Aucun de nos com-patriotes dont les pièces sont traduites et représentées chez toutes les nations de l'Europe, et chez les Anglais même, n'est cité dans sa pré-face de cent trente pages. Le nom du grand Corneille ne s'y trouve pas une seule fois.

Si le traducteur est secrétaire de la librairie de Paris, pourquoi n'é-crit-t-il que pour une librairie étrangère? pourquoi veut-il humilier sa patrie? pourquoi dit-il : « A Paris, de légers Aristarques ont déjà pesé dans leur étroite balance le mérite de Shakspeare; et quoiqu'il n'ait jamais été traduit ni connu en France, ils savent quelle est la somme exacte et de ses beautés et de ses défauts. Les oracles de ces petits juges effrontés des nations et des arts sont reçus sans examen, et parviennent, à force d'échos, à former une opinion[1]. » Nous ne mé-ritons pas, ce me semble, ce mépris que M. le traducteur nous pro-digue. S'il s'obstine à décourager ainsi les talents naissants des jeunes gens qui voudraient travailler pour le théâtre français, c'est à vous, messieurs, de les soutenir dans cette pénible carrière. C'est surtout à ceux qui parmi vous ont fait l'étude la plus approfondie de cet art à vouloir bien leur montrer la route qu'ils doivent suivre, et les écueils qu'ils doivent éviter.

Quel sera, par exemple, le meilleur modèle d'exposition dans une tragédie? sera-ce celle de *Bajazet*, dont je rappelle ici quelques vers qui sont dans la bouche de tous les gens de lettres, et dont le maréchal de Villars cita les derniers avec tant d'énergie quand il alla comman-der les armées en Italie, à l'âge de quatre-vingts ans (acte I, scène 1)?

> Que faisaient cependant nos braves janissaires?
> Rendent-ils au sultan des hommages sincères?

1. Page 30 du *Discours sur les préfaces.*

Dans le secret des cœurs, Osmin, n'as-tu rien lu ?
Amurat jouit-il d'un pouvoir absolu ?

OSMIN.

Amurat est content, si nous le voulons croire,
Et semblait se promettre une heureuse victoire ;
Mais en vain par ce calme il croit nous éblouir,
Il affecte un repos dont il ne peut jouir.
C'est en vain que, forçant ses soupçons ordinaires,
Il se rend accessible à tous les janissaires :
. . . .
Ils regrettent le temps à leur grand cœur si doux,
Lorsqu'assurés de vaincre ils combattaient sous vous.

ACOMAT.

Quoi ! tu crois, cher Osmin, que ma gloire passée
Flatte encor leur valeur, et vit dans leur pensée ?
Crois-tu qu'ils me suivraient encor avec plaisir,
Et qu'ils reconnaîtraient la voix de leur vizir ? etc.

Cette exposition passe pour un chef-d'œuvre de l'esprit humain. Tout y est simple sans bassesse, et grand sans enflure ; point de déclamation, rien d'inutile. Acomat développe tout son caractère en deux mots, sans vouloir se peindre. Le lecteur s'aperçoit à peine que les vers sont rimés, tant la diction est pure et facile : il voit d'un coup d'œil la situation du sérail et de l'empire ; il entrevoit, sans confusion, les plus grands intérêts.

Aimeriez-vous mieux la première scène de *Roméo et Juliette*, l'un des chefs-d'œuvre de Shakspeare, qui nous tombe en ce moment sous la main ? La scène est dans une rue de Vérone, entre Grégoire et Samson, deux domestiques de Capulet.

SAMSON. — Grégoire, sur ma parole nous ne porterons pas de charbon.

GRÉGOIRE. — Non, car nous serions charbonniers[1].

SAMSON. — J'entends que quand nous serons en colère nous dégaînerons.

GRÉGOIRE. — Eh oui, pendant que tu es en vie, dégaîne ton cou du collier.

SAMSON. — Je frappe vite quand je suis poussé.

GRÉGOIRE. — Oui, mais tu n'es pas souvent poussé à frapper.

SAMSON. — Un chien de la maison de Montaigu, l'ennemie de la maison de Capulet, notre maître, suffit pour m'émouvoir.

GRÉGOIRE. — S'émouvoir, c'est remuer ; et être vaillant, c'est être droit. (Il y a ici une équivoque d'une obscénité grossière.) Ainsi, si tu es ému, tu t'enfuiras.

SAMSON. — Un chien de cette maison me fera tenir tout droit. Je prendrai le haut du pavé sur tous les hommes de la maison Montaigu, et sur toutes les filles.

—————

1. Ce sont de nobles métaphores de la canaille.

GRÉGOIRE. — Cela prouve que tu es un poltron de laquais; car le poltron, le faible, se retire toujours à la muraille.

SAMSON. — Cela est vrai; c'est pourquoi les filles, étant les plus faibles, sont toujours poussées à la muraille. Ainsi je pousserai les gens de Montaigu hors de la muraille, et les filles de Montaigu à la muraille.

GRÉGOIRE. — La querelle est entre nos maîtres les Capulet et les Montaigu, et entre nous et leurs gens.

SAMSON. — Oui, nous et nos maîtres, c'est la même chose. Je me montrerai tyran comme eux : je serai cruel avec les filles; je leur couperai la tête.

GRÉGOIRE. — La tête des filles[1]?

SAMSON. — Eh oui! les têtes des filles ou les pucelages. Tu prendras la chose dans le sens que tu voudras; etc.

Le respect et l'honnêteté ne me permettent pas d'aller plus loin. C'est là, messieurs, le commencement d'une tragédie, où deux amants meurent de la mort la plus funeste. Il y a plus d'une pièce de Shakspeare où l'on trouve plusieurs scènes dans ce goût. C'est à vous à décider quelle méthode nous devons suivre, ou celle de Shakespare, *le dieu de la tragédie*, ou celle de Racine.

Je vous demande encore à vous, messieurs, et à l'académie de la Crusca, et à toutes les sociétés littéraires de l'Europe, à quelle exposition de tragédie il faudra donner la préférence, ou du *Pompée* du grand Corneille, quoiqu'on lui ait reproché un peu d'enflure, ou au *Roi Léar* de Shakspeare, qui est si naïf.

Vous lisez dans Corneille (*Pompée*, acte I, scène I) :

> Le destin se déclare, et nous venons d'entendre
> Ce qu'il a décidé du beau-père et du gendre;
> Quand les dieux étonnés semblaient se partager,
> Pharsale a décidé ce qu'ils n'osaient juger.
> . . . .
> *Tel est le titre* affreux dont le droit de l'épée,
> Justifiant César, a condamné Pompée;
> Ce déplorable chef du parti le meilleur,
> Que sa fortune lasse abandonne au malheur,
> Devient un grand exemple, et laisse à la mémoire
> Des changements du sort une éclatante histoire.

Vous lisez dans l'exposition du *Roi Léar* :

LE COMTE DE KENT. — N'est-ce pas là votre fils, milord?

LE COMTE DE GLOCESTER. — Son éducation a été à ma charge. J'ai souvent rougi de le reconnaître; mais à présent je suis plus hardi.

LE COMTE DE KENT. — Je ne puis vous concevoir.

LE COMTE DE GLOCESTER. — Oh! la mère de ce jeune drôle pouvait

---

1. Il faut savoir que *head* signifie tête; et *maid*, pucelle. *Maiden-head* tête de fille, signifie *pucelage*.

concevoir très-bien ; elle eut bientôt un ventre fort arrondi[1], et elle eut un enfant dans un berceau avant d'avoir un mari dans son lit.

Trouvez-vous quelque faute à cela ?... Quoique ce coquin soit venu impudemment dans le monde avant qu'on l'envoyât chercher, sa mère n'en était pas moins jolie, et il y a eu du plaisir à le faire. Enfin ce fils de p..... doit être reconnu, etc.

Jugez maintenant, cours de l'Europe, académiciens de tous les pays, hommes bien élevés, hommes de goût dans tous les états.

Je fais plus, j'ose demander justice à la reine de France, à nos princesses, aux filles de tant de héros, qui savent comment les héros doivent parler.

Un grand juge d'Écosse[2], qui a fait imprimer des *Éléments de critique anglaise*, en trois volumes, dans lesquels on trouve des réflexions judicieuses et fines, a pourtant eu le malheur de comparer la première scène du monstre nommé *Hamlet* à la première scène du chef-d'œuvre de notre *Iphigénie ;* il affirme que ces vers d'Arcas (acte I, scène I) :

> Avez-vous dans les airs entendu quelque bruit ?
> Les vents nous auraient-ils exaucés cette nuit ?
> Mais tout dort, et l'armée, et les vents, et Neptune,

ne valent pas cette réponse vraie et convenable de la sentinelle dans *Hamlet : Je n'ai pas entendu une souris trotter* (*Not a mouse stirring*, acte I, scène I).

Oui, monsieur, un soldat peut répondre ainsi dans un corps de garde ; mais non pas sur le théâtre, devant les premières personnes d'une nation, qui s'expriment noblement, et devant qui il faut s'exprimer de même.

Si vous demandez pourquoi ce vers :

> Mais tout dort, et l'armée, et les vents, et Neptune,

est d'une beauté admirable, et pourquoi les vers suivants sont plus beaux encore, je vous dirai que c'est parce qu'ils expriment avec harmonie de grandes vérités, qui sont le fondement de la pièce. Je vous dirai qu'il n'y a ni harmonie ni vérité intéressante dans ce quolibet d'un soldat : *Je n'ai pas entendu une souris trotter*. Que ce soldat ait vu ou n'ait pas vu passer de souris, cet événement est très-inutile à la tragédie d'*Hamlet* ; ce n'est qu'un discours de *Gilles*, un proverbe bas, qui ne peut faire aucun effet. Il y a toujours une raison pour laquelle toute beauté est beauté, et toute sottise est sottise.

Les mêmes réflexions que je fais ici devant vous, messieurs, ont été faites en Angleterre par plusieurs gens de lettres. Rymer même, le savant Rymer, dans un livre[3] dédié au fameux comte Dorset, en 1693, sur l'excellence et la corruption de la tragédie, pousse la sévé-

---

1. Il y a dans l'original un mot plus cynique que celui de ventre.
2. Henri Home. (ÉD.)
3. *The tragedies of the last age considered and examined*, 1678, in-8. (ÉD.)

rité de sa critique jusqu'à dire « qu'il n'y a point de singe en Afrique », point de babouin qui n'ait plus de goût que Shakspeare. » Permettez-moi, messieurs, de prendre un milieu entre Rymer et le traducteur de Shakspeare, et de ne regarder ce Shakspeare ni comme un dieu, ni comme un singe, mais de vous regarder comme mes juges [2].

SECONDE PARTIE.

Messieurs, j'ai exposé fidèlement à votre tribunal le sujet de la querelle entre la France et l'Angleterre. Personne assurément ne respecte plus que moi les grands hommes que cette île a produits, et j'en ai donné assez de preuves. La vérité, qu'on ne peut déguiser devant vous, m'ordonne de vous avouer que ce Shakspeare, si sauvage, si bas, si effréné et si absurde, avait des étincelles de génie. Oui, messieurs, dans ce chaos obscur, composé de meurtres et de bouffonneries, d'héroïsme et de turpitude, de discours des halles et de grands intérêts, il y a des traits naturels et frappants. C'était ainsi à peu près que la tragédie était traitée en Espagne sous Philippe II, du vivant de Shakspeare. Vous savez qu'alors l'esprit de l'Espagne dominait en Europe et jusque dans l'Italie. Lope de Véga en est un grand exemple.

Il était précisément ce que fut Shakspeare en Angleterre, un composé de grandeur et d'extravagance, quelquefois digne modèle de Corneille, quelquefois travaillant pour les petites-maisons, et s'abandonnant à la folie la plus brutale, le sachant très-bien, et l'avouant publiquement dans des vers qu'il nous a laissés, et qui sont peut-être parvenus jusqu'à vous. Ses contemporains, et encore plus ses prédécesseurs, firent de la scène espagnole un monstre qui plaisait à la populace. Ce monstre fut promené sur les théâtres de Milan et de Naples. Il était impossible que cette contagion n'infectât pas l'Angleterre; elle corrompit le génie de tous ceux qui travaillèrent pour le théâtre longtemps avant Shakspeare. Le lord Buckurst, l'un des ancêtres du lord Dorset, avait composé la tragédie de *Gorboduc* [3]. C'était un bon roi, mari d'une bonne reine; ils partageaient, dès le premier acte, leur royaume entre deux enfants qui se querellèrent pour ce partage : le cadet donnait à l'aîné un soufflet au second acte; l'aîné, au troisième acte, tuait le cadet; la mère, au quatrième, tuait l'aîné; le roi, au cinquième, tuait la reine Gorboduc; et le peuple, soulevé, tuait le roi Gorboduc : de sorte qu'à la fin il ne restait plus personne.

Ces essais sauvages ne purent parvenir en France; ce royaume alors

---

1. Page 124.
2. On a mis dans un journal qu'il y avait des bouffonneries dans cette lettre : certes il ne s'y trouve d'autres bouffonneries que celles de ce Shakspeare, que l'académicien est obligé de rapporter. Nous ne sommes pas assez grossiers en France pour bouffonner avec les premières personnes de l'État qui composent l'Académie.
3. C'est d'une pièce intitulée *Ferrex et Porrex*, et originairement composée par Thomas Sackville, depuis lord Dorset, en société avec Thomas Norton, qu'on a fait la tragédie de *Gorboduc*. (Note de M. Beuchot.)

n'était pas même assez heureux pour être en état d'imiter les vices et les folies des autres nations. Quarante ans de guerres civiles écartaient les arts et les plaisirs. Le fanatisme marchait dans toute la France, le poignard dans une main et le crucifix dans l'autre. Les campagnes étaient en friche, les villes en cendres. La cour de Philippe II n'y était connue que par le soin qu'elle prenait d'attiser le feu qui nous dévorait. Ce n'était pas le temps d'avoir des théâtres. Il a fallu attendre les jours du cardinal de Richelieu pour former un Corneille, et ceux de Louis XIV pour nous honorer d'un Racine.

Il n'en était pas ainsi à Londres, quand Shakspeare établit son théâtre. C'était le temps le plus florissant de l'Angleterre; mais ce ne pouvait être encore celui du goût. Les hommes sont réduits, dans tous les genres, à commencer par des Thespis avant d'arriver à des Sophocles. Cependant, tel fut le génie de Shakspeare, que ce Thespis fut Sophocle quelquefois. On entrevit sur sa charrette, parmi la canaille de ses ivrognes barbouillés de lie, des héros dont le front avait des traits de majesté.

Je dois dire que, parmi ces bizarres pièces, il en est plusieurs où l'on retrouve de beaux traits pris dans la nature, et qui tiennent au sublime de l'art, quoiqu'il n'y ait aucun art chez lui.

C'est ainsi qu'en Espagne Diamante et Guillem de Castro semèrent, dans leurs deux tragédies monstrueuses du *Cid*, des beautés dignes d'être exactement traduites par Pierre Corneille. Ainsi, quoique Calderon eût étalé dans son *Héraclius* l'ignorance la plus grossière, et un tissu de folies les plus absurdes, cependant il mérita que Corneille daignât encore prendre de lui la situation la plus intéressante de son *Héraclius* français, et surtout ces vers admirables, qui ont tant contribué au succès de cette pièce (act. IV, sc. IV):

> O malheureux Phocas! ô trop heureux Maurice!
> Tu recouvres deux fils pour mourir après toi;
> Et je n'en puis trouver pour régner après moi.

Vous voyez, messieurs, que, dans les pays et dans les temps où les beaux-arts ont été le moins en honneur, il s'est pourtant trouvé des génies qui ont brillé au milieu des ténèbres de leur siècle. Ils tenaient de ce siècle où ils vécurent toute la fange dont ils étaient couverts; ils ne devaient qu'à eux-mêmes l'éclat qu'ils répandirent sur cette fange. Après leur mort, ils furent regardés comme des dieux par leurs contemporains, qui n'avaient rien vu de semblable. Ceux qui entrèrent dans la même carrière furent à peine regardés. Mais enfin, quand le goût des premiers hommes d'une nation s'est perfectionné, quand l'art est plus connu, le discernement du peuple se forme insensiblement. On n'admire plus en Espagne ce qu'on admirait autrefois. On n'y voit plus un soldat servir la messe sur le théâtre, et combattre en même temps dans une bataille; on n'y voit plus Jésus-Christ se battre à coups de poing avec le diable, et danser avec lui une sarabande.

En France, Corneille commença par suivre les pas de Rotrou; Boileau commença par imiter Regnier; Racine, encore jeune, se modela sur les défauts de Corneille : mais peu à peu on saisit les vraies beautés; on finit surtout par écrire avec sagesse et avec pureté : *Sapere est principium et fons*[1]; et il n'y a plus de vraie gloire parmi nous que pour ce qui est bien pensé et bien exprimé.

Quand des nations voisines ont à peu près les mêmes mœurs, les mêmes principes, et ont cultivé quelque temps les mêmes arts, il paraît qu'elles devraient avoir le même goût. Aussi l'*Andromaque* et la *Phèdre* de Racine, heureusement traduites en anglais par de bons auteurs, ont réussi beaucoup à Londres. Je les ai vu jouer autrefois, on y applaudissait comme à Paris. Nous avons encore quelques-unes de nos tragédies modernes très-bien accueillies chez cette nation judicieuse et éclairée. Heureusement il n'est donc pas vrai que Shakspeare ait fait exclure tout autre goût que le sien, et qu'il soit un dieu aussi jaloux que le prétend son pontife, qui veut nous le faire adorer.

Tous nos gens de lettres demandent comment il se peut faire qu'en Angleterre les premiers de l'État, les membres de la Société royale, tant d'hommes si instruits, si sages, supportent tant d'irrégularités et de bizarreries, si contraires au goût que l'Italie et la France ont introduit chez les nations policées, tandis que les Espagnols ont enfin renoncé à leurs *autos sacramentales*. Me trompé-je, en remarquant que partout, et principalement dans les pays libres, le peuple gouverne les esprits supérieurs? Partout les spectacles chargés d'événements incroyables plaisent au peuple; il aime à voir des changements de scènes, des couronnements de rois, des processions, des combats, des meurtres, des sorciers, des cérémonies, des mariages, des enterrements; il y court en foule, il y entraîne longtemps la bonne compagnie, qui pardonne à ces énormes défauts pour peu qu'ils soient ornés de quelques beautés, et même quand ils n'en ont aucune. Songeons que la scène romaine fut plongée dans la même barbarie du temps même d'Auguste. Horace s'en plaint à cet empereur dans sa belle épître : *Quum tot sustineas*[2]; et c'est pourquoi Quintilien prononça depuis que les Romains n'avaient point de tragédie, *in tragœdia maxime claudicamus*.

Les Anglais n'en ont pas plus que les Romains. Leurs avantages sont assez grands d'ailleurs.

Il est vrai que l'Angleterre a l'Europe contre elle en ce seul point; la preuve en est qu'on n'a jamais représenté sur aucun théâtre étranger aucune des pièces de Shakspeare. Lisez ces pièces, messieurs, et la raison pour laquelle on ne peut les jouer ailleurs se découvrira bientôt à votre discernement. Il en est de cette espèce de tragédie comme il en était, il n'y a pas longtemps, de notre musique; elle ne plaisait qu'à nous.

J'avoue qu'on ne doit pas condamner un artiste qui a saisi le goût de sa nation; mais on peut le plaindre de n'avoir contenté qu'elle. Appelle et Phidias forcèrent tous les différents États de la Grèce et tout l'empire romain à les admirer. Nous voyons aujourd'hui le Transyl

---

1. Horace, *De arte poet.*, v, 307. (ÉD.) — 2. Livre II, épître I, vers 1. (ÉD.)

vain, le Hongrois, le Courlandois, se réunir avec l'Espagnol, le Français, l'Allemand, l'Italien, pour sentir également les beautés de Virgile et d'Horace, quoique chacun de ces peuples prononce différemment la langue d'Horace et de Virgile. Vous ne trouvez personne en Europe qui pense que les grands auteurs du siècle d'Auguste soient *au-dessous des singes et des babouins*. Sans doute Pantolabus et Crispinus écrivirent contre Horace de son vivant, et Virgile essuya les critiques de Bavius; mais, après leur mort, ces grands hommes ont réuni les voix de toutes les nations. D'où vient ce concert éternel? il y a donc un bon et un mauvais goût.

On souhaite, avec justice, que ceux de messieurs les académiciens qui ont fait une étude sérieuse du théâtre veuillent bien nous instruire sur les questions que nous avons proposées. Qu'ils jugent si la nation qui a produit *Iphigénie* et *Athalie* doit les abandonner, pour voir sur le théâtre des hommes et des femmes qu'on étrangle, des crocheteurs, des sorciers, des bouffons, et des prêtres ivres; si notre cour, si longtemps renommée pour sa politesse et pour son goût, doit être changée en un cabaret de bière et de brandevin; et si le palais d'une vertueuse souveraine doit être un lieu de prostitution.

Il n'est aucune tragédie de Shakspeare où l'on ne trouve de telles scènes : j'ai vu mettre de la bière et de l'eau-de-vie sur la table dans la tragédie d'*Hamlet;* et j'ai vu les acteurs en boire. César, en allant au Capitole, propose aux sénateurs de *boire un coup avec lui*. Dans la tragédie de *Cléopatre*, on voit arriver sur le rivage de Misène la galère du jeune Pompée : on voit Auguste, Antoine, Lépide, Pompée, Agrippa, Mécène, boire ensemble. Lépide, qui est ivre, demande à Antoine, qui est ivre aussi, comment est fait un crocodile : « Il est fait comme lui-même, répond Antoine; il est aussi large qu'il a de largeur, et aussi haut qu'il a de hauteur; il se remue avec ses organes; il vit de ce qui le nourrit, etc. » Tous les convives sont échauffés de vin; ils chantent en chorus une chanson à boire, et Auguste dit, en balbutiant, qu'*il aimerait mieux jeûner quatre jours que de trop boire en un seul*.

Je crains, messieurs, de lasser votre patience; je finis par ce trait : Il y a une tragédie de ce grand Shakspeare, intitulée : *Troïlus, ou la guerre de Troie*. Troïlus, fils de Priam, commence la pièce par avouer à Pandare qu'il ne peut aller à la guerre, parce qu'il est amoureux comme un fou de Cresside. « Que tous ceux qui ne sont point amoureux, dit-il, se battent tant qu'ils voudront; pour moi, je suis plus faible qu'une larme de femme, plus doux qu'un mouton, plus enfant et plus sot que l'ignorance elle-même, moins vaillant qu'une pucelle pendant la nuit, et plus simple qu'un enfant qui ne sait rien faire,... Ses yeux, ses cheveux, ses joues, sa démarche, sa voix, sa main; ah! sa main! En comparaison de sa main, toutes les mains blanches sont de l'encre; quand on la touche, le duvet d'un cygne paraît rude, et les autres mains semblent des mains de laboureur. »

Telle est l'exposition de la *Guerre de Troie*. On ne laisse pas de se battre. Thersite voit Pâris qui défie Ménélas. « Voilà, dit-il, le cocu et le cocufiant qui vont être en besogne; allons, taureau, allons, dogue; allons, mon petit moineau, petit Pâris! Ma foi! le taureau a le dessus : eh! quelles cornes! quelles cornes! »

Thersite est interrompu dans ses exclamations par un bâtard de Priam qui lui dit : « Tourne-toi, esclave.

THERSITE. — Qui es-tu?

LE BÂTARD DE PRIAM. — Un bâtard de Priam.

THERSITE. — Je suis bâtard aussi; j'aime les bâtards; on m'a engendré bâtard, on m'a élevé bâtard. Je suis bâtard en esprit, en valeur, en toute chose illégitime. Un ours ne va point mordre un autre ours; et pourquoi un bâtard en mordrait-il un autre? Prends garde à toi; la querelle pourrait être dangereuse pour nous deux. Quand un fils de p..... rencontre un autre fils de p....., et combat pour une p....., tous deux hasardent beaucoup. Adieu, bâtard.

LE BÂTARD. — Que le diable t'emporte, poltron! »

Les deux bâtards s'en vont en bonne amitié. Hector entre à leur place, désarmé. Achille arrive dans l'instant avec ses Myrmidons; il leur recommande de faire un cercle autour d'Hector. « Allons, dit-il, compagnons, frappez; voilà l'homme que je cherche. Ilion va tomber, Troie va couler à fond, car Troie perd son cœur, ses nerfs et ses os. Allons, Myrmidons, criez à tue-tête : *Achille a tué le grand Hector.* »

Tout le reste de la pièce est entièrement dans ce goût; c'est Sophocle tout pur.

Figurez-vous, messieurs, Louis XIV dans sa galerie de Versailles, entouré de sa cour brillante; un *Gilles* couvert de lambeaux perce la foule des héros, des grands hommes et des beautés qui composent cette cour; il leur propose de quitter Corneille, Racine et Molière, pour un saltimbanque qui a des saillies heureuses et qui fait des contorsions. Comment croyez-vous que cette offre serait reçue?

Je suis avec un profond respect, messieurs, votre très-humble et très-obéissant serviteur,   VOLTAIRE.

AU ROI EN SON CONSEIL.

(NOVEMBRE 1776[1].)

Sire, les états de Gex supplient Sa Majesté de daigner considérer,

Que, par son édit du 12 décembre 1775, elle déclara sa province de Gex pays étranger, la détacha des fermes et gabelles, et des traites que ses fermes générales tiraient de ce pays pour le passage des marchandises de Genève à Gex, et de Gex en Suisse.

Sa Majesté daigna faire cet arrangement pour la plus grande facilité du commerce de ses sujets et pour le bien général.

Elle ordonna que, pour indemniser les fermiers généraux, le pays de Gex leur payerait trente mille francs par année, à commencer le 1er janvier 1777, moyennant quoi Sa Majesté permet expressément à la province, par l'article III de son édit, d'acheter et de vendre son sel où elle voudra.

Les syndics et conseillers des états représentant la province, ayant mûrement examiné ce qu'elle peut en effet consommer de sel chaque année, tant pour l'usage journalier que pour les fromages dont elle fait un assez grand débit et pour les salaisons qui augmentent en raison de la prospérité qu'on doit aux bontés de Sa Majesté, ont jugé qu'il lui faut quatre mille cinq cents quintaux de sel par année. Elle peut prendre ce sel ou dans le canton de Berne, ou en Savoie, ou de la main des fermiers généraux.

Il est certain qu'avant que Sa Majesté eût la bonté de donner son édit, Gex ne pouvait pas consommer le sel qu'il emploie aujourd'hui; parce qu'en tout pays, lorsqu'une marchandise est chère, on en achète moins; on se retranche sur toutes les dépenses. Gex en usait ainsi à l'égard de son sel. On n'en donnait point aux bestiaux qui dépérissaient; la traite des fromages était diminuée de moitié; les finances du roi en souffraient : et quelque petit que soit cet objet, tout ce qui concerne les intérêts du roi est sacré pour les états.

Ils demandent donc aujourd'hui que les fermiers généraux leur fournissent annuellement les quatre mille cinq cents quintaux dont ils ont un besoin essentiel et qu'ils les fournissent au même prix que Sa Majesté leur a ordonné de le vendre à Genève.

Et si la ferme générale ne peut nous livrer la quantité de sel que nous demandons, ou si elle ne peut nous le faire parvenir dans le temps où nous en avons besoin pour nos salaisons, nous demandons, en ce cas, la permission d'acheter à Berne le supplément de sel qui nous sera nécessaire.

---

1. Cette requête est de novembre 1776. Elle avait été envoyée, avant le 15 de ce mois, au prince de Condé, commandant de la Bourgogne, et dans lequel, à ce titre, Voltaire espérait trouver un protecteur pour ses habitants Voyez, dans la *Correspondance*, les lettres à Mme de Saint-Julien, des 15 novembre et 5 décembre 1776; à Trudaine, du 10 décembre. (B.)

C'est dans cet esprit que nous nous sommes adressés à Berne lorsque nous n'avons point reçu de sel de la ferme générale. Berne nous en donna deux mille quintaux, au mois de février de cette année 1776.

Ce sel ayant été entièrement consommé, et n'en ayant point reçu d'autre au mois d'octobre, nous nous sommes une seconde fois adressés à MM. de Berne. Mais pendant ce temps-là même il est arrivé qu'un homme sans aveu, nommé Roze, étranger dans le pays de Gex, ci-devant soldat et déserteur dans la légion de Condé, et maintenant garde-magasin à Versoi, s'est ingéré de faire pour son compte un marché de six mille quintaux de sel blanc, avec le président de la chambre des sels de Berne. Cet homme, n'ayant pas de quoi payer un marché aussi considérable, s'est associé avec un commis de la poste de Versoi, qui n'est guère plus en état que lui de soutenir une telle entreprise. Ces deux hommes étaient protégés par un troisième qu'on ne connaît pas.

Les états, indignés d'un tel monopole qui tendait à faire en France une contrebande dangereuse, ont eu l'honneur d'en écrire au ministère et ont député un gentilhomme à Berne, pour supplier le conseil de résilier le marché de Roze, et de n'accorder jamais à la province que le sel dont les États certifieraient que la province aurait un besoin réel.

C'est dans ce même principe que les états se jettent aux pieds de Votre Majesté, pour l'assurer qu'ils veilleront avec la plus grande exactitude à prévenir toute contravention à ses ordres.

Ils se flattent que le roi en son conseil daignera approuver leur conduite; que les fermiers généraux leur fourniront chaque année les quatre mille cinq cents quintaux de sel demandés, et que si, par quelques cas imprévus, ces quatre mille cinq cents quintaux ne venaient point, il sera loisible auxdits états de se pourvoir, en vertu de l'article III de l'édit de Votre Majesté; lesdits états ayant solennellement arrêté de ne jamais se pourvoir de sel ailleurs qu'à la ferme générale, sinon dans le cas d'une nécessité absolue.

UN CHRÉTIEN CONTRE SIX JUIFS,

OU RÉFUTATION D'UN LIVRE INTITULÉ

LETTRES DE QUELQUES JUIFS PORTUGAIS, ALLEMANDS ET POLONAIS.

(1776.)

AVERTISSEMENT.

L'abbé Guenée avait, dès 1765, attaqué Voltaire par la publication de la *Lettre du rabbin Aaron Mathathai*. Il revint à la charge dans les *Lettres de quelques juifs portugais et allemands à M. de Voltaire,* avec des réflexions critiques, etc., et un petit commentaire extrait d'un plus grand, Lisbonne (Paris, Laurent Prault), 176', in-8°. La première des lettres, détachée dans les dernières éditions, en forme de dédicace, est signée : *Joseph Lopez, Isaac Montenero, Benjamin Groot*, etc., juifs des environs d'Utrecht; le *Petit commentaire*, qui suit les *Lettres*, est donné sous les noms de *Joseph Ben-Jonathan, Aaron Mathathaï et David Wincker*. Le livre de Guenée eut beaucoup de succès; une seconde édition parut en 1771, dans les formats in-8° et in-12 ; la troisième, qui est de 1772, a deux volumes in-8°; la quatrième, qui est de 1776, a trois volumes in-12.

Dès la première édition, Voltaire avait fait une courte réponse à Guenée. Mais il revint à son tour à la charge en faisant imprimer, à la fin de 1776, *le Vieillard du mont Caucase aux juifs portugais, allemands et polonais*, in-12 de IV et 296 pages, avec un portrait de l'auteur. Suivant l'usage reçu en librairie de dater de l'année suivante les ouvrages publiés dans les derniers mois de l'année, ce volume porte la date de 1777. En le faisant réimprimer peu après, Voltaire l'intitula : *Un chrétien contre six juifs*, titre sous lequel il a été reproduit soit séparément, soit dans les *OEuvres de Voltaire*; ce qui n'a pas empêché l'auteur de la *Notice sur Guenée* en tête de la neuvième édition des *Lettres de quelques juifs*, 1817, trois volumes, de dire affirmativement : « Voltaire ne répliqua point. »

(*Beuchot.*)

AVANT-PROPOS.

Bénissons la foule innombrable des pamphlets anglais dans lesquels une partie de la nation accuse l'autre quatre fois par semaine de trahir la patrie, et qui sont traduits en français pour amuser les curieux.

Bénissons les sonnets dont l'Italie fourmille, soit à l'honneur, soit contre l'honneur des dames.

Bénissons les écrits polémiques des Allemands, dans lesquels on ne cesse d'approfondir des sujets agréables de controverse.

Bénissons surtout les Français, qui, depuis quelque temps, impriment environ cinquante mille volumes par année, tant gros que petits, soit pour édifier le prochain, soit pour le scandaliser, soit pour l'injurier, soit pour l'ennuyer.

Mais pourquoi tant bénir cette énorme quantité d'insectes? C'est leur multitude que je remercie. Je me cache dans leur foule; leur grand nombre les fait périr en moins de temps qu'ils ne se forment : je veux vivre deux jours avec eux.

Si ces livres duraient, s'ils ne tombaient tous les uns sur les autres dans un éternel oubli, ils seraient trop dangereux; on se verrait accusé, vilipendé, condamné jusqu'à la dernière postérité, par quiconque a le loisir et la malignité de faire un livre contre nous. Mais malheureusement un ennemi littéraire vous intente un procès par écrit devant le tribunal de l'*univers*, soit dans une brochure, soit dans cinq ou six tomes. Cela est lu par cinq ou six personnes de l'un ou de l'autre parti ; le reste de la terre l'ignore : sans quoi les accusations graves, les injures mal déguisées sous un air de modération, les calomnies qu'on se permet si souvent dans les disputes, pourraient avoir des suites fâcheuses.

C'est donc devant un très-petit nombre de lecteurs oisifs que je veux plaider la cause d'un homme horriblement accusé et bafoué, et qui n'a pas la force de se défendre; et je la plaide aujourd'hui parce qu'elle sera oubliée demain. Je suis l'ami du prévenu, je suis avocat. Voici le fait :

Un ancien professeur, dit-on, d'un collége de la rue Saint-Jacques, à Paris, écrivit, en 1771, une satire contre un chrétien, sous le nom de trois juifs de Hollande; et il en a fait imprimer une autre à Paris, en trois volumes assez épais, en 1776, sous le nom de trois juifs de Portugal, demeurant en Hollande, auprès d'Utrecht.

Voilà donc un chrétien obligé de se battre contre six juifs. Est-ce Antiochus d'un côté, et de l'autre les Machabées? La partie est d'autant plus inégale, que le savant professeur se sert souvent d'armes sacrées contre lesquelles je n'ai ni ne veux jamais avoir de bouclier.

Je vais répondre aussi discrètement que je le pourrai aux accusations auxquelles on peut répondre sans tomber dans le piège que nous a tendu monsieur le professeur juif.

Il a la cruauté d'imputer à sa victime je ne sais quelles brochures, les unes judaïques, les autres anti judaïques, dont ce cher ami est très-innocent [1]. Il expose un vieillard plus qu'octogénaire, couché déjà peut-être dans le lit de la mort, à la barbarie de quelques persécuteurs qu'il croit animer par ses délations calomnieuses; et c'est en feignant de le ménager, en lui prodiguant des louanges ironiques, en l'appelant grand homme, qu'il lui porte respectueusement le poignard dans le cœur. Moi, qui prends son parti avec autant de candeur qu'il prit le parti de M. l'abbé Bazin son oncle, je conjure ce Juif de ne me point combattre avec ses armes empoisonnées; je fais une guerre honnête: entrons en matière.

I. Je me range d'abord sous l'étendard de saint Jérôme. J'invoque la lettre que ce grand homme écrivit à Dardanus du petit village de

1. Vous lui imputez de faire lui-même une édition de ses ouvrages; il n'en a jamais fait aucune, monsieur : ceux qui ont bien voulu en faire dernièrement, comme MM. Cramer, conseillers de Genève, et M. le bourgmestre, M. le premier pasteur de Lausanne, sans le consulter, savent avec quelle indignité et quelle bêtise on a les contrefaites; vous avez du goût sans doute, et votre style le prouve assez. La faction dont vous êtes s'est toujours distinguée par une manière d'écrire bien supérieure au style de collége, qui était celui de vos adversaires. Daignez ouvrir le vingt-troisième tome de l'édition de Londres, imitée de celle de Lausanne, vous verrez plus de cinquante pièces de la Bibliothèque bleue, et des charniers Saints-Innocents, entassées avec une merveilleuse confiance depuis la page 229 jusqu'à la fin. Un éditeur famélique ramasse toutes ces ordures pour achever un tome qui n'est pas assez épais; et il donne hardiment son édition en trente, en quarante volumes, que des curieux trompés achètent, et qui pourrit dans leur bibliothèque; c'est le nom de l'auteur qu'on a acheté, ce n'est pas l'ouvrage. L'imprimeur, quel qu'il soit, a la hardiesse de mettre à la tête de chaque volume, *Œuvres complètes enrichies de notes, le tout revu et corrigé par l'auteur lui-même.* Il y a une édition sous son nom, dans laquelle on a glissé trois tomes entiers qui ne sont pas de lui. Tel est l'abus qui règne dans la librairie, et dans presque tous les genres de commerce. Il y a des vaisseaux marchands; il y a des pirates. Le monde ne subsiste que d'abus.

Bethléem, où il habita si longtemps; voici comme il parle de la Judée.

« Je prie ceux qui prétendent que le peuple juif prit possession de ce pays après la sortie d'Égypte, de nous faire voir ce que ce peuple en a possédé. Tout son domaine ne s'étend que depuis Dan jusqu'à Bersabée, c'est-à-dire l'espace de cent soixante milles en longueur (environ cinquante-trois de nos lieues).... J'ai honte d'exprimer la largeur de cette terre de promission ; on ne compte que quarante-six milles (environ dix-sept lieues) depuis Joppé jusqu'à Bethléem; après quoi on ne trouve plus qu'un affreux désert habité par des barbares....

« Voilà donc, ô Juifs ! l'étendue du pays que vous vous vantez de posséder, et dont vous faites vanité parmi les nations qui ne vous connaissent pas. Allez étaler cet orgueil chimérique aux ignorants : pour moi qui vous connais à fond, je ne donne point dans vos panneaux : cherchez vos dupes ailleurs.

« Vous me direz peut-être que, par la terre de promission, on doit entendre celle dont Moïse fait la description dans le livre des *Nombres*. Il est vrai que Dieu vous l'a promise, cette terre; mais il est faux que vous l'ayez jamais possédée.... L'Évangile me promet la possession du royaume des cieux, dont il n'est pas fait la moindre mention dans vos Écritures....

« Vous avez commis beaucoup de grands crimes, ô Juifs! et vous êtes devenus esclaves de tous vos voisins, etc., etc., etc. »

Après ce témoignage, mon ami a pu se permettre quelques petites libertés sur le peuple de Dieu, à l'exemple de saint Jérôme. Mais quand il est allé trop loin (ce qu'il ne faut jamais faire), je l'en ai charitablement averti, et il en a demandé pardon à M. Pinto, juif de Bordeaux, fort estimé des chrétiens.

II. *Du cadran d'Ézéchias, et de l'ombre qui recule, et de l'astronomie juive.* — Le secrétaire chrétien des six Juifs accuse mon ami d'avoir dit que les anciens Hébreux, les gens d'au delà, les passagers (car c'est ce qu'*Hébreux* signifie), n'étaient pas si savants en astronomie que MM. Cassini, Lemonier, Lalande, Bailli, Le Gentil, etc. [1]. Je tiens qu'il a raison : ce qui m'induit à le croire, c'est que je ne vois pas seulement le nom d'heure dans les cinq premiers livres conservés par ce peuple; aucune division du jour n'y est jamais marquée. De la *Genèse* aux *Machabées* il n'est parlé d'aucune éclipse, et vous voyez que, depuis quatre mille ans, les Chinois n'ont jamais manqué d'observer et de rapporter dans leur histoire toutes les éclipses qu'ils ont aperçues. Ce n'est point d'ailleurs insulter une nation que de dire qu'elle n'était point autrefois mathématicienne. Il paraît que le roi Ézéchias n'en savait pas tant que vos Juifs d'Espagne [2], qui aidèrent

---

1. Le secrétaire chrétien a cité en faveur de la science des Juifs l'autorité de Scaliger; il ignore que Scaliger, fort savant d'ailleurs, a eu le malheur de trouver la quadrature du cercle; qu'il nia la précession des équinoxes et qu'il écrivit beaucoup d'injures contre le P. Clavius, et beaucoup de bévues contre la réforme du calendrier. (*Ed. de Kehl.*)

2. Ces Juifs d'Espagne étaient des Arabes. (*Éd.*)

depuis le roi Alphonse X à construire ses fameuses tables astrono-
miques.

Le prophète Isaïe veut faire un prodige qui assure Ézéchias malade
de sa guérison. Il lui demande s'il veut que l'ombre de son cadran au
soleil avance ou recule de dix lignes; le malade répond : « Il est bien
aisé de faire avancer l'ombre; je veux qu'elle recule. » Le malade se
trompait; l'un dérangeait autant que l'autre le cours de la nature
entière.

Je suis persuadé que dans la suite il y eut de savants Juifs, et surtout dans Alexandrie : ils n'auraient pas fait rétrograder le soleil
comme Isaïe; mais ils l'auraient mieux connu. Il paraît même que,
vers le temps de la destruction de Jérusalem, l'historien Flavien Josèphe, et le philosophe Philon, n'étaient pas absolument étrangers à
l'astronomie. Flavien Josèphe parle du phare des anciens Chaldéens,
composé de deux cent vingt-trois mois lunaires qui servaient à former
la période de six cents ans.

S'il y a quelque chose de vrai dans l'histoire des sciences et des
erreurs, c'est qu'elles viennent presque toutes des bords du Gange; et,
quelque prodigieuse que paraisse leur antiquité, on ne peut guère leur
dire : *A beau mentir qui vient de loin.* Presque tous les savants de
nos jours conviennent que les brachmanes furent les inventeurs de
l'astronomie et de la mythologie.

Après ces Indiens viennent les Persans, les Chaldéens, les Arabes,
les Atlantides. Pour les Égyptiens, ils semblent être plus récents,
parce qu'il fallut des siècles pour dompter le Nil, et pour rendre le
meilleur terrain du pays habitable, comme l'a tant dit mon ami, tant
honni par vous.

Les Grecs, qui parurent les derniers de tant de peuples antiques,
les éclipsèrent tous dans les arts. S'il faut venir aux Juifs, c'était, il
faut l'avouer, un chétif peuple arabe sans art et sans science, caché
dans un petit pays montueux et ignoré, comme Flavien Josèphe
l'avoue dans sa réponse à Apion. Ce peuple ne posséda une capitale et
n'eut un temple qu'environ dix-sept cents ans après que celui de Tyr
avait été bâti; il ne fut connu des Grecs que du temps d'Alexandre,
devenu leur dominateur, et ne fut aperçu des Romains que pour être
bientôt écrasé par eux dans la foule.

Les Romains créèrent roi de Judée un Arabe, fils d'un entrepreneur
des vivres; et bientôt après ces pauvres Juifs furent esclaves pour la
huitième fois sur les ruines de leur ville fumante de sang, et vendus
au marché, chaque tête au prix de l'animal [1] dont ce déplorable peuple n'osait manger. Je n'accumule pas toutes ces vérités pour offenser
la nation juive, mais pour la plaindre.

III. *Si les Juifs écrivirent d'abord sur des cailloux.* — Le secrétaire
des six juifs prétend que leurs pères avaient dans un désert toutes les
commodités pour écrire à peu près comme on les a de nos jours. Il re-

---

1. Le porc. (ÉD.)

prend vivement mon ami d'avoir cru qu'on gravait alors sur la pierre. Cependant le livre de Josué est le garant de ce que mon ami a avancé; car il est dit : « Josué brûla la ville de Haï, la réduisit en cendres, et en fit un monceau de ruines éternelles; fit pendre le roi, et éleva un autel de pierres au Seigneur le Dieu d'Israël sur le mont Hébal; il fit cet autel de pierres brutes, comme il était écrit dans la loi de Moïse, et il y offrit des holocaustes et des victimes pacifiques, et il écrivit sur les pierres le *Deutéronome* [1]. » Josué, chap. IV.

IV. *Du gens massacrés pour avoir grasseyé en parlant.* — Je suis obligé de vous suivre, et de passer avec vous d'un article de maçonnerie à un objet de morale. Il s'agit de quarante-deux mille de vos frères, les Juifs de la tribu d'Éphraïm, qui furent tous égorgés par leurs frères des autres tribus à un des gués de la petite rivière du Jourdain. On leur criait : « Prononcez *shibolet*, épi de blé. » Ces malheureux qui grasseyaient, et qui ne pouvaient dire *shibolet*, disaient *siboleth*, et on les égorgea comme des moutons.... Quelle horreur y a-t-il donc, monsieur? quelle mauvaise intention? quelle faute à dire qu'ils furent massacrés pour avoir grasseyé? L'horreur, l'abomination n'est-elle pas que des frères aient massacré tant de frères pour quelque cause que ce puisse être?

V. *Du veau d'or.* — Voici une affaire à peu près aussi massacrante et plus scientifique. Mon ami, qui respecte les théologiens, et qui ne l'est point, a soutenu, d'après plusieurs Pères de l'Église, et d'après la simple raison, que tout fut miracle dans la manière dont Dieu conduisit son peuple dans le désert, et l'en tira; que toutes les voies de Dieu furent autant de miracles; que la fonte et la fabrication du veau d'or en vingt-quatre heures; cet or jeté dans le feu, et réduit en poudre, et avalé par tout le peuple; les vingt-trois mille hommes qui se laissent choisir et égorger sans se défendre, etc., sont d'aussi grands prodiges que tous ceux dont le *Pentateuque* est rempli. Sur quoi mon ami a proféré cette exclamation qui me semble si religieuse et si convenable : « L'histoire d'un peuple conduit par Dieu même ne peut être que l'histoire des prodiges. »

Commençons par vous prouver, monsieur, qu'en suivant exactement l'énoncé de la sainte Écriture, le veau d'or fut jeté en fonte en vingt-quatre heures, quoique la horde juive n'eût point d'heures encore, et soit qu'on se serve du terme d'un jour ou d'une nuit pour exprimer le temps dans lequel ce veau fut fabriqué.

« Et Moïse entrant au milieu de la nuée monta sur la montagne, et

---

1. Le secrétaire, qui paraît très-instruit des anciens usages et des arts de l'antiquité, aurait bien dû nous instruire comment on écrivait sur des cailloux non taillés, et comment cette écriture n'était pas effacée par le sang des victimes qui coulait continuellement sur cet autel de pierres brutes. Cette recherche eût plus nécessaire que l'affreuse malignité d'imputer à mon ami je ne sais quelles brochures, où il est dit que Thaut a composé des livres en caractères alphabétiques, écrits sur autre chose que sur des tables de pierre et de bois, il y a environ cinq mille ans.

y demeura quarante nuits (*Exode*, ch. xxiv); et le Seigneur ayant achevé tous ces discours sur la montagne de Sinaï, donna à Moïse son témoignage et sa loi en deux tables de pierre, écrites du doigt de Dieu. » (Ch. xxxi.)

Il paraît, monsieur, que voilà les quarante jours accomplis; et il est clair aussi, permettez-moi de le dire, qu'on écrivait dans ce désert sur la pierre.

Mais le peuple, voyant que Moïse différait à descendre de la montagne, s'assembla devers Aaron, et lui dit : « Fais-nous des dieux qui « marchent devant nous; car nous ne savons ce qui est arrivé à cet « homme (Moïse) qui nous a fait sortir de la terre d'Égypte; » et Aaron leur répondit : « Otez les parures oreillères de vos femmes, fils, « et filles, et apportez-les-moi. » Et le peuple fit comme Aaron avait commandé, et apporta les parures oreillères; et Aaron les ayant reçues leur fit un veau avec le burin, veau d'ouvrage de fonte; et ils dirent : « Voilà tes dieux, ô Israël, qui t'ont tiré de la terre d'Égypte. » Ce qu'Aaron ayant vu, il dressa un autel devant le veau, et il cria par la voix d'un crieur : « C'est demain la fête du Seigneur veau. » (*Exode*, xxxii.)

Il me semble, monsieur, qu'il n'y a que vingt-quatre heures entre la demande du veau d'or et sa fête. Les quarante jours pendant lesquels Moïse et Josué restèrent avec Dieu sur la montagne sont passés; la loi est entre ses mains; et, pendant qu'il est prêt à descendre, le peuple demande à adorer des dieux qui marchent : Aaron imagine un veau d'or; on le jette en fonte; on l'adore : on n'a pas perdu de temps.

Il est très-vrai que M. Pigalle demande six mois pour fondre un veau d'or, et même sans le réparer au ciseau et à la lime, encore moins au burin; car un tel ouvrage ne se fait pas avec le burin. Tout cela est très-long et prodigieusement difficile : pardonnez donc à mon ami d'avoir regardé cette aventure comme un prodige que Dieu permettait; car apparemment vous conviendrez que rien n'est ici dans le cours des choses naturelles.

VI. *De la manière de fondre une statue d'or.* — Vous croyez, monsieur, que dans les déserts d'Oreb et de Sinaï il y avait des moyens plus expéditifs de fondre une statue de métal que ceux dont se servent nos sculpteurs? J'ose vous répondre qu'il n'y en a point : il faut absolument un moule tellement préparé, arrêté, affermi, entouré, qu'il ne se casse ni ne se démonte en aucun endroit pendant l'opération; il faut que l'or se répande autour de lui exactement, sans fêlure, sans inégalité : c'est ce qui est très-long et très-difficile.

Vous dites que vous avez trouvé à Paris, dans la rue Guérin-Boisseau, un sculpteur qui vous a offert de vous faire le veau d'or en huit jours. Si vous avez fait marché dans la rue Guérin-Boisseau, vous ne deviez donc pas dater vos lettres d'un village près d'Utrecht [1], où l'on dit que les jansénistes se sont réfugiés.

1. La ville d'Utrecht, en Hollande, est le siége d'un évêché janséniste. (Éd.)

Mais, dans quelque pays que vous fassiez vos miracles, je retiens place. Vous me direz avec La Fontaine [1] :

> Voyez-vous point mon veau? dites-le-moi.

VII. *Magnificence des Juifs, qui manquaient de tout dans le désert.* — Vous nous assurez que dans le désert affreux d'Oreb, les garçons juifs et les filles juives, qui manquaient de vêtements et de pain, avaient assez d'or à leurs oreilles pour en composer un veau; vous faites le compte des richesses que ce peuple avait volées en Égypte; vous aviez trouvé ci-devant environ neuf millions : nous ne comptons pas après vous, monsieur, et nous vous en croyons sur votre parole, sans prétendre disputer sur cet article. Vous savez que quand les Arabes volent, ils disent : « Dieu me l'a donné. » La troupe de Cartouche disait : « Dieu merci, je l'ai gagné. »

VIII. *Tout est miraculeux.* — « Et lorsque Moïse fut arrivé près du camp, il vit le veau et les danses; et, dans sa grande colère, il jeta les tables de la loi, qu'il portait dans sa main, et les brisa au pied de la montagne, et, saisissant ce veau qu'ils avaient fait, il le brûla, et le réduisit en poussière, laquelle il répandit dans l'eau, et en donna à boire aux enfants d'Israël. »

C'est ici, monsieur, que je suis plus que jamais de l'opinion religieuse de mon ami, qui dit que tout doit être miraculeux dans l'histoire du peuple de Dieu, ou plutôt de Dieu même, parce qu'un Dieu ne peut parler et agir que miraculeusement. C'est donc un très-grand prodige qu'un veau d'or jeté dans le feu s'y soit converti en poudre. On vous l'a déjà dit, et on vous le répète; il n'y a point de fourneau, quelque violent qu'il puisse être, fût-ce la fournaise de Sidrach, Misach, et Abdénago; fût-ce un des feux allumés autrefois par l'inquisition; fût-ce le feu qui consuma le corps du respectable conseiller de grand'chambre Anne Dubourg, et la maréchale d'Ancre, et les cinquante chevaliers du Temple, et tant d'autres; il n'y a point de feu, vous dis-je, qui puisse réduire l'or en poudre : ce métal si prodigieusement ductile se fond, se liquéfie. Mais que dans le désert effroyable d'Oreb, où il n'y a jamais eu d'arbres, on ait trouvé une assez énorme quantité de bois pour fondre un gros veau, un bœuf d'or, et pour le pulvériser, cela est impossible à l'industrie humaine. Je dis gros veau, je dis gros bœuf, parce qu'il est écrit que Moïse l'aperçut en s'approchant du camp; parce que dans ce camp, composé de deux cent trente mille combattants, il y avait entre deux et trois millions de Juifs et de Juives; parce que si Moïse, n'étant pas dans le camp, put voir tout d'un coup cet animal, il fallait qu'il fût bien gros, et au moins de la taille du bœuf Apis, dont il était la brillante image.

IX. *De l'or potable.* — Pour accabler mon ami, vous changez le procès criminel que vous lui faites en un autre procès. Vous parlez

---

1. Conte du *Villageois qui cherche son veau* (ÉD.)

d'or potable. On ne vous a jamais nié qu'on pût avaler de l'or, du plomb, de l'antimoine. Que ne peut-on pas avaler? Mon ami avale les injures cruelles que vous lui dites avec des compliments, les calomnies dont vous le chargez, les accusations odieuses que vous intentez, et qui, dans d'autres temps, pourraient avoir le cruel effet de faire excommunier un honnête homme. Tandis que vous faites avaler ces pilules si amères, préparées d'une main qui n'est ni tout à fait judaïque, ni tout à fait catholique, pourquoi nous invitez-vous à vous parler d'or potable?

Si c'est votre veau cuit sous la braise, et pulvérisé par cette braise, la chose est impossible, comme toute la terre en convient.

Si vous voulez parler de l'or potable des charlatans, c'est une question très-étrangère. L'or est indestructible. L'eau qu'on appelle régale, parce qu'on a donné à l'or le nom de roi des métaux, le dissout; mais cette dissolution est très-caustique : vous ne prétendez pas sans doute que Moïse ait fait boire cette eau aux Israélites pour empoisonner tout le peuple de Dieu. On peut précipiter l'or de sa dissolution par un alcali; il sera réduit en poudre; mais il n'aura pas été brûlé, comme le dit le texte : et puis cette poudre n'est pas miscible avec l'eau.

Vous dites que Stahl, chrétien et chimiste, a fait de l'or potable, et vous citez ses opuscules (sans dire quel opuscule) dans lesquels il dit que « le sel de tartre mêlé au soufre dissout l'or, au point de le réduire en poudre, qu'on peut avaler. » Je sais bien que le foie de soufre dissout l'or; mais il ne le réduit point en poudre. Je ne vous conseille donc pas, monsieur, d'avaler de l'or du chrétien Stahl, réduit en poudre par le moyen du sel de tartre et du soufre : premièrement parce que je suis très-sûr que ces deux ingrédients ne peuvent pulvériser l'or qu'en le précipitant de la dissolution, et alors il n'est plus potable; secondement parce que je suis encore très-sûr que vous seriez en danger de mort si vous preniez de cette dissolution; et que je ne veux pas vous tuer, quoique vous ayez voulu tuer mon ami.

Quant à l'or potable de Mlle Grimaldi, voici ce que c'est : on mêle de l'huile essentielle de romarin ou une autre, ou de l'esprit-de-vin, avec une dissolution d'or dans l'eau régale; on enlève ce qui surnage, c'est-à-dire l'huile ou l'esprit-de-vin qui contient une très-petite partie d'or et d'acide. C'est un secret de charlatan pour vendre très-cher une mauvaise drogue; fi donc, monsieur! osez-vous attribuer de pareils tours à Moïse?

Hélas! vous avez parlé, sans le savoir, à un homme qui n'est que trop au fait des préparations de l'or; j'ai chez moi plus d'un artiste qui ne travaille qu'à cela : il m'en coûte assez pour que je sois en droit de dire mon avis.

X. *De vingt-trois mille Juifs égorgés par leurs frères.* — Vous faites un crime à mon ami d'avoir plaint vingt-trois mille Juifs massacrés par les lévites, leurs frères, sans se défendre. Ah! monsieur, si vous êtes juif, ayez quelque compassion pour vos frères; si vous êtes chrétien, ayez-en pour vos pères. Mon ami a eu le bonheur d'inspirer l'esprit d'indulgence à bien des gens qui avaient à se reprocher des sévérités impitoyables. N'a-t-il pu parvenir à vous rendre humain ?

« Et Moïse voyant le peuple nu, car Aaron l'avait dépouillé à cause de son ignominie[1] (du veau d'or), et l'avait exposé au milieu de ses ennemis; Moïse se met à la porte du camp, et dit : « Qui est au Sei« gneur se joigne à moi; » et tous ceux de la race de Lévi se joignirent à lui; et il leur dit : « Que chacun mette son épée sur sa cuisse; allez « et revenez d'une porte à l'autre au travers du camp : que chacun tue « son frère, son ami et ses proches. » Les enfants de Lévi firent ce que Moïse ordonnait, et il y eut en ce jour environ vingt-trois mille hommes de massacrés. » (*Exode*, XXXII, 28.)

Quoi ! monsieur, voilà (par le texte) Moïse lui-même qui, à l'âge de quatre-vingts ans passés, se met à la tête d'une troupe de meurtriers (*qu'on se joigne à moi*) et qui avec eux égorge de ses mains vingt-trois mille de ses compagnons ! Chacun tue son frère, son ami, son parent ! C'est mon ami, à moi, mon innocent ami, que vous accusez d'être l'ennemi des Juifs; c'est lui qui pleure sur les infortunés qu'on égorge; et c'est vous qui vous réjouissez de ce massacre !

« Il faut de la sévérité, dites-vous, quand les prévaricateurs sont nombreux. » Ah ! monsieur, ce n'est pas à vous de le dire. Je ne veux pas vous demander si vous auriez trouvé bon que l'on égorgeât vingt-trois mille convulsionnaires. Je ne veux pas vous outrager comme vous avez insulté mon ami. Quoi ! vous auriez donc applaudi à la Saint-Barthélemy ! car enfin les soixante et dix mille citoyens qu'on égorgea en France étaient des rebelles à votre religion dominante; ils étaient plus coupables que vos Israélites, car ils péchaient contre les lois connues; et les Israélites furent moins coupables quand ils s'impatientèrent de ne point recevoir des lois qu'on leur faisait attendre depuis quarante jours. O homme, qui que vous soyez, apprenez à pardonner !

Pour moi, monsieur, quand même vous auriez été convulsionnaire, ce que je ne crois pas, je ne pourrais vous vouloir du mal. Quand même vous auriez écrit des lettres de cachet sous le frère Le Tellier, encore aurais-je pour vous de l'indulgence, encore serais-je votre frère, si vous daigniez être le mien.

XI. *De vingt-quatre mille autres Juifs égorgés par leurs frères.* — Mais pardonnez encore une fois à mon malheureux ami, si, après avoir plaint vingt-trois mille pauvres Juifs mis en pièces sans se défendre, par les propres mains de l'octogénaire ou nonagénaire Moïse et par ses lévites, il a de plus osé étendre sa pitié sur vingt-quatre mille autres descendants de Jacob, assassinés environ quarante ans après, et toujours par leurs frères.

Vous croyez ou faites semblant de croire que ces vingt-quatre mille Juifs moururent de la peste en un jour : je le souhaite. Dieu est le

---

1. Plusieurs personnes sensibles ont été surprises qu'Aaron lui-même livrât les coupables, car il paraissait le plus criminel; le peuple avait demandé des dieux qui marchassent, et Aaron imagina le bœuf.

maître de choisir le genre de mort dont il veut que les hommes périssent. Mais voici le texte dans toute sa pureté.

« Et l'Éternel dit à Moïse : « Saisis tous les princes du peuple, et « pends-les tous à des potences à la face du soleil, » etc. Et on en tua ce jour-là vingt-quatre mille. » (*Nomb.*, chap. 25.)

Pourquoi défigurez-vous entièrement ce passage ? Ce sont les princes du peuple que Moïse fait d'abord pendre; et vous traduisez que *Moïse les assembla avec lui pour faire pendre les coupables !* Vous pouvez savoir cependant que Zamri, qui fut assassiné le premier, était un prince du peuple (*dux de cognatione* [1], chef de tribu), et que sa femme ou sa maîtresse Cosbi était fille du roi ou prince de Madian, *Cosbi, filiam ducis Madian* [2]. Pourquoi dites-vous que ce prince et cette princesse moururent d'une épidémie, d'une peste qui emporta vingt-quatre mille hommes en un jour ? *Occisi sunt* [3], on les tua, signifie-t-il la peste ?

N'est-il pas vraisemblable que ces princes du peuple, tués par l'ordre exprès de Moïse, étaient à la tête d'un grand parti contre lui, et qu'ils voulaient déposséder un vieillard qu'on nous peint âgé de cent vingt ans, dont ils étaient lassés et jaloux ; un vieillard dur et malavisé, selon eux, qui pendant vingt années avait fait errer plus de deux millions d'hommes dans des déserts épouvantables, sans pain, sans habits, sans pouvoir seulement entrer dans cette terre promise, malheureux objet de tant de courses ? L'auteur du livre des *Nombres*, quel qu'il soit, ne dit pas cela : je ne le dis pas non plus; mais je soupçonne qu'on peut le soupçonner.

Voici ce qui me fait croire qu'on peut me pardonner mon soupçon; je ne recherche point quel est l'auteur du livre des *Nombres*; je mets à part l'opinion du grand Newton, et celle du savant Leclerc, et celle de tant d'autres. Je ne veux point deviner dans quel esprit on écrivit ce Bemiddebar, ce livre des *Nombres*; je me tiens à la *Vulgate* reçue et consacrée dans notre sainte Église, et je n'ose même la citer que sur les difficultés qui regardent l'histoire. Je me donne bien de garde de toucher au théologique; je sens bien que cela ne m'appartient pas.

L'historique me dit donc que le prince juif nommé Zamri couchait dans sa tente avec sa femme, ou sa maîtresse, la princesse nommée Cosbi, fille du grand prince madianite, nommé Sur; lorsque Phinée, petit-fils d'Aaron, et petit-neveu de Moïse, commença le massacre par entrer subitement dans la tente de ces princes, que l'auteur appelle bordel (*lupanar* [4]); et cet arrière-neveu de Moïse est assez vigoureux et assez adroit pour les percer tous deux d'un seul coup dans les parties de la génération, parties qui étaient sacrées chez tous les peuples de ces cantons, et sur lesquelles même on faisait les serments. Or cet assassinat sacrilége, commis par le plus proche parent de Moïse, ne nous induit-il pas à croire qu'il s'agissait de le venger d'une cabale

---

1. *Nombres*, XXV, 14. (ÉD.) — 2. *Id.*, XXV, 18. (ÉD.) — 3. *Id.*, XXV, 9. (ÉD.)
4. *Nombres*, XXV, 8. (ÉD.)

des princes d'Israël et des princes de Madian, soulevée contre le législateur ? C'est ce que je laisse à juger par tout homme éclairé et impartial.

XII. *Remarque sur le prince Zamri et sur ta princesse Cosbi, massacrés en se caressant.* — A peine ce jeune prince et cette jeune princesse sont si singulièrement assassinés, *nubendi tempore in ipso*[1], que les satellites de Phinée coururent assassiner vingt-quatre mille hommes du peuple, sans compter les princes : *Occisi sunt,* qu'en dites-vous ? Je ne sais pas ce que mon ami en a dit : il me mande que vous le citez à faux ; je n'ai point vu, en effet, dans ses ouvrages le passage que vous lui imputez. Laissez-moi justifier mon ami, et pleurer sur ce pauvre prince et sur cette pauvre princesse massacrés en faisant l'amour. Si vous ne les avez jamais pleurés, je vous plains. Un de vos plaisants de Paris m'exhorte à me consoler, en me disant que tout cela n'est peut-être pas vrai : ce plaisant me fait frémir.

XIII. *Quel scribe écrivit ces choses.* — Ce mauvais plaisant, monsieur, m'empêche de discuter avec vous quel scribe a écrit le premier vos volumes juifs, dans quel temps ils ont été écrits, s'ils ont tous été dictés par le Saint-Esprit, si jamais il ne s'est trouvé de Juif qui ait écrit sans être inspiré, comme ont fait probablement Flavien Josèphe, Philon, Onkelos, Jonathan, et les auteurs du *Talmud,* et mon ami Éphraïm, Juif d'un grand roi, plus brave que votre David, et plus éclairé que votre Salomon.

Dieu me garde, monsieur, de marcher avec vous sur ces charbons ardents, cachés sous des cendres trompeuses ! C'est à vous d'examiner quelle raison avait le grand Newton pour décider que le *Pentateuque* fut composé par Samuël, tandis que plusieurs autres savants le croient rédigé tel qu'il est par Esdras : pour moi, je n'ose entrer dans cette querelle ; il y a des choses qu'on dit hardiment en Angleterre, et qu'il serait dangereux peut-être de dire à Paris. On peut y jouer avec un prodigieux succès toutes les pièces du divin Shakspeare, mais on ne peut y professer toutes les découvertes de Newton.

C'est par la même circonspection que je ne vous parlerai ni du magistrat Collins, ni du maître ès arts Woolston, ni du lord Shaftesbury, ni du lord Bolingbroke, ni du célèbre Gordon, ni de ce fameux membre du parlement Trenchard, ni du doyen Swift, ni de tant d'autres grands génies anglais :

Quid de cumque viro, et cui dicas, sæpe caveto,

J'ajoute : *Caveto in Gallia et in Hispania plus quam in Italia.* Il est vrai qu'actuellement toutes ces disputes théologales ne font plus aucun effet ni en Angleterre, ni en Hollande, ni en aucun pays du Nord : on est assez sage pour les mépriser ; un homme qui voudrait aujourd'hui expliquer certaines choses contradictoires ne serait que ridicule.

1. Lucrèce, I, 99. (ÉD.)

XIV. *Qui a fait la cour à des boucs et à des chèvres ?* — Passons vite aux singularités historiques dont il est permis de parler. Vous êtes fâché contre mon ami de ce qu'il passe, selon vous, pour avoir dit que vos grands-pères faisaient autrefois l'amour à des chèvres, et vos grand'mères à des boucs, dans les déserts de Pharan, de Sin, d'Oreb, de Cadès-Barné, où l'on était fort désœuvré : la chose est très-vraisemblable, puisque cette galanterie est expressément défendue dans vos livres. On ne s'avise guère d'infliger la peine de mort pour une faute dans laquelle personne ne tombe : mais si ces fantaisies ont été communes, il y a plus de trois mille ans, chez quelques-uns de vos ancêtres, il n'en peut rejaillir aucun opprobre sur leurs descendants. Vous savez qu'on ne punit point les enfants pour les sottises des pères passé la quatrième génération : de plus, vous ne descendez point de ces mariages hétéroclites ; et quand vous en descendriez, personne ne devrait vous le reprocher.

> On ne se choisit point son père ;
> Par un reproche populaire
> Le sage n'est point abattu[1].

Songez que sous l'empire florissant d'Auguste, qui fit régner les lois et les mœurs, à ce que dit Horace[2], les chèvres ne furent pas absolument méprisées dans les campagnes : les boucs en étaient jaloux. Souvenez-vous du *Novimus et qui te*[3] de Virgile : les *nymphes en rirent*, dit-il ; et, si vous m'en croyez, vous en rirez aussi, au lieu de vous fâcher, comme M. Larcher, du collège Mazarin, s'est fâché contre le neveu[4] de l'abbé Bazin, qui n'y entendait pas finesse.

Le maréchal de La Feuillade écrivit un jour au prince de Monaco : *Lasciamo queste porcherie orrende : non ho mai fatto il peccato di bestialità che con Vostra Altezza.*

XV. *Des sorciers.* — Je ne sais jamais si c'est au Juif, ou au secrétaire de la rue Saint-Jacques, ou au savant d'un village près d'Utrecht, à qui j'ai l'honneur de parler. Quoi qu'il en soit, c'est toujours en général à Israël que mes réponses doivent être adressées.

Israël prétend qu'on s'est contredit quand on a parlé du sabbat des sorciers. Il n'y a point de démonographe qui n'ait assuré que les sorciers qui allaient au sabbat par les airs sur un manche à balai, pour adorer le bouc, avaient reçu cette méthode des Juifs, et que le mot sabbat en faisait foi.

Vous dites que ceux qui sont de cette opinion se contredisent, en ce qu'ils conviennent que les Juifs, avant la transmigration, ne connaissaient pas encore les noms des anges et des diables, et même n'admettaient point de diable ; par conséquent ils ne pouvaient se donner au diable, comme ont fait les sorcières, et baiser le diable au derrière sous la figure du bouc.

---

1. La Motte, *Ode à Rousseau*. (ÉD.) — 2. Épître I du livre II, vers 1-3. (ÉD.)
3. *Eclog.* III, 8. (ÉD.)
4. Larcher a publié une *Réponse à la défense de mon oncle*. (ÉD.)

Mais aussi, messieurs, ce n'est que depuis votre dispersion que vous avez été accusés d'enseigner la sorcellerie aux vieilles. Ce sont les anciens Juifs du temps de Nabuchodonosor, du temps de Cyrus, les anciens Juifs du temps de Titus, du temps d'Adrien, et non les anciens du temps de la fuite d'Égypte, qui coururent chez les nations vendre des philtres pour se faire aimer, des paroles pour chasser les mauvais génies, des onguents pour aller au sabbat en dormant, et cent autres sciences de cette espèce.

Vous savez combien de livres de magie vos pères ont attribués à Salomon : votre historien Flavien Josèphe en cite quelques-uns dans son livre huitième; et il ajoute qu'il a vu lui-même opérer des guérisons miraculeuses avec ces recettes. Je puis vous assurer, messieurs, et tout ce qui m'entoure sait que plus d'un seigneur espagnol m'a écrit, et fait écrire, pour céder la *Clavicule de Salomon*, qu'on leur avait dit être en ma possession. Il y a de vieilles erreurs qui durent bien longtemps; le genre humain a obligation à ceux qui le détrompent.

Au reste, si quelques pauvres femmes juives ont eu la bêtise de se croire sorcières, et si autrefois il s'en trouva qui eurent la faiblesse d'imiter Philyre et Pasiphaé, et de prodiguer leurs charmes à ceux qui sont appelés *les velus* dans le *Lévitique*, que vous importe? Cela ne doit pas plus vous intéresser que les sorcières des bords du Rhin, qui voulurent immoler les ambassadeurs de César, n'intéressent aujourd'hui les très-aimables princesses qui sont l'honneur de ce pays.

XVI. *Silence respectueux.* — Vous exigez, monsieur, que je vous dise pourquoi Dieu a donné plus de préceptes à Abraham qu'à Noé, et que je vous développe si Dieu ne peut pas donner de nouvelles lois suivant les temps et les besoins. Je vous réponds que je ne suis ni assez fort ni assez hardi pour avoir un sentiment sur une question si épineuse. Je crois que Dieu peut tout, et mon ami ne vous fera pas d'autre réponse.

Je pense que vous ne me répondriez pas davantage si je vous demandais pourquoi non-seulement le nom de Noé, mais le nom de tous ses ancêtres ont été ignorés de la terre entière jusqu'à nos pères de l'Église. Pourquoi n'y a-t-il pas un seul auteur parmi les gentils qui ait jamais parlé d'Adam, le père du genre humain, et de Noé, son restaurateur? Comment se peut-il faire que, dans une si nombreuse famille, il ne se soit pas trouvé un seul enfant qui se soit souvenu de son grand-père, excepté vous? Pourquoi la *Cosmogonie* de Sanchoniathon, qui écrivait dans votre voisinage avant Moïse, est-elle absoment différente de celle de ce grand homme? Vous savez tout ce qu'on peut dire : parlez, monsieur; car, pour moi, je ne dirai mot.

XVII. *Animaux immondes.* — Nous ne serons pas d'accord, messieurs les Juifs, sur la notion du droit divin : nous appelons droit divin tout ce que Dieu a ordonné; ainsi nos bénéficiers ont dit que leurs dîmes sont de droit divin, parce que Dieu même vous avait ordonné de payer la dîme à vos lévites. Nous appelons les devoirs communs de la société le droit naturel.

Où avez-vous pris qu'il y ait *un ton railleur* à dire : « Dieu défendit qu'on se nourrît de poissons sans écailles, de porcs, de lièvres, de hérissons, de hiboux? » comment avez-vous trouvé un *ton* dans des paroles écrites? Où est la raillerie? Hélas! vous voulez railler; vous parlez de *Zaïre* et d'*Olympie* quand il est question des griffons et des ixions, animaux inconnus dans nos climats, dont il vous fut ordonné de vous abstenir dans le vôtre. Vous reprochez à mon ami d'avoir dit que « les griffons et les ixions juifs doivent être mis au rang des monstres, et que ce sont des serpents ailés avec des ailes d'aigle; » il n'a jamais dit cela, monsieur, et il est incapable d'avoir écrit qu'on est ailé avec des ailes.

Je ne regarde pas votre méprise comme une de ces calomnies cruelles que vous avez eu le malheur de copier dans votre livre : vous avez vu apparemment cette phrase dans une des mille. et une brochures qu'on a faites contre mon ami, et vous la répétez au hasard; je vous jure, monsieur, qu'elle n'est pas de lui.

XVIII. *Des cochons.* — Qui que vous soyez, ou juif ou chrétien, ou amalécite ou récabite, ou habitant d'Utrecht ou docteur de la rue Saint-Jacques, vous êtes un savant homme; vous avez beaucoup lu, vous faites usage de vos lectures; il y aurait plaisir à s'instruire avec vous; nous ferions gloire d'être vos écoliers, mon ami et moi, si vous aviez un peu plus d'indulgence.

Vous parlez très-bien de la bonne chère des Juifs; il est vraisemblable que le petit salé aurait été malsain dans les déserts de la basse Syrie et de l'Arabie Pétrée. Vous nous auriez encore donné de nouvelles instructions, si vous nous aviez appris pourquoi les Égyptiens, si antérieurs à la loi juive, ne mangeaient point de cochon. Vous nous rendriez un nouveau service, si vous nous disiez comment les Juifs, qui font tout le commerce de la Vestphalie, pays assez froid, où l'on ne se nourrit que de porc, n'ont pu obtenir quelque dispense de leurs rabbins.

Ne vous est-il pas arrivé la même chose qu'à nos minimes? Le bon Martorillo (saint François de Paule) leur ordonna de manger tout à l'huile en Calabre, où l'huile est la nourriture des pauvres; ils suivent par humilité cette loi en Allemagne, où l'huile est un mets recherché, et où un tonneau d'huile coûte plus que quatre tonneaux de vin. Vous nous auriez prouvé qu'il faut que tout moine obéisse à son fondateur. C'est ainsi que les musulmans, à qui Mahomet défendit le vin dans les climats brûlants de l'Arabie, n'en boivent point dans le climat froid de la Crimée.

A l'égard du lièvre dont il ne vous est pas permis de manger, parce qu'il rumine, et qu'il n'a pas le pied divisé, quoiqu'en effet il ait le pied très-divisé, et qu'il ne rumine point, ce n'est qu'une petite méprise. M. le pasteur du Bourg-Dieu a dit que ce n'est pas. là où gît le lièvre : si ce n'est pas Bourg-Dieu qui l'a dit, c'est un autre.

XIX. *Peuples dispersés.* — Vous dites dans le même endroit que les Juifs sont restés les seuls des anciens peuples, etc., et qu'ils triomphent des siècles; mais les Arabes, beaucoup plus anciens qu'eux, subsistent en corps de peuple, et habitent encore un vaste pays qu'ils ont toujours habité. Les Égyptiens sont en Égypte sous le nom de Cophtes, et n'ont oublié que leur langue. Les Brachmanes, subjugués par ceux qu'on appelle *Maures*, ont conservé leurs lois, leurs rites, et même la langue de leurs premiers pères. Les Parsis, dispersés comme les Juifs, et autrefois dominateurs des Juifs, sont aussi attachés qu'eux à leurs usages antiques, et espèrent toujours, comme eux, une révolution. Les Chinois, tout subjugués qu'ils sont par les Tartares, ont soumis leurs vainqueurs à leurs lois; on ne peut plus dire aujourd'hui : *Græcia capta ferum victorem cepit*[1], comme Horace le disait à Auguste; mais enfin il y a plus de cent mille Grecs dans la seule ville de Stamboul : Athènes, Lacédémone, Corinthe et l'Archipel sont encore peuplés de Grecs; et pour parler des petites nations, les Arméniens asservis font le commerce comme les Juifs dans toute l'Asie, et ne s'allient communément qu'entre eux, ainsi que les Cophtes, les Brames, les Banians, les Parsis, et les Juifs. Tous les peuples qui existent triomphent des siècles.

XX. *Ordre de tuer.* — Dans votre lettre troisième, monsieur, où vous faites un magnifique éloge de l'intolérance, vous avez oublié de citer le fameux passage du *Deutéronome*[2]. « S'il se lève parmi vous un prophète qui ait vu, et qui ait prédit un signe et un prodige, et si ses prédictions sont accomplies, et s'il vous dit : « Allons, suivons des dieux « étrangers, » etc.... que ce prophète.... soit massacré.... Si votre frère, fils de votre mère, ou votre fils, ou votre fille, ou votre femme qui est entre vos bras, ou votre ami que vous chérissez comme votre âme, vous dit : « Allons, servons des dieux étrangers ignorés de vous « et de vos parents, » égorgez-le sur-le-champ, frappez le premier coup, et que le peuple frappe après vous. »

Vous avez frémi, monsieur, si vous êtes chrétien; vous avez tremblé que vos Juifs, dont vous vous êtes fait secrétaire, n'abusassent contre les chrétiens de ce passage terrible. En effet, le fameux rabbin Isaac, du quinzième siècle, l'employa dans son *Rempart de la foi*, pour tâcher de disculper ses compatriotes du déicide dont ils eurent le malheur d'être coupables. Ce rabbin prétend que la loi mosaïque est éternelle, immuable (lisez son chapitre vingtième); et de là il conclut que ses ancêtres se conduisirent dans leur déicide comme leur loi l'ordonnait expressément. Mais enfin, puisque vous n'avez pas parlé de cet effrayant passage, je n'en parlerai pas. Je me féliciterai avec vous d'être né sous la loi de grâce, qui ne veut pas qu'on plonge le couteau dans le cœur de son ami, de son fils, de sa fille, de son frère, de sa femme chérie; et qui, au contraire, donne l'exemple de porter sur ses épaules la brebis égarée. Êtes-vous brebis, monsieur, je suis prêt à vous porter : mais si je suis brebis égarée, portez-moi, pourvu que ce ne soit pas à la boucherie.

1. Liv. II, épître I, vers 156.   XIII, versets 1-9. (Éd.)

XXI. *Tolérance*. — Vous donnez ce grand précepte à mon ami : « Sortez enfin du cercle étroit des objets qui vous entourent, et ne jugez pas toujours de notre gouvernement par le vôtre. » Ah! monsieur, qui jamais avait mieux mis vos leçons en pratique, et plus hautement, que celui à qui vous les donnez? On lui en a fait si souvent un crime! on lui a tant reproché d'envisager toujours le genre humain plus que sa patrie!

Et dans quelle vue parlez-vous à cet homme qui, à l'exemple du grand Fénelon, a embrassé tous les hommes dans son esprit de tolérance, dans son zèle et dans son amour? dans quelle vue, dis-je, lui ordonnez-vous de sortir du cercle étroit où vous le supposez renfermé? quel est votre objet? C'est de lui prouver que l'intolérance est une vertu nécessaire et divine.

Et pour lui prouver ce dogme infernal, que sans doute vous n'avez point dans le cœur, et qu'un inquisiteur n'oserait avouer aujourd'hui, vous lui dites que l'intolérance régnait chez les peuples les plus anciens et les plus vantés. Selon vous, Abraham fut persécuté chez les Chaldéens, ce que l'Écriture ne dit pas, et ce qui serait une étrange raison pour persécuter chez nous. Selon vous, Zoroastre persécuta des nations, le feu et le fer dans les mains; vous entendez apparemment le dernier des Zoroastres, qui, au lieu d'être persécuteur, fut tant persécuté, tant calomnié chez Darius. Vous louez les Éphésiens d'avoir opprimé Héraclite, leur compatriote, qu'ils n'opprimèrent jamais. Vous regardez la guerre des amphictyons comme une guerre de religion, comme une guerre pour des arguments de l'école; et vous la révérez sous cet aspect, et vous la croyez sacrée. Ce n'était pourtant qu'une guerre très-ordinaire pour des champs usurpés; elle fut appelée sacrée, parce que ces champs étaient du territoire d'Apollon.

Vous cherchez dans les républiques de la Grèce des exemples de la légèreté, de la superstition et de l'emportement de ces peuples; vous en rassemblez quatre ou cinq dans l'espace de trois cents années, pour démontrer que la Grèce était intolérante, et qu'il faut l'être. On démontrerait de même qu'il faut faire la guerre civile par l'exemple de la Fronde, de la Ligue, de la fureur des Armagnacs et des Bourguignons.

L'exemple de Socrate est encore plus mal choisi. Il fut la victime de la faction d'Anytus et de Mélitus, comme Arnauld fut la victime des jésuites : mais à peine les Athéniens eurent-ils commis ce crime, qu'ils en sentirent l'horreur. Ils punirent Anytus et Mélitus; ils élevèrent un temple à Socrate. On ne doit jamais rappeler le crime des Athéniens contre Socrate, sans rappeler leur repentir.

Vous imputez bien faussement l'intolérance aux Romains. Vous citez contre mon ami ces paroles qui sont dans son *Traité de la Tolérance :* « *Deos peregrinos ne colunto;* qu'on ne rende point de culte à des dieux étrangers. » C'est le commencement d'une ancienne loi des douze Tables; il ne rapportait que la partie de ce fragment dont il avait besoin alors, et même il se servit du mot *peregrinos*, qui est l'équivalent d'*advenas*. Sa mémoire le trompa; je vous l'avoue comme il me l'a

avoué. Voici l'énoncé de la loi telle que Cicéron nous l'a conservée.
« *Separatim nemo habessit deos, neve novos, sed ne advenas, nisi
publice adscitos, privatim colunto.* Que personne n'ait des dieux en
particulier, ni des dieux nouveaux, à moins qu'ils ne soient publiquement admis. »

Or les dieux étrangers furent presque tous naturalisés à Rome par
le sénat. Tantôt Isis eut des temples, tantôt elle fut chassée quand ses
prêtres eurent scandalisé le peuple romain par leurs débauches et par
leurs friponneries; elle fut encore rappelée. Tous les cultes furent tolé-
rés dans Rome.

> *Dignus Roma locus quo Deus omnis eat.*
> Ovid., *Fast.*, IV, 270.

Les Romains permirent que les Juifs, reçus pour leur argent dans la
capitale du monde, célébrassent la fête d'Hérode : *Herodis venere
dies*[1]; et cela même pendant que Vespasien préparait la ruine de Jérusalem. Mon ami a fait voir que les armées romaines commençaient
toujours par adorer les dieux des villes qu'elles assiégeaient, et qu'il
y avait une communauté de dieux chez tous les peuples policés de
l'Europe. Il n'y eut que le dieu des Juifs que les Romains ne saluèrent
pas, parce que les Juifs ne saluaient pas ceux de Rome.

Comment avez-vous pu dire, monsieur, que les Romains étaient intolérants, eux qui donnèrent tant de vogue, tant d'éclat à la secte
d'Épicure et aux vers de Lucrèce, eux qui firent chanter sur le théâtre, en présence de vingt mille hommes :

> *Post mortem nihil est, ipsaque mors nihil est.*
> Senec., *Troades*, act. II, v. 397

Rien n'est après la mort, la mort même n'est rien.

> *Quæris quo jaceant post obitum loco?*
> *Quo non nata jacent.*

Où serons-nous après la mort?
Où nous étions avant de naître.

Vous dites qu'il y eut des temps où quelques empereurs persécutèrent les philosophes, les amateurs de la sagesse. Non, monsieur;
il n'y eut jamais de décrets portés contre la philosophie. Cette horrible extravagance ne tomba jamais dans la tête d'aucun Romain. Vous
avez pris pour des philosophes de misérables charlatans, diseurs de
bonne et mauvaise aventure, des zingari qui s'intitulaient *Chaldéens,
mathématiciens*; nous avons dans le Code la loi *De mathematicis ex
urbe expellendis.* C'étaient des prophètes de sédition, qui prédisaient
la mort des empereurs; c'étaient des sorciers qui passaient, chez
quelques méchants et quelques ignorants, pour donner cette mort par
les secrets de l'art. Notre France fut infectée de ces gens-là du temps
de Charles IX et de Henri III. Les philosophes étaient Montaigne,

----

1. Perse, sat. v, vers 180. (Éb.)

Charron, le chancelier de L'Hospital, le président de Thou, le conseiller Dubourg. Les philosophes de nos jours sont des hommes d'État, éloignés également de la superstition et du fanatisme; des citoyens illustres, profondément instruits, cultivant les sciences dans une retraite occupée et paisible; des magistrats d'une probité inaltérable, si supérieurs à leurs emplois, qu'ils savent les quitter avec autant de sérénité que s'ils allaient avec leurs amis :

> .... *Venafranos in agros,*
> *Aut Lacedæmonium Tarentum.*
>   Hor., lib. III, od. v.

Ces philosophes sont tolérants; et vous êtes bien loin de l'être, vous ui employez toutes sortes d'armes contre un vieillard isolé, mort au monde en attendant une mort prochaine; contre un homme que vous n'avez jamais vu, qui ne vous a jamais pu offenser. Pourquoi faites-vous contre lui trois volumes? pourquoi dans ces trois volumes toutes ces ironies continuelles, toutes ces injures, toutes ces accusations, toutes ces calomnies, ramassées dans la fange de la littérature, et dont certainement vous n'auriez point fait usage si vous aviez consulté votre cœur et votre raison? Otez ce fatras énorme d'outrages, il ne restera pas vingt pages en tout. Et de ces vingt pages ôtez les choses dont aucun honnête homme ne se soucie aujourd'hui, il ne restera rien.

> *O quantum est in rebus inane!*
>   Pers., sat. I, v. I.

XXII. *Formule de prière publique.* — Mon ami a remarqué historiquement que, depuis la pâque célébrée dans le désert après la fabrication du tabernacle, il n'est parlé d'aucune autre pâque; que la circoncision ne fut point connue dans le désert pendant quarante ans; que nulle grande fête légale n'est marquée; qu'on ne trouve dans l'*Ancien Testament* aucune prière publique commune semblable à notre oraison dominicale; et que la Misna nous apprend seulement qu'Esdras en institua une. Tout cela est aussi vrai qu'indifférent. Pourquoi y trouvez-vous de la fausseté et de la mauvaise volonté? Si mon ami a mal dit, rendez témoignage du mal. S'il a bien dit, pourquoi l'injuriez-vous?

XXIII. *Défense de sculpter et de peindre.* — Vous avancez formellement que la loi de Dieu « ne défend pas absolument de faire aucune image, aucun simulacre, mais d'en faire pour les adorer. » Je pense que vous vous trompez, messieurs. Je ne sais rien de si positif que ces paroles de l'*Exode*[1] : « Vous ne ferez point d'image taillée, ni aucune représentation de ce qui est sur le ciel en haut, ni sur la terre en bas, ni de ce qui est dans les eaux. »

Ce n'est qu'après ces paroles qu'il est dit : « Vous n'adorerez point cela; vous n'adorerez ni le ciel, ni la terre, ni l'eau : car je suis le Dieu fort, le Dieu jaloux[2]. »

Si, après cet ordre si précis, Moïse lui-même érigea un serpent d'ai

---

1. Chap. xx, verset 4. (ÉD.) — 2. *Ibid.*, verset 5. (ÉD.) ●

rain, il semble qu'il se dispensa de sa loi. Si le roi Ézéchias fit brûler
ce serpent comme un monument d'idolâtrie, il paraît qu'il fut bien ingrat envers un animal qui avait guéri ses ancêtres mordus par de vrais
serpents dans le désert. Il faut demander ce qu'on en doit penser
aux chanoines de Milan, qui ont ce serpent d'airain dans leur église.

XXIV. *De Jephté.* — Vous avez beau faire, monsieur ou messieurs,
vous ne ferez jamais accroire à personne qu'on doive entendre dans
votre sens ces paroles de Jephté aux Ammonites[1] : « Ce que votre
dieu Chamos vous a donné ne vous appartient-il pas de droit? Souffrez
donc que nous prenions ce que notre Dieu s'est acquis. » Vous croyez
qu'elles signifient : « Ce que vous prétendez qu'on vous a donné ne vous
appartient-il pas? Donc tout nous appartient. »

Ne tordons point les textes, ne dénaturons point le sens des paroles;
c'est un pot à deux anses, dit un grave auteur, chacun tire à soi; le
pot se casse, les disputants se jettent les morceaux à la tête.

XXV. *De la femme à Michas.* — Non, vous ne ferez jamais accroire
à personne que la femme à Michas[2] ait bien fait d'acheter des idoles, et
de payer un chapelain d'idoles; que la tribu de Dan, n'ayant point
assez pillé dans le pays, ait bien fait de voler les idoles et le chapelain de la femme à Michas; et que le chapelain ait bien fait de bénir
cette tribu de voleurs quand elle eut ravagé je ne sais quel village
qu'on nommait, dit-on, Laïs (beau nom chez les Grecs); qu'un petit-
fils du divin Moïse, nommé Jonathan, ait bien fait d'être grand aumônier des idoles de ces voleurs. Un petit-fils de Moïse! juste Dieu! premier chapelain d'une tribu idolâtre! C'est bien pis que de soutenir,
dans un village auprès d'Utrecht, que les cinq propositions ne sont
pas dans Jansénius; car, en conscience, je ne crois pas qu'il y ait le
moindre mal à penser que certains mots sont ou ne sont pas dans Jansénius; mais je crois que le petit-fils de Moïse était un vaurien, et
qu'on dégénère souvent dans les grandes maisons.

XXVI. *Des cinquante mille soixante et dix Juifs morts de mort subite.* — Vous ne ferez jamais accroire que le nombre cinquante mille
soixante et dix ne fasse pas 50 070. Je sais bien que le docteur irlandais Kennicott, dans son pamphlet dédié en 1768 au révérend évêque
d'Oxford, dit qu'il n'a jamais pu digérer l'histoire des hémorrhoïdes
du peuple philistin et des cinq anus d'or; encore moins, dit-il, l'histoire
de cinquante mille soixante et dix Bethsamites morts de mort subite
pour avoir regardé l'arche. Il dit dans son pamphlet que « il avait autrefois, ainsi que Sa Grandeur l'évêque d'Oxford, un furieux penchant
pour le texte hébreu; mais que Sa Grandeur et lui en sont bien revenus. »
Ce pamphlet irlandais est assez curieux. M. Kennicott se dit de l'Académie
des Inscriptions de Paris, quoiqu'il n'en soit pas : il propose une souscription d'environ six cent mille livres sterling, qu'il dit à moitié remplie, à Paris chez Saillant, à Rome chez Monaldini, à Venise chez Pas-

---

1. *Juges*, chap. XI, p. 24. (ÉD.)
2. Voy., dans les *Juges*, l'histoire de la femme à Michas.

quali, et à Amsterdam chez Marc-Michel Rey. Ainsi, messieurs, s'il vous plaît de lire cet ouvrage, et si vous demeurez en effet auprès d'Utrecht, adressez-vous à Marc-Michel, vous aurez parfait contentement. Vous verrez le système complet de M. Kennicott sur la manière dont les Philistins furent affligés *in secretiori parte natium* [1], dans la plus secrète partie des fesses. Vous y verrez pourquoi les fesses des Philistins furent punies plutôt qu'une autre partie de leurs corps pour avoir pris l'arche, et par quelle raison cinquante mille soixante et dix Israélites moururent d'apoplexie, pour l'avoir regardée lorsque deux vaches vinrent la rendre de leur plein gré.

Vous avez sans doute étudié l'anatomie; vous jugerez de l'opinion de M. Kennicott sur l'art que les orfévres philistins employèrent pour fabriquer des anneaux d'or qui ressemblassent parfaitement à la plus secrète partie des fesses. Cela sera presque aussi utile au genre humain que tout ce que nous avons dit jusqu'ici.

XXVII. *Si Israël fut tolérant.* — Non, monsieur ou messieurs, mon ami n'a jamais prétendu que les Juifs aient été les plus tolérants, les plus humains de tous les hommes. Il a prétendu, il a prouvé que ce peuple fut tantôt indulgent et facile, tantôt barbare et impitoyable; qu'il a été très-inconséquent, comme l'ont été tant d'autres peuples. Vous ne niez pas que les Juifs n'aient été aussi loups, aussi panthères que nous l'avons été dans notre Saint-Barthélemy et dans les troubles du temps de Charles VI. Les frères juifs massacrèrent une fois de gaieté de cœur vingt-trois mille frères; et une autre fois vingt-quatre mille, et une autre fois, s'il m'en souvient, quatorze mille neuf cent cinquante dans la querelle d'Aaron avec Coré. Cela prouve assez que le peuple juif était prompt à la main. Vous m'accorderez aussi qu'il fut d'autres fois très-accommodant sur le culte. Il fut tolérant quand on adora Kium et Remphan dans le désert pendant quarante années (malgré les affreux assassinats de tant de frères égorgés par d'autres frères). Il fut très-tolérant quand le sage Salomon fut idolâtre. Israël fut très-tolérant quand Jéroboam fit ériger deux veaux d'or, pour l'emporter sur Aaron, qui n'en avait autrefois érigé qu'un. Jérémie, toujours inspiré de Dieu, ne fut-il pas le plus tolérant des hommes, quand il prêchait, au nom de Dieu, qu'il fallait reconnaître Nabuchodonosor pour bon serviteur de Dieu; quand il criait que Dieu avait donné tous les royaumes de la terre à son serviteur, à son oint, à son messie Nabuchodonosor; et qu'il se mettait un joug, ou, si l'on veut, un bât sur le cou pour le prouver?

Ne soyez pas surpris de ces disparates, de ces contrariétés éternelles du pauvre peuple de Dieu; c'est l'histoire du genre humain. Les nations qui entouraient la petite horde juive s'appelaient toutes *peuple de Dieu.* Leurs villes s'appelaient villes de Dieu, et sont encore nommées ainsi; leurs habitants étaient aussi inconstants, aussi superstitieux que les Juifs. *Tutto il mondo è fatto come la famiglia nostra.* Et

1. I⁰ʳ livre des *Rois,* chapitre v, verset 6. (ÉD.)

vous-mêmes, messieurs, n'êtes-vous pas aussi inconstants que les anciens Israélites, quand dans une lettre vous faites des compliments à mon ami, et que dans une autre vous l'accablez d'injures et de calomnies? Moi, qui vous parle, je suis aussi faible, aussi changeant que vous. Tantôt je prends sérieusement vos citations, vos raisonnements, votre malignité; tantôt j'en ris. Quel est le résultat de toute cette dispute? C'est que nous nous battons de la chape à l'évêque.

Encore un mot, mes chers Juifs, sur la tolérance. Quoique vous soyez très-piqués contre le *Nouveau Testament*, je vous conjure de lire la parabole de l'hérétique samaritain qui secourt et qui guérit le voyageur blessé, tandis que le prêtre et le lévite l'abandonnent. Remarquez que Jésus, très-tolérant, prend l'exemple de la charité chez un incrédule, et celui de la cruauté chez deux docteurs.

XXVIII. *Justes plaintes et bons conseils.* — Je viens de vous dire, monsieur ou messieurs, que je ris quelquefois des calomnies atroces que vous vous êtes permis de recueillir et de répéter contre mon ami; soyez persuadés que je n'en ris pas toujours. Vous lui imputez je ne sais quelles brochures intitulées *Dictionnaire philosophique, Questions de Zapata, Dîner du comte de Boulainvilliers*, et vingt autres ouvrages un peu trop gais, à ce qu'on dit. Je suis très-sûr, et je vous atteste, qu'ils ne sont point de lui; ce sont des plaisanteries faites autrefois par des jeunes gens. Il y a bien de la cruauté (je parle ici sérieusement) à vouloir charger un homme accablé de soins et d'années, un solitaire presque inconnu, un moribond, des facéties de quelques jeunes plaisants qui folâtraient il y a quarante ans. Vous prétendez le brouiller avec M. Pinto, pour lequel il est plein d'estime, vous espérez lui faire intenter un procès criminel par des fanatiques. Vous perdez votre peine : il sera mort avant qu'il soit ajourné; et s'il est en vie, il confondra les calomniateurs.

Il est vrai que vous paraissez avoir beau jeu dans la guerre offensive que vous faites; vous combattez avec des armes qu'on révère; vous prenez sur l'autel le couteau dont vous voulez frapper votre victime. Si vous demeurez dans un village auprès d'Utrecht, vous êtes victimes vous-mêmes; et vous voulez devenir bourreaux! et de qui? d'un homme qui a toujours condamné vos persécuteurs.

Que nous importe au fond à vous et à moi, pauvres Gaulois que nous sommes, si on a écrit, je ne sais où, et je ne sais quand, qu'un barbare, dans une guerre barbare entre des villages barbares, ait égorgé sa fille par piété [1]? Que nous fait la loi de ce parricide qui ordonnait que tout ce qui serait voué serait massacré sans rémission [2]? De quoi nous embarrassons-nous si un homme [3] prêcha tout nu autrefois, et si c'était un signe évident que le roi d'Assyrie emmènerait pendant trois ans les Égyptiens et les Éthiopiens captifs, tout nus, sans souliers, *montrant leurs fesses* pour l'ignominie de l'Égypte?

1. Jephté. — 2. *Lévitique*, chap. XXVII, verset 28. (É.M.)
3. Esaïa. — Isaïe, xx, 2. (Éd.)

N'est-ce pas en vérité une étrange et triste occupation pour des habitants des côtes occidentales de l'Occident de s'acharner les uns contre les autres, pour décider comment s'y prit un voyant, un nabi, sur le bord de la rivière de Chobar [1], lorsqu'il coucha trois cent quatre-vingt-dix jours sur le côté gauche, et qu'il mangea des excréments étendus sur son pain pendant tout ce temps-là? Faut-il injurier, calomnier, persécuter aujourd'hui son prochain, pour savoir si un autre voyant [2] donna autant d'argent à la prostituée Gomer, fille d'Ébalaïm, dont il eut trois enfants par l'ordre exprès du Seigneur son maître, qu'il en donna à l'autre prostituée adultère par le même ordre? S'égorgera-t-on pour prouver que cette adultère ayant eu quatre boisseaux d'orge et vingt-quatre francs du nabi, il n'en fallut pas davantage à la simple prostituée dont il eut trois enfants.

En bonne foi, messieurs, il y a dans cet ancien livre plus de cinq cents passsages tout aussi difficiles à expliquer, et qu'on peut tâcher d'entendre, ou d'oublier, ou de respecter, sans outrager personne.

XXIX. *De soixante et un mille ânes et de trente-deux mille pucelles.* — Malgré le dégoût mortel que me donne cette vaine dispute, vous me forcez de continuer à vous répondre, puisque vous continuez d'insulter et de persécuter mon ami. Vous lui reprochez d'avoir voulu inspirer la tolérance aux hommes dans son *Traité de la Tolérance.* Vous vous réjouissez de ce qu'un capitaine juif dans le petit désert de Madian, ayant donné bataille aux Madianites, ait égorgé tous les hommes et n'ait dans le butin conservé la vie qu'à trente-deux mille pucelles, à six cent soixante-quinze mille moutons, à soixante et douze mille bœufs et à soixante et un mille ânes. L'auteur de la Tolérance n'a parlé de cette étrange capture que pour examiner s'il faut croire les écrivains qui assurent que parmi les trente-deux mille filles conservées il y en eut une par mille immolée au Seigneur, comme ces mots, *trente-deux vies furent la part du Seigneur*, semblent le démontrer.

Si vous lisiez dans un auteur arabe ou tartare, *trente-deux vies furent le partage de ce vainqueur*, certainement vous n'entendriez pas autre chose, sinon, ce vainqueur ôta la vie à trente-deux personnes. Ceux qui ont imaginé que les trente-deux filles madianites furent employées au service de l'arche, ne songent pas que jamais fille ne servit au sanctuaire chez les Juifs; qu'ils n'eurent jamais de nonnes; que la virginité était chez eux en horreur. Il est donc infiniment probable, suivant le texte, que les trente-deux pucelles furent immolées; et c'est ce qui peut avoir fait dire au R. P. dom Calmet dans son *Dictionnaire,* à l'article MADIANITE : « Cette guerre est terrible et bien cruelle; et si Dieu ne l'avait ordonnée, on ne pourrait qu'accuser Moïse d'injustice et de brigandage. »

A l'égard des soixante-douze mille bœufs et des soixante et un mille ânes, vous voulez rendre mon ami suspect d'irrévérence, parce que, dans l'horrible désert sablonneux de Jareb et de l'Arnon, hérissé

/ 1. Ézéchiel, [chap. IV]. — 2. Osée, [chap. I et III].

de rochers, on nourrissait six cent soixante et quinze mille brebis qui furent prises avec les bœufs, les ânes et les filles : et là-dessus vous dites avoir lu qu'en Dorsetshire, dans un petit terrain marécageux, il y a quatre cent mille moutons. Tant pis pour le propriétaire, monsieur, j'en sais des nouvelles : croyez-moi, les moutons meurent bien vite dans les marécages; j'y ai perdu les miens. Je ne vous conseille pas de mettre vos moutons dans un marais; faites-y des étangs, élevez-y des carpes.

Au reste, vous prenez trop de peine de chercher les limites d'un Madian vers le ruisseau de l'Arnon, et celles d'un autre Madian vers Eziongaber. L'un pouvait être très-aisément une colonie de l'autre, comme on dit que notre Bretagne a été une colonie de la Grande-Bretagne. Mais, à propos de ces Madianites, dont l'horrible destruction vous plaît si fort, et qui habitaient si loin d'Utrecht, deviez-vous outrager, dénoncer, calomnier votre compatriote, parce qu'il a recommandé l'humanité, la tolérance; parce qu'il l'a inspirée à des hommes puissants; parce qu'il a rendu service au genre humain? Il vous aurait rendu service à vous-même, si vous aviez été persécuté par les jésuites.

XXX. *Des enfants à la broche.* — Il n'est que trop vrai, monsieur ou messieurs, que presque tous les peuples ont tâté de la chair humaine; vous n'en mangez pas, vous n'êtes pas anthropophages, mais vous êtes des auteurs andropekthroi, un peu ennemis des hommes, si j'ose le dire. Mon ami, qui a toujours été leur ami, ne pouvait croire autrefois à l'anthropophagie. Il a été détrompé. MM. Banks, Solander, et Cook, ont vu récemment des mangeurs d'hommes dans leurs voyages. J'ai fort connu autrefois M. Brébeuf, petit-neveu de l'ampoulé traducteur de l'ampoulé Lucain et du R. P. Brébeuf, jésuite missionnaire en Canada : il m'a conté que son grand-oncle le jésuite ayant converti un petit Canadien fort joli, ses compatriotes, très-piqués, rôtirent cet enfant, le mangèrent, et en présentèrent une fesse au R. P. Brébeuf, qui, pour se tirer d'affaire, leur dit qu'il faisait maigre ce jour-là. Le R. P. Charlevoix, qui fut mon préfet, il y a soixante et quinze ans, au collège de Louis le Grand, et qui était un peu bavard, a conté cette aventure dans son *Histoire du Canada.*

Vous rapportez vous-mêmes que mon ami vit à Fontainebleau, en 1725, une belle sauvage du Mississipi, qui avoua avoir dîné quelquefois de chair humaine. Cela est vrai, et j'y étais, non pas au dîner de la sauvage, mais à Fontainebleau.

Vous savez, messieurs, ce que Juvénal[1] rapporte des Gascons et des Basques, qui avaient eu une cuisine semblable. Jules César, le grand César, notre vainqueur et notre législateur, a daigné nous apprendre dans son livre VII (*de Bello Gallico*) que, lorsqu'il assiégeait Alexia[2] en Bourgogne, le marquis de Critognac, homme très-éloquent, pro-

1. Satire XV, vers 93 et suiv. (ÉD.)
2. Le duc d'Aumale a publié sur *le siége d'Alesia* une remarquable étude qui a donné lieu de la part de M. Quicherat à une vive polémique. (ÉD.)

posa aux assiégés de manger tous les petits enfants l'un après l'autre, selon l'usage. Je ne me fâche point quand on me dit que c'était la coutume de nos pères. Pourquoi donc les Juifs se fâcheraient-ils quand on leur dit en conversation que leurs pères ont suivi quelquefois le conseil de ce M. de Critognac?

Voulez-vous que j'ajoute au témoignage de César celui d'un saint qui est d'un bien plus grand poids? C'est saint Jérôme[1]. « J'ai vu, dit-il dans une de ses lettres, j'ai vu, étant jeune, dans la Gaule, des Écossais qui, pouvant se nourrir de porcs et d'autres bêtes, aimaient mieux couper les fesses des jeunes garçons et les tetons des jeunes filles. » Puis servez.... « Quum ipse adolescentulus in Gallia viderim Scotos, « gentem britannicam, humanis vesci carnibus : et cuum per silvas por- « corum greges et armentorum pecuumque reperiant, pastorum nates « et feminarum papillas solere abscindere, et has solas ciborum delicias « arbitrari. »

Y a-t-il donc tant à s'émerveiller, monsieur ou messieurs, que les Juifs aient fait quelquefois la même chère que nous, et que tant d'autres nations qui nous valaient bien? Je suis persuadé que M. Pinto n'est pas du tout humilié qu'une femme de Samarie ait fait autrefois, avec sa commère, la partie de manger leurs enfants l'un après l'autre. Cela fit un procès par-devant le roi d'Israël. Où avez-vous pris que les deux femmes plaidèrent devant le roi de Syrie?

XXXI. *Menace de manger ses enfants.* — Vous raisonnez, je crois, un peu légèrement, quand vous dites que la menace faite par Moïse aux Juifs qu'ils mangeraient leurs enfants n'est pas une preuve que cela arrivait, et qu'on ne pouvait les menacer que d'une chose qu'ils détestaient. Dites-moi, je vous prie, de ce que César menaça nos pères, les magistrats de la ville de Vannes, de les faire pendre, en concluriez-vous qu'ils ne furent pas pendus, sous prétexte qu'ils n'aimaient pas à l'être? On ne vous a point dit que les mères juives mangeassent souvent leurs enfants de gaieté de cœur; on vous a dit qu'elles en ont mangé quelquefois : la chose est avérée. Pourquoi vous et moi nous mangeons-nous le blanc des yeux pour des aventures si antiques?

XXXII. *Manger à table la chair des officiers et boire le sang des princes.* — Il est dit dans l'*Analyse de la religion juive et chrétienne*, attribuée à Saint-Évremond, que la promesse faite dans Ezéchiel d'avaler la chair des vaillants, de boire le sang des princes, de manger le cheval et le cavalier à table, regarde évidemment les Juifs; et que les promesses précédentes sont pour les corbeaux. M. Fréret est de cette opinion; mais qu'importe? Je vous cite ici Saint-Évremond, parce qu'on mettait sous son nom mille ouvrages auxquels il n'avait pas la moindre part. Vous en usez ainsi avec mon ami. Laissons là tous ces vilains repas, et vivons ensemble paisiblement. Que je voudrais avoir l'honneur de vous donner à dîner dans ma chaumière avec des philoso-

---

1. Lettre contre Jovinien, liv. II, p. 53, édition de *saint Jérôme*, in-folio, à Francfort, chez Christ. Genskium, 1684.

phes tolérants qui daignent y venir quelquefois! nous ne mangerions
ni le cheval ni le cavalier; nous parlerions des sottises anciennes et
modernes. Vous nous instruiriez; vous trouveriez en nous des cœurs
ouverts, et des esprits dignes peut-être de vous entendre.

XXXIII. *Tout ce qui sera voué ne sera point racheté, mais mourra
de mort.* — Vous accusez mon ami d'avoir dit que les sacrifices de
sang humain sont établis dans la loi de cet *exécrable et détestable* peuple. Je ne me souviens point d'avoir lu ces belles épithètes ainsi acco-
lées. Je crois pouvoir assurer que c'est une calomnie, non pas exécrable et détestable, mais une pure calomnie, d'autant plus que vous ne
citez ni la page ni le livre. Mais il n'est pas question ici de savoir si un
écrivain a injurié et calomnié un autre écrivain à lui inconnu, l'an
1771, dans un ouvrage imprimé en 1776. Il s'agit d'entendre le chapitre XXVII du *Lévitique*, qui dit[1] : « Ce qui sera voué au Seigneur ne
sera point racheté, mais mourra de mort. » Ce texte est assez clair, ce
me semble; il n'y a pas à disputer. Et quand vous dites que ces sacrifices sont défendus ailleurs, que prouvez-vous par ce singulier raisonnement? Vous prouvez que vous avez trouvé des contradictions : c'est
à vous à vous sauver de ce piége que vous vous êtes tendu. Je me retire, de peur d'y tomber.

XXXIV. *Jephté.* — Vous n'osez dire nettement que, selon le texte,
Jephté n'égorgea point sa fille. La chose est constante, trop avérée
par les plus grands hommes de l'Église. Vous dites que peut-être cela
s'expliquait d'une autre façon; que Jephté pourrait avoir mis sa fille
au couvent; que Louis Cappel et dom Martin ont saisi cette échappa-
toire. Je ne me soucie ni de Martin ni de Cappel; je m'en tiens au
texte, en qui je crois plus qu'en eux. *Jephté lui fit comme il avait
voué.* Et qu'avait-il voué? La mort.

XXXV. *Le roi Agag coupé en morceaux.* — Il y avait donc chez les
Juifs des sacrifices de sang humain; et celui-là est bien constaté. Vous
voulez donner un autre nom à la mort du roi Agag. A la bonne heure;
nommez, si vous voulez, cette aventure une violation exécrable du
droit des gens, une action horrible, une action abominable. Elle est
rapportée par l'historien des rois juifs[2], qui doit faire mention des
crimes comme des bonnes actions. Mais remarquez bien, en passant,
qu'il y a une très-grande différence entre un livre qui contient la loi,
et une simple histoire. On ne fut pas obligé, chez les Juifs, de croire
les chroniques comme on fut obligé de croire le *Décalogue*. C'est là
que se sont fourvoyés tant de braves commentateurs; ils n'ont pas distingué Dieu qui parle et l'homme qui raconte.

Quoi qu'il en soit, j'avoue que je ne puis m'empêcher de voir un vrai
sacrifice dans la mort de ce bon roi Agag. Je dis d'abord qu'il était
bon, car il était gras comme un ortolan : et les médecins remarquent
que les gens qui ont beaucoup d'embonpoint ont toujours l'humeur

1. Verset 28. (ÉD.) — 2. Liv. I des *Rois* chap. XV. (ÉD.)

VOLTAIRE — XXX   18

douce. Ensuite je dis qu'il fut sacrifié, car d'abord il fut dévoué au Seigneur : or nous avons vu que « ce qui a été dévoué ne peut être racheté; il faut qu'il meure. » Je vois là une victime et un prêtre. Je vois Samuel qui se met en prière avec Saül, qui fait amener entre eux deux le roi captif, et qui le coupe en morceaux de ses propres mains. Si ce n'est pas là un sacrifice, il n'y en a jamais eu. Oui, monsieur, de ses propres mains : *in frusta concidit eum*[1]. Le zèle lui mit l'épée à la main, dit le savant dom Calmet : il pouvait ajouter que le zèle donne des forces surnaturelles; car Samuel avait près de cent ans, et à cet âge on n'est guère capable de mettre un roi en hachis. Il faut un furieux couperet de cuisine et un furieux bras. Je ne vous parle pas de l'insolence d'un aumônier de quartier, qui coupe en morceaux un roi prisonnier que son maître a mis à rançon, et qui allait payer cette rançon à ce maître. On a déjà dit que si un chapelain de Charles-Quint en avait fait autant à François Ier, la chose eût paru rare.

Vous avez la cruauté, monsieur ou messieurs, de calomnier ce pauvre roi Agag pour justifier le cuisinier Samuel. Vous assurez que c'était un tyran sanguinaire, parce que Samuel lui dit, en le coupant par morceaux : « Comme ton épée a ravi des enfants à des mères, ainsi ta mère restera sans enfants. » Hélas! monsieur, n'est-ce pas ce que tant de héros de l'*Iliade* disent aux héros qu'ils tuent dans les combats? Le pieux Hector avait fait pleurer des mères grecques; Achille fit pleurer la mère d'Hector, lequel n'était point un tyran sanguinaire. Cessez de remuer la cendre du bon roi Agag et de flétrir sa mémoire. C'est bien assez qu'il ait été haché menu par Samuel, fils d'Elcana.

XXXVI. *Des prophètes.* — Passons à une autre question. C'est une chose respectable sans doute que le don de prophétie; ce n'est pas assez d'exalter son âme, il faut une grâce particulière. Je ne sais pas si mon ami a dit que connaître l'avenir, c'est connaître ce qui n'est pas : mais s'il l'a dit, il a dit vrai. Vous répondez qu'on connaît le passé, et que cependant le passé n'est pas. Voilà un plaisant sophisme. Un homme aussi sérieux que vous l'êtes peut-il se jouer ainsi des mots? Faut-il qu'on vous dise que le passé est dans la bouche de ceux qui ont vu, dans les livres de ceux qui ont écrit? encore n'y est-il guère. Mais où est l'avenir? où le voit-on? Mon ami a toujours révéré les prophètes, non pas tous; peut-être a-t-il eu quelque scrupule sur la vision qu'eut le prophète Michée, quand Dieu, au milieu de tous ses anges, demanda qui d'eux voulait tromper Achab en son nom, et le faire aller à Ramoth en Galaad, et que le prophète Sédékia donna un grand soufflet au prophète Michée, en lui disant : « Devine comment l'esprit a passé de ma main sur ta joue. » D'ailleurs, mon ami croyait fermement aux prophéties, mais peu à Sédékia.

Monsieur ou messieurs, vous écrivez sous le nom de six Juifs, et vous leur faites citer saint Paul à propos des prophètes : cela n'est pas adroit.

XXXVII. *Des sorciers et des possédés.* — Vos Juifs ont eu des magiciens, des possédés, des exorcistes. Et quel peuple n'en a pas eu? Lisez l'*Ane d'or* d'Apulée. Vous voulez faire accroire que mon ami s'est contredit quand il a prouvé que les Juifs furent longtemps sans connaître les anges et les diables, et qu'ayant été faits ensuite esclaves, ils connurent les anges et les diables de leurs maîtres. Ils furent même bientôt endiablés, possédés, ensorcelés. Or, quand on a des ensorcelés chez soi, il faut bien qu'on les désensorcelle. Les Français, mes voisins, ont un joli opéra comique appelé *les Ensorcelés*; il est, je crois, de M. Sedaine[1]. Jeannot et Jeannette y sont possédés du diable; et à la fin ils sont exorcisés, comme de raison, et heureusement guéris. Les Juifs ayant donc fait connaissance avec les diables, eurent le secret de les chasser. Ils firent des livres de Salomon, comme je vous l'ai dit; ils mirent de la racine barat ou barad dans le nez des possédés, comme je vous l'ai dit encore. Permettez-moi d'ajouter qu'il faut avoir le diable au corps pour trouver de la contradiction dans les laborieuses recherches de mon ami.

Et vous, mes amis les Juifs, relisez votre historien Josèphe, au livre VII, chapitre XXIII, *De la guerre contre les Romains :* « Au nord de la vallée de Macheron, au champ nommé Barat, se trouve une plante du même nom qui ressemble à une flamme. Elle jette le soir des rayons brillants, et se retire quand on veut la prendre. On ne peut l'arrêter qu'avec de l'urine de femme, ou avec ses mal-semaines. Qui la touche meurt sur-le-champ, à moins qu'il n'ait dans sa main une racine de la même plante. A cette racine on attache un chien, qui, en voulant se débarrasser, arrache la plante et meurt aussitôt. Après cela, on peut manier le barat sans péril. C'est avec cette plante qu'on chasse les démons infailliblement. »

Cette recette était si commune du temps de la personne infiniment respectable dont il faut bien que je vous parle malgré vous, que cette personne convient elle-même de l'efficacité du barat, et avoue que vous avez le pouvoir de chasser les diables.

Vous devez savoir qu'il y avait beaucoup de maladies diaboliques qu'on appelait *sacrées* chez presque toutes les nations, et que l'on croyait guérir avec des exorcismes; telles étaient l'épilepsie, la catalepsie, les écrouelles. L'impuissance, qu'on appelait la *maladie des Scythes*, était surtout causée par des esprits malins qu'on exorcisait; c'est ce qu'on voit dans Pétrone, dans Apulée. Et il faut vous dire, mes chers Juifs, que tous ces faux exorcismes ont enfin cédé à la puissance des nôtres, qui sont les seuls véritables. Je suis fâché de vous dire des choses si dures, mais c'est vous qui m'y forcez.

XXXVIII. *Des serpents enchantés.* — Vous parlez d'enchanter les serpents. Vraiment, monsieur, rien n'est plus commun. Mon intime ami rapporte lui-même le certificat d'un fameux chirurgien d'un village

---

1. *Les Ensorcelés*, ou *Jeannot et Jeannette*, parodie des *Surprises de l'amour* (par Marivaux), n'est pas de Sedaine, mais de Favart, Guérin et Harny. (*Note de M. Beuchot.*)

assez voisin de son château. Voici ce certificat : « Je certifie que j'ai tué en diverses fois plusieurs serpents, en mouillant un peu avec ma salive un bâton ou une pierre, en donnant un petit coup sur le milieu du corps du serpent. 19 janvier 1772.   FIGUIER, chirurgien. »

Il faut croire que ce chirurgien enchante les serpents avec sa salive. C'était l'opinion des anciens physiciens. Lucrèce dit dans son quatrième livre :

Est utique ut serpens hominis contacta saliva,
Disperit, ac sese mandendo conficit ipsa.

Crachez sur un serpent, sa force l'abandonne,
Il se mange lui-même, il se dévore, il meurt.

Des incrédules soupçonneront que mon chirurgien donnait à ses serpents de grands coups de pierre ou de bâton, qui avaient plus de part à la mort du reptile que le crachat de l'homme. Mais enfin, Virgile, qui passe encore à Naples pour un grand sorcier, dit en termes exprès :

Frigidus in pratis cantando rumpitur anguis.
                    Ecl. VIII, v. 71.

Ce qui a été ainsi rendu en françois ou en français par M. Perrin :

Chantez dans votre pré; les serpents crèveront.

Vous êtes persuadés que les sauvages d'Amérique charment les serpents. Je le crois bien, monsieur; les Juifs les charmaient aussi. Vous trouverez dans le psaume 57 le serpent, l'aspic sourd qui se bouche les oreilles pour ne pas entendre la voix de l'enchanteur. Jérémie, dans son chapitre VIII, menace les Juifs de leur envoyer des serpents dangereux contre lesquels les enchantements ne pourront rien. L'*Ecclésiaste*, l'*Ecclésiastique* rendent gloire à la puissance des sages qui charment des serpents; je me joins à eux. J'ai dit à des gens : « Je n'aspire pas jusqu'à vous charmer; mais je voudrais vous apaiser. »

XXXIX. *D'Édith, femme de Loth.* — Vous parlez de la femme de Loth transmuée en statue de sel; et je ne sais si c'est pour vous en mouer, ou pour la plaindre. Oh! que j'aime bien mieux Virgile quand il raconte le malheur d'Eurydice!

Illa : Quis et me, inquit, miseram, et te perdidit, Orpheu!
Quis tantus furor! en iterum crudelia retro
Fata vocant, conditque natantia lumina somnus.
Jamque vale; feror ingenti circumdata nocte,
Invalidasque tibi tendens, heu! non tua, palmas.
                    Georg., IV, 494.

Pouvez-vous affaiblir les miracles terribles opérés sur cette femme infortunée, sur tous ses compatriotes jeunes et vieux, enivrés de la fureur de violer deux anges, et quels anges! En nous racontant froidement, d'après je ne sais quel Heidegger, que des paysans furent chan-

gés en statues, eux et leurs vaches, vous ne dites pas en quel pays.
J'avoue que le malheur d'Édith, femme de Loth, excite ma compassion; mais en vérité, monsieur, vous me faites compassion aussi. Vous
ne croyez pas à saint Irénée, qui prétend que la femme à Loth a conservé ses ordinaires, ses menstrues dans son sel! vous contredites un
saint! Il est clair pourtant que les menstrues dont on a tant parlé ne
sont pas plus prodigieuses que la métamorphose en statue. Je vous prie
de vous souvenir que mon ami vous a toujours regardé comme un
peuple à prodiges, et qu'un miracle ne coûte pas plus qu'un autre au
maître de la nature.

XL. *De Nabuchodonosor*. — Vous soutenez que Nabuchodonosor ne
fut pas métamorphosé en bœuf, mais en aigle. Cependant il est dit
dans Daniel : *Il brouta l'herbe en bœuf*[1]. J'avoue que Daniel dit aussi
que ses cheveux ressemblent à des plumes d'aigle; encore le mot de
plume n'est pas dans le texte. Hé bien! monsieur, faut-il se fâcher
pour cela? Concilions-nous; disons qu'il fut changé en aigle-bœuf.
C'est un animal aussi rare que le dragon de l'empereur de la Chine
et que l'aigle à deux têtes. Je ne prends la liberté de railler qu'avec
vous, qui raillez continuellement avec mon ami. Je révère le texte sur
lequel vous et moi pourrions nous tromper; et ce n'est certainement
pas avec le texte que nous oserions badiner.

XLI. *Des pygmées et des géants*. — Disons un petit mot des pygmées et
des géants. Quant aux races des géants, vous ne prouvez leur existence
constatée dans l'Écriture que par les Patagons; et vous niez celle des
pygmées, quoiqu'elle soit énoncée dans Ézéchiel. Cependant vous
avouez sans difficulté que les anciens pygmées qui combattirent contre
les grues avait un pied et demi de roi de hauteur. Et vous ne voulez
pas que les gamadins, les pygmées d'Ezéchiel, qui ont combattu à
Tyr, comme tout le monde le sait, fussent de la même taille! N'est-ce
pas avoir deux poids et deux mesures? Il y a des gens qui prétendent
que lorsqu'on dispute sur un peuple d'un pied et demi de haut, on
pourrait bien avoir un pied de nez.

XLII. *Des types et des paraboles*. — Vous répétez ce que mon ami a
dit cent fois, que les anciens s'expliquaient, non-seulement en paraboles[2], mais aussi en actions, en types figuratifs; vous répétez précisément les exemples qu'il en rapporte; les pavots dont Tarquin abattit
la tête, pour signifier qu'il fallait détruire les grands seigneurs gabiens; le présent de cinq flèches, d'une souris, d'un moineau et d'une
grenouille, fait par un roi de Scythie au premier des Darius, pour l'avertir de craindre les flèches des Scythes, et de s'enfuir comme une
souris ou un moineau au plus vite; et les chaînes dont le prophète Jérémie se lie, pour engager les Israélites à se laisser lier par Nabuchodonosor; la prostituée à laquelle le prophète Osée fait trois enfants,
et la femme adultère à laquelle il en fait d'autres, pour reprocher aux

---

1. Daniel, IV, 30. (ÉD.)
2. Voy. le chap. XLIII de la *Philosophie de l'histoire*, si vous voulez.

Israélites qu'ils ont forniqué avec les nations; Ézéchiel, couché trois cent quatre-vingt-dix jours sur le côté gauche et mangeant son pain couvert d'excréments, exprès pour avertir ses compatriotes qu'ils mangeront leur pain souillé parmi les nations, etc.

Il y a chez tous les peuples mille exemples de ces emblèmes, de ces figures, de ces allégories, de ce langage typique[1]. Il ne faut pas l'outrer; Cicéron nous en avertit : *Verecunda debet esse translatio.*

Mon ami a remarqué que des moines languedociens avaient écrit sous le portrait du pape Innocent III, qui avait maudit les sujets du comte de Toulouse : *Tu es innocent de la malédiction.*

Il observe aussi qu'on trouva les minimes prédits dans *la Genèse*[2] : *Frater noster minimus,* notre frère le minime.

De grands hommes même ont abusé quelquefois de ce langage tropologique-mystique-typique. Saint Augustin, dans son sermon XLI, s'exprime ainsi : « Le nombre dix signifie justice et béatitude résultante de la créature qui est sept, avec la Trinité qui fait trois : c'est pourquoi les commandements de Dieu sont dix[3]. Le nombre onze est le péché, parce qu'il transgresse dix. Le nombre soixante et dix est le produit du péché qui multiplie dix par sept; car le nombre sept est le symbole de la créature. »

C'est ainsi que saint Augustin, daignant employer ces idées pythagoriciennes pour combattre les gentils avec leurs propres armes, dit, dans son sermon LIII, « que les trois dimensions de la matière sont la largeur, qui est la dilatation du cœur; la longueur, qui est la persévérance; et la hauteur, qui est l'espoir de la félicité. »

Mon ami observe encore (observez bien ceci vous-même, monsieur ou messieurs) que ce mauvais goût auquel saint Augustin s'abandonna quelquefois ne déroba rien à son éloquence, à son jugement solide et surtout à sa piété. Oui, mes chers Juifs, tout a été type, emblème, figure, prédiction dans vos aventures; vous êtes types vous-mêmes. Vous êtes nos précurseurs; mais le serviteur qui porte le flambeau et qui marche devant son maître, ne doit pas se croire supérieur à lui.

XLIII. *Des gens qui vont tout nus.* — Vous revenez encore à nous dire qu'un voyant[4], un nabi très-recommandable, ne prêcha point tout nu, mais qu'il était en veste. Et je reviens à vous dire qu'il prêcha tout nu, que c'était un prodige, un type. « Comme mon serviteur a marché tout nu et sans souliers, pour un type et un prodige sur

---

1. Vous êtes de bien mauvaise humeur, messieurs, et votre *indignor* est bien mal appliqué. Lisez seulement le *Commentaire* de Calmet, vous verrez que tout cela fut fait réellement; que c'était à la fois un fait et un type, et qu'il fallait bien que le pain d'Ézéchiel fût souillé pour être la figure d'un pain souillé. C'est à moi de dire *indignor.*

2. Chap. XLIV, verset 26. (ÉD.)

3. Dans le *Shasta*, ancien ouvrage des anciens brachmanes, qui, selon MM. Holwell et Dow, fut écrit il y a près de cinquante siècles, ce sont les péchés mortels qui sont au nombre de dix, et la vertu est peinte avec dix bras pour les combattre. C'est cette image de la vertu que les missionnaires ont prise pour l'image du diable.

4. Ésaïe. — Isaïe, chap. XX, vers. 3, 4. (ÉD.)

l'Égypte et sur l'Éthiopie, ainsi le roi des Assyriens emmènera captifs d'Égypte et d'Éthiopie, jeunes et vieux, nus, déchaux, fesses découvertes. » En effet, si le voyant avait marché et prêché en veste, où aurait été le prodige extraordinaire, le type ?

Vous ajoutez que l'Anglais Tindal a prétendu que David avait dansé tout nu devant l'arche. Je n'ai point lu Tindal : je le condamne s'il l'a dit ; car David, en dansant, portait un éphod de lin, une espèce de camisole de linge : il est vrai qu'il n'avait point de culottes : les Juifs n'en portaient point. Il est vrai aussi que Michol, sa femme, lui reprocha d'avoir, en dansant, « montré tout ce qu'il portait aux servantes, en se mettant tout nu comme un bouffon, et que David lui répondit : Oui, je danserai et j'en serai plus glorieux devant les servantes. » (*II Rois*, ch. VI.) Cela peut faire croire qu'il relevait trop haut sa tunique en dansant, mais non pas qu'il s'était mis absolument nu. C'est sur quoi, monsieur, je vous demande la permission de répéter ce que j'ai dit souvent d'après mon ami, car vous savez que j'aime à me répéter : fait-il se harpailler, se quereller, s'injurier, se poursuivre, pour décider si un certain homme avait des culottes il y a deux mille huit cent vingt-cinq années, selon Denys le Petit ?

XLIV. *D'une femme de fornication.* — Voulez-vous encore disputer sur la prostituée que le Seigneur ordonna au prophète Osée de prendre ? « Prenez une femme de fornication et faites des enfants de fornication [1], etc. » Je vous avoue que je suis las de cette querelle et qu'Osée forniquera sans que je m'en mêle. Oui, monsieur, qu'Osée dise tant qu'il voudra qu'Ephraïm est un âne et qu'il a fait des présents à ses amants : « Onager solitarius sibi : Ephraim munera dederunt amatoribus [2] ; » que le Commentaire de Calmet cite Pline, selon lequel certains ânes commandent despotiquement à des troupeaux d'ânesses et coupent les testicules de leurs ânons, en vérité cela ne doit pas troubler la paix des honnêtes gens.

XLV. *D'Ézéchiel encore.* — Vous insistez toujours sur Ézéchiel ; vous supposez qu'il ne dormit sur le côté gauche trois cent quatre-vingt-dix jours qu'en songe, qu'il ne se fit lier qu'en songe, qu'il ne mangea pendant plus d'un an son pain couvert d'excréments qu'en songe. Relisez donc le savant Calmet, à qui vous vous en rapportez si souvent. Il est du sentiment de saint Jean-Chrysostome, de saint Basile, de Théodoret et de tous ceux qui expliquent la chose au pied de la lettre Si tout cela, dit-il, ne s'était fait qu'en vision, en songe, comment ce prophète aurait-il exécuté les ordres de Dieu ? Il dit qu'il est très-possible qu'un homme demeure enchaîné et couché sur le côté trois cent quatre-vingt-dix jours, et il cite l'exemple d'un fou qui demeura lié et couché sur le même côté pendant quinze ans. (Ézéchiel, *Comment.*, p. 33, édit. de Paris.)

XLVI. *Des prophètes encore.* — Messieurs les Juifs, je crois, comme mon ami, à toutes les prophéties, et je vous déclare que mon ami et

1. Osée, chap. I, vers. 2. (ÉD.) — 2. *Id.*, VIII, 9. (ÉD.)

moi nous y trouvons à chaque page le messie que vous n'y trouvez
jamais. Et vous, monsieur Guenée, si vous êtes chrétien, je vous déclare
que vous ne parviendrez pas à nous faire condamner comme errant dans
la foi. Nous sommes soumis à toutes les décisions de l'Église et nous
supposons que vous l'êtes aussi. Mais vous manquez de charité.

Par ma foi, je crois que vous vous êtes trompé en tout. Par ma charité, je vous pardonne les accusations dont vous chargez mon ami,
pourvu qu'elles n'aient point d'effet. Par mon espérance, je me flatte
que vous viendrez à résipiscence.

XLVII. *Accusation légère.* — Vous accusez mon ami d'avoir dit que
le commun des Juifs apprit à lire et à écrire dans Babylone, et d'avoir
dit ensuite que ce fut dans Alexandrie.

Si dans quelqu'un de ses ouvrages, que je ne connais pas, quelque
copiste ou quelque typographe a sauté une ligne et a mal placé le mot
d'Alexandrie, il y a une malignité puérile à charger l'auteur d'une
telle faute d'impression, et c'est ce qui vous arrive trop souvent. Si
cette erreur ne se trouve pas chez mon ami, il y a une malignité
d'homme fait à l'en accuser, et une grande perte de temps à fatiguer le
public de ces misères. Une de nos grandes sottises à nous autres barbouilleurs de papier, c'est de croire que le public prend le même intérêt que nous aux inutilités qui nous occupent.

XLVIII. *De l'âme et de quelques autres choses.* — Je vais entrer autant que je le puis dans la grande question qui intéresse tous les
hommes et qui a partagé tous les philosophes depuis environ trois
mille ans. Il s'agit de savoir si nous avons une âme, ce que c'est que
cette âme; si elle existe avant nous de toute éternité dans le sein de
l'Être des êtres; si elle existe éternellement après nous; si c'est par sa
propre nature ou par une volonté particulière de son créateur; si elle
est une substance ou une faculté; s'il y a des différences spécifiques
entre les âmes, ou si elles se ressemblent toutes; si elles tiennent une
place dans l'espace; si elles arrivent chez nous pourvues de pensées,
ou si elles ne pensent qu'à mesure, etc., etc.

Mon ami et moi nous commençons par attester le Dieu vivant, car
ce grand objet est digne d'une telle attestation; nous le prenons,
dis-je, à témoin que nous croyons ce que nous enseigne notre religion
chrétienne. Nous vous le disons à vous, soit que vous soyez Juifs pharisiens ou Juifs saducéens, Juifs allemands ou Juifs portugais; à vous,
monsieur Guenée, leur secrétaire chrétien par hasard, soit que vous
soyez thomiste, ou janséniste, ou moliniste, ou frère morave servant
Dieu auprès d'Utrecht. Si vous me demandez ce que c'est précisément
qu'une âme, nous vous répondons ce que mon ami a dit tant de fois :
« Nous n'en savons rien. »

Il lève au ciel les yeux, il s'incline, il s'écrie :
« Demandez-le à ce Dieu qui nous donna la vie[1]. »

---

1. Vers de Voltaire dans le quatrième des *Discours sur l'homme.* (ÉD.)

Mon ami a su par cœur tout ce que dit saint Thomas d'Aquin dans sa *Somme*. Cet ange de l'école distingue l'âme en trois parties, d'après les péripatéticiens : l'âme sensitive, l'âme des sens, *Psyché* (ψυχὴ), dont Éros, fils d'Aphrodite, fut amoureux chez les Grecs; l'âme végétative, *pneuma* (πνεῦμα), souffle qui donne le mouvement à la machine; l'âme intelligente, *noûs* (νοῦς), entendement; et chacune de ces parties est encore divisée en trois autres. Ainsi, péripatétiquement parlant, cela composerait neuf âmes à bien compter.

Longtemps avant lui, saint Irénée, dans son livre V, chap. VII, dit « que l'âme n'est incorporelle que par comparaison avec le corps mortel, et qu'elle conserve la figure de l'homme, après la mort, afin qu'on la reconnaisse. »

Tertullien dit dans son discours *De anima*, chap. VII : « La corporalité de l'âme éclate dans l'Évangile; car si l'âme n'avait pas un corps, l'âme n'aurait pas l'image du corps. »

Tatien, dans son discours contre les Grecs, dit : « L'âme de l'homme est composée de plusieurs parties. »

Saint Hilaire dit dans son Commentaire sur saint Matthieu : « Il n'est rien de créé qui ne soit corporel, ni dans le ciel ni sur la terre, ni parmi les visibles, ni parmi les invisibles : tout est formé d'éléments; et les âmes, soit qu'elles habitent dans un corps, soit qu'elles en sortent, ont toujours une substance corporelle. »

Saint Ambroise, dans son discours sur Abraham, dit : « Nous ne connaissons rien d'immatériel, excepté la vénérable Trinité. »

Mon ami avoue que ces saints étaient tombés dans une erreur alors universelle. « Ils étaient hommes, dit-il, mais ils ne se trompèrent pas sur l'immortalité de l'âme, parce qu'elle est évidemment annoncée dans les Évangiles. »

Comment expliquerons-nous saint Augustin, qui, dans le livre VIII de la *Cité de Dieu*, s'exprime ainsi : « Que ceux-là se taisent qui n'ont pas osé à la vérité dire que Dieu est un corps, mais qui ont cru que nos âmes étaient de même nature que lui. Ils n'ont pas été frappés de l'extrême mutabilité de notre âme, qu'il n'est pas permis d'attribuer à la nature de Dieu. »

Mon ami a soutenu, d'après tous les véritables savants, que l'auteur du *Pentateuque* n'a jamais parlé expressément ni de l'immortalité de l'âme, ni des récompenses ni des peines après la mort. Rien n'est plus vrai, rien n'est plus démontré. Tout était temporel, comme le dit si énergiquement le grand Arnauld : « C'est le comble de l'ignorance de mettre en doute cette vérité, qui est des plus communes, et qui est attestée par tous les Pères, que les promesses de l'*Ancien Testament* n'étaient que temporelles et terrestres, et que les Juifs n'adoraient Dieu que pour les biens charnels, etc. » (*Apologie de Port-Royal.*) Et c'est en quoi surtout, messieurs les Juifs, notre religion l'emporte sur la vôtre, autant que la lumière l'emporte sur les ténèbres. Dès que notre législateur a paru, l'immortalité de l'âme a été constatée, soit qu'on crût l'âme corporelle, soit qu'on la crût d'une autre nature.

Il est certain que les Persans, les Chaldéens, les Babyloniens, les

Syriens, les Crétois, les Égyptiens, et surtout les Grecs, admirent avant Homère la permanence des âmes, et que le *Pentateuque* n'annonce ce dogme en aucun endroit.

Vous vous épuisez en déclamations; vous faites de vains efforts pour tâcher de vous persuader que le mot hébraïque *sheol*, qui signifie la fosse, le souterrain, pouvait aussi à toute force signifier l'hadès des Grecs, l'amentès, le tartarot des Égyptiens. Ah! messieurs, d'aussi grandes, d'aussi terribles vérités, ne sont pas faites pour être devinées à l'aide de quelques subtilités, de quelques explications forcées : elles doivent être plus claires que le jour : *luce clariores*.

Certainement ce n'est pas dans l'Écriture sainte que vous trouverez votre prétendue division du monde en trois parties : les cieux qui étaient la demeure du Très-Haut, la surface de la terre, et le creux de la terre qui était l'enfer; encore oubliez-vous l'Océan, qui est plus étendu que l'hémisphère habitable. Pouvez-vous, messieurs, avancer de pareilles chimères rabbiniques, et combattre dans mon ami des vérités si reconnues?

Quoi! vous voulez prouver que les anciens Juifs admettaient un enfer et un royaume des cieux : et votre preuve est que dans l'*Exode* Dieu apparaît à Moïse dans un buisson ardent! Juifs, et secrétaires juifs, souvenez-vous à jamais de saint Jérôme; il vous dit dans sa lettre : « L'Évangile me promet la possession du royaume des cieux, dont il n'est pas fait la moindre mention dans vos Écritures. »

Tournez-vous de tous les sens, messieurs les Juifs, vous ne trouverez chez vous aucune notion claire, ni de l'enfer, ni de l'immortalité de l'âme. Il n'y a que deux passages en faveur de la permanence de l'âme; c'est dans le second livre des *Machabées*. Mais, de grâce, songez que vos héros Machabées ne vinrent que plusieurs siècles après votre loi, et que l'histoire des *Machabées*, écrite en grec pour les Hébreux, ne parut que longtemps après ces héros. Souvenez-vous des fortes objections renouvelées si souvent contre la véracité de ce livre. Vous savez qu'on a détruit l'authenticité des deux derniers dans notre Église, et que les deux premiers sont déclarés apocryphes dans les autres communions.

Sans entrer dans ce détail, messieurs, il nous suffit que ce soit à l'Évangile que nous devions la connaissance de l'immortalité de notre âme, et des peines et des récompenses après la mort. Ces dogmes, à la vérité, étaient reçus alors des autres nations; mais ils ne sont démontrés que par notre Sauveur.

Vous tirez, en faveur de l'âme immortelle, une induction aussi ingénieuse que plausible de ces paroles si connues : *Il fit l'homme à son image*[1]. Car, dites-vous, ce n'est pas le corps qui ressemble à Dieu; c'est l'intelligence. Nous croyons cette vérité; mais elle n'est pas exprimée dans le texte. Si l'auteur de la *Genèse* avait daigné tirer la même conséquence, il est clair qu'il aurait constaté irrévocablement ce grand dogme; et c'est précisément parce qu'il ne l'a pas fait, mes-

1. *Genèse*, I, 27. (ÉD.)

sieurs, que nous sommes en droit de dire qu'il laissa le temps à cette grande vérité d'être annoncée par un plus grand maître que lui.

Toute l'antiquité, excepté les brachmanes et les Chinois, croyait que le corps de l'homme était fait à l'image de la Divinité :

Finxit in effigiem moderantum cuncta deorum.
Ovid., *Metam.*, I, 83.

Ou plutôt l'antiquité faisait les dieux à l'image de l'homme. Vous trouverez cette erreur bien exprimée dans des vers de Xénophane le Colophonien, cités par saint Clément d'Alexandrie, le plus savant des Pères grecs. En voici le sens dans de mauvaises rimes que je vous prie de me pardonner.

On ne pense qu'à soi, l'amour-propre est sans bornes :
Dieu même à leur image est fait par les humains.
Si les bœufs avaient eu des mains,
Ils le peindraient avec des cornes.

C'est cette faiblesse de rapporter tout à nous-mêmes qui fit croire à tant de peuples que Dieu avait une femme et des enfants. On le peint souvent comme un géant énorme. Orphée lui-même, dont les véritables fragments ne se trouvent que chez Clément d'Alexandrie, parle ainsi de Dieu :

Sur un grand trône d'or il siége en souverain,
Au haut de la voûte étoilée;
Sous ses pieds la terre est foulée;
Il tient l'Océan dans sa main.

Ces imaginations si boursouflées et si chétives n'ont été que trop imitées par d'autres nations. On a toujours voulu figurer aux yeux l'Être invisible, éternel, incompréhensible, et ses ministres célestes, qui se dérobent comme lui à notre vue. C'est ainsi que les Juifs eurent deux chérubins dans le sanctuaire de leur temple, et leur donnèrent des têtes monstrueuses d'hommes et de veaux, avec des ailes aux épaules et à la ceinture. C'est ainsi que nous autres qui avons moins d'imagination, nous nous contentons de peindre Dieu avec une longue barbe.

Il est vrai que les vers de l'ancien Orphée, cités par mon ami dans la *Philosophie de l'histoire*, au chapitre de *Cérès Éleusine*, sont bien plus simples et plus sublimes. Je vous le répète, monsieur ou messieurs, parce qu'il faut répéter des choses que tout le monde devrait savoir par cœur; c'est la prière ou l'hymne d'Orphée que l'hiérophante chantait à l'ouverture des mystères.

« Marchez dans la voie de la justice; adorez le seul maître de l'univers; il est un, il est seul, il est par lui-même; tous les êtres lui doivent leur existence, il agit dans eux et par eux; il voit tout, et jamais il n'a été vu des yeux mortels. »

On demandera peut-être comment Orphée put parler en cet endroit avec une grandeur si simple, et ailleurs avec une enflure qui n'appartient qu'au P. Lemoine, ou au carme ¹ auteur du poëme de *la Madeleine*. Je répondrai ingénument qu'il y a des inégalités chez tous les hommes.

Cicéron, messieurs, vous l'avouez, a dit dans ses *Tusculanes* que toutes les nations admettent la permanence des âmes, et que leur consentement est la loi de la nature. J'en conclus, messieurs les Juifs, qu'on peut reprocher à vos ancêtres un peu de grossièreté pour n'avoir pas connu ce que tous leurs voisins connaissaient.

Mais permettez-moi de vous dire que celui qui vous a fourni le passage de Cicéron l'a un peu dénaturé. Cicéron dit dans la première *Tusculane*, liv. I : « Quod si omnium consensus naturæ vox est, om-« nesque consentiunt esse aliquid quod ad eos pertineat qui vita cesse-« rint, nobis quoque id existimandum est. » L'abbé d'Olivet traduit, page 90 : « Puis donc que le consentement de tous les hommes est la voix de la nature, et que tous conviennent qu'après notre mort il est quelque chose qui nous intéresse, nous devons aussi nous rendre à cette opinion. »

Mais de quoi s'agit-il dans cet endroit? De l'amour de la gloire, dont tous les hommes sont épris, et qui était la grande passion de Cicéron. Cicéron veut nous faire entendre que nous avons tous la faiblesse de nous intéresser à ce qu'on dira de nous, quand nous ne serons plus; et que notre imagination embrasse ce fantôme qui est son ouvrage.

On aurait dû vous dire que Cicéron, dans la moitié de ce dialogue sur la mort, qui est le premier des *Tusculanes*, soutient l'opinion alors commune que les morts ne peuvent souffrir. Il se moque de son auditeur, qui dit qu'il est fâcheux d'être mort : « C'est dire, lui répondit-il, qu'un homme qui n'existe pas existe. » Puis il lui cite un vers d'Épicharme, et le tourne en latin :

Emori nolo, sed me esse mortuum nihil æstimo.

Ce que l'abbé d'Olivet rend ainsi en français :

Mourir peut être un mal; mais être mort n'est rien.

Il soutient l'anéantissement de l'homme dans le commencement de l'ouvrage, et la permanence de l'âme à la fin.

Vous me direz que Cicéron se contredit; il pourrait bien en être quelque chose : mais c'est le privilége des philosophes de l'Académie; et vous savez que Cicéron était académicien. On a pu vous faire lire son oraison pour Cluentius, où vous avez vu ces paroles : « Quel mal lui a fait la mort? à moins que nous ne soyons assez imbéciles pour croire des fables ineptes, et pour imaginer qu'il est condamné au supplice des pervers.... Mais si ce sont là des chimères, comme tout le monde en est convaincu, de quoi la mort l'a-t-elle privé, sinon du sentiment de la douleur? »

« Nunc quid tandem illi mali mors attulit? nisi forte ineptiis ac fa-

---

« bulis ducimur, ut existimemus illum apud inferos impiorum supplicia
« perferre…. Quæ si falsa sunt, id quod omnes intelligunt, quid ei tan-
« dem aliud mors eripuit, præter sensum doloris? »

Vous voyez que le dogme de la permanence de l'âme, tant chanté
par Homère, tant supposé par Platon, était bien obscurci dans l'empire romain.

On vous aura dit sans doute, messieurs, que tout le sénat pensait
alors comme Cicéron. On vous aura conté que César pensait de même,
et s'en expliquait avec la plus grande hauteur. On vous aura parlé de
son aventure avec Caton en pleine audience, lorsqu'il voulut sauver la
vie aux complices de Catilina, en représentant que si on les faisait périr, ce ne serait pas les punir, parce qu'ils n'auraient plus de sentiment, et que tout meurt avec l'homme.

Les Romains, vers ce temps-là, renoncèrent tellement aux opinions
de leurs ancêtres et des Grecs leurs maîtres, que saint Clément le Romain, dans le premier siècle de notre Église, commence son livre des
Récognitions ou reconnaissances par un doute sur l'immortalité de
l'âme. Il avoue qu'il prit la résolution d'aller en Égypte apprendre la
nécromancie, la magie, pour s'instruire à fond sur l'âme.

Il est donc, ce me semble, bien certain, messieurs les Juifs, vous qui
respectiez tant les Saducéens, ennemis de l'immortalité de l'âme, il est
bien démontré que nous avions besoin de la révélation pour nous instruire sur un sujet si intéressant. Ce n'était pas assez d'un Socrate et
d'un Platon, il nous fallait un plus grand homme.

Je ne vous parle pas ainsi pour vous reprocher le crime que vous
avez commis envers ce plus grand homme. Je me plais à croire que
vous ne descendez pas de ces fanatiques qui criaient en leur patois,
comme on a crié ailleurs en tant d'occasions, *tolle, tolle*. Je présume
que vous êtes Portugais, et que vos ancêtres s'établirent vers les Al-
garves du temps de Moïse, lorsque plusieurs Juifs suivirent les
Tyriens qui vinrent faire exploiter les mines d'or et d'argent des Es-
pagnes.

Je vous ai déjà dit que, loin d'être votre ennemi, je suis votre gé-
néalogiste. Je suis persuadé très-sérieusement que votre race pouvait
être établie en Andalousie ou dans l'Estramadoure avant les Carthagi-
nois, avant les Romains; et que, par conséquent, elle ne put être instruite de ce qui se passa du temps de l'empereur Tibère vers le torrent de Cédron, qui est à sec six mois de l'année. Si mon ami, en
qualité de chrétien, a qualifié de détestables les gens de Jérusalem,
qui, supposé qu'ils parlassent grec au préteur Pilatus romain, s'é-
crièrent, selon saint Matthieu[1] : Σταυρωθήτω, σταυρωθήτω, τὸ αἶμα αὐ-
τοῦ ἐφ' ἡμᾶς, καὶ ἐπὶ τὰ τέκνα ἡμῶν. *Staurodéito, staurodeito, to aima
autou eph' eimas, kai epi ta tekna eimon.* « Crucifiez, crucifiez, que
son sang soit sur nous et sur nos enfants! » certainement si vos aïeux
étaient alors dans la Bétique, ou dans le canton de Sétubal, si fameux
pour son vin, ils ne pouvaient être coupables de ce crime.

1. Chap. XXVII, v. 23, 24, 25. (ÉD.)

PÉRORAISON. — *A M. Guenée, secrétaire des Juifs.* — Je suppose, monsieur, que vous êtes enterré, et que moi et mon ami nous le sommes aussi. Nous comparaissons tous trois devant celui qui seul a révélé au genre humain l'immortalité de l'âme, la résurrection, et le jugement dernier. Vous lui dites : « Seigneur, nous n'avions nul besoin de vous ; nous savions tout cela avant que vous vinssiez au monde. » Mon ami et moi nous lui disons : « Nous n'en savions rien ; nous vous devons toutes nos connaissances. » Or qui croyez-vous qui sera le mieux reçu ?

<hr>

DE QUELQUES NIAISERIES.

Après avoir jeté deux volumes à la tête de mon ami, monsieur ou messieurs, vous venez le battre à terre dans un troisième ; il est écrasé, et vous venez encore le percer de coups dans un petit commentaire. Voyons si, à l'exemple du Samaritain, rapporté dans l'Évangile[1], je ne pourrai pas, après avoir secouru le voyageur baigné dans son sang, le défendre des mouches qui viennent y goûter.

Ire NIAISERIE. — *Sur le kish Ibrahim.* — Vous voulez parier que mon ami, qui a cité Hyde sur l'ancienne religion des Perses, n'a jamais lu Hyde. Ne voilà-t-il pas un sujet de dispute bien intéressant, bien utile ! Un vieillard, retiré entre les Hautes-Alpes, a-t-il lu un livre très-confus d'un Anglais, écrit en latin ? Oui, monsieur, il l'a lu, et moi aussi, et je n'y ai guère profité.

Vous voulez bien convenir que l'ancienne religion des Perses s'appelait *kish Ibrahim*, *millat Ibrahim*, *culte d'Abraham* ; vous l'avez appris de mon ami, et vous ne devez pas rougir, tout savant que vous êtes, d'avoir appris une chose très-indifférente d'un homme moins éclairé, mais plus vieux que vous. Et quand je vous dirai que, selon des gens plus instruits que moi, *kish Ibrahim* vient de l'arabe, et *millat Abraham* ou *Ibrahim* vient de l'ancienne langue des Mèdes, je ne vous dirai une chose ni bien sûre, ni bien importante.

IIe NIAISERIE. — *Sur Zoroastre.* — Hyde rapporte, pages 27 et 28, que les anciens Perses ont cru qu'un vieux livre qui contenait leur religion réformée était tombé du ciel entre les mains d'Abraham, dans le territoire de Balk, du temps de Nembrod ; et je le croirai avec vous si vous voulez. Puis il répète les contes de Plutarque, comme, par exemple, que la reine Amestris[2], dans ses dévotions, faisait enterrer douze hommes vivants, et les envoyait en enfer pour le salut de son âme.

Puis il se met en colère, page 32, contre l'empereur Alexandre Sévère, qui, suivant un rêveur du Bas-Empire, nommé Lampridius, avait dans son oratoire le portrait d'Abraham, d'Orphée, d'Apollonios de Tyane, et de Jésus-Christ, peints sans doute très-ressemblants.

<hr>

1. LUC. X, 33. (ÉD.) — 2. Plutarque, *De la superstition.* (ÉD.)

Ensuite, pages 82 et suiv., il fait le roman d'Abraham, qui, ayant vaincu le roi de Perse et quatre autres puissants rois avec trois cents gardeurs de brebis, abolit en Perse l'antique religion du sabbisme. Voilà donc Abraham auteur d'une nouvelle religion des Perses, et c'est lui qu'il faut regarder comme le vrai Zerdust, le vrai Zoroastre; car le premier avait vécu six mille ans auparavant, et le dernier Zoroastre ne parut que sous Darius, fils d'Hystaspe..., quinze cents ans après Abraham. Ce sont là des faits avérés, demandez à M. Larcher, mon autre ami.

Ce roman ressemble assez à celui qu'a fait depuis un Écossais, nommé Ramsay, précepteur d'un duc de Bouillon, sur *les Voyages de Cyrus*.

IIIᵉ NIAISERIE. — *Du Sadder*. — C'est à vous seul, monsieur le secrétaire des Juifs, que je m'adresse ici. Vous nous objectez la décision d'un savant qui a eu le courage d'aller chercher des instructions au fond de l'Asie, à l'exemple de Pythagore; il fait peu de cas des écrits attribués à Zoroastre; il dit qu'ils sont remplis de petitesses d'esprit; qu'ils sont fades, ridicules, aussi mal raisonnés que l'*Alcoran*, et aussi dégoûtants que le *Sadder*.

Je vous abandonne, monsieur, le *Zend-Avesta* de Zoroastre, que je ne connais point, et l'*Alcoran*, que je connais. Mais permettez que je prenne le parti du *Sadder*, qui est le catéchisme des Parsis modernes, que nous nommons Guèbres. Il est divisé en cent portes, par lesquelles on entre dans le ciel. En voici quelques-unes; entrez, monsieur:

PORTE IVᵉ. Zoroastre, se promenant un jour avec Dieu auprès de l'enfer, vit un damné auquel il manquait un pied. « C'est un roi, lui dit Dieu, qui régnait sur trente-trois villes, et qui n'a jamais fait que des actions tyranniques; mais un jour il aperçut une brebis qui était liée trop loin de son herbe, il lui donna un coup de pied pour l'en rapprocher; c'est le seul bien qu'il ait jamais fait. J'ai mis son pied en paradis, et son corps en enfer. »

Mon ami, que vous vilipendez tant que vous pouvez, avait, il y a plus de dix ans, écouté à cette porte; il l'avait citée dans plusieurs de ses ouvrages; car il aime à répéter pour inculquer. Vous voyez bien, monsieur, qu'il avait lu ce *Sadder*, et qu'il n'avait pas pris un livre pour un homme. M. l'abbé Foucher peut avoir lu le *Sadder*, mais mon ami possède son *Sadder* aussi. Il est vrai qu'il a pris un peu de liberté avec le texte sacré guèbre; il a mis un âne pour une brebis, afin de rendre la chose plus vraisemblable; car on lie un âne à sa mangeoire, et on ne lie guère une brebis.

PORTE IXᵉ. La pédérastie est un crime abominable, etc. Il est défendu par le *Zend*, il révolte la nature.

Mon ami cita encore cette porte pour prouver que les Romains, souillés de cette infamie tant célébrée par Horace, avaient grand tort de dire qu'elle était recommandée par les lois de la Perse. Mon ami se servit de cette porte contre M. Larcher, qui croyait cette vilenie plus permise qu'elle ne l'était.

PORTE XIIIᵉ. Chérissez votre père et votre mère.... que toute la famille soit contente de vous, afin qu'elle vous bénisse éternellement.

Cette porte semble avoir quelque chose de plus fort, si on ose le dire, que ce commandement : « Honore ton père et ta mère, afin de vivre longtemps sur la terre. »

PORTE XIXᵉ. Mariez-vous dans votre jeunesse...; car à la mort, quand il faudra passer sur le pont aigu, vous serez trop heureux d'avoir un fils qui vous tende la main pour passer.

PORTE XXIIᵉ. Ne mangez jamais votre pain sans prier le Dieu qui vous le donne.

PORTE XXVᵉ. Gardez-vous de jeûner un jour entier; notre vrai jeûne est de nous abstenir du mal.

Cette porte se trouve dans les *Récognitions* de saint Clément le Romain.

PORTE XXVIIᵉ. Demandez pardon à Dieu de vos fautes en vous couchant.

PORTE XXVIIIᵉ. Quand vous aurez fait un marché, ne vous en repentez point, et ne songez qu'à le remplir.

PORTE XXXᵉ. Quand vous doutez si ce que vous allez faire est juste ou injuste, abstenez-vous-en.

C'est la plus belle maxime qu'on ait jamais donnée en morale, et mon ami l'a répétée, il y a longtemps, dans plusieurs de ses ouvrages, pour l'édification du prochain.

PORTE XXXVᵉ. Quand vous êtes à table, donnez à manger aux chiens.

Ce précepte apprend qu'il ne faut pas craindre de faire des ingrats.

Voilà assez de portes.

Je ne nie pas qu'il n'y eût dans ce catéchisme des Parsis beaucoup de verbiage et de galimatias. J'ai été forcé d'abréger chaque article. Si on s'arrêtait à toutes ces portes, on périrait d'ennui avant d'entrer dans le paradis de Zoroastre : j'ose en dire autant de l'*Alcoran*. Nous autres Européans nous ne pouvons supporter la bavarderie orientale; mais les bonnes femmes guèbres et les bonnes femmes turques apprennent ces sottises par cœur, et les récitent avec dévotion.

Je dis seulement que, depuis le Japon jusqu'au bord occidental de la Laponie, on ne vit et on ne verra jamais de législateur qui ne donne de bons préceptes, et qui ne prêche quelquefois une vertu sévère. Ainsi je ne regarde point ce que je viens de dire comme une niaiserie. Pardon, messieurs, c'était à la vôtre que je répondais.

Ce n'est pas que je vous prenne pour des niais; vous êtes des gens d'esprit un peu malins; mais en conscience, la plupart de nos sujets de dispute sont des niaiseries.

IVᵉ NIAISERIE. — *Sur l'âge d'un ancien.* — Monsieur ou messieurs, vous me fatiguez furieusement avec votre éternelle répétition sur l'âge d'Abraham. Je n'imiterai pas celui qui vous dit : « Allez chercher son extrait baptistaire; » je vous dirai seulement que, selon le calcul de l'*Ancien Testament*, son père *Tharé* ou *Tharat vécut soixante et dix ans*, et engendra *Abraham, Nacor*, et *Aran*; que, selon le même texte, il vécut deux cent cinq ans, et mourut à Haran; qu'Abraham alors reçut de Dieu un ordre exprès de quitter son pays.

Or, son père l'ayant eu à soixante et dix ans, et étant mort à deux cent cinq, qui de deux cent cinq retranche soixante et dix, reste cent trente-cinq. Si malheureusement le texte dit ensuite, *Abraham avait soixante et quinze ans lorsqu'il partit de Haran ou de Kharran*, ce n'est pas ma faute. Saint Jérôme et saint Augustin disent que cela est inexplicable. Je ne l'expliquerai donc pas; je n'en sais pas plus que ces deux saints, ni que vous.

Dites qu'il y a dans le texte erreur de copiste; dites, avec dom Calmet, qu'Abraham pourrait bien être né la cent-trentième année de son père, et être le cadet de ses frères, au lieu qu'il était l'aîné. Tout cela m'est indifférent.

Vᵉ NIAISERIE. — *Sur l'âge d'une ancienne.* — Vous citez à tout moment je ne sais quels livres que vous imputez à mon ami, et que ni lui ni moi ne connaissons. Ce serait une calomnie horrible, si cela était sérieux; mais je ne la regarde que comme une niaiserie. Vous soutenez que Sara était très-belle à l'âge de soixante et cinq ans, lorsqu'elle entra dans le sérail du pharaon d'Égypte. Vous accusez mon ami d'avoir imprimé qu'elle en avait soixante et quinze. Si vous avez une maîtresse de cet âge, je lui en fais mon compliment, mais non pas à vous.

VIᵉ NIAISERIE. — *Sur un homme à qui sa femme valut d'assez grands présents.* — Vous croyez qu'Abraham ayant fait passer sa belle femme pour sa sœur en Égypte, *afin qu'il lui fût fait du bien à cause d'elle*, selon le texte, on ne lui fit pas assez de bien en lui donnant beaucoup de bœufs, d'ânes, d'ânesses, de brebis, de chameaux, de serviteurs, et de servantes: pour moi, je trouve que le roi d'Égypte le paya très-bien, et que vous êtes trop cher.

VIIᵉ NIAISERIE. — *Sur l'argent comptant.* — Vous dites donc, monsieur, qu'il faut de l'argent comptant au mari d'une belle dame, et que le présent du roi n'était que celui d'un coq de village? Cependant des troupeaux de chameaux, de bœufs, et d'ânes, des esclaves de l'un et de l'autre sexe, valent beaucoup d'argent. Vous vous plaignez qu'autrefois on ait imprimé, je ne sais où, chevaux pour chameaux; voilà bien de quoi crier: un beau cheval coûte autant et plus même qu'un beau chameau.

Mon ami, dites-vous, pense que les pyramides étaient déjà bâties: de là vous concluez que le roi d'Égypte devait donner au mari de la belle Sara des sacs énormes de guinées, de la vaisselle d'or, et des diamants. Doucement, monsieur: il y avait dans ce temps-là de belles pierres pour bâtir des pyramides, et point de monnaie d'or; tout le commerce se faisait par échange; on n'avait encore fabriqué ni ducats ni guinées: vous savez que la première monnaie d'or fut frappée sous

Darius, fils d'Hystaspe, qui punit si bien les prêtres du collége de Zoroastre : allez, vous vous moquez ; le présent du roi était magnifique.

VIII° NIAISERIE. — *Sur l'Égypte.* — Vous êtes tout étonné que les Égyptiens aient été lâches, superstitieux, absurdes, très-méprisables, après avoir servi, en esclaves vigoureux, à élever des tombeaux en pyramides pour leurs rois et pour les intendants des provinces. Il est très-vrai, monsieur ou messieurs, que les Égyptiens sont devenus le plus chétif peuple de la terre après un autre [1].

Il est très-vrai qu'il a toujours été subjugué par quiconque s'est voulu donner la peine de le battre, excepté par nos fous de croisés. Il est très-vrai qu'Isis et Osiris ne leur ont jamais servi de rien, non plus que les phylactères des pharisiens ne les ont servis contre les Romains. Il est très-vrai que Sésostris n'a jamais songé à courir comme un fou, avec vingt-sept mille chars de guerre, pour aller conquérir toute la terre depuis les Indes jusqu'au Pont-Euxin et au Danube.

IX° NIAISERIE. — *Si Sodome fut autrefois un beau jardin.* — N'est-ce pas une niaiserie de supposer que le lac Asphaltite, la mer Morte, était autrefois un jardin délicieux ? Vraiment je vous conseille d'y placer le paradis terrestre.

Vous devriez mieux savoir votre *Genèse* : elle ne dit point que Sodome fut changée en un lac ; elle dit au contraire « qu'Abraham, s'étant levé de grand matin, vint au lieu où il avait été auparavant avec le Seigneur ; et, jetant les yeux sur Sodome et sur Gomorrhe, et sur tout le pays d'alentour, il ne vit plus rien que des étincelles et de la fumée qui s'élevait de la terre comme la fumée d'un four. » Ce n'est que par une fausse tradition qu'on nous a transmis la métamorphose des cinq villes en lac. Ce que je vous dis là n'est pas niaiserie ; je vous témoigne mon profond respect pour vos livres en les citant exactement, et c'est ce que vous n'avez pas fait.

X° NIAISERIE. — *Sur le désert de Guérar ou Gérar.* — Voulez-vous, messieurs, que nous fassions ensemble un petit voyage au désert effroyable de Guérar, par delà Sodome ? M. Broukana, qui a passé par là dans la dernière guerre contre le cheik daher, ne vous le conseille pas : il dit que c'est un des plus maudits cantons de l'Arabie Pétrée. Vous croyez que c'est un pays charmant, et que les dames y conservent la fleur de leur beauté jusqu'à cent ans, parce que Abimelech, roi de Guérar, y fut amoureux de Sara, qui en avait quatre-vingt-dix ; et vous pensez que l'on est fort riche à Guérar, parce que Abimélech fit à Sara d'aussi beaux présents qu'elle en avait reçu du roi d'Égypte, environ trente ans auparavant, en brebis, en garçons, en bœufs, en filles, en ânes, et qu'il lui donna encore mille écus en monnaie, quoiqu'il n'y eût de monnaie nulle part.

Faites le voyage si vous voulez ; nous ne vous suivrons pas. Mon ami est plus vieux qu'Abraham, et moi aussi ; on ne va pas loin à notre

1. Les Juifs. (ÉD.)

âge. Envoyez plutôt à Guérar M. Rondet[1] votre ami, l'auteur du *Journal de Verdun*, qui sait qu'un kof vaut cent écus, et un mem quarante écus. Je crois qu'il se trompe, mais n'importe.

XI° NIAISERIE. — *Sur le nombre actuel des Juifs.* — Messieurs les Juifs, vous dites à mon vieux camarade : « Apparemment vous ne prétendez pas, quand nous battions les Ammonites, quand nous nous emparions de l'Idumée et que nous prenions Damas, que nous n'étions que quatre cent mille hommes. » Je vous demande pardon, messieurs, nous croyons que vous étiez en plus petit nombre que quand vous ne prîtes point Damas, que vous vous vantez d'avoir pris. Nous pensons que vous n'êtes pas quatre cent mille aujourd'hui, et qu'il s'en faut près des trois quarts. Comptons.

Cinq cents chez nous devers Metz; une trentaine à Bordeaux; deux cents en Alsace; douze mille en Hollande et en France; quatre mille cachés en Espagne et en Portugal; quinze mille en Italie; deux mille très-ouvertement à Londres; vingt mille en Allemagne, Hongrie, Holstein, Scandinavie; vingt-cinq mille en Pologne et pays circonvoisins; quinze mille en Turquie; quinze mille en Perse. Voilà tout ce que je connais de votre population; elle ne se monte qu'à cent huit mille sept cent trente Juifs. Je consens de vous faire bon de cent mille Juifs en sus, c'est tout ce que je puis faire pour votre service; les Parsis, vos anciens maîtres, ne sont pas en plus grand nombre. Vous voulez rire avec vos quatre millions.

Addition de mon ami. — « Leur secrétaire me dit que je suis fâché contre eux à cause de la banqueroute que me fit le juif Acosta, il y a cinquante ans, à Londres : il suppose que je lui confiai mon argent pour gagner un peu de temporel avec Israël. Je vous proteste, messieurs, que je ne suis point fâché : j'arrivai trop tard chez M. Acosta; j'avais une lettre de change de vingt mille francs sur lui; il me dit qu'il avait déclaré sa faillite la veille, et il eut la générosité de me donner quelques guinées qu'il pouvait se dispenser de m'accorder. Comptez, messieurs, que j'ai essuyé des banqueroutes plus considérables de bons chrétiens, sans crier. Je ne suis fâché contre aucun juif portugais, je les estime tous; je ne suis en colère que contre Phinée, fils d'Éléazar, qui, voyant le beau prince Zamri couché tout nu dans sa tente avec la belle princesse Cosbi, toute nue aussi, attendu qu'ils n'avaient pas de chemise, les enfila tous deux avec son poignard par les parties sacrées, et fut imité par ses braves compagnons, qui égorgèrent vingt-quatre mille amants et vingt-quatre mille amantes, en moins de temps que je n'en mets à conter cette anecdote; car à mon âge je n'écris pas vite. »

XII° NIAISERIE. — *Sur la circoncision.* — Vous jetez les hauts cris sur ce qu'un autre que mon ami a dit que la circoncision d'Abraham

---

1. Rondet, écrivain janséniste, cité par Guenée comme ayant travaillé à la *Clef du cabinet des princes ou Journal de Verdun.* (ÉD.)

n'eut point de suite. Non, monsieur, elle n'eut point de suite; non, monsieur; elle n'en eut point, puisque les Israélites ne pratiquèrent point la circoncision en Égypte. C'était un privilége qui n'était alors réservé qu'aux prêtres d'Isis et aux initiés.

Oui, les Juifs qui moururent tous dans le désert moururent incirconcis comme M. Guenée et moi; mais il y a un livre inconnu que vous appelez *Dictionnaire philosophique*, dans lequel l'auteur se hasarde à dire que la colline des prépuces à Galgal, où Josué fit circoncire deux ou trois millions de ses Juifs, était dans un désert auprès de Jéricho. Qu'a de commun mon ami avec ce Galgal? Il vous certifie que s'il y a eu à Galgal une montagne composée de prépuces, comme il y a dans Rome le *Monte testacio*, composé de pots cassés, il n'y prend pas le plus léger intérêt. Il vous certifie encore qu'il regarde comme des niaiseries tout ce que des typographes se sont empressés d'imprimer, soit en consultant des courtiers de librairie, soit en ne les consultant pas, soit en vendant les pensées d'un homme à eux inconnu, soit en ne les vendant pas. Il vous certifie, pour la vingtième fois, qu'il n'a point fait la plupart des niaiseries, c'est-à-dire des livres, que vous lui imputez; et je vous jure qu'à son âge et au mien nous ne prenons aucun parti ni pour les nations prépucières, ni pour les nations déprépucées, ni pour les châtrés, ni pour les entiers, ni pour les voisins du cap de Bonne-Espérance, qui mettent une petite boule d'herbes fines à la place d'une des deux petites boules utiles que la nature leur a données.

On prodigue, ce me semble, une bien vaine érudition pour deviner quel homme fut circoncis le premier, qui prit le premier lavement, qui porta la première chemise, qui le premier avala une huître à l'écaille, qui fut le premier vendeur d'orviétan, etc.

XIIIe NIAISERIE. — *Quelle fut la nation la plus barbare?* — Vous nous dites, monsieur Guenée, sous le nom de six Juifs, que, si les premiers Hébreux étaient fort grossiers et très-ignorants, nos premiers Français l'étaient encore davantage.

Je serais bien embarrassé s'il fallait vous dire qui étaient les plus barbares, ou les Francs du temps de Clovis, ou les Juifs du temps de Josué; et mon ami serait aussi embarrassé que moi. Tous les peuples ont commencé par être à peu près également cruels, voleurs, méchants, superstitieux et sots. Ce n'est point ici une niaiserie, c'est une triste vérité : mais ce serait une niaiserie très-puérile de vouloir savoir précisément quel était le plus barbare, ou ce fils de p..... Abimelech, qui, avant de juger le peuple de Dieu, égorgea sur une grande pierre soixante et dix de ses frères, ou ces deux fils de Clovis, Childebert et Clotaire, qui massacrèrent les deux petits-fils de sainte Clotilde. Il semblerait qu'Abimelech fut trente-cinq fois plus abominable que hildebert et Clotaire; mais on vous répondrait qu'il faut juger un homme par toutes les actions de sa vie, et non par une seule. On vous dirait encore qu'il faut lire dans le cœur, et cette entreprise serait assez niaise.

XIVe NIAISERIE. — *La nation française honnie par M. le secrétaire.*

— Monsieur Guenée, secrétaire éloquent des Juifs, vous faites un portrait terrible de la cour et de la ville en peignant les mœurs juives du temps de la prospérité de ce peuple. Vous vous complaisez d'abord à décrier notre commerce et notre Compagnie des Indes, et à célébrer les grands établissements d'Élath et d'Eziongaber, par lesquels les Juifs, qui n'eurent jamais un vaisseau, faisaient entrer chez eux les immenses trésors d'Ophir et de Tharsis, pays que personne ne connaît. Vous conduisez les richesses de l'univers dans Jérusalem par le port d'Eziongaber, qui en est très-éloigné, et où les Turcs, qui en sont les maîtres, n'ont jamais un vaisseau, parce que ses bas-fonds sont plus impraticables que les lagunes de Venise.

Vous admirez la discrétion de Salomon, qui, ayant hérité quelques milliards de son père, voulait encore acquérir quelques milliards en trafiquant à Ophir, et qui, n'ayant pas une barque à lui propre, empruntait des vaisseaux et des matelots de son ami Hiram, roi de Tyr, lesquels vaisseaux traversaient toute la mer Méditerranée, côtoyaient l'Afrique, doublaient le cap de Bonne-Espérance pour venir servir la sagesse de Salomon.

Après avoir accumulé dans Jérusalem plus d'or, d'argent, d'ivoire, de parfums et de singes qu'elle n'en pouvait contenir, vous tombez à bras raccourci sur tous les vices qui naquirent de ces inconcevables richesses. Vous avez d'abord loué les Juifs de n'avoir eu chez eux ni opéra-comique, ni danseurs de corde, ni parades sur les boulevards. Vous les avez admirés de n'avoir point imité les Sophocle et les Euripide, dont ils n'avaient jamais entendu parler. Et tout d'un coup, sortant de cette niaiserie de panégyriques, vous allez prendre chez les prophètes Isaïe, Amos et Michée, tous les traits de satire judaïque que vous croyez pouvoir retomber sur la nation française. Si c'est une niaiserie, elle est très-éloquente : on ne peut, à mon gré, déclamer plus hautement contre son siècle.

Cela me fait souvenir de M. J. Brown, brave théologien anglais. Il fit imprimer deux volumes contre les sottises de sa patrie, au commencement de la guerre de 1756. Il démontra éloquemment dans ce livre, intitulé *Tableau des mœurs anglaises*, qu'il était impossible que l'Angleterre ne fût pas abîmée dans deux ans. Qu'arriva-t-il? L'Angleterre fut victorieuse dans les quatre parties du monde. J'en souhaite autant à la France, en réponse à votre pieuse satire. Je fais mieux, je souhaite qu'elle n'ait point de guerre. J'aime mieux vivre sous des Salomons que sous des Judas Machabées. Mais, croyez-moi, monsieur le secrétaire juif, ne comparez jamais Jérusalem à Paris; le torrent de Cédron ne vaut pas le Pont-Neuf.

XV° NIAISERIE. — *Quel peuple le plus superstitieux* ' — Après avoir recherché quel fut autrefois le plus barbare de tous les peuples, vous examinez à présent quel fut le plus superstitieux, c'est-à-dire le plus sot. Je n'ai point de balances pour peser ainsi les nations. On pourrait vous répondre en général que le plus sot homme, comme le plus sot peuple, est celui qui dit et qui fait le plus de sottises; et alors il n'y aurait plus qu'à compter. Nous prendrions les historiens qu'on fait lire à la studieuse jeunesse; nous verrions chez qui l'on trouve le plus de façons de connaître l'avenir, soit à l'aide d'un psaltérion, soit avec un petit bâton recourbé, soit en donnant à manger à des poules. Nous verrions quelle nation a eu plus de métamorphoses, plus de sorciers, plus de loups-garous; dans quel pays on a vu plus de princes fouettés par des prêtres; quelles archives possèdent la suite la plus complète de fadaises dégoûtantes et de contes, que la plus imbécile et la plus bavarde nourrice n'oserait répéter aujourd'hui :

Nec pueri credunt, nisi qui nondum œre lavantur.
JUVEN., sat. II, v. 152.

Alors on pourrait hasarder de juger à qui l'on doit le prix de la sottise; mais il serait trop dangereux de donner ce prix : trop de gens y prétendent. Il vaut mieux laisser chacun jouir en paix de la justice qu'il se rend tout bas.

XVIᵉ NIAISERIE. — *Quel peuple le plus brigand?* — Vous demandez ensuite quel peuple a été le plus voleur, le plus brigand. Et quand on vous représente, selon votre propre déclaration, que le peuple de Dieu vola neuf millions aux Égyptiens pour aller faire bonne chère dans des déserts; quand on vous dit qu'ensuite ce peuple de Dieu s'empara du pays de Canaan, qui ne lui appartenait pas; vous prenez à partie mon ami, qui n'a rien dit de cela. Vous lui adressez ces paroles foudroyantes : « Vous traitez nos pères de brigands; qu'étaient les vôtres ? »

Je vous ai déjà dit, monsieur le secrétaire, que ni moi ni mon ami ne prétendons descendre d'un conquérant des Gaules, nous croyons être issus d'une famille de bons Gaulois pacifiques.

Nous n'avons trouvé dans notre généalogie aucun coupe-jarret qui ait servi sous le chrétien Clovis, quand ce brave converti força Cararic, roi ou maire d'Arras, et le fils de Cararic, à se faire sous-diacres, et qu'il leur fit ensuite couper la gorge à tous deux; quand il fit marché avec Cloderic, fils de Sigebert, roi de Cologne, pour assassiner ce Sigebert son père, et qu'il assassina ensuite ce Cloderic parricide, pour avoir son argent; quand il fendit la tête à coups de hache à Ragnacaire, roi de Cambrai, et à son frère Riker, après souper; quand il assassina Rignomer, roi du Mans, etc., etc.

En vérité on croit lire l'histoire de vos rois Achab, Jéhu, Ochosias... Je ne croyais pas terminer cette seizième niaiserie par ces horreurs d cannibales. Je voulais seulement contredire la généalogie qui nous fai descendre des Francs mon ami et moi. Il faut éplucher avec vous tan de généalogies! c'était là une franche niaiserie; mais Rignomer, Riker, Ragnacaire, Sigebert, Cloderic, Achab, Jéhu, Ochosias..., se sont présentés, et je suis tombé à la renverse.

XVIIᵉ NIAISERIE. — *Sur du foin.* — De l'examen du brigandage, et d'une controverse sur les assassinats, vous passez à des *errata* et à des correcteurs d'imprimerie. Vous vous plaignez qu'on ait imprimé *Nitt-*

corax pour *Nicticorax*. Hé, qu'importe à mon ami, et que vous importe? Il y a bien d'autres fautes d'impression dans les ouvrages immenses qu'on lui attribue, et qu'on a mis sous son nom; c'est bien là une niaiserie misérable !

Je ne devrais point discuter comment il faut traduire ce verset du psaume : « Producens fœnum jumentis et herbam servituti hominum. » Calmet traduit : « Vous produisez le foin pour les bêtes, et l'herbe pour l'usage de l'homme. » Saci traduit précisément de même. Je n'ai vu aucune traduction, soit catholique, soit protestante, dans laquelle ce verset soit énoncé autrement. Mon ami ne s'est écarté ni de Saci ni de Calmet; il les estime tous deux, il ne les a point traités d'imbéciles, comme vous l'en accusez.

Vous venez ensuite, monsieur, et vous nous enseignez qu'il faut traduire : « Du foin pour les bêtes, et de l'herbe pour les bêtes qui servent l'homme; » vous prétendez que le pléonasme est une figure admirable. Vous prononcez du haut de votre chaire de professeur : « L'herbe et le foin sont synonymes, prenez-y garde; les hommes ne mangent pas de foin. »

Non, monsieur, herbe et foin ne sont pas toujours synonymes, et il n'y a point de mots qui le soient. Les épinards, l'oseille, la sariette, trente herbes potagères, ne sont pas du foin; nos salades ne sont pas la nourriture des bêtes, mais de l'homme. Il est vrai que l'homme ne mange pas de foin; mais il y eut bien des gens autrefois dignes d'en manger.

Si ce n'est pas là une extrême niaiserie, je m'en rapporte à vous-même.

XVIIIᵉ NIAISERIE. — *Sur Jean Châtel* piacularis, *assassin de Henri IV, laquelle niaiserie tient à choses horribles.* — Voici une calomnie odieuse, dont le fond est une niaiserie puérile, et dont les accompagnements sont atroces..

Commençons par le puéril; *piacularis adolescens*, dites-vous, « ne signifie pas un jeune pénitent, un jeune homme qui expie; il signifie un jeune misérable. » Ouvrez les Estienne, les Calepin, les Scapula, tous les dictionnaires, monsieur le professeur, vous verrez que *piacularis* vient de *pio, piare*, j'expie; en grec, *sebetai*.

Ce n'est là sans doute qu'un oubli de votre part; mais ce qui n'est que trop réfléchi, c'est que vous tirez ce mot *piacularis* de l'inscription gravée autrefois sur la colonne expiatoire élevée, par arrêt du parlement, à l'endroit où fut la maison de Jean Châtel, l'un des assassins de notre adorable Henri IV. Vous imputez ici à mon ami d'avoir rapporté les paroles de cette inscription, qui regardent les jésuites, et où se trouve ce mot *piacularis*. Voici les paroles latines qui désignent les jésuites, telles qu'elles sont dans le sixième tome des *Mémoires de Condé* :

« Pulso præterea tota Gallia hominum genere novæ ac maleficæ su-
« perstitionis, qui rempublicam turbabant, quorum instinctu piacularis
« adolescens dirum facinus instituerat. »

La traduction française, gravée à côté de la latine, portait : « outre a été banni et chassé de toute la France ce genre d'hommes de nouvelle et pernicieuse superstition, qui troublaient la république, à la persuasion desquels ce jeune homme, pensant faire satisfaction de ses péchés, avait entrepris cette cruelle méchanceté. »

Il est donc faux, monsieur, qu'on ait traduit, dans le temps d supplice de Jean Châtel, *piacularis adolescens* par *jeune misérable*, comme vous le dites : il est donc faux que *pénitent* soit un contre-sens.

Mais ce qui est encore plus faux, ce qui est bien pis qu'une niaiserie, c'est que vous calomniez mon ami de la manière la plus cruelle. Vous l'accusez d'avoir donné lieu à ce fatras de *piacularis* par un livre intitulé *l'Évangile du jour*, dans lequel il s'élève, dites-vous, contre les jésuites ; je lui ai écrit pour m'informer de cet *Évangile du jour*, et voici sa réponse :

« Non-seulement je n'ai aucune part à cet *Évangile du jour*, mais vous êtes le premier qui me le faites connaître ; je n'en ai jamais entendu parler. Je ne connais que les évangiles de toute l'année, les quatre Évangiles que tous ces calomniateurs ne suivent guère. Cet *Évangile du jour* est apparemment quelque libelle pour ou contre les jésuites, dont tout le monde parle : on appelle d'ordinaire évangile du jour, ou vaudeville, les nouvelles qui n'ont qu'un temps ; mais je crois que la nouvelle de l'abolition des jésuites durera plus longtemps qu'ils n'ont subsisté. »

Je suis flatté, monsieur le secrétaire, d'égayer la sécheresse de cette dispute par une lettre de mon ami ; c'est une consolation qu'il ne faut pas envier à mon cœur. Mais comment me consolerai-je des calomnies dont vous ne cessez d'accabler un homme qui doit m'être cher ? Que vous a-t-il fait, encore une fois ? Êtes-vous ex-jésuite ? êtes-vous ex-convulsionnaire ? êtes-vous ex-chrétien ? êtes-vous juif ? Soyez homme. Vous prétendez que mon ami a dit dans les *Anecdotes sur Bélisaire* : « La falsification est un cas pendable : » mais il n'a jamais écrit d'*Anec-dotes sur Bélisaire* ; c'est la calomnie qui est un cas pendable.

Je ne vous dis pas : « Vous êtes un calomniateur ; » je vous dis : « Vous êtes la trompette de la calomnie. Il ne sied pas à un homme aussi éclairé et aussi spirituel que vous l'êtes, de répéter des discours de cafés. »

XIXᵉ NIAISERIE. — *Sur un mot.* — On a dit dans la *Philosophie de l'Histoire*, ou, si l'on veut, dans le discours qui précède l'histoire de l'esprit humain et des mœurs des nations, qu'Israël est un mot chaldéen ; il l'est en effet, et d'où le savons-nous ? De Philon, qui nous l'apprend dans le commencement de la relation de son voyage auprès de l'empereur Caligula, dont il fut si mal reçu. Voici ses paroles, car il faut répéter quelquefois : « Les hommes vertueux sont comme le partage de l'Être souverain, dont l'empire est sans bornes. Les Chaldéens leur donnent le nom d'Israël, c'est-à-dire voyant Dieu. »

Vous avez cherché ce passage dans l'historien Josèphe, au lieu de le chercher dans Philon, qui est imprimé immédiatement après le cinquième tome de ce Josèphe; et ne trouvant pas ce passage, où il n'est point, vous avez cru que mon ami voulait vous tromper, qu'il était un falsificateur de livres juifs. De grâce, monsieur le secrétaire, un peu de justice !

XXᵉ NIAISERIE. — *Sur un autre mot.* — Est-il possible, monsieur le secrétaire, qu'après vous être abaissé jusqu'à répéter les calomnies dont je viens de vous demander justice, vous vous abaissiez encore jusqu'à des plaisanteries de collége sur un mot grec! Le mot de symbole est grec. *Symbolon a symballo, confero. Symbolon* signifie proprement *collatio.* Voyez votre *Calepin*, encore une fois, il vous en rendra raison. Vous demandez si c'est une collation après dîner? Est-ce là, monsieur, une fine plaisanterie de la cour dans laquelle vous avez présentement une place¹? Souvenez-vous que *symbolon* vient de *symballo*, parce qu'il rappelait l'idée des différentes professions de foi qu'on avait conférées, collationnées, comparées les unes avec les autres.

Mon symbole à moi est : Je pardonne à ceux qui se trompent, je les prie de me pardonner de même.

XXIᵉ NIAISERIE. — *Sur d'autres mots.* — Oui, monsieur, *epiphaniu* signifie surface, apparence. Oui, on a écrit aussi communément *idiotoi* qu'*idiotai*, solitaires; et ce n'est point du tout pour faire une mauvaise plaisanterie qu'on a remarqué qu'*idiot* signifiait autrefois isolé, retiré du monde, et ne signifie aujourd'hui que sot. On a voulu et on devait faire voir à quel point la valeur, l'intelligence des termes les plus communs, s'écarte de leur origine. *Buse* est le nom d'un oiseau de proie très-dangereux; cependant on appelle buse un homme trop simple qui se laisse surprendre. *Paradis* signifiait *verger* en grec et en hébreu; il signifia bientôt le plus haut des cieux. *Euménides* voulait dire *compatissantes* chez les Grecs, ils en firent des furies. De bouleverd, jeu de boule sur le vert gazon, nous avons fait boulevard, qui signifie en général fortifications : toutes les langues sont pleines de dérivés qui n'ont plus rien de leur racine.

La qualification de despote n'était donnée, dans le Bas-Empire, qu'à des princes dépendants des empereurs grecs ou des Turcs; despote de Servie, despote de Valachie. Ce mot originairement signifiait maître de maison. Si on n'avait donné que ce titre à un empereur, ç'eût été une insulte. Vous saviez tout cela mieux que moi, monsieur; leviez-vous incidenter sur des choses si communes?

XXIIᵉ NIAISERIE. — *Sur une corneille qui prophétisa.* — On sait qu'autrefois les bêtes parlaient: pourquoi non? puisqu'elles ont une langue, et qu'un perroquet eut une si longue conversation avec le prince Maurice de Nassau, rapportée mot pour mot dans le livre de l'*Entendement humain* de Locke. Les chênes de Dodone parlaient sans

---

1. L'abbé Guenée était attaché à la chapelle du roi à Versailles. Il fut plus tard sous-précepteur des enfants du comte d'Artois, depuis Charles X. (ÉD.)

.angues un grec très-pur, rendaient des oracles; à plus forte raison.
les animaux devaient-ils être prophètes. Non-seulement le bœuf Apis
prédisait l'avenir par l'appétit ou le dégoût qu'il témoignait en mangeant son foin, mais il beuglait les choses futures avec une grande
éloquence. Ni vous ni moi ne sommes étonnés qu'une corneille ait prédit tout haut dans le Capitole la mort de l'empereur Domitien . mon
ami s'est trompé, je l'avoue, sur les propres paroles que croassa cette
prophétesse : elle dit : *Tout ira bien*; et mon ami, emporté par le feu
de son âge, lui fait dire : *Tout va bien*. Cela est punissable, et il en
demande très-humblement pardon à vous et à la corneille.

XXIII° NIAISERIE. — *Des polissons*. — Je suis bien honteux, mon
sieur, pour vous et pour moi, de toutes ces niaiseries. Vous reprochez
à mon ami d'avoir appelé les Juifs *polissons* : ce n'est pas là son style.
Vous citez un livre qu'il n'a pas fait, et qu'il est incapable d'avoir fait.

Je ne sais pas dans quel arsenal vous prenez vos armes. Peut-être
dans quelques lettres de plaisanterie, en parlant de quarante-deux enfants qui coururent après Élisée vers Béthel, et qui lui criaient *Tête
chauve*, mon ami s'est servi du terme de *petits polissons*. En effet, il
n'y a que des enfants malappris qui puissent crier *Tête chauve* à un
prophète qui n'a point de cheveux. Ces petits garçons étaient de francs
polissons, qui méritaient bien d'être châtiés : aussi le furent-ils, et
d'une manière assez forte pour les mettre hors d'état de récidiver.

Le R. P. Calmet intitule ainsi le deuxième chapitre du quatrième
livre des *Rois* : « Élisée fait dévorer par des ours quarante enfants qui
s'étaient moqués de lui. » Calmet se trompe; ils étaient quarante-
deux; l'Écriture y est expresse. Je ne dirai pas au P. dom Calmet, dont
j'honore la mémoire : « Mon révérend père, vous ne savez ni le grec
ni l'hébreu; vous traduisez quarante quand il faut traduire quarante-
deux. M. Larcher vous relancera : vous auriez beau dire que vous
n'êtes pas correcteur d'imprimerie; je vous ferai siffler dans toute la
rue Saint-Jacques, pour avoir oublié deux petits garçons. »

Je m'adresserais à Élisée lui-même plutôt qu'à dom Calmet, je lui
dirais : « Mon révérend père Élisée, que ne portiez-vous perruque,
plutôt que de faire manger quarante-deux enfants de Béthel par deux
ours ! Ces polissons auraient pu se corriger; il ne faut jamais déses-
pérer de la jeunesse; votre sévérité a été extrême : j'espère qu'une
autre fois vous aurez plus d'indulgence. »

XXIV° NIAISERIE. — *Sur des mots encore*. — Les mots Éloïm, Bara,
monsieur, ne sont une niaiserie que par la difficulté de collége que vous
faites à mon ami; car il n'est rien de plus respectable que ces mots :
c'est le commencement de la *Genèse*. Vous savez sans doute qu'Origène,
saint Jérôme, saint Épiphane, les entendent comme vous supposez que
mon ami les explique; mais en cela même on vous a trompé. Mon ami
n'est point l'auteur du petit livre où la doctrine d'Origène se rencontre :
ce petit livre est du savant Boulanger, qui était instruit autant qu'on
peut l'être à Paris dans les langues orientales; je vous avertis donc que
c'est M. Boulanger, et non mon ami, que vous attaquez.

Vous l'attaquez bien mal; vous lui dites que le grand mot devenu ineffable chez les Juifs modernes, Jaho, ou Jova, ou Jaou, ne peut être à la fois phénicien, syrien et chaldéen. Quoi! monsieur, la Phénicie n'était-elle pas en Syrie? la Syrie ne touchait-elle pas à la Chaldée? Le mot Dio, Dios, Dieu, n'est-il pas le même pour le fond en Italie, en Espagne, en France? Saint Clément d'Alexandrie, qui était Égyptien, ne nous apprend-il pas quel effet terrible ce grand mot eut en Égypte? Faut-il vous répéter que Moïse, en disant Jeova à l'oreille du roi Nekefre, le fit tomber roide mort, et le ressuscita le moment d'après[1]? Cherchez cette anecdote dans les *Stromates* de saint Clément au livre Ier. Vous la trouverez encore au chapitre XXVII d'Eusèbe, et vous aurez le plaisir d'apprendre que cela vient d'Artaban, grand homme que nous ne connaissons guère, et qui a pourtant écrit ces choses.

Voulez-vous combler votre mauvaise volonté par de misérables disputes de grammaire, après l'avoir tant signalée sur des faits importants?

Au fond, votre livre est une facétie; c'est un savant professeur qui représente une comédie où il fait paraître six acteurs juifs : il joue tout seul tous les rôles, comme La Rancune, dans le *Roman comique*, joue seul une pièce entière dans laquelle il fait jusqu'au chien de Tobie, si je ne me trompe. Mais, monsieur, en jouant cette parade, vous en avez fait une atellane un peu mordante, et même cruelle. Vous la rendriez funeste, si nous vivions dans ces temps de superstition et d'ignorance, où l'on cassait la tête de son voisin à coups de crucifix. Vous avez voulu exciter la colère de nos supérieurs; mais ils ont des occupations plus importantes que celle de lire votre comédie juive : et quand ils l'auraient lue, soyez sûr qu'ils n'auraient pas traité mon ami en Amalécite. Ils sont sages, ils sont aussi indulgents qu'éclairés. Le temps des persécutions est passé; vous ne le ferez pas revenir.

RÉPONSE ENCORE PLUS COURTE AU TROISIÈME TOME JUIF.

Après avoir repoussé d'injustes reproches et des calomnies, après avoir tantôt joué avec des futilités, tantôt brisé les traits mortels qu'elles renfermaient, il est temps de venger la France des outrages que monsieur le secrétaire lui prodigue dans son troisième volume, et toujours sous le nom de ses Juifs. Je n'emploierai que quelques pages contre un livre entier.

I. *Du jubilé.* — Il ne s'agit plus ici d'un combat dans lequel un ennemi puisse se couvrir d'un bouclier divin, et percer son adversaire d'une flèche sacrée. D'abord, politiquement parlant, et non pas théologiquement argumentant, il s'agit de savoir si les lois hébraïques valent mieux que nos lois chrétiennes.

Au fait : le jubilé est-il préférable aux rentes sur l'hôtel de ville? Je

---

1. C'est une plaisanterie; le roi d'Égypte n'en mourut pas, il se trouva mal seulement. Mais qu'un mot ait la vertu de faire trouver mal les rois à qui on le dit à l'oreille, c'est déjà un assez beau miracle. (*Ed. de Kehl.*)

vous soutiens, monsieur, que vous-même vous aimeriez cent fois mieux vous faire une rente perpétuelle de cinq mille livres pour cent mille francs de fonds, que d'acheter un bien de campagne dont vous seriez obligé de sortir au bout de cinquante ans. Je suppose que vous êtes Juif, que vous achetez une métairie de cent arpents dans la tribu d'Issakar à l'âge trente ans : vous l'améliorez, vous l'embellissez; elle vaut, quand vous êtes parvenu à quatre-vingts ans, le double de ce qu'elle valait au temps de l'achat; vous en êtes chassé, vous, votre femme et vos enfants; et vous allez mourir sur un fumier par la loi du jubilé.

Cette loi n'est guère plus favorable au vendeur qu'à l'acheteur; car il y a grande apparence que l'acheteur, obligé de déguerpir, n'aura pas sur la fin laissé la ferme en très-bon état. La loi du jubilé paraît faite pour ruiner deux familles.

Ce n'est pas tout : comptez-vous pour rien les difficultés prodigieuses de stipuler les conditions de ces contrats, d'évaluer un sixième, un septième de jubilé, et de prévenir les disputes inévitables qui doivent naître d'un tel marché ?

Comment aurait-on pu imaginer cette loi impraticable dans un désert, pour l'exécuter dans un petit pays de roches et de cavernes dont on n'était pas le maître et qu'on ne connaissait pas encore? N'était-ce pas vendre la peau de l'ours avant de l'avoir tué? Enfin, messieurs les Juifs, votre jubilé était si peu convenable, qu'aucune nation n'a voulu l'adopter; vous-mêmes vous ne l'avez jamais observé; il n'y en a aucun exemple dans vos histoires. L'Irlandais Ussérius a compté le premier jubilé 1395 ans avant notre ère vulgaire, qui n'est pas la vôtre; mais il n'a pu trouver dans vos livres l'exemple d'un seul homme qui soit rentré dans son héritage en vertu de cette loi.

Nous avons un jubilé aussi nous autres; il est charmant, il est tout spirituel; c'est le bon pape Boniface VIII qui l'institua, peu de temps après avoir fait venir par les airs la maison de Notre-Dame de Lorette. Ceux qui ont dit que Boniface VIII entra dans l'évêché de Rome comme un renard, s'y comporta comme un loup et mourut comme un chien, étaient de grands hérétiques. Quoi qu'il en soit, notre jubilé est autant au-dessus du vôtre que le spirituel est préférable au temporel. Cette loi du jubilé prouve clairement que la nation juive était une petite horde barbare; toute grande société est fondée sur le droit de propriété.

II. *Lois militaires.* — Vous vantez, messieurs les Juifs, l'humanité noble de vos lois militaires; elles étaient dignes d'une nation établie de temps immémorial dans le plus beau climat de la terre. Vous dites d'abord qu'il vous était ordonné de payer vos vivres quand vous passiez par les terres de vos alliés, et de n'y point faire de dégât.

Je crois bien qu'on fut obligé de vous l'ordonner, supposé encore que vous eussiez des alliés dans des déserts où il n'y eut jamais de peuplade.

Vous ne pouviez, dites-vous[1], prendre les armes que pour vous dé-

1. Page 45, t. III.

fendre ; cela est si curieux, qu'ayant jusqu'à présent négligé de citer les pages de votre livre que tout le monde doit savoir par cœur, j'en prends la peine cette fois-ci.

En effet, messieurs, lorsque vous allâtes, à ce que vous me dites, faire sept fois le tour de Jéricho dont vous n'aviez jamais entendu parler, faire tomber les murs au son du cornet à bouquin, massacrer, brûler femmes, filles, enfants, vieillards, animaux, c'était pour vous défendre !

III. *Filles prises en guerre.* — Mais vous étiez si bons, que quand par hasard il se trouvait dans le butin une paysanne fraîche et jolie, il vous était permis de coucher avec elle et même de la joindre au nombre de vos épouses : cela devait faire un excellent ménage. Il est vrai que votre captive ne pouvait avoir les honneurs d'épousée qu'au bout d'un mois; mais de braves soldats n'attendent pas si longtemps à jouir du droit de la guerre.

IV. *Filles égorgées.* — Je ne sais qui a dit[1] que votre usage était de tuer tout, excepté les filles nubiles. « N'est-il pas clair, répondez-vous, que c'est calomnier grossièrement nos lois, ou montrer évidemment à toute la terre que vous ne les avez jamais lues? »

Ah ! toute la terre, messieurs ! N'êtes-vous pas comme ce savant qui prenait toujours l'université pour l'univers? Sans doute celui qui vous a reproché d'épargner toujours les filles s'est bien trompé : témoin toutes les filles égorgées à Jéricho, au petit village de Haï traité comme Jéricho, aux trente et un villages dont vous pendîtes les trente et un rois, et qui furent livrés au même anathème. Oui, messieurs, il est clair qu'on vous a calomnié grossièrement. Tout ce que je puis vous dire, c'est qu'il est bien étrange qu'on parle encore dans le monde de vous, et qu'on perde son temps à vous calomnier; mais vous nous le rendez bien.

V. *Mères qui détruisent leur fruit.* — Laissons là votre code militaire : je suis pacifique; suivons pied à pied votre police.

Vous louez votre législation de n'avoir décerné aucune peine pour les mères qui détruisent leurs enfants. Vraiment, puisqu'on ne les a pas punies pour les avoir tués et pour les avoir mangés, on ne les aura pas punies pour les avoir empoisonnés ou les avoir fait cuire. On vous a dit que les Juifs mangèrent quelquefois de petits enfants; mais on ne vous a pas dit qu'ils les aient mangés tout crus : un peu d'exactitude, s'il vous plaît.

VI. *De la graisse.* — Vous vous extasiez sur ce que dans votre *Vaïcra* (dans votre *Lévitique*) il vous est défendu de manger de la graisse, parce qu'elle est indigeste; mais, messieurs, Aaron et ses fils avaient donc un meilleur estomac que le reste du peuple; car il y a de la graisse entre l'épaule et la poitrine qui sont leur partage. Vous prétendez que vos brebis avaient des queues dont la graisse pesait cin-

---

1. Voltaire lui-même. (ÉD.)

quante livres : elle était donc pour vos prêtres. Arlequin disait, dans l'ancienne comédie italienne, que, s'il était roi, il se ferait servir tous les jours de la soupe à la graisse; c'était apparemment celle de vos queues.

VII. *Du boudin.* — Vous tirez encore un grand avantage de ce que les pigeons au sang et le boudin vous étaient défendus : vous croyez que ce fut un grand médecin qui donna cette ordonnance; vous pensez que le sang est un poison, et que Thémistocle et d'autres moururent pour avoir bu du sang de taureau.

Je vous confie que, pour me moquer des fables grecques, j'ai fait saigner une fois un de mes jeunes taureaux et j'ai bu une tasse de son sang très-impunément. Les paysans de mon canton en font usage tous les jours et ils appellent ce déjeuner la fricassée.

VIII. *De la propreté.* — Vous croyez qu'à Jérusalem on était plus propre qu'à Paris, parce qu'on avait la lèpre et qu'on manquait de chemises, et vous regrettez la belle police qui ordonnait de démolir les maisons dont les murailles étaient lépreuses. Vous pouviez pourtant savoir qu'en tout pays les taches qu'on voit sur les murs ne sont que l'effet de quelques gouttes de pluie sur lesquelles le soleil a donné; il s'y forme de petites cavités imperceptibles. La même chose arrive partout aux feuilles d'arbres; le vent porte souvent dans ces gerçures des œufs d'insectes invisibles : c'est là ce que vos prêtres appelaient la lèpre des maisons; et comme ils étaient juges souverains de la lèpre, ils pouvaient déclarer lépreuse la maison de quiconque leur déplaisait et la faire démolir pour préserver le reste.

Quant à vos grand'mères, je crois nos Parisiennes tout aussi propres qu'elles pour le moins.

Vous triomphez de ce qu'il vous était enjoint de n'aller jamais à la garde-robe que hors du camp et avec une pioche; vous croyez que dans nos armées tous nos soldats font leurs ordures dans leurs tentes. Vous vous trompez, messieurs, ils sont aussi propres que vous. Si vous êtes engoués de la manière dont vos ancêtres poussaient leur selle, lisez les cinquante-deux manières de se torcher le cul, décrites par notre grand rabbin François Rabelais[1]; et vous conviendrez de la prodigieuse supériorité que nous avons sur vous.

Passons de la garde-robe à votre cuisine. Pensez-vous que votre temple, qui n'était que la cuisine de vos lévites, fût aussi propre que Saint-Pierre de Rome? Vous nous racontez qu'un jour Salomon tua dans ce temple vingt-deux mille bœufs gras et cent vingt mille moutons pour son dîner, sans compter les marmites du peuple. Songez qu'à cinquante pintes de sang par bœuf gras et à dix pintes par mouton, cela fait vingt-trois millions de pintes de sang qui coulèrent ce jour-là dans votre temple. Figurez-vous quel monceau de charognes dépecées! que de marmitons, que de marmites, que d'infection! Est-ce là votre propreté, messieurs? est-ce là le *simplex mundItiis* d'Horace?

1. Liv. I, chap. XIII. (ÉD.)

IX. *De la gaieté.* — Vous nous citez le sabbat pour une fête gaie.
« Aux six jours de travail succède régulièrement un jour de repos : »
et moi je pourrais vous citer le *tristia sabbata cordi*, le *septima quæ-
que dies turpi sacrata veterno*. Et je vous soutiendrai qu'un jour de
dimanche, la Courtille, les Porcherons, les boulevards, sont cent fois
plus gais que toutes vos fêtes jointes ensemble. Vraiment il vous sied
bien de croire être plus joyeux que les Parisiens !

X. *De la gonorrhée.* — Vous confondez la gonorrhée antique, commune aux messieurs et aux dames dans tous les temps, avec la chau-
dep...., maladie qui n'est connue que depuis la fin du xve siècle. *Go-
norrhœa, flux de génération*, est la chose la plus simple. Vous donnez
à entendre que le texte du *Lévitique* confond ces deux incommodités :
non, il ne les confond pas; la virulente était absolument inconnue
dans tout notre hémisphère. Christophe Colomb alla la déterrer à
Saint-Domingue. L'autre, dont il est question ici, se guérit avec du
vin chaud encore mieux qu'avec de l'eau fraîche; elle n'a nul rapport
avec le péché d'Onan, ni avec l'*Onanisme* de M. Tissot. Vous les citez
en vain en votre faveur; jamais M. Tissot n'a fait sortir de Lausanne les
impurs qu'il a guéris de la gonorrhée virulente. Quant au bonhomme
Onan, voyez si vous avez quelque chose de commun avec lui.

XI. *De l'agriculture.* — Vous parlez très-bien de l'agriculture, monsieur, et je vous en remercie; car je suis laboureur.

XII. *Du profond respect que les dames doivent au joyau des messieurs.* — Vous rapportez une étrange loi dans le *Deutéronome*, au
chapitre xxv[1], « Si deux hommes ont une dispute, si la femme du
plus faible prend le plus fort par son joyau, coupez la main à cette
femme sans rémission. »

Je vous demande pardon, messieurs, jamais je n'aurais coupé la
main à une dame qui m'aurait pris par là autrefois; vous êtes bien
délicats et bien durs.

XIII. *Polygamie.* — Vous prétendez que mon ami a dit : « Je ne
suis point assez habile physicien pour décider si, après plusieurs siècles, la polygamie aurait un avantage bien réel sur la monogamie,
par rapport à la multiplication de l'espèce humaine[2]. »

Soyez sûr, monsieur, que mon ami n'a jamais écrit dans ce goût
pour décider si, après plusieurs mots inutiles, on inspirerait au lecteur un dégoût bien réel par rapport à la multiplication de l'ennui.
Vous lui imputez sans cesse ce qu'il n'a jamais écrit; ayez la bonté de
jeter les yeux sur le fragment que je vous présente; il m'a paru
moins ennuyeux que celui que vous citez par rapport à la multiplication de l'espèce humaine[3].

1. Verset 2. (ÉD.)
2. L'abbé Guenée, dans le paragraphe 6 de la lettre VIII, rapporte comme
étant de Voltaire ces paroles; mais, contre son usage, il n'indique pas l'ouvrage; et je les ai vainement cherchées dans les œuvres de Voltaire. (*Note de
M. Beuchot.*)
3. Ici sous le titre de *Fragment sur les femmes*, Voltaire reproduisait un

XIV. *Femmes des rois.* — Pour nous prouver que Jérusalem l'emporte sur Paris, sur Londres, et sur Madrid, vous nous dites que dans votre désert, lorsque vous étiez sans rois et sans souliers, il fut défendu à vos monarques, qui ne parurent que quatre cents ans après, d'avoir un trop grand nombre de femmes. Cette loi, qui est dans votre *Deutéronome*, ne détermine pas le nombre permis ; et c'est ce qui a fait croire à tant de doctes et profonds esprits, mais trop confiants en leurs lumières, que votre *Pentateuque* ne fut écrit que dans le temps où vos roitelets abusèrent de la polygamie si prodigieusement, qu'il fallut les avertir d'être un peu plus modérés.

XV. *De la défense d'approcher de sa femme pendant ses règles.* — Vous êtes, messieurs, d'un avis bien différent de notre fameux Fernel, premier médecin de François Iᵉʳ et de Henri II ; il conseilla à Henri le coucher avec Catherine de Médicis dans le temps le plus fort de ses menstrues ; c'était, disait-il, le plus sûr moyen de la rendre féconde ; et l'événement justifia l'ordonnance du médecin.

Vous, au contraire, messieurs, vous regardez cette opération qui nous valut trois rois de France l'un après l'autre[1], comme un crime capital ; vous voudriez qu'on eût puni de mort Henri II et sa femme ; vous nous montrez leur condamnation dans le chapitre xx du *Lévitique* : « Qui coierit cum muliere in fluxu menstruo et revelaverit turpi-« tudinem ejus, ipsaque aperuerit fontem sanguinis sui, interficientur « ambo de medio populi sui. » Si un homme se conjoint avec sa femme pendant ses menstrues, et si elle ouvre la fontaine sanglante, qu'ils soient tous deux tués, exterminés[2].

Permettez-moi, messieurs, de vous représenter que votre sentence est bien dure. La Faculté de Médecine de Paris et celle de Londres vous prieront de la réformer ; franchement il n'y a pas là de quoi pen-

long passage de son article FEMME des *Questions sur l'Encyclopédie*, depuis l'alinéa qui commence par ces mots : *L'ignorance a prétendu*, etc., jusqu'à la fin. (ÉD.)

1. François II, Charles IX, Henri III, tous trois fils de Henri II et de Catherine de Médicis. (ÉD.)

2. Cette horreur superstitieuse pour les femmes, durant cette époque, est presque générale chez les nations sauvages (voyez le *Voyage de Carver*, et l'*Histoire générale des Voyages*) ; elle tient vraisemblablement à l'horrible malpropreté des femmes parmi ces peuples. Il est très-douteux cependant que la recette de Fernel soit réelle : on ferait un volume de tout ce qu'on a imaginé d'absurdités sur cet objet, depuis les systèmes des médecins sur la cause des menstrues, jusqu'à leur usage dans les préparations magiques, et à l'opinion qu'il en peut résulter une souillure morale. Mais la loi qui condamne à mort la femme et le mari n'appartient qu'aux Juifs ; les sauvages d'aucune autre partie du monde n'ont porté à ce point leur férocité superstitieuse. Nous invitons le secrétaire des Juifs à nous apprendre comment on s'y prenait pour constater le délit. Nous savons combien toutes les preuves des fautes contre les mœurs sont indécentes, incertaines, souvent aussi contraires à l'humanité qu'à la bienséance ; combien surtout elles exposent à condamner des innocents ; mais, dans le délit juif, il y a quelques difficultés de plus ; nous voudrions bien que M. le secrétaire nous enseignât à les lever ; il serait bon aussi qu'il nous expliquât comment une dame juive, amoureuse d'un velu, s'y prenait pour lui parler de sa passion. Pourquoi se refuserait-il au devoir d'instruire et d'édifier ses frères, en approfondissant ces matières si importantes pour le bonheur de l'univers et la conservation du bon goût ? (Ed. de Kehl.)

dre un père et une mère de famille. On a eu raison de dire que votre loi est la loi de rigueur, et la nôtre la loi de grâce.

XVI. *Du divorce et du paradis.* — Chez vous, il fut permis de donner une lettre de divorce à sa femme, quand on était las d'elle; et la femme n'avait pas le même droit. Vous reprochez à mon ami d'avoir dit « que c'est la loi du plus fort, et la nature pure et barbare. »

Ces paroles ne sont dans aucun de ses ouvrages. Vous vous trompez toujours quand vous l'accusez; il n'a rien dit de cela, encore une fois; reprochez-lui de ne l'avoir pas dit. Les Turcs sont plus équitables que vous; ils permettent aux dames de demander le divorce.

Vous n'avez assez bonne opinion ni des chrétiens ni des musulmans : vous vous imaginez que Mahomet a fermé l'entrée du paradis aux dames; on vous a trompés, messieurs, sur Mahomet comme sur mon ami. Il est dit dans *la Sonna* qu'une douairière, ayant commis quelques péchés mortels, vint demander au prophète si elle pouvait encore espérer une place en paradis. Le prophète, que cette dame importunait, lui répondit avec un peu d'humeur (car vous savez que les prophètes en ont) : « Allez vous faire *promener*, madame; le paradis n'est pas pour les vieilles. » La pauvre dame pleura et se lamenta. Le prophète la consola en lui disant : « Ma bonne, en paradis il n'y a plus de vieilles, tout le monde y est jeune. »

XVII. *Permission de vendre ses enfants.* — Si les dames ont été très-maltraitées par vos lois, vous nous assurez que les enfants l'étaient encore plus mal. Il est permis, dites-vous, à un père de vendre son fils dans le cas d'une extrême indigence : mon ignorance prend ici votre parti contre vous-mêmes. Je n'ai point trouvé l'énoncé de cette loi chez vous; je trouve seulement dans l'*Exode*, chapitre xxi : « Si quelqu'un vend sa fille pour servante, elle ne sortira point de servitude : » je présume qu'il en était de même pour les garçons.

Au reste, je ne connais dans l'antiquité d'autre fille vendue par son père, que Métra, qui se laissa vendre tant de fois pour nourrir son père Érésichthon, lequel mourait de faim, comme vous savez, en mangeant toujours. C'est le plus grand exemple de la piété filiale qui soit dans la fable.

A l'égard des garçons, je n'ai vu que Joseph vendu par sa famille patriarcale; mais ce ne fut pas assurément son pauvre père qui le vendit.

XVIII. *Des supplices recherchés.* — Je vous bénirai, monsieur et messieurs, quand vous élèverez la voix contre nos abus; nous en avons eu d'horribles; il fut des barbares dans Paris comme dans Hershalaïm. Vous vous êtes joints à mon ami pour frémir, et pour verser sur nous des larmes; mais quand vous nous dites « que les tourments cruels dont on a puni chez nous des fautes légères se ressentent des mœurs atroces de nos aïeux; que chez vous les peines étaient quelquefois sévères, les supplices jamais recherchés; » comment voulez-vous qu'on vous croie? Relisez vos livres, vous verrez non-seulement un Josué, un Caleb, prodiguant tous les genres de mort que le fer et

la flamme peuvent faire souffrir à la vieillesse, à l'enfance, et à un
sexe doux et faible ; mais vous verrez, dans les temps que vous appelez
les temps de votre grandeur et de vos mœurs perfectionnées, un David
qui sort de son sérail de dix-huit femmes pour faire scier en deux,
pour faire déchirer sous des herses de fer, pour brûler à petit feu dans
des fours à brique, de braves gens que ses Juifs ont eu le bonheur
de prendre prisonniers, tandis qu'il était entre les bras de la tendre
Bethsabée.

N'y a-t-il rien de recherché, rien d'extraordinaire, messieurs, dans
ces inconcevables horreurs? Vous me direz que l'auteur sacré qui les
décrit ne les condamne point, et que par conséquent elles pouvaient
avoir un bon motif. Mais remarquez aussi, messieurs, que l'auteur sacré ne les approuve pas ; il nous laisse la liberté d'en dire notre sentiment, liberté si précieuse aux hommes !

Avouez donc que vous fûtes aussi barbares dans les temps de votre
politesse que nous l'avons été dans les siècles de notre grossièreté.
Nous fûmes longtemps Gog et Magog ; tous les peuples l'ont été.

Et documenta damus qua simus origine nati.
                            Ovide, *Métam.*, I, v. 415.

Nos pères furent des sangliers, des ours jusqu'au seizième siècle :
ensuite ils ont joint des grimaces de singes aux boutoirs de sangliers
enfin ils sont devenus hommes, et hommes aimables. Vous, messieurs,
vous fûtes autrefois les plus détestables et les plus sots loups-cerviers
qui aient souillé la face de la terre. Vous vivez tranquilles aujourd'hui
dans Rome, dans Livourne, dans Londres, dans Amsterdam. Oublions
nos bêtises et nos abominations passées : mangeons ensemble en frères
des perdrix lardées menu ; car sans lard elles sont un peu sèches vers
le carême.

XIX. *Encore un petit mot de Salomon.*—Votre goût pour les dames,
monsieur et messieurs, ainsi que pour l'argent comptant, vous ramène
toujours à Salomon ; vous y revenez avec tendresse à la fin de vos
gros ouvrages. Je trouve, en vous feuilletant, que vous ne vous émer-
veillez pas assez des vingt-cinq milliards en espèces sonnantes que
Montmartel-David laissa à Brunoi-Salomon, grand amateur d'ornements de chapelle. D'un autre côté, vous me paraissez trop étonnés
qu'un homme qui, en commençant son commerce d'Ophir, avait
d'entrée de jeu vingt-cinq milliards, se fit bâtir quarante mille écuries. Il me semble pourtant que ce n'est pas trop d'écuries ou d'éta-
bles pour un homme qui fait servir sur table vingt-deux mille bœufs
gras et cent vingt mille moutons pour un seul repas[1].

Vous supposez que ces quarante mille écuries ne sont que dans la
Vulgate, dont vous faites très-peu de cas. Permettez-moi d'aimer la
Vulgate recommandée par le concile de Trente, et de vous dire que
je ne m'en rapporte point du tout à vos Bibles massorètes qui ont
voulu corriger l'ancien texte.

1. *Rois* liv III, chap. VIII.

Je conviens que peut-être il y a un peu d'exagération, un peu de contradiction, dans cet ancien texte; cependant ma remarque subsiste, comme dit Dacier.

XX. *Des veaux, des cornes, et des oreilles d'âne.* — Messieurs, il me faut donc vous suivre encore du sérail de votre grand sultan Salomon, si rempli d'or et de femmes, à l'armée de Titus, qui entra le fer et la flamme à la main dans votre petite ville, laquelle n'a jamais pu contenir vingt mille habitants, et dans laquelle il en périt plus de onze cent mille pendant le siége, si l'on croit votre exact et véridique Flavien Josèphe.

Dans cette terrible journée on détruisit, non pas votre second temple, comme vous le dites, mais votre troisième temple, qui était celui d'Hérode. La question importante dont il s'agit est de savoir si Pompée, en passant par chez vous, et en faisant pendre un de vos rois, avait vu, dans ce temple de vingt coudées de long, un animal doré ou bronzé, qui avait deux petites cornes qu'on prit pour des oreilles; si les soldats de Titus en virent autant; et enfin sur quoi fut fondée l'opinion courante que vous adoriez un âne.

Mon ami a cru que vous étiez de très-mauvais sculpteurs, et que, voulant poser des chérubins sur votre arche, ou sur la représentation de votre arche, vous taillâtes si grossièrement les cornes de vos bouvillons chérubins, qu'on les prit pour des oreilles d'âne : cela est assez vraisemblable.

Vous croyez détruire cette vraisemblance en disant que les Babyloniens de Nabuchodonosor avaient déjà pris votre coffre, votre arche, vos chérubins, et vos ânes, il y avait six cent cinquante-huit ans. Vous prétendez que Titus fut bien attrapé lorsqu'en entrant dans votre petit temple, il n'y vit point votre coffre, et qu'il fut privé de l'honneur de le porter en triomphe à Rome.

Vous savez pourtant, monsieur et messieurs, que votre arche d'alliance, construite dans le désert, prise par les Philistins, rendue par deux vaches, placée dans Hershalaïm, y était encore après la captivité en Babylone; l'auteur des *Paralipomènes*[1] le dit expressément. *Fuit arca ibi usque ad præsentem diem.*

Vos rabbins, je ne l'ignore pas, ont prétendu que cette arche est cachée dans le creux d'un rocher du mont Nebo, où est enterré Moïse, et qu'on ne la découvrira qu'à la fin du monde : mais cela n'empêche pas qu'on ne la montre à Rome parmi les plus belles et les plus anciennes reliques qui décorent cette sainte ville. Les antiquaires, qui ont la vue d'une finesse exquise, et qui voient ce que les autres hommes ne voient point, remarquent dans l'arc de triomphe érigé à Titus la figure d'un coffre qui est sans doute votre arche. Elle nous appartient de droit : nous vous sommes substitués; vos dépouilles sont nos conquêtes.

Cessez de vouloir, par vos subtilités rabbiniques, ébranler la foi d'un chrétien qui vous plaint, qui vous aime, mais qui, ayant l'hon-

1. II, chap. v, vers. 9. (ÉD.)

neur d'être l'olivier franc, ne souillera jamais cette gloire en vous accordant la moindre de vos prétentions.

Si vous voulez que je sois de votre avis, messieurs, vous n'avez qu'à vous faire baptiser, je m'offre à être votre parrain. A l'égard de monsieur votre secrétaire, vous pouvez le faire circoncire, je ne m'y opposerai point.

INCURSION SUR NONOTTE EX-JÉSUITE.

Messieurs les six Juifs, monsieur leur secrétaire, plus vous avez été redoutables à mon ami intime, plus j'ai dû le défendre. Vous étiez déjà assez forts par vous-mêmes; j'ai été surpris que vous ayez cherché des troupes auxiliaires chez les jésuites. Est-ce parce qu'ils sont aujourd'hui dispersés comme vous, que vous les appelez à votre secours? Vous combattez sous le bouclier du R. P. Nonotte; vous renvoyez mon ami à ce savant homme; vous le regardez comme un de vos grands capitaines, parce qu'il a servi de goujat, dites-vous, dans une armée levée contre l'*Encyclopédie*. Permettez-moi donc, messieurs, de vous renvoyer à un des plus braves guerriers qui aient combattu pour l'*Encyclopédie* contre le R. P. Nonotte; c'est M. Damilaville, l'un de nos plus savants écrivains : daignez lire ce qu'il répondit au savant Nonotte, il y a quelques années : je remets sous vos yeux ce petit écrit; il a déjà été imprimé; mais, comme vous avez donné une nouvelle édition de vos œuvres judaïques, je puis aussi en donner une des œuvres chrétiennes de M. Damilaville[1].

A MESSIEURS LES SIX JUIFS.

« Voilà, messieurs, ce que M. Damilaville, l'un des plus savants hommes de ce siècle, écrivait à frère Nonotte. Je suis bien loin de prendre avec vous une telle liberté : vous n'êtes point de ceux qui vivent de messes et de libelles. Votre nation a commis autrefois de grandes atrocités, comme toutes les autres; ce n'est point à moi d'appesantir aujourd'hui le joug que vous portez. Si du temps de Tibère quelques pharisiens, en qualité de races de vipères, se rendirent coupables d'un crime inexprimable, dont ils ne connaissaient pas les conséquences, *nesciunt quid faciunt*[2], je ne dois point vous haïr, je dois dire seulement *felix culpa*. Je vous répète ce que mon ami, qui aimait à répéter, a dit tant de fois : Le monde entier n'est qu'une famille, les hommes sont frères; les frères se querellent quelquefois; mais les bons cœurs reviennent aisément. Je suis prêt à vous embrasser, vous et monsieur le secrétaire, dont j'estime la science, le style, et la circonspection dans plus d'un endroit scabreux.

« J'ai l'honneur d'être, sans la moindre rancune, et très-chrétiennement, messieurs, votre très-humble et très-obéissant serviteur,

« LA ROUPILLIÈRE.

« A Perpignan, 15 septembre 1776. »

---

1. Ici Voltaire avait reproduit les *Éclaircissements historiques*. (ÉD.)
2. *Non enim sciunt quid faciunt*; Luc, XXIII, 34. (ÉD.)

HISTOIRE

DE

L'ÉTABLISSEMENT DU CHRISTIANISME.

(1777.)

CHAP. I. — *Que les Juifs et leurs livres furent très-longtemps*
ignorés des autres peuples.

D'épaisses ténèbres envelopperont toujours le berceau du christianisme. On en peut juger par les huit opinions principales qui partagèrent les savants sur l'époque de la naissance de Jésu ou Josuah ou Jeschu, fils de Maria ou Mirja, reconnu pour le fondateur ou la cause occasionnelle de cette religion, quoiqu'il n'ait jamais pensé à faire une religion nouvelle. Les chrétiens passèrent environ six cent cinquante années avant d'imaginer de dater les événements de la naissance de Jésu. Ce fut un moine scythe, nommé Dionysios (Denys le Petit), transplanté à Rome, qui proposa cette ère, sous le règne de l'empereur Justinien; mais elle ne fut adoptée que cent ans après lui. Son système sur la date de la naissance de Jésu était encore plus erroné que les huit opinions des autres chrétiens. Mais enfin ce système, tout faux qu'il est, prévalut. Une erreur est le fondement de tous nos almanachs.

L'embryon de la religion chrétienne, formé chez les Juifs sous l'empire de Tibère, fut ignoré des Romains pendant plus de deux siècles. Ils surent confusément qu'il y avait une secte juive appelée galiléenne, ou pauvre ou chrétienne; mais, c'est tout ce qu'ils en savaient : et on voit que Tacite et Suétone n'en étaient pas véritablement instruits. Tacite parle des Juifs au hasard; et Suétone se contente de dire que l'empereur Claude réprima les Juifs qui excitaient des troubles à Rome, à l'instigation d'un nommé Christ ou Chrest : *Judæos impulsore Chresto assidue tumultuantes repressit.* Cela n'est pas étonnant. Il y avait huit mille Juifs à Rome qui avaient droit de synagogue, et qui recevaient des empereurs les libéralités congiaires de blé, sans que personne daignât s'informer des dogmes de ce peuple. Les noms de Jacob, d'Abraham, de Noé, d'Adam et d'Éve, étaient aussi inconnus du sénat que le nom de Manco-Capac l'était de Charles-Quint avant la conquête du Pérou.

Aucun nom de ceux qu'on appelle patriarches n'était jamais parvenu à aucun auteur grec. Cet Adam, qui est aujourd'hui regardé en Europe comme le père du genre humain par les chrétiens et par les musulmans, fut toujours ignoré du genre humain jusqu'au temps de Dioclétien et de Constantin.

C'est douze cent dix ans avant notre ère vulgaire qu'on place la ruine de Troie, en suivant la chronologie des fameux marbres de Paros.

Nous plaçons d'ordinaire l'aventure du Juif Jephté en ce temps-là même. Le petit peuple hébreu ne possédait pas encore la ville capitale. Il n'eut la ville de Shéba que quarante ans après, et c'est cette Shéba, voisine du grand désert de l'Arabie Pétrée, qu'on nomma Hershalaïm, et ensuite Jérusalem, pour adoucir la dureté de la prononciation.

Avant que les Juifs eussent cette forteresse, il y avait déjà une multitude de siècles que les grands empires d'Égypte, de Syrie, de Chaldée, de Perse, de Scythie, des Indes, de la Chine, du Japon, étaient établis. Le peuple judaïque ne les connaissait pas, n'avait que des notions très-imparfaites de l'Égypte et de la Chaldée. Séparé de l'Égypte, de la Chaldée, et de la Syrie, par un désert inhabitable ; sans aucun commerce réglé avec Tyr ; isolé dans le petit pays de la Palestine, large de quinze lieues et long de quarante-cinq, comme l'affirme saint Hiéronyme ou Jérôme, il ne s'adonnait à aucune science, il ne cultivait presque aucun art. Il fut plus de six cents ans sans aucun commerce avec les autres peuples, et même avec ses voisins d'Égypte et de Phénicie. Cela est si vrai, que Flavius Josèphe, leur historien, en convient formellement dans sa réponse à Apion d'Alexandrie, réponse faite sous Titus à cet Apion, qui était mort du temps de Néron.

Voici les paroles de Flavius Josèphe au chap. IV : « Le pays que nous habitons étant éloigné de la mer, nous ne nous appliquons point au commerce, et n'avons point de communication avec les autres peuples : nous nous contentons de fertiliser nos terres, et de donner une bonne éducation à nos enfants. Ces raisons, ajoutées à ce que j'ai déjà dit, font voir que nous n'avons point eu de communication avec les Grecs, comme les Égyptiens et les Phéniciens, etc. »

Nous n'examinerons point ici dans quel temps les Juifs commencèrent à exercer le commerce, le courtage, et l'usure, et quelle restriction il faut mettre aux paroles de Flavius Josèphe. Bornons-nous à faire voir que les Juifs, tout plongés qu'ils étaient dans une superstition atroce, ignorèrent toujours le dogme de l'immortalité de l'âme, embrassé depuis si longtemps par toutes les nations dont ils étaient environnés. Nous ne cherchons point à faire leur histoire : il n'est question que de montrer ici leur ignorance.

CHAP. II. — *Que les Juifs ignorèrent longtemps le dogme de l'immortalité de l'âme.*

C'est beaucoup que les hommes aient pu imaginer par le seul secours du raisonnement qu'ils avaient une âme ; car les enfants n'y pensent jamais d'eux-mêmes ; ils ne sont jamais occupés que de leurs sens ; et les hommes ont dû être enfants pendant bien des siècles. Aucune nation sauvage ne connut l'existence de l'âme. Le premier pas dans la philosophie des peuples un peu policés fut de reconnaître un je ne sais quoi qui dirigeait les hommes, les animaux, les végétaux, et qui présidait à leur vie : ce je ne sais quoi, ils l'appelèrent d'un nom vague et indéterminé qui répond à notre mot d'*âme*. Ce mot ne donna chez aucun peuple une idée distincte. Ce fut, et c'est encore, et ce sera toujours, une faculté, une puissance secrète, un ressort, un germe inconnu par lequel nous vivons, nous pensons, nous sentons; par lequel les animaux se conduisent, et qui fait croître les fleurs et les fruits. De là les âmes végétatives, sensitives, intellectuelles, dont on nous a tant étourdis. Le dernier pas fut de conclure que notre âme subsistait après notre mort, et qu'elle recevait dans une autre vie la récompense de ses bonnes actions ou le châtiment de ses crimes. Ce sentiment était établi dans l'Inde avec la métempsycose, il y a plus de cinc mille années. L'immortalité de cette faculté qu'on appelle *âme* étai reçue chez les anciens Perses, chez les anciens Chaldéens; c'était l fondement de la religion égyptienne; et les Grecs adoptèrent bientô cette théologie. Ces âmes étaient supposées être de petites figures lé gères et aériennes, ressemblantes parfaitement à nos corps. On les appelait dans toutes les langues connues de noms qui signifiaient ombres, mânes, génies, démons, spectres, lares, larves, farfadets, esprits, etc.

Les brachmanes furent les premiers qui imaginèrent un monde, une planète, où Dieu emprisonna les anges rebelles, avant la formation de l'homme. C'est de toutes les théologies la plus ancienne.

Les Perses avaient un enfer : on le voit par cette fable si connue qui est rapportée dans le livre *De la Religion des anciens Perses* de notre savant Hyde. Dieu apparaît à un des premiers rois de Perse, il le mène en enfer; il lui fait voir les corps de tous les princes qui ont mal gouverné : il s'en trouve un auquel il manquait un pied. « Qu'avez-vous fait de son pied? dit le Persan à Dieu. — Ce coquin-là, répond Dieu, n'a fait qu'une action honnête en sa vie : il rencontra un âne lié à une auge, mais si éloignée de lui, qu'il ne pouvait manger. Le roi eut pitié de l'âne, il donna un coup de pied à l'auge, l'approcha, et l'âne mangea. J'ai mis ce pied dans le ciel, et le reste de son corps en enfer. »

On connaît le Tartare des Égyptiens, imité par les Grecs, et adopté par les Romains. Qui ne sait combien de dieux et de fils de dieux ces Grecs et ces Romains forgèrent depuis Bacchus, Persée, et Hercule, et comme ils remplirent l'enfer d'Ixions et de Tantales?

Les Juifs ne surent jamais rien de cette théologie. Ils eurent la leur, qui se borna à promettre du blé, du vin, et de l'huile à ceux qui obéiront au Seigneur en égorgeant tous les ennemis d'Israël; et à menacer de la rogne et d'ulcères dans le gras des jambes et dans le fondement tous ceux qui désobéiront[1] : mais d'âmes, de punitions dans les enfers, de récompenses dans le ciel, d'immortalité, de résurrection, il n'en est dit un seul mot ni dans leurs lois, ni chez leurs prophètes.

Quelques écrivains, plus zélés qu'instruits, ont prétendu que si le *Lévitique* et le *Deutéronome* ne parlent jamais en effet de l'immortalité de l'âme, et de récompenses ou de châtiments après la mort, il y a pourtant des passages dans d'autres livres du canon juif qui pourraient faire soupçonner que quelques Juifs connaissaient l'immortalité de l'âme. Ils allèguent et ils corrompent ce verset de Job : « Je crois

---

1. Voy. le *Deutéronome*

que mon protecteur vit, et que dans quelques jours je me relèverai de terre : ma peau tombée en lambeaux se consolidera. Tremblez alors, craignez la vengeance de mon épée. »

Ils se sont imaginé que ces mots, « Je me relèverai, » signifiaient « je ressusciterai après ma mort. » Mais alors comment ceux auxquels Job répond auraient-ils à craindre son épée? Quel rapport entre la gale de Job et l'immortalité de l'âme?

Une des plus lourdes bévues des commentateurs est de n'avoir pas songé que Job n'était point Juif, qu'il était Arabe; et qu'il n'y a pas un mot dans ce drame antique de Job qui ait la moindre connexité avec les lois de la nation judaïque.

D'autres, abusant des fautes innombrables de la traduction latine appelée *Vulgate*, trouvent l'immortalité de l'âme et l'enfer des Grecs dans ces paroles que Jacob prononce [1] en déplorant la perte de son fils Joseph, que les patriarches ses frères avaient vendu comme esclave à des marchands arabes, et qu'ils faisaient passer pour mort : *Je mourrai de douleur, je descendrai avec mon fils dans la fosse.* La *Vulgate* a traduit *sheol*, la fosse, par le mot enfer, parce que la fosse signifie souterrain. Mais quelle sottise de supposer que Jacob ait dit : « Je descendrai en enfer, je serai damné, parce que mes enfants m'ont dit que mon fils Joseph a été mangé par des bêtes sauvages! » C'est ainsi qu'on a corrompu presque tous les anciens livres par des équivoques absurdes. C'est ainsi qu'on s'est servi de ces équivoques pour tromper les hommes.

Certainement le crime des enfants de Jacob et la douleur du père n'ont rien de commun avec l'immortalité de l'âme. Tous les théologiens sensés, tous les bons critiques en conviennent; tous avouent que l'autre vie et l'enfer furent inconnus aux Juifs jusqu'au temps d'Hérode. Le docteur Arnauld, fameux théologien de Paris, dit en propres mots, dans son *Apologie de Port-Royal :* « C'est le comble de l'ignorance de mettre en doute cette vérité qui est des plus communes, et qui est attestée par tous les pères, que les promesses de l'*Ancien Testament* n'étaient que temporelles et terrestres, et que les Juifs n'adoraient Dieu que pour des biens charnels. » Notre sage Middleton a rendu cette vérité sensible.

Notre évêque Warburton, déjà connu par son *Commentaire de Shakspeare*, a démontré en dernier lieu que la loi mosaïque ne dit pas un seul mot de l'immortalité de l'âme, dogme enseigné par tous les législateurs précédents. Il est vrai qu'il en tire une conclusion qui l'a fait siffler dans nos trois royaumes. « La loi mosaïque, dit-il, ne connaît point l'autre vie; donc cette loi est divine. » Il a même soutenu cette assertion avec l'insolence la plus grossière. On sent bien qu'il a voulu prévenir le reproche d'incrédulité, et qu'il s'est réduit lui-même à soutenir la vérité par une sottise; mais enfin cette sottise ne détruit pas cette vérité, si claire et si démontrée.

L'on peut encore ajouter que la religion des Juifs ne fut fixe et con-

1. Voy. la *Genèse*

stante qu'après Esdras. Ils n'avaient adoré que des dieux étrangers et des étoiles, lorsqu'ils erraient dans les déserts, si l'on en croit Ézéchiel, Amos, et saint Étienne [1]. La tribu de Dan adora longtemps les idoles de Michas [2]; et un petit-fils de Moïse, nommé Éléazar, était le prêtre de ces idoles, gagé par toute la tribu.

Salomon fut publiquement idolâtre. Les melchim ou rois d'Israël adorèrent presque tous le dieu syriaque Baal. Les nouveaux Samaritains, du temps du roi de Babylone, prirent pour leurs dieux Sochothbénoth, Nergel, Adramélech, etc.

Sous les malheureux régules de la tribu de Juda, Ézéchias, Manassé, Josias, il est dit que les Juifs adoraient Baal et Moloch, qu'ils sacrifiaient leurs enfants dans la vallée de Topheth. On trouva enfin le *Pentateuque* du temps du melck ou roitelet Josias; mais bientôt après Jérusalem fut détruite, et les tribus de Juda et de Benjamin furent menées en esclavage dans les provinces babyloniennes.

Ce fut là, très-vraisemblablement, que plusieurs Juifs se firent courtiers et fripiers : la nécessité fit leur industrie. Quelques-uns acquirent assez de richesses pour acheter du roi que nous nommons Cyrus la permission de rebâtir à Jérusalem un petit temple de bois sur des assises de pierres brutes, et de relever quelques pans de murailles. Il est dit, dans le livre d'*Esdras*, qu'il revint dans Jérusalem quarante-deux mille trois cent soixante personnes, toutes fort pauvres. Il les compte famille par famille, et il se trompe dans son calcul, au point qu'en additionnant le tout on ne trouve que vingt-neuf mille neuf cent dix-huit personnes. Une autre erreur de calcul subsiste dans le dénombrement de Néhémie; et une bévue encore plus grande est dans l'édit de Cyrus, qu'Esdras rapporte. Il fait parler ainsi le conquérant Cyrus : « Adonaï le Dieu du ciel m'a donné tous les royaumes de la terre, et m'a commandé de lui bâtir un temple dans Jérusalem, qui est en Judée. » On a très-bien remarqué que c'est précisément comme si un prêtre grec faisait dire au Grand-Turc : « Saint Pierre et saint Paul m'ont donné tous les royaumes du monde, et m'ont commandé de leur bâtir une maison dans Athènes, qui est en Grèce. »

Si l'on en croit Esdras, Cyrus, par le même édit, ordonna que les pauvres qui étaient venus à Jérusalem fussent secourus par les riches qui n'avaient pas voulu quitter la Chaldée, où ils se trouvaient très-bien, pour un territoire de cailloux où l'on manquait de tout, et où même on n'avait pas d'eau à boire pendant six mois de l'année. Mais, soit riches, soit pauvres, il est constant qu'aucun Juif de ces temps-là ne nous a laissé la plus légère notion de l'immortalité de l'âme.

CHAP. III. — *Comment le platonisme pénétra chez les Juifs.*

Cependant Socrate et Platon enseignèrent dans Athènes ce dogme qu'ils tenaient de la philosophie égyptienne et de celle de Pythagore. Socrate, martyr de la divinité et de la raison, fut condamné à mort,

---

1. Ézéchiel, chap. xx; Amos, chap. v; *Actes*, chap. vii.
2. Voy. l'histoire de Michas, dans les *Juges*, chap. xvii et suiv.

environ trois cents ans avant notre ère, par le peuple léger, inconstant, impétueux, d'Athènes, qui se repentit bientôt de ce crime. Platon était jeune encore. Ce fut lui qui, le premier chez les Grecs, essaya de prouver, par des raisonnements métaphysiques, l'existence de l'âme et sa spiritualité : c'est-à-dire sa nature légère et aérienne, exempte de tout mélange de matière grossière; sa permanence après la mort du corps, ses récompenses et ses châtiments après cette mort; et même sa résurrection avec un corps tombé en pourriture. Il réduisit cette philosophie en système dans son *Phédon*, dans son *Timée*, et dans sa *République* imaginaire : il orna ses arguments d'une éloquence harmonieuse et d'images séduisantes.

Il est vrai que ses arguments ne sont pas la chose du monde la plus claire et la plus convaincante. Il prouve d'une étrange manière, dans son *Phédon*, l'immortalité de l'âme, dont il suppose l'existence, sans avoir jamais examiné si ce que nous nommons âme est une faculté donnée de Dieu à l'espèce animale, ou si c'est un être distinct de l'animal même. Voici ses paroles : « Ne dites-vous pas que la mort est le contraire de la vie ? — Oui. — Et qu'elles naissent l'une de l'autre ? — Oui. — Qu'est-ce donc qui naît du vivant ? — Le mort. — Et qu'est-ce qui naît du mort ?... Il faut avouer que c'est le vivant. C'est donc des morts que naissent toutes les choses vivantes ? — Il me le semble. — Et, par conséquent, les âmes vont dans les enfers après notre mort ? — La conséquence est sûre. »

C'est cet absurde galimatias de Platon (car il faut appeler les choses par leur nom) qui séduisit la Grèce. Il est vrai que ces ridicules raisonnements, qui n'ont pas même le frêle avantage d'être des sophismes, sont quelquefois embellis par de magnifiques images toutes poétiques; mais l'imagination n'est pas la raison. Ce n'est pas assez de représenter Dieu arrangeant la matière éternelle par son *logos*, par son *verbe*; ce n'est pas assez de faire sortir de ses mains des demi-dieux composés d'une matière très-déliée, et de leur donner le pouvoir de former des hommes d'une matière plus épaisse; ce n'est pas assez d'admettre dans le grand Dieu une espèce de trinité composée de Dieu, de son verbe, et du monde; il poussa son roman jusqu'à dire qu'autrefois les âmes humaines avaient des ailes, que les corps des hommes avaient été doubles. Enfin, dans les dernières pages de sa *République*, il fit ressusciter Hérès pour conter des nouvelles de l'autre monde : mais il fallait donner quelques preuves de tout cela; et c'est ce qu'il ne fit pas.

Aristote fut incomparablement plus sage; il douta de ce qui n'était pas prouvé. S'il donna des règles du raisonnement, qu'on trouve aujourd'hui trop scolastiques, c'est qu'il n'avait pas pour auditeurs et pour lecteurs un Montaigne, un Charron, un Bacon, un Hobbes, un Locke, un Shaftesbury, un Bolingbroke, et les bons philosophes de nos jours. Il fallait démontrer, par une méthode sûre, le faux des sophismes de Platon, qui supposaient toujours ce qui est en question. Il était nécessaire d'enseigner à confondre des gens qui vous disaient froidement : « Le vivant vient du mort, donc les âmes sont dans les enfers. » Cependant le style de Platon prévalut, quoique ce style de prose poétique ne convienne point du tout à la philosophie. En vain Démocrite et ensuite Épicure combattirent les systèmes de Platon; ce qu'il y avait de plus sublime dans son roman de l'âme fut applaudi presque généralement; et lorsque Alexandrie fut bâtie, les Grecs qui vinrent l'habiter furent tous platoniciens.

Les Juifs, sujets d'Alexandre, comme ils l'avaient été des rois de Perse, obtinrent de ce conquérant la permission de s'établir dans la ville nouvelle dont il jeta les fondements, et d'y exercer leur métier de courtiers, auquel ils s'étaient accoutumés depuis leur esclavage dans le royaume de Babylone. Il y eut une transmigration de Juifs en Égypte, sous la dynastie des Ptolémées, aussi nombreuse que celle qui s'était faite vers Babylone. Ils bâtirent quelques temples dans le Delta, un entre autres nommé l'Onion, dans la ville d'Héliopolis, malgré la superstition de leurs pères, qui s'étaient persuadés que le Dieu des Juifs ne pouvait être adoré que dans Jérusalem.

Alors le système de Platon, que les Alexandrins adoptèrent, fut reçu avidement de plusieurs Juifs égyptiens, qui le communiquèrent aux Juifs de la Palestine.

Chap. IV. — *Sectes des Juifs.*

Dans la longue paix dont les Juifs jouirent sous l'Arabe iduméen Hérode, créé roi par Antoine, et ensuite par Auguste, quelques Juifs de Jérusalem commencèrent à raisonner à leur manière, à disputer, à se partager en sectes. Le fameux rabbin Hillel, précurseur de Gamaliel, de qui saint Paul fut quelque temps le domestique, fut l'auteur de la secte des pharisiens, c'est-à-dire des *distingués*. Cette secte embrassait tous les dogmes de Platon : âme, figure légère enfermée dans un corps; âme immortelle, ayant son bon et son mauvais démon; âme punie dans un enfer, ou récompensée dans une espèce d'élysée; âme transmigrante, âme ressuscitante.

Les saducéens ne croyaient rien de tout cela; ils s'en tenaient à la loi mosaïque, qui n'en parla jamais. Ce qui peut paraître très-singulier aux chrétiens intolérants de nos jours, s'il en est encore, c'est qu'on ne voit pas que les pharisiens et les saducéens, en différant si essentiellement, aient eu entre eux la moindre querelle. Ces deux sectes rivales vivaient en paix, et avaient également part aux honneurs de la synagogue.

Les esséniens étaient des religieux dont la plupart ne se mariaient point, et qui vivaient en commun; ils ne sacrifiaient jamais de victimes sanglantes; ils fuyaient non-seulement tous les honneurs de la république, mais le commerce dangereux des autres hommes. Ce sont eux que Pline l'Ancien appelle une nation éternelle dans laquelle il ne naît personne.

Les thérapeutes juifs, retirés en Égypte auprès du lac Mœris, étaient semblables aux thérapeutes des gentils; et ces thérapeutes étaient une branche des anciens pythagoriciens. Thérapeute signifie serviteur et médecin. Ils prenaient ce nom de médecin, parce qu'ils croyaient purger l'âme. On nommait en Égypte les bibliothèques la médecine de l'âme, quoique la plupart des livres ne fussent qu'un poison assoupissant. Remarquons, en passant, que chez les papistes les révérends pères carmes ont gravement et fortement soutenu que les thérapeutes étaient carmes : pourquoi non ? Élie, qui a fondé les carmes, ne pouvait-il pas aussi aisément fonder les thérapeutes ?

Les judaïtes avaient plus d'enthousiasme que toutes ces autres sectes. L'historien Josèphe nous apprend que ces judaïtes étaient les plus déterminés républicains qui fussent sur la terre. C'était à leurs yeux un crime horrible de donner à un homme le titre de mon maître, de milord. Pompée et Sosius, qui avaient pris Jérusalem l'un après l'autre, Antoine, Octave, Tibère, étaient regardés par eux comme des brigands dont il fallait purger la terre. Ils combattaient contre la tyrannie avec autant de courage qu'ils en parlaient. Les plus horribles supplices ne pouvaient leur arracher un mot de différence pour les Romains, leurs vainqueurs et leurs maîtres; leur religion était d'être libres.

Il y avait déjà quelques hérodiens, gens entièrement opposés aux judaïtes. Ceux-là regardaient le roi Hérode, tout soumis qu'il était à Rome, comme un envoyé d'Adonaï, comme un libérateur, comme un messie; mais ce fut après sa mort que la secte hérodienne devint nombreuse. Presque tous les Juifs qui trafiquaient dans Rome, sous Néron, célébraient la fête d'Hérode leur messie. Perse[1] parle ainsi de cette fête dans sa cinquième satire, où il se moque des superstitieux :

Herodis venere dies, unctaque fenestra
Dispositæ pinguem nebulam vomuere lucernæ,
Portantes violas, rubrumque amplexa catinum
Cauda natat thynni, tumet alba fidelia vino :
Labra moves tacitus, recutitaque sabbata palles ;
Tunc nigri lemures, ovoque pericula rupto.
Hinc grandes galli, et cum sistro lusca sacerdos,
Incussere deos inflantes corpora, si non
Prædictum ter mane caput gustaveris alli.

« Voici les jours de la fête d'Hérode. De sales lampions sont disposés sur des fenêtres noircies d'huile; il en sort une fumée puante; ces fenêtres sont ornées de violettes. On apporte des plats de terre peints en rouge, chargés d'une queue de thon qui nage dans la sauce. On remplit de vin des cruches blanchies. Alors, superstitieux que tu es, tu remues les lèvres tout bas; tu trembles au sabbat des déprépucés; tu crains les lutins noirs et les farfadets; tu frémis si on casse un œuf. Là sont des galles, ces fanatiques prêtres de Cybèle; ici est une prêtresse d'Isis qui louche en jouant du sistre. Avalez vite trois gousses d'ail consacrées, si vous ne voulez pas qu'on vous envoie des dieux qui vous feront enfler tout le corps. »

Ce passage est très-curieux, et très-important pour ceux qui veulent connaître quelque chose de l'antiquité. Il prouve que, du temps de Néron, les Juifs étaient autorisés à célébrer dans Rome la fête solen-

---

1. Satire v, vers 180 et suiv. (ÉD.)

nelle de leur messie Hérode, et que les gens de bon sens les regardaient en pitié, et se moquaient d'eux comme aujourd'hui. Il prouve que les prêtres de Cybèle et ceux d'Isis, quoique chassés sous Tibère avec la moitié des Juifs, pouvaient jouer leurs facéties en toute liberté.

Dignus Roma locus, quo Deus omnis eat[1].

« Tout dieu doit aller à Rome, » disait un jour une statue qu'on y transportait.

Si les Romains, malgré leur loi des Douze Tables, souffraient toutes les sectes dans la capitale du monde, il est clair, à plus forte raison, qu'ils permettaient aux Juifs et aux autres peuples d'exercer chacun chez soi les rites et les superstitions de son pays. Ces vainqueurs législateurs ne permettaient pas que les barbares soumis immolassent leurs enfants comme autrefois : mais qu'un Juif ne voulût pas manger d'un plat d'un Cappadocien, qu'il eût en horreur la chair de porc, qu'il priât Moloch ou Adonaï, qu'il eût dans son temple des bœufs de bronze, qu'il se fît couper un petit bout de l'instrument de la génération, qu'il fût baptisé par Hillel ou par Jean, que son âme fût mortelle ou immortelle, qu'il ressuscitât ou non, et qu'ils répondissent bien ou mal à la question que leur fit Cléopatre, s'ils ressusciteraient tout vêtus ou tout nus; rien n'était plus indifférent aux empereurs de la terre.

CHAP. V. — *Superstitions juives.*

Les hommes instruits savent assez que le petit peuple juif avait pris peu à peu ses rites, ses lois, ses usages, ses superstitions, des nations puissantes dont il était entouré : car il est dans la nature humaine que le chétif et le faible tâche de se conformer au puissant et au fort. C'est ainsi que les Juifs prirent des prêtres égyptiens la circoncision, la distinction des viandes, les purifications d'eau, appelées depuis baptême; le jeûne avant les grandes fêtes qui étaient les jours de grands repas, la cérémonie du bouc Hazazel, chargé des péchés du peuple ; les divinations, les prophéties, la magie, le secret de chasser les mauvais démons avec des herbes et des paroles.

Tout peuple, en imitant les autres, a aussi ses propres usages et ses erreurs particulières. Par exemple, les Juifs avaient imité les Égyptiens et les Arabes dans leur horreur pour le cochon; mais il n'appartenait qu'à eux de dire dans leur *Lévitique*[2] qu'il est défendu de manger du lièvre, et qu'il est impur, parce qu'il rumine et qu'il n'a pas le pied fendu. » Il est visible que l'auteur du *Lévitique*, quel qu'il soit, était un prêtre ignorant les choses les plus communes, puisqu'il est constant que le pied du lièvre est fendu, et que cet animal ne rumine pas.

La défense de manger des oiseaux qui ont quatre pattes[3] montre encore l'extrême ignorance du législateur qui avait entendu parler de ces animaux chimériques.

---

1. Ovide, *Fastes*, IV, 270. (ÉD.) — 2. Chap. XI, verset 6. (ÉD.)
3. Chap. XI, verset 23. (ÉD.)

C'est ainsi que les Juifs admirent la lèpre des murailles, ne sachant pas seulement ce que c'est que la moisissure. C'est cette même ignorance qui ordonnait, dans le *Lévitique*[1], qu'on lapidât le mari et la femme qui auraient vaqué à l'œuvre de la génération pendant le temps des règles. Les Juifs s'étaient imaginé qu'on ne pouvait faire que des enfants malsains et lépreux dans ces circonstances. Plusieurs de leurs lois tenaient de cette grossièreté barbare.

Ils étaient extrêmement adonnés à la magie, parce que ce n'est point un art, et que c'est le comble de l'extravagance humaine. Cette prétendue science était en vogue chez eux depuis leur captivité dans Babylone. Ce fut là qu'ils connurent les noms des bons et des mauvais anges, et qu'ils crurent avoir le secret de les évoquer et de les chasser.

L'histoire des roitelets juifs, qui probablement fut composée après la transmigration de Babylone, nous conte que le roitelet Saül, longtemps auparavant, avait été possédé du diable, et que David l'avait guéri quelquefois en jouant de la harpe. La pythonisse d'Endor avait évoqué l'ombre de Samuel. Un prodigieux nombre de Juifs se mêlait de prédire l'avenir. Presque toutes les maladies étaient réputées des obsessions de diables; et du temps d'Auguste et de Tibère, les Juifs, ayant peu de médecins, exorcisaient les malades, au lieu de les purger et de les saigner. Ils ne connaissaient point Hippocrate, mais ils avaient un livre intitulé *la Clavicule de Salomon*, qui contenait tous les secrets de chasser les diables par des paroles, en mettant sous le nez des possédés une petite racine nommée barath; et cette façon de guérir était tellement indubitable, que Jésus convint de l'efficacité de ce spécifique. Il avoue lui-même, dans l'*Évangile de Matthieu*[2], que les enfants même chassaient communément les diables.

On pourrait faire un très-gros volume de toutes les superstitions des Juifs; et Fleury, écrivain plus catholique que papiste, aurait bien dû en parler dans son livre intitulée *les Mœurs des Israélites*, « où l'on voit, dit-il, le modèle d'une politique simple et sincère pour le gouvernement des États et la réformation des mœurs. »

On serait curieux de voir par quelle politique *simple et sincère* les Juifs, si longtemps vagabonds, surprirent la ville de Jéricho, avec laquelle ils n'avaient rien à démêler; la brûlèrent d'un bout à l'autre; égorgèrent les femmes, les enfants, les animaux; pendirent trente et un rois dans une étendue de cinq ou six milles; et vécurent, de leur aveu, pendant plus de cinq cents ans dans le plus honteux esclavage ou dans le brigandage le plus horrible. Mais comme notre dessein est de nous faire un tableau véritable de l'établissement du christianisme, et non pas des abominations de la nation juive, nous allons examiner ce qu'était Jésu, au nom duquel on a formé longtemps après lui une religion nouvelle.

1. Chap. xv, v. 19, 24, 25. — 2. Matthieu, chap. xii.

CHAP. VI. — *De la personne de Jésu.*

Quiconque cnerche la vérité sincèrement aura bien de la peine à découvrir le temps de la naissance de Jésu et l'histoire véritable de sa vie. Il paraît certain qu'il naquit en Judée, dans un temps où toutes les sectes dont nous avons parlé disputaient sur l'âme, sur sa mortalité, sur la résurrection, sur l'enfer. On l'appela Jésu, ou Josuah, ou Jeschu, ou Jeschut, fils de Miriah, ou de Marie, fils de Joseph, fils de Panther. Le petit livre juif du *Toldos Jeschu*, écrit probablement au second siècle de notre ère, lorsque le recueil du *Talmud* était commencé, ne lui donne jamais que ce nom de Jeschut. Il le fait naître sous le roitelet juif Alexandre Jannée, du temps que Sylla était dictateur à Rome, et que Cicéron, Caton, et César, étaient jeunes encore. Ce libelle fort mal fait, et plein de fables rabbiniques, déclare Jésu bâtard de Maria et d'un soldat nommé Joseph Panther. Il nous donne Judas, non pas pour un disciple de Jésu qui vendit son maître, mais pour son adversaire déclaré. Cette seule anecdote semble avoir quelque ombre de vraisemblance, en ce qu'elle est conforme à l'*Évangile de saint Jacques*, le premier des Évangiles, dans lequel Judas est compté parmi les accusateurs qui firent condamner Jésu au dernier supplice.

Les quatre *Évangiles* canoniques font mourir Jésu à trente ans et quelques mois, ou à trente-trois ans au plus, en se contredisant comme ils font toujours. Saint Irénée, qui se dit mieux instruit, affirme qu'il avait entre cinquante et soixante années, et qu'il le tient de ses premiers disciples.

Toutes ces contradictions sont bien augmentées par les incompatibilités qu'on rencontre presque à chaque page dans son histoire, rédigée par les quatre évangélistes reconnus. Il est nécessaire d'exposer succinctement une partie des principaux doutes que ces Évangiles ont fait naître.

Premier doute. — Le livre qu'on nous donne sous le nom de Matthieu commence par faire la généalogie de Jésu; et cette généalogie est celle du charpentier Joseph, qu'il avoue n'être point le père du nouveau-né. Matthieu, ou celui qui a écrit sous ce nom, prétend que le charpentier Joseph descend du roi David et d'Abraham par trois fois quatorze générations, qui font quarante-deux, et on n'en trouve que quarante et une. Encore dans son compte y a-t-il une méprise plus grande. Il dit que Josias engendra Jéchonias; et le fait est que Jéchonias était fils de Jéojakim. Cela seul fait croire à Toland que l'auteur était un ignorant ou un faussaire maladroit.

L'*Évangile de Luc* fait aussi descendre Jésu de David et d'Abraham par Joseph, qui n'est pas son père. Mais il compte de Joseph à Abraham cinquante-six têtes, au lieu que Matthieu n'en compte que quarante et une. Pour surcroît de contradiction, ces générations ne sont pas les mêmes; et pour comble de contradiction, Luc donne au père putatif de Jésu un autre père que celui qui se trouve chez Matthieu. Il faut avouer qu'on ne serait pas admis parmi nous dans l'ordre de la Jarretière sur un tel arbre généalogique, et qu'on n'entrerait pas dans un chapitre d'Allemagne.

Ce qui étonne encore davantage Toland, c'est que des chrétiens qui prêchaient l'humilité aient voulu faire descendre d'un roi leur messie. S'il avait été envoyé de Dieu, ce titre était bien plus beau que celui de descendant d'une race royale. D'ailleurs un roi et un charpentier sont égaux devant l'Être suprême.

Second doute. — Suivant le même Matthieu, que nous suivrons toujours : « Maria étant grosse par l'opération du Saint-Esprit.... et son mari Joseph, homme juste, ne voulant pas la couvrir d'infamie, voulut la renvoyer secrètement (chap. Ier, v. 9).... Un ange du Seigneur lui apparut en songe, et lui dit : « Joseph, fils de David, ne craignez « point de revoir votre femme Maria, car ce qui est en elle est l'œuvre « du Saint-Esprit. » Or tout cela se fit pour remplir ce que le Seigneur a dit par son prophète : « Une vierge en aura dans le ventre, et elle « fera un enfant, et on appellera son nom Emmanuel. »

On a remarqué sur ce passage que c'est le premier de tous dans lequel il est parlé du Saint-Esprit. Un enfant fait par cet esprit est une chose fort extraordinaire ; un ange venant annoncer ce prodige à Joseph dans un songe n'est pas une preuve bien péremptoire de la copulation de Maria avec ce Saint-Esprit. L'artifice de dire que « cela se fit pour remplir une prophétie » paraît à plusieurs trop grossier : Jésu ne s'est jamais nommé Emmanuel. L'aventure du prophète Isaïe, qui fit un enfant à la prophétesse sa femme, n'a rien de commun avec le fils de Maria. Il est faux et impossible que le prophète Isaïe ait dit (voyez chap. VII, v. 14) : « Voici qu'une vierge en aura dans le ventre, » puisqu'il parle de sa propre femme (voyez chap. VIII, v. 3), à qui il en mit dans le ventre. Le mot *alma*, qui signifie jeune fille, signifie aussi femme. Il y en a cent exemples dans les livres des Juifs ; et la vieille Ruth, qui vint coucher avec le vieux Booz, est appelée *alma*. C'est une fraude honteuse de tordre et de falsifier ainsi le sens des mots, pour tromper les hommes ; et cette fraude a été mise en usage trop souvent et trop évidemment. Voilà ce que disent les savants ; ils frémissent quand ils voient les suites qu'ont eues ces paroles : « Ce qu'elle a dans le ventre est l'œuvre du Saint-Esprit ; » ils voient avec horreur plus d'un théologien, et surtout Sanchez, examiner scrupuleusement si le Saint-Esprit, en couchant avec Marie, répandit de sa semence, et si Marie répandit la sienne avant ou après le Saint-Esprit, ou en même temps. Suarez, Peromato, Silvestre, Tabienu, et enfin le grand Sanchez, décident que « la bienheureuse Vierge ne pouvait devenir mère de Dieu, si le Saint-Esprit et elle n'avaient répandu leur liqueur ensemble[1]. »

Troisième doute. — L'aventure des trois mages qui arrivent d'Orient conduits par une étoile, qui viennent saluer Jésu dans une étable, et lui donner de l'or, de l'encens, et de la myrrhe, a été un grand sujet

---

[1]. Voy. *De sancto matrimonii sacramento*, tome I, p. 141.

de scandale. Ce jour n'est célébré chez les chrétiens, et surtout chez les papistes, que par des repas de débauche et par des chansons. Plusieurs ont dit que si l'*Évangile de Matthieu* était à refaire, on n'y mettrait pas un tel conte, plus digne de Rabelais et de Sterne que d'un ouvrage sérieux.

Quatrième doute. — L'histoire des enfants de Bethléem égorgés plusieurs milles à la ronde, par l'ordre d'Hérode qui croit égorger le messie dans la foule, a quelque chose de plus ridicule encore au jugement des critiques; mais ce ridicule est horrible. « Comment, disent ces critiques, a-t-on pu imputer une action si extravagante et si abominable à un roi de soixante et dix ans, réputé sage, et qui était alors mourant [1]? Trois mages d'Orient ont-ils pu lui faire accroire qu'ils avaient vu l'étoile d'un petit enfant roi des Juifs, qui venait de naître dans une écurie de village? A quel imbécile aura-t-on pu persuader une telle absurdité? et quel imbécile peut la lire sans en être indigné? Pourquoi ni Marc, ni Luc, ni Jean, ni aucun autre auteur ne rapporte-t-il cette fable? » BOLINGBROKE.

Cinquième doute. — On « vit alors rempli ce qui fut dit par le prophète Jérémie, disant : « Une voix s'est entendue dans Rama, des la-
« mentations et des hurlements, Rachel pleurant ses enfants, car ils
« n'étaient plus. » Quel rapport entre un discours de Jérémie sur des esclaves juifs tués de son temps à Rama, et la prétendue boucherie

---

1. Quelques esprits faibles, ou faux, ou ignorants, ou fourbes, ont prétendu trouver dans l'antiquité des témoignages du massacre des enfants qu'on suppose égorgés par l'ordre d'Hérode, de peur qu'un de ces enfants nés à Bethléem n'enlevât le royaume à cet Hérode, âgé de soixante et dix ans, et attaqué d'une maladie mortelle. Ces défenseurs d'une si étrange cause ont trouvé un passage de Macrobe, dans lequel il est dit : « Lorsque Auguste apprit qu'Hérode, roi des Juifs en Syrie, avait compris son propre fils parmi les enfants au-dessous de deux ans qu'il avait fait tuer, il vaut mieux, dit-il, être le cochon d'Hérode que « son fils. »

Ceux qui abusent ainsi de ce passage ne font pas attention que Macrobe est un auteur du cinquième siècle, et par conséquent qu'il ne pouvait être regardé par les chrétiens de ce temps-là comme un ancien.

Ils ne songent pas que l'empire romain était alors chrétien, et que l'erreur publique avait pu aisément tromper Macrobe, qui ne s'amuse qu'à raconter de vieilles historiettes. Ils auraient dû remarquer qu'Hérode n'avait point alors d'enfant de deux ans.

Ils pouvaient encore observer qu'Auguste ne put dire qu'il valait mieux être le cochon d'Hérode que son fils, puisque Hérode n'avait point de cochon.

Enfin on pouvait aisément soupçonner qu'il y a une falsification dans le texte de Macrobe, puisque ces mots *pueros quos infra bimatum Herodes jussit interfici* (les enfants au-dessous de deux ans qu'Hérode fit tuer), ne sont pas dans les anciens manuscrits.

On sait assez combien les chrétiens se sont permis d'être faussaires pour la bonne cause. Ils ont falsifié, et maladroitement, le texte de Flavius Josèphe; ils ont fait parler ce pharisien déterminé, comme s'il eût reconnu Jésus pour messie. Ils ont forgé des Lettres de Pilate, des Lettres de Paul à Sénèque, et de Sénèque à Paul, des Écrits des Apôtres, des Vers des Sibylles. Ils ont supposé plus de deux cents volumes. Il y a eu de siècle en siècle une suite de faussaires. Tous les hommes instruits le savent et le disent; et cependant l'imposture avérée prédomine. Ce sont des voleurs pris en flagrant délit, à qui on laisse ce qu'ils ont volé.

d'Hérode! Quelle fureur de prédire ce qui n'a pu arriver! On se mo-
querait bien d'un auteur qui trouverait dans une prophétie de Merlin
l'histoire de l'homme qui a prétendu se mettre de nos jours dans une
bouteille de deux pintes.

Sixième doute. — Matthieu dit (chap. II, v. 14) que Joseph et sa
femme s'enfuirent, et menèrent le dieu Jésu, fils de Marie, en Égypte;
et c'est là que le petit Jésu désenchante un homme que les magiciens
avaient changé en mulet, si on croit l'*Évangile de l'enfance*. Matthieu
(chap. II, v. 23) ajoute qu'après la mort d'Hérode, Joseph et Marie ra-
menèrent le petit dieu à Nazareth, « afin que la prédiction des prophètes fût remplie : Il sera appelé Nazaréen. »

On voit partout ce même soin, ce même grossier artifice de vouloir
que les choses les plus indifférentes de la vie de Jésu soient prédites
plusieurs siècles auparavant; mais l'ignorance et la témérité de l'auteur se manifestent trop ici. Ces mots : *Il sera appelé Nazaréen*, ne
sont dans aucun prophète.

Enfin, pour comble, Luc dit précisément le contraire de Matthieu.
Il fait aller Joseph, Maria, et le petit dieu juif, droit à Nazareth, sans
passer par l'Égypte. Certainement l'un ou l'autre évangéliste a menti.
Cela ne s'est pas fait de concert, dit un énergumène. Non, mon ami,
deux faux témoins qui se contredisent ne se sont pas entendus ensemble; mais ils n'en sont pas moins faux témoins. Ce sont là les objections
des incrédules.

Septième doute. — Jean le baptiseur, qui gagnait sa vie à verser un
peu d'huile sur la tête des Juifs qui venaient se baigner dans le Jourdain par dévotion, instituait alors une petite secte qui subsiste encore
vers Mozul, et qu'on appelle les oints, les huilés, les chrétiens de
Jean. Matthieu dit que Jésu vint se baigner dans le Jourdain comme
les autres. Alors le ciel s'entr'ouvrit; le Saint-Esprit (dont on a fait depuis une troisième personne de Dieu) descendit du ciel en colombe,
sur la tête de Jésu, et cria à haute voix devant tout le monde : « Celui-
ci est mon fils bien-aimé, en qui je me suis complu. »

Le texte ne dit pas expressément que ce fut la colombe qui parla,
et qui prononça : « Celui-ci est mon fils bien aimé. » C'est donc Dieu
le Père qui vint aussi lui-même, avec le Saint-Esprit et la colombe.
C'était un beau spectacle; et on ne sait pas comment les Juifs osèrent
faire pendre un homme que Dieu avait déclaré son fils si solennellement devant eux, et devant la garnison romaine qui remplissait Jérusalem. COLLINS, p. 153.

Huitième doute. — Alors « Jésu fut emporté par l'esprit dans le
désert, pour être tenté par le diable; et ayant été quarante jours et
quarante nuits sans manger, il eut faim; et le diable lui dit : « Si tu
« es fils de Dieu, dis que ces pierres deviennent des pains.... » Le
diable aussitôt l'emporta sur le pinacle du temple, et lui dit : « Si tu
« es fils de Dieu, jette-toi en bas. .. » Le diable l'emporta ensuite sur
une montagne du haut de laquelle il lui fit voir tous les royaumes

de la terre, et lui dit : « Je te donnerai tout cela, si tu veux m'a-
« dorer. »

Il ne faut pas discuter un tel passage : c'est le parfait modèle de
l'histoire. C'est Xénophon, Polybe, Tite Live, Tacite, tout pur; ou
plutôt c'est la raison même écrite de la main de Dieu ou du Diable,
car ils y jouent l'un et l'autre un grand rôle. TINDAL.

Neuvième doute. — Selon Matthieu, deux possédés sortent des tombeaux, où ils se retiraient, et courent à Jésu. Selon Marc et Luc, il
n'y a qu'un possédé. Quoi qu'il en soit, Jésu envoie le diable ou les
diables qui tourmentaient ce possédé ou ces possédés dans les corps de
deux mille cochons qui vont vite se noyer dans le lac de Tibériade.
On a demandé souvent comment il y avait tant de cochons dans un
pays où l'on n'en mangea jamais, et de quel droit Jésu et le diable les
avaient noyés, et ruiné le marchand auquel ils appartenaient; mais
nous ne faisons point de telles questions. GORDON.

Dixième doute. — Matthieu, dans son chapitre II, dit que Jésu
nourrit cinq mille hommes, sans compter les femmes et leurs enfants,
avec cinq pains et deux poissons, dont il resta deux pleines corbeilles.
Et au chapitre xv il dit qu'ils étaient quatre mille hommes, et que
Jésu les rassasia avec sept pains et quelques petits poissons. Cela semble se contredire, mais cela s'explique. TRENCHARD.

Onzième doute. — Ensuite Matthieu raconte que Jésu mena Pierre,
Jacques et Jean à l'écart, sur une haute montagne qu'on ne nomme
pas; et que là il se transfigura pendant la nuit. Cette transfiguration
consista en ce que sa robe devint blanche et son visage brillant. Moïse
et Élie vinrent s'entretenir avec lui; après quoi il chassa le diable du
corps d'un enfant lunatique, qui tombait tantôt dans le feu, tantôt
dans l'eau. Notre Woolston demande quel était le plus lunatique, ou
celui qui se transfigurait en habit blanc pour converser avec Élie et
Moïse, ou le petit garçon qui tombait dans le feu et dans l'eau. Mais
nous traitons la chose plus sérieusement. COLLINS.

Douzième doute. — Jésu, après avoir parcouru la province pendant
quelques mois, à l'âge d'environ trente ans, vient enfin à Jérusalem
avec ses compagnons, que depuis on nomma apôtres, ce qui signifie
envoyés. Il leur dit en chemin « que ceux qui ne les écouteront pas
doivent être déférés à l'Église, et doivent être regardés comme des
païens, ou comme des commis de la douane. »

Ces mots font connaître évidemment que le livre attribué à Matthieu
ne fut composé que très-longtemps après, lorsque les chrétiens furent
assez nombreux pour former une Église.

Ce passage montre encore que ce livre a été fait par un de ces
hommes de la populace qui pense qu'il n'y a rien de si abominable
qu'un receveur des deniers publics; et il n'est pas possible que Matthieu, qui avait été de la profession, parlât de son métier avec une
telle horreur.

Dès que Jésu marchant à pied fut à Bethphagé, il dit à un de ses compagnons : « Allez prendre une ânesse qui est attachée avec son ânon, amenez-la moi ; et si quelqu'un le trouve mauvais, dites-lui : « Le maître en a besoin. »

Or tout ceci fut fait, dit l'Évangile attribué à Matthieu (chap. XXI, v. 5), pour remplir la prophétie : « Filles de Sion, voici votre doux roi qui vient assis sur une ânesse et sur un ânon. »

Je ne dirai pas ici que parmi nous le vol d'une ânesse a été longtemps un cas pendable, quand même Merlin aurait prédit ce vol.

LORD HERBERT.

Treizième doute. — Jésu étant arrivé sur son ânesse, ou sur son ânon, ou sur tous les deux à la fois, entre dans le parvis du temple tenant un grand fouet, et chasse tous les marchands légalement établis en cet endroit pour vendre les animaux qu'on venait sacrifier dans le temple. C'était assurément troubler l'ordre public, et faire une aussi grande injustice que si quelque fanatique allait dans Pater-Noster-Row, et dans les petites rues auprès de notre église de Saint-Paul, chasser à coups de fouet tous les libraires qui vendent des livres de prières.

Il est aussi dit que Jésu jeta par terre tout l'argent des marchands. Il n'est guère croyable que tant de gens se soient laissé battre et chasser ainsi par un seul homme. Si une chose si incroyable est vraie, il n'est pas étonnant qu'avec de tels excès Jésu fût repris de justice ; mais cet emportement fanatique ne méritait pas le supplice qu'on lui fit souffrir.

Quatorzième doute. — S'il est vrai qu'il ait toujours appelé les prêtres de son temps et les pharisiens, *sépulcres blanchis, race de vipères*, et qu'il ait prêché publiquement contre eux la populace, il put légitimement être regardé comme un perturbateur du repos public, et comme tel être livré à Pilate, alors président de Judée. Il a été un temps où nous aurions fait pendre ceux qui prêchaient dans les rues contre nos évêques, quoiqu'il ait été aussi un temps où nous avons pendu plusieurs de nos évêques mêmes.

Matthieu dit que Jésu fit la Pâque juive avec ses compagnons la veille de son supplice. Nous ne discuterons point ici l'authenticité de la chanson que Jésu chanta à ce dernier souper, selon Matthieu. Elle fut longtemps en vogue chez quelques sectes des premiers chrétiens, et saint Augustin nous en a conservé quelques couplets dans sa lettre à Cérétius. En voici un :

Je veux délier, et je veux être délié.
Je veux sauver, et je veux être sauvé.
Je veux engendrer, et je veux être engendré.
Je veux chanter, dansez tous de joie.
Je veux pleurer, frappez-vous tous de douleur.
Je veux orner, et je veux être orné.
Je suis la lampe pour vous qui me voyez.
Je suis la porte pour vous qui y frappez.

Vous qui voyez ce que je fais, ne dites pas ce que je fais.
J'ai joué tout cela, et je n'ai point du tout été joué.

Quinzième doute. — On demande enfin s'il est possible qu'un Dieu ait tenu les discours impertinents et barbares qu'on lui attribue; qu'il ait dit : « Quand vous donnerez à dîner ou à souper, n'y invitez ni vos amis, ni vos parents riches [1]; »

Qu'il ait dit : « Va-t'en inviter les borgnes et les boiteux au festin [2], et contrains-les d'entrer; »

Qu'il ait dit : « Je ne suis point venu apporter la paix, mais le glaive [3]; »

Qu'il ait dit : « Je suis venu mettre le feu sur la terre [4]; »

Qu'il ait dit : « En vérité, si le grain qu'on a jeté en terre ne meurt, il reste seul; mais quand il est mort, il porte beaucoup de fruits [5]. »

Ce dernier trait n'est-il pas de l'ignorance la plus grossière, et les autres sont-ils bien sages et bien humains?

Seizième doute. — Nous n'examinons point si Jésu fut mis en croix à la troisième heure du jour, selon Jean, ou à la sixième, selon Marc. Matthieu dit que les ténèbres couvrirent toute la terre [6] depuis la troi-

---

1. Luc, chap. xiv. — 2. *Id., Ibid.* — 3. Matthieu, chap. x.
4. Matthieu, chap. xii. — 5. Jean, chap. xii.
6. Les défenseurs de ces effroyables absurdités, payés pour les défendre, et comblés d'honneurs et de biens pour tromper les hommes, ont osé avancer qu'un Grec, nommé Phlégon, avait parlé de ces ténèbres qui couvrirent toute la terre pendant le supplice de Jésus. Il est vrai qu'Eusèbe, évêque arien, qui a débité tant de mensonges, cite aussi ce Phlégon, dont nous n'avons pas l'ouvrage. Et voici les paroles qu'il rapporte de ce Phlégon :
« La quatrième année de la deux cent deuxième olympiade, il y eut la plus grande éclipse de soleil; il faisait nuit vers midi; on voyait les étoiles : un grand tremblement de terre renversa la ville de Nicée en Bithynie. »
1° Lecteurs sages et attentifs, remarquez qu'un autre auteur qu'Eusèbe (Voltaire veut parler de Philipponius), rapportant le même passage, dit la *seconde* année de la deux cent deuxième olympiade, et non pas la quatrième année.
2° Remarquez qu'on n'a jamais pu conjecturer, ni dans quelle année Jésu fut condamné au supplice, ni dans quelle année il naquit, tant sa vie et sa mort furent obscures.
3° Remarquez que l'historien qui a pris le nom de Matthieu place la mort de Jésu au temps de la pleine lune, que tous les chrétiens s'en tiennent à cette époque, et que cependant il est impossible qu'il arrive vers la pleine lune une éclipse de soleil.
4° Remarquez que si ce prodige était arrivé, un tel miracle aurait surpris tout l'univers, et que tous les historiens en auraient parlé depuis la Chine jusqu'à la Grèce, et jusqu'à Rome.
5° Enfin c'est de ma patrie, c'est de Londres qu'est parti le trait de lumière qui a dissipé les ténèbres ridicules de Matthieu. C'est notre célèbre Halley qui a démontré qu'il n'y avait eu d'éclipse de soleil ni dans la seconde ni dans la quatrième année de la deux cent deuxième olympiade, mais qu'il y en avait eu une de quelques doigts dans la première année. Kepler avait déjà reconnu cette vérité, et Halley l'a pleinement démontrée. C'est ainsi que la vérité mathématique détruit l'imposture théologique.
Et cependant un évêque papiste très-fameux, Bossuet, précepteur du fils de notre ennemi Louis XIV, n'a pas rougi, dans son *Histoire universelle*, ou plutôt dans sa *Déclamation non universelle*, d'apporter en preuve ces ténèbres de Matthieu. Ce rhéteur de chaire rapporte aussi en preuve les *Semaines de Daniel*, les *Prophéties de Jacob*, les *Psaumes* attribués à David, qui n'ont pas plus de rapport à Jésu qu'à Jean Hus et à Jérôme de Prague.

sième heure jusqu'à la sixième, c'est-à-dire en cette saison de l'équinoxe, selon notre manière de compter, depuis neuf heures jusqu'à midi ; le voile du temple se déchira en deux, les pierres se fendirent, les sépulcres s'ouvrirent, les morts en sortirent, et vinrent se promener dans Jérusalem.

Si ces énormes prodiges s'étaient opérés, quelque auteur romain en aurait parlé. L'historien Josèphe n'aurait pu les passer sous silence. Philon, contemporain de Jésu, en aurait fait mention. Il est assez visible que tous ces *Évangiles*, farcis de miracles absurdes, furent composés secrètement, longtemps après, par des chrétiens répandus dans des villes grecques. Chaque petit troupeau de chrétiens eut son évangile, qu'on ne montrait pas même aux catéchumènes ; et ces livres, entièrement ignorés des gentils pendant trois cents années, ne pouvaient être réfutés par des historiens romains qui ne les connaissaient pas. Aucun auteur parmi les gentils n'a jamais cité un seul mot de l'*Évangile*.

Ne nous appesantissons pas sur les contradictions qui fourmillent entre Matthieu, Marc, Luc, Jean, et cinquante autres évangélistes. Voyons ce qui se passa après la mort de Jésu.

Chap. VII. — *Des disciples de Jésu.*

Un homme sensé ne peut voir dans ce Juif qu'un paysan un peu plus éclairé que les autres, quoiqu'il soit incertain s'il savait lire et écrire. Il est visible que son seul but était de faire une petite secte dans la populace des campagnes, à peu près comme l'ignorant et le fanatique Fox en établit une parmi nous, laquelle a eu depuis des hommes très-estimables.

Tous deux prêchèrent quelquefois une bonne morale. La plus vile canaille jetterait des pierres en tout pays à quiconque en prêcherait une mauvaise. Tous deux déclamèrent violemment contre les prêtres de leur temps. Fox fut pilorié, et Jésu fut pendu. Ce qui prouve que nous valons mieux que les Juifs.

Jamais ni Jésu ni Fox ne voulurent établir une religion nouvelle. Ceux qui ont écrit contre Jésu ne l'en ont point accusé. Il est visible qu'il fut soumis à la loi mosaïque depuis sa circoncision jusqu'à sa mort.

Ses disciples, ulcérés du supplice de leur maître, ne purent s'en venger ; ils se contentèrent de crier contre l'injustice de ses assassins, et ils ne trouvèrent d'autre manière d'en faire rougir les pharisiens et les scribes, que de dire que Dieu l'avait ressuscité. Il est vrai que cette imposture était bien grossière ; mais ils la débitaient à des hommes grossiers, accoutumés à croire tout ce qu'on inventa jamais de plus absurde, comme les enfants croient toutes les histoires de revenants et de sorciers qu'on leur raconte.

Matthieu a beau contredire les autres évangélistes, en disant que Jésu n'apparut que deux fois à ses disciples après sa résurrection ; Marc a beau contredire Matthieu, en disant qu'il apparut trois fois ; Jean a

beau contredire Matthieu et Marc en parlant de quatre apparitions; en
vain Luc dit que Jésu, dans sa dernière apparition, mena ses disciples
jusqu'en Béthanie, et là monta au ciel en leur présence, tandis que
Jean dit que ce fut dans Jérusalem; en vain l'auteur des *Actes des*
Apôtres assure-t-il que ce fut sur la montagne des Oliviers, et que Jésu
étant monté au ciel, deux hommes vêtus de blanc en descendirent
pour leur certifier qu'il reviendrait : toutes ces contradictions, qui
frappent aujourd'hui des yeux attentifs, ne pouvaient être connues des
premiers chrétiens. Nous avons déjà remarqué que chaque petit troupeau avait son évangile à part : on ne pouvait comparer; et quand
même on l'aurait pu, pense-t-on que des esprits prévenus et opiniâtres
auraient examiné? Cela n'est pas dans la nature humaine. Tout homme
de parti voit dans un livre ce qu'il y veut voir.

Ce qui est certain, c'est qu'aucun des compagnons de Jésu ne songeait alors à faire une religion nouvelle. Tous circoncis et non baptisés, à peine le Saint-Esprit était-il descendu sur eux en langues de
feu dans un grenier, comme il a coutume de descendre, et comme il
est rapporté dans le livre des *Actions des Apôtres*; à peine eurent-ils
converti en un moment dans Jérusalem trois mille voyageurs qui les
entendaient parler toutes leurs langues étrangères, lorsque ces apôtres
leur parlaient dans leur patois hébreu; à peine enfin étaient-ils chrétiens, qu'aussitôt ces compagnons de Jésu vont prier dans le temple
juif, où Jésu allait lui-même. Ils passaient les jours dans le temple,
perdurantes in templo [1]. Pierre et Jean montaient au temple pour être
à la prière de la neuvième heure : *Petrus et Joannes ascendebant in*
templum ad horam orationis nonam [2].

Il est dit dans cette histoire étonnante des *Actions des Apôtres*, qu'ils
convertirent et qu'ils baptisèrent trois mille hommes en un jour, et
cinq mille en un autre. Où les menèrent-ils baptiser? dans quel lac les
plongèrent-ils trois fois selon le rit juif? La rivière du Jourdain, dans
laquelle seule on baptisait, est à huit lieues de Jérusalem. C'était là
une belle occasion d'établir une nouvelle religion à la tête de huit
mille enthousiastes : cependant ils n'y songèrent pas. L'auteur avoue
que les apôtres ne pensaient qu'à amasser de l'argent. « Ceux qui possédaient des terres et des maisons les vendaient, et en apportaient le
prix aux pieds des apôtres. »

Si l'aventure de Saphira et d'Ananias était vraie, il fallait, ou que
tout le monde frappé de terreur embrassât sur-le-champ le christianisme en frémissant, ou que le sanhédrin fît pendre les douze apôtres
comme des voleurs et des assassins publics.

On ne peut s'empêcher de plaindre cet Ananias et cette Saphira, tous
deux exterminés l'un après l'autre, et mourant subitement d'une mort
violente (quelle qu'elle pût être), pour avoir gardé quelques écus qui
pouvaient subvenir à leurs besoins, en donnant tout leur bien aux
apôtres. Milord Bolingbroke a bien raison de dire que « la première

1. *Actes des Apôtres*, chap. II. — 2. *Id.*, chap. III.

profession de foi qu'on attribue à cette secte appelée depuis l'onguent , ou christianisme, est : « Donne-moi tout ton bien, ou je vais te donner « la mort. » C'est donc là ce qui a enrichi tant de moines aux dépens des peuples; c'est donc là ce qui a élevé tant de tyrannies sanguinaires! »

Remarquons toujours qu'il n'était pas encore question d'établir une religion différente de la loi mosaïque; que Jésu, né Juif, était mort Juif; que tous les apôtres étaient Juifs, et qu'il ne s'agissait que de savoir si Jésu avait été prophète ou non.

Une aussi étonnante révolution que celle de la secte chrétienne dans le monde ne pouvait s'opérer que par degrés; et, pour passer de la populace juive sur le trône des Césars, il fallut plus de trois cent trente années.

CHAP. VIII. — De Saul, dont le nom fut changé en Paul.

Le premier qui sembla profiter de la tolérance extrême des Romains envers toutes les religions, pour commencer à donner quelque forme à la nouvelle secte des galiléens, est ce saint Paul, qui se dit une fois citoyen romain, et qui, selon Biéronyme ou Jérôme, était natif du village de Giscala en Galilée. On ne sait pourquoi il changea son nom de Saul en Paul. Saint Jérôme, dans son *Commentaire de l'Épître de Paul à Philémon*, dit que ce mot de Paul signifie l'embouchure de la flûte; mais il paraît qu'il battait le tambour contre Jésu et sa troupe. Saul était alors petit valet du docteur Gamaliel, successeur d'Hillel, et l'un des chefs du sanhédrin. Paul apprit sous son maître un peu de fatras rabbinique. Son caractère était ardent, hautain, fanatique et cruel. Il commença par lapider le nazaréen Étienne, partisan de Jésu le crucifié; et il est marqué, dans les *Actions des Apôtres*, qu'il gardait les manteaux des Juifs qui, comme lui, assommaient Étienne à coups de pierres.

Abdias, l'un des premiers disciples de Jésu, et prétendu évêque de Babylone (comme s'il y avait eu alors des évêques), assure dans son *Histoire apostolique* que saint Paul ne s'en tint pas à l'assassinat de saint Étienne, et qu'il assassina encore saint Jacques le Mineur, Oblia ou le Juste, propre frère de Jésu, que l'ignorance fait premier évêque de Jérusalem. Rien n'est plus vraisemblable que ce meurtre nouveau fut commis par Saul, puisque le livre des *Actions des Apôtres* dit expressément que *Saul respirait le sang et le carnage* (chap. IX, v. 1.)

Il n'y a qu'un fanatique insensé ou qu'un fripon très-maladroit qui puisse dire que Saul-Paul tomba de cheval pour avoir vu la lumière en plein midi; que Jésu-Christ lui cria du milieu d'une nue : « Saul, Saul, pourquoi me persécutes-tu? » et que Saul changea vite son nom en Paul, et de Juif persécuteur et battant qu'il était, eut la joie de devenir chrétien persécuté et battu. Il n'y a qu'un imbécile qui puisse croire ce *Conte du tonneau;* mais qu'il ait eu l'insolence de demander la fille de Gamaliel en mariage, et qu'on lui ait refusé cette pucelle ,

---

1. Christ signifie *oint;* christianisme, *onguent.*

ou qu'il ne l'ait pas trouvée pucelle, et que de dépit ce turbulent personnage se soit jeté dans le parti des nazaréens, comme les Juifs et les ébionites l'ont écrit [1], cela est plus naturel, et plus dans l'ordre commun.

Il porta la violence de son caractère dans la nouvelle faction où il entra. On le voit courir comme un forcené de ville en ville; il se brouille avec presque tous les apôtres; il se fait moquer de lui dans l'aréopage d'Athènes. S'étant accoutumé à être renégat, il va faire une espèce de neuvaine avec des étrangers dans le temple de Jérusalem, pour montrer qu'il n'est pas du parti de Jésu. Il judaïse après s'être fait chrétien et apôtre; et ayant été reconnu, il aurait été lapidé à son tour comme Étienne, dont il fut l'assassin, si le gouverneur Festus ne l'avait pas sauvé en lui disant qu'il était un fou [2].

Sa figure était singulière. Les *Actes de sainte Thècle* le peignent gros, court, la tête chauve, le nez gros et long, les sourcils épais et joints, les jambes torses. C'est le même portrait qu'en fait Lucien dans son *Philopatris;* et cependant sainte Thècle le suivait partout déguisée en homme. Telle est la faiblesse de bien des femmes, qu'elles courent après un mauvais prédicateur accrédité, quelque laid qu'il soit, plutôt qu'après un jeune homme aimable. Enfin, ce fut saint Paul qui attira le plus de prosélytes à la secte nouvelle.

Il n'y eut de son temps ni rite établi, ni dogme reconnu. La religion chrétienne était commencée, et non formée; ce n'était encore qu'une secte de Juifs révoltés contre les anciens Juifs.

Il paraît que Paul acquit une grande autorité sur la populace à Thessalonique, à Philippes, à Corinthe, par sa véhémence, par son esprit impérieux, et surtout par l'obscurité de ses discours emphatiques, qui subjuguent le vulgaire d'autant plus qu'il n'y comprend rien.

Il annonce la fin du monde au petit troupeau des Thessaloniciens [3]. Il leur dit qu'ils iront avec lui les premiers dans l'air au-devant de Jésu, qui viendra dans les nuées pour juger le monde : il dit qu'il le tient de la bouche de Jésu même, lui qui n'avait jamais vu Jésu, et qui n'avait connu ses disciples que pour les lapider. Il se vante d'avoir été déjà ravi au troisième ciel; mais il n'ose jamais dire que Jésu soit Dieu, encore moins qu'il y ait une trinité en Dieu. Ces dogmes, dans les commencements, eussent paru blasphématoires, et auraient effarouché tous les esprits. Il écrit aux Éphésiens : « Que le Dieu de notre Seigneur Jésu-Christ vous donne l'esprit de sagesse! » Il écrit aux Hébreux : « Dieu a opéré sa puissance sur Jésu en le ressuscitant. » Il écrit aux Juifs de Rome : « Si, par le délit d'un seul homme, plusieurs sont morts, la grâce et le don de Dieu ont plus abondé par un seul homme, qui est Jésu-Christ.... A Dieu, seul sage, honneur et gloire par Jésu-Christ! » Enfin il est avéré, par tous les monuments de l'antiquité, que Jésu ne se dit jamais Dieu, et que les platoniciens d'Alexandrie furent ceux qui enhardirent enfin les chrétiens à franchir

1. Voy. Grabe, *Spicilegium Patrum*, page 48.
2. Voy. les *Actes des Apôtres*, chap. XXVI. — 3. Chap. IV.

cet espace infini, et qui apprirent aux hommes à se familiariser avec des idées dont le commun des esprits devait être révolté.

CHAP. IX. — *Des Juifs d'Alexandrie, et du Verbe.*

Je ne sais rien qui puisse nous fournir une image plus fidèle d'Alexandrie que notre ville de Londres. Un grand port maritime, un commerce immense, de puissants seigneurs, et un nombre prodigieux d'artisans, une foule de gens riches, et de gens qui travaillent pour l'être: d'un côté la Bourse et l'allée du Change, de l'autre la Société royale et le Muséum; des écrivains de toute espèce, des géomètres, des sophistes, des métaphysiciens, et d'autres faiseurs de romans; une douzaine de sectes différentes, dont les unes passent, et les autres restent, mais dans toutes les sectes et dans toutes les conditions un amour désordonné de l'argent : telle est la capitale de nos trois royaumes; et l'empereur Adrien nous apprend, par sa lettre au consul Servianus, que telle était Alexandrie. Voici cette lettre fameuse, que Vopiscus nous a conservée :

« J'ai vu cette Égypte que vous me vantiez tant, mon cher Servianus; je la sais tout entière par cœur. Cette nation est inconstante, incertaine; elle vole au changement. Les adorateurs de Sérapis se font chrétiens; ceux qui sont à la tête de la religion du Christ se font dévots à Sérapis. Il n'y a point d'archirabbin juif, point de Samaritain, point de prêtre chrétien, qui ne soit astrologue, ou devin, ou m........ Quand le patriarche grec vient en Égypte, les uns s'empressent auprès de lui pour lui faire adorer Sérapis; les autres, le Christ. Ils sont tous très-séditieux, très-vains, très-querelleurs. La ville est commerçante, opulente, peuplée; personne n'y est oisif.... L'argent est un dieu que les chrétiens, les Juifs et tous les hommes, servent également. »

Quand un disciple de Jésu, nommé Marc, soit l'évangéliste, soit un autre, vint tâcher d'établir sa secte naissante parmi les Juifs d'Alexandrie, ennemis de ceux de Jérusalem, les philosophes ne parlaient que du logos, du verbe de Platon. Dieu avait formé le monde par son verbe, ce verbe faisait tout. Le Juif Philon, né du vivant de Jésu, était un grand platonicien; il dit, dans ses opuscules, que Dieu se maria au verbe, et que le monde naquit de ce mariage. C'est un peu s'éloigner de Platon que de donner pour femme à Dieu un être que ce philosophe lui donnait pour fils.

D'un autre côté, on avait souvent, chez les Grecs et chez les nations orientales, donné le nom de fils des dieux aux hommes justes; et même Jésu s'était dit fils de Dieu pour exprimer qu'il était innocent, par opposition au mot *fils de Bélial*, qui signifiait un coupable : d'un autre côté encore, ses disciples assuraient qu'il était envoyé de Dieu. Il devint bientôt fils, de simple envoyé qu'il était : or le fils de Dieu était son verbe chez les platoniciens; ainsi donc Jésu devint verbe.

Tous les Pères de l'Église chrétienne ont cru en effet lire un platonicien en lisant le premier chapitre de l'*Évangile* attribué à Jean : « Au commencement était le verbe, et le verbe était avec Dieu, et le verbe était Dieu. » On trouva du sublime dans ce chapitre. Le sublime est ce qui s'élève au-dessus du reste; mais si ce premier chapitre est écrit dans l'école de Platon, le second, il faut l'avouer, semble fait sous la treille d'Épicure. Les auteurs de cet ouvrage passent tout d'un coup du sein de la gloire de Dieu, du centre de sa lumière, et des profondeurs de sa sagesse, à une noce de village. Jésu de Nazareth est de la noce avec sa mère. Les convives sont déjà plus qu'échauffés par le vin, *inebriati*; le vin manque, Marie en avertit Jésu, qui lui dit très-durement : « Femme, qu'y a-t-il entre toi et moi ? » Après avoir ainsi maltraité sa mère, il fait ce qu'elle lui demande. Il changea seize cent vingt pintes d'eau, qui étaient là à point nommé dans de grandes cruches, en seize cent vingt pintes de vin.

On peut observer que ces cruches, à ce que dit le texte, étaient là « pour la purification des Juifs, selon leur usage. » Ces mots ne marquent-ils pas évidemment que ce ne peut pas être Jean, né Juif, qui ait écrit cet Évangile? Si moi qui suis né à Londres, je parlais d'une messe célébrée à Rome, je pourrais dire : « Il y avait une burette de vin contenant environ un demi-setier ou chopine, selon l'usage des Italiens; » mais certainement un Italien ne s'exprimerait pas ainsi. Un homme qui parle de son pays en parle-t-il comme un étranger ?

Quels que soient les auteurs de tous les *Évangiles* ignorés du monde entier pendant plus de deux siècles, on voit que la philosophie de Platon fit le christianisme. Jésu devint peu à peu un Dieu engendré par un autre Dieu avant les siècles, et incarné dans les temps prescrits.

CHAP. X. — *Du dogme de la fin du monde, joint au platonisme.*

La méthode des allégories s'étant jointe à cette philosophie platonicienne, la religion des chrétiens, qui n'était auparavant que la juive, en fut totalement différente par l'esprit, quoiqu'elle en conservât les livres, les prières, le baptême, et même assez longtemps la circoncision. Je dis la circoncision, car dès que les chrétiens eurent une espèce d'hiérarchie, les quinze premiers prêtres, ou surveillants, ou évêques de Jérusalem, furent tous circoncis[1].

Auparavant les Juifs chassaient les prétendus diables, et exorcisaient les prétendus possédés au nom de Salomon; les chrétiens firent les mêmes cérémonies au nom de Jésu-Christ. Les filles malades des pâles couleurs ou du mal hystérique se croyaient possédées, se faisaient exorciser, et pensaient être guéries. On les inscrivait de bonne foi dans la liste des miracles.

Ce qui contribua le plus à l'accroissement de la religion nouvelle, ce fut l'idée qui se répandait alors que le temps de la fin du monde approchait. La plupart des philosophes, et encore plus le peuple de presque tous les pays, crurent que notre globe périrait un jour *par le sec*, qui l'emporterait sur *l'humide*. Ce n'était pas l'opinion des platoniciens; Philon même a fait un traité exprès pour prouver que l'uni-

1. Voy. Grabe, Bingham, Fabricius.

vers est incréé et impérissable ; et il n'a guère mieux prouvé l'éternité du monde que ses adversaires n'en ont prouvé l'embrasement futur. Les Juifs, qui ne savaient pas mieux l'avenir que le passé, disaient, et Flavius Josèphe le raconte, que leur Adam avait prédit deux destructions de notre terre, l'une par l'eau, l'autre par le feu : ils ajoutaient que les enfants de Seth érigèrent une grande colonne de brique pour résister au feu quand le monde serait brûlé, et une de pierre pour résister à l'eau quand il serait noyé ; précaution assez inutile quand il n'y aurait plus personne pour voir les deux colonnes.

On sait quels malheurs fondirent sur la Judée du temps de Néron et de Vespasien, et ensuite sous Adrien. Les Juifs furent en droit d'imaginer que la fin de toutes choses arriverait, du moins pour eux. Ce fut vers ce temps que chaque troupeau de demi-Juifs, de demi-chrétiens, eut son petit *Évangile* secret. Celui qui est attribué à Luc parle nettement de la fin du monde qui arrive, et du jugement dernier, que Jésu va prononcer dans les nuées ; il fait parler ainsi Jésu :

« Il y aura des signes dans la lune et dans les étoiles, des bruits de la mer et des flots ; les hommes, séchant de crainte, attendront ce qui doit arriver à l'univers entier. Les vertus des cieux seront ébranlées. Et alors ils verront le fils de l'homme venant dans une nuée avec grande puissance et grande majesté. En vérité, je vous dis que la génération présente ne passera point que tout cela ne s'accomplisse. »

Nous avons déjà vu, au chap. VIII, que Paul écrivait aux Thessaloniciens qu'ils iraient avec lui dans les nuées au-devant de Jésu.

Pierre dit dans une épître qu'on lui attribue : « L'Évangile a été prêché aux morts [1] ; la fin du monde approche.... Nous attendons de nouveaux cieux et une nouvelle terre. » C'était apparemment pour vivre sous ces nouveaux cieux et dans cette nouvelle terre que les Apôtres faisaient apporter à leurs pieds tout l'argent de leurs prosélytes, et qu'ils faisaient mourir Ananias et Saphira pour n'avoir pas tout donné.

Le monde allant être détruit ; le royaume des cieux étant ouvert ; Simon Barjone en ayant les clefs, ainsi qu'il est d'usage d'avoir les clefs d'un royaume ; la terre étant prête à se renouveler ; la Jérusalem céleste commençant à être bâtie, comme de fait elle fut bâtie dans 'Apocalypse, et parut dans l'air pendant quarante nuits de suite : toutes ces grandes choses augmentèrent le nombre des croyants. Ceux qui avaient quelque argent le donnèrent à la communauté, et on se servit de cet argent pour attirer des gueux au parti, la canaille étant d'une nécessité absolue pour établir toute nouvelle secte. Car les pères de famille qui ont pignon sur rue sont tièdes ; et les hommes puissants qui se moquent souvent d'une superstition naissante ne l'embrassent que quand ils peuvent s'en servir pour leurs intérêts, et mener le peuple avec le licou qu'il s'est fait lui-même.

Les religions dominantes, la grecque, la romaine, l'égyptiaque, la syriaque, avaient leurs mystères. La secte christiaque voulut avoir les

1. Chap. IV.

siens aussi. Chaque société christiaque eut donc ses mystères, qui n'étaient pas même communiqués aux catéchumènes, et que les baptisés juraient sous les plus horribles serments de ne jamais révéler. Le baptême des morts était un de ces mystères; et cette singulière superstition dura si longtemps, que Jean Chrysostome ou *Bouche d'or*, qui mourut au cinquième siècle, dit à propos de ce baptême des morts qu'on reprochait tant aux chrétiens : « Je voudrais m'expliquer plus clairement, mais je ne le puis qu'à des initiés. On nous met dans un triste défilé; il faut ou être inintelligible, ou trahir des mystères que nous devons cacher. »

Les chrétiens, en minant sourdement la religion dominante, opposaient donc mystères à mystères, initiation à initiation, oracles à oracles, miracles à miracles.

CHAP. XI. — *De l'abus étonnant des mystères chrétiens.*

Les sociétés chrétiennes étant partagées dans les premiers siècles en plusieurs Églises, différentes de pays, de mœurs, de rites, de langages, d'étranges infamies se glissèrent dans plusieurs de ces Églises. On ne les croirait pas si elles n'étaient attestées par un saint au-dessus de tout soupçon, saint Épiphane, Père de l'Église du quatrième siècle, celui-là même qui s'éleva avec tant de force contre l'idolâtrie des images, déjà introduite dans l'Eglise. Il fait éclater son indignation contre plusieurs sociétés chrétiennes qui mêlaient, dit-il, à leurs cérémonies religieuses les plus abominables impudicités. Nous rapportons ses propres paroles.

« Pendant leur synaxe (c'est-à-dire pendant la messe de ce temps-là), les femmes chatouillent les hommes de la main, et leur font répandre le sperme qu'elles reçoivent : les hommes en font autant aux jeunes gens. Tous élèvent leurs mains remplies de ce.... sperme, et disent à Dieu le Père : « Nous t'offrons ce présent qui est le corps du « Christ; c'est là le corps du Christ. » Ensuite ils l'avalent, et répètent : « C'est le corps du Christ, c'est la pâque; c'est pourquoi nos corps « souffrent tout cela pour manifester les souffrances du Christ. »

« Quand une femme de l'Église a ses ordinaires, ils prennent de son sang et le mangent, et ils disent : « C'est le sang du Christ; » car ils ont lu dans l'*Apocalypse* ces paroles : « J'ai vu un arbre qui porte du « fruit douze mois l'année, et qui est l'arbre de vie : » ils en ont conclu que cet arbre n'est autre chose que les menstrues des femmes. Ils ont en horreur la génération; c'est pourquoi ils ne se servent que de leurs mains pour se donner du plaisir, et ils avalent leur propre sperme. S'il en tombe quelques gouttes dans la vulve d'une femme, ils la font avorter; ils pilent le fœtus dans un mortier, et le mêlent avec de la farine, du miel et du poivre, et prient Dieu en le mangeant[1]. »

L'évêque Épiphane, continuant ses accusations contre d'autres chrétiens, dit qu'ils assistent tout nus à la synaxe (à la messe), qu'ils

1. Saint Épiphane, pages 38 et suivantes, éditions de Paris; chez Petit, à l'enseigne de saint Jacques.

y commettent l'acte de sodomie sur les garçons et sur les filles, qu'ils mettent la partie virile tantôt dans le derrière et tantôt dans la bouche, qu'ils consomment ce sacrifice tantôt dans l'un, tantôt dans l'autre, etc., etc., etc.[1].

Il est vrai que ceux à qui l'évêque reproche ces épouvantables infamies sont appelés par lui hérétiques; mais enfin ils étaient chrétiens. Et le sénat romain, ni les proconsuls des provinces, ne pouvaient savoir ce que c'est qu'une hérésie, et une erreur dans la foi. Il n'est donc pas surprenant qu'ils aient quelquefois défendu ces assemblées secrètes, accusées par des évêques même de crimes si énormes.

A Dieu ne plaise qu'on reproche à toutes les sociétés chrétiennes des premiers siècles ces infamies, qui n'étaient le partage que de quelques énergumènes. Comme on allégorisait tout, on leur avait dit que Jésu était le second Adam. Cet Adam fut le premier homme, selon le peuple juif. Il marchait tout nu, aussi bien que sa femme. De là ils conclurent qu'on devait prier Dieu tout nu. Cette nudité donna lieu à toutes les impuretés auxquelles la nature s'abandonne, quand, loin d'être retenue, elle s'autorise de la superstition.

Si de pieux chrétiens ont fait des reproches à d'autres chrétiens qui se croyaient pieux aussi au milieu de leurs ordures, ne soyons donc pas étonnés que les Romains et les Grecs aient imputé aux chrétiens des repas de Thyeste, des noces d'Œdipe, et des amours de Giton.

N'accusons pas non plus les Romains d'avoir voulu calomnier les chrétiens en leur reprochant d'avoir voulu adorer une tête d'âne. Ils confondaient ces chrétiens demi-Juifs avec les vrais Juifs qui exerçaient le courtage et l'usure dans tout l'empire. Quand Pompée, Crassus, Sosius, Titus, entrèrent dans le temple de Jérusalem avec leurs officiers, ils y virent des chérubins, animaux à deux têtes, l'une de veau, et l'autre de garçon. Les Juifs devaient être de très-mauvais sculpteurs, puisque la loi à laquelle ils avaient faiblement dérogé, leur défendait la sculpture. Les têtes de veau ressemblèrent à des têtes d'âne, et les Romains furent très-excusables de croire que les Juifs, et par conséquent les chrétiens confondus avec les Juifs, révéraient un âne, ainsi que les Égyptiens avaient consacré un bœuf et un chat.

Sortons maintenant du temple de Jérusalem, où deux veaux ailés furent pris pour des ânons; sortons de la synaxe de quelques chrétiens, où l'on se livrait à tant d'impuretés, et entrons un moment dans la bibliothèque des Pères.

CHAP. XII. — *Que les quatre Évangiles furent connus les derniers.*
Livres, miracles, martyrs supposés.

C'est une chose très-remarquable, et aujourd'hui reconnue pour incontestable, malgré toutes les faussetés alléguées par Abbadie, qu'aucun des premiers docteurs chrétiens nommés Pères de l'Église n'a cité le plus petit passage de nos quatre *Évangiles* canoniques; et qu'au contraire ils ont cité les autres *Évangiles* appelés *apocryphes*, et que

[1]. Pages 41, 46, 47.

nous réprouvons. Cela seul démontre que ces *Évangiles apocryphes* furent non-seulement écrits les premiers, mais furent quelque temps les seuls canoniques; et que ceux attribués à Matthieu, à Marc, à Luc, à Jean, furent écrits les derniers.

Vous ne retrouverez chez les Pères de l'Église du premier et du second siècle, ni la belle parabole des filles sages, qui mettaient de l'huile dans leurs lampes, et des folles qui n'en mettaient pas; ni celle des usuriers qui font valoir leur argent à cinq cents pour cent; ni le le fameux *Contrains-les d'entrer.*

Au contraire, vous voyez dès le premier siècle Clément le Romain qui cite l'*Évangile des Égyptiens*, dans lequel on trouve ces paroles : « On demanda à Jésu quand viendrait son royaume; il répondit . « Quand deux feront un, quand le dehors sera semblable au dedans, « quand il n'y aura ni mâle ni femelle. » Cassien rapporte le même passage, et dit que ce fut Salomé qui fit cette question. Mais la réponse de Jésu est bien étonnante. Elle veut dire précisémen : « Mon royaume ne viendra jamais et je me suis moqué de vous. » Quand on songe que c'est un Dieu qu'on a fait parler ainsi, quand on examine avec attention et sincérité tout ce que nous avons rapporté, que doit penser un lecteur raisonnable? Continuons.

Justin, dans son *Dialogue avec Tryphon*, rapporte un trait tiré de l'*Évangile des douze apôtres ;* c'est que quand Jésu fut baptisé dans le Jourdain, les eaux se mirent à bouillir.

A l'égard de Luc, qu'on regarde comme le dernier en date des quatre *Évangiles* reçus, il suffira de se souvenir qu'il fait ordonner par Auguste un dénombrement de l'univers entier au temps des couches de Marie, et qu'il fait rédiger une partie de ce dénombrement en Judée par le gouverneur Cirénius, qui ne fut gouverneur que dix ans après.

Une si énorme bévue aurait ouvert les yeux des chrétiens mêmes, si l'ignorance ne les avait pas couverts d'écailles. Mais quel chrétien pouvait savoir alors que ce n'était pas Cirénius, mais Varus, qui gouvernait la Judée? Aujourd'hui même y a-t-il beaucoup de lecteurs qui en soient informés? Où sont les savants qui se donnent la peine d'examiner la chronologie, les anciens monuments, les médailles? cinq ou six, tout au plus, qui sont obligés de se taire devant cent mille prêtres payés pour tromper, et dont la plupart sont trompés eux-mêmes.

Avouons-le hardiment, nous qui ne sommes point prêtres, et qui ne les craignons pas, le berceau de l'Église naissante n'est entouré que d'impostures. C'est une succession non interrompue de livres absurdes sous des noms supposés, depuis la lettre d'un petit toparque d'Édesse à Jésu-Christ, et depuis la lettre de la sainte Vierge à saint Ignace d'Antioche, jusqu'à la donation de Constantin au pape Sylvestre. C'est un tissu de miracles extravagants, depuis saint Jean qui se remuait toujours dans sa fosse, jusqu'aux miracles opérés par notre roi Jacques [1] lorsque nous l'eûmes chassé. C'est une foule de martyrs qui ne tiendraient pas dans le *Pandemonium* de Milton, quand ils ne seraient

---

1. Jacques II avait la prétention de guérir les écrouelles, en touchant les malades. (ÉD.)

pas plus gros que des mouches. Je ne prétends pas essayer et donner le mortel ennui d'étaler le vaste tableau de toutes ces turpitudes. Je renvoie à notre Middleton, qui a prouvé, quoique avec trop de retenue, la fausseté des miracles; je renvoie à notre Dodwell, qui a démontré la paucité des martyres.

On demande comment la religion chrétienne a pu s'établir par ces mêmes fraudes absurdes qui devaient la perdre. Je réponds que cette absurdité était très-propre à subjuguer le peuple. On n'allait pas discuter, dans un comité nommé par le sénat romain, si un ange était venu avertir une pauvre Juive de village que le Saint-Esprit viendrait lui faire un enfant; si Énoch, septième homme après Adam, a écrit ou non que les anges avaient couché avec les filles des hommes; et si saint Jude Thaddée a rapporté ce fait dans sa lettre. Il n'y avait point d'académie chargée d'examiner si Polycarpe ayant été condamné à être brûlé dans Smyrne, une voix lui cria du haut d'une nuée : *Macte animo, Polycarpe!* si les flammes, au lieu de le toucher, formèrent un arc de triomphe autour de sa personne; si son corps avait l'odeur d'un bon pain cuit; si, ne pouvant être brûlé, il fut livré aux lions, lesquels se trouvent toujours à point nommé quand on a besoin d'eux; si les lions lui léchèrent les pieds au lieu de le manger; et si enfin le bourreau lui coupa la tête. Car il est à remarquer que les martyrs, qui résistent toujours aux lions, au feu et à l'eau, ne résistent jamais au tranchant du sabre, qui a une vertu toute particulière.

Les centumvirs ne firent jamais d'enquête juridique pour constater si les sept vierges d'Ancyre, dont la plus jeune avait soixante et dix ans, furent condamnées à être déflorées par tous les jeunes gens de la ville, et si le saint cabaretier Théodote obtint de la sainte Vierge qu'on les noyât dans un lac, pour sauver leur virginité.

On ne nous a point conservé l'original de la lettre que saint Grégoire Thaumaturge écrivit au diable, et de la réponse qu'il en reçut.

Tous ces contes furent écrits dans des galetas, et entièrement ignorés de l'empire romain. Lorsque ensuite les moines furent établis, ils augmentèrent prodigieusement le nombre de ces rêveries; et il n'était plus temps de les réfuter et de les confondre.

Telle est même la misérable condition des hommes, que l'erreur, mise une fois en crédit, et bien fondée sur l'argent qui en revient, subsiste toujours avec empire, lors même qu'elle est reconnue par tous les gens sensés, et par les ministres mêmes de l'erreur. L'usage alors et l'habitude l'emportent sur la vérité. Nous en avons partout des exemples. Il n'y a guère aujourd'hui d'étudiant en théologie, de prêtre de paroisse, de balayeur d'église, qui ne se moque des oracles des sibylles, forgés par les premiers chrétiens en faveur de Jésu, et des vers acrostiches attribués à ces sibylles. Cependant les papistes chantent encore dans leurs églises des hymnes fondées sur ces mensonges ridicules. Je les ai entendus, dans mes voyages, chanter à plein gosier :

Solvet sæclum in favilla,
Teste David cum sibylla.

C'est ainsi que j'ai vu le peuple même à Lorette rire de la fable de cette maison que le détestable pape Boniface VIII dit avoir été transportée, sous son pontificat, de Jérusalem à la marche d'Ancône par les airs. Et cependant il n'y a point de vieille femme qui, dès qu'elle est enrhumée, ne prie Notre-Dame de Lorette, et ne mette quelques oboles dans son tronc pour augmenter le trésor de cette madone, qui est certainement plus riche qu'aucun roi de la terre, et qui est aussi plus avare; car il ne sort jamais un shelling de son échiquier.

Il en est de même du sang de San Gennaro, qui se liquéfie tous les ans à jour nommé dans Naples. Il en est de même de la sainte ampoule en France. Il faut de nouvelles révolutions dans les esprits, il faut un nouvel enthousiasme pour détruire l'enthousiasme ancien, sans quoi l'erreur subsiste, reconnue et triomphante.

CHAP. XIII. — *Des progrès de l'association chrétienne. Raisons de ces progrès.*

Il faut savoir maintenant par quel enthousiasme, par quel artifice, par quelle persévérance, les chrétiens parvinrent à se faire, pendant trois cents ans, un si prodigieux parti dans l'empire romain, que Constantin fut enfin obligé, pour régner, de se mettre à la tête de cette religion, dont il n'était pourtant pas, n'ayant été baptisé qu'à l'heure de la mort, heure où l'esprit n'est jamais libre. Il y a plusieurs causes évidentes de ce succès de la religion nouvelle.

Premièrement, les conducteurs du troupeau naissant le flattaient par l'idée de cette liberté naturelle que tout le monde chérit, et dont les plus vils des hommes sont idolâtres. « Vous êtes les élus de Dieu, disaient-ils; vous ne servirez que Dieu, vous ne vous avilirez pas jusqu'à plaider devant les tribunaux romains; nous qui sommes vos frères, nous jugerons tous vos différends. « Cela est si vrai, qu'il y a une lettre de saint Paul à ses demi-Juifs de Corinthe [1], dans laquelle il leur dit : « Quand quelqu'un d'entre vous est en différend avec un autre, comment ose-t-il se faire juger (par des Romains) par des méchants, et non par des saints? Ne savez-vous pas que nous serons les juges des anges mêmes? A combien plus forte raison devons-nous juger les affaires du siècle!... Quoi! un frère plaide contre son frère devant des infidèles! »

Cela seul formait insensiblement un peuple de rebelles, un État dans l'État, qui devait un jour être écrasé, ou écraser l'empire romain.

Secondement, les chrétiens, formés originairement chez les Juifs, exerçaient comme eux le commerce, le courtage, et l'usure. Car, ne pouvant entrer dans les emplois qui exigeaient qu'on sacrifiât aux dieux de Rome, ils s'adonnaient nécessairement au négoce, ils étaient forcés de s'enrichir. Nous avons cent preuves de cette vérité dans l'histoire ecclésiastique; mais il faut être court. Contentons-nous de rapporter les paroles de Cyprien, évêque secret de Carthage, ce grand

1. *I dux Corinthiens*, chap. VI.

ennemi de l'évêque secret de Rome, saint Étienne. Voici ce qu'il dit dans son *Traité des tombés* : « Chacun s'est efforcé d'augmenter son bien avec une avidité insatiable ; les évêques n'ont point été occupés de la religion ; les femmes se sont fardées ; les hommes se sont teint la barbe, les cheveux et les sourcils ; on jure, on se parjure ; plusieurs évêques, négligeant les affaires de Dieu, se sont chargés d'affaires temporelles ; ils ont couru de province en province, de foire en foire, pour s'enrichir par le métier de marchands. Ils ont accumulé de l'argent par les plus bas artifices ; ils ont usurpé des terres, et exercé les plus grandes usures. »

Qu'aurait donc dit saint Cyprien, s'il avait vu des évêques oublier l'humble simplicité de leur état jusqu'à se faire princes souverains ?

C'était bien pis à Rome ; les évêques secrets de cette capitale de l'empire s'étaient tellement enrichis, que le consul Caïus Prétextatus, au milieu du troisième siècle, disait : « Donnez-moi la place d'évêque de Rome, et je me fais chrétien. » Enfin les chrétiens furent assez riches pour prêter de l'argent au césar Constance le Pâle, père de Constantin qu'ils mirent bientôt sur le trône.

Troisièmement, les chrétiens eurent presque toujours une pleine liberté de s'assembler et de disputer. Il est vrai que, lorsqu'ils furent accusés de sédition et d'autres crimes, on les réprima ; et c'est ce qu'ils ont appelé des persécutions.

Il n'était guère possible que quand un saint Théodore s'avisa de brûler, par dévotion, le temple de Cybèle dans Amasée, avec tous ceux qui demeuraient dans ce temple, on ne fît pas justice de cet incendiaire. On devait sans doute punir l'énergumène Polyeucte, qui alla casser toutes les statues du temple de Mélitène, lorsqu'on y remerciait le ciel pour la victoire de l'empereur Décius. On eut raison de châtier ceux qui tenaient des conventicules secrets dans les cimetières, malgré les lois de l'empire et les défenses expresses du sénat. Mais enfin ces punitions furent très-rares. Origène lui-même l'avoue, on ne peut trop le répéter. « Il y a eu, dit-il, peu de persécutions, et un très-petit nombre de martyrs, et encore de loin en loin [1]. »

Le savant Dodwell a fait main basse sur tous ces faux martyrologes inventés par des moines, pour excuser, s'il se pouvait, les fureurs insensées de toute la famille de Constantin. Élie Dupin, l'un des moins déraisonnables écrivains de la communion papiste, déclare positivement que les martyres de saint Césaire, de saint Nérée, de saint Achille, de saint Domitille, de saint Hyacinthe, de saint Zénon, de saint Macaire, de saint Eudoxe, etc., sont aussi faux et aussi indignement supposés que ceux des onze mille soldats chrétiens, et des onze mille vierges chrétiennes [2].

L'aventure de la légion Fulminante et celle de la légion Thébaine sont aujourd'hui sifflées de tout le monde. Une grande preuve de la fausseté de toutes ces horribles persécutions, c'est que les chrétiens se vantent d'avoir tenu cinquante-huit conciles dans leurs trois pre-

[1] *Réponse à Celse*, liv. III. — [2] *Bibliothèque ecclésiastique*, siècle III.

mières centuries : conciles reçus ou non reçus à Rome, il n'importe. Comment auraient-ils tenu tous ces conciles, s'ils avaient été toujours persécutés ?

Il est certain que les Romains ne persécutèrent jamais personne, ni pour sa religion, ni pour son irréligion. Si quelques chrétiens furent suppliciés de temps à autre, ce ne put être que pour des violations manifestes des lois, pour des séditions; car on ne persécutait point les Juifs pour leur religion. Ils avaient leurs synagogues dans Rome, même pendant le siége de Jérusalem par Titus, et lorsque Adrien la détruisit après la révolte et les cruautés horribles du messie Barcochébas. Si donc on laissa ce peuple en paix à Rome, c'est qu'il n'insultait point aux lois de l'empire; et si on punit quelques chrétiens, c'est qu'ils voulaient détruire la religion de l'État, et qu'ils brûlaient les temples quand ils le pouvaient.

Une des sources de toutes ces fables de tant de chrétiens tourmentés par des bourreaux, pour le divertissement des empereurs romains, a été une équivoque. Le mot martyre signifiait témoignage, et on appela également témoins, martyrs, ceux qui prêchèrent la secte nouvelle, et ceux de cette secte qui furent repris de justice.

Quatrièmement, une des plus fortes raisons du progrès du christianisme, c'est qu'il avait des dogmes et un système suivi, quoique absurde; et les autres cultes n'en avaient point. La métaphysique platonicienne, jointe aux mystères chrétiens, formait un corps de doctrine incompréhensible; et par cela même il séduisait et il effrayait les esprits faibles. C'était une chaîne qui s'étendait depuis la création jusqu'à la fin du monde. C'était un Adam de qui jamais l'empire romain n'avait entendu parler. Cet Adam avait mangé du fruit de la science, quoiqu'il n'en fût pas plus savant : il avait fait par là une offense infinie à Dieu; parce que Dieu est infini; il fallait une satisfaction infinie. Le verbe de Dieu, qui est infini comme son père, avait fait cette satisfaction, en naissant d'une Juive et d'un autre Dieu appelé le Saint-Esprit : ces trois dieux n'en faisaient qu'un, parce que le nombre trois est parfait. Dieu expia au bout de quatre mille ans le péché du premier homme, qui était devenu celui de tous ses descendants; sa satisfaction fut complète quand il fut attaché à la potence, et qu'il y mourut. Mais comme il était Dieu, il fallait bien qu'il ressuscitât après avoir détruit le péché, qui était la véritable mort des hommes. Si le genre humain fut depuis lui encore plus criminel qu'auparavant, il se réservait un petit nombre d'élus, qu'il devait placer avec lui dans le ciel, sans que personne pût savoir en quel endroit du ciel. C'était pour compléter ce petit nombre d'élus, que *Jésus* verbe, seconde personne de Dieu, avait envoyé douze Juifs dans plusieurs pays. Tout cela était prédit, disait-on, dans d'anciens manuscrits juifs qu'on ne montrait à personne. Ces prédictions étaient prouvées par des miracles, et ces miracles étaient prouvés par ces prédictions. Enfin, si on en doutait, on était infailliblement damné en corps et en âme; et, au jugement dernier, on était damné une seconde fois plus solennellement que la première. C'est là ce que les chrétiens prêchaient; et depuis ils ajoutèrent de siècle en siècle de nouveaux mystères à cette théologie.

Cinquièmement, la nouvelle religion dut avoir un avantage prodigieux sur l'ancienne et sur la juive, en abolissant les sacrifices. Toutes les nations offraient à leurs dieux de la viande. Les temples les plus beaux n'étaient que des boucheries. Les rites des gentils et des Juifs étaient des fraises de veau, des épaules de mouton et des rosbifs, dont les prêtres prenaient la meilleure part. Les parvis des temples étaient continuellement infectés de graisse, de sang, de fiente et d'entrailles dégoûtantes. Les Juifs eux-mêmes avaient senti quelquefois le ridicule et l'horreur de cette manière d'adorer Dieu. Fabricius nous a conservé l'ancien conte d'un Juif qui se mêla d'être plaisant et qui fit sentir combien les prêtres juifs, ainsi que les autres, aimaient à faire bonne chère aux dépens des pauvres gens. Le grand prêtre Aaron va chez une bonne femme qui venait de tondre la seule brebis qu'elle avait : « Il est écrit, dit-il, que les prémices appartiennent à Dieu; » et il emporte la laine. Cette brebis fait un agneau ; « Le premier-né est consacré; » il emporte l'agneau et en dîne. La femme tue sa brebis; il vient en prendre la moitié, selon l'ordre de Dieu. La femme, au désespoir, maudit sa brebis : « Tout anathème est à Dieu, » dit Aaron; et il mange la brebis tout entière. C'était là à peu près la théologie de toutes les nations.

Les chrétiens, dans leur premier institut, faisaient ensemble un bon souper à portes fermées. Ensuite ils changèrent ce souper en un déjeuner, où il n'y avait que du pain et du vin. Ils chantaient à table les louanges de leur Christ; prêchait qui voulait. Ils lisaient quelques passages de leurs livres et mettaient de l'argent dans la bourse commune. Tout cela était plus propre que les boucheries des autres peuples; et la fraternité, établie si longtemps entre les chrétiens, était encore un nouvel attrait qui leur attirait des novices.

L'ancienne religion de l'empire ne connaissait, au contraire, que des fêtes, des usages et les préceptes de la morale commune à tous les hommes. Elle n'avait point de théologie liée, suivie. Toutes ces mythologies fabuleuses se contredisaient; et les généalogies de leurs dieux étaient encore plus ridicules aux yeux des philosophes que celle de Jésu ne pouvait l'être.

CHAP. XIV. — *Affermissement de l'association chrétienne sous plusieurs empereurs, et surtout sous Dioclétien*

Le temps du triomphe arriva bientôt, et certainement ce ne fut point par des persécutions; ce fut par l'extrême condescendance et par la protection même des empereurs. Il est constant, et tous les auteurs l'avouent, que Dioclétien favorisa les chrétiens ouvertement pendant près de vingt années. Il leur ouvrit son palais; ses principaux officiers, Gorgonius, Dorothéos, Migdon, Mardon, Pétra, étaient chrétiens. Enfin il épousa une chrétienne nommée Prisca. Il ne lui manquait plus que d'être chrétien lui-même. Mais on prétend que Constance le Pâle, nommé par lui césar, était de cette religion. Les chrétiens, sous ce règne, bâtirent plusieurs églises magnifiques, et surtout une à Nicomédie, qui était plus élevée que le palais même du prince. C'est sur quoi on ne peut trop s'indigner contre ceux qui ont falsifié l'histoire et insulté à la vérité, au point de faire une ère des martyrs commençant à l'avénement de Dioclétien à l'empire.

Avant l'époque où les chrétiens élevèrent ces belles et riches églises, ils disaient qu'ils ne voulaient jamais avoir de temples. C'est un plaisir de voir quel mépris les Justin, les Tertullien, les Minucius Félix, affectaient de montrer pour les temples; avec quelle horreur ils regardaient les cierges, l'encens, l'eau lustrale ou bénite, les ornements, les images, véritables œuvres du démon. C'était le renard qui trouvait les raisins trop verts; mais dès qu'ils purent en manger, ils s'en gorgèrent.

On ne sait pas précisément quel fut l'objet de la querelle, en 302, entre les domestiques de César Galérius, gendre de Dioclétien, et les chrétiens qui demeuraient dans l'enceinte du temple de Nicomédie; mais Galérius se sentit si vivement outragé, que l'an 303 de notre ère il demanda à Dioclétien la démolition de cette église. Il fallait que l'injure fût bien atroce, puisque l'impératrice Prisca, qui était chrétienne, poussa son indignation jusqu'à renoncer entièrement à cette secte. Cependant Dioclétien ne se détermina point encore; et après avoir assemblé plusieurs conseils, il ne céda qu'aux instances réitérées de Galérius.

L'empereur passait pour un homme très-sage, on admirait sa clémence autant que sa valeur. Les lois qui nous restent de lui dans le Code sont des témoignages éternels de sa sagesse et de son humanité C'est lui qui donna la cassation des contrats dans lesquels une partie est lésée d'outre moitié; c'est lui qui ordonna que les biens des mineurs portassent un intérêt légal; c'est lui qui établit des peines contre les usuriers et contre les délateurs. Enfin on l'appelait *le père du siècle d'or* [1] : mais dès qu'un prince devient l'ennemi d'une secte, il est un monstre chez cette secte. Dioclétien et le césar Galérius, son gendre, ainsi que l'autre césar Maximien-Hercule, son ami, ordonnèrent la démolition de l'église de Nicomédie. L'édit en fut affiché. Un chrétien eut la témérité de déchirer l'édit et de le fouler aux pieds. Il y a bien plus : le feu prit au palais de Galérius quelques jours après. On crut les chrétiens coupables de cet incendie. Alors l'exercice public de leur religion leur fut défendu. Aussitôt le feu prit au palais de Dioclétien. On redoubla alors de sévérité. Il leur fut ordonné d'apporter aux juges tous leurs livres. Plusieurs réfractaires furent punis, et même du dernier supplice. C'est cette fameuse persécution qu'on a exagérée de siècle en siècle jusqu'aux excès les plus incroyables et jusqu'au plus grand ridicule. C'est à ce temps qu'on rapporte l'histoire d'un histrion nommé Génestus, qui jouait dans une farce devant Dioclétien. Il faisait le rôle d'un malade. « Je suis enflé, s'écriait-il. — Veux-tu que je te rabote? lui

---

1. Vcy. les *Césars de Julien*, grande édition avec medailles, p. 113.

disait un acteur. — Non, je veux qu'on me baptise. — Et pourquoi, mon ami ? — C'est que le baptême guérit de tout. » On le baptise incontinent sur le théâtre. La grâce du sacrement opère. Il devient chrétien en un clin d'œil, et le déclare à l'empereur, qui de sa loge le fait pendre sans différer.

On trouve dans ce même martyrologe l'histoire des sept belles pucelles de soixante-dix à quatre-vingts ans, et du saint cabaretier dont nous avons déjà parlé. On y trouve cent autres contes de la même force, et la plupart écrits plus de cinq cents ans après le règne de Dioclétien. Qui croirait qu'on a mis dans ce catalogue le martyre d'une fille de joie, nommée sainte Afre, qui exerçait son métier dans Augsbourg ?

On doit rougir de parler encore du miracle et du martyre d'une légion thébaine ou thébéenne, composée de six mille sept cents soldats tous chrétiens, exécutés à mort dans une gorge de montagnes qui ne peut pas contenir trois cents hommes, et cela dans l'année 287, temps où il n'y avait point de persécution, et où Dioclétien favorisait ouvertement le christianisme. C'est Grégoire de Tours qui raconte cette belle histoire; il la tient d'un Euchérius mort en 454; et il y fait mention d'un roi de Bourgogne mort en 523.

Tous ces contes furent rédigés et augmentés par un moine du douzième siècle; et il y paraît bien par l'uniformité constante du style. Quand l'imprimerie fut enfin connue en Europe, les moines d'Italie, d'Espagne, de France, d'Allemagne, et les nôtres, firent à l'envi imprimer toutes ces absurdités qui déshonorent la nature humaine. Cet excès révolta la moitié de l'Europe; mais l'autre moitié resta toujours asservie. Elle l'est au point que dans la France, notre voisine, où la saine critique s'est établie, Fleury, qui d'ailleurs a soutenu les libertés de son Église gallicane, a trahi le sens commun jusqu'à tenir registre de toutes ces sottises dans son *Histoire ecclésiastique*. Il n'a pas honte de rapporter l'interrogatoire de saint Taraque par le gouverneur Maxime, dans la ville de Mopsueste. Maxime fait mettre du vinaigre, du sel et de la moutarde dans le nez de saint Taraque, pour le contraindre à dire la vérité. Taraque lui déclare que son vinaigre est de l'huile et que sa moutarde est du miel. Le même Fleury copie les légendaires qui imputent aux magistrats romains d'avoir condamné au b..... les vierges chrétiennes, tandis que ces magistrats punissaient si sévèrement les vestales impudiques. En voilà trop sur ces inepties honteuses. Voyons maintenant comment, après la persécution de Dioclétien, Constantin fit asseoir la secte chrétienne sur les degrés de son trône.

CHAP. XV. — *De Constance Chlore ou le Pâle, et de l'abdication de Dioclétien.*

Constance le Pâle avait été déclaré césar par Dioclétien. C'était un soldat de fortune, comme Galérius, Maximien-Hercule, et Dioclétien lui-même; mais il était allié par sa mère à la famille de l'empereur Claude. L'empereur Dioclétien lui donna une partie de l'Italie, l'Espagne, et principalement les Gaules, à gouverner. Il fut regardé comme un très-bon prince. Les chrétiens ne furent presque point molestés dans son département. Il est dit qu'ils lui prêtèrent des sommes immenses; et cette politique fut le fondement de leur grandeur.

Dioclétien, qui créait tant de césars, était comme le dieu de Platon qui commande à d'autres dieux. Il conserva sur eux un empire absolu jusqu'au moment à jamais fameux de son abdication, dont le motif fut très-équivoque.

Il avait fait Maximilien-Hercule son collègue à l'empire, dès l'année de notre ère 28[1]. Ce Maximien adopta Constance le Pâle l'an 293. Mais tous ces princes obéissaient à Dioclétien comme à un père qu'ils aimaient et qu'ils craignaient. Enfin, en 306, se sentant malade, lassé du tumulte des affaires, et détrompé de la vanité des grandeurs, il abdiqua solennellement l'empire, comme fit depuis Charles-Quint; mais il ne s'en repentit pas, puisque son collègue Maximien-Hercule, qui abdiqua comme lui, ayant voulu depuis remonter sur le trône du monde connu, et ayant vivement sollicité Dioclétien d'y remonter avec lui, cet empereur, devenu philosophe, lui répondit qu'il préférait ses jardins de Salone à l'empire romain.

Qu'on nous permette ici une petite digression qui ne sera pas étrangère à notre sujet. D'où vient que dans les plates histoires de l'empire romain, qu'on fait et qu'on refait de nos jours, tous les auteurs disent que Dioclétien fut forcé par son gendre Galérius de renoncer au trône? c'est que Lactance l'a dit. Et qui était ce Lactance? c'était un avocat véhément, prodigue de paroles, et avare de bon sens : voyons ce que plaide cet avocat.

Il commence par assurer que Dioclétien, contre lequel il plaide, devint fou, mais qu'il avait quelques bons moments. Il rapporte mot pour mot l'entretien que son gendre Galérius eut avec lui, tête à tête, dans le dessein de le faire enfermer.

« L'empereur Nerva[1] (lui dit Galérius) abdiqua l'empire. Si vous ne voulez pas en faire autant, je prendrai mon parti.

DIOCLÉTIEN. — Eh bien ! qu'il soit donc fait comme il vous plaît. Mais il faut que les autres césars en soient d'avis.

GALÉRIUS. — Qu'est-il besoin de leur avis ? Il faut bien qu'ils approuvent ce que nous aurons fait.

DIOCLÉTIEN. — Que ferons-nous donc?

GALÉRIUS. — Choisissons Sévère pour césar.

DIOCLÉTIEN. — Qui! ce danseur, cet ivrogne, qui fait du jour la nuit, et de la nuit le jour !

GALÉRIUS. — Il est digne d'être césar, car il a donné de l'argent aux troupes; et j'ai déjà envoyé à Maximien pour qu'il le revêtisse de la pourpre.

DIOCLÉTIEN. — Soit. Et qui nous donnerez-vous pour l'autre césar?

GALÉRIUS. — Le jeune Daïa, mon neveu, qui n'a presque point de barbe.

1. Lactantius, *de Mortibus persecutorum*, page 207, édition de De Bure, in-4.

DIOCLÉTIEN, *en soupirant*. — Vous ne me donnez pas là des gens à qui l'on puisse confier les affaires de la république.

GALÉRIUS. — Je les ai mis à l'épreuve, cela suffit.

DIOCLÉTIEN. — Prenez-y garde ; c'est vous de qui tout cela dépend ; s'il arrive malheur, ce n'est pas ma faute. »

Voilà une étrange conversation entre les deux maîtres du monde. L'avocat Lactance était-il en tiers ? Comment les auteurs osent-ils, dans leur cabinet, faire parler ainsi les empereurs et les rois ? Comment ce pauvre Lactance est-il assez ignorant pour faire dire à Galérius que Nerva abdiqua l'empire, tandis qu'il n'y a point d'écolier qui ne sache que c'est une fausseté ridicule ? On a regardé ce Lactance comme un Père de l'Église : il fait voir qu'un Père de l'Église peut se tromper.

C'est lui qui cite un oracle d'Apollon pour faire connaître la nature de Dieu. « Il est par lui-même ; personne ne l'a enseigné ; il n'a point de mère ; il est inébranlable ; il n'a point de nom ; il habite dans le feu : c'est là Dieu, et nous sommes une petite portion d'ange. »

« *Dieu*, dit-il dans un autre endroit, a-t-il besoin du sexe féminin ? Il est tout-puissant, et peut faire des enfants sans femme, puisqu'il a donné ce privilége à de petits animaux. »

Il cite des vers grecs de la sibylle Érythrée, pour prouver que l'astrologie et la magie sont des inventions du diable ; et d'autres vers grecs de la même sibylle, pour faire voir que Dieu a eu un fils.

Il trouve dans une autre sibylle le règne de mille ans, pendant lequel le diable sera enchaîné. On voit par là qu'il savait l'avenir tout comme il savait le passé.

Tel est le témoin des conversations secrètes entre deux empereurs romains. Mais que Dioclétien ait abdiqué par grandeur d'âme ou par faiblesse, cela ne change rien aux événements dont nous allons parler.

Nous observerons seulement ici que jamais l'histoire ne fut plus mal écrite que dans les temps qui suivirent la mort de Dioclétien, et qu'on appelle du bas-empire. Ce fut à qui serait le plus extravagant et le plus menteur des partisans de l'ancienne religion et de la nouvelle. On ne perdait point de temps à discuter les prodiges et les oracles de ses adversaires ; chacun s'en tenait aux siens : les prêtres des deux partis ressemblaient à ces deux plaideurs, dont l'un produisait une fausse obligation, et l'autre une fausse quittance.

CHAP. XVI. — *De Constantin.*

Voici ce qu'on peut recueillir des panégyriques et des satires de Constantin, et de toutes les contradictions dont l'esprit de parti a enveloppé l'époque dans laquelle le christianisme fut solennellement établi.

On ne sait point où Constantin naquit. Tous les auteurs s'accordent à lui donner le césar Constance Chlore ou le Pâle pour père. Tous conviennent qu'on a fait une sainte d'Hélène, sa mère. Mais on dispute encore sur cette sainte. Fut-elle épouse de Constance Chlore? fut-elle sa concubine? Si Constantin fut bâtard, nous pouvons dire qu'il n'est pas le seul homme de cette espèce qui ait fait du mal au monde; témoin le bâtard Guillaume dans notre île, Clovis dans les Gaules, et un autre bâtard qu'il est inutile de nommer.

Quoi qu'il en soit, il était fort triste d'être le beau-père, ou le beau-frère, ou le neveu, l'allié, ou le frère, ou le fils, ou la femme, ou le domestique, ou même, si l'on veut encore, le cheval de Constantin.

A commencer par ses chevaux, lorsqu'il partit de Nicomédie pour aller trouver son père, qu'on disait malade, ou chez les Gaulois, ou chez nous, il fit tuer tous les chevaux qu'il avait montés sur la route, dans la crainte d'être poursuivi sur les mêmes chevaux par l'empereur Galérius, qui ne songeait point du tout à le poursuivre, puisqu'il ne fit courir personne après lui.

Pour ses domestiques, il fallait qu'ils lui baisassent les pieds tous les jours, dès qu'il fut empereur. Cela n'était que gênant; mais il fit périr Sopater et les principaux officiers de sa maison; cela est plus dur. A l'égard de son fils Crispus, on sait assez qu'il lui fit couper la tête sans autre forme de procès. Sa femme Fausta, il la fit étouffer dans un bain. Ses trois frères, il les tint longtemps en exil à Toulouse : il ne les tua pas; mais son fils, l'empereur Constantin II, en tua deux. Pour son neveu Lucinien, il ne le manqua pas; il le fit assassiner à l'âge de douze ans. Son beau-frère Lucinius, il le fit étrangler après avoir dîné avec lui dans Nicomédie, et lui avoir fait le serment de le traiter en frère. Son autre beau-frère Bassien, il était déjà expédié avant Licinius. Son beau-père Maximien-Hercule, ce fut le premier dont il se défit à Marseille, sur le prétexte spécieux que ce beau-père, accablé de vieillesse, venait l'assassiner dans son lit. Mais il faut bien pardonner cette multitude de fratricides et de parricides à un homme qui tint le concile de Nicée, et qui d'ailleurs passait ses jours dans la mollesse la plus voluptueuse. Comment ne pas le révérer, après que Jésu-Christ lui-même lui envoya un étendard dans les nuées; après que l'Église l'a mis au nombre des saints, et qu'on célèbre encore sa fête le 21 mai chez les pauvres Grecs de Constantinople et dans les églises russes?

Avant d'examiner son concile de Nicée, il faut dire un mot de son fameux *labarum* qui lui apparut dans le ciel. C'est une aventure très-curieuse.

CHAP. XVII. — *Du labarum.*

Ce n'est pas ici le lieu de faire une histoire suivie et détaillée de Constantin, quoique les déclamations puériles d'Eusèbe, la partialité de Zonare et de Zosime, leur inexactitude, leurs contrariétés, et la foule de leurs insipides copistes, semblent exiger que la raison écrive enfin cette histoire, si longtemps défigurée par la démence et le pédantisme.

Nous n'avons ici d'autre objet que le *labarum*. C'était un signe militaire qui servait de ralliement, tandis que les aigles romaines étaient la principale enseigne de l'armée. Constantin, s'étant fait proclamer césar chez nous par quelques cohortes, sortit vite de notre île pour aller disputer le trône à Maxence, fils de l'empereur Maximien-Hercule encore vivant. Maxence avait été élu par le sénat romain, par les gardes prétoriennes, et par le peuple. Constantin leva une armée dans les Gaules. Il y avait dans cette armée un très-grand nombre de chrétiens attachés à son père. Jésu-Christ, soit par reconnaissance, soit par politique, lui apparut, et lui montra en plein midi un nouveau *labarum*, placé dans l'air immédiatement au-dessus du soleil. Ce *labarum* était orné de son chiffre; car on sait que Jésu-Christ avait un chiffre. Cet étendard fut vu d'une grande partie des soldats gaulois, et ils en lurent distinctement l'inscription, qui était en grec. Nous ne devons pas douter qu'il n'y eût aussi plusieurs de nos compatriotes dans cette armée, qui lurent cette légende, *Vaincs en ceci;* car nous nous piquons d'entendre le grec beaucoup mieux que nos voisins.

On ne nous a pas appris positivement en quel lieu et en quelle année ce merveilleux étendard parut au-dessus du soleil. Les uns disent que c'était à Besançon, les autres vers Trèves, d'autres près de Cologne; d'autres, dans ces trois villes à la fois, en l'honneur de la sainte Trinité.

Eusèbe l'arien, dans son *Histoire de l'Église*[1], dit qu'il tenait le conte du *labarum* de la bouche même de Constantin, et que ce véridique empereur l'avait assuré que jamais les soldats qui portaient cette enseigne n'étaient blessés. Nous croyons aisément que Constantin se fit un plaisir de tromper un prêtre; ce n'était qu'un rendu. Scipion l'Africain persuada bien à son armée qu'il avait un commerce intime avec les dieux, et il ne fut ni le premier ni le dernier qui abusa de la crédulité du vulgaire. Constantin était vainqueur, il lui était permis de tout dire. Si Maxence avait vaincu, Maxence aurait reçu sans doute un étendard de la main de Jupiter.

CHAP. XVIII. — *Du concile de Nicée.*

Constantin, vainqueur et assassin de tous côtés, protégeait hautement les chrétiens, qui l'avaient très-bien servi. Cette faveur était juste s'il était reconnaissant, et prudente s'il était politique. Dès que les chrétiens furent les maîtres, ils oublièrent le précepte de Jésu et de tant de philosophes, de pardonner à leurs ennemis. Ils poursuivirent tous les restes de la maison de Dioclétien et de ses domestiques. Tous ceux qu'ils rencontrèrent furent massacrés. Le corps sanglant de Valérie, fille de Dioclétien, et celui de sa mère, furent traînés dans les rues de Thessalonique, et jetés dans la mer. Constantin triomphait, et faisait triompher la religion chrétienne sans la professer. Il prenait toujours le titre de grand pontife des Romains, et gouvernait réellement l'Église. Ce mélange est singulier, mais il est évidemment d'un homme qui voulait être le maître partout.

Cette Église, à peine établie, était déchirée par les disputes de ses

---

1. Dans sa *Vie de Constantin.* (ÉD.)

prêtres, devenus presque tous sophistes, depuis que le platonisme avait renforcé le christianisme, et que Platon était devenu le premier Père de l'Église. La principale querelle était entre le prêtre Arious, prêtre des chrétiens d'Alexandrie (car chaque Église n'avait qu'un prêtre), et Alexander, évêque de la même ville. Le sujet était digne des argumentants. Il s'agissait de savoir bien clairement si Jésu, devenu verbe, était de la même substance que Dieu le père, ou d'une substance toute semblable. Cette question ressemblait assez à cette autre de l'école : *Utrum chimæra bombinans in vacuo possit comedere secundas intentiones.* L'empereur sentit parfaitement tout le ridicule de la dispute qui divisait les chrétiens d'Alexandrie et de toutes les autres villes. Il écrivit aux disputeurs : « Vous êtes peu sages de vous quereller pour des choses incompréhensibles. Il est indigne de la gravité de vos ministères de vous quereller pour un sujet si mince. »

Il paraît par cette expression, *sujet si mince*, que l'assassin de toute sa famille, uniquement occupé de son pouvoir, s'embarrassait très-peu dans le fond si le verbe était consubstantiel ou non, et qu'il faisait peu de cas des prêtres et des évêques, qui mettaient tout en feu pour une syllabe à laquelle il était impossible d'attacher une idée intelligible. Mais sa vanité, qui égala toujours sa cruauté et sa mollesse, fut flattée de présider au grand concile de Nicée. Il se déclara tantôt pour Athanase, successeur d'Alexander dans l'Église d'Alexandrie, tantôt pour Arious ; il les exila l'un après l'autre ; il envenima lui-même la querelle qu'il voulait apaiser, et qui n'est pas encore terminée parmi nous, du moins dans le clergé anglican ; car pour nos deux chambres du parlement, et nos campagnards qui chassent au renard, ils ne s'inquiètent guère de la consubstantialité du verbe.

Il y a deux miracles très-remarquables opérés au concile de Nicée par les Pères orthodoxes, car les Pères hérétiques ne font jamais de miracles. Le premier, rapporté dans l'appendix du concile, est la manière dont on s'y prit pour distinguer les *Évangiles* et les autres livres recevables des *Évangiles* et des autres livres apocryphes. On les mit tous, comme on sait, pêle-mêle sur un autel ; on invoqua le Saint-Esprit : les apocryphes tombèrent par terre, et les véritables demeurèrent en place. Ce service que rendit le Saint-Esprit méritait bien que le concile eût fait de lui une mention plus honorable. Mais cette assemblée irréfragable, après avoir déclaré sèchement que le Fils était consubstantiel au Père, se contenta de dire encore plus sèchement : *Nous croyons aussi au Saint-Esprit*, sans examiner s'il était consubstantiel ou non.

L'autre miracle, accrédité de siècle en siècle par les auteurs les plus approuvés jusqu'à Baronius, est bien plus merveilleux et plus terrible. Deux Pères de l'Église, l'un nommé Chrysante et l'autre Musonius, étaient morts avant la dernière séance où tous les évêques signèrent. Le concile se mit en prière ; Chrysante et Musonius ressuscitèrent ; ils revinrent tous deux signer la condamnation d'Arious ; après quoi ils n'eurent rien de plus pressé que de remourir, n'étant plus nécessaires au monde.

Pendant que le christianisme s'affermissait ainsi dans la Bithynie par des miracles aussi évidents que ceux qui le firent naître, sainte Hélène, mère de saint Constantin, en faisait de son côté qui n'étaient pas à mépriser. Elle alla à Jérusalem, où elle trouva d'abord le tombeau du Christ, qui s'était conservé pendant trois cents ans, quoiqu'il ne fût pas trop ordinaire d'ériger des mausolées à ceux qu'on avait crucifiés. Elle retrouva sa croix, et les deux autres où l'on avait pendu le bon et le mauvais larron. Il était difficile de reconnaître laquelle des trois croix avait appartenu à Jésu. Que fit sainte Hélène ? elle fit porter les trois croix chez une vieille femme du voisinage, malade à la mort. On la coucha d'abord sur la croix du mauvais larron, son mal augmenta. On essaya la croix du bon larron, elle se trouva un peu soulagée. Enfin on l'étendit sur la croix de Jésu-Christ, et elle fut parfaitement guérie en un clin d'œil. Cette histoire se trouve dans saint Cyrille, évêque de Jérusalem, et dans Théodoret ; par conséquent on ne peut en douter, puisqu'on garde dans les trésors des églises assez de morceaux de cette vraie croix pour construire deux ou trois vaisseaux de cent pièces de canon.

Si vous voulez avoir un beau recueil des miracles opérés en ce siècle, n'oubliez pas d'y ajouter celui de saint Alexander, évêque d'Alexandrie, et de saint Macaire son prêtre ; ce miracle n'est pas fait par la charité, mais il l'est par la foi. Constantin avait ordonné qu'Arious serait reçu à la communion dans l'église de Constantinople, quoiqu'il tînt ferme à soutenir que Jésu-Christ est Omoiousios ; saint Alexander, saint Macaire, sachant qu'Arious était déjà dans la rue, prièrent Jésu avec tant de ferveur et de larmes de le faire mourir, de peur qu'il n'entrât dans l'église, que Jésu, qui est Omousios, et non pas Omoiousios, envoya sur-le-champ au prêtre Arious une envie démesurée d'aller à la selle. Toutes ses entrailles lui sortirent par le derrière, et il ne communia pas. Cette émigration des entrailles est physiquement impossible ; et c'est ce qui rend le miracle plus beau et plus avéré.

CHAP. XIX. — *De la donation de Constantin, et du pape de Rome Silvestre. Court examen si Pierre a été pape à Rome.*

On a cru pendant douze cents ans que Constantin avait fait présent de l'empire d'Occident à l'évêque de Rome Silvestre. Ce n'était pas absolument un article de foi, mais il en approchait tant, qu'on faisait brûler quelquefois les gens qui en doutaient. Cette donation n'était en effet qu'une restitution de la moitié de ce qu'on devait à Silvestre ; car il représentait Simon Barjone, surnommé Pierre, qui avait tenu vingt-cinq ans le pontificat romain sous Néron, qui n'en régna que treize ; et Simon Barjone avait représenté Jésu, à qui tous les royaumes appartiennent.

Il faut d'abord prouver en peu de mots que Simon Barjone tint le siége à Rome.

En premier lieu, le livre des *Actions des Apôtres* ne dit en aucun endroit que ce Barjone Pierre ait été à Rome ; et Paul, dans ses lettres, insinue le contraire. Donc il y voyagea, et il y régna vingt-cinq ans sous Néron ; et si Néron ne régna que treize ans, on n'a qu'à en ajouter douze, cela fera vingt-cinq.

En second lieu, il y a une lettre attribuée à Pierre, dans laquelle il dit expressément qu'il était à Babylone ; donc il est clair qu'il était à Rome, comme l'ont démontré plusieurs papistes.

En troisième lieu, des faussaires reconnus, nommés Abdias et Marcel, ont attesté que Simon le magicien ressuscita à moitié un parent de Néron, et que Simon Barjone Pierre le ressuscita tout à fait ; que Simon le magicien vola dans les airs devant toute la cour, et que Simon Pierre, plus grand magicien, le fit tomber, et lui cassa les deux jambes ; que les Romains firent un dieu de Simon l'estropié ; que Simon Pierre rencontra Jésu à une porte de Rome ; que Jésu lui prédit sa glorieuse mort, qu'il fut crucifié la tête en bas, et solennellement enterré au Vatican.

Enfin le fauteuil de bois dans lequel il prêcha est encore dans la cathédrale ; donc Pierre a gouverné dans Rome toute l'Église, qui n'existait pas, ce qui était à démontrer. Tel est le fondement de la restitution faite au pape de la moitié du monde chrétien.

Cette pièce curieuse est si peu connue dans notre île, qu'il est bon d'en donner ici un petit extrait. C'est Constantin qui parle :

« Nous, avec nos satrapes, et tout le sénat et le peuple soumis au glorieux empire, nous avons jugé utile de donner au successeur du prince des apôtres une plus grande puissance que celle que notre sérénité et notre mansuétude ont sur la terre. Nous avons résolu de faire honorer la sacro-sainte Église romaine plus que notre puissance impériale, qui n'est que terrestre ; et nous attribuons au sacré siége du bienheureux Pierre toute la dignité, toute la gloire, et toute la puissance impériale.... Nous possédons les corps glorieux de saint Pierre et de saint Paul, et nous les avons honorablement mis dans des caisses d'ambre que la force des quatre éléments ne peut casser. Nous avons donné plusieurs grandes possessions en Judée, en Grèce, dans l'Asie, dans l'Afrique, et dans l'Italie, pour fournir aux frais de leurs luminaires. Nous donnons en outre à Silvestre, et à ses successeurs, notre palais de Latran, qui est plus beau que tous les autres palais du monde.

« Nous lui donnons notre diadème, notre couronne, notre mitre, tous les habits impériaux que nous portons, et nous lui remettons la dignité impériale et le commandement de la cavalerie.... Nous voulons que les révérendissimes clercs de la sacro-sainte romaine Église jouissent de tous les droits du sénat : nous les créons tous patrices et consuls. Nous voulons que leurs chevaux soient toujours ornés de caparaçons blancs, et que nos principaux officiers tiennent ces chevaux par la bride, comme nous avons conduit nous-même par la bride le cheval du sacré pontife.

« Nous donnons en pur don au bienheureux pontife la ville de Rome, et toutes les villes occidentales de l'Italie, comme aussi les autres villes occidentales des autres pays. Nous cédons la place au saint-père; nous nous démettons de la domination sur toutes ces provinces; nous nous retirons de Rome, et transportons le siége de notre empire en la province de Byzance, n'étant pas juste qu'un empereur terrestre ait le moindre pouvoir dans les lieux où Dieu a établi le chef de la religion chrétienne.

« Nous ordonnons que cette notre donation demeure ferme jusqu'à la fin du monde; et si quelqu'un désobéit à notre décret, nous voulons qu'il soit damné éternellement, que les apôtres Pierre et Paul lui soient contraires en cette vie et en l'autre, et qu'il soit plongé au plus profond de l'enfer avec le diable. Donné sous le consulat de Constantin et de Gallicanus. »

Ces lettres patentes étaient la juste récompense du service éternel que le pape Silvestre avait rendu à l'empereur. Il est dit, dans la préface de cette belle pièce, que Constantin étant mangé de lèpre s'était baigné en vain dans le sang d'une multitude d'enfants, par l'ordonnance de ses médecins. Ce remède n'ayant pas réussi, il envoya chercher le pape Silvestre qui le guérit en un moment, en lui donnant le baptême.

On sait qu'après la décadence de l'empire romain, le Goth qui dressa ces lettres patentes n'avait pas besoin de supposer la signature de Constantin et du consul Gallicanus, qui ne fut jamais consul avec Constantin. C'était Jésu-Christ lui-même qui les devait signer, puisqu'il avait donné à Barjone Pierre les clefs du royaume du ciel, et que la terre y était visiblement comprise. On a prétendu que Jésu ne savait pas écrire; mais ce n'est là qu'une mauvaise difficulté.

Nous n'avons jamais démêlé si c'est sur la donation de Constantin, ou sur celle de Jésu, que se fonda le pape Innocent III lorsqu'il se déclara roi d'Angleterre en 1213, et qu'il nous envoya son légat Pandolfe, auquel notre Jean-Sans-Terre remit son royaume, dont il ne fut plus que le fermier, et dont il lui paya la première année d'avance. Il réitéra ce bail en 1214, et paya encore vingt-cinq mille livres pesant d'argent pour pot-de-vin du marché. Son fils Henri III commença son règne par confirmer cette donation à genoux. Nous étions alors dans un terrible abrutissement. Un grave auteur a dit que nous étions des bœufs qui labourions pour le pape, et que depuis nous avons été changés en hommes; mais que nous avons gardé nos cornes, avec lesquelles nous avons chassé les loups ecclésiastiques qui nous dévoraient.

Au reste, on peut s'enquérir à Naples si la donation de Constantin a servi de modèle à la vassalité où les rois de Naples veulent bien être encore de la cour de Rome.

CHAP. XX. — *De la famille de Constantin, et de l'empereur Julien le Philosophe.*

Après Constantin, qui fut baptisé à l'article de la mort par l'arien Eusèbe, évêque de Nicomédie, et non par César-Auguste Silvestre, évêque de Rome, ses enfants, chrétiens comme lui, souillèrent comme lui sa famille de sang et de carnage. Constantin II, Constant et Constan-

tius, commencèrent par faire massacrer sept neveux de leur père et
deux de leurs oncles; après quoi l'empereur Constant, bon catholique,
fit égorger l'empereur Constantin II, bon catholique aussi. Il ne resta
bientôt que l'empereur Constantius l'arien. On croit lire l'histoire des
sultans turcs, quand on lit celle du grand Constantin et de ses fils. Il
est très-vrai que les crimes qui rendirent cette cour si affreuse, et les
turpitudes de la mollesse qui la fit si méprisable, ne cessèrent que quand
Julien vint à l'empire.

Julien était le petit-fils d'un frère de Constance Chlore ou le Pâle, et
par conséquent petit-neveu du premier Constantin. Il avait deux frères;
l'aîné fut tué avec son père dans le massacre de la famille : restaient
Gallus et Julien. Gallus, l'aîné, était âgé de vingt-huit ans quand il
causa quelque ombrage à l'empereur Constantius. Ce digne fils du
grand Constantin fit saisir ses deux cousins, Gallus et Julien. Le premier fut assassiné par son ordre en Dalmatie, à quelques lieues de
l'endroit où l'on a élevé depuis le prodige de la ville de Venise. Julien,
traîné pendant sept mois de prison en prison, fut réservé à la même
mort; il n'avait pas alors vingt-trois ans accomplis. On allait le faire
périr dans Milan, lorsqu'Eusébie, femme de l'empereur, touchée des
grâces et de l'esprit supérieur de ce prince infortuné, lui sauva la vie
par ses prières et par ses larmes.

Constantius n'avait point d'enfants, et était même, dit-on, incapable d'en avoir, soit vice de la nature, soit suite de ses débauches. Il
fut forcé, comme les Ottomans l'ont été depuis, de ne pas répandre
tout le sang de la famille impériale, et de déclarer enfin césar ce même
Julien qu'il avait voulu joindre aux princes massacrés.

On sait assez combien la présence d'un successeur est odieuse, et à
quel point la puissance suprême est jalouse. Constantius exila honorablement Julien dans les Gaules, après lui avoir donné sa sœur Hélène
en mariage. Telle était la cour de Constantinople; telles on en a vu
d'autres. On assassine ses parents; on ne sait si on égorgera celui qui
reste, ou si on le mariera. Quand on l'a marié, on l'exile; on voudrait
s'en défaire, on l'opprime; on finit par être détrôné ou tué par celui
qu'on a persécuté; ou bien on le tue, et on est tué par un autre. Dans
ce chaos d'horreurs, de faiblesses, d'inconstances, de trahisons, de
meurtres, on crie toujours : « Dieu! Dieu! » On est béni par une faction
de prêtres, et maudit par une autre. On est dévot; il y a toujours
presque autant de miracles que de scélératesses et de lâchetés. La
Constantinople chrétienne n'a pas eu d'autres mœurs jusqu'au temps
où elle est devenue la Constantinople turque : alors elle a été aussi
atroce, mais moins méprisable, jusqu'à cette année 1776 où nous écrivons; et il est probable qu'elle sera un jour conquise pour faire place
à une troisième non moins méchante, qui succombera à son tour.

Le césar Julien, envoyé dans les Gaules, mais sans pouvoir, sans
argent et presque sans troupes, entouré de ministres qui avaient le
secret de la cour, et d'espions qui le trahissaient, déploya alors toute
la force de son génie longtemps retenu. Les hordes des Allemands et
des Francs ravageaient la Gaule; elles avaient détruit les villes bâties

par les Romains le long du Rhin. Julien se forma une armée malgré ses surveillants, la nourrit sans fouler les peuples, la disciplina, et s'en fit aimer : enfin il vainquit avec peu de troupes des armées innombrables, à l'exemple des plus grands capitaines ; mais il était bien au-dessus d'eux par la philosophie et par les vertus. C'était César pour la conduite d'une campagne ; c'était Alexandre un jour de bataille ; c'était Marc-Aurèle et Épictète pour les mœurs. Sobre, tempérant, chaste, ne connaissant de plaisirs que ses devoirs, ennemi de toute délicatesse, jusqu'à coucher toujours à terre sur une simple peau, et à se nourrir comme un simple soldat ; sa vertu allait au delà des forces de la nature humaine.

Le peu de temps qu'il résida dans Paris, notre rivale, rendit les Parisiens plus heureux qu'ils ne l'ont été sous leur bon roi Henri IV, qu'ils regrettent tous les jours. Julien osa chasser les agents de l'empereur, officiers du fisc, maltôtiers, qui tiraient toute la substance des Gaules. Qui croirait qu'il diminua les impôts dans la proportion de vingt-cinq à sept ; et que par cette réduction même, soutenue d'une sage économie, il enrichit à la fois la Gaule et le fisc impérial ? Julien voyait tout par ses yeux, et jugeait les procès de sa bouche, comme il combattait de ses mains. L'Europe se souviendra toujours avec admiration et avec tendresse de ce grand mot qu'il répondit à un avocat, au sujet d'un homme auquel on imputait un crime. « Qui sera coupable, disait cet avocat, s'il suffit de nier ? — Eh ! qui sera innocent, repartit Julien, s'il suffit d'accuser ? » Plût à Dieu qu'il fût venu à Londres comme à Paris ! mais du moins il nous envoya des secours contre les Pictes, et nous lui avons obligation aussi bien que nos voisins. Quelle fut la récompense de tant de vertus et de tant de services ? celle qu'on devait attendre de Constantius et des eunuques qui régnaient sous son nom. On lui retira les troupes qu'il avait formées, et avec lesquelles il avait étendu les limites de l'empire. Constantius eut à se repentir de son injustice imprudente. Ces troupes ne voulurent point partir, et déclarèrent Julien empereur en 360 ; Constantius mourut l'année suivante. Telle était la probité reconnue de Julien, que les plus insignes calomniateurs de ce grand homme ne l'accusèrent pas d'avoir eu la moindre part à la mort toute naturelle du bourreau de son père et de ses frères. Il n'y eut que le déclamateur infâme saint Grégoire de Nazianze qui osa laisser échapper quelques soupçons de poison, soupçons qui furent étouffés par le cri universel de la vérité.

Julien gouverna l'empire comme il avait gouverné la Gaule. Il commença par faire punir les délateurs et les financiers oppresseurs. Au faste asiatique de la cour des Constantin succéda la simplicité des Marc-Aurèle. S'il força les tribunaux à être justes, et s'il rendit la cour plus vertueuse, ce ne fut que par son exemple. S'il donna la préférence à la religion de ses ancêtres, à cette religion des Scipion, des Caton, et des Antonins, sur une secte nouvelle échappée d'un village juif, il ne contraignit jamais aucun chrétien d'abjurer. Au contraire, ses exemples de clémence sont sans nombre, quoi qu'en ait dit la rage de quelques chrétiens persécuteurs, qui auraient bien voulu que Julien eût été persécuteur comme eux. Ils n'ont pu s'inscrire en faux contre le pardon qu'il accorda dans Antioche à un nommé Thalassius, qui avait été son ennemi déclaré du temps de l'empereur Constantius. Les citoyens se plaignirent que ce Thalassius les avait opprimés. « Il m'a opprimé aussi, dit Julien, et je l'oublie. » Un autre, nommé Théodote, vint se jeter à ses pieds, et lui avoua qu'il l'avait calomnié sous le précédent règne. « Je le savais, répondit l'empereur; vous ne me calomnierez plus. »

Enfin dix soldats chrétiens ayant conspiré contre sa vie, il se contenta de leur dire : « Apprenez que ma vie est nécessaire, pour que je marche à votre tête contre les Perses. »

Nous ne nous abaisserons pas jusqu'à réfuter les absurdités vomies contre sa mémoire, comme la femme qu'il immola à la lune pour revenir vainqueur des Perses, et son sang qu'il jeta contre le ciel, en s'écriant : « Tu as vaincu, Galiléen! » On ne peut comparer l'horreur et le ridicule des calomnies dont il fut chargé par des écrivains nommés Pères de l'Église, qu'aux impostures vomies par nos moines contre Mahomet II, après la prise de Constantinople. Ces reproches des prêtres, renouvelés d'âge en âge à Julien, de n'avoir pas été de la religion de l'assassin Constantius, sont d'autant plus mal placés, que Constantius était hérétique, et que, selon ces prêtres, un hérétique est pire qu'un païen.

CHAP. XXI. — *Questions sur l'empereur Julien.*

On a demandé si Julien aimait la religion de l'empire d'aussi bonne foi qu'il détestait la secte chrétienne. On a demandé encore s'il pouvait raisonnablement espérer de détruire cette secte.

Quant à la première question, si un philosophe stoïcien tel que Julien adorait en effet Vénus, Mercure, Priape, Proserpine, et des dieux pénates, nous avons peine à le croire. Ce qui est vraisemblable, c'est que les peuples étant partagés entre deux factions irréconciliables, il fallait que Julien parût être de l'une pour abattre l'autre, sans quoi toutes deux se seraient soulevées contre lui. Nous savons bien qu'il est dans l'Europe un très-grand prince[1], célèbre par ses victoires, par ses lois, et par ses livres, qui, dans ses États de cinq cents lieues en longueur, a pour ses sujets des papistes, des luthériens, des calvinistes, des moraves, des sociniens, des Juifs; qui ne prend parti pour aucune de ces sectes, et qui n'a pas plus de chapelle que de conseil et de maîtresse : mais il est venu dans un temps où la démence des disputes de religion est entièrement amortie dans son pays. Il a affaire à des Allemands, et Julien avait affaire à des Grecs, capables de nier jusqu'à la mort que deux et deux font quatre.

Il se peut que Julien, né sensible et enthousiaste, abhorrant la famille de Constantin, qui n'était qu'une famille d'assassins, abhorrant le christianisme dont elle avait été le soutien, se soit fait illusion jusqu'au point de former un système qui semblait réconcilier un peu

1. Frédéric II, roi de Prusse. (ÉD.)

avec la raison le ridicule de ce qu'on appelle mal à propos le paganisme. C'était un avocat qui pouvait s'enivrer de sa cause; mais en voulant détruire la religion de Jésu, ou plutôt la religion de lambeaux mal cousus au nom de Jésu, aurait-il pu parvenir à ce grand ouvrage? Nous répondrons hardiment : Oui, s'il avait vécu quarante ans de plus, et s'il avait été toujours bien secondé.

Il eût été d'abord nécessaire de faire ce que nous fîmes quand nous détruisîmes le papisme. Nous étalâmes devant l'hôtel de ville, aux yeux et à l'esprit du public, les fausses légendes, les fausses prophéties, et les faux miracles des moines. L'empereur Julien, au contraire, subjugué par les idées erronées de son siècle, accorde, dans son discours conservé par Cyrille, que Jésu a fait quelques prodiges, mais que tous les théurgistes en font bien davantage. C'est précisément imiter Jésu, qui, dans le livre de Matthieu, avoue que tous les Juifs ont le secret de chasser les diables.

Julien aurait dû faire voir que ces possessions du diable sont une charlatanerie punissable, et c'est de quoi sont très-persuadés les magistrats de nos jours, bien qu'ils aient quelquefois la lâcheté de conniver à ces infamies. Ayant ainsi levé un pan de la robe de l'erreur, on l'aurait enfin montrée nue dans toute sa turpitude. On aurait pu abolir sagement et peu à peu les sacrifices de veaux et de moutons, qui changeaient les temples en cuisines, et instituer à leur place des hymnes et des discours de simple morale. On aurait pu inculquer dans les esprits l'adoration d'un Être suprême, dont l'existence était déjà reconnue; on aurait pu écarter tous les dogmes qui ne sont nés que de l'imagination des hommes; et on aurait prêché la simple vertu, qui est née de Dieu même.

Enfin les empereurs romains auraient pu imiter les empereurs de la Chine, qui avaient établi une religion pure depuis si longtemps; et cette religion, qui eût été celle de tous les magistrats, l'aurait emporté, comme à la Chine, sur toutes les superstitions auxquelles on abandonne la populace.

Cette grande révolution était praticable dans un temps où la principale secte du christianisme n'était pas fondée, comme elle l'est aujourd'hui, sur des chaires de quatre mille guinées de rente, de quatre cent mille écus d'Allemagne, ou de piastres d'Espagne, et surtout sur le trône de Rome. La plus grande difficulté eût été dans l'esprit inquiet, turbulent, contentieux, de la plupart des peuples de l'Europe, et dans les mœurs de tous ces peuples, opposées les unes aux autres; mais aussi il y avait un fort contre-poids : c'était celui des langues grecque et romaine que tout l'empire parlait, et des lois impériales, auxquelles toutes les provinces étaient également asservies; enfin le temps pouvait établir le règne de la raison; et c'est le temps qui la plongea dans les fers.

Combien de fanatiques ont répété que Jésu punit Julien, et le tua par la main des Perses, pour n'avoir pas été de sa religion! Cependant il régna près de trois ans; et Jovien, son successeur chrétien, ne vécut que six mois après son élection.

Les chrétiens, qui n'avaient cessé de se déchirer sous Constantin et sous ses enfants, ne purent être humanisés par Julien. Ils se plaignaient, dit ce grand homme dans ses Lettres, de n'avoir plus la liberté de s'égorger mutuellement : ils la reprirent bientôt, cette liberté affreuse ; et ils l'ont poussée sans relâche à des excès incroyables, depuis les querelles de la consubstantialité jusqu'à celles de la transsubstantiation : fatale preuve, dit le respectable milord Bolingbroke, mon bienfaiteur, que l'arbre de la croix n'a pu porter que des fruits de mort.

CHAP. XXII. — *En quoi le christianisme pouvait être utile.*

Nulle secte, nulle école, ne peut être utile que par ses dogmes purement philosophiques ; car les hommes en seront-ils meilleurs quand Dieu aura un verbe, ou quand il en aura deux, ou quand il n'en aura point ? Qu'importe au bonheur de la société que Dieu se soit incarné quinze fois vers le Gange, ou cent cinquante fois à Siam, ou une fois dans Jérusalem ?

Les hommes ne pouvaient rien faire de mieux que d'admettre une religion qui ressemblât au meilleur gouvernement politique. Or ce meilleur gouvernement humain consiste dans la juste distribution des récompenses et des peines ; telle devait donc être la religion la plus raisonnable.

Soyez juste, vous serez favori de Dieu ; soyez injuste, vous serez puni. C'est la grande loi dans toutes les sociétés qui ne sont pas absolument sauvages.

L'existence des âmes, et ensuite leur immortalité, ayant été une fois admises chez les hommes, rien ne paraissait donc plus convenable que de dire : « Dieu peut nous récompenser ou nous punir après notre mort, selon nos œuvres. » Socrate et Platon, qui les premiers développèrent cette idée, rendirent donc un grand service au genre humain, en mettant un frein aux crimes que les lois ne peuvent punir.

La loi juive attribuée à Moïse, ne promettant pour récompense que du vin et de l'huile, et ne menaçant que de la rogne et d'ulcères dans les genoux, était donc une loi de barbares ignorants et grossiers.

Les premiers disciples de Jean le baptiseur et de Jésu, s'étant joints aux platoniciens d'Alexandrie, pouvaient donc former une société vertueuse et utile, à peu près semblable aux thérapeutes d'Égypte.

Il était très-indifférent en soi que cette société pratiquât la vertu au nom d'un Juif nommé Jésu ou Jean, avec qui les premiers chrétiens, soit d'Alexandrie, soit de Grèce, n'avaient jamais conversé, ou au nom d'un autre homme, quel qu'il pût être. De quoi s'agissait-il ? d'être honnêtes gens, et de mériter d'être heureux après la mort.

On pouvait donc établir une société vertueuse dans quelque canton de la terre, comme Lycurgue avait établi une petite société guerrière dans un coin de la Grèce.

Si cette société, sous le nom de chrétiens, ou de socratiens, ou de thérapeutes, eût été véritablement sage, il est à croire qu'elle eût subsisté sans contradiction ; car, supposé qu'elle eût été telle qu'on a peint les thérapeutes et les esséniens, quel empereur romain, quel tyran aurait jamais voulu les exterminer? Je suppose qu'une légion romaine passe par les retraites de ces bonnes gens, et que le tribun militaire leur dise : « Nous venons loger chez vous à discrétion. — Très-volontiers, répondent-ils; tout ce qui est à nous est à vous; bénissons Dieu, et soupons ensemble. — Payez le tribut à César. — Un tribut? nous ne savons ce que c'est, mais prenez tout. Puisse notre substance engraisser César! — Venez avec vos pioches et vos pelles nous aider à creuser des fossés et à élever des chaussées. — Allons, l'homme est né pour le travail, puisqu'il a deux mains. Nous vous aiderons tant que nous aurons de la force. » Je demande s'il eût été possible qu'une légion romaine eût été tentée de faire une Saint-Barthélemy d'une colonie si douce et si serviable; l'aurait-on exterminée pour n'avoir pas connu Jupiter et Mercure? Il le faut avouer avec sincérité et avec admiration, les Philadelphiens, que nous nommons quakers, trembleurs, ont été jusqu'à présent ce peuple de thérapeutes, de socratiens, de chrétiens dont nous parlons : on dit qu'il ne leur a manqué que de parler de la bouche, et de gesticuler sans contorsions, pour être les plus estimables des hommes. Ils sont jusqu'à présent sans temples, sans autels, comme furent les premiers chrétiens pendant cent cinquante ans; ils travaillent comme eux; ils se secourent mutuellement comme eux; ils ont comme eux la guerre en horreur. Si de telles mœurs ne se corrompent pas, ils seront dignes de commander a la terre; car du sein de leurs illusions ils enseigneront la vertu qu'ils pratiquent. Il paraît certain que les chrétiens du premier siècle commencèrent à peu près comme nos Philadelphiens d'aujourd'hui; mais la fureur de l'enthousiasme, la rage du dogme, la haine contre toutes les autres religions, gâtèrent bientôt tout ce que les premiers chrétiens, imitateurs, en quelque sorte, des esséniens, pouvaient avoir de bon et d'utile : ils détestaient d'abord les temples, l'encens, les cierges, l'eau lustrale, les prêtres; et bientôt ils eurent des prêtres, de l'eau lustrale, de l'encens, et des temples. Ils vécurent cent ans d'aumônes, et leurs successeurs vécurent de rapines; enfin, quand ils furent les maîtres, ils se déchirèrent pour des arguments; ils devinrent calomniateurs, parjures, assassins, tyrans, et bourreaux.

Il n'y a pas cent ans que le démon de la religion faisait encore couler le sang dans notre Irlande et dans notre Écosse. On commettait cent mille meurtres, soit sur des échafauds, soit derrière des buissons; et les querelles théologiques troublaient toute l'Europe.

J'ai vu encore en Écosse des restes de l'ancien fanatisme, qui avait changé si longtemps les hommes en bêtes carnassières.

Un des principaux citoyens d'Inverness, presbytérien rigide dans le goût de ceux que Butler nous a si bien peints, ayant envoyé son fils unique faire ses études à Oxford, affligé de le voir à son retour dans les principes de l'Église anglicane, et sachant qu'il avait signé les trente-neuf articles, s'emporta contre lui avec tant de violence, qu'à la fin de la querelle il lui donna un coup de couteau, dont l'enfant mourut en peu de minutes entre les bras de sa mère. Elle expira de douleur au bout de quelques jours; et le père se tua dans un accès de désespoir et de rage.

Voilà de quoi j'ai été témoin. Je puis assurer que, si le fanatisme n'a pas été porté partout à cet excès d'horreur, il n'y a guère de familles qui n'aient éprouvé de tristes effets de cette sombre et turbulente passion. Notre peuple a été longtemps réellement attaqué de la rage. Cette maladie, quoi qu'on en dise, peut renaître encore. On ne peut la prévenir qu'en adorant Dieu sans superstition, et en tolérant son prochain.

C'est une chose bien déplorable et bien avilissante pour la nature humaine, qu'une science digne de *Punch* [1] ait été plus destructive que les inondations des Huns, des Goths, et des Vandales, et que dans toute notre Europe il y ait eu un corps d'énergumènes destiné à séduire, à piller, et à faire égorger le reste des hommes. Cet enfer sur la terre a duré quinze siècles entiers. Il n'y a eu enfin d'autre remède que le mépris et l'indifférence des honnêtes gens détrompés.

C'est ce mépris des honnêtes gens, c'est cette voix de la raison entendue d'un bout de l'Europe à l'autre, qui triomphe aujourd'hui du fanatisme sans autre effort que la force de la vérité. Les sages éclairés ont persuadé les ignorants qui n'étaient pas sages. Peu à peu les nations ont été étonnées d'avoir cru si longtemps des absurdités horribles qui devaient épouvanter le bon sens et la nature.

Le colosse élevé sur nos têtes pendant tant de siècles subsiste encore, et comme il fut forgé avec l'or des peuples, il n'est pas possible que la raison seule le détruise : mais ce n'est plus qu'un fantôme semblable à celui des augures chez les Romains. Un de ces augures, dit Cicéron, ne pouvait aborder un de ses confrères sans rire; et parmi nous un abbé de moines, riche de cent mille écus de rente, ne peut dîner avec un de ses confrères sans rire des idiots qui se sont dépouillés du nécessaire pour enrichir la fainéantise. On ne croit plus en eux, mais ils jouissent. Le temps viendra où ils ne jouiront plus. Il se trouvera des occasions favorables, on en profitera. Bénissons Dieu, nous autres qui depuis deux cent cinquante ans avons brisé un joug aussi pesant qu'infâme, et qui avons restitué à la nation et au roi les richesses envahies par des imposteurs qui étaient la honte et le fardeau de la terre.

Il y a eu de grands hommes, et surtout des hommes charitables, dans toutes les communions; mais ils auraient été bien plus véritablement grands et bons si la peste de l'esprit de parti n'avait pas corrompu leur vertu.

Je conjure tout prêtre qui aura lu attentivement toutes les vérités évidentes qui sont dans ce petit ouvrage, de se dire à lui-même : « Je ne suis riche que par les fondations de mes compatriotes, qui eurent autrefois la faiblesse de dépouiller leurs familles pour enrichir l'Église; serai-je assez lâche pour tromper leurs descendants, ou assez barbare pour les persécuter? Je suis homme avant d'être ecclésiastique; examinons devant Dieu ce que la raison et l'humanité m'ordonnent. Si je

---

1. Punch est le polichinelle de Londres.

soutenais des dogmes qui outragent la raison, ce serait dans moi une démence affreuse; si pour faire triompher ces dogmes absurdes, que je ne puis croire, j'employais la voie de l'autorité, je serais un détestable tyran. Jouissons donc des richesses qui ne nous ont rien coûté, ne trompons et ne molestons personne. » Maintenant je suppose que des laïques et des ecclésiastiques, bien instruits des erreurs énormes sur lesquelles nos dogmes ont été fondés, et de cette foule de crimes abominables qui en ont été la suite, veuillent s'unir ensemble, s'adresser à Dieu, et vivre saintement; comment devraient-ils s'y prendre?

CHAP. XXIII. — *Que la tolérance est le principal remède contre le fanatisme.*

A quoi servirait ce que nous venons d'écrire, si on n'en retirait que la connaissance stérile des faits, si on ne guérissait pas au moins quelques lecteurs de la gangrène du fanatisme? Que nous reviendrait-il d'avoir fouillé dans les anciens cloaques d'un petit peuple qui infectait autrefois un coin de la Syrie, et d'en avoir exposé les ordures au grand jour?

Que résultera-t-il de la connaissance de l'origine et des progrès d'une superstition si obscure et si fatale, dont nous avons fait une histoire fidèle? Voici évidemment le fruit qu'on peut recueillir de cette étude :

C'est qu'après tant de querelles sanglantes pour des dogmes inintelligibles, on quitte tous ces dogmes fantastiques et affreux pour la morale universelle, qui seule est la vraie religion et la vraie philosophie. Si les hommes s'étaient battus pendant des siècles pour la quadrature du cercle et pour le mouvement perpétuel, il est certain qu'il faudrait renoncer à ces recherches absurdes, et s'en tenir aux véritables mécaniques, dont l'avantage se fait sentir aux plus ignorants comme aux plus savants.

Quiconque voudra rentrer dans lui-même, et écouter la raison qui parle à tous les hommes, comprendra bien aisément que nous ne sommes point nés pour examiner si Dieu créa autrefois des *debta*, des génies, il y a quelques millions d'années, comme le disent les brachmanes; si ces *debta* se révoltèrent, s'ils furent damnés, si Dieu leur pardonna, s'il les changea en hommes et en vaches. Nous pouvons en conscience ignorer la théologie de l'Inde, de Siam, de la Tartarie et du Japon, comme les peuples de ces pays-là ignorent la nôtre. Nous ne sommes pas plus faits pour étudier les opinions qui se répandirent vers la Syrie, il n'y a pas trois mille ans, ou plutôt des paroles vides de sens qui passaient pour des opinions. Que nous importe des ébionites, des nazaréens, des manichéens, des ariens, des nestoriens, des eutychiens, et cent autres sectes ridicules?

Que nous reviendrait-il de passer notre vie à nous tourmenter au sujet d'Osiris? d'étudier des cinq années entières pour savoir les noms de ceux qui ont dit qu'une voix céleste annonça la naissance d'Osiris à une sainte femme nommée Pamyle, et que cette sainte femme l'alla proclamer par tout l'univers? Nous consumerons-nous pour expliquer comment Osiris et Isis avaient été amoureux l'un de l'autre dans le ventre de leur mère [1], et y engendrèrent le dieu Horus? C'est un grand mystère; mais vingt générations d'hommes s'égorgeront-elles pour trouver le vrai sens de ce mystère, et l'entendront-elles mieux après s'être égorgées?

Nulle vérité utile n'est née, sans doute, des querelles sanglantes qui ont désolé l'Europe et l'Asie, pour savoir si l'Être nécessaire, éternel, et universel, a eu un fils plutôt qu'une fille; si ce fils fut engendré avant ou après les siècles, s'il est la même chose que son père, et différent en nature; si, étant engendré dans le ciel, il est encore né sur la terre; s'il y est mort d'un supplice odieux; s'il est ressuscité; s'il est allé aux enfers; s'il a depuis été mangé tous les jours, et si on a bu son sang après avoir mangé son corps, dans lequel était ce sang; si ce fils avait deux natures, si ces deux natures composaient deux personnes; si un saint souffle a été produit par la spiration du père ou par celle du père et du fils, et si ce souffle n'a fait qu'un seul être avec le père et le fils.

Nous ne sommes pas faits, ce me semble, pour une telle métaphysique, mais pour adorer Dieu, pour cultiver la terre qu'il nous a donnée, pour nous aider mutuellement dans cette courte vie. Tout le monde le sent, tout le monde le dit, soit à haute voix, soit en secret. La sagesse et la justice prennent enfin la place du fanatisme et de la persécution dans la moitié de l'Europe.

Si le système humain, et peut-être divin, de la tolérance avait pu dominer chez nos pères, comme il commence à régner chez quelques-uns de leurs enfants, nous n'aurions pas la douleur de dire, en passant devant Whitehall : « C'est ici qu'on trancha la tête de notre roi Charles [2] pour une liturgie; » son fils [3] n'eût pas été obligé, pour éviter la même mort, de devenir le postillon de Mlle Lane, et de se cacher deux nuits dans le creux d'un chêne. Montrose, le plus grand homme de l'Écosse, ma chère patrie, n'aurait pas été coupé en quartiers par le bourreau, ses membres sanglants n'auraient pas été cloués aux portes de quatre de nos villes. Quarante bons serviteurs du roi, parmi lesquels était un de mes ancêtres, n'auraient pas péri par le même supplice, et servi au même spectacle.

Je ne veux pas rappeler ici toutes les inconcevables horreurs que les querelles du christianisme ont amoncelées sur la tête de nos pères Hélas! les mêmes scènes de carnage ont ensanglanté cette Europe, où le christianisme n'était point né. C'est partout la même tragédie sous mille noms différents. Le polythéisme des Grecs et des Romains a-t-il jamais rien produit de semblable? Y eut-il seulement une légère querelle pour les hymnes à Apollon, pour l'ode des jeux séculaires d'Horace, pour le *Pervigilium Veneris?* Le culte des dieux n'inspirait point la haine et la discorde. On voyageait en paix d'un bout de la terre à

1. Voy. Plutarque, chapitre *d'Isis et d'Osiris.*
2. Charles Ier. (ÉD.) — 3. Charles II, rétabli en 1660. (ÉD.)

l'autre. Les Pythagore, les Apollonius de Tyane, étaient bien reçus chez tous les peuples de l'univers. Malheureux que nous sommes! nous avons cru servir Dieu, et nous avons servi les furies. Il y avait, au rapport d'Arrien, une loi admirable chez les brachmanes : il ne leur était pas permis de dîner avant d'avoir fait du bien. La loi contraire a été longtemps établie parmi nous.

Ouvrez vos yeux et vos cœurs, magistrats, hommes d'État, princes, monarques; considérez qu'il n'existe aucun royaume en Europe où les rois n'aient pas été persécutés par des prêtres. On vous dit que ces temps sont passés, et qu'ils ne reviendront plus. Hélas! ils reviendront demain si vous bannissez la tolérance aujourd'hui, et vous en serez les victimes, comme tant de vos ancêtres l'ont été.

CHAP. XXIV. — *Excès du fanatisme.*

Après ce tableau si vrai des superstitions humaines et des malheurs épouvantables qu'elles ont causés, il ne nous reste qu'à faire voir comment ceux qui sont à la tête du christianisme lui ont toujours insulté, combien ils ont été semblables à ces charlatans qui montrent des ours et des singes à la populace, et qui assomment de coups ces animaux qui les font vivre.

Je commencerai par la belle et respectable Hypatie, dont l'évêque Synésius fut le disciple au cinquième siècle. On sait que saint Cyrille fit assassiner cette héroïne de la philosophie, parce qu'elle était de la secte platonicienne, et non pas de la secte athanasienne. Les fidèles traînèrent son corps nu et sanglant dans l'église et dans les places publiques d'Alexandrie. Mais que firent les évêques contemporains de ce Synésius le platonicien? Il était très-riche et très-puissant; on voulut le gagner au parti chrétien, et on lui proposa de se laisser faire évêque. Sa religion était celle des philosophes; il répondit qu'il n'en changerait pas, et qu'il n'enseignerait jamais la doctrine nouvelle; qu'on pouvait le faire évêque à ce prix. Cette déclaration ne rebuta point ces prêtres, qui avaient besoin de s'appuyer d'un homme si considérable : ils l'oignirent; et ce fut un des plus sages évêques dont l'Église chrétienne pût se vanter. Il n'y a point de fait plus connu dans l'histoire ecclésiastique.

Plût à Dieu que les évêques de Rome eussent imité Synésius, au lieu d'exiger de nous deux shellings par chaque maison; au lieu de nous envoyer des légats qui venaient mettre à contribution nos provinces de la part de Dieu, au lieu de s'emparer du royaume d'Angleterre, en vertu de l'ancienne maxime que les biens de la terre n'appartiennent qu'aux fidèles; au lieu de faire enfin le roi Jean-Sans-Terre fermier du pape.

Je ne parle pas de six cents années de guerres civiles entre la couronne impériale et la mitre de Saint-Jean-de-Latran, et de tous les crimes qui signalèrent ces guerres affreuses; je m'en tiens aux abominations qui ont désolé ma patrie; et je dis, dans l'amertume de mon cœur : « Est-ce donc pour cela qu'on a fait naître Dieu d'une Juive?

Est-ce en vain que l'esprit de raison et de tolérance, dont j'ai parlé, commence à s'introduire enfin depuis l'Église grecque de Pétersbourg jusqu'à l'église papiste de Madrid ? »

CHAP. XXV. — *Contradictions funestes.*

Il me semble que nous avons tous un penchant naturel à l'association, à l'esprit de parti. Nous cherchons en cela un appui à notre faiblesse. Cette inclination se remarque dans notre île, malgré le grand nombre de caractères particuliers dont elle abonde. De là viennent nos *clubs* et jusqu'à nos francs-maçons. L'Église romaine est une grande preuve de cette vérité. On voit en Italie beaucoup plus de différents ordres de moines que de régiments. C'est cet esprit d'association qui partagea l'antiquité en tant de sectes; c'est ce qui produisit cette multitude d'initiations englouties enfin dans celle du christianisme. Il a fait naître de nos jours les moraves, les méthodistes, les piétistes, comme on avait eu auparavant des Syriens, des Égyptiens, des Juifs.

La relig.on est, après les jours de marchés, ce qui unit davantage les hommes; .e mot seul de religion l'indique; c'est ce qui lie, *quod religat.*

Il est arrivé en fait de religion la même chose que dans notre franc-maçonnerie : les cérémonies les plus extravagantes en ont partout fait la base. Joignez à la bizarrerie de toutes ces institutions l'esprit de partialité, de haine, de vengeance; ajoutez-y l'avarice insatiable, le fanatisme qui éteint la raison, la cruauté qui détruit toute pitié, vous n'aurez encore qu'une faible image des maux que les associations religieuses ont apportés sur la terre.

Je n'ai jusqu'à présent connu de société vraiment pacifique que celle de la Caroline et de la Pensylvanie [1]. Les deux législateurs de ces pays ont eu soin d'y établir la tolérance comme la principale loi fondamentale. Notre grand Locke a ordonné que dans la Caroline sept pères de famille suffiraient pour former une religion légale. Guillaume Penn étendit la tolérance encore plus loin : il permit à chaque homme d'avoir sa religion particulière, sans en rendre compte à personne. Ce sont ces lois humaines qui ont fait régner la concorde dans deux provinces du Nouveau-Monde, lorsque la confusion bouleversait encore le monde ancien.

Voilà des lois bien directement contraires à celles de Mosé, dont nous avons si longtemps adopté l'esprit barbare. Locke et Penn regardent Dieu comme le père commun de tous les hommes; et Mosé ou Moïse (si on en croit les livres qui courent sous son nom) veut que le maître de l'univers ne soit que le Dieu du petit peuple juif, qu'il ne protége que cette poignée de scélérats obscurs, qu'il ait en horreur le reste du monde. Il appelle ce Dieu « un Dieu jaloux qui se venge jusqu'à la troisième et quatrième génération. »

Il ose faire parler Dieu; et comment le fait-il parler?

---

1. Cela fut écrit avant la guerre de la métropole contre les colonies.

Quand vous aurez passé le Jourdain, égorgez, exterminez tout ce que vous rencontrerez. Si vous ne tuez pas tout, je vous tuerai moi-même[1].

L'auteur du *Deutéronome* va plus loin : « S'il s'élève, dit-il, parmi vous un prophète ; s'il vous prédit des prodiges, et que ces prodiges arrivent, et qu'il vous dise (en vertu de ces prodiges) : « Suivons un culte « étranger, » etc., qu'il soit massacré incontinent. Et si votre frère, né de votre mère, si votre fils ou votre fille, ou votre tendre et chère femme, ou votre intime ami vous dit : « Allons, servons des dieux étrangers qui « sont servis par toutes les autres nations, » tuez cette personne si chère aussitôt ; donnez le premier coup et que tout le monde vous suive[2]. »

Après avoir lu une telle horreur, pourra-t-on la croire ? et si le diable existait, pourrait-il s'exprimer avec plus de démence et de rage ? Qui que tu sois, insensé, scélérat, qui écrivis ces lignes, ne voyais-tu pas que s'il est possible qu'un prophète prédise des prodiges, et que ces prodiges confirment ses paroles, c'est visiblement le maître de la nature qui l'inspire, qui parle par lui, qui agit par lui ? Et dans cette supposition, tu veux qu'on l'égorge ! tu veux que ce prophète soit assassiné par son père, par son frère, par son fils, par son ami ! Que lui ferais-tu donc s'il était un faux prophète ? La superstition change tellement les hommes en bêtes, que les docteurs chrétiens ne se sont pas aperçus que ce passage est la condamnation formelle de leur Jésu-Christ. Il a, selon eux, prophétisé des prodiges qui sont arrivés la religion introduite par ses adhérents a détruit la religion juive ; donc, selon le texte attribué à Moïse, il était évidemment coupable ; donc, en vertu de ce texte, il fallait que son père et sa mère l'égorgeassent. Quel étrange et horrible chaos de sottises et d'abominations !

Ce qu'il y a de plus déplorable, c'est que les chrétiens eux-mêmes se sont servis de ce passage juif, et de tous les passages qui les condamnent, pour justifier tous leurs crimes sanguinaires. C'est en citant le *Deutéronome* que nos papistes d'Irlande massacrèrent un nombre prodigieux de nos protestants[3]. C'est en criant : « Le père doit tuer son fils, le fils doit tuer son père ; Moïse le Juif l'a dit, Dieu l'a dit. »

Comment faire quand on est descendu dans cet abîme, et qu'on a vu cette longue chaîne de crimes fanatiques dont les chrétiens se sont souillés ? Où recourir ? où fuir ? Il vaudrait mieux être athée, et vivre avec des athées. Mais les athées sont dangereux. Si le christianisme a des principes exécrables, l'athéisme n'a aucun principe. Des athées peuvent être des brigands sans lois, comme les chrétiens et les mahométans ont été des brigands avec des lois. Voyons s'il n'est pas plus raisonnable et plus consolant de vivre avec des théistes.

---

1. *Nombres*, chap. XXXIV. — 2. *Deutéronome*, chap. XIII.
3. L'auteur parle des massacres d'Irlande du temps de Charles Ier et de Cromwell.

CHAP. XXVI. — *Du théisme.*

Le théisme est embrassé par la fleur du genre humain, je veux dire par les honnêtes gens, depuis Pékin jusqu'à Londres, et depuis Londres jusqu'à Philadelphie. L'athéisme parfait, quoi qu'on en dise, est rare. Je m'en suis aperçu dans ma patrie et dans tous mes voyages, que je n'entrepris que pour m'instruire, jusqu'à ce qu'enfin je me fixai auprès du lord Bolingbroke, le théiste le plus déclaré.

C'est, sans contredit, la source pure de mille superstitions impures. Il est naturel de reconnaître un Dieu dès qu'on ouvre les yeux; l'ouvrage annonce l'ouvrier.

Confucius et tous les lettrés de la Chine s'en tiennent à cette notion, et ne font pas un pas au delà. Ils abandonnent le peuple aux bonzes et à leur dieu Fo. Le peuple est superstitieux et sot à la Chine comme ailleurs; mais les lettrés y sont moins remplis de préjugés qu'ailleurs. La grande raison, à mon avis, c'est qu'il n'y a rien à gagner dans ce vaste et ancien royaume à vouloir tromper les hommes, et à se tromper soi-même. Il n'y a point, comme dans une partie de l'Europe, des places honorables et lucratives affectées à la religion : les tribunaux gouvernent toute la nation, et des prêtres ne peuvent rien disputer aux colao, que nous nommons mandarins. Il n'y a ni évêchés, ni cures, ni doyennés pour les bonzes; ces imposteurs ne vivent que des aumônes qu'ils extorquent de la populace; le gouvernement les a toujours tenus dans la sujétion la plus étroite. Ils peuvent vendre leur orviétan à la canaille; mais ils n'entrent jamais dans l'antichambre d'un mandarin ou d'un officier de l'empire.

La morale et la police étant les seules sciences que les Chinois aient cultivées, ils y ont réussi plus que toutes les nations ensemble; et c'est ce qui a fait que leurs vainqueurs tartares ont adopté toutes leurs lois. L'empereur chinois, sous qui arriva la révolution dernière, était théiste. L'empereur Kien-long, aujourd'hui régnant, est théiste. Gengis-kan et toute sa race furent théistes.

J'ose affirmer que toute la cour de l'empire russe, plus grand que la Chine, est théiste, malgré toutes les superstitions de l'Église grecque qui subsistent encore.

Pour peu qu'on connaisse les autres cours du Nord, on avouera que le théisme y domine ouvertement, quoiqu'on y ait conservé de vieux usages qui sont sans conséquence.

Dans tous les autres États que j'ai parcourus, j'ai toujours vu dix théistes contre un athée parmi les gens qui pensent, et je n'ai vu aucun homme au-dessus du commun qui ne méprisât les superstitions du peuple.

D'où vient ce consentement tacite de tous les honnêtes gens de la terre? c'est qu'ils ont le même fonds de raison. Il a bien fallu que cette raison se communiquât et se perfectionnât à la fin de proche en proche, comme les arts mécaniques et libéraux ont fait enfin le tour du monde.

Les apparitions d'un Dieu aux hommes, les révélations d'un Dieu, les aventures d'un Dieu sur la terre, tout cela a passé de mode avec les loups-garoux, les sorciers et les possédés. S'il y a encore des charlatans qui disent la bonne aventure dans nos foires pour un shelling, aucun de ces malheureux n'est écouté chez ceux qui ont reçu une éducation tolérable. Nous avons dit que les théistes ont puisé dans une source pure dont tous les ruisseaux ont été impurs. Expliquons cette grande vérité : quelle est cette source pure? C'est la raison, comme nous l'avons dit, laquelle tôt ou tard parle à tous les hommes. Elle nous a fait voir que le monde n'a pu s'arranger de lui-même, et que les sociétés ne peuvent subsister sans vertu. De cela seul on a conclu qu'il y a un Dieu, et que la vertu est nécessaire. De ces deux principes résulte le bonheur général, autant que le comporte la faiblesse de la nature humaine. Voilà la source pure. Quels sont les ruisseaux impurs? Ce sont les fables inventées par les charlatans, qui ont dit que Dieu s'était incarné cinq cents fois dans un pays de l'Inde, ou une seule fois dans une petite contrée de la Syrie; qui ont fait paraître Dieu, tantôt en éléphant blanc, tantôt en pigeon, tantôt en vieillard avec une grande barbe, tantôt en jeune homme avec des ailes au dos, ou sous vingt autres figures différentes.

Je ne mets point parmi les énormes sottises qu'on a osé débiter partout sur la nature divine, les fables allégoriques inventées par les Grecs. Quand ils peignirent Saturne dévorant ses enfants et des pierres, qui put ne pas reconnaître le temps qui consume tout ce qu'il a fait naître, et qui détruit ce qu'il y a de plus durable? Est-il quelqu'un qui ait pu se méprendre à la sagesse née de la tête du souverain Dieu, sous le nom de Minerve; à la déesse de la beauté qui ne doit jamais paraître sans les Grâces, et qui est la mère de l'Amour; à cet Amour qui porte un bandeau et de petites flèches; enfin à cent autres imaginations ingénieuses, qui étaient une peinture vivante de la nature entière? Ces fables allégoriques sont si belles, qu'elles triomphent encore tous les jours des inventions atroces de la mythologie chrétienne; on les voit sculptées dans nos jardins, et peintes dans nos appartements, tandis qu'il n'y a pas chez nous un homme de qualité qui ait un crucifix dans sa maison. Les papistes eux-mêmes ne célèbrent tous les ans la naissance de leur Dieu entre un bœuf et un âne, qu'en s'en moquant par des chansons ridicules. Ce sont là les ruisseaux impurs dont j'ai voulu parler; ce sont des outrages infâmes à la Divinité, au lieu que les emblèmes sublimes des Grecs rendent la Divinité respectable; et quand je parle de leurs emblèmes sublimes, je n'entends pas Jupiter changé en taureau, en cygne, en aigle, pour ravir des filles et des garçons. Les Grecs ont eu plusieurs fables aussi absurdes et aussi révoltantes que les nôtres; ils ont bu comme nous dans une multitude prodigieuse de ruisseaux impurs.

Le théisme ressemble à ce vieillard fabuleux, nommé Pélias, que ses filles égorgèrent en voulant le rajeunir.

Il est clair que toute religion qui propose quelque dogme à croire au delà de l'existence d'un Dieu anéantit en effet l'idée d'un Dieu. Car dès qu'un prêtre de Syrie me dit que ce Dieu s'appelle Dagon, qu'il a une queue de poisson, qu'il est le protecteur d'un petit pays, et l'ennemi d'un autre pays, c'est véritablement ôter à Dieu son existence; c'est le tuer comme Pélias en voulant lui donner une vie nouvelle.

Des fanatiques nous disent : « Dieu vint en tel temps dans une petite bourgade; Dieu prêcha, et il endurcit le cœur de ses auditeurs, afin qu'ils ne crussent point en lui; il leur parla, et il boucha leurs oreilles; il choisit seulement douze idiots pour l'écouter, et il n'ouvrit l'esprit à ces douze idiots que quand il fut mort. » La terre entière doit rire de ces fanatiques absurdes, comme dit milord Shaftesbury; on ne doit pas leur faire l'honneur de raisonner; il faut les saigner et les purger, comme gens qui ont la fièvre chaude. J'en dirai autant de tous les dieux qu'on a inventés; je ne ferai pas plus de grâce aux monstres de l'Inde qu'aux monstres de l'Égypte; je plaindrai toutes les nations qui ont abandonné le Dieu universel pour tant de fantômes de dieux particuliers.

Je me donnerai bien de garde de m'élever avec colère contre les malheureux qui ont perverti ainsi leur raison; je me bornerai à les plaindre, en cas que leur folie n'aille pas jusqu'à la persécution et au meurtre; car alors ils ne seraient que des voleurs de grand chemin. Quiconque n'est coupable que de se tromper mérite compassion; quiconque persécute mérite d'être traité comme une bête féroce.

Pardonnons aux hommes, et qu'on nous pardonne. Je finis par ce souhait unique, que Dieu veuille exaucer!

PENSÉES,

REMARQUES ET OBSERVATIONS DE VOLTAIRE.

Inscription pour une estampe représentant des gueux : *Rex fecit*.

Un médecin croit d'abord à toute la médecine; un théologien, à toute sa philosophie. Deviennent-ils savants, ils ne croient plus rien : mais les malades croient, et meurent trompés.

Celui qui a dit qu'il était le très-humble et le très-obéissant serviteur de l'occasion a peint la nature humaine.

Aujourd'hui, 23 juin 1754, *dom Calmet*, abbé de Sénones, m'a demandé des nouvelles; je lui ai dit que la fille de Mme de Pompadour était morte. *Qu'est-ce que Mme de Pompadour?* a-t-il répondu. *Felix errore suo*.

L'orgueil fait autant de bassesses que l'intérêt.

Un malheureux qui se croit célèbre est consolé.

Qui doit être le favori d'un roi? le peuple.

L'imagination galope; le jugement ne va que le pas.

Il faut avoir une religion, et ne pas croire aux prêtres; comme il faut avoir du régime, et ne pas croire aux médecins.

En ayant bien dans le cœur que tous les hommes sont égaux, et dans la tête que l'extérieur les distingue, on peut se tirer d'affaire dans le monde.

Plusieurs savants sont comme les étoiles du pôle, qui marchent toujours et n'avancent point.

On dit des gueux qu'ils ne sont jamais hors de leur chemin; c'est qu'ils n'ont point de demeure fixe. Il en est de même de ceux qui disputent sans avoir des notions déterminées.

Nous traitons les hommes comme les lettres que nous recevons; nous les lisons avec empressement, mais nous ne les relisons pas.

Ou mon remède est bon, ou il est mauvais : s'il est bon, il faut le prendre; s'il est mauvais.... mais il est bon. — Langage de charlatans en plus d'un genre.

Bayle dit quelque part que les courtisans sont comme des laquais, parlant entre eux de leurs gages, de leurs profits, se plaignant, et médisant de leurs maîtres. Et milord Halifax, que les cours sont un assemblage de gueux du bel air et de mendiants illustres : il dit que quand on n'a pas quelquefois plus d'esprit et de courage qu'il ne faut, on n'en a pas souvent assez.

Cromwell disait qu'on n'allait jamais si loin que quand on ne savait plus où on allait.

L'Estoc le chirurgien avait fait deux enfants à la princesse Élisabeth, et l'avait faite impératrice ; pour récompense il lui demanda la permission de se retirer : *Vous voilà souveraine ; si je demeure, je suis perdu.* Il est en Sibérie.

Le plus petit commis eût pu en affaires tromper Corneille et Newton : et les politiques osent se croire de grands génies !

On peut dire de la plupart des compilateurs d'aujourd'hui ce que disait Balzac de La Mothe le Vayer : *Il fait le dégât dans les bons livres.*

Les rois sont trompés sur la religion et sur les monnaies, parce que sur ces deux articles il faut compter et s'appliquer. La philosophie seule peut rendre un roi bon et sage. La religion peut le rendre superstitieux et persécuteur. Il y a toujours à parier qu'un roi sera un homme médiocre : car sur cent hommes, quatre-vingt-dix sots ; sur vingt millions, un roi : donc dix-huit millions à parier contre deux qu'un roi sera un pauvre homme.

Tous les faits principaux de l'histoire doivent être appliqués à la morale et à l'étude du monde ; sans cela la lecture est inutile.

Denys le Tyran traitait les philosophes comme des bouteilles de bon vin : tant qu'il y avait de la liqueur, il s'en servait ; n'y avait-il plus rien, il les cassait. Ainsi font tous les grands.

Les beaux dits des héros ne font effet que quand ils sont suivis du succès. — *Tu conduis César et sa fortune....* Mais s'il s'était noyé ? — *Et moi aussi si j'étais Parménion....* Mais s'il avait été battu ? — *Prends ces haillons, et rapporte-les-moi dans le palais Saint-James....* Mais Édouard est battu.

Tous les siècles se ressemblent-ils ? non, pas plus que les différents âges de l'homme. Il y a des siècles de santé et de maladie.

La raison a fait tort à la littérature comme à la religion ; elle l'a décharnée. Plus de prédictions, plus d'oracles, de dieux, de magiciens, de géants, de monstres, de chevaliers, d'héroïnes. La raison seule ne peut faire un poëme épique.

On aime la gloire et l'immortalité comme on aime sa race, qu'on ne peut voir.

Confucius dit : *Jeûner, vertu de bonze ; secourir, vertu de citoyen.*

Les savants entêtés sont comme les Juifs, qui croyaient que l'Égypte était couverte de ténèbres, et qu'il ne faisait jour que dans le petit canton de Gessen.

Les grammairiens sont pour les auteurs ce qu'un luthier est pour un musicien.

Les femmes ressemblent aux girouettes ; quand elles se rouillent, elles se fixent.

César laisse tomber de sa main la condamnation de Ligarius quand Cicéron parle pour lui. Cela est plus beau que le trait d'Alfonse, roi de

Naples, qui ne chassa une mouche de dessus son nez qu'après avoir été harangué.

Ce que l'inquisition a craint le plus, c'est la philosophie. Pourquoi a-t-on persécuté les philosophes, qui ne peuvent faire de mal? c'est qu'ils méprisent ce qu'on enseigne : c'est l'insolence de l'amour-propre qui persécute. Pays d'inquisition, pays d'ignorance. La France, plus libre, a été plus savante; l'Angleterre, plus philosophe.

Pourquoi de tout temps a-t-on crié contre la royauté et contre le sacerdoce, et jamais contre la magistrature? c'est que la magistrature est fondée sur l'équité, que tout le monde aime; la royauté, sur la puissance; et le sacerdoce, sur l'erreur, que tout le monde hait.

Jean Craig, mathématicien écossais, a calculé les probabilités pour la religion chrétienne; et il a trouvé qu'elle en a encore pour 1350 ans. Cela est honnête.

La faim et l'amour, principe physique pour tous les animaux : amour-propre et bienveillance, principe moral pour les hommes. Ces premières roues font mouvoir toutes les autres, et toute la machine du monde est gouvernée par elles. Chacun obéit à son instinct. Dites à un mouton qu'il dévore un cheval, il répondra en broutant son herbe; proposez de l'herbe à un loup, il ira manger le cheval. Ainsi personne ne change son caractère. Tout suit les lois éternelles de la nature. Nous avons perfectionné la société : oui; mais nous y étions destinés, et il fallu la combinaison de tous les événements pour qu'un maître à danser montrât à faire la révérence. Le temps viendra où les sauvages auront des opéras, et où nous serons réduits à la danse du calumet.

L'intérêt public est partout que le gouvernement empêche la religion de nuire. Impossible de remédier à la rage des sectes que par l'indifférence. La religion n'est bonne qu'autant qu'elle admet des principes dont tout le monde convient, de même qu'une loi n'est bonne qu'autant qu'elle fait la sûreté de tous les ordres de l'État : donc il faut laisser à la religion ce qui est utile à tous les hommes, et retrancher le reste.

La théologie est dans la religion ce que le poison est parmi les aliments.

En Angleterre, peu de fourbes, et point d'hypocrites : c'est la suite de leur gouvernement; mais ce gouvernement est la suite de l'esprit de la nation.

Les rois et leurs ministres croient gouverner le monde. Ils ne savent pas qu'il est mené par des capucins et gens de cette espèce : ce sont ces prêtres obscurs qui mettent dans les têtes des opinions souveraines des rois.

Le médecin Colladon, voyant le père de Tronchin prier Dieu plus dévotement qu'à l'ordinaire, lui dit : « Monsieur, vous allez faire banqueroute; payez-moi. »

Le comte de Konismarck, depuis général des Vénitiens, pressé par

Louis XIV de se faire catholique, lui répondit : « Sire, si vous voulez me donner trente mille hommes, je vous promets de rendre toute la France turque en moins de deux ans. »

J'ai ouï dire au duc de Brancas que Louis XIV, après la bataille de Ramillies, avait dit : « Est-ce que Dieu aurait oublié ce que j'ai fait pour lui ? »

Culte, nécessaire; vertu, indispensable; crainte de l'avenir, utile; dogme, impertinent; dispute sur le dogme, dangereuse; persécution, abominable; martyr, fou. — La religion est, entre l'homme et Dieu, une affaire de conscience; entre le souverain et le sujet, une affaire de police; entre homme et homme, de fanatisme et d'hypocrisie. Les petits embrassent les sectes pour devenir égaux aux grands; ils s'en détachent ensuite, parce qu'ils sont écrasés par les grands.

Le rachat des péchés est un encouragement au péché. Il vaut mieux s'en tenir à dire : « Dieu vous ordonne d'être juste, » que d'aller jusqu'à dire : « Dieu vous pardonnera d'avoir été injuste. »

La force et la faiblesse arrangent le monde. S'il n'y avait que force, tous les hommes combattraient; mais Dieu a donné la faiblesse : ainsi le monde est composé d'ânes qui portent et d'hommes qui chargent.

L'homme n'est point né méchant : tous les enfants sont innocents; tous les jeunes gens, confiants, et prodiguant leur amitié; les gens mariés aiment leurs enfants : la pitié est dans tous les cœurs : les tyrans seuls corrompirent le monde. On inventa les prêtres pour les opposer aux tyrans; les prêtres furent pires. Que reste-t-il aux hommes? la philosophie.

Les jansénistes ont servi à l'éloquence, et non à la philosophie.

Il est égal pour le peuple non pensant qu'on lui donne des vérités ou des erreurs à croire, de la sagesse ou de la folie; il suivra également l'un ou l'autre : il n'est que machine aveugle. Il n'en est pas ainsi du peuple pensant; il examine quelquefois, il commence par douter d'une légende absurde, et malheureusement cette légende est prise par lui pour la religion; alors il dit : « Il n'y a point de religion, » et il s'abandonne au crime. Celui qui doute à Naples de la réalité du miracle de saint Janvier est près d'être athée; celui qui s'en moque en d'autres pays peut être un homme très-religieux.

Nous avons beaucoup d'erreurs, dit milord Orrery; mais elles sont humaines, et nos principes sont divins.

La plupart des victoires sont comme celles de Cadmus : il en naît des ennemis.

Un simple imitateur est un estomac ruiné qui rend l'aliment comme il le reçoit : un plagiaire est un faussaire.

On propose aux hommes de dompter leurs passions : essayez seulement d'empêcher de prendre du tabac un homme accoutumé à en prendre.

Il faut s'oublier avec tous les hommes : si vous leur parlez de vous, vous risquez le mépris ou la haine.

L'honneur est un mélange naturel de respect pour les hommes et pour soi-même.

L'homme doit s'applaudir d'être frivole; s'il ne l'était pas, il sécherait de douleur en pensant qu'il est né pour un jour entre deux éternités, et pour souffrir onze heures au moins sur douze.

Quelque parti qu'on embrasse, l'instinct gouverne la terre. Si on avait attendu des notions distinctes de métaphysique et de logique pour former les langues, on n'aurait jamais parlé. Les langues cependant sont toutes fondées sur une métaphysique très-fine dont on a l'instinct. Ainsi les mécaniques existent avant la géométrie.

Si Henri IV avait eu un premier ministre tel que le cardinal de Richelieu, il était perdu : si Louis XIII n'avait pas eu le cardinal de Richelieu, il était détrôné.

REMARQUES

SUR LE CHRISTIANISME DÉVOILÉ, OU EXAMEN DES PRINCIPES ET DES EFFETS DE LA RELIGION CHRÉTIENNE.

I. « TITRE. Le Christianisme dévoilé. »

Cet ouvrage est plus rempli de déclamation que méthodique. L'auteur se répète et se contredit quelquefois. On dira que c'est l'impiété dévoilée.

II. « PRÉFACE. En un mot, la religion ne change rien aux passions des hommes; ils ne l'écoutent que lorsqu'elle parle à l'unisson de leurs devoirs. »

Qu'est-ce que *parler à l'unisson ?* On s'est fait dans ce siècle un style bien étrange.

III. « Malgré l'inutilité et la perversité de la morale que le christianisme enseigne aux hommes, ses partisans osent nous dire que, sans religion, on ne peut avoir des mœurs. »

Peut-on appeler perversité la morale de Jésus-Christ ?

IV. « CHAP. I er. Si les mœurs des peuples n'eurent rien à gagner avec la religion chrétienne, le pouvoir des rois, dont elle prétend être l'appui, n'en retira pas plus de grands avantages. »

Quoi ! valait-il mieux immoler des hommes à Teutatès ?

V. « CHAP. II. Cet homme connu sous le nom de Moïse, nourri dans les sciences de cette région fertile en prodiges, et mère des superstitions, se mit donc à la tête d'une troupe de fugitifs à qui il persuada qu'il était l'interprète des volontés de leur Dieu, qu'il en recevait directement les ordres. »

L'auteur admet donc l'authenticité des livres de Moïse ?

VI. « La nation juive attendit toujours un *messie*, un monarque, un libérateur qui la débarrassât du joug sous lequel elle gémissait, et qui la fît régner elle-même sur toutes les nations de l'univers. »

Non dans leur prospérité; car alors ils [1] n'en avaient pas besoin.

VII. « Chap. III. *Paix sur la terre, et bonne volonté aux hommes.* C'est ainsi que s'annonce cet Évangile qui a coûté au genre humain plus de sang que toutes les autres religions du monde prises ensemble. »

La citation n'est pas juste.

VIII. « Les châtiments passagers de cette vie sont les seuls dont parle le législateur hébreu : le chrétien voit son Dieu barbare se vengeant avec rage et sans mesure pendant l'éternité. En un mot, le fanatisme des chrétiens se nourrit par l'idée révoltante d'un enfer. »

L'auteur oublie que les autres religions admettaient un enfer longtemps auparavant.

IX. « Chap. IV. On ne manquera pas de nous dire que c'est dans une autre vie que la justice de Dieu se montrera; cela posé, nous ne pouvons l'appeler juste dans celle-ci, où nous voyons si souvent la vertu opprimée, et le crime récompensé. »

Ceci est contre toutes les religions qui ont admis une autre vie, aussi bien que contre la chrétienne.

X. « Chap. V. Avant de pouvoir juger de la révélation divine, il faudrait avoir une idée juste de la Divinité. »

Point du tout pour savoir si on a des preuves.

XI. « Les incertitudes et les craintes de celui qui examine de bonne foi la révélation adoptée par les chrétiens ne doivent-elles point redoubler, quand il voit que son Dieu n'a prétendu se faire connaître qu'à quelques êtres favorisés, tandis qu'il a voulu rester caché pour le reste des mortels. »

Cela n'est pas vrai. Les apôtres se disent envoyés par toute la terre. L'auteur confond continuellement la religion mosaïque et la chrétienne.

XII. « Quel était le tempérament de ce Moïse ? »

Qu'importe ?

XIII. « Enfin quelle preuve avons-nous de sa mission, sinon le témoignage de six cent mille Israélites grossiers et superstitieux, ignorants et crédules ? »

Si l'auteur admet ce témoignage, il se réfute lui-même.

XIV. « Chap. VI. Ainsi, du côté des prétentions, la religion chrétienne n'a aucun avantage sur les autres superstitions dont l'univers est infecté. »

Il n'y a point de superstition dans la secte des lettrés chinois.

XV. « Partout où elle [2] règne, ne voyons-nous pas les peuples asservis, dépourvus de vigueur, d'énergie, d'activité, croupir dans une honteuse léthargie, et n'avoir aucune idée de la vraie morale ? »

Exagéré.

XVI. « L'effet des miracles de Mahomet fut au moins de convaincre les Arabes qu'il était un homme divin. »

1. Les Juifs. (Éd.) — 2. La religion chrétienne. (Éd.)

Mahomet n'a point fait de miracles. Il n'y a dans l'Alcoran que le miracle du voyage de la Mecque à Jérusalem en une nuit.

XVII. « CHAP. VII. On ne peut douter que Moïse n'ait annoncé un Dieu unique aux Hébreux. »

L'auteur va toujours contre ses propres principes en attribuant le *Pentateuque* à Moïse.

XVIII. « Est-ce connaître la Divinité que de dire que c'est un *esprit*, un être *immatériel*, qui ne ressemble à rien de ce que les sens nous font connaître? L'esprit humain n'est-il pas confondu par les attributs négatifs d'*infinité*, d'*immensité*, de *toute-puissance*, d'*omniscience*, etc.? »

L'auteur combat bien mal à propos cette idée de Dieu, reçue, non seulement chez les chrétiens, mais dans toute la terre.

XIX. « Comment concilier la sagesse, la bonté, la justice et les autres qualités morales que l'on donne à ce Dieu avec la conduite étrange et souvent atroce que les livres des chrétiens et des Hébreux lui attribuent à chaque page? N'eût-il pas mieux valu laisser l'homme dans l'ignorance totale de la Divinité, que de lui révéler un Dieu rempli de contradictions? »

Les anciens donnaient à Dieu les mêmes attributions sans révélation et sans contradiction.

XX. « Chez ces Tartares, Dieu s'appelle *Kon-Clo-cik*, Dieu unique, et *Kon-cio-sum*, Dieu triple. Sur leurs chapelets, ils disent *om*, *ha*, *hum*, intelligence, bras, puissance, ou parole, cœur, amour. »

Ce mot *oum* vient des brachmanes.

XXI. « CHAP. VIII. On ne manquera pas de vous dire que le dogme des récompenses et des peines d'une autre vie est utile et nécessaire aux hommes, qui sans cela se livreraient sans crainte aux plus grands excès. Je réponds que le législateur des Juifs leur avait soigneusement caché ce prétendu mystère, et que le dogme de la vie future faisait partie du secret que dans les mystères des Grecs on révélait aux initiés. Ce dogme fut ignoré du vulgaire. »

Non. La vie future était le dogme populaire. C'était l'unité de Dieu qui était le dogme secret.

XXII. « Si les souverains gouvernaient avec sagesse et équité, ils n'auraient pas besoin du dogme des récompenses et des peines futures pour contenir les peuples. »

Toutes les républiques grecques admirent ce dogme.

XXIII. « En effet, le christianisme admet des êtres invisibles d'une nature différente de l'homme. »

Et les gentils aussi.

XXIV. « CHAP. IX. L'*eau bénite*, qui chez les chrétiens a pris la place de l'*eau lustrale* des Romains. »

Il faut dire : chez les catholiques.

XXV. « CHAP. X. Les livres postérieurs à Moïse ne sont pas moins remplis d'ignorance. Josué arrête le soleil, qui ne tourne point. »

Il tourne sur son axe. Il faut dire : qui ne tourne point autour de la terre.

XXVI. « CHAP. XI. Au lieu d'interdire la débauche, les crimes et les vices, parce que Dieu et la religion défendent ces fautes, on devrait dire que tout excès nuit à la conservation de l'homme, le rend méprisable aux yeux de la société, est défendu par la raison, qui veut que l'homme se conserve; est interdit par la nature, qui veut qu'il travaille à son bonheur durable. En un mot, quelles que soient les volontés de Dieu, indépendamment des récompenses et des châtiments que la religion annonce pour l'autre vie, il est facile de prouver à tout homme que son intérêt, dans ce monde, est de ménager sa santé, de respecter les mœurs. »

Pourquoi ôter aux hommes le frein de la crainte de la Divinité? Tous les philosophes, excepté les épicuriens, ont dit qu'il faut être juste pour plaire à Dieu.

XXVII. « Dans les pays qui se vantent de posséder le christianisme dans toute sa pureté, la religion a tellement absorbé l'attention de ses sectateurs, qu'ils méconnaissent entièrement la morale, et croient avoir rempli tous leurs devoirs dès qu'ils montrent un attachement scrupuleux à des minuties religieuses, totalement étrangères au bonheur de la société. »

Cet abus de la religion n'est pas la religion.

XXVIII. « CHAP. XII. Suivant le messie, toute la loi consiste à *aimer Dieu par-dessus toutes choses et le prochain comme soi-même.* »

Et suivant Moïse.

XXIX. « CHAP. XVI. Le dominicain qui empoisonna l'empereur Henri VI. »

Dis donc Henri VII.

REMARQUES

SUR L'OUVRAGE INTITULÉ L'EXISTENCE DE DIEU DÉMONTRÉE PAR LES MERVEILLES DE LA NATURE, PAR M. NIEUWENTYT.

I. « Si quelqu'un a, dès sa jeunesse, eu le bonheur d'être convaincu des perfections adorables de Dieu, de le reconnaître pour son seigneur tout-puissant, son créateur et son conservateur, et de l'honorer, il lui paraîtra peut-être étrange qu'il se trouve des gens qui, reconnaissant un être éternel ou un Dieu dans l'essence de cet être, le considèrent néanmoins comme dépourvu de toutes les perfections dont on vient de parler. »

Tu fais toujours Dieu à ton image; tu veux que Dieu soit comme un bourgmestre. Pouvons-nous honorer Dieu?

II. « Ajoutons que les contemplations qui font le sujet du livre que je donne au public ne tendent, si la chose est possible, qu'à ramener ces malheureux, et à leur inspirer de meilleurs sentiments. »

Verbiage.

III. « Cette passion les porte uniquement à souhaiter l'accomplissement de leurs désirs, et de n'être soumis à personne. »

C'eût été un plaisant orgueil, dans Spinosa, de vouloir ne pas dépendre de Dieu quand il dépendait d'un bourgmestre.

IV. « Les païens prétendaient que les dieux se plaisaient aux mêmes vices que les hommes, l'ivrognerie, l'adultère, etc. »

Cela est faux et ridicule. Les fables des poëtes n'étaient pas la religion. Les anciens enseignèrent la morale la plus sévère.

V. « Or comme tout cet égarement n'est autre chose qu'une impétuosité qui les entraîne, n'ayant pas la moindre ombre de raison pour fondement, on en ramène plusieurs de cette espèce, lorsqu'il plaît à Dieu, qui est la cause suprême de toutes choses, de bénir les moyens dont on s'est servi pour faire cette bonne œuvre. »

Verbiage.

VI. « Suivant leur opinion, le monde était gouverné par un hasard inconstant. »

Le hasard est un mot vide de sens.

VII. « Car au lieu que la première classe d'armées, qui n'est fondée que sur la jouissance des plaisirs, peut être ramenée tout doucement dès que les voies qu'on emploie pour leur persuader le contraire commencent à se faire sentir, l'obstacle qu'il y a outre cela à la conversion de ceux-ci est que, venant à abandonner les sentiments qu'ils avaient embrassés, ils craignent de perdre la gloire de surpasser tous les autres en sagesse et en force d'esprit, et de donner quelque atteinte à leur prétendue réputation.

Verbiage.

VIII. « On doit regarder Spinosa comme un de ces athées qui ne l'est que parce qu'il estime pouvoir, de cette manière, vivre avec plus de plaisir et de contentement d'esprit. »

Spinosa reconnaît une intelligence suprême, universelle, nécessaire ; mais il la joint à la matière : il ne reconnaît dans ces deux modes qu'une seule substance, qui est Dieu. Jamais Spinosa n'a passé sa vie dans la joie.

IX. « J'ai connu particulièrement dans ma jeunesse un de mes plus intimes amis, qui avait été son disciple.... Étant tombé malade, il se tint longtemps tranquille, à l'imitation de son maître, et à la fin il prononça ces terribles paroles : *qu'il croyait enfin tout ce qu'il avait nié auparavant, mais qu'il était trop tard pour espérer grâce.* Un savant de ma connaissance a pris la peine de me marquer cette misérable fin avec toutes ces circonstances, disant qu'il ne doutait pas que comme j'avais connu cet homme depuis plusieurs années.... »

Nomme-le donc ! Mais qu'importe ?

X. « Le quatrième motif d'athéisme... tire sa source dans d'autres d'une trop bonne opinion d'eux-mêmes, et de ce qu'ils prennent aveuglément pour des vérités les raisonnements que leur entendement ou leur imagination leur suggère. »

Tout cela est ridicule : un théologien a autant de présomption qu'un athée pour le moins.

XI. « Voilà la plus pernicieuse espèce d'athées.... d'autant plus que plusieurs parmi eux ayant appris les *Éléments* d'Euclide, l'algèbre, et d'autres parties des mathématiques qui ne sont que spéculatives, ils passent à cause de cela pour grands mathématiciens chez les ignorants, ce qui ne leur convient néanmoins pas plus que le nom de grand philosophe à une personne qui n'entendrait pas la logique; puisqu'on peut être fort versé dans ces sciences idéales, sans néanmoins avoir que peu ou point de connaissance de ce qui existe réellement, et qu'on voit arriver. »

Verbiage.

XII. « Aussi voyons-nous aujourd'hui que, pour faire passer les écrits mêmes des athées pour des vérités incontestables, leurs auteurs ont tâché d'y donnner la forme de démonstrations mathématiques. On en voit un exemple éclatant dans le livre de Spinosa. »

Il est le seul.

XIII. « ..... C'est-à-dire, pour parler plus clairement, que les mathématiciens raisonnent seulement ou sur leurs idées, ou sur les choses qui existent réellement hors de leurs idées. »

Obscur et plat.

XIV. « Or ceux qui ont lu Spinosa, et qui l'entendent, savent qu'il pose uniquement ses idées et son entendement pour fondement de toutes choses. »

Spinosa ne nie point un Dieu; il nie la création; il admet la morale.

XV. « Comme ces malheureux philosophes donnent tant à leurs lumières, et ont coutume d'user de toute la subtilité imaginable pour tâcher d'éluder la force des arguments de métaphysique, quoique fondés sur de bons raisonnements, l'unique chose que j'aie vu pratiquer avec succès pour les dépouiller de cette insupportable suffisance de vouloir comprendre toute chose, et les convaincre de la médiocrité de leur pénétration, ce qui est surtout très-nécessaire pour leur conversion, a été de les mener dans un laboratoire de chimiste où dans un autre endroit où l'on fait ordinairement des expériences de physique, et de leur demander si ceci ou cela se faisait, quelles suites ils pensent qu'il en devrait résulter suivant leur conception et leurs idées. »

Très-mauvais raisonnement.

XVI. « Les premiers (acheminements à l'athéisme) sont les préjugés, dont quelques-uns sont nés avec nous, ou tirent leur origine d'un assujettissement à nos sens extérieurs. C'est ainsi, par exemple, qu'on se figure que le soleil n'est pas plus grand qu'une assiette ou qu'un petit plat, et qu'il n'est que très-peu éloigné de nous, etc. »

Verbiage et fausseté.

XVII. « Si on leur faisait voir la force inconcevable de l'air dont ils sont entourés, et qu'à moins d'une sagesse suprême qui, par une opposition de forces, sut tenir en bride celle de l'air, ils seraient en un instant réduits en poudre, et qu'on leur fît comprendre le terrible mouvement de la lumière, laquelle, si elle n'était liée à des lois qui la font égarer et dissiper, serait capable de mettre en feu et en flammes tout le globe terrestre en peu de minutes; qui pourrait douter, s'il a quelque étincelle de raison, que ces gens-là ne soient portés par là à louer et à magnifier la grandeur, la sagesse et le pouvoir d'un Dieu? »

Dis donc à remercier.

XVIII. « Et ce qui m'a surpris encore, c'est de voir que des gens, qui ont de l'esprit d'ailleurs, prétendent même expliquer comment ont été faites, dès le commencement, toutes les choses qui sont renfermées entre la circonférence du firmament et son centre. »

Il en veut à Descartes; et il a raison.

XIX. « Sous cette fausse manière de diriger ses pensées doit être comprise aussi *celle de vouloir, par une même hypothèse, expliquer tous les phénomènes de la nature.* Il n'est pas difficile de faire voir que dès qu'on a reconnu pour vraie cette manière de philosopher, elle nous fait former des idées indécentes de Dieu. »

Tu as donc connu de sottes gens? Car ils devaient conclure, comme Platon, que Dieu est le grand, l'éternel géomètre.

XX. « Pour n'être donc pas séduit par cette manière de ne philosopher que par hypothèses, il est nécessaire, en premier lieu, qu'on ne s'attache pas trop à cette étude spéculative, quelque chatouillement secret qu'elle nous cause par la fertilité de ses suppositions, et par le moyen qu'elle nous donne de mettre notre génie dans tout son beau jour; mais il faut plutôt s'appliquer à des expériences réelles, et qu'on examine les choses dans la nature même, et non dans les idées de l'homme. »

Ah! tu as raison enfin; mais ta raison est bien bavarde.

XXI. « Pourrait-il tirer de là une autre conséquence, sinon que toutes ces choses avaient été faites dans la vue d'effectuer ce qu'on voit faire par leur moyen? »

Cet endroit est bon, quoique mal exprimé.

XXII. « Le livre que les chrétiens appellent Bible a été écrit avec une sagesse très-grande et plus qu'humaine.... Elle a Dieu pour auteur.... elle coule d'une source divine.... Ce livre traitant des choses naturelles, quoique dans une autre vue et seulement en passant, en rapporte souvent des qualités qui ne sont connues que de grands naturalistes sages et expérimentés.

« En second lieu, ce livre propose, dans les termes les plus clairs, certaines propriétés de choses naturelles qui, dans les termes qu'il a été écrit (du moins autant qu'il nous paraît par les histoires et les annales), n'ont été connues à aucun homme vivant, qui n'ont pu l'être non plus faute d'instruments nécessaires, et qui, pour cette raison, n'ont pu avoir été découvertes qu'après beaucoup d'années par les curieux les plus appliqués....

« Si l'on veut encore mieux confirmer la divinité de ce livre, on peut y ajouter en troisième lieu que ce livre parle expressément des bornes de la connaissance humaine pour l'avenir; vérité qui n'a pu se découvrir qu'à la postérité suivante, et que même les plus savants ont dû reconnaître malgré eux. »

Dieu est prouvé par toutes les religions. C'est la raison qui le dé-

montre : la Bible raconte ses œuvres. Tu raisonnes comme un sa-
cristain.

XXIII. « Enfin (et cette dernière réflexion est d'une extrême importance) que c'est une extrême imprudence, dans une affaire d'où dépend une éternité bienheureuse ou infiniment misérable, de ne prendre
pour soutien de leurs opinions qu'un je ne sais quoi fondé uniquement
sur un peut-être ou un possible, et qui, outre cela, a tous les témoignages de l'histoire contre soi. »

Tu as oublié la source la plus commune de l'athéisme :

Sæpe mihi dubiam traxit sententia mentem [1], etc.

XXIV. « J'ai souvent pensé que si Adam, notre commun père, re-
venait sur la terre pour y vivre quelques siècles, il y aurait peu d'apparence qu'aucun de ses descendants lui fît la moindre caresse. »

Au contraire, tout le monde voudrait le voir. Il gagnerait beaucoup
d'argent à la foire. Mais comment peux-tu être assez bête pour croire
l'histoire d'Adam, et pour ne pas la regarder comme une allégorie
imitée des six gahambars persans?

XXV. « En ce cas, il devra accorder que s'il est malheureux, il n'y
a que le *hasard* qui puisse le tirer de cet état; et s'il est heureux,
comme la cause en est fortuite, et qu'elle ignore ce qu'elle fait, il
doit être dans des craintes continuelles qu'à chaque moment le *hasard*
ne détruise son bonheur. »

Laisse là ton hasard; c'est un mot vide de sens.

XXVI. « Enfin qu'il dise avec sincérité si, après avoir réfléchi sérieusement sur tout ce que nous venons de dire, il ne doit pas esti-
mer infiniment plus heureux ceux qui sont persuadés qu'ils doivent
leur origine à un être adorable, qui par sa sagesse a si artistement
agencé toutes les parties de leur corps; qui par sa puissance les soutient, et leur donne pour nourriture tant de choses qu'il a créées pour
leur usage; qui peut les conserver, et les conserve en effet, parce qu'il
est bon, et les garantit de tout accident fâcheux... »

Oh, sot! A-t-il préservé d'accidents fâcheux douze millions d'Américains égorgés le crucifix à la main, et la moitié des hommes cruci-
fiée par l'autre?

XXVII. « Quoiqu'il voie tant de personnes dont il ne saurait douter
de la sagesse et de la pénétration, et qui suivent une route différente
de la sienne, néanmoins il fait tous ses efforts pour se persuader qu'il
n'y a point de Dieu. »

Animal! qu'importe à Dieu d'être loué par toi?

XXVIII. « C'est donc avec raison qu'au psaume xiv, verset 1, le prophète royal appelle *insensé* celui qui... travaille à se rendre malheureux... Or voilà l'athée. »

Sot! il est bien question ici de ton prophète royal!

XXIX. « Nous ne nous arrêterons pas tant à prouver sa *toute-présence éternelle*, parce que je ne crois pas que les athées la nient. »

1. Claudien, *In Rufinum*, I, 1.

Quelle bêtise! admettre la toute-présence d'un être dont on nie l'existence!

XXX. « Personne ne doit son existence à soi-même ni à ses parents, mais à quelque autre... Un esprit incrédule et incertain, ou qui pour ne pas reconnaître un Dieu ne voudrait pas acquiescer à ce que nous venons de dire, pourra peut-être nous objecter que par voie de génération ses parents sont la cause qu'il est parmi les vivants. Cette objection paraît plausible du premier abord; mais s'il se veut donner la peine d'examiner plus sérieusement la chose, il sera forcé d'avouer que ses parents, aussi bien que tous les autres hommes, doivent chacun de leur côté leur naissance à ce désir, à ce penchant qui est dans toutes les créatures animées, par lequel les uns et les autres ont reçu leur origine sans savoir s'ils en seraient engendrés ou non. Il devra encore reconnaître qu'aucun de ses parents n'a pu dire, lorsqu'il a été conçu, s'il naîtrait garçon ou fille, bien fait ou mal fait de corps, etc. Bien plus : lorsque sa mère était avancée dans sa grossesse, elle n'a pu que souhaiter que son fruit vînt heureusement à terme, sans savoir quel serait l'enfant qu'elle portait dans son sein. Et même lorsqu'il est venu au monde, son père et sa mère ont-ils connu la disposition des parties de son corps, de ses veines, de ses nerfs, de sa chair, de ses os, de ses humeurs, etc.?

« Si donc ses père et mère ont ignoré tout cela, comment peut-il les regarder comme la véritable cause de leur existence? Peut-on appeler artiste, ou la véritable cause d'un ouvrage, celui qui doit avouer qu'il en ignore la fabrique et les proportions, et qui plus est, qui ignorait ce qu'il faisait, lorsque même pour le faire il y employait tout ce qui pouvait dépendre de lui?

« Comme il ne saurait penser que ses parents ont contribué pour sa formation plus que n'ont fait les autres pères et mères pour leurs enfants, il sera obligé de reconnaître, par ce qui vient d'être dit, qu'il n'a lui-même rien contribué pour son existence, et que même ses parents ont agi sans aucune connaissance de ce qu'ils faisaient; que par conséquent ils ne sont que les causes instrumentales de sa formation. »

Quel verbiage! quel manque de méthode! que d'ennui!

XXXI. « Il me paraît presque impossible qu'après cela il puisse se trouver quelqu'un si impie et si opiniâtre que d'oser soutenir que rien de tout ce que nous avons dit ne le touche, ni ne trouble sa conscience. Si pourtant il s'en rencontrait quelques-uns de cet ordre, il n'y a pas apparence qu'ils soient tous du même caractère, et qu'ils aient tous renoncé à la raison. Je ne doute pas qu'il ne s'en trouve qui voudront bien se donner la peine de nous suivre dans la recherche des œuvres du Créateur et de toute la nature; et nous espérons que parmi ceux-là il y en aura du moins quelques-uns qui, frappés des merveilles que nous leur développerons, seront guéris de leurs erreurs en voyant briller partout la Divinité. »

Ce bavard donnerait envie d'être athée, si on pouvait l'être.

XXXII. « Pouvons-nous, sans être pénétrés de reconnaissance et sans être saisis d'étonnement, observer la manière dont notre Créateur a pourvu avec une sagesse admirable à ces inconvénients, en revêtant le dedans de l'estomac et des intestins d'une matière épaisse et tenace comme du limon, qui empêche que ces matières âcres ne blessent? »

Ce limon ne vient point de l'estomac, mais des glandes salivaires et autres.

XXXIII. « Mais lorsque je considère que Dieu, par un effet de sa sagesse et de sa miséricorde infinie, a jugé à propos d'établir la foi par le moyen de l'ouïe ! »

Quelle extravagance !

Énorme sottise : les oreilles pour la foi !

XXXIV. « Dans l'histoire de l'Académie royale des sciences de l'année 1707, au chapitre des Observations sur la physique en général, il est parlé d'un grand musicien, et dans l'année 1708, d'un fameux maître à danser : le premier fut attaqué d'une fièvre continue accompagnée de délire, et l'autre d'une fièvre très-violente accompagnée d'une espèce de léthargie qui fut suivie d'une vraie folie; et tous les deux revinrent dans leur bon sens par le moyen de la musique. »

Autres chimères.

XXXV. « On trouve aussi beaucoup d'observations qu'on a faites sur des personnes piquées de la tarentule, qui est une espèce d'insecte en Italie de la grosseur d'une araignée : ce petit animal produit dans l'esprit des désordres extraordinaires, et des mouvements tout à fait surprenants dans le corps. Dans quelques cas le visage devient noir, les pieds et les mains sont immobiles; d'autres ne parlent point, ou sont plongés dans une profonde mélancolie; ils cherchent les lieux solitaires et les cimetières; il y en a qui creusent la terre, et font des trous qu'ils remplissent d'eau pour se jeter dans la boue. Enfin, après avoir souffert une infinité de maux, ils meurent de cette maladie. »

Quoi ! tu es médecin, et tu répètes ces contes !

XXXVI. « Un homme qui jouait du luth à Venise se vantait de priver, en jouant de son instrument, les auditeurs de l'usage de l'entendement, etc. »

Encore !

XXXVII. « J'en ai vu[1] qui, étant sujettes à cette affreuse maladie, étaient non-seulement dans des frayeurs continuelles, mais elles se plaignaient de ce qu'il leur semblait entendre le son d'une grande cloche lorsqu'elles entendaient la voix ordinaire d'un homme; et peu s'en fallait qu'elles ne se trouvassent mal. »

Cela peut être; mais est-ce là une preuve des bontés de Dieu ?

XXXVIII. « Qu'un athée nous dise donc..... (en cas qu'il eût produit quelque chose de semblable, quoique dans un degré de perfection beaucoup moindre) s'il ne prendrait pas pour un grand affront si quelqu'un, voyant son ouvrage, ne remarquait point l'industrie de l'ouvrier? Après cela ne s'apercevra-t-il point de son aveuglement, lui qui refuse de reconnaître la même chose dans une machine aussi surprenante que le corps humain ? »

1. Des femmes atteintes de passions hystériques. (ÉD.)

Et tous les corps organisés.

XXXIX. « Les sens extérieurs nous conduisent naturellement à l'âme, qui se trouve unie à notre corps d'une manière tout à fait admirable. »

Il faudrait d'abord prouver l'existence de l'âme avant de parler de son union; il faudrait savoir si elle est faculté ou substance, si ce n'est pas Dieu qui produit nos idées comme il produit le mouvement.

XL. « L'âme n'est point matérielle. »

Eh! fiacre, presque tous les premiers Pères de l'Église ont cru l'âme matérielle.

XLI. « On observe en premier lieu que l'âme n'opère pas (de quelque manière que cela soit) par sa volonté sur toutes les parties de notre corps; ou plutôt que toutes les parties de notre corps ne sont pas sujettes à l'âme quant à leurs mouvements. »

Quoi! tu ne sais pas qu'on retient souvent son urine, son sperme, ses excréments, ses crachats, ses larmes, etc.?

XLII. « Personne ne saurait raisonnablement attribuer tout cela au pur hasard. »

Sot bavard, les Turcs attribuent-ils toutes ces opérations au hasard?

XLIII. « Nous n'aurions donc jamais su faire de comparaison, si notre âme au dedans n'écrivait, comme dans un livre qu'elle consulte quand il lui plaît, ce qui a été porté jusqu'à elle par les sens. »

Bon.

XLIV. « Notre Créateur, afin de multiplier ses merveilles dans l'homme, et de nous rendre entièrement heureux, a voulu suppléer à ce défaut des sens, et nous donner le pouvoir de nous représenter les choses qui sont passées, celles qui doivent arriver, et celles qui sont absentes. Les philosophes ont appelé la première de ces facultés *mémoire*, et l'autre *imagination*. »

Bon.

XLV. « CHAP. XV. *Des passions humaines et de la génération en peu de mots.* »

Tout ce chapitre paraît faible et ridicule.

XLVI. « N'est-ce pas là l'effet d'une providence qui fait que les hommes s'assistent et s'entr'aident mutuellement dans leurs besoins particuliers? »

Et que deviennent les castes de l'Inde et de l'Égypte?

XLVII. « Il faut observer dans cette table, 1° que dans Londres, pendant quatre-vingt-deux ans, le nombre des enfants mâles excéda chaque année celui des femelles; 2° que cette différence s'est toujours trouvée entre deux termes peu éloignés l'un de l'autre, etc.

« Lorsque l'on considère le grand nombre d'hommes que les guerres enlèvent, qui périssent sur mer et de cent autres manières...., où sera l'homme assez fou pour oser dire que c'est par un pur hasard, sans le secours de la Providence, que le nombre des enfants mâles excède celui des femelles? »

Vers les quinze ans on trouve toujours qu'il reste plus de femelles que de mâles.

XLVIII. « Les soins heureux des philosophes du dernier siècle nous ont donné sur la nature de l'air deux découvertes remarquables qui étaient entièrement cachées à tous les anciens, savoir sa *pesanteur* et son *ressort*. »

Aristote a connu la pesanteur de l'air, mais non le degré de pesanteur.

XLIX. « Mais si au lieu d'eau on prenait de la lessive (qui, quoiqu'elle eût resté six années exposée à l'air, ne s'était imprégnée d'aucun air, du moins autant qu'il était possible de le découvrir avec le secours de la machine pneumatique), elle pourrait peut-être nous fournir un baromètre utile. »

Tes vessies sont des lanternes.

L. « Chacun étant contraint de reconnaître ici [1] une puissance qui le préserve à tous moments d'une entière destruction, et que cette même puissance agit selon les règles d'une sagesse merveilleuse, pouvons-nous nous dispenser d'attribuer cela à un être infiniment sage qui dirige tout? »

Bon.

LI. « Or, que l'eau se change en terre par ce moyen, c'est ce que M. Boyle a démontré par des expériences; M. Newton en parle aussi dans son livre sur l'*Optique*, page 319. Voici les termes dont il se sert : *L'eau se change en une terre solide par des distillations réitérées, comme M. Boyle l'a découvert dans ses expériences.* »

Expérience fausse.

LII. « L'Égypte est arrosée par le Nil sans le secours des pluies. Ce pays, qui est uni partout et sans aucune montagne.... »

Oui, le Delta; mais le Nil jusqu'au Δ est environné de rochers.

LIII. « Si nous supposons que l'eau s'évapore également dans toute l'étendue de la terre, et qu'il s'en évapore un pouce par jour, selon ce calcul il monterait chaque année dans l'air, par l'évaporation, 365 pouces d'eau en profondeur; toute cette eau, supposé qu'elle retombe en pluie, serait capable d'inonder, dans une seule année, toute la surface de la terre jusqu'à 365 pouces de hauteur. »

Comme si cette eau retombait toute à la fois! Quel pitoyable raisonnement!

LIV. « Est-ce sans le secours d'une sagesse que toute la mer, couverte de tant de grands vaisseaux d'un poids immense, et qui a tant de lieues de largeur, ne presse pas contre la digue avec plus de force? etc. »

Tu t'écartes bien de ton but. Tu ne prouves que l'industrie des hommes.

LV. « Montrez une poignée de sable à quelqu'un qui, pendant tout un voyage, aura vu une mer orageuse rouler ses vagues, et dites-lui que des corps si petits et si méprisables, qu'on peut disperser par le souffle, sont en état d'arrêter la force de ces montagnes d'eau. »

As-tu oublié que c'est la gravitation, et non le sable?

_____

1. Dans la pression de l'air sur nos corps. (ED.)

LVI. « Ajoutez à cela que la terre a été habitée depuis tant de siècles par tant de millions d'hommes et de bêtes, qui ne sont composés que des productions de la terre, qu'il aurait été impossible, sans le soin d'une sagesse supérieure, que la terre n'eût perdu beaucoup de sa fertilité ; de sorte que, quoiqu'on n'eût pas lieu d'appréhender la destruction de ce globe, tous les animaux pourtant, et les créatures vivantes qui y habitent, auraient à la fin péri par le défaut de fertilité de la terre et par conséquent par le défaut d'aliments. »

Tu prouves par tes faux raisonnements que les bêtes ont trouvé tout fait pour elles, et qu'il a fallu que l'homme fît tout.

LVII. « Nous avons déjà fait voir qu'on peut faire de la terre avec de l'eau. »

Faux.

LVIII. « On a observé que tous les métaux, étant placés dans le foyer du verre ardent, se changent en verre, et que l'or, en se vitrifiant, prend une belle couleur de pourpre. »

Très-douteux.

LIX. « M. Cassini, en traçant le méridien de France jusqu'aux Pyrénées, par ordre du roi, en a mesuré exactement la longueur de chaque degré et a trouvé, à 7 ⅓ degrés entre les parallèles d'Amiens et de Collioure, qu'il a comparés l'un à l'autre, que leur grandeur augmentait continuellement à mesure qu'ils s'approchaient de la ligne équinoxiale, et qu'elle diminuait par conséquent en approchant des pôles. »

Erreur reconnue.

LX. « Le centre de la terre n'est rien. »

Si vous ne la considérez que comme un point mathématique, qui n'est qu'une abstraction de l'esprit.

LXI. « Ceux qui examinent de près toutes ces choses peuvent-ils, sans reconnaître la sagesse de Dieu dans sa sainte parole, lire l'expression dont Job se sert, chap. XXVI, v. 7 : *Il suspend la terre sur rien.* »

Job n'a rien à faire ici.

LXII. « De là vient que M. Whiston dit que le centre de pesanteur de tous les corps de ce monde est un vrai rien. »

Le vrai centre, le centre réel est l'aboutissement physique de toutes les lignes physiques.

LXIII. « Le globe de la terre garde toujours la même obliquité. »

Non, et nous changeons de pôle.

LXIV. « Si, par malheur, ces causes qui agissent avec tant de violence ébranlaient la terre et la faisaient une fois changer de place, que pourrait-on attendre de là qu'une ruine et une destruction générale, où tout changerait absolument, l'air, le climat, etc.? »

Pitoyable. Ne vois-tu pas que ce changement ne pourrait se faire qu'insensiblement dans la suite des siècles, comme la précession des équinoxes ?

LXV. « Voici une chose qu'un philosophe ne saurait expliquer : il faut lui demander pour quelle raison la terre étant plus pesante que l'eau, les eaux ne couvrent point la surface de la terre et ne l'environ-

nent pas comme l'air, puisqu'il est hors de doute que l'un devrait
arriver aussi bien que l'autre, selon les lois de la pesanteur. »

Quelle pitié ! N'est-il pas évident que la loi de la gravitation s'y
oppose ?

LXVI. « Il est nécessaire de nous étendre ici un peu plus sur la zone
septentrionale (tempérée). Tout ce qui est autour de nous, ou bien tout
ce que nous avons décrit dans cet ouvrage, ne tend qu'à une chose,
je veux dire à manifester la puissance, la sagesse et la bonté de Dieu,
qui brille d'une manière éclatante dans ce qui compose cet univers :
ce qu'il y a de certain, c'est que cette zone ne cède à aucune autre en
rien : elle est fertile, les saisons y sont tempérées, les habitants très-
savants et fort industrieux ; ainsi il n'y a pas lieu de douter qu'elle ne
surpasse de beaucoup tous les autres pays dans le commerce, dans la
navigation, dans l'art militaire. »

Quoi ! l'art de tuer est ta preuve de Dieu !

LXVII. « Mais le plus grand de tous les avantages, et celui qui élève
cette zone incomparablement au-dessus de toutes les autres parties du
globe, c'est la connaissance du vrai Dieu et du véritable culte qu'on
lui doit, puisque ce soleil brillant n'éclaire plus malheureusement
l'Asie, où Dieu avait jugé à propos (ce qui surpasse toute la reconnaissance humaine) de se révéler. »

Et pourquoi la Chine ne connaît-elle pas le vrai Dieu ?

LXVIII. « Vous qui niez la résurrection, dites-nous si les parties
qui composent votre corps visible (nous ne dirons rien ici du premier
principe ou du germe, qui est d'une petitesse extrême) n'étaient pas
aussi écartées l'une de l'autre sur la terre il y a environ 5000 ans,
qu'elles le seront quelques années après votre mort, ou à la fin du
monde. »

Ah ! mon ami, tu gâtes un assez bon ouvrage par des raisonnements
bien ridicules.

LXIX. « Simon de Vries nous dit, dans sa description de l'*ancienne
Groënlande*, que l'air y est si pur, qu'il empêche que les corps ne se
corrompent : et le fameux géographe Samson rapporte qu'un colonel
espagnol passant du Pérou au Chili sur une montagne fort haute, il
y eut quelques-uns de ses gens qui moururent de froid ; et que, plusieurs années après, il les trouva dans le même état, c'est-à-dire sur
leurs chevaux morts, tenant la bride à la main ; leurs corps n'étaient
pas corrompus. »

Quels contes de bonne vieille ! Et tu fais le philosophe !

LXX. « Ils[1] opposent à ces textes[2] quelques expressions du même
apôtre, I *Corinth.*, xv, v. 35, 36, 37, 38, et ils prétendent qu'ils ne
sauraient s'accorder avec les précédents. »

Tu soutiens bien mal une bonne cause.

LXXI. « Si une personne doit ressusciter dans la même grandeur
qu'auparavant, le germe n'a qu'à se développer de la même manière

---

1. Les adversaires des partisans de la résurrection. (ÉD.)
2. Saint Paul, *Épître aux Romains*, VIII, 11, et à *Philipp.*, III, 21. (ÉD.)

qu'il s'était développé durant sa vie, se remplir ensuite de la même matière, qui, lorsque le corps était en vie et que le volume de ce corps augmentait, aurait ... vi pour le remplir et le faire croître; dans ce cas, un chacun doit avouer que la même personne ressusciterait avec son propre corps. »

Il n'y a rien de si contraire à la physique que ce chapitre[1].

LXXII. « On ignore, par exemple, si c'est le soleil ou bien la terre qui se meut. »

Comment, on ne le sait pas! la chose est démontrée.

LXXIII. « M. Stevin dit.... *qu'il ne paraît pas nécessaire que le soleil soit au centre des étoiles fixes, mais qu'on a de bonnes raisons pour convenir qu'il y est.* »

Ou il n'y a point *étoiles fixes* dans le texte, ou Stevin ne sait ce qu'il dit.

LXXIV. « Voici de quelle manière s'exprime le fameux Kepler dans son *Épitom. Astronom.*, p. 448 et ensuite p. 673 : *Lorsqu'on entendra ces choses, quoiqu'on soit éloigné de croire qu'elles sont réelles, et qu'on ne fasse que les supposer, il sera très-facile de s'en servir.* »

C'était dans l'aurore de la raison.

LXXV. « Les mathématiciens supposent des lignes et des cercles imaginaires pour la construction de *sinus* et de *tangentes*, etc., et dans celle des logarithmes, que tous les nombres sont vrais; tandis que parmi plusieurs centaines, à peine y en a-t-il quelques-uns qui le soient réellement. »

Ridicule.

LXXVI. « C'est ainsi que les arpenteurs ou ceux qui mesurent la terre, lorsqu'ils trouvent des lignes un peu courbes, et qui forment quelquefois de petits angles en avançant en dedans et en dehors, supposent ces mêmes lignes droites. »

Eh bien! qu'en résulte-t-il?

LXXVII. « Qui est-ce qui ne sait pas qu'en élargissant les degrés de latitude de plus en plus dans la navigation, on ne fait uniquement qu'une pure fiction ' et cela ne sert qu'à trouver, *d'une manière plus aisée*, le véritable décroissement de chaque degré de longitude. »

Non plus aisée.

LXXVIII. « Quoique, quand on est versé dans l'optique, on sache que les verres sphériques ne ramassent jamais les rayons dans un point (excepté dans un ou deux cas), comme font les verres de certaine figure, cependant n'est-ce pas une chose bien commune, en faisant des télescopes ou des microscopes, de les supposer tout autrement qu'ils ne sont ? »

Quoi! parce que le point central n'est pas un point mathématique?

LXXIX. « Les fameux mathématiciens qui ont écrit sur l'art de jeter les bombes supposent que les boulets, par le moyen de la force de la poudre, et de celle de leur pesanteur, décrivent une ligne qu'ils appellent *parabole*, au lieu que s'ils considéraient la résistance de l'air

---

1. Le chapitre VI du livre III de l'ouvrage de Nieuwentyt. (ÉD.)

et les autres causes ci-dessus, ils sauraient que les propriétés de cette ligne sont très-différentes de celles de la parabole. »

Faux. Elle est géométriquement parabole, et ne s'en éloigne que par des accessoires étrangers.

LXXX. « Tous les astronomes anciens et modernes ont supposé, pour fondement de leurs calculs, que le mouvement diurne, véritable ou apparent, du soleil, se fait dans un cercle parallèle ou également distant de l'équinoxial, quoique cette ligne, à cause du mouvement annuel du soleil ou de la terre, approche plutôt d'une ligne spirale que d'un cercle, comme tous les astronomes le savent. »

Ce n'est donc pas par ignorance [1].

LXXXI. « Venons à présent à la conclusion que nous venons de tirer de ce que nous avons dit jusqu'ici du mouvement ou du repos de la terre. »

Ce dernier chapitre [2] est le plus mauvais de tous. Il y a même de la mauvaise foi, et de plus il est absolument inutile au dessein de l'auteur.

REMARQUES

SUR LE BON SENS [3], OU IDÉES NATURELLES OPPOSÉES AUX IDÉES SURNATURELLES. LONDRES, 1774, IN-8.

I. « LE BON SENS. »

Il y a du bon sens dans ce *Bon sens*; mais tout ne me paraît pas bon sens. L'auteur abonde en son sens, et prend quelquefois les cinq sens pour du bon sens : mais en général son *Bon sens* a un grand sens, et ce serait manquer de sens que de ne pas tomber souvent dans son sens.

II. « Cet empire, c'est le monde : le monarque, c'est Dieu ; ses ministres sont les prêtres ; ses sujets sont les hommes. »

Ce n'était pas la peine de dire le mot d'une énigme si aisée.

III. « Cette science se nomme *théologie*, et cette théologie est une insulte. »

Très-vrai.

IV. « A force d'entasser des *si*, des *mais*. »

Ce sont nous autres philosophes à qui on reproche les *si* et les *mais*

V. « L'idée de Dieu nous est innée. »

Idées innées, folie de Descartes, assez détruite par Locke.

VI. « Il faudrait avoir quelque idée de la nature divine. »

Et de la nôtre.

---

1. Le chapitre VII du livre III de l'ouvrage de Nieuwentyt est intitulé : *Des choses que nous ignorons.* (ÉD.)

2. Le chapitre VII du livre III. (ÉD.)

3. *Le Bon sens*, par le baron d'Holbach. Les remarques de Voltaire doivent être de juillet 1775. (ÉD.)

VII. « L'idée de l'infinité est pour nous une idée sans modèle, sans prototype, sans objet. »

Cela est spécieux.

VIII. « Ainsi, jamais la notion de Dieu n'entrera dans l'esprit humain. »

Complète.

IX. « Comment a-t-on pu parvenir à persuader.... que la chose la plus impossible à comprendre était la plus essentielle? »

Une chose peut être démontrée et incompréhensible; l'éternité, les incommensurables, les asymptotes, l'espace.

X. « A besoin de trembler. »

Non : il a besoin de se rassurer.

XI. « Les hommes sont des malades imaginaires. »

Et très-réels.

XII. « Plus elles sont incroyables, et plus il s'imagine qu'il y a pour lui de mérite à les croire. »

Vrai.

XIII. « Qui souvent ne raisonnent pas plus que leurs pères. »

Vrai.

XIV. « Pour endormir les enfants ou les forcer à se taire. »

Vrai, mais trivial.

XV. « Peut-on se dire sincèrement convaincu de l'existence d'un être dont on ignore la nature ? »

Il est démontré, en rigueur, qu'il existe un être nécessaire, de toute éternité.

Il est démontré qu'il y a une intelligence dans le monde. Spinosa en convient.

XVI. « Ces principes, reconnus de tout le monde, sont en défaut. »

Non.

XVII. « Tout ce qu'on a dit jusqu'ici est ou inintelligible, ou se trouve parfaitement contradictoire, et par là même doit paraître impossible à tout le monde de bon sens. »

Mens agitat molem ne peut révolter le bon sens.

XVIII. « Les nations les plus civilisées et les penseurs les plus profonds en sont là-dessus au même point que les nations les plus sauvages et les rustres les plus ignorants. »

Non : Clarke, Locke sont au-dessus d'un sauvage.

XIX. « A force de métaphysique, on est parvenu à faire de Dieu un pur esprit. »

Mens agitat molem; il faut s'en tenir là : tout le reste est *afflictio spiritus.*

XX. « Aucun ne veut s'exposer à courir une chance si dangereuse. »

Allégorie plate et défectueuse.

XXI. « L'oiseau aurait-il donc de si grandes obligations à l'oiseleur pour l'avoir pris dans ses filets, et l'avoir mis dans sa volière, afin de s'en nourrir après s'en être amusé? »

Cette comparaison n'est pas juste. Dieu a fait l'oiseau, et ne l'a pas déniché.

XXII. « Le dogme de l'immortalité de l'âme suppose que l'âme est une substance simple. »

Somnium optantis.

XXIII. « Mais les mouvements les plus simples de nos corps sont, pour tout homme qui les médite, des énigmes aussi difficiles à deviner que la pensée. »

Vrai. Toute action est une qualité occulte.

XXIV. « Le théiste nous crie : « Gardez-vous d'adorer le Dieu farou-« che et bizarre de la théologie, etc. »

Le théiste ne dit point cela. Il dit : « Quelque chose existe, donc quelque chose est de toute éternité. Ce monde est fait avec intelligence, donc par une intelligence. » Il s'en tient là, et sur le reste il raisonne comme vous.

XXV. « On ne veut pas qu'un Dieu rempli de contradictions, de bizarreries, de qualités incompatibles, etc. »

Le dieu des théistes n'est point bizarre : *Mens agitat molem* est très-sage.

XXVI. « Les opinions religieuses des hommes de tout pays sont des monuments antiques et durables de l'ignorance, de la crédulité, des terreurs et de la férocité de leurs ancêtres. »

L'existence de Dieu n'a rien de commun avec les religions des hommes. Il y a une intelligence répandue dans la nature; il existe un être nécessaire : voilà Dieu. Brama, Samonocodone, etc., etc., ne sont que des fantômes de notre imagination.

XXVII. « Le Dieu-Pain n'est-il pas le fétiche de plusieurs nations chrétiennes, aussi peu raisonnables en ce point que les nations les plus sauvages? »

Vrai.

XXVIII. « Les nations modernes, à l'instigation de leurs prêtres, ont peut-être même renchéri sur la folie atroce des nations les plus sauvages. »

Vrai.

XXIX. « Quand on voit des nations policées et savantes, des Anglais, des Français, des Allemands, etc., malgré toutes leurs lumières, continuer à se mettre à genoux devant le Dieu barbare des Juifs, etc. »

Tout cela est contre la superstition, non contre Dieu.

XXX. « O hommes! vous n'êtes que des enfants dès qu'il s'agit de religion. »

Vrai.

XXXI. « Demandez à tout homme du peuple s'il croit en Dieu. Il sera tout surpris que vous puissiez en douter. Demandez-lui ensuite ce qu'il entend par le mot *Dieu*, vous le jetterez dans le plus grand embarras; vous vous apercevrez sur-le-champ qu'il est incapable d'attacher aucune idée réelle à ce mot, qu'il répète sans cesse; il vous dira que Dieu est Dieu. »

Mais s'il vous répond : « C'est l'être nécessaire, c'est l'intelligence, c'est le principe, c'est la cause de tous les effets? »

XXXII. « Dieu a parlé diversement à chaque peuple du globe que nous habitons. L'Indien ne croit pas un mot de ce qu'il a dit au Chinois. »

Que Dieu.

XXXIII. « La religion du Christ suppose soit des défauts dans la loi que Dieu lui-même avait donnée par Moïse, soit de l'impuissance ou de la malice dans ce Dieu. »

Vrai.

XXXIV. « Comment croire que des missionnaires protégés par un Dieu, et revêtus de sa puissance divine, jouissant du droit des miracles, n'aient pu opérer le miracle si simple de se soustraire à la cruauté de leurs persécuteurs ? »

Bon.

XXXV. « Un Dieu bon ne permettrait pas que des hommes chargés d'annoncer ses volontés fussent maltraités. »

Bon.

XXXVI. « Un missionnaire veut tenter fortune.... tels sont les vrais motifs qui allument le zèle et la charité de tant de prédicateurs. »

Bon.

XXXVII. « Le courage d'un martyr enivré de l'idée du paradis n'a rien de plus surnaturel que le courage d'un homme de guerre enivré de l'idée de la gloire, ou retenu par la crainte du déshonneur.

Bon.

XXXVIII. « D'ailleurs, comme nous n'avons pour nous conduire en cette vie que notre raison plus ou moins exercée, que notre raison telle qu'elle est, et nos sens tels qu'ils sont.

Vrai.

XXXIX. « Nos docteurs nous disent que nous devons sacrifier notre raison à Dieu. »

« Point de raison, » disait le P. Canaye !

XL. « Une ignorance profonde, une crédulité sans bornes, une tête très-faible, une imagination emportée, voilà les matériaux avec lesquels se font les dévots, les zélés, les fanatiques. et les saints. »

Vrai.

XLI. « On assure aujourd'hui que, durant cette période, les peuples les plus florissants n'ont pas eu la moindre idée de la Divinité, idée que l'on dit pourtant si nécessaire à tous les hommes. »

Bon.

XLII. « Un plaisant a dit avec raison que la religion véritable n'est jamais que celle qui a pour elle le prince et le bourreau. »

Vrai, mais point du tout plaisant.

XLIII. « Cependant on ne voit pas que la Providence refuse ses bienfaits à une nation dont les chefs prennent si peu d'intérêt au culte qu'on lui rend. »

Vrai !

XLIV. « Tout souverain qui se fait le protecteur d'une secte ou d'une faction religieuse se fait communément le tyran des autres sectes, et devient lui-même le perturbateur le plus cruel du repos de ses États. »

Vrai

XLV. « On y voit (chez les nations les plus soumises à la religion) des tyrans orgueilleux, des ministres oppresseurs, des courtisans perfides, des concussionnaires sans nombre. »

Vrai.

XLVI. « Tel homme qui croit très-fermement que Dieu voit tout, sait tout, est présent partout, se permettra, quand il est seul, des actions que jamais il ne ferait en la présence du dernier des mortels. »

Vrai.

XLVII. « On verra presque partout les hommes gouvernés par des tyrans qui ne se servent de la religion que pour abrutir davantage les esclaves qu'ils accablent sous le poids de leurs vices, ou qu'ils sacrifient sans pitié à leurs fatales extravagances. »

Vrai.

XLVIII. « Ce fut toujours aux dépens des nations que la paix fut conclue entre les rois et les prêtres; mais ceux-ci conservèrent leurs prétentions, nonobstant tous les traités. »

Vrai.

XLIX. « Que ces lois contiennent également et le puissant et le faible, et les grands et les petits, et le souverain et les sujets. »

Le grelot est au cou du chat.

L. « Le christianisme, rampant d'abord, ne s'est insinué chez les nations sauvages et libres de l'Europe qu'en faisant entrevoir à leurs chefs que ses principes religieux favorisaient le despotisme, et mettaient un pouvoir absolu dans leurs mains. »

Vrai.

LI. « Si les ministres de l'Église ont souvent permis aux peuples de se révolter pour la cause du ciel, jamais ils ne leur permirent de se révolter pour des maux très-réels ou des violences connues. »

Trop vrai.

LII. « Le ciel n'est ni cruel, ni favorable aux vœux des peuples : ce sont leurs chefs orgueilleux qui ont presque toujours un cœur d'airain. »

Trop vrai.

LIII. « Un dévot à la tête d'un empire est un des plus grands fléaux que le ciel dans sa fureur puisse donner à la terre. »

Vrai.

LIV. « Le prêtre n'est l'ami du tyran que tant qu'il trouve son compte à la tyrannie. »

Très-vrai.

LV. « Dites à ce prince qu'il *ne doit compte* de ses actions qu'à Dieu seul, et bientôt il agira comme s'il n'en devait compte à personne. »

Vrai.

LVI. « Il reconnaîtra que, pour régner avec gloire, il faut faire de bonnes lois et montrer des vertus, et non pas fonder sa puissance sur des impostures et des chimères. »

Plût à Dieu !

LVII. « Un Dieu qui aurait constamment les qualités d'un honnête homme ou d'un souverain débonnaire ne conviendrait nullement à ses ministres. »

Vrai.

LVIII. « Nul homme n'est un héros pour son valet de chambre. Il n'est pas surprenant qu'un Dieu habillé par ses prêtres, de manière à faire grande peur aux autres, leur en impose rarement à eux-mêmes. »

Mauvaise plaisanterie.

LIX. « Persécuteurs infâmes, et vous dévots anthropophages, ne sentirez-vous jamais la folie et l'injustice de votre humeur intolérante? »

Vous avez toujours raison contre les prêtres; mais vous n'empêcherez pas le *Mens agitat molem*.

LX. « Ce Dieu même ne peut être pour nous un modèle bien constant de bonté : s'il est l'auteur de tout, il est également l'auteur du bien et du mal que nous voyons dans le monde. »

Il y a un être nécessaire. Il est nécessairement éternel; il est principe; il ne peut être méchant : tenons-nous-en là.

LXI. « Faudra-t-il imiter le Dieu des Juifs? Trouverons-nous dans Jehova un modèle de notre conduite? »

Jeova, Jaoh, Iou, Iova, est l'ancien dieu des Syriens, des Égyptiens, adopté par la horde juive.

LXII. « Une morale si sublime n'est-elle pas faite pour rendre la vertu haïssable? »

Les premiers chrétiens étaient une espèce de thérapeutes.

LXIII. « On voit dans toutes les parties de notre globe des pénitents, des solitaires, des faquirs, des fanatiques, qui semblent avoir profondément étudié les moyens de se tourmenter en l'honneur d'un être dont tous s'accordent à célébrer la bonté. »

Vrai, excepté chez les Romains.

LXIV. « Une morale qui contredit la nature de l'homme n'est point faite pour l'homme. »

L'auteur ne devait pas prendre le parti des passions; la philosophie les réprouve.

LXV. « Ce grand homme[1]. »

Grand écrivain, non grand homme.

LXVI. « Il font aux hommes un Dieu qui s'irrite et qui s'apaise. »

Dieu à notre image.

LXVII. « Aux yeux d'un amant passionné la présence de sa maîtresse éteint le feu de l'enfer, et ses charmes effacent tous les plaisirs du paradis. »

Il ne fallait pas écrire contre le bien que la religion peut faire.

LXVIII. « Mais qu'est-ce que Dieu? »

Dieu est l'être nécessaire.

LXIX. « Fonder la morale sur un Dieu que chaque homme se peint diversement....., c'est évidemment fonder la morale sur le caprice et sur l'imagination des hommes. »

1. Pascal. (Éd.)

La morale ne peut être fondée que sur nos besoins mutuels.

LXX. « Demandez-leur s'il faut aimer son prochain ou lui faire du bien, quand il est un impie, un hérétique, un incrédule, c'est-à-dire quand il ne pense pas comme eux. »

Cela n'empêche pas que *charitas* n'ait été enseignée par Cicéron, Épictète, et tous les bons philosophes. Les prêtres n'ont point de charité; mais nous devons en avoir.

LXXI. « Les États chrétiens et mahométans sont remplis d'hôpitaux vastes et richement dotés, dans lesquels on admire la pieuse charité des rois et des sultans qui les ont élevés. N'eût-il donc pas été plus humain de bien gouverner les peuples, de leur procurer l'aisance, etc.?»

Il y aura toujours des malheureux. Pourquoi décrier une institution qui les soulage?

LXXII. « Les hommes s'imaginent que l'on peut obtenir du roi du ciel, comme des rois de la terre, la permission d'être injuste et méchant, ou du moins le pardon du mal qu'on peut faire.

Dieu fit du repentir la vertu des mortels[1]

LXXIII. « Les mortels s'imaginent pouvoir impunément se nuire les uns aux autres en faisant une réparation convenable à l'être tout-puissant. »

Mieux vaut repentir que persévérance dans le crime.

LXXIV. « Soit qu'il existe un Dieu, soit qu'il n'en existe point, soit que Dieu ait parlé, soit qu'il n'ait point parlé, les devoirs moraux seront toujours les mêmes, tant qu'ils auront la nature qui leur est propre, c'est-à-dire tant qu'ils seront des êtres sensibles. »

Point de devoirs, sans châtiment pour le transgresseur.

LXXV. « Un athée peut-il avoir de la conscience? Quels sont ses motifs pour s'abstenir des vices cachés et des crimes secrets que les autres hommes ignorent, et sur lesquels les lois n'ont pas de prise? »

Tout cela ne répond pas à un athée qui, se croyant sûr de l'impunité, vous dit : « Je suis un sot si je ne vous égorge pour avoir votre or, votre femme, votre place. » Les superstitieux commettent mille crimes avec des remords, et les athées sans remords.

LXXVI. « Ce sont les couleurs noires dont les prêtres se servent pour peindre la Divinité, qui révoltent le cœur, forcent à la haïr et à la rejeter. »

Triste et vrai.

LXXVII. « Est-il donc bien vrai que la religion soit un frein pour le peuple? »

De ce que la religion est souvent impuissante à inspirer la vertu, on ne peut inférer qu'elle est dangereuse.

LXXVIII. « Ceux qui trompent les hommes ne prennent-ils pas souvent eux-mêmes le soin de les détromper? »

Comment? Expliquez-vous.

LXXIX. « Moïse ne fut qu'un Égyptien schismatique. »

1. Vers de Voltaire dans *Olympie*, acte II. scène II. (ÉD.)

S'il y eut jamais un Moïse.

LXXX. « Aux causes physiques et simples cette philosophie substitua des causes surnaturelles, ou plutôt des causes vraiment occultes. »

Hélas! tout est occulte.

LXXXI. « Qu'est-ce que Dieu? On n'en sait rien. »

Mens agitat molem.

LXXXII. « Qu'est-ce que créer? On n'en a nulle idée. »

Il se peut qu'il y ait eu toujours *mens agitat molem.* Il est démontré qu'il a toujours existé quelque chose.

LXXXIII. « Qui est-ce qui engagea cette femme (Ève) à faire une telle sottise? C'est le diable. Mais qui a créé le diable? C'est Dieu. Pourquoi Dieu a-t-il créé le diable, destiné à pervertir le genre humain? On n'en sait rien. C'est un mystère caché dans le sein de la Divinité. »

Mais, dans la Bible, le serpent n'est point le diable.

LXXXIV. « Disons, avec un célèbre moderne, que la théologie est la boîte de Pandore; et s'il est impossible de la réformer, il est au moins utile d'avertir que cette boîte si fatale est ouverte. »

Tu nous ôtes l'espérance qu'elle renfermait.

PLAN.

On propose de faire un dictionnaire qui puisse tenir lieu d'une grammaire, d'une rhétorique, d'une poétique française.

Chaque académicien se chargera de la composition d'une lettre.

A chaque mot de cette lettre on rapportera l'étymologie reçue et l'étymologie probable de ce mot;

Les diverses acceptions de ce mot, les exemples tirés des auteurs approuvés, depuis Amyot et Montaigne.

On remarquera ce qui est d'usage et ce qui ne l'est plus; ce que nos voisins ont pris de nous, et ce que nous avons pris d'eux.

Chaque lettre, ainsi remplie, sera examinée dans les séances publiques, où l'on retrancherait et ajouterait ce que l'on jugerait à propos.

LE SYSTÈME VRAISEMBLABLE.

(FRAGMENT.)

I. Puisque Brama, Zoroastre, Pythagore, Thalès, et tant de Grecs, et tant de Français et d'Allemands, ont fait chacun leur système, pourquoi n'en ferait-on pas aussi? Chacun a le droit de chercher le mot de l'énigme.

Voici l'énigme. Il faut avouer qu'elle est difficil.

Il y a des milliasses de globes lumineux dans l'espace, et de ces

globes nous en connaissons environ douze mille par le secours des télescopes, en comptant les deux mille qu'on a découverts dans l'Orion.
Les anciens n'en connaissaient que mille et vingt-deux. Chacun de ces
soleils, placé à des distances effroyables, a autour de lui des mondes
qu'il éclaire, qui tournent autour de sa sphère, qui gravitent sur lui,
et sur lesquels il gravite.

Parmi tous ces globes innombrables, parmi tous ces mondes roulant
dans l'espace, asservis tous aux mêmes lois, jouissant de la même lumière, nous roulons nous autres dans notre coin de l'univers autour
de notre soleil.

La matière dont notre globe et tous ses habitants sont composés est
telle, qu'elle contient beaucoup plus de pores, d'interstices, de vide,
que de solide. Notre monde et nous, nous ne sommes que des cribles,
des espèces de réseaux.

Notre terre et nos mers, tournant perpétuellement d'occident en
orient, laissent échapper sans relâche une foule de particules aqueuses,
terrestres, métalliques, végétales, qui couvrent le globe jour et nuit,
à la hauteur de quelques milles, et qui forment les vents, les pluies,
les neiges, les tempêtes, les éclairs, les tonnerres, ou les beaux jours,
selon que ces exhalaisons se trouvent disposées, selon que leur électricité, leur attraction, leur élasticité, ont plus ou moins de force.

C'est à travers ce voile continuel, tantôt plus épais, tantôt plus délié, qu'un océan de lumières est dardé à chaque instant de notre soleil.
Le rapport constant de nos yeux avec la lumière est tel, que nous
voyons toujours notre amas de vapeurs sur nos têtes en voûte surbaissée; que chaque animal est toujours au milieu de son horizon; que,
dans un temps serein, nous distinguons, pendant la nuit, une partie
des étoiles, et que nous croyons toujours être au centre de cette voûte
surbaissée, et occuper le milieu de la nature. C'est par cette mécanique de nos yeux et de l'atmosphère que nous voyons le soleil et les
astres à l'endroit où ils ne sont pas; et qu'en regardant un arc-en-
ciel, nous sommes toujours au centre de ce demi-cercle, en quelque
endroit que nous nous placions.

C'est en conséquence des erreurs perpétuelles et nécessaires du sens
de la vue, que, dans de belles nuits, les étoiles, éloignées l'une de
l'autre de tant de millions de degrés, nous paraissent des points d'or
attachés sur un fond bleu, à quelques pieds de distance entre eux; et
ces étoiles, placées dans les profondeurs d'un espace immense, et les
planètes, et les comètes, et le vide prodigieux dans lequel elles tournent, et notre petite atmosphère qui nous entoure comme le duvet
arrondi d'une herbe qu'on nomme dent de lion, nous appelons tout
cela le ciel; et nous avons dit : « Cette épouvantable fabrique s'est
faite uniquement pour nous, et nous sommes faits pour elle. »

L'antiquité a cru que tous les globes dansaient en rond autour du
nôtre, pour nous faire plaisir; et que le soleil se levait le matin comme
un géant pour courir dans sa voie, et qu'il venait le soir se coucher
dans la mer. On n'a pas manqué de placer un dieu dans ce soleil,
dans chaque planète qui semble courir autour de la nôtre; et on a

empoisonné juridiquement Socrate, accusé d'avoir douté que ces planètes fussent des dieux.

Tous les philosophes ont passé leur vie à contempler cette voûte bleue, ces points d'or, ces planètes, ces comètes, ces soleils, ces étoiles innombrables ; et tous ont demandé : « A quoi bon tout cela ? ce grand édifice est-il éternel ? s'est-il construit de lui-même ? est-ce un architecte qui l'a bâti ? quel est cet architecte ? à quel dessein a-t-il fait cet ouvrage ? que lui en peut-il revenir ?... » Chacun a fait son roman ; et ce qu'il y a de pis, c'est que quelques romanciers ont poursuivi à feu et à sang ceux qui voulaient faire d'autres romans qu'eux.

D'autres curieux s'en sont tenus à ce qui se passe sur notre petit globe terraqué. Ils ont voulu deviner pourquoi les moutons sont couverts de laine, pourquoi les vaches n'ont qu'une rangée de dents, et pourquoi l'homme n'a point de griffes. Les uns ont dit qu'autrefois il avait été poisson ; les autres, qu'il avait eu les deux sexes, avec une paire d'ailes. Il s'en est trouvé qui nous ont assuré que toutes les montagnes avaient été formées des eaux de la mer dans une suite innombrable de siècles. Ils ont vu évidemment que la pierre à chaux était un composé de coquilles, et que la terre était de verre. Cela s'est appelé la physique expérimentale. Les plus sages ont été ceux qui ont cultivé la terre, sans s'informer si elle était de verre ou d'argile, et qui ont semé du blé sans savoir si cette semence doit mourir pour produire des épis ; et malheureusement il est arrivé que ces hommes, toujours occupés à se nourrir et à nourrir les autres, ont été subjugués par ceux qui, n'ayant rien semé, sont venus ravir leurs moissons, égorger la moitié des cultivateurs, et plonger l'autre moitié dans une servitude plus ou moins cruelle. Cette servitude subsiste aujourd'hui dans la plus grande partie de la terre, couverte des enfants des ravisseurs et des enfants des asservis. Les uns et les autres sont également malheureux, et si malheureux, qu'il en est peu qui n'aient souvent souhaité la mort. Cependant, de tant d'êtres pensants qui maudissent leur vie, il n'y en a guère qu'un sur cent, chaque année, du moins dans nos climats, qui s'arrache cette vie, détestée souvent avec raison, et aimée par instinct. Presque tous les hommes gémissent : quelques jeunes étourdis chantent leurs prétendus plaisirs, et les pleurent dans leur vieillesse.

On demande pourquoi les autres animaux, dont la multitude surpasse infiniment celle de notre espèce, souffrent encore plus que nous, sont dévorés par nous, et nous dévorent ? Pourquoi tant de poisons au milieu de tant de fruits nourriciers ? Pourquoi cette terre est d'un bout à l'autre une scène de carnage ? On est épouvanté du mal physique et du mal moral qui nous assiégent de toutes parts ; on en parle quelque fois à table ; on y pense même assez profondément dans son cabinet ; on essaye si l'on pourra trouver quelque raison de ce chaos de souffrances, dans lequel est dispersé un petit nombre d'amusements ; on lit tout ce qu'ont écrit ceux qui ont eu le nom de sages ; le chaos redouble à cette lecture. On ne voit que des charlatans qui vous vendent sur leurs tréteaux des recettes contre la pierre, la goutte et la rage ;

ils meurent eux-mêmes de ces maladies incurables qu'ils ont prétendu guérir, et sont remplacés d'âge en âge par des charlatans nouveaux, empoisonneurs du genre humain, empoisonnés eux-mêmes de leurs drogues. Tel est notre petit globe. Nous ignorons ce qui se passe dans les autres.

II. C'est la contemplation de tant de misères et de tant d'horreurs qui a produit partout des athées, depuis Ocellus Lucanus jusqu'à l'auteur du *Système de la Nature*. Celui dont il nous reste un ouvrage immortel est Lucrèce. Il est immortel sans doute par la force énergique des vers, bien moins élégants que ceux de Virgile; par la richesse et la vérité des descriptions, dans lesquelles Virgile peut-être ne l'a pas surpassé; par la beauté de sa morale, qui promet plus qu'elle ne donne; et même par quelques raisonnements métaphysiques pris dans Démocrite et dans Épicure, raisonnements qui ne demandaient qu'un peu d'esprit. Mais quelle ignorante physique! quelle absurde philosophie! Appartenait-il à ceux qui ne connaissaient aucune propriété de la lumière, de nier l'auteur de la lumière? Était-ce à ceux qui croyaient que toute génération vient de pourriture, et que le limon du Nil faisait naître des rats, à nier l'auteur de toute génération? Par quelle audace des ignorants, qui assuraient que notre soleil n'a que trois pieds de diamètre, pouvaient-ils enseigner que ces milliards de soleils qu'ils ne connaissaient pas, ne pouvaient être l'ouvrage d'une intelligence suprême? Comment pouvaient-ils substituer à un premier moteur le hasard, qui n'est qu'un mot? Comment pouvaient-ils admettre des effets sans cause? dire que les yeux étaient placés par hasard au haut de la tête, et qu'alors les animaux avaient commencé à jouir de la vue? que les mains, après bien des combinaisons, s'étaient mises au bout des bras, et qu'enfin les hommes avaient commencé à s'en servir? Au milieu de toutes ces extravagances, ces pauvres gens admettaient des dieux dans leurs intermondes, apparemment pour ne point trop choquer la superstition du peuple grec et du peuple romain. Et à quoi bon des dieux qui ne faisaient rien, qui ne se mêlaient de rien, qui passaient leur temps à manger, à boire, à dormir, à faire l'amour? Autant aurait-il valu peupler leurs intermondes de ces animaux que les Arabes, les Égyptiens et les Juifs ne mangeaient pas, et qui servent chez nous à larder nos perdrix.

J'avouerai que les Épicuriens avaient d'excellents préceptes et une très-bonne conduite. Ils voulaient du moins imiter leurs dieux, qui ne faisaient point de mal, et qui n'entraient point dans les querelles misérables de l'espèce humaine. L'amitié était pour eux quelque chose de sacré. Ils cherchaient le bonheur, ils ne le trouvaient pas toujours, puisque le sage Atticus se fit mourir de faim, et que l'ingénieux Lucrèce finit par se pendre; en quoi il a été imité de nos jours par l'Anglais Creech, son commentateur.

III. *De Spinosa.* — Spinosa n'avait pas l'imagination de Lucrèce; il ne s'en piquait point: c'était un esprit sec, mais profond; hardi, mais méthodique, qui conciliait en apparence des contradictions, et qui était très-obscur dans sa méthode; d'ailleurs vrai philosophe par ses mœurs pures; satisfait dans sa pauvreté; généreux dans cette pauvreté même; homme sans reproche, ami serviable, bon citoyen. Il examina toute sa vie l'existence et les attributs de Dieu, comme on étudie l'algèbre et le calcul différentiel, uniquement pour s'instruire. On n'a eu qu'après sa mort son livre, qui passe pour un cours d'athéisme. Je ne sais si son livre mérite ce nom flétrissant; je l'ai lu avec toute l'attention dont je suis capable : il admet nettement une intelligence suprême, il ne nie point l'existence de Dieu, mais il se fait de Dieu des idées contradictoires; il m'a paru géométriquement absurde. Son Dieu est un composé de la nature entière, et sa nature est un composé de la matière et de l'intelligence; ces deux êtres forment un tout qui est unique; ces deux êtres si différents font un seul être nécessaire, le seul être possible. Une substance (selon lui) n'en peut former une autre. Il n'y a donc qu'une seule substance; et cette substance dans laquelle est l'intelligence, c'est là son Dieu. Tout ce qui existe n'est qu'un mode de Dieu. Ainsi, comme l'a très-bien remarqué Bayle, le Dieu de Spinosa étant tout, il se bat lui-même quand les hommes se battent; il se calomnie, il se tue, il se mange, il se boit, il se vide de ses excréments. Le plus énorme ridicule est évidemment renfermé dans les lemmes et les théorèmes métaphysiques de Spinosa; et avec cela il veut qu'on serve et qu'on aime Dieu sincèrement, et sans intérêt. Il dit expressément qu'il l'aime ainsi. N'est-ce pas une folie raisonnée ? Je m'en rapporte à tout homme éclairé et sage.

Ce qui a séduit plusieurs lecteurs, c'est son grand principe qu'une substance n'en peut créer une autre. En effet, cette opération ne se conçoit pas par notre faible entendement, et aucun philosophe de l'antiquité ne l'admet. Aussi Spinosa se moque-t-il de la création proprement dite, comme de la plus extravagante chimère qui soit passée par la tête des hommes. Il perd sa modération de philosophe quand il en parle. Voici ses paroles :

« On n'est pas excusable de se laisser conduire dans une opinion aussi absurde et aussi essentiellement contradictoire que celle de la création. »

Nous verrons, dans son lieu, ce qu'il est peut-être permis à d'aussi faibles créatures que nous d'oser penser sur la manière dont nous et les autres créatures nous avons pu recevoir l'existence.

IV. — Disons ici un mot du livre intitulé *Système de la nature*. C'est une déclamation, ce n'est point un système. Déclamer contre Dieu, n'est point prouver qu'il n'y a point de Dieu.

(Le reste manque.)

LETTRE

DE M. HUDE, ÉCHEVIN D'AMSTERDAM, ÉCRITE EN 1620.

(FRAGMENT.)

Quiconque est dans son bon sens sait assez que toutes les institutions humaines, soit civiles, soit religieuses, ne peuvent être que l'ouvrage des hommes, et que par conséquent toutes ont changé et changeront. Il n'y a personne d'assez fou parmi nous pour vouloir faire croire que notre stathouder, notre grand pensionnaire, nos bourgmestres, soient établis de droit divin. Je ne crois pas non plus qu'il se trouve un homme assez absurde pour penser que le pédant Gomar, ou le pédant Arminius, ait été inspiré de Dieu : et si ces deux pédants factieux n'ont été que de misérables disputeurs qui voulaient avoir du crédit, il est bien vraisemblable que tous ceux qui les ont précédés dans tous les pays du monde n'ont pas été plus estimables.

Si toutes les institutions et toutes les opinions humaines ont changé, il est clair qu'elles ne peuvent avoir rien de divin ; il n'est pas moins évident qu'il n'y a aujourd'hui sur la terre aucune nation qui n'ait changé plusieurs fois de gouvernement et de religion ; et il est à présumer que celle qui a conservé le plus longtemps et qui conserve encore son ancienne constitution, est celle dont les principes sont les meilleurs. Les pyramides d'Égypte subsistent ; mais il ne reste plus la moindre trace ni du gouvernement, ni de la religion, ni de la langue des anciens Égyptiens. Rome, sous les papes, ne ressemble pas plus à la Rome de Numa que nous ne ressemblons aux anciens Bataves. Non-seulement tous les peuples ont éprouvé tôt ou tard ces révolutions entières, mais la religion que chaque peuple professe a changé de siècle en siècle, et la secte chrétienne est celle qui, sans contredit, a éprouvé le plus d'altérations.

Je suppose, par exemple, que Jacques, André, Barthélemy, Jude, et les autres premiers chrétiens, vinssent faire aujourd'hui un tour à Rome ou dans quelque autre ville chrétienne que ce fût, n'est-il pas vrai qu'ils seraient fort étonnés des dogmes et des rites dont ils seraient les témoins ? On leur présenterait du boudin et du cochon à manger ; on leur ferait faire la cène le matin : ils verraient des temples, des autels, des cérémonies dont ils n'avaient pas la moindre idée ; et je ne crois pas qu'ils   (*Le reste manque.*)

PRIÈRE DU CURÉ DE FRÊNE.

Je vous prie, ô mon Dieu ! par toute l'intelligence et la raison que vous m'avez données ; je vous reconnais pour l'unique et le seul être infiniment parfait, qui existez nécessairement par vous-même, de qui je tiens mon existence, tout ce que je suis et tout ce que j'ai. Je rends gloire à vos divins attributs, à vos souveraines perfections, autant que vous avez daigné me les faire connaître par la raison que vous m'avez donnée. Je reconnais avec joie votre intelligence infinie, votre bonté infinie, votre puissance infinie, votre justice infinie, parce que vous vous connaissez parfaitement, ainsi que les créatures que vous avez faites. Je reconnais que vous êtes infiniment bon, parce que vous êtes le souverain bien, l'auteur et la cause de toutes les perfections et de tout le bonheur de vos créatures. Je reconnais que vous êtes infiniment juste, parce que vous dispensez, soit dans cette vie, soit dans l'autre, les récompenses et les peines à vos créatures raisonnables, selon le bon et le mauvais usage qu'elles ont fait de la liberté que vous leur avez donnée de suivre ou de ne pas suivre vos lois. Je reconnais que vous êtes tout-puissant, parce que vous faites et pouvez faire ce que vous voulez. Mais en même temps je reconnais que vous êtes infiniment sage, parce que vous ne voulez que ce qui est conforme à l'ordre de vos perfections, à votre bonté infinie, et à votre justice infinie : c'est sous ces attributs que je vous adore comme mon créateur, mon modèle, ma sagesse, mon juge, mon souverain bien, et mon véritable père. Je reconnais que les facultés que vous avez données à mon âme de vous connaître et de vous aimer, de réfléchir sur moi-même et sur vos créatures, de connaître mes devoirs, de distinguer la vertu du vice, de suivre l'un et l'autre, d'être heureux ou malheureux par mes réflexions (attributs qui n'ont presque aucuns rapports aux biens de cette vie, et qui y sont même inutiles), sont des preuves suffisantes que vous avez créé mon âme pour être immortelle, et pour la rendre heureuse dans une autre vie, à proportion de l'exactitude que j'aurai eue à remplir mes devoirs en celle-ci. Je reconnais que ces devoirs sont de trois sortes : mon devoir envers vous, mon devoir envers moi, et mon devoir envers mon prochain. Je reconnais que ma première loi, mon premier devoir, en quoi consiste ma perfection, et qui est le fondement de mes autres devoirs, est de vous connaître de plus en plus, de vous obéir et de vous imiter autant que je le puis, et de vous aimer uniquement comme mon souverain bien ; je reconnais pour mon second devoir la conservation de la vie que vous m'avez donnée, et, pour cet effet, l'obligation de vivre avec tempérance, en faisant un usage modéré des choses propres à la conservation de cette vie ; je reconnais pour mon troisième devoir l'obligation d'être juste et bienfaisant envers mon prochain. En effet, la manière dont vous m'avez fait naître, et dont vous me conservez dans une dépendance continuelle du secours des autres hommes, est une preuve que vous m'avez destiné pour vivre avec eux dans une société raisonnable ; et comme cette société ne peut subsister sans justice et sans bonté, je dois donc être juste et bon envers mon prochain, c'est-à-dire laisser jouir chacun de soi-même, de son honneur, de son bien avec liberté, faire à mon prochain tout le bien qui dépend de moi, et que je voudrais qu'il me fît. Je reconnais que la fin de cette société est de faire vivre tous les hommes dans la paix et dans la communication de tous les biens qu'ils euvent se faire les uns aux autres, soit des biens de l'âme, en s'animant à la vertu, soit des biens du corps, en se les procurant les uns aux autres. Je reconnais que toute action contraire au bien de la société, à la justice, à la bonté, est un crime que vous punirez tôt ou tard, comme vous récompenserez tôt ou tard toute action qui y sera conforme. Je reconnais donc, ô mon Dieu! que je dois vous rapporter tout ce que je suis, tout ce que je fais; que ma perfection et mon bonheur consistent à mettre toute ma confiance et toute mon espérance en vous, et à me conduire en tout selon votre divine volonté : voilà, ô mon Dieu! quels sont les devoirs que la raison que vous m'avez donnée me fait connaître et pratiquer avec une pleine satisfaction. Mais, ô mon Dieu! quelle étrange différence se trouve entre mes devoirs et ceux que les hommes veulent m'imposer! Comme vous êtes le seul législateur infiniment sage et juste, je m'adresse à vous pour vous demander à connaître votre volonté sur tant de choses que les autres hommes m'opposent, et je désire sincèrement faire votre divine volonté, sans aucune exception. Je suis prêt à vous rendre la vie que je tiens de vous, dans le moment que je vous parle, si c'est votre volonté, ou d'en faire l'usage que vous voudrez. Dans cette disposition, je vous confie ma peine, et vous déclare que c'est avec un extrême déplaisir que je vois tous les hommes partagés en différentes sectes et communions, qui sont fondées sur différentes opinions et cérémonies, qu'ils appellent religion. Chacune de ces sectes soutient que la créance de ses opinions et la pratique de ses cérémonies sont absolument nécessaires pour vous plaire, ce que chacune des autres nie; chacune appuie ses opinions et ses cérémonies sur des faits historiques et des miracles qu'elle prétend être arrivés en différents temps pour les autoriser, ce que chacune des autres nie; chacune en donne des livres pour preuve, qu'elle dit divins, et dont elle vous dit l'auteur, ce que chacune des autres nie; chacune donne pour ses opinions des mystères contraires à la raison que vous nous avez donnée, aussi chacune des autres les conteste; chacune impose des cérémonies à observer, contraires à la raison et au bien de la société, de même chacune des autres les conteste; enfin, chacune prétend que les opinions et les cérémonies des autres communions sont fausses et détestables, et, par cette raison, condamne et persécute tous ceux qui ne pensent point et n'agissent point comme elle, en recevant ses opinions et pratiquant ses cérémonies, ce qui est évidemment contraire au troisième devoir, à la justice et à la bonté que les hommes se doivent les uns aux autres. Voilà, mon Dieu, les hommes au milieu desquels je me trouve. Je vois, et par ce qui s'est passé avant moi, et par ce qui se passe sous mes yeux, que les différentes sectes ont donné lieu à des contestations, à des troubles, à des crimes, à des violences, à des désordres, et à des persécutions infinies. Dans cet embarras, je voudrais connaître si, parmi ces différentes sectes, il y en a une qui soit la véritable, et dont vous soyez l'auteur, pour la suivre en ce cas et faire votre volonté, et si je ne me trompe pas en les rejetant toutes.

Ô vous, qui lisez dans mon âme, et qui rendez justice à la sincérité que vous y avez mise, vous savez que je cherche la vérité. La raison que vous m'avez donnée pour m'éclairer et pour me conduire, raison par laquelle seule je connais vos divins attributs, leur rends gloire et vous adore, raison par laquelle je reconnais mes devoirs envers vous, envers moi, envers mon prochain ; cette raison me fait voir que je n'ai que deux moyens pour connaître votre volonté : le premier est la connaissance que vous m'avez donnée par vous-même de votre volonté, lorsque, attentif à la chercher, je la découvre par mes réflexions ; le second moyen par lequel je pourrais connaître votre volonté, serait une manifestation extraordinaire de cette volonté : mais l'expérience me fait connaître que je ne pourrais l'avoir, cette manifestation, que lorsque vous me la feriez à moi-même, et que je n'en pourrais être assuré autrement, parce que les autres hommes ne sont point infaillibles, qu'ils se trompent souvent et sont souvent trompés, et que je ne puis avoir de preuves qu'ils ne soient pas dans l'un ou l'autre cas. S'il y en avait d'infaillibles, je ne les pourrais connaître tels que par moi-même, et jamais par le canal d'autres hommes trompeurs ou trompés. Je ne puis donc prendre pour une preuve de vérité la manifestation que des hommes trompeurs ou trompés disent que d'autres hommes ont de votre volonté. Leur témoignage est par lui-même un témoignage trompeur, incertain, qui ne peut me servir de règle sûre, ni m'obliger de remplir d'autres devoirs que ceux que vous m'avez révélés vous-même par la même raison que je tiens de vous. C'est pourquoi, comme il m'est impossible d'être assuré de la vérité du témoignage des autres hommes dans aucune communion ; que de plus, les témoignages rendus par une secte sont détruits par le témoignage d'une autre, qu'ils ne sont soutenus que par la violence et par la force, qu'ils sont contraires à la raison que vous m'avez donnée, je crois, ô mon Dieu ! devoir m'en tenir aux devoirs essentiels que vous m'avez fait connaître, jusqu'à ce que vous m'en fassiez connaître d'autres par une manifestation extraordinaire que vous m'en ferez vous-même.

Je vois briller, ô mon Dieu ! une sagesse dans la moindre plante, la moindre fleur, le moindre corps organisé. Je vois que vous y avez proportionné les moyens à leur fin, que vous y avez tout disposé avec tant d'ordre et de raison, que rien n'y est inutile, et que chaque partie tend uniformément à sa fin. Serait-il possible que vous n'ayez pas fait à l'égard des êtres plus parfaits, des êtres spirituels qui vous connaissent, ce que vous avez fait à l'égard des êtres moins parfaits, des êtres corporels qui ne vous connaissent pas? que vous n'ayez point fait pour notre âme ce que vous avez fait pour notre corps? que vous ne lui ayez pas donné des moyens uniformes et suffisants pour vous connaître, vous aimer, et remplir ses devoirs, ce qui est sa perfection, son bonheur, et sa fin? Et cependant le malheur, ou plutôt le désordre, serait si vous aviez fait dépendre la connaissance de nos devoirs du témoignage des hommes tels qu'ils sont ; mais vous êtes immuable, la même sagesse règle votre conduite en toute chose ; la raison que vous nous avez donnée suffit donc, lorsque nous la consultons sans préjugé, sans passion, pour nous faire connaître et suivre nos devoirs selon la proportion où nous devons les remplir. Eh! où en serions-nous réduits, ô mon Dieu! si nous devions prendre pour règle de nos devoirs, et des vérités nécessaires, ces livres que l'une ou l'autre des sectes s'oppose? des livres qui contiennent des mystères contraires à la raison, contraires à votre bonté et à votre justice; qui contiennent des contradictions visibles, des obscurités impénétrables, des lois cruelles, dures, et bizarres, des cérémonies inutiles; qui disent même que les lois que vous avez données ne sont pas bonnes, et qu'on n'y trouve point de vie; des livres qui ont été altérés, corrompus, et changés; des livres qui ont fait naître tant de sectes différentes, qui ont causé des maux infinis, des divisions, des guerres cruelles, des violences, des massacres, et des persécutions affreuses? Il m'est donc impossible de les regarder comme les témoignages des vérités néces-saires et de mes devoirs. Je vous ai exposé, ô mon Dieu! mes peines et mes difficultés par rapport aux opinions et aux cérémonies de diffé-rentes communions : vous savez que ce n'est point par opiniâtreté, par libertinage, ni par singularité, que j'ai ces difficultés et ces peines; mais par l'impossibilité où je me trouve, dans l'état où sont les cho-ses, d'acquiescer aux opinions et aux cérémonies d'aucune secte con-traire à ma raison et à mes premiers devoirs. Quelles horreurs! quelles contradictions ne trouve-t-on pas, quand on entre dans quelque détail à ce sujet, soit par rapport à la différence des sentiments des différen-tes sectes, soit par rapport aux odieuses persécutions qu'elles se font réciproquement? Je vous demande donc, ô mon Dieu! avec toute l'instance et toute l'humilité possible, de me faire connaître la vérité telle que vous voulez que je la suive, de me faire remplir tous mes de-voirs d'une manière digne de vous, de me préserver de faire aucune action qui y soit contraire.

A vous seul soit honneur et gloire dans toute l'éternité!

SOMMAIRE

DES

DROITS DE S. M. LE ROI DE PRUSSE

SUR HERSTALL[1].

A Herstall, ce 30 septembre 1740.

La terre de Herstall, aux portes de Liége, sur la Meuse, est un fief immédiat de l'Empire. Il n'y en a pas de plus ancien ni de plus célè-bre. Ce fut le lieu de la naissance de Pepin, père de Charlémagne, et le premier patrimoine des empereurs d'Occident. Il passa, par des ma-

---

1. Cette pièce est de l'année 1740. Elle a été publiée pour la première fois par M. Beuchot, ainsi que la suivante, dans un supplément des *Mélanges*. (ÉD.)

riages, de la maison de Charlemagne dans celle de Lorraine ; il y resta longtemps ; et tant que les lois de l'Empire purent être observées, cette haute et franche seigneurie jouit de tous les droits régaliens, et sa juridiction ne ressortit jamais qu'à la chambre impériale qui siégeait à Aix. Il a été vérifié qu'en l'année 1171, le 18 septembre, l'empereur Frédéric Ier donna l'investiture de Herstall comme terre purement impériale. Non-seulement la chambre d'Aix reconnut encore, en 1185, le 23 octobre, les droits de cette seigneurie, mais, depuis, les possesseurs de la terre étaient obligés de faire serment de maintenir les habitants dans les droits d'une seigneurie impériale.

Tel est l'état de cette terre ; telles sont les prérogatives que nulle prescription ne peut éteindre, et qui ont toujours été réclamées.

Elle passa de la maison de Lorraine aux ducs de Brabant. Henri II, duc de Brabant, l'ayant donnée à son frère comme un apanage, alors les ducs de Brabant prétendirent un droit de seigneur suzerain sur la terre qu'ils avaient donnée. Ce droit était visiblement un abus qui blessait les lois de l'Empire. L'abus subsista par la puissance des ducs de Bourgogne, qui furent maîtres de la Flandre.

Sous les ducs de Bourgogne, Herstall tomba entre les mains de la maison de Nassau, et elle ne pouvait y tomber qu'avec ses droits imprescriptibles. Elle appartenait, en 1546, à Guillaume de Nassau encore mineur, lorsqu'un fils naturel de l'empereur Maximilien, oncle de Charles-Quint, était évêque de Liége, et que Marie de Hongrie, sœur de Charles-Quint, gouvernait les Pays-Bas. La reine de Hongrie voulut avoir le terrain où elle bâtit depuis la ville de Marienbourg. Ce terrain appartenait à l'église de Liége. L'évêque céda à sa nièce ce dont il ne pouvait guère disposer, et la nièce donna à son oncle la juridiction et la souveraineté de Herstall, qui ne lui appartenait point du tout.

Dans ce contrat signé par les deux parties, sans l'intervention des états de Brabant et sans aucune formalité, l'église de Liége avait fait un si bon marché, et ce qu'elle cédait était si peu proportionné à ce qu'on lui donnait, qu'on fut obligé de le rompre en 1548. La reine Marie ne donna alors à l'évêque de Liége que la moitié du bien, au lieu du total qu'elle avait cédé. L'évêque n'eut donc sa prétention abusive que dans la partie de Herstall qui est en deçà de la Meuse, du côté de Liége.

Les tuteurs du prince Guillaume L. de Nassau, mineur, protestèrent partout contre cette injustice. Ils firent leurs représentations à la reine de Hongrie. Cette princesse fit voir alors un exemple de justice et de grandeur de courage, digne d'être imité aujourd'hui par l'évêque de Liége : elle reconnut son tort, elle se rétracta ; elle déclara solennellement, par écrit, que l'empereur ni elle ne voulaient passer plus avant, ni contraindre déraisonnablement.... Elle se servait à la vérité du terme de vassal. « Les princes, dit-elle, ne doivent contraindre déraisonnablement leurs vassaux. » Le terme était ambigu ; on ne savait si on devait entendre vassal de l'Empire ou vassal du Brabant ; mais il est certain qu'elle ne pouvait ni ôter à Guillaume de Nassau son bien, ni à terre d'Herstall ses vraies prérogatives ; et quand même la principauté de Herstall eût relevé du Brabant, pouvait-on forcer un mineur à relever de Liége ?

La maison de Nassau, grâce à l'équité de la reine Marie, resta donc en possession de ses droits ; et l'évêque de Liége, qui avait cédé la juridiction de Marienbourg, resta sans équivalent.

Enfin, cent dix années après ce contrat inutile, une nouvelle minorité d'un autre prince de Nassau fit renaître l'ancienne injustice. Guillaume III, qui fut depuis ce fameux roi d'Angleterre, n'étant âgé que de cinq ans, fut la victime des prétentions de Liége. Le conseil de l'évêque prit une seconde fois l'occasion favorable d'opprimer un enfant.

L'archiduc Léopold, gouverneur des Pays-Bas, eut, en 1655, quelque intérêt de ménager Liége. L'évêque fit donc avec l'archiduc un troisième contrat qui ne valait pas mieux que les deux autres, et auquel il ne manqua que le repentir de l'archiduc pour ressembler en tout aux premiers. Il fut dit, par ce nouveau contrat inique, que provisionnellement, et sans préjudice des prétentions de S. M. le roi d'Espagne, qui possédait alors le Brabant, *transport* serait fait à l'évêque de la partie de Herstall dont il est question aujourd'hui.

Ce *transport* était une nouvelle injustice qui se manifestait d'elle-même ; car ce mot seul prouvait que jamais les droits n'avaient été transportés à l'évêque. Il n'y avait point eu de domaine transféré. L'évêque n'avait donc, selon toutes les lois[1], aucun droit de domaine sur Herstall. Ces anciens contrats d'échange qu'on faisait revivre après plus de cent années, contrats odieux par leur iniquité, désavoués par la reine qui les passa, privés de toutes les formalités nécessaires, contraires à toutes les lois de l'Empire et du Brabant, avaient encore pour surabondance de défaut la prescription de plus d'un siècle ; car si rien ne prescrit contre les droits des fiefs de l'Empire et des mineurs, un contrat d'échange inexécuté est assurément sujet à prescription.

Le prince de Liége, en 1655, ne se fit point de scrupule de dépouiller un mineur à main armée ; on força la maison de ville, on extorqua des habitants un hommage qu'ils n'étaient pas en droit de faire ; on mit en prison les serviteurs du prince d'Orange, on pilla leurs maisons, on blessa, on tua plusieurs personnes qui n'avaient d'autres crimes que d'être fidèles à leur devoir. Amélie d'Angleterre, mère du prince mineur, protesta vainement contre ces violences. Elle n'avait alors que des plaintes à opposer à la persécution.

Guillaume III, en 1666, n'était point encore assez puissant pour se faire raison de tant d'injustices ; mais on craignit qu'il ne le devînt ; on voulut rendre au moins son droit douteux ; on se fit rendre hommage à la cour féodale de Liége par une dame, comtesse de Mérode, qui réclamait, au hasard, la terre de Herstall. Ce n'est pas que la comtesse de Mérode y eût le moindre droit, mais c'est qu'on voulait établir sa prétendue souveraineté, et que, dans cette vue, on recevait hommage de quiconque voulait bien le rendre.

Guillaume III, devenu depuis le défenseur de la Hollande et de la

_____
[1] « Non nudis pactis dominia transferuntur. »

moitié de l'Europe, dédaigna, dans le cours de ses longues guerres, de compter l'affaire d'Herstall parmi les soins importants dont il était chargé; et, sans songer à punir ce qu'il avait essuyé dans sa minorité, ni à prévenir pour jamais de nouveaux attentats, il se contenta de jouir dans Herstall de ses droits régaliens, que l'évêque de Liége se garda bien alors de disputer.

A la mort du roi Guillaume, les prétentions de Liége recommencèrent.

La terre devint, à la vérité, le partage du roi de Prusse. Mais comment savoir sitôt quels étaient les droits d'Herstall? comment découvrir des titres que l'usurpation avait cachés, que la violence avait dissipés? à qui s'en rapporter? Des officiers mal informés, et sans attendre d'ordre, prirent des reliefs de ce fief de l'Empire en Brabant et à Liége. On sait qu'à l'ouverture d'une succession les héritiers se pourvoient partout comme ils peuvent, sauf ensuite à examiner leurs droits, et à redresser leurs torts. C'est ce qui arriva pour lors, et c'est ce qui ne peut donner aucun prétexte à l'usurpation; car ces reconnaissances faites ou *salvo jure*, ou par ignorance, ou par contrainte, furent toujours désavouées par les rois de Prusse. Il parut bien, en 1733, que le feu roi de Prusse les avait condamnées, et qu'il voulait soutenir ses droits, puisque, sans un accord qui fut proposé, il aurait vengé par les armes tant d'atteintes à son autorité.

Il fit recouvrer et assembler ses titres par un ministre savant, résidant pour lors à la Haye : il les examina. L'évêque de Liége en eut la communication; il vit l'origine sacrée des droits du roi, telle qu'elle est dans ce sommaire; et il en a tellement reconnu en secret la validité, qu'il n'a pas même entrepris d'y répondre en public; car, en parlant de ces anciens échanges sur lesquels il se fonde, il ne laisse pas seulement entrevoir que ces échanges aient pu être vicieux.

Le roi aujourd'hui régnant a étudié cette affaire longtemps, et avec scrupule, avant de s'y engager, persuadé qu'un prince ne doit faire aucune démarche si elle n'est très-juste, et qu'il ne doit point abandonner absolument à d'autres le soin de savoir ce qui lui appartient.

Son droit est hors de toute contestation; et quiconque, après la lecture de cet abrégé, lira le mémoire du prince évêque de Liége, verra, par ce mémoire même, combien le roi a raison.

Il verra qu'il n'y a pas une seule preuve en faveur de l'Église de Liége : car de quel poids seraient ces anciens contrats d'échange, nuls par eux-mêmes quant au fond et quant à la forme?

Qu'importe qu'un nommé Cazier ait reconnu depuis l'évêque de Liége pour souverain d'Herstall, au nom d'une dame de Mérode, tandis qu'Herstall appartenait à la maison d'Orange? Qu'importe que Henri Tulmars ait fait une faute au nom du prince Guillaume-Hyacinthe, qui rendait un hommage vain sur un titre plus vain encore? Qu'importe que Gaspard de Forelle, à l'ouverture de la succession du roi Guillaume, se soit mal comporté au nom du roi de Prusse, son maître ?

Qu'importent enfin dans cette affaire toutes les clauses étrangères qu'on y mêle ? Une terre libre de l'Empire est dévolue par succession à la maison de Prusse, il faut qu'elle en jouisse avec tous ses droits; et qui ne sait les soutenir n'est pas digne d'en avoir.

Rem suam deserere turpissimum est.

La question de droit étant éclaircie, le fait est soumis au jugement de tous les hommes.

On sait avec quelle modération Sa Majesté en a usé d'abord, et de quels refus indécents elle a été payée. On sait quels outrages on a faits à sa dignité. Recevoir avec mépris le conseiller privé du fils, après avoir maltraité un colonel envoyé du père; dédaigner de répondre à la lettre d'un roi, y répondre enfin par la poste quand il n'était plus temps; fomenter la rébellion des sujets contre leur maître : ce sont des procédés que tout le public a sentis, et dont le manifeste même du prince de Liége n'a pas déguisé l'irrégularité.

Quel roi dans de pareilles circonstances eût moins fait que le roi de Prusse? et que de souverains eussent fait davantage ! On peut assurer qu'il n'y en a aucun sur la terre à qui il en coûte plus de faire éclater ses ressentiments. Non-seulement il aime la paix avec ses voisins, mais il aime celle de l'Europe. Il voudrait être le lien de la concorde de tous les princes, bien loin d'en opprimer un pour lequel il aura toujours des égards, et dont même l'amitié lui sera chère. Il ne veut qu'un accommodement honorable pour les deux parties. Sa puissance ne le rendra ni implacable, ni difficile; ses sujets savent s'il aime l'équité. Il se conduit par le même principe avec ses peuples et avec ses voisins.

MÉMOIRE[1].

Ceux qui sont instruits, à Paris, des manœuvres de M. de Maupertuis contre M. de Mairan et d'autres philosophes, ne doivent pas être étonnés de sa conduite envers M. Kœnig et envers moi. J'avais toujours fait gloire d'avouer que je devais beaucoup aux conseils de M. de Maupertuis, lorsque j'étudiai la physique newtonienne, alors très-peu connue en France; je l'en remerciai publiquement, et je lui payai le tribut de louanges que je pensais lui devoir. Il ne crut apparemment ni le tribut assez fort, ni assez digne de lui; car, lorsque je fus reçu à l'Académie française, il se plaignit vivement à moi que je ne l'eusse pas comparé, dans mon *discours*, à Platon voyageant chez Denys de Syracuse; et je fus même étonné, lorsque j'arrivai à Berlin, de trouver plusieurs personnes instruites de ce fait. Il avait voulu, avant de quitter l'Académie de Paris, faire dépouiller M. de Mairan de la place de secrétaire perpétuel, pour la partager avec moi. Il me la fit proposer par M. de Maurepas. Il prenait pour lui, comme de raison, toutes les parties de mathématique, et il m'abandonnait la physique et les éloges.

---

1. Ce mémoire est de 1752. (ÉD.)

On sent bien que c'eût été le partage du lion, qu'il aurait bientôt tout pris pour lui, et que je n'aurais été que son sous-secrétaire. M. de Maurepas et ses amis savent que je ne donnai pas dans ce piége. Je ne connais point la politique en fait de littérature; je ne connais que l'indépendance et le travail. Ce qui est étrange, c'est que je suis venu chercher ce travail et cette indépendance même à la cour d'un roi; et, ce qui est encore plus rare, c'est que je les y ai trouvés. J'ai passé près de deux années entières dans ma chambre, uniquement occupé de mes études, ne faisant aucune visite, ne rendant pas même mes devoirs aux reines et aux princes, ne sachant pas les noms des grands officiers de la couronne ni de la plupart des ministres, et ayant soupé, pendant des mois entiers, à la table du roi, avec des personnes dont le nom m'est encore absolument inconnu.

Il n'a pas été malaisé de calomnier auprès du roi un homme qui, par cette vie solitaire, s'était privé lui-même de tous les moyens de se défendre. On peut croire qu'une pension très-considérable, quelques distinctions inusitées accordées à ma mauvaise santé, et surtout l'honneur que j'avais de voir de plus près qu'un autre les travaux littéraires dans lesquels le roi se délasse des travaux du gouvernement, on peut croire, dis-je, que tout cela ensemble a excité un peu de jalousie. On sait combien il est aisé, dans une cour, de faire parvenir à l'oreille du prince un mot qui peut intéresser son amour-propre. L'art de nuire sans se compromettre n'est pas un art nouveau, et il n'y a pas grand mérite à le mettre en œuvre; mais on a beau être savant dans cet art de lancer des traits et de retirer la main, on ne peut pas toujours la retirer si vite qu'elle ne soit aperçue

De tous les artifices que Maupertuis a mis en usage pour me perdre, je choisirai celui-ci, dont la découverte et l'authenticité ne souffrent ni doutes ni réplique

Lettre du sieur La Beaumelle à M. Roques, ministre au pays de Hesse-Hombourg; novembre 1752

« Maupertuis vint chez moi... il me dit qu'un jour, au souper des petits appartements, M. de Voltaire avait parlé d'une manière violente contre moi; qu'il avait dit au roi que je parlais peu respectueusement de lui dans mon livre, que je le comparais aux petits princes allemands, et mille faussetés de cette force. Maupertuis me conseilla d'envoyer mon livre au roi, en droiture, avec une lettre qu'il vit et corrigea lui-même, etc., etc... »

Je n'examine point si M. de La Beaumelle avait eu tort ou raison de dire, dans son livre intitulé *Mes pensées*, édition de Berlin, page 49 : « Le roi de Prusse comble de bienfaits des hommes à talent, précisément par les mêmes principes que les princes d'Allemagne comblent de bienfaits un bouffon et un nain. » Il suffit de faire voir ce que c'est qu'un philosophe, un président d'une académie, qui, au sortir d'un souper particulier avec le roi son maître, court chez un jeune inconnu à peine arrivé à Berlin, et manque au secret qu'il doit, pour nuire à un des convives. Une telle conduite n'est assurément ni philosophe ni chrétienne; mais ce qui l'était encore moins, c'est que la calomnie était jointe à l'infidélité. Ce n'était pas moi qui avais parlé, à souper, des éloges que La Baumelle donnait, dans son livre, au roi et aux officiers de sa chambre; c'était le marquis d'Argens qui le dit en plaisantant. Ce dernier sait que je voulus l'arrêter, et que je lui dis, en propres paroles : *Taisez-vous donc, vous révélez le secret de l'Église.* J'ose prendre le roi à témoin que je ne dis pas un seul mot de ce que Maupertuis m'impute. Il m'a persécuté sans relâche par de tels artifices, tandis que j'étais uniquement occupé, loin de ma patrie, du monument que je voulais élever à sa gloire.

Enfin est venue l'affaire de M. Kœnig, mon ami et le sien. L'adresse et la violence qu'il a employées pour l'opprimer sont connues de toute l'Europe littéraire. Funeste ressource que l'adresse dans une dispute mathématique! Il n'a pas aperçu l'erreur où il était tombé, erreur reconnue aujourd'hui par toutes les académies de l'Europe; et au lieu de corriger cette méprise, ce qui lui était si aisé, ce qui lui aurait fait tant d'honneur; au lieu de remercier M. Kœnig, son ancien ami et le mien, qui avait fait le voyage de la Haye à Berlin uniquement pour en conférer avec lui, il l'a fait condamner comme faussaire, dans une assemblée de l'Académie; il a intéressé, il a compromis les puissances les plus respectables, dans cette persécution inouïe.

Ce n'est pas tout; M. de Maupertuis a dicté lui-même l'accusation et la sentence, et a porté encore l'art de la vengeance jusques au point de vouloir paraître modéré et clément, dans le temps qu'il opprimait son adversaire, ou plutôt son ami, par une sentence flétrissante. Il demanda sa grâce à l'Académie par une lettre; il affecta de ne point paraître au jugement qu'il avait dicté. Il est vrai qu'il n'y eut aucune délibération, aucune signature. Personne n'osa parler, hors un professeur nommé Sulzer, qui protesta hautement contre un procédé si inouï. Le secrétaire de l'Académie même, tout dépendant qu'il était de Maupertuis, fut trois jours sans signer cette sentence odieuse.

M. de Maupertuis ne se contenta pas de ce cruel triomphe; il écrivit lettres sur lettres à Mme la princesse d'Orange, à laquelle M. Kœnig a l'honneur d'être attaché. Il le poursuivit jusque dans cet asile; il eut l'audace de prier cette princesse de lier les mains à son conseiller, tandis qu'il le perçait de coups; et, dans la noire profondeur de cette vengeance, il ne manquait pas d'avertir Son Altesse royale des ménagements extrêmes qu'il avait eus pour M. Kœnig. « Ma seule modération, dit-il dans une de ses lettres, lui a épargné l'affront d'une peine académique. »

M. Kœnig garda longtemps le silence; et j'avoue que moi-même, trompé par les apparences, je le crus coupable. Il n'est pas étonnant que le roi ait pensé de même, après un jugement qui paraissait si solennel, et lorsque tout conspirait avec le silence de M. Kœnig pour induire le public en erreur.

Enfin, *l'Appel au public* parut, et l'Europe littéraire fut détrompée. Presque tous les académiciens de Berlin avouèrent que cet ouvrage était victorieux. M. Kœnig me l'envoya; j'en fus frappé comme de la plus vive lumière. Tous les philosophes d'Allemagne, de Paris et de Londres, sans exception, jugèrent en faveur de M. Kœnig pour le fond et pour la forme; et tous les lecteurs, aussi sans exception, justifièrent son innocence si violemment persécutée, et si injustement flétrie. Ce fut et c'est encore le cri général.

C'est un grand malheur que cet *Appel au public* n'ait pas été lu par Sa Majesté. Maupertuis ne l'aurait pas compromise comme il a fait. Dans ce temps-là même il fit imprimer ses *Lettres*, ouvrage singulier, par lequel il croyait mettre le sceau à sa réputation, et ajouter un nouveau triomphe à la victoire qu'il s'imaginait avoir remportée sur M. Kœnig. En effet, le sceau a été mis à sa réputation par cet écrit, où les hommes les moins éclairés ont été en état de juger des lumières de M. de Maupertuis. Il n'y a pas eu deux voix sur cet ouvrage rare. Je crus être en droit de dire mon avis. Je crus qu'un livre, jugé ridicule par tout le monde, ne méritait pas d'être réfuté sérieusement. J'ai déplu en cela au roi, qui alors n'était aucunement informé de ce que je viens de dire. J'espère que, quand il le sera, il me rendra la justice qui m'est due, et qu'un homme tel que lui, capable d'éclairer l'Europe sur bien des choses, jugera au moins comme elle en cette affaire.

FIN DU TRENTIÈME VOLUME.

TABLE.

MÉLANGES (SUITE.)

FIN DE LA TABLE DU TRENTIÈME VOLUME

BIBLIOTHÈQUE NATIONALE

CHÂTEAU
de
SABLÉ

1981

www.ingramcontent.com/pod-product-compliance
Lightning Source LLC
Chambersburg PA
CBHW050746030726
47505CB00002B/424